BALANÇO FINAL

BIBLIOTECA ÁUREA

BALANÇO FINAL

SIMONE DE BEAUVOIR

5ª EDIÇÃO
TRADUÇÃO DE RITA BRAGA

Editora
Nova
Fronteira

Título original: *Tout compte fait*

© Éditions Gallimard, 1972

Direitos de edição da obra em língua portuguesa no Brasil adquiridos pela EDITORA NOVA FRONTEIRA PARTICIPAÇÕES S.A. Todos os direitos reservados. Nenhuma parte desta obra pode ser apropriada e estocada em sistema de banco de dados ou processo similar, em qualquer forma ou meio, seja eletrônico, de fotocópia, gravação etc., sem a permissão do detentor do copirraite.

EDITORA NOVA FRONTEIRA PARTICIPAÇÕES S.A.
Rua Candelária, 60 — 7º andar — Centro — 20091-020
Rio de Janeiro — RJ — Brasil
Tel.: (21) 3882-8200

Tradução do texto da p. 5 de Alcida Brant

Dados Internacionais de Catalogação na Publicação (CIP)
(Câmara Brasileira do Livro, SP, Brasil)

B385b   Beauvoir, Simone de, 1908-1986
        Balanço final / Simone de Beauvoir; tradução por Rita Braga. – 5.ed. – Rio de Janeiro : Nova Fronteira, 2021.
        504 p. ; 15,5 x 23 cm ; (Biblioteca Áurea)

        Título original: *Tout compte fait*
        ISBN 978-65-5640-303-8

        1. Literatura francesa. I. Braga, Rita. II. Título.

CDD-840
CDU: 821.133.1

André Queiroz – CRB-4/2242

Simone de Beauvoir, em suas memórias, nos dá a conhecer sua vida e sua obra. Quatro volumes foram publicados entre 1958 e 1972: *Memórias de uma moça bem-comportada, A força da idade, A força das coisas* e *Balanço final*. A estes se uniu a narrativa *Uma morte muito suave*, de 1964. A amplitude desse empreendimento autobiográfico encontra sua justificativa numa contradição essencial ao escritor: a impossibilidade de escolher entre a alegria de viver e a necessidade de escrever; de um lado, o esplendor do contingente; do outro, o rigor salvador. Fazer da própria existência o objeto de sua obra era, em parte, solucionar esse dilema.

Simone de Beauvoir nasceu em Paris, a 9 de janeiro de 1908. Até terminar a educação básica, estudou no Curso Désir, de rigorosa orientação católica. Tendo conseguido o certificado de professora de filosofia em 1929, deu aulas em Marseille, Rouen e Paris até 1943. *Quando o espiritual domina*, finalizado bem antes da Segunda Guerra Mundial, só veio a ser publicado em 1979. *A convidada*, de 1943, deve ser considerado sua estreia literária. Seguiram-se então *O sangue dos outros*, de 1945, *Todos os homens são mortais*, de 1946, *Os mandarins* — romance que lhe valeu o Prêmio Goncourt em 1954 —, *As belas imagens*, de 1966, e *A mulher desiludida*, de 1968.

Além do famoso *O segundo sexo*, publicado em 1949 e desde então obra de referência do movimento feminista mundial, a obra teórica de Simone de Beauvoir compreende numerosos ensaios filosóficos, e por vezes polêmicos, entre os quais se destaca *A velhice*, de 1970. Escreveu também para o teatro e relatou algumas de suas viagens ao exterior em dois livros.

Depois da morte de Sartre, Simone de Beauvoir publicou *A cerimônia do adeus*, em 1981, e *Cartas a Castor*, em 1983, o qual reúne uma parte da abundante correspondência que ele lhe enviou. Até o dia de sua morte, 14 de abril de 1986, colaborou ativamente para a revista fundada por ambos, *Les Temps Modernes*, e manifestou, de diferentes e incontáveis maneiras, sua solidariedade total ao feminismo.

A Sylvie

Sumário

Prólogo 11

Capítulo I 13
Capítulo II 129
Capítulo III 153
Capítulo IV 229
Capítulo V 271
Capítulo VI 305
Capítulo VII 363
Capítulo VIII 451

Prólogo

Quando foi publicado meu ensaio La vieillesse (A velhice), *alguns críticos e alguns leitores me censuraram por não haver falado suficientemente sobre minha velhice. Tal curiosidade pareceu-me, muitas vezes, originar-se mais de uma espécie de canibalismo do que de um verdadeiro interesse. No entanto, ela me encoraja a completar minha autobiografia. Quanto mais me aproximo do fim de minha existência, mais possível se torna abarcar em seu conjunto esse estranho objeto que é uma vida: tentarei fazê-lo no início deste livro. Por outro lado, dez anos transcorreram desde que interrompi meu relato: tenho algumas coisas para contar.*

Nos volumes precedentes, adotei uma certa ordem cronológica. Conheço seus inconvenientes. O leitor tem a impressão de que só lhe é fornecido o acessório: preâmbulos. Parece que o essencial estaria sempre mais adiante, mais longe. A cada página, espera-se em vão atingi-lo — e o livro termina sem ter chegado a um fim. Aprisionando-a em frases, meu relato faz de minha história uma realidade acabada que ela não é. Mas também a torna dispersa, dissociando-a numa sucessão de instantes isolados, quando na verdade, em cada um deles, passado, presente e futuro estavam indissoluvelmente ligados. Posso escrever: preparava-me para ir para a América. Mas o futuro desse velho projeto se perdeu, como o próprio projeto que já nenhum entusiasmo anima. Por outro lado, cada época estava marcada por outras mais antigas: minha idade adulta, por minha juventude e minha adolescência; a guerra, pelo período que a precedeu. Acompanhando a linha do tempo, eu não podia apresentar esses encaixes. Não consegui, portanto, dar às épocas passadas sua tríplice dimensão: elas desfilam inertes, reduzidas à linearidade de um perpétuo presente, separado do que o precede e sucede.

No entanto, eu não podia proceder de outra maneira. Viver era para mim uma empresa claramente orientada e para relatá-la eu tinha necessidade de acompanhar sua progressão. Hoje, as circunstâncias são diferentes. Não sou, certamente, uma pessoa fadada à repetição: de 1962 para cá o mundo mudou, tive experiências novas. Mas nenhum acontecimento público ou privado modificou profundamente minha situação: não mudei. Além disso, há projetos que ainda me entusiasmam, mas já não estão mais englobados na unidade de um objetivo nitidamente interrompido. Já não tenho a impressão de ir em direção a um fim, mas somente de deslizar inevitavelmente para meu túmulo. Assim, já não me é necessário tomar o desenrolar do tempo como fio condutor; em certa medida, levarei em consideração a cronologia, mas será em torno de determinados temas que organizarei minhas lembranças.

Capítulo I

Cada manhã, antes mesmo de abrir os olhos, reconheço minha cama, meu quarto. Mas se durmo à tarde, em meu estúdio, experimento às vezes, ao acordar, um espanto pueril: por que sou eu? O que me surpreende — como à criança quando toma consciência de sua própria identidade — é o fato de encontrar-me aqui, agora, dentro desta vida e não de uma outra: por que acaso? Se a considero do exterior, em primeiro lugar parece inacreditável que eu tenha nascido. A penetração de um determinado óvulo por um determinado espermatozoide, implicando o encontro e o nascimento de meus pais e de todos os seus ancestrais, *não* tinha uma chance entre milhares de ocorrer. Foi um acaso, conforme o estado atual da ciência, totalmente imprevisível, que me fez nascer mulher. Depois, para cada instante de meu passado mil futuros diferentes me parecem concebíveis: adoecer e interromper meus estudos; não conhecer Sartre; qualquer outra coisa. Jogada no mundo, fui submetida a suas leis e a seus acidentes, dependendo de vontades alheias, de circunstâncias, da história: estou, portanto, justificada por sentir minha contingência; o que me atordoa é que ao mesmo tempo não o estou. O problema não existiria se eu não tivesse nascido: tenho que partir do fato de que existo. E, certamente, o futuro daquela que fui podia fazer-me diferente do que sou. Mas então seria essa outra quem se interrogaria sobre si mesma. Para aquela que diz: eis-me, não há conciliação possível. No entanto, essa necessária coincidência do sujeito com sua história não é suficiente para dissipar minha perplexidade. Minha vida: familiar e distante, ela me define e eu sou exterior a ela. O que é exatamente esse objeto bizarro?

Como o universo de Einstein, ele é ao mesmo tempo ilimitado e finito. Ilimitado: através do tempo e do espaço, ele vai até as origens do mundo e até seus confins. Resumo em mim a herança terrestre e o estado do universo neste instante. Todo bom biógrafo sabe que, para que conheçam seu herói, ele deve inicialmente evocar a época, a civilização, a sociedade à qual aquele pertence — e também remontar o mais longe possível a cadeia de seus ascendentes. A soma de tais informações é, no entanto, ínfima se a confrontamos com a inesgotável multiplicidade de relações que cada elemento de uma existência mantém com o Todo. Cada um tem, além disso, uma significação diferente, quer o consideremos sob um ponto de vista ou sob outro. Este fato: "nasci em Paris" não representa a mesma coisa aos olhos de um parisiense, de um provinciano, de um estrangeiro. Sua aparente simplicidade se dispersa através dos milhões de indivíduos que mantêm relações diversas com a cidade de Paris.

E, no entanto, uma vida é também uma realidade finita. Tem um centro de interiorização, um *eu* que, através de todos os momentos, se coloca como idêntico. Ela se inscreve numa determinada duração, tem um início, um termo, desenvolve-se em lugares determinados, conservando sempre suas mesmas raízes, constituindo-se um passado imutável cuja abertura para o futuro é limitada. Não se pode captar e cingir uma vida como se cinge e capta uma coisa, já que se trata, segundo a expressão de Sartre, de uma "totalidade-destotalizada" e que, consequentemente, ela não *é*. Mas podemos fazer-nos algumas perguntas a seu respeito: como se *faz* uma vida? Qual é nela a contribuição das circunstâncias, da necessidade, do acaso, das escolhas e das iniciativas do sujeito?

O que me ajuda a refletir sobre a minha é o fato de havê-la relatado. "Oh! Relatar!", diz um dos personagens de Robbe-Grillet. Concordo: o relato se desenvolve num terreno diferente do da experiência vivida; mas reporta-se a esta e pode permitir que algumas de suas características sejam captadas. Enquanto ela implica o infinito, ele se resume numa determinada quantidade de palavras que, com um pouco de paciência, poderíamos contar: mas tais palavras ligam-se a um saber que também engloba o infinito. Quando escrevo: "nasci em Paris", o leitor a quem me dirijo compreende essa frase, sem que eu tenha necessidade de situar Paris na história universal e no globo terrestre. Objeta-se também que relatar é substituir a fluida ambiguidade do vivido pelos contornos estéticos das frases escritas. Mas, na verdade, as imagens que as palavras sugerem são mutáveis e fluidas, o saber que comunicam não é claramente circunscrito.

De toda maneira, não me proponho aqui conduzir o leitor através de um sonho desperto que ressuscitaria meu passado, mas sim examinar minha história através de determinados conceitos e noções.

Existe uma que me servirá de fio condutor: a noção de acaso. Ela tem um sentido claro para mim. Ignoro aonde me teriam conduzido os caminhos que, retrospectivamente, parecem ter sido possíveis para mim, mas que não segui. O certo é que estou satisfeita com meu destino e não gostaria que tivesse sido diferente em nada. Considero, no entanto, como acasos os fatores que me ajudaram a realizá-lo.

O primeiro é, evidentemente, o de meu nascimento. Já disse que seria inútil especular sobre os acasos que me colocaram nesta terra. Tomo como ponto de partida o fato de ter nascido de Georges e Françoise de Beauvoir a 9 de janeiro de 1908. Visto do exterior, tal fato, de uma singularidade vertiginosa para mim, é totalmente banal. Casando-se, ela com vinte anos, ele com trinta, tendo uma criança um ano depois, dois jovens burgueses se harmonizavam com os costumes de seu meio e de sua época. O ser dessa criança já estava previamente determinado: francesa, burguesa, católica; somente o sexo não podia ser previsto. Considerando a situação estável de meus pais, era provável que eu não morresse prematuramente e que gozasse de boa saúde; aguardava-me um futuro definido: bons cuidados, uma família, próxima e afastada, uma babá, Louise, o apartamento de Paris, o Limousin e, quase certamente, a chegada de um segundo filho.

Já de início, meu nascimento me constituía como socialmente privilegiada e me garantia muito mais oportunidades do que as que teria uma filha de camponeses ou de operários. Uma outra chance que não posso definir tão precisamente é a maneira como transcorreu minha primeira infância.

Todos os pediatras insistem atualmente na importância que os dois primeiros anos de vida têm para a formação de um indivíduo. Normalmente, por volta dos oito meses, o choro do bebê, seus gritos, transformam-se num modo de comunicação com o meio: ele sente sua eficácia e os utiliza como sinais: desenvolve-se uma relação de reciprocidade entre ele e os adultos. Esta não se estabelece quando o bebê é odiado, abandonado, frustrado: se não morre, transforma-se numa criança autista ou esquizofrênica. Em grau menor, a indiferença, a negligência, a falta de estimulação geram nele um sentimento de insegurança e o levam a fechar-se em si mesmo. Sartre mostrou, a respeito de Flaubert, como uma criança bem cuidada, mas manipulada sem ternura, superalimentada, plenamente satisfeita, mas sem que se estabeleça um diálogo com ela, desenvolve uma constituição passiva. Evidentemente, esse não foi o meu caso. Ignoro como fui amamentada, como fui iniciada nos hábitos de higiene e como reagi. Mas minha mãe era jovem, alegre e orgulhosa por ter tido um primeiro filho: suas relações comigo foram ternas e cálidas. Uma família numerosa reuniu-se zelosamente em torno de meu berço. Foi com um sentimento de confiança que tomei contato com o mundo. Os adultos submetiam-se a meus caprichos com alegre complacência: isso me convenceu de meu poder sobre eles. Meu otimismo estimulou a exigência que me dominou desde o início de minha história e jamais me abandonou: a de chegar ao fundo de meus desejos, de minhas recusas, de meus atos, de meus pensamentos. Só exigimos quando esperamos obter dos outros e de nós mesmos aquilo que reivindicamos: só podemos obtê-lo reivindicando. Sou grata aos primeiros anos de minha vida por me haverem proporcionado essas disposições extremas. De onde se originavam as cóleras violentas que me possuíam quando era contrariada? Isso não foi perfeitamente explicado em minhas memórias e não tenho meios de explicá-lo melhor atualmente. Mas continuo a pensar que essas cóleras foram salutares para mim. Tive um bom começo. É claro que isso não basta. Uma vida não é o simples desenvolvimento de um germe original. Ela corre permanentemente o risco de ser interrompida, destruída, mutilada, desviada. No entanto, um bom começo incita o sujeito a tirar o melhor partido possível das circunstâncias; quando não é satisfatório, cria-se um círculo vicioso: deixamos passar as oportunidades, fechamo-nos na recusa, na solidão, na morosidade.

Comparar minha sorte à de minha irmã é elucidador: seu caminho foi muito mais árduo do que o meu, porque ela teve de superar o handicap de seus primeiros anos. Com dois anos e meio, mostro em meus retratos um ar decidido e seguro de mim mesma; com a mesma idade, ela exibe uma expressão assustada. Caçula, surpreendia e encantava menos do que a primogênita; lamentava-se que não fosse um menino; certamente sorriram-lhe menos, não se ocuparam tanto dela. Inquieta, e até ansiosa, consideravam-na mais "carinhosa" do que eu: sentia necessidade de ser tranquilizada. Diziam também que era "rabugenta", o que a levava a tornar-se mais desagradável; chorava frequentemente, sem razão aparente. Ela precisou de muito tempo para livrar-se completamente de sua infância.

A minha foi serena. O bom entendimento que reinava entre meus pais confirmou — apesar de algumas dificuldades — o sentimento de segurança que adquiri no berço. Por outro lado, de um modo geral, não havia conflito entre a imagem que me davam de mim as pessoas que me cercavam e minha evidência íntima.

A criança é um ser alienado. O mundo, o tempo, o espaço onde se situa, a linguagem que utiliza são recebidos dos adultos. Porque pertencem a semideuses e levam sua marca, as coisas não são, para ela, apenas utensílios, mas o sinal de realidades ocultas em profundidades misteriosas. Aí reside o que denominam o "maravilhoso" da infância. A transfiguração poética da infância que o século XIX burguês realizou é uma mistificação: a criança nada tem de poético; mas é verdade que o mundo tem, para ela, uma estranheza fascinante — caso seja suficientemente ajudada para poder explorá-lo e contemplá-lo.

O inconveniente é que sua imagem e seu próprio ser ligam-se a outra pessoa que ela toma por essencial, ao passo que a si própria por não essencial. Ao mesmo tempo, no entanto, ela se coloca como sujeito. Encontra-se, então, no centro de um universo, onde se capta como relativa em relação aos adultos. Ela se vê *vista*. E pode viver essa condição de várias maneiras diferentes.

Algumas crianças, por assim dizer, não têm infância. Aos cinco anos, um pequeno engraxate mantém com seus fregueses uma relação de trabalhador com patrão, não de criança com adulto. Mesmo se ele entrega o que ganha a seus pais, enquanto trabalha com a escova é um indivíduo autônomo que se capta através de uma prática sem a mediação do outro. Outras, especialmente em famílias numerosas e pobres, são tão negligenciadas que mal despertam para a consciência: em casos extremos — na Índia, por exemplo — tornam-se crianças selvagens que se perdem na natureza. Tiranizada, explorada, amedrontada, uma criança não tem possibilidade de realizar a operação reflexiva sobre si mesma. No entanto, em nossa sociedade, a grande maioria das crianças experimenta ao mesmo tempo — como acabo de indicar — a alienação e a autonomia: mesmo a mais alienada coloca-se como essencial e consegue, através de lampejos, realizar a experiência de sua própria presença. Se seu personagem lhe parece sedutor, ela se amolda a ele avidamente: passa a imitar e a representar. Em *Les mots* (*As palavras*), Sartre descreve seus cabotinismos.[1] Mas por momentos ele descobria que existia de maneira diferente desses simulacros: descobria a verdade nua de seu ser para si e perturbado fazia caretas diante de seu espelho; encontrou sua salvação em atividades autônomas: ler, escrever. A outras crianças — como minha irmã, como o pequeno Flaubert — é imposta uma imagem aflitiva de si mesmas; resignam-se a ela ou se rebelam. Entre o rancor e a cólera existem várias reações possíveis; Frequentemente doente, Violette Leduc, quando criança, sentia que era um peso e uma censura viva para sua mãe: ela se considerava culpada. Também nesse plano fui favorecida. Às vezes ficava com raiva por ser tratada como criança, quando já me julgava um indivíduo completo. Mas, de um modo geral, meu personagem me agradava. Por volta de sete anos, minhas cóleras cessaram e representei docilmente a menina bem-comportada. Mas então multiplicaram-se as atividades que me permitiram realizar-me como sujeito independente.

Durante meus primeiros anos, os sentimentos que experimentava em relação a meus pais e a Louise eram apoiados por minha liberdade, já que os vivia; mas eram tão naturais que pareciam impor-se a mim, e os comportamentos que os exprimiam me eram ditados: respondiam a solicitações e expectativas. Durante esse período houve apenas uma criação livre: a de minhas relações com minha irmã. O modelo familiar a que se moldavam meus pais exigia que tivessem rapidamente outro filho: o acaso[2] fez com que tivessem uma filha. Se tivesse sido um menino as coisas teriam sido diferentes para mim?

---

[1] "Minha verdade, meu temperamento, meu nome estavam nas mãos dos adultos, eu aprendera a me ver através de seus olhos."
[2] O sexo da criança depende dos espermatozoides paternos; há dois tipos destes e, em cada caso particular, parece totalmente aleatório que o que fecunda o óvulo pertença a um ou a outro.

Não sei. De toda maneira, não creio que tivesse tido vantagens com isso, teria antes sofrido suas consequências. Creio que devo incluir entre minhas oportunidades favoráveis a de ter tido uma irmã menor e próxima de mim pela idade. Ela me ajudou a afirmar-me. Inventei a mistura de autoridade e ternura que caracterizou minhas relações com ela. Por minha própria iniciativa, ensinei-a a ler, a escrever, a contar. Eu mesma elaborei nossos jogos e nossa relação cheia de vida. Na verdade, minha atitude para com ela decorria daquilo que eu era. Satisfeita comigo mesma, segura de mim e aberta, nada me impedia de acolher calorosamente uma irmã menor de quem não sentia ciúmes. Ativa, imperiosa, eu desejava escapar da passividade da infância através de ações eficazes: ela me fornecia a ocasião com que sonhava. Posso, no entanto, falar de invenção, porque, enquanto os adultos me indicavam como comportar-me em relação a eles, minha irmã, de início, não exigia nada de mim, e perante ela eu não me inspirava em nenhum modelo: seguia meus impulsos espontâneos.

Quanto ao mais, minha liberdade consistiu em assumir com boa vontade, e até mesmo com desvelo, o destino que me cabia. Fui devota fervorosa, logo me tornei a melhor aluna do curso Désir. Reduzidos a uma certa dificuldade financeira, meus pais enfatizaram mais os valores culturais do que os "gastos ostentatórios" para os quais meu pai teria tendido. Eles me ofereceram a leitura como principal distração, divertimento pouco oneroso. Amei os livros apaixonadamente. Amava meu pai e meu pai os amava; ele incutira em minha mãe um respeito religioso por eles. Satisfaziam em mim uma curiosidade que está presente em minhas lembranças mais remotas e que nunca cessou. De onde me vem ela exatamente? Segundo Freud, na raiz da curiosidade encontra-se o instinto sexual. Creio antes que meu interesse pelas "coisas inconvenientes" era apenas um ramo de meu apetite de saber que surge a meus olhos como uma característica original.

Talvez seja inútil pretender explicitá-lo. Toda criança tende espontaneamente a explorar o mundo. Seria necessário perguntar antes por que, em alguns casos, esse impulso é interrompido. Vejo muitas razões para isso: fragilidade física, inércia, falta de estímulo por negligência, rotina ou excesso de solidão, sujeição prematura a trabalhos cansativos, preocupações e obsessões de todo tipo, desequilíbrio afetivo. Insatisfeita, uma criança fica muito preocupada consigo mesma para voltar-se para o exterior. Minha irmã tinha um espírito aberto, mas era menos ávida de conhecimentos do que eu. Zaza era viva e inteligente, mas suas relações complexas com sua família, mais tarde seus amores infantis, mais tarde ainda a nostalgia que estes lhe despertavam, deixavam-na menos disponível do que eu. Quanto a mim, até dez ou doze anos, não tive, por assim dizer, problemas: podia consagrar-me integralmente a minhas investigações. Não era precoce. Aos doze anos, em Meyrignac, ainda brincava como criança com minha irmã e minha prima. Lia com prazer livros pueris; estes, porém, me faziam entrever o que me interessava acima de tudo: as variações possíveis da condição humana e as relações que as pessoas mantêm entre si. A mecânica não me atraía: não desejava compreender como são fabricados e como funcionam os objetos. Amava a história — só mais tarde ela me entediaria —, que me revelava os costumes dos povos do passado, e também a pré-história e a paleontologia. Interessava-me pela cosmografia, pela geografia, devorava relatos de viagem. Ao aprender inglês, descobri, com alegria, uma literatura, um país. Queria recapturar o passado e apreender, estrelas no centro da terra, todo esse universo que me rodeava.

No sentido em que se define como um encontro significativo de duas séries causais que nenhuma finalidade orientava uma em direção à outra, o acaso absolutamente não interferiu nos meus dez primeiros anos; só foi fortuito o fato de meus pais me terem dado uma irmã e não um irmão. Jacques era meu primo e, apesar do afeto um pouco admirativo que me inspirava, não representou papel significativo em minha infância. O primeiro acaso importante foi para mim, em torno dos meus dez anos, o aparecimento de Zaza no curso Désir. Ambas deveríamos fazer nossos estudos numa instituição católica, mas nem para uma nem para outra era necessário que fosse aquela; além disso, poderíamos não estar na mesma classe. Nesse caso, certamente nunca nos teríamos conhecido, porque meus pais e os Mabilles não tinham nenhuma relação comum. Minha infância, então, não teria sido iluminada por uma grande amizade, pois minhas outras colegas sempre me inspiraram apenas sentimentos bastante moderados.

O que não foi acaso foi a maneira pela qual explorei ao máximo nosso encontro; aberta, sociável, já me ligara a algumas de minhas colegas; tivera uma "melhor amiga", com a qual me entendia bastante bem, mas nada de especial. Reconheci imediatamente o valor de Zaza e tentei estabelecer uma cumplicidade com ela: sentei-me a seu lado no curso e não conversei com mais ninguém a não ser ela. Fui ajudada pelo que minha infância fizera de mim: menos desenvolta, menos viva que Zaza, admirando-a por tudo o que tinha de diferente de mim, não fiquei, apesar disso, paralisada pela timidez; consegui interessá-la. Não sei se convenci minha mãe a convidar Zaza, ou se a Sra. Mabille tomou a iniciativa. De toda maneira, fui eu que construí essa amizade, da qual Zaza participava espontaneamente, mas sem suspeitar o quanto representava para mim.

Sem ela teria sido diferente minha vida de adulta? É muito difícil dizer. Conheci, através de Zaza, a felicidade de amar, o prazer do intercâmbio intelectual e das cumplicidades cotidianas. Ela fez com que eu abandonasse meu personagem de criança comportada, ensinou-me a independência e a irreverência: só que de modo superficial. Não representou nenhum papel nos conflitos intelectuais que marcaram minha adolescência: nunca a misturei com o trabalho que se processava em mim. Até mesmo ocultei-lhe cuidadosamente que lia livros proibidos, que questionava a moral e a religião; durante muito tempo, escondi-lhe que já não acreditava em Deus. Nos acontecimentos exteriores, nossa amizade não intervinha em nada. Foi por causa dela que estudei matemática: isso me deu prazer, mas não foi marcante. Seu pai recomendou a meus pais o colégio Saint-Marie, onde conheci Garric e a Srta. Lambert; Garric foi apenas uma fantasia para mim; a Srta. Lambert me estimulou a fazer filosofia, o que decidiu minha vida. Mas, de qualquer maneira, eu teria certamente escolhido esse caminho, pois era essa minha vocação profunda. Através de Zaza conheci Stépha e indiretamente Fernand, que me proporcionaram muita coisa, mas nada de verdadeiramente essencial.

A felicidade que senti com Zaza não teria, portanto, marcado minha vida duradouramente? Não estou certa disso. Minha família, a partir de meus dezesseis anos, me inspirou um desejo de evasão, iras e rancores; mas foi através do *entourage* de Zaza que descobri como era odiável a burguesia. De toda maneira, eu me teria voltado contra ela; mas não teria sentido em meu coração, e pago com minhas lágrimas, o falso espiritualismo, o conformismo sufocante, a arrogância, a tirania opressiva. O assassinato de Zaza por seu ambiente foi, para mim, uma experiência transtornante e inesquecível. E, também, sem Zaza, em que morna solidão teriam transcorrido minha adolescência e minha juventude! Ela foi minha única relação prazerosa com a vida não livresca. Minha tendência era defender-me das forças hostis com um orgulho crispado: a admiração que sentia por Zaza salvou-me disso. Sem ela talvez me tivesse transformado, aos vinte anos, numa pessoa desconfiada e amarga, ao invés de estar disponível para receber a amizade, o amor, o que é a única atitude adequada para suscitá-los. Não posso imaginar-me, aos vinte anos, diferente do que era: mas também não posso imaginar uma infância minha em que Zaza não tivesse existido.

Por que ela se perdeu na morte, quando teria desejado viver, amar, talvez escrever? Quais foram seus reveses? Em primeiro lugar, creio, o de sua primeira infância: menos valorizada por seu pai do que sua irmã mais velha, apaixonadamente ligada a uma mãe afetuosa mas pouco disponível, sob sua aparente desenvoltura Zaza era muito vulnerável e insegura: é o que confirmam as últimas palavras que pronunciou: "Sou um lixo". Ela foi dilacerada por contradições que não tinha forças para superar e que a destruíram: a seu amor pela mãe opuseram-se o amor que sentiu, aos quinze anos, por seu jovem primo e, mais tarde, o que lhe inspirou Pradelle. Sua fragilidade original tornou mortais esses conflitos.

Por volta de doze ou treze anos, tive ocasião de desviar a linha de minha vida. Meu pai, horrorizado com a pobreza do ensino que nos dispensavam no curso Désir, pensou em colocar-nos num liceu: nossos estudos seriam mais sólidos e custariam menos. Minha mãe talvez tivesse concordado, se eu me tivesse aliado a ele. Havia, assim, dois caminhos diante de mim. Mas, como na maioria dos casos, não me pareceu que pudesse optar: minha decisão foi imposta a mim. Não queria separar-me de Zaza. Além disso, estava ligada a meu passado, ao conjunto de minhas companheiras, às salas de aula onde tantos de meus dias haviam transcorrido. Estava segura de mim dentro de um marco que me era familiar; a ideia de enfrentar um mundo desconhecido aterrorizava-me.

Eu gostava do lazer que um horário não sobrecarregado me proporcionava. Sabia que o dos liceus era muito mais exigente. Assim, sem hesitar, aliei-me aos protestos de minha mãe.

Meu pai não podia insistir; sempre deixara a cargo de minha mãe o cuidado de nossa educação: propor essa mudança já era uma intervenção inopinada de sua parte. Se, no entanto, Zaza não existisse, se ele, apelando para imperiosas razões financeiras ou outros motivos, tivesse sabido convencer-me a ir para um liceu, o que teria acontecido? No início, desambientada, sobrecarregada, certamente teria tido um aproveitamento medíocre, e minha vaidade teria ficado ferida; mas a continuação de meus estudos provou que podia adaptar-me a mudanças; terminaria atingindo um bom nível. Brilharia menos do que no curso Désir, já que a competição era mais intensa; em compensação, porém, muitas oportunidades me teriam sido oferecidas: professores inteligentes, colegas de espírito aberto. Não teria sido obrigada a esconder minha evolução intelectual como se fosse uma tara. Teria atingido meus objetivos mais facilmente e mais depressa. E talvez me perguntasse, atualmente, com um horror retrospectivo: "Mas se tivesse permanecido no curso Désir não teria perdido todas as minhas oportunidades?"

Permaneci lá porque toda a minha vida anterior me levava a isso, e não por uma escolha deliberada. Minha verdadeira liberdade durante esse período situa-se em outra área: num trabalho penoso e estimulante que, durante minha idade ingrata, contribuiu para fazer de mim o que sou. Incluo entre as minhas chances o fato de as divergências morais de meus pais me terem levado à contestação. Resolvi depender apenas de mim mesma. Libertei-me de determinados tabus. Meu projeto de estudar e de escrever fortaleceu-se. Reconheci que já não acreditava em Deus. Mais adiante falarei de meu ateísmo. Mas quero deixar claro, desde já, que a inabilidade do padre Martin não teve papel importante em minha evolução. Ela afastou-me dele e não da religião, à qual ainda permaneci ligada durante algum tempo. Mas aprendera a refletir e minha fé perdera sua ingenuidade primitiva; transformara-se nesse duvidoso compromisso com o qual muitos se contentam e que consiste em crer que se crê: eu era muito íntegra para acomodar-me assim.

Ao nascer, estava encarrilhada. Relatei que, em 1919, tendo meus pais se tornado "novos pobres", houve um desvio nos trilhos e fui colocada em outra via: a que mais me convinha. Isso foi também uma de minhas chances. Sofri um pouco com nossas dificuldades, diretamente e sobretudo por causa do mau humor de meus pais. Contudo, sem elas, ao deixar o curso Désir, teria tido mais dificuldade em prosseguir meus estudos.

Fui obrigada a tomar algumas decisões; mas aqui também parece-me que não optei: segui o caminho imperiosamente indicado por meu passado. Desde a infância desejava ensinar. Quando sugeriram que me tornasse bibliotecária, recusei: a austeridade da filologia e do sânscrito me desagradava. Convenci meu pai — que desejava um lugar de funcionária para mim — que me permitisse dedicar-me ao magistério. Bastou um ano para que percebesse que não desejava especializar-me nem em matemática nem em letras, mas sim em filosofia: convenci a Srta. Lambert e, por seu intermédio, meus pais. Mais adiante, a escolha dos temas a apresentar e a escolha da tese final dependeram das circunstâncias: eram, aliás, decisões bastante insignificantes. Iniciativa mais importante foi a de fazer a licenciatura em 1929; mas foi também uma decisão indicada por minha situação: tinha direito a tentar o concurso, sentia-me sufocada em casa, queria terminar com tudo aquilo o mais rápido possível.

Assim, durante todos esses anos de infância, adolescência e juventude, minha liberdade jamais assumiu a forma de um *decreto*; foi a continuação de um projeto original, permanentemente retomado e fortalecido: saber e exprimir. Ele se ramificou em projetos secundários, em múltiplas atitudes em relação ao mundo e às pessoas: mas todos com o mesmo sentido e a mesma fonte. Inscrevi-me nas equipes sociais, procurei e cultivei a amizade de Jacques, frequentei os colegas da Sorbonne, andei, às escondidas, pelos bares de Montparnasse, liguei-me a Stépha, beneficiei-me da simpatia que me dedicava Herbaud. Jamais era passiva: solicitava a vida. Muitas vezes, em minhas buscas, acabei em situações de impasse. Mas fiz também descobertas que me enriqueceram. E minha atitude multiplicava minhas oportunidades de um encontro decisivo.

De minha infância à minha maioridade eu ia de descoberta em descoberta; minha vida era uma aventura. No entanto; ao mesmo tempo, como toda existência, obedecia a ciclos. Isso foi particularmente marcante durante os anos em que frequentei o curso Désir. Ia lá praticamente todos os dias, fazendo o mesmo trajeto, a pé ou de metrô, encontrando os mesmos professores e os mesmos colegas. Os domingos repetiam os domingos e as férias de verão, as do ano anterior. Depois que me formei, rompeu-se a rotina. O Saint-Marie, o Instituto Católico, a Sorbonne, sobretudo, foram grandes novidades. Descobri a Biblioteca Nacional. Familiarizei-me com rostos desconhecidos. Continuava, porém, ancorada no lar de meus pais, submetida a seu ritmo de vida. Foi somente depois de minha licenciatura que os velhos marcos se romperam.

Minha existência durante esses vinte anos caracterizou-se pela dupla continuidade de seu desenrolar. Meu organismo metamorfoseou-se. E, por outro lado, fiz uma aprendizagem permanente. O tempo era então, positivamente, um fator de acumulação: como possuía uma excelente memória, pouco perdia de tudo o que acumulava. No entanto, cabe observar que em todo indivíduo, mesmo se desde o nascimento até a maturidade ele não para de progredir, constata-se uma espécie de desaceleração. Tolstói, octogenário, escreveu que uma distância muito pequena o separava de seus cinquenta anos, ao passo que entre o recém-nascido e a criança de cinco anos estendem-se espaços infinitos. Esse aparente paradoxo encerra uma grande verdade. A metamorfose da larva humana num indivíduo que fala tem algo de fantástico. Depois, a conquista da linguagem, do pensamento racional, da leitura, da escrita, dos rudimentos do saber, constitui ainda um feito extraordinário, mas já menos. Mais tarde, o progresso continua, porém mais lentamente. Em termos escolares, aprende-se mais nas últimas séries do que nas primeiras, mais na Sorbonne do que nas últimas séries: entretanto, na formação geral do indivíduo, essas aquisições representam um papel menos importante. (Dentro dessa desaceleração, houve, contudo, um ano privilegiado para mim: o ano em que deixei o curso Désir, que me trouxe, graças a Jacques, a maravilhosa revelação da literatura contemporânea.)

Na medida em que eu crescia, minha situação em relação aos adultos e sua conduta para comigo modificavam-se, e tais modificações, por sua vez, agiam sobre mim: tinha de readaptar-me à maneira pela qual eles se adaptavam a mim. Minha mãe parou de colocar-me em seu colo, passou a tratar-me com uma seriedade que me envaidecia: assumi o papel de uma criança ajuizada. Sob a influência de Zaza, e certamente também por causa de minha idade, por volta dos doze anos, tornei-me agitada e contestadora. As reações severas das mestras provocaram em mim uma rebelião interior: repudiei sua moral e o Deus que a garantia; senti a distância entre a imagem que elas e meus pais guardavam de mim e minha verdade. Mais tarde, no início de minha vida de estudante, fiz confusamente a aprendizagem da necessidade no sentido sartriano da palavra: o destino como exterioridade da liberdade. Eu fizera de mim, livremente e — assim eu pensava — com a aprovação de todos uma estudante consciensiosa: e me via transformada num monstro. Em casa, tornei-me, então, fechada, taciturna, hostil. Felizmente, companheirismos, amizades ajudaram-me a recuperar uma imagem de mim mais alegre.

Durante minha infância e minha juventude minha vida tinha um sentido claro: a idade adulta era seu objetivo e sua razão. Viver, aos vinte anos, não é preparar-se para ter quarenta. Para as pessoas que me rodeavam e para mim, meu dever de criança e de adolescente consistia em moldar a mulher que eu seria amanhã. (É por isso que as *Mémoires d'une jeune fille rangée* [*Memórias de uma jovem bem comportada*] têm uma unidade romanesca que não está presente nos volumes seguintes. Como nos romances de aprendizagem, do início ao fim o tempo transcorre com rigor.) Sentia, então, minha existência como uma ascensão. É verdade que nada se ganha sem perder alguma coisa. É um lugar-comum o fato de que, realizando-nos, sacrificamos possibilidades. As montagens operadas no cérebro e no corpo da criança prejudicam aquelas que desejariam estabelecer-se depois. Os interesses constituídos eliminam outros: o interesse pelo conhecimento obliterou vários outros em mim. O dispor de um objeto priva-o de sua novidade. As regressões das crianças significam que elas lamentam crescer. Eu perdi os carinhos de minha mãe, a despreocupação e a irresponsabilidade dos primeiros anos, e meu deslumbramento diante dos mistérios do mundo. Às vezes, o futuro me assustava: teria de levar um dia a existência apagada e monótona de minha mãe? Minha irmã e eu nos tornaríamos duas estranhas? Deixaríamos algum dia de ir a Meyrignac? Mas no total o balanço era amplamente positivo. O único escândalo de minha juventude foi a morte; crescer me agradava: eu progredia. Mais tarde, desejava fugir de minha família. Envelhecer significou então para mim, ao mesmo tempo, amadurecer e libertar-me. Mesmo em meus dias mais sombrios, meu otimismo me incitava a confiar no futuro. Acreditava em minha estrela e o que viria a me acontecer só poderia ser bom.

Muitas crianças e adolescentes aspiram à idade adulta como uma libertação. Mas outras a temem. Zaza teve muito mais dificuldade em crescer do que eu. A ideia de separar-se de sua mãe deixava-a desolada. A magia de sua infância fazia com que achasse sem graça sua adolescência, e a perspectiva de um casamento de conveniência assustava-a. Para o filho do operário é sofrido tornar-se também operário, isto é, condenado a apenas repetir a vida do pai. Muitos jovens se defendem contra a passagem à maturidade através de rebeliões, delinquência, vagabundagem, droga, violência, um desafio à morte que pode chegar até o suicídio. Para mim, a ideia de ganhar minha vida com um trabalho que me conviesse era excitante, sobretudo porque minha condição feminina me predestinava à dependência.

Que teria ocorrido se minha situação familiar tivesse sido diferente? Quanto a essa possibilidade, posso fazer várias suposições. A primeira é que meus pais, embora arruinados, tivessem tido comportamentos diferentes. Se minha mãe tivesse sido menos indiscreta e menos tirânica, os limites de sua inteligência ter-me-iam incomodado menos; o rancor não teria obliterado a afeição que lhe dedicava, e eu teria suportado melhor o distanciamento de meu pai. Se meu pai, mesmo sem intervir em minha luta contra minha mãe, tivesse continuado a interessar-se por mim, isso me teria ajudado muito. Se ele tivesse ficado abertamente de meu lado, exigindo, para mim, algumas liberdades que ela me teria então concedido, minha vida, assim, teria sido menos árdua. Se ambos se tivessem mostrado amigáveis, de toda maneira eu estaria contra seu modo de viver e de pensar; sentir-me-ia mais ou menos sufocada em casa e sentir-me-ia só; mas não rejeitada, exilada, traída. Meu destino não mudaria por causa disso: mas muitas tristezas inúteis teriam sido evitadas. É o único período de minha vida que me deixou queixas. A crise de minha idade ingrata foi fomentada por mim mesma, e foi fecunda; abri mão da segurança das certezas pelo amor à verdade: a verdade me recompensou. Dos dezessete aos vinte anos, a atitude de meus pais me entristeceu profundamente sem que isso me trouxesse benefício algum.

    Se eles tivessem conservado sua fortuna, teríamos vivido de maneira mais agradável, seu humor teria sido menos sombrio: mas eu tinha entre onze e doze anos quando sua situação se modificou, já estava formada. Minha mãe era tão timorata e despótica, que não saberia inventar-nos prazeres e detestaria que nos divertíssemos sem ela. Eu, certamente, me teria dedicado mais aos jogos e esportes: se, em La Grillère, apaixonei-me tão fanaticamente pelo croqué, foi porque não havia outra distração desse tipo em minha vida. Mas minhas brincadeiras fantasiosas com minha irmã é que teriam sido sacrificadas em maior ou menor grau, certamente não meus estudos ou minhas leituras. Mesmo se me vestissem melhor e me sentisse, portanto, mais segura, teria detestado as reuniões sociais. Não, o dinheiro pouco teria alterado minha infância ou minha adolescência. E se não tivesse sido obrigada a trabalhar, de toda maneira teria conseguido prosseguir meus estudos.

    Num único mas importante aspecto, a linha de minha vida poderia ter sido desviada: Jacques se teria interessado mais facilmente por mim, se eu me ataviasse melhor e se exibisse aquela segurança que comumente o dinheiro proporciona; minha pobreza não teria sido um obstáculo para um casamento que, em determinado momento, o tentou. Não especulo sobre a hipótese: e se ele se tivesse casado comigo sem fortuna? Seria preciso que ele fosse diferente, de tal maneira que essa suposição não tem sentido. Mas do jeito que ele era, se eu tivesse um dote, certamente ele se teria casado comigo. Se me tivesse pedido em casamento, antes que eu conhecesse Sartre, qual teria sido minha reação? É difícil fantasiar retrospectivamente sobre nossa vida: seria necessário ter em mãos todas as variáveis. Satisfeito com sua situação, meu pai não veria em mim a imagem de seu fracasso, não se teria afastado de mim; mesmo sendo importunada por minha mãe, minha casa não me pareceria um inferno, nem Jacques, o libertador. Talvez o visse apenas como um amigo, cujos defeitos não me escapariam. Mesmo quando pensava em unir-me a ele, essa ideia às vezes me horrorizava. Teria hesitado. No entanto, se ele me tivesse falado de amor, a emoção, a atração física que se desenvolveria entre nós sem dúvida me teriam convencido.

E então? Jacques teria bebido menos e orientado sua vida mais sensatamente? Não creio que eu pudesse preencher o vazio que havia nele: ele não saberia receber aquilo que eu poderia dar a alguém. Rapidamente eu descobriria a pobreza de seus sentimentos e, intelectualmente, ele não me satisfaria. No entanto, permaneceria ligada a ele e aos filhos que teríamos tido. Teria sofrido os conflitos de tantas mulheres jovens, presas pelo amor e pela maternidade, sem terem esquecido seus antigos sonhos.

O que sei, com segurança, é que teria vencido isso. Meus primeiros dezoito anos me haviam feito de tal maneira que não podia traí-los. Impossível imaginar que pudesse renegar minhas ambições, minhas esperanças, tudo o que me era necessário para conferir um sentido a minha vida. Em determinado momento teria recusado a acomodação burguesa. Separada ou não de Jacques, teria retomado meus estudos, escreveria e, certamente, terminaria por afastar-me dele. Teria tido de vencer vários obstáculos; superá-los talvez me tivesse sido tão útil quanto as facilidades que me couberam. Para a jovem que eu era, vários futuros eram concebíveis, embora a mulher que sou atualmente não esteja em condições de se imaginar diferentemente.

Qual foi a importância real de Jacques em minha vida? Bem menor do que a de Zaza. Minha iniciação na literatura e na arte moderna, de toda maneira, ocorreria durante os anos da Sorbonne. Graças a ele, conheci a "poesia dos bares"; frequentei-os: foi uma descompressão que se me revelou útil, mas que não me proporcionou grande coisa. Através de Jacques conheci mais tormentos do que alegrias. Na verdade, o que ele representou em minha juventude foi a parte do sonho. Antes eu quase não sonhava: Zaza, os livros, a natureza, meus projetos me bastavam. Aos dezoito anos, pouco à vontade na família e comigo mesma, sonhava: não em ser diferente, mas em compartilhar uma vida que me parecia admirável — a de

Garric — ou emocionante — a de Jacques. Esse sonho durou muito tempo, sem que eu acreditasse totalmente nele. Meus sentimentos por Jacques eram construídos, ao passo que os que experimentava por Zaza eram verdadeiros. Embora insólito, Jacques nada tinha de extraordinário, enquanto que Zaza era excepcional.

Em relação a Zaza, a Jacques e a muitos outros, observo a grande parte de ignorância que havia em minhas relações com eles; julgava-os transparentes, mas tinham um avesso oculto de que eu não suspeitava. Podia emocionar-me, quando, entrando no quarto de Zaza em sua ausência, indagava a mim mesma qual a satisfação que ela encontrava em sua vida; contudo, para mim, esta se reduzia àquilo que eu conhecia. Faltavam-me imaginação, perspicácia e experiência. Sentia uma confiança infantil nas palavras das pessoas e não questionava seus silêncios. Caí das nuvens quando tomei conhecimento do romance de adolescência de Zaza, da ligação de Jacques, quando Fernand me deu a entender que ele ia para a cama com Stépha. No entanto, Zaza não seria como era, tal como eu gostava dela, sem seu amor apaixonado e contrariado por seu jovem primo. Minha própria vida era opaca para mim, quando eu pensava conhecê-la toda.

Fui mais cega ainda quanto ao contexto social e político no qual ela se construía. Minha história era tipicamente a de uma jovem burguesa francesa de família pobre. Tinha acesso aos bens de consumo que ofereciam meu país e minha época, na medida em que estavam de acordo com o orçamento de meus pais. Meus estudos, minhas leituras me eram impostos pela sociedade, que conheci primeiro pela mediação de meus pais e depois de uma maneira mais direta, mas sem que me interessasse demais. Tal indiferença estava condicionada pelo estado do mundo: foi a segurança do pós-guerra que permitiu que me preocupasse tão pouco com os acontecimentos. Na Sorbonne, os colegas obrigaram-me a preocupar-me um pouco. Entendi a ignomínia do colonialismo. Stépha converteu-me ao internacionalismo e ao antimilitarismo. Assumi plenamente a repulsa que sentia, há muito tempo, pelo fanatismo de direita, o racismo, os valores burgueses e todos os obscurantismos. A ideia de Revolução me seduzia. Deslizava para a esquerda: todo intelectual de boa-fé, em nome do universalismo que lhe ensinam, só pode desejar a abolição das classes. Minha aventura individual, porém, era mais importante para mim do que a da humanidade. Eu não sabia em que medida a primeira dependia da segunda, sobre a qual continuava muito mal-informada.

Como teria evoluído se não tivesse encontrado Sartre? Ter-me-ia libertado mais cedo ou mais tarde de meu individualismo, do idealismo e do espiritualismo que ainda me dominavam? Não sei. O fato é que o encontrei e que esse foi o acontecimento capital de minha existência.

Para mim é difícil decidir em que medida isso se deveu ao acaso. Não foi puramente fortuito. Dedicando-me a estudos superiores, eu me dera o máximo de chances para que tal encontro ocorresse: o companheiro ideal, com o qual sonhara aos quinze anos, deveria ser um intelectual, ávido como eu de compreender o mundo. Por outro lado, com os olhos, os ouvidos aguçados, desde que cheguei à Sorbonne, tentei descobrir entre meus colegas aquele com o qual melhor me entenderia. Finalmente, minha abertura para com os outros me proporcionava simpatias: conquistei a de Herbaud e, através dele, a de Sartre.

No entanto, se ele tivesse terminado seu curso um ano antes, se eu me tivesse apresentado um ano depois, nós nos teríamos ignorado? Não necessariamente. Herbaud poderia ter servido de intermediário. E, mesmo, muitas vezes pensamos que, se esse encontro não tivesse ocorrido em 1929, poderia ter ocorrido mais tarde: o círculo de jovens professores de esquerda ao qual pertencíamos era restrito. De toda maneira, eu escreveria, frequentaria escritores e, através de seus livros, teria desejado conhecer Sartre. Entre 1943 e 1945 meu desejo teria sido satisfeito, dada a solidariedade que unia os intelectuais antinazistas. Um vínculo diferente talvez, mas sem dúvida muito forte, teria surgido entre nós.

Se foi, em parte, um acaso que nos colocou frente a frente, a ligação que uniu nossas vidas foi escolhida livremente: uma tal escolha não é um decreto, mas uma empresa duradora. Ela se manifestou inicialmente para mim por uma decisão prática: permanecer dois anos em Paris, em vez de assumir um lugar de professora. Adotei as amizades de Sartre, entrei em seu mundo, não, como pensam alguns, porque sou uma mulher, mas porque era o mundo ao qual aspirava há muito tempo. Aliás, Sartre adotou minhas amizades como eu as dele: simpatizou com Zaza; muito cedo, porém, só restaram de meu passado minha irmã, Stépha e Fernand; os amigos dele eram mais numerosos e ligados uns aos outros por vínculos afetivos e afinidades intelectuais.

Zelei vigilantemente para que nossas relações não se alterassem, pesando o que devia aceitar, recusar, de sua parte, da minha, para não comprometê-las. Teria consentido, a contragosto, mas sem desespero, que ele partisse para o Japão. Estou certa de que, ao final de dois anos, nos reencontraríamos como havíamos prometido. Uma decisão importante foi a de ir para Marselha em vez de me casar com ele. Em todos os outros casos minhas resoluções coincidiram com meu impulso espontâneo; neste não. Desejava ardentemente não deixar Sartre. Optei pelo que no momento me era mais difícil por preocupação com o futuro. E também essa foi a única vez em que me pareceu ter evitado um perigo e dado à minha vida uma bordoada salutar.

Que teria ocorrido se eu tivesse aceitado? Essa hipótese não tem sentido. Por minha maneira de ser, respeitava os outros. Sabia que Sartre não desejava o casamento. Não podia desejá-lo sozinha. Houve ocasiões em que o coagi em pequenas coisas (e reciprocamente), mas jamais considerei a hipótese de compeli-lo em circunstâncias sérias. Suponho que — por motivos que aliás mal consigo imaginar — se o casamento se tivesse imposto a nós, sei que teríamos conseguido vivê-lo em liberdade.

A liberdade: em que medida a utilizei durante os dez anos que se seguiram? Em que intervieram o acaso e as circunstâncias?

Tomei algumas iniciativas ditadas pela situação: pedi para ficar mais perto de Paris e fui designada para Rouen, não longe de Sartre, que ensinava no Havre. Solicitar, aceitar um lugar em Paris era automático. Concordava plenamente com que Sartre passasse um ano em Berlim. Juntos, preferimos a uma *khâgne*[3] que lhe propunham em Lyon, uma cadeira de filosofia em Laon, achando com razão que ele retornaria mais depressa a Paris.

---

[3] Classe dos liceus que prepara para a Escola Normal Superior (letras). (N. da T.)

Meu destino, durante esse período, assemelhava-se ao da maioria das pessoas: também trabalhava para reproduzir minha vida. Minha existência, como a delas, era repetitiva, coisa que às vezes me pesava. Mas eu era privilegiada. A maioria não espera escapar a essa rotina até o momento desejado, e temido, da aposentadoria. A única novidade para elas é a que proporcionam o nascimento e o desenvolvimento de seus filhos: ela se perde no dia a dia, na monotonia do cotidiano. Eu tinha muita disponibilidade: lia, fazia amizades, viajava, continuava a fazer descobertas. Minha atenção para com o mundo permanecia desperta. Minha relação com Sartre continuava viva; não estava escravizada a um lar; não me sentia acorrentada a meu passado. E tinha os olhos fixos num futuro promissor: tornar-me-ia escritora. Era na aprendizagem do escrever que essencialmente minha liberdade estava engajada. Não se tratava de uma ascensão tranquila, semelhante à que me levara à licenciatura em filosofia, mas um esforço hesitante: marcando passo, recuando, fazendo progressos tímidos.

Acasos contribuíram para povoar minha vida. Colette Audry podia não ter-se encontrado no mesmo liceu que eu, Olga, Bianca, Lise podiam não ter feito meus cursos. Em decorrência do interesse que sentia pelas pessoas, teria sido anormal que nenhuma de minhas colegas, nenhuma de minhas alunas chamasse minha atenção. No entanto, em lugar desses encontros, eu poderia ter realizado outros, cuja contribuição teria sido mais ou menos rica, e que teriam dado uma coloração diferente à minha vida. Foi um acaso que tenham ocorrido aqueles e não outros. Mas tal acaso não podia significar muito, a meu favor ou contra mim, já que o essencial de minha existência estava garantido.

Minha liberdade pesou na maneira como cultivei tais amizades. Interessa-me particularmente detectar qual foi sua parte em minhas relações com Olga, pela complexidade destas.

Fui eu quem tomou a iniciativa de sair às vezes com ela. Comovida com sua amizade, estimulada por Sartre, obtive de seus pais que a deixassem retornar a Rouen, em vez de confiná-la em Caen como desejavam. Não consegui prepará-la, como projetara, para sua licenciatura em filosofia; tive de resignar-me à sua preguiça: eu não *podia* agir de outra maneira. O prático-inerte, como Sartre mostrou, suporta exigências; uma amizade não é vivida somente no dia a dia, ela recai no passado, torna-se uma realidade rígida que somos obrigados a tolerar: esta demandava ser continuada. Não era o caso de brigar com Olga ou de teimar em lutar contra ela. Depois me confrontei com outras impossibilidades: "Tinha muita necessidade de concordar em tudo com Sartre para ver Olga com outros olhos que não os seus."[4] Essa necessidade tinha sua fonte em mim, eu a escolhia permanentemente: tal escolha, porém, contrariava outras e, por isso, dentro do trio que havíamos criado, eu estava dividida. Não *podia* sair dele, mas não me sentia à vontade permanecendo. Foi Olga quem resolveu a situação, ligando-se a Bost. A partir de então, eu estava pronta a satisfazer as exigências de nossa amizade. Vivi-a em liberdade e não coagida.

Exatamente nesse momento houve um acontecimento que poderia ter destruído definitivamente minha existência: minha doença. Ela não teve nada de fortuito. Eu me cansava excessivamente, não me cuidei como deveria ter feito. Ela foi também uma fuga: escapava assim do trio que acabara de terminar, mas onde as tensões subsistiam. Também não foi um acaso que não tenha sido possível contê-la: os antibióticos não existiam. O fato de ter sobrevivido é um acaso — pelo menos a nível do conhecimento que tinham os médicos. Davam-me cinquenta por cento de chance de recuperar-me.

Durante esses dez anos parecia-me que construía minha vida com minhas próprias mãos; isso não era inteiramente falso; no entanto, como no período precedente, eu era condicionada pela sociedade. Consumia as mercadorias que ela me oferecia; ela me fixava um determinado salário: a margem de decisão que me concedia era muito pequena. Profissionalmente, tinha o status confortável dos professores de liceu dessa época; podia tomar algumas iniciativas: contudo, os programas, os horários, o número de alunos não eram determinados por mim. No terreno cultural tinha liberdade de escolha: mas apenas entre os livros, os filmes, as exposições que me eram propostas. Frequentemente, além disso, quando julgava estar inventando uma forma de conduta, na verdade estava apenas conformando-me a um

---

[4] *La force de l'âge* (*A força da idade*).

modelo: fazer esportes de inverno, passar férias na Grécia era seguir o exemplo de um grande número de pequeno-burgueses franceses. No entanto, sentia-me desconcertada quando, sob um olhar distante, me percebia como o fragmento de uma coletividade. Quando Stépha disse em Rouen: "Como comem bem esses franceses!"; e em outra ocasião, Fernand: "Franceses asquerosos", eu não admitia que suas afirmações me dissessem respeito. Assim como, em criança, não desejava ser catalogada como uma das crianças — eu era *eu* —, não aceitava agora ser definida como uma francesa: aqui também pensava que eu era *eu*.

A situação de um país depende de sua história e da história do mundo; eu era, portanto, tributária dos acontecimentos: recusava-me a interessar-me por eles. Estava mais ou menos informada do que ocorria, mas com muito pouco envolvimento. Para dar uma ideia exata de minha vida, deveria ter precisado melhor, em *La force de l'âge*, a extensão de minhas ignorâncias. Um indivíduo se define tanto — e às vezes até melhor — por aquilo que lhe escapa como por aquilo que ele atinge. Luís XVI e o último czar, anotando sumariamente em seus diários íntimos: "Hoje, nada", enquanto, em volta deles, desencadeava-se a Revolução, revelam mais de si mesmos do que em qualquer de seus atos ou afirmações. Como já disse, entre 1929 e 1930, toda a esquerda francesa sofria de ceticismo político. Era fácil para mim participar disso, porque não sentia a pressão da história a ponto de incomodar-me. E queria não ver: queria acreditar que nada jamais poderia ameaçar minha felicidade. A Frente Popular foi importante para mim: porque era portadora de esperanças e não de ameaças. A guerra da Espanha me emocionou: mas não achava que me dissesse respeito diretamente. Usei minha liberdade para desconhecer a verdade do momento que vivia.

A verdade saltou-me aos olhos em 1939. Percebi que estava submetida à minha vida porque deixei de aquiescer com o que me era imposto: a guerra me dilacerou, separou-me de Sartre, de minha irmã; passei do medo ao desespero, depois a cóleras, repulsas, entremeadas de lampejos de esperança. Cada dia, cada hora, avaliava o quanto dependia dos acontecimentos. Eles se tornaram a própria substância de meus dias. Em grande parte eles me escaparam por causa da censura:

mas tentava apaixonadamente conhecê-los, compreendê-los; já não os distinguia de meu próprio destino.

A parte de liberdade que me restou era muito pequena. Durante o inverno de 1939, consegui visitar Sartre em Brumath: nisso também estava apenas imitando um grande número de mulheres. Em junho de 1940 deixei Paris: meu liceu transferia-se para Nântes, o pai de Bianca oferecia-me um lugar em seu carro, essa partida era uma consequência natural. Aproveitando uma oportunidade, voltei logo de La Pouèze: esse retorno também me foi imposto. Minha atitude sob a ocupação foi ditada por meu passado: minha escala de valores, minhas convicções. Em política, meus engajamentos sempre exprimiram as ideias que formei durante minha vida: o problema era escolher, no presente, as condutas que, em circunstâncias inéditas, as traduzissem mais fielmente. Isso muitas vezes me trouxe problemas. Em 1940, no plano intelectual, não era possível nenhuma hesitação: só podia odiar o nazismo e a colaboração. Fazia também parte de minha linha tentar reagir à situação sem me deixar esmagar. Tranquilizada quanto ao destino de Sartre por um de seus companheiros de cativeiro, decidi acreditar num futuro feliz. Pedi a Hegel que me tornasse inteligível o curso de História. Aceitei e suscitei todas as distrações possíveis. Sobretudo, dediquei-me a terminar *L'invitée* (*A convidada*), depois escrevi *Le sang des autres* (*O sangue dos outros*). O que não consegui descobrir foi a maneira de traduzir por atos minha oposição ao nazismo. Foi Sartre, ao regressar do campo de prisioneiros, que tomou as iniciativas: a primeira — a criação do grupo Socialisme et Liberté (Socialismo e Liberdade) — primeiro me surpreendeu, mas ele me convenceu e associei-me, daí em diante, a suas atividades políticas. Adaptei-me à penúria material fazendo de minhas dificuldades uma mania. As circunstâncias nos levaram a deixar Paris em julho de 1944; retornamos voluntariamente, apesar das dificuldades, para assistir a esta festa: a Libertação.

As amizades que fizemos no fim da guerra nada tiveram de fortuito. Conhecemos Giacometti através de Lise, mas teria sido também através de Leiris. Gostávamos dos livros deste e Sartre trabalhou com ele no C.N.E. Ele nos apresentou a Salacrou, Bataille, Limbour, Lacan, Leibovitz, Queneau, pertencentes todos à resistência intelectual.

Camus — sobre quem Sartre escrevera um artigo — apresentou-se por conta própria durante uma representação de *Les mouches* (*As moscas*). Genet — que sabia que apreciávamos Notre-Dame des Fleurs — abordou Sartre no Flore. Supondo que não tivesse conhecido Sartre, ter-me-ia ligado a esses escritores? Sem dúvida. Nesse momento, teria certamente um livro editado; faria parte do C.N.E. e talvez tivesse encontrado Sartre justamente aí.

Em 1945 estava encarrilhada e tive de tomar poucas decisões. A mais importante foi a de não entrar para a universidade e não aceitar nenhum trabalho que me impedisse de dedicar-me a escrever. Já não precisava provocar oportunidades: minha realidade objetiva — escritora, colaboradora de *Temps Modernes*, grande sartriana — proporcionava-me inúmeras. Eu tinha apenas de rejeitá-las ou aceitá-las. Assim, fui convidada para ir a Portugal, à Tunísia, à Suíça, à Holanda sem ter procurado isso. Quanto à nossa viagem à Itália, empenhei-me mais: insisti para que ocorresse, apesar das circunstâncias desfavoráveis. Minha viagem à América foi organizada por Soupault: mais ou menos eu lhe pedira isso. Depois inventamos juntos, Sartre e eu, algumas de nossas viagens; outras nos foram insistentemente propostas, especialmente as que fizemos em 1960 a Cuba, ao Brasil, e em 1962 à Rússia. Nossas estadas em La Pouèze eram ao mesmo tempo solicitadas pela Sra. Lemaire e desejadas por nós. As idas ao sul foram programadas por mim de acordo com os gostos de Sartre. Deixei o hotel para instalar-me num quarto, na Rua de la Bûcherie e troquei esse quarto — depois de aceitar o prêmio Goncourt — por um estúdio perto do cemitério de Montparnasse. Em 1951, comprei um carro e aprendi a dirigir: essa iniciativa nada tinha de original; a indústria automobilística crescia e muitos franceses desejavam ter um carro.

Pelo fato de minha vida se expandir cada vez mais no mundo — por conhecer mais pessoas, por se multiplicarem as ocasiões que se me ofereciam —, o papel do acaso ficou reduzido a muito pouco. Os acontecimentos que ocorriam em minha vida eram prolongamentos ou consequências de minha história passada. No entanto, foi o acaso que, em 1947, colocou-me diante de Algren: nada era mais improvável do que esse encontro. Era normal que Sartre tivesse conhecido

Richard Wright nos Estados Unidos, assim como era normal que este me apresentasse aos intelectuais de Nova York. Mas ele não me falou de Algren, que morava em Chicago. Foi Nelly Benson quem me aconselhou a vê-lo, quando jantei com ela após quase haver recusado o convite. Em Chicago, por um triz Algren não atendeu meu telefonema e, apesar da simpatia que sentimos um pelo outro, eu não teria tornado a vê-lo, se Sartre não me tivesse pedido que prolongasse um pouco minha permanência nos Estados Unidos. No entanto, não teria ocorrido nada entre nós, se eu não estivesse bastante disponível para desejar esta aventura: eu não teria sugerido, por telefone, retornar a Chicago como ele me propusera. Depois, desejei nossa relação: nós nos convínhamos pelo que éramos e pelo que cada um representava para o outro. Mas eu a desejava dentro de certos limites que a condenavam, quase fatalmente, a um fim rápido. O que ela me proporcionou, narrei-o em *La force des choses* (*A força das coisas*).

O acaso representou um papel muito menor em minha ligação com Lanzmann. Ele poderia não pertencer à equipe de *Temps Modernes*; mas por sua idade, sua formação intelectual, suas ideias políticas, seu lugar ali era perfeitamente indicado. Também nesse momento eu me sentia disponível e desejava que algo me acontecesse: a simpatia que sentia por Lanzmann, e que sabia ser recíproca, estava pronta para transformar-se num sentimento mais profundo. Nossa diferença de idade, as circunstâncias, fizeram com que essa ligação terminasse depois de alguns anos, substituída por uma grande amizade. Também nesse caso o fim era fatal.

Sabia agora que o curso do mundo é a textura de minha própria vida, e seguia atentamente seu movimento. Sem informações suficientes, minha ignorância ainda era considerável: entre outras coisas, ignorei em 1945 a amplidão da repressão de Sétif e, até 1954, a verdadeira situação da Argélia; não sabia o que ocorria realmente na Rússia e nas democracias populares. Mesmo quando não estamos muito seguros, somos obrigados a tomar partido: isso não acontece sem hesitações e sem erros. Quanto a nossas relações com o partido comunista e os países socialistas, acompanhei Sartre em suas flutuações. Em determinados momentos a recusa de certos escândalos impunha-se a nós com uma evidência fulgurante: os campos soviéticos, o processo de Rajk e de Slansky, Budapeste. Sobre o capitalismo, o imperialismo, o colonialismo, nossas posições eram claras: era preciso combatê-los no que escrevíamos e, se possível, através de nossos atos. Estava intelectualmente engajada nessa luta, embora não tenha militado no plano prático. Tenho dificuldade em suportar os aborrecimentos dos congressos, dos comitês. Ainda assim, em 1955, participei do congresso de Helsínqui. Nesse mesmo ano, escrevi um livro sobre a China, onde passara dois meses, para tornar conhecida a Revolução Chinesa. Em diversas ocasiões assinei manifestos, participei de comícios. Fiz pequenas coisas durante a guerra da Argélia e contra o gaullismo. Quanto a esses dois últimos pontos, minhas convicções intelectuais impuseram-se a mim com tanta clareza como em 1940 minha rejeição ao nazismo; como traduzi-las em atos? Perguntei-o a militantes como Francis Jeanson ou a organizações engajadas na luta. Limitei-me a seguir suas orientações: mas, evidentemente, tinha primeiro optado por solicitá-las e essa era uma decisão livre.

Foi essencialmente no campo da criação literária que utilizei minha liberdade; escrevemos a partir daquilo que somos, mas trata-se sempre de um ato novo. Relatei em *La force des choses* como, até 1962, nasceram e se desenvolveram tais invenções: é desnecessário voltar a isso aqui.

Se considero a linha geral de minha vida, ela me surpreende por sua continuidade. Nasci, vivi em Paris: mesmo durante os anos que passei em Marselha, em Rouen, permanecia ancorada a Paris. Mudei muitas vezes de residência, mas sempre continuei praticamente no mesmo bairro: moro hoje a cinco minutos de meu primeiro domicílio, Paris se transformou em relação à época de minha juventude; ainda assim posso reencontrá-la em vários lugares: no Luxemburgo, na Sorbonne, na Biblioteca Nacional, em Montparnasse, em Saint-Germain-des-Paris. Já não escrevo nos cafés, mas trabalho quase sempre no mesmo ritmo, de acordo com os mesmos métodos. Já não faço longas caminhadas, mas passeio de carro. Minhas ocupações foram sempre as mesmas: a leitura, o cinema, ouvir discos, ver quadros.

Existe, no entanto, um terreno em que essa continuidade em grande parte interrompeu-se: as amizades que partilhava com Sartre. Às vezes foi a morte que as terminou; já contei como algumas se foram desfazendo ou romperam-se bruscamente, enquanto outras nasciam. Na maioria dos casos — no de Camus por exemplo — sua história me parece clara do início ao fim. No entanto, há uma que me intriga: a de Pagniez. Ele foi, durante anos, o melhor companheiro de Sartre, divertiam-se juntos e viam-se com bastante frequência. Nenhum conflito jamais os separou explicitamente: como puderam distanciar-se, a ponto de cessarem inteiramente de se ver? Jovens, havia entre eles divergências, mas apenas de opiniões e atitudes: nuances que não se inseriram em nenhuma práxis. Do momento em que se exprimem em escolhas, que imediatamente constituem um prático-inerte pleno de exigências novas, compreende-se que caminhos — que de início quase se confundiam — possam separar-se rapidamente. Era interessante que Pagniez fosse passadista e Sartre, extremista: duas maneiras de viverem sua condição de intelectuais pequeno-burgueses. Quando Pagniez se mostrou conservador, reacionário, enquanto Sartre descobria e considerava extremamente importante a luta de classes, isso tornou impossível um entendimento. Poderíamos imaginar, no entanto, que se estabelecesse, em homenagem ao passado, uma tolerância mútua: esta reinou, durante muito tempo, entre nós e a Sra. Lemaire. Tentamos isso com Pagniez, que dizia então: "Vocês escrevem, eu construí um lar feliz, o que também é bom." Mas logo percebemos que isso não era exatamente o que ele pensava, do contrário não teria nutrido tanto amargor em relação a Sartre. Já não nos víamos há muito tempo, quando, em 1960, ele se recusou a solidarizar-se com Pouillon e Pingaud, colegas seus, suspensos de suas funções por haverem assinado o manifesto dos 121.

No entanto, há também em minha vida vínculos muito antigos que nunca se desfizeram. Duas coisas lhe conferem essencialmente sua unidade: o lugar que Sartre jamais deixou de ocupar nela, e minha fidelidade a meu projeto original: conhecer e escrever. Ao que visei através dele? Como todo ser vivo, procurei atingir meu ser e para isso inspirei-me em experiências nas quais tinha a ilusão de haver chegado a isso. Conhecer era, como em minhas contemplações infantis, oferecer minha consciência ao mundo, arrancá-la do nada do passado, das trevas da ausência; parecia-me realizar a impossível união do em si e do para si, quando me perdia no objeto que olhava, nos momentos de êxtases físicos ou afetivos, no encantamento da lembrança, no pressentimento entusiasta do futuro. E desejava também materializar-me em livros que seriam como os que amara, coisas existindo para o outro, só que marcadas por uma presença: a minha.

Toda busca do ser está fadada ao fracasso; esse mesmo fracasso, porém, pode ser assumido. Renunciando ao sonho vão de nos tornarmos deus, podemos satisfazer-nos simplesmente em existir. Saber não é possuir e, no entanto, não me canso de aprender. Desejava participar da eternidade de uma obra na qual me encarnaria, mas principalmente queria ser ouvida por meus contemporâneos. São as relações com eles — cooperação, luta, diálogo — que durante toda a minha vida valorizei mais do que tudo.

No conjunto, meu destino foi feliz. Tive medos, revoltas. Mas não sofri opressão, não conheci o exílio, não fui atingida por nenhuma invalidez. Ainda não vi morrer ninguém que me fosse essencial e, desde os vinte e um anos, jamais conheci a solidão. As oportunidades que me foram oferecidas no início ajudaram-me não somente a ter uma vida feliz, mas a ser feliz com a vida que tinha. Conheci minhas falhas e meus limites, acomodei-me a eles. Quando os acontecimentos que ocorriam no mundo me dilaceravam, era o mundo que eu desejava mudar, e não o lugar que ocupava nele.

"Nascemos múltiplos e terminamos unos", disse sucintamente Valéry. Bergson também salientou que, ao aos realizarmos, perdemos a maioria de nossas possibilidades. Não é absolutamente assim que me sinto. Sim, aos doze anos, seduziam-me a paleontologia, a astronomia, a história, cada disciplina nova que descobria: todas faziam parte de um projeto mais vasto, que era o de desvendar o mundo, e dediquei-me a isso. Muito cedo, foi a ideia de escrever que delineou meu futuro. No início, eu era informe e não múltipla. O que me surpreende, ao contrário, é como a menina de três anos sobrevive, mais esclarecida, na de dez anos, esta na jovem de vinte anos, e assim por diante. Realmente, em muitos aspectos, as circunstâncias me fizeram evoluir. E reconheço-me através de todas as minhas mudanças.

Meu exemplo mostra, de uma maneira notável, o quanto um indivíduo depende de sua infância. A minha me permitiu que tivesse um bom início. Tive a sorte de que, depois, nenhum acidente interrompesse o desenvolvimento de minha vida; outra sorte foi que o acaso me foi excepcionalmente favorável ao colocar Sartre em meu caminho. Minha liberdade consistiu em manter meus projetos originais; para lhes permanecer fiel, ela recorreu, através das flutuações das circunstâncias, a constantes invenções; estas assumiram às vezes a forma de uma decisão, mas que sempre me pareceu uma consequência natural: no que se refere às coisas importantes, nunca tive de *deliberar*. Realização de um projeto original, minha vida foi ao mesmo tempo o produto e a expressão do mundo no qual ela se desenrolava, e por isso, narrando-a, pude falar de outras coisas que não eu mesma.

E agora, onde me encontro exatamente? Que novidades me trouxeram os dez últimos anos que acabo de viver? É isso que vou tentar precisar.

*

A primeira coisa que me surpreende, se considero os dez anos que decorreram depois que terminei *La force des choses*, é que não tenho a impressão de ter envelhecido. Entre 1958 e 1962, tive consciência de ter atravessado uma fronteira. Atualmente, ela está atrás de mim e resignei-me. Talvez uma doença ou uma invalidez me façam atravessar outra; não ignoro as ameaças que o futuro encerra, mas não me sinto obcecada por elas. Provisoriamente, o tempo parou para mim: ter sessenta e três ou cinquenta e três anos não faz grande diferença, a meu ver; aos cinquenta e três anos, porém, sentia-me a uma distância impressionante de meus quarenta e três anos. Agora, preocupo-me pouco com a aparência física: é em consideração aos outros que cuido dela. Em resumo, sinto-me instalada na velhice. Como todo mundo, sou incapaz de ter uma experiência interior dela: a idade é um irrealizável. Gozando de boa saúde, meu corpo não me dá nenhuma indicação dela. Tenho sessenta e três anos: essa verdade permanece alheia a mim.

Minha vida em nada mudou desde 1962. Ela depende rigorosamente de um mesmo passado. É ele que define minha situação atual e sua abertura para o futuro. Ele é o dado a partir do qual me projeto e que devo ultrapassar. A ele devo os mecanismos que se montaram em meu corpo, os instrumentos culturais que utilizo, meu saber, minhas ignorâncias, meus gostos, meus interesses, minhas relações com os outros, minhas obrigações, minhas ocupações. Em que medida essa recaptação de minha história pelo prático-inerte é uma limitação e uma coerção? Que espaço deixa ela para minha liberdade?

Disse mais acima: o prático-inerte suporta exigências. No diálogo tão frequente entre pessoas que se amam:"Não *posso* lhe fazer isso. — Diga que não *quer*", geralmente é o primeiro interlocutor que está com a razão. Não podemos desejar sempre o que desejaríamos: isso consistiria em negar-nos a nós mesmos. É por isso que as pessoas cuja vida está *feita* vivem-na frequentemente a contragosto, fechados num lar do qual sonham fugir ou num trabalho que deixou de interessá--los. Se a ruptura com o passado é ao mesmo tempo violentamente desejada e rigorosamente proibida, ocorre que o sujeito se vê acuado para o suicídio. Foi o caso de Leiris, tal como o descreve em *Fibrilles*: ele não podia nem trair a companheira de toda a sua existência, nem renunciar à mulher que lhe abrira novos horizontes. Para poupar entes queridos, realizar um ato que os arrasará é algo que pode parecer absurdo. Mas o absurdo é então a única saída. Rompe-se o universo da racionalidade por uma violência cega: na ausência de uma solução, é uma escapatória radical. É raro que se chegue a esses extremos, mas frequente que se carregue, na resignação ou na revolta, o peso de antigas ligações. Quanto a mim, não o sinto praticamente nunca. Sempre detestei aborrecer-me e consegui, mais ou menos, livrar-me de todas as cargas importunas. Viver sem tempos mortos: esse é um dos slogans de maio de 1968 que mais me tocaram, porque o adotei desde minha infância; permaneci fiel a ele. Meus dias atuais prolongam em grande parte os de antigamente: mas com pleno consentimento meu. Por exemplo, moro no mesmo lugar há quinze anos. É verdade que mudar-me acarretaria problemas e nessa permanência entra a inércia. Mas também não imagino que outro apartamento me possa ser mais conveniente; este está carregado de lembranças que lhe proporcionaram, a meu ver, um encanto inestimável. Optei deliberadamente por permanecer nele.

O passado me habita e me rodeia. Mas não me volto para ele com mais frequência do que antes. Sempre gostei de evocar, com

Sartre, minha irmã, amigos, lembranças comuns. Algumas destas, que só pertencem a mim, me são preciosas apesar de sua pobreza estereotipada, porque em mim emoções vivas ainda as animam. É uma sorte ter experimentado sentimentos duradouros: os momentos que vivi outrora com intensidade não eram mentiras, o futuro que me prometiam realizou-se e eles conservaram todo seu valor. Parece-me que, numa vida marcada por rupturas, as voltas ao passado não poderiam ter a mesma doçura. Se mantenho com alguém laços idênticos aos de antigamente, ou um pouco diferentes mas calorosos, todas as experiências atravessadas em conjunto refluem nas antigas imagens, dão-lhes seu peso, confirmam seu sentido. Sob outro aspecto ainda, o passado às vezes me encanta: quando reencontro lugares que amei. Quando relatar minhas viagens, falarei da importância que têm para mim esses confrontos.

Nem escrava de meu passado, nem obcecada por ele, não conservo dele uma visão suficientemente clara para avaliar as modificações que ocorrem ao meu redor: também não posso captar ao vivo a passagem do tempo. Quando me encontro num país que não visito há muito tempo, diferenças me saltam aos olhos: tenho, contudo, a impressão de constatar a substituição brutal de um cenário por outro e não uma transformação. Se, ao contrário, observo dia a dia os diversos momentos de uma evolução, adapto-me tão bem a esta que ela me escapa. De minha janela, da de Sartre, vejo vastos imóveis que não existiam há dez anos. Quando começaram a ser construídos não alteravam a paisagem: e eu já a esquecera quando ficaram prontos.

Sob esse aspecto, a História não é menos decepcionante. Na medida em que o presente se afirma, os momentos anteriores se perdem na noite. Empurrados para o futuro, raramente temos possibilidade de voltar para trás. Uma vez, no entanto, uma volta ao passado impôs-se a mim. Todos os anos, jovens advogados, para praticar a eloquência, montam solenemente um falso processo no Palácio de Justiça. Em abril de 1967, escolheram o julgamento de Frantz, o personagem de *Séquestrés d'Altona* (*Os sequestrados de Altona*): dever-se-ia absolver esse carrasco, condená-lo à morte ou a uma pena menor? Vários oradores falaram muito bem. O promotor fez um pronunciamento extremamente violento contra a tortura: nada de piedade para aqueles que a utilizaram, é preciso exterminá-los. Foi nesse mesmo palácio que, alguns anos antes, durante o processo de Ben Sadok, os advogados que assistiam à audiência indignaram-se porque as testemunhas denunciavam a tortura. Agora, a lembrança desses horrores se havia apagado, a ponto de ainda terem de ser publicamente estigmatizados. A independência da Argélia era reivindicada como um feito gaullista, quando durante três anos De Gaulle alimentara a guerra e encobrira os torturadores. Para mim, a guerra da Argélia ressurgia de maneira gritante, exatamente pelo silêncio no qual a haviam enterrado.

O que, reflexivamente, me indica, da maneira mais decisiva, meu número de anos é a transformação que a escala de idades sofreu para mim. Nela não situo os que me são próximos. Na percepção vivida do espaço — é um fato que a teoria das formas colocou em evidência — a perspectiva não participa: a amiga que observo a distância não diminuiu de tamanho; tem sempre 1,60 m, a vinte metros de mim. Assim, através dos anos, ela permanece idêntica a si própria. No tempo como no espaço — isso é sabido — é preciso uma circunstância especial para que Proust veja sua avó como uma mulher velha. É completamente diferente quando se trata de relações distantes ou de estranhos; atribuo-lhes uma idade: mas esta não teve o mesmo valor em todos os momentos de minha vida. Darei apenas um exemplo: minha visão da mulher de quarenta anos.

Em criança, classificava os adultos por gerações: havia a de meus pais — os adultos; a de meus avós — as pessoas de idade; e espécies de fenômenos bastante repugnantes — os velhos que eu identificava com os doentes e os inválidos. Aos quarenta anos já se era uma pessoa de bastante idade. Quando eu tinha vinte anos, as pessoas de quarenta me pareciam romanescas: uma vida atrás de si, uma personalidade definida; sonhava com a mulher experiente e mais ou menos marcada que eu seria um dia. Mas parecia inadequado que se pretendesse ter ligações, ou até flertar, nessa idade. Participando de uma festa no Atelier, aos vinte e cinco anos, considerava todas essas criaturas ainda "bem conservadas" umas "velhotas". Mesmo aos trinta e cinco anos, ficava chocada quando pessoas mais velhas aludiam a seus arroubos conjugais: há um momento em que é preciso ter a decência de renunciar a isso, pensava eu.

Tinha quarenta anos quando desci o Mississippi com Algren e sentia-me muito jovem; tinha quarenta e quatro quando conheci Lazmann, e não me sentia velha. Foi depois dos cinquenta — como já disse — que me pareceu ter atravessado uma fronteira. Quarenta anos passaram a representar então para mim uma maturidade jovem, ainda cheia de esperanças, e compreendi que uma heroína de Colette pudesse ter dito com nostalgia: "Já não tenho quarenta anos para comover-me ante uma rosa que murcha."[5] E há pouco, conversando com uma mulher de quarenta e cinco anos, fresca e viçosa, ela me parecia tão jovem como na época — vinte anos antes — em que a vi pela primeira vez. Como quando, percebidos do alto de uma montanha, os relevos desaparecem, atualmente as diferenças de idade atenuam-se ou até se anulam para mim. Existem os jovens; depois, até as proximidades dos cinquenta anos, os adultos; depois as pessoas idosas, e os muito velhos que já não me parecem tão distantes de mim.

Mas há um sinal de envelhecimento que ainda me parece muito mais evidente, e no qual tropeço permanentemente: minha relação com o futuro. Quando pessoas idosas são entrevistadas, elas referem, apesar de um otimismo artificial, alguns inconvenientes da velhice: espanta-me que jamais mencionem esse encolhimento do futuro que Leiris descreveu tão bem em *Fibrilles*. É verdade que algumas pessoas não sentem isso. Minha amiga Olga dizia: "Eu sempre vivi no momento e na eternidade, jamais acreditei no futuro. Assim, ter vinte ou cinquenta anos é mais ou menos a mesma coisa." Para outros a vida pesa: a brevidade do futuro a torna mais leve para eles. Meu caso é diferente; vivi voltada para o futuro; ia alegremente ao encontro da mulher que seria amanhã; era ávida porque em cada conquista pressentia uma lembrança que jamais se apagaria. Agora, posso ainda interessar-me com entusiasmo por projetos de curto prazo — uma viagem, uma leitura, um encontro —, mas o grande arrebatamento que me impulsionava para diante desapareceu. Como dizia Chateaubriand, chego ao fim; já não posso permitir-me passadas muito grandes. Digo frequentemente: há trinta anos, há quarenta anos. Não ousaria dizer: dentro de trinta anos. E esse curto futuro

---

[5] Cito de memória.

está fechado. Sinto minha finitude. Mesmo enriquecida por dois ou três volumes, minha obra permanecerá o que é.

Atualmente, no entanto, meu universo não parou de aumentar. Já notei esse fenômeno, ao falar do pós-guerra; ele só fez ampliar-se. A incidência de fatos externos em minha história diminui: os acontecimentos ocorrem em seu interior e a parte do acaso está praticamente reduzida a nada. A maioria das pessoas novas que encontrei escreveu-me porque gostava de meus livros: as relações que surgiram entre nós foram provocadas por mim, através de uma espécie de ricochete. Expandindo-se cada vez mais no mundo, minha vida tornou-se o ponto de inúmeras convergências: assim se explica a multiplicidade de coincidências que venho observando há algum tempo. O aborrecido nos romances, disse J.-B. Pontalis, é que neles as mesmas pessoas se encontram sempre. É verdade. Mas noto que na realidade ocorre praticamente o mesmo. Uma mulher de quarenta anos de quem sou amiga casa-se com um homem que conheci em casa da Sra. Lemaire quando ele tinha dezesseis anos. Violette Leduc sai às vezes com um dos dois homossexuais a quem Lise se ligara. Poderia citar muitos outros exemplos. Isso é consequência da quantidade de pessoas que acabei conhecendo e da exiguidade do círculo de intelectuais ao qual pertenço.

Por seu ritmo, pela natureza de minhas ocupações e de meus convívios, meus dias se assemelham. No entanto, minha vida absolutamente não me parece estagnante. A repetição é apenas um fundo onde se inscrevem novidades permanentemente. Leio diariamente: mas não o mesmo livro. Escrevo diariamente: mas escrever me traz, permanentemente, problemas imprevistos. E acompanho com ansioso interesse o desenrolar dos acontecimentos que jamais recomeçam e que atualmente pertencem à minha própria história.

Uma das vantagens da idade é que ela me permite captar a curva de determinadas vidas em sua continuidade e seus desenvolvimentos imprevistos. Muitas me surpreendem. Jamais suporia que o tempo transformaria aquela beldade "perturbadora" e desregrada do Flore numa mulher de negócios competente; nem que essa outra, indolente, um pouco tímida, se tornaria a melhor especialista francesa em Kafka; nem que o belo Nico, em sua maturidade, faria filmes tão bons. Não imaginava que Paulhan, tão pouco conformista e que parecia tão indiferente às honrarias, vestiria um dia o fardão de acadêmico. Nem que o autor de *L'espoir* aceitaria um ministério numa França tecnocrata simpática a Franco. Se tais evoluções me surpreenderam, foi evidentemente porque só as captei externamente; não sabia sobre que fundo se inscrevia o que conhecia dessas mulheres e desses homens; ignorava tudo sobre sua infância, que é a chave de toda a existência.

É totalmente diferente quando se trata de meus amigos. Estou muito bem-informada sobre seu passado, suas raízes, sua abertura para o mundo e suas possibilidades; se ocorrem em sua vida acontecimentos marcantes, eu mais ou menos os esperava; e não me parece que tenham mudado por causa disso. A bem da verdade, para chegar a uma conclusão, teria de distanciar-me deles para poder vê-los. Não é o que faço comumente; vivo numa cumplicidade transparente com aqueles que me são próximos. Para observá-los do exterior, em sua opacidade, é preciso que, em algum momento, alguma coisa, em minhas relações com eles, se desorganize: que se mostrem acima ou abaixo, ou diferentes, do que eu esperava deles. Essa distância, porém, logo desaparece.

Realmente, na medida em que se engajam no curso dos acontecimentos, em que enfrentam situações inéditas, eles evoluem. Estão sujeitos a crises, questionamentos, rupturas, engajamentos novos. Vi exemplos disso em Sartre, Leiris, Genet, Giacometti e muitos outros. Mas eles permaneciam fiéis a si próprios. Não os vi metamorfosear-se.

Constato também uma grande estabilidade naquilo que se denomina o temperamento das pessoas: o conjunto de suas reações em circunstâncias análogas. A passagem dos anos acarreta modificações na situação de um indivíduo: seus comportamentos são afetados. Vi adolescentes fechadas ou tímidas transformadas em mulheres radiosas. Vi o humor de Giacometti alterar-se depois de sua doença e de seu imenso cansaço. Assisti às espetaculares degradações de Lise e de Camille. Mas em geral um homem, uma mulher, instalados em sua maturidade, permanecem semelhantes a si mesmos. E até, às vezes, se repetem, julgando-se diferentes. Gorz, que em *Le traître* denuncia seus resmungos, continua a resmungar.

Na verdade, ainda que sustente o contrário, nenhum homem quer ser diferente do que é, já que, para todo ente, ser é fazer-se ser. É possível que retrospectivamente critique alguns de seus comportamentos: isso não o leva a transformá-los. Amiel, em seu *Diário*, não para de deplorar sua preguiça; pensando combatê-la, continua a afundar-se nela. Na realidade, ele optou por ser esse preguiçoso que geme por causa de sua preguiça. Isso não significa que todo mundo se ame a si mesmo. Já o disse antes: quem foi mal-amado na infância e adotou a perspectiva de seus pais, constituiu uma imagem insatisfatória de si da qual jamais se liberta. Mas é o sujeito quem fabrica essa repulsa que sente por si mesmo e, apesar de sofrer com isso, adere a ela. Essa adesão ontológica possibilita que determinadas pessoas reivindiquem orgulhosamente características que me parecem taras inconfessáveis: "Valorizo o dinheiro, não o desperdiço... Gosto que as pessoas que conheço tenham problemas... Não sou dessas histéricas que querem saber a verdade a qualquer preço." Penso imediatamente: é um avaro; é um mau caráter; é uma mulher que mente a si mesma. Mas os indivíduos em questão recusariam tais definições. É praticamente impossível convencer os outros de defeitos que nos parecem evidentes: se aquiescem é porque seu sistema de valores não coincide com o nosso e nossas críticas não os penetram. Fernande Picasso dizia: "Quando não caçoam de mim na rua, fico achando que meu chapéu não é elegante." Os que pensavam humilhá-la, apenas confirmavam seu sentimento da própria elegância.

Eu também sinto essa aquiescência em relação a mim mesma. Analisando minha letra, uma amiga grafóloga fez um retrato de mim que considerei elogioso. Disse-me ela: "Gostou, porque você escolhe ser como é, mas poderíamos interpretar isso negativamente." Realmente, pode-se denominar vontade, tenacidade, perseverança minha maneira de concentrar-me em meu trabalho e de levar a cabo meus projetos. Pode-se também ver nisso uma teimosia cega, uma obstinação rígida. Meu desejo de conhecer é abertura de espírito ou curiosidade frívola? Quanto a mim, aceito-me sem reservas. Quando me "reconheço", isso me diverte. Durante algum tempo, explorei o mundo musical tão metodicamente quanto outrora as paisagens da Provence: tive consciência disso, o que não atenuou minha obsessão maníaca. O que disse em relação aos outros também é válido para mim: é difícil atingir-me. Quando injustificadas, críticas e recriminações não me tocam. Se têm fundamento, recebo-as como elogios. Não me incomoda que me considerem intelectual, feminista: assumo o que sou.

Uma das características da paranoia é a recusa em sair da posição de sujeito: nós todos sofremos um pouco disso, cegos à nossa presença inerte no mundo do outro. Às vezes um incidente pode, no entanto, destruir a transparente familiaridade que tenho comigo mesma. Os que me são próximos referem frases que eu disse, gestos que realizei e que não percebi; produzi-os sem suspeitar de nada: essa constatação me desconcerta. Ou então queixam-se de um comportamento do qual tive consciência, mas sem perceber que era inadequado. Ou mostram-me um traço de caráter ao qual não prestara atenção: "Você prefere ser invadida pelas coisas do que dominá-las", disse-me, por exemplo, uma amiga. "Você parece acreditar que isso é óbvio: mas não é." É verdade. Minha maneira de pensar, de sentir, de agir, para mim, é óbvia. Custa-me admitir que seja assim só para mim.

No entanto, às vezes acho fascinante perceber-me do exterior. Alguns testes colocam-me diante de uma realidade que eu sou e que me escapa. Submeti-me ao teste de Rorschach. Quando a psicóloga comunicou-me o resultado, fiquei perplexa: era como se consultasse uma vidente que me dizia a verdade. Não me ensinava nada de novo. Mas surpreendia-me por me haver revelado a ela, sem procurar fazê-lo, e por me captar do exterior como projetante e projetada. Outra experiência perturbadora é ler o relato que um interlocutor faz de uma entrevista comigo; ainda que cada detalhe seja exato, a substituição da minha perspectiva pela dele é desconcertante; ele tinha um rosto, eu não: ele perdeu o seu e eu adquiri um. As palavras que pronunciei são relatadas enquanto palavras ouvidas por ele. Sei que essa inversão ocorre toda vez que dialogo com alguém. De um modo geral, sou bastante indiferente às imagens que formam de mim; são tão contraditórias e frequentemente tão inconsistentes que não lhes dou atenção. Ainda assim, fico um pouco emocionada quando abordo um público em carne e osso. Sinto-me transformada em objeto por essas consciências estranhas: não sei em qual, e por um momento isso me intimida.

Construir uma imagem de mim mesma: essa empresa inútil e, aliás, impossível não me interessa. O que desejaria era ter uma ideia de minha situação no mundo. O que significa ser mulher, francesa, escritora, com sessenta e quatro anos de idade em 1972? Para responder, seria preciso primeiro saber o que representa historicamente o momento que estou vivendo. É um período que antecede uma guerra, ou a véspera de grandes revoluções que liquidarão o sistema? Os jovens de hoje conhecerão a implantação de um verdadeiro socialismo, ou o triunfo de uma tecnocracia que perpetuará o capitalismo, ou uma forma de sociedade diferente de tudo o que posso imaginar? Tais perguntas permanecem sem resposta; o sentido de minha época é incerto para mim, e isso contribui para obscurecer o de minha existência individual.

Quando jovem, imaginava que minha vida fosse uma experiência excepcionalmente realizada da condição humana.[6] Sei, de há muito, que não é assim. Não partilhei o destino da imensa maioria dos homens: a exploração, a opressão, a miséria. Sou uma privilegiada. Se me comparo aos outros privilegiados, não invejo ninguém, mas conheço alguns que nada têm a me invejar. Conservei, durante muito tempo, um sentimento de superioridade em relação aos séculos passados. Quando, na biografia de um escritor do passado, indicavam-me suas leituras, ficava decepcionada: ciência, história, psicologia, as obras que ele estudava eram tão ultrapassadas! Em parte, muitas vezes, por culpa própria. De toda maneira, esse atraso desvalorizava-o a meus olhos. Atualmente minha visão é outra. Sem ceder à vertigem futurista que se apossou de meus contemporâneos, devo admitir que a posteridade leva uma grande vantagem sobre mim. Ela conhecerá minha época, ao passo que esta não a conhece. Saberá uma quantidade de coisas que ignoro. Minha cultura, minha visão do mundo lhe parecerão caducas. Afora algumas grandes obras que resistem aos séculos, desprezará os alimentos de que me nutri.

Ainda assim: Stendhal, assistindo às corridas de cavalos no Corso, nada tem a invejar ao turista que percorre hoje a mesma rua enfeada

---

[6] "Parecia-me confusamente que do momento em que um objeto se integrava em minha história, ele gozava de uma luminosidade privilegiada. Um país era virgem de todo olhar, enquanto eu não o visse com meus olhos" (*La force de l'âge*).

e vulgarizada. Cada período da História é um absoluto que nenhum critério universal permite confrontar com outros. Os diversos destinos humanos não se contestam uns aos outros. As riquezas do futuro não me empobrecem.

Não; mas relativizam minha situação. Definitivamente, perdi a ilusão pueril de estar situada no centro absoluto do universo.

Conservo outras. Tenho atualmente a preocupação de recuperar minha vida: reavivar lembranças esquecidas, reler, rever, completar conhecimentos inacabados, preencher lacunas, elucidar pontos obscuros, reunir o que está esparso. Como se devesse haver um momento em que minha experiência seria totalizada; como se importasse que tal totalização fosse efetuada. Alguns primitivos imaginam que, após sua morte, permanecerão eternamente tais como eram quando ela os atingiu: jovens ou velhos, robustos ou decrépitos. Ajo como se minha existência devesse perpetuar-se para além de minha tumba tal como teria conseguido, em meus últimos anos, reconquistá-la. Sei bem, no entanto, que "não a levarei comigo". Morrerei por inteiro.

Preocupo-me menos do que antes com isso. A angústia da morte, tão violenta em minha juventude, já não a sinto. Abdiquei de revoltar-me contra ela. Dizia Freud a propósito da dor física: "Poderíamos classificá-la de ignóbil, se houvesse alguém que suportasse a responsabilidade disso." Essas palavras aplicam-se também à morte: o vazio do céu desarma a cólera. Minha indignação só é provocada pelos males fomentados por homens. No entanto, a ideia de meu fim está presente em mim. Sob meus pés estende-se um caminho que, atrás de mim, emerge da noite e, à minha frente, nela mergulha: fiz mais de três quartos desse caminho; o espaço que me sobra para percorrer é curto. Normalmente a imagem é imóvel; às vezes uma esteira rolante me conduz para o abismo. A última vez que vi um caixão baixar à sepultura — o da Sra. Mancy —, pensei com uma clareza fulgurante: dentro em breve serei eu. À noite, já não tenho aqueles pesadelos consoladores, nos quais, para além de minha morte, uma voz ainda falava para dizer: "Estou morta." Contudo, acontece-me acordar mergulhada numa ansiedade confusa: sinto em meus ossos o sabor do nada.

O nada: embora essa ideia já não me perturbe, não me habituo a ela. Já me disseram: "Por que temê-lo? Antes de seu nascimento, também era o nada." A analogia é falaciosa. Não somente porque o conhecimento ilumina em parte o passado, enquanto que as trevas me escondem o futuro; mas sobretudo porque não é o nada que desgosta: é o anular-se. A ligação da existência — consciência e transcendência — com a vida, no sentido biológico da palavra, sempre me deixou perplexa — embora considere aberrante pretender dissociar a primeira da segunda. A existência projeta-se indefinidamente para o futuro, que ela cria através desse movimento: deparar-se com a extinção da vida constitui, para ela, um escândalo. Quando ela própria a provoca — nas mortes heroicas ou nos suicidas —, o escândalo, de certa maneira, é abolido. Mas nada me parece mais horrível do que morrer em plena saúde, sem havê-lo desejado. A velhice, a doença, diminuindo nossas forças vivas, frequentemente ajudam a aceitar a ideia de fim.

Às vezes me surpreendo: há maior diferença entre este corpo e meu cadáver do que entre o de meus vinte anos e o de hoje, ainda vivo e quente. No entanto, quarenta anos me separam de meus vinte e certamente muito menos de minha sepultura.

Quando penso que meu cadáver me sobreviverá, isso cria estranhas relações entre mim e meu corpo.

A semi-indiferença que constato com respeito à minha morte provirá do fato de que, apesar de tudo, o fim ainda me pareça distante? Ou estou menos ligada à vida do que antigamente? Creio que a verdadeira razão é outra: se morrer dentro de quinze anos, dentro de vinte anos, a mulher que desaparecerá será muito velha. Não posso comover-me com a morte dessa octogenária, não desejo sobreviver nela. O único ponto que me é doloroso, quando considero essa partida, é a dor que infligirei a algumas pessoas: precisamente aquelas cuja felicidade é mais necessária para mim.

Minhas relações com os outros — meus afetos, minhas amizades — ocupam o lugar mais importante em minha existência. Muitas dessas relações são antigas. Meus vínculos com Sartre, com minha irmã não mudaram. Continuo a ver com frequência Olga, Bost,

Lanzmann, Bianca, Violette Leduc. Mais raramente, mas com regularidade, Pouillon, Gorz, Gisèle Halimi, Gégé, Ellen Wright, alguns outros. A diferença de nossas ocupações levou-me a ter somente relações espaçadas com alguns de meus amigos; mas, por exemplo, Michel Leiris, Jean Genet não são menos importantes para mim, e acompanho atentamente suas atividades.

Também nesse terreno a permanência não significa estagnação: se vejo as mesmas pessoas é para compartilhar com elas a perpétua novidade do mundo. Refletimos juntos sobre assuntos que nos interessam, cotejamos as informações que colhemos. As divergências de nossas opiniões têm um sentido, porque nossas referências, nossos projetos, nossos valores, nossos fins coincidem; cada um de nós coloca em evidência um perfil diferente dos objetos sobre os quais discutimos: acontecimentos, livros, filmes. Posso também beneficiar-me da conversa de pessoas cujas coordenadas são diferentes das minhas: contanto que estejamos de acordo quanto a pontos que considero essenciais. Assim nasceram minhas amizades com Léna na Rússia, com Tomiko no Japão.[7] Elas captavam, conforme uma perspectiva diferente da minha, um mundo que, no entanto, abordavam com as mesmas exigências: vê-lo através de seus olhos me enriquecia. Em compensação, considero inútil falar com pessoas cujas atitudes diferem radicalmente das minhas: as palavras não têm o mesmo sentido para elas e para mim, e não permitem que nos encontremos. De toda maneira, não tenho tempo a perder com indiferentes. Prefiro consagrá-lo aos que me são próximos. Investi tais interesses em suas vidas, que seus projetos, seus sucessos, seus fracassos tornaram-se meus. Leio com atenção especial os artigos ou livros que escrevem, participo do que lhes acontece. Em certa medida, minha existência envolve a deles e enriquece-se com isso.

A existência de Sartre permanece tão estreitamente ligada à minha como sempre. Atualmente ele mora a cinco minutos de mim, no Boulevard Raspail; de seu escritório, situado no décimo andar, tem-se uma imensa vista de Paris, com o cemitério de Montparnasse em primeiro plano; trabalho em sua casa todas as tardes e, ao cair da

---

[7] Ver. p. 273 e p. 307.

noite, contemplo crepúsculos maravilhosos. Passamos as noites em meu estúdio. São suficientemente conhecidas suas atividades a partir de 1962 para que seja necessário mencioná-las aqui. Referirei apenas um episódio: o do prêmio Nobel.

No início do outono de 1964, um filósofo italiano, Pace, com quem Sartre frequentemente trocava ideias, escreveu-lhe: pedia-lhe que lhe desse a conhecer o discurso que iria pronunciar por ocasião do prêmio Nobel. Cogitava-se, então, de concedê-lo aquele ano a Sartre? Sim, informaram-nos. Sua tendência era recusar e eu o apoiava. Amigos mais velhos incitavam-no a aceitar, mas estudantes que consultei reagiram: que decepção para os jovens se ele se deixasse coroar!

Sartre tomara sua decisão. Tinha um orgulhoso horror a "honrarias": não pretendia transformar-se em espetáculo em Estocolmo. Quem eram esses acadêmicos que se permitiam elegê-lo? Suas escolhas tinham uma conotação política: o prêmio nunca fora atribuído a um comunista. Se Sartre o fosse, poderia aceitá-lo, porque a Academia Sueca estaria dando prova de imparcialidade com sua decisão; mas ele não o era, e conceder-lhe o prêmio não significava que suas posições políticas fossem aceitas, mas sim que não eram consideradas importantes: ele não admitia isso. Enviou uma carta, na qual pedia delicadamente à Academia que não lhe conferisse um prêmio que ele seria obrigado a recusar.

A Academia não levou a carta em consideração. Estávamos almoçando numa *brasserie* de meu bairro, quando um jornalista — que seguramente nos esperava — veio dar-nos a notícia. Sartre decidiu explicar sua recusa a um jornalista sueco que conheceu no Mercure de France por intermédio de Claude Gallimard. Nessa declaração, que foi lida em Estocolmo por um representante de seu editor e publicada em vários jornais, ele lembrava que sempre declinara distinções oficiais, por julgar que o escritor não se deve deixar transformar em instituição; por outro lado, lamentava que o prêmio Nobel se "reservasse aos escritores do Oeste ou aos rebeldes do Leste".[8]

---

[8] Sartre precisava: deram-no a Pasternak e não a Cholokhov. A frase foi muito mal interpretada pelos amigos que tínhamos na Rússia. Pensaram que Sartre estava trocando o campo "liberal" pelo campo "stalinista".

Sartre não queria falar à imprensa antes que esse texto tivesse sido comunicado à Academia Sueca. Veio ver-me às cinco horas e sua mãe — que morava perto dele — avisou-nos por telefone que uma multidão de jornalistas aguardava-o diante de seu prédio. Alguns adivinharam que ele se refugiara em minha casa e tocaram minha campainha até as duas da manhã. Para que o deixassem em paz, Sartre saiu e deixou que o fotografassem, mas quase não falou.

Já ao acordar vi na rua os fotógrafos e um carro de televisão. Quando saiu, Sartre foi imediatamente cercado. Jornalistas e pessoal de televisão seguiram-no até em casa. Chegando à sua porta, ele terminou por responder: "Não tenho vontade de ser enterrado." À tarde, a salsicheira que mora ao lado da casa dele disse-me penalizada: "Coitado do Sr. Sartre! Há dois anos foi a O.A.S.[9]! Agora o Nobel! Nunca o deixam em paz."

Naturalmente, a imprensa acusou Sartre de ter montado toda a história em busca de publicidade. Insinuou que recusara o prêmio porque Camus o recebera antes dele; ou porque eu teria ficado enciumada. Devia ser muito rico para desprezar 26 milhões de francos. O que mais o incomodou foram as cartas de pessoas que pediam que recebesse o dinheiro e lhes desse uma parte, ou a totalidade, ou até um pouco mais: elas o utilizariam para proteger os animais, para salvar uma determinada espécie de árvores, para comprar um estabelecimento comercial, para restaurar uma fazenda, para fazer uma viagem... Todos aceitavam os princípios do capitalismo; as grandes fortunas não os escandalizavam, como tampouco os escandalizava que Mauriac tivesse destinado o montante do prêmio à construção de um banheiro: contudo, o fato de Sartre desdenhar uma tal quantia deixava-os frustrados.

Algum tempo antes, Sartre publicara *Les mots*, livro que esboçara durante muito tempo com o nome de *Jean sans terre* (*João sem terra*). Nunca descubro seus livros no ineditismo deles, pois já li os rascunhos. No entanto, ao cabo de dois ou três anos, tornam-se novos outra vez. Este me pareceu bastante familiar, e muito estranho também. Conhecia aquela infância e as pessoas que dela participaram. O

---

[9] Organisation Armée Secrète: Organização Exército Secreto. (N. da T.)

que ignorava — como o próprio autor antes de relatá-lo por escrito — era sua distância atual em relação àqueles tempos antigos. Falando de si mesmo, intercalada e simultaneamente no passado e no presente, Sartre criou, através da invenção da linguagem, essa relação de adulto com a criança que faz a originalidade do relato e seu valor. Captei nele ao vivo a passagem de uma história contingente à necessidade intemporal de um texto. Vi o indivíduo de carne e osso ser substituído pelo personagem imaginário — o vampiro — que guia a mão do escritor. Não sei quantas vezes li de trás para diante *L'idiot de la famille* (*O idiota da família*), comentando e discutindo longos trechos com Sartre. Retomei-o em Roma, no verão de 1971, da primeira à última página, ininterruptamente. Nenhum livro de Sartre me pareceu tão deleitável. É um romance de *suspense*, uma investigação policial que consegue a solução deste enigma: como se fez Flaubert? Aqui o autor explora mais livremente, mais alegremente do que nunca os terrenos que o interessam: o que um homem deve à sua infância, à sua época; qual a relação de seu discurso com sua experiência vivida; o que são a linguagem, a arte, o cômico? Seriam necessárias muitas páginas somente para enumerar seus temas. Tão séria e sóbria como *La critique*,[10] a obra em questão apresenta ao mesmo tempo os encantos da desenvoltura. Visivelmente, Sartre divertiu-se ao escrevê-la e, se o leitor pode fazer o esforço de acompanhá-lo, diverte-se com ele.

Minha irmã já não mora em Paris. Atualmente, seu marido faz parte do Conselho da Europa com sede em Estrasburgo; compraram uma velha propriedade alsaciana que transformaram numa casa confortável e bonita. Da manhã à noite, mesmo durante o inverno quando faz muito frio, ela se fecha em seu ateliê e pinta. Sempre recusou as limitações da imitação e a aridez da abstração; encontrou um equilíbrio cada vez mais sábio entre as invenções formais e as referências à realidade. Não vi suas exposições em Haia, em Tóquio, que tiveram muito sucesso. Mas gostei muito das telas inspiradas em Veneza, que ela apresentou em 1963 em Paris, e mais ainda da série em que evocava as festas e tragédias de maio de 1968. De há muito ela vem fazendo excelentes gravuras a buril e foi particularmente feliz

---

[10] A autora refere-se à *Crítica da razão dialética*. (N. da T.)

nas ilustrações de *La femme rompue* (*Mulher desiludida*), que expôs junto com boas aquarelas. Inventou recentemente uma interessante técnica de pintura em altuglass e poliéster, mas sem abandonar a pintura a óleo. Pode levar adiante todas essas atividades porque quase nunca tira férias. No verão, na Itália, em sua casa de Trebiano, trabalha num grande ateliê ensolarado. Encontramo-nos com bastante frequência em Paris e às vezes vou visitá-la, para ver seus últimos quadros e as rosas de seu jardim.

A mais antiga de minhas amizades, a que mantinha com Stépha, não resistiu à nossa longa separação: vê-la renascer foi para mim uma grande alegria.

Stépha e Fernand foram para os Estados Unidos no início da guerra e se instalaram em Nova York. Ele continuou a pintar, ela exerceu várias atividades. Havia muito tempo que não os via, quando fui visitá-los em 1947. Fernand abriu-me a porta: não mudara muito. Quando entrei em seu quarto, Stépha ficou tão emocionada que caiu do divã em que estava estirada. Durante essa permanência, passei muitas horas com eles. Revi-os rapidamente em maio de 1948 e 1950, quando passei por Nova York a caminho de Chicago. Depois, eles se instalaram como professores numa pequena cidade do Vermont. Não sendo, nem Stépha nem eu, muito devotadas às relações epistolares, deixamos que o silêncio se estabelecesse entre nós. Em 1965, indo à Áustria para ver sua mãe, ela passou por Paris: eu estava na Rússia, e ela se melindrou injustamente com minha ausência. Minha irmã tomou minha defesa, mas Stépha se manteve rígida: "Não, quando as pessoas não se interessam mais por nós, não vale a pena insistirmos."

No entanto, quando foi publicado *La femme rompue*, enviei-lhe um exemplar com dedicatória. Ela me escreveu para agradecer e comunicar que estaria em Paris durante a primavera de 1969.

Por telefone marcamos um encontro em minha casa: ela estava hospedada em casa de seu cunhado, muito perto. Aguardei o toque da campainha um pouco apreensiva. Reencontraria, envelhecida, a Stépha de meus vinte anos, ou uma outra pessoa, e quem?

Abri a porta; diante de mim estava uma mulher de idade, muito pequena, apoiada numa bengala; mas reconheci imediatamente os olhos azuis de Stépha, sua tez rosada, seu nariz, seus pômulos, a grande boca risonha. Disse com entusiasmo: "Você não mudou." Seus olhos estavam cheios de lágrimas e nós nos beijamos. "Como você é alta" — disse-me ela. Stépha encolhera bastante: media agora menos uma cabeça do que eu. Estendeu a mão da testa até a cintura: "De lá até cá, tenho vinte e cinco anos." Sua mão afastou-se da cintura e apontou para os pés: "Mas de cá até lá tenho cem." Sofria de uma artrite grave e não podia andar sem bengala. Achou que meu rosto já não tinha a mesma expressão de antes.

Falamos de Fernand, de seu filho de quem muito se orgulha, de seu trabalho. Gosta da profissão de professora que já exerce há vinte anos: seus alunos têm muito respeito e afeição por ela: aproveita isso para tentar despertar a consciência politica deles. "Gosto de jovens", disse-me com carinho. Estava satisfeita em casa do cunhado, porque este tinha três filhos entre vinte e trinta anos, e todos os três eram militantes de extrema esquerda. Não se cansava de ouvi-los contando a grande aventura de maio de 1968.

Revi-a muitas vezes, ora sozinha, ora com Sartre. Caminhávamos devagar pelo Boulevard Raspail, almoçávamos nas *brasseries* do bairro. A conversa era tão espontânea como se nunca nos tivéssemos separado: tínhamos as mesmas opiniões, os mesmos gostos. E tudo a interessava. Eu admirava sua vitalidade e sua coragem. Suas pernas a faziam sofrer e, no entanto, mostrava-se sempre alegre. Estava decidida a não se aposentar, a aceitar um lugar que lhe ofereciam em Philadelphia. Passaria suas férias em Putney, cuja tranquilidade fazia bem a Fernand. Mas queria conservar o contato com os jovens e beneficiar-se dos recursos que oferecem as grandes cidades.

Conseguiu realizar esse projeto, que lhe proporcionou as satisfações que esperava. É uma dessas raras pessoas que investiram tanto em suas atividades que a velhice não as abate: para elas o mundo permanece povoado de interesses, de valores, de fins até o termo de sua vida. Creio que não mais nos reveremos. Para mim, porém, que tanto detesto que meu passado se desfaça, foi preciso recuperar essa amizade de minha juventude.

Enquanto corrigia as provas deste livro, Violette Leduc morreu em Faucon. Falarei dela no capítulo de minhas amizades vivas, já que durante estes dez últimos anos sua existência esteve misturada com a minha.

Disse já que, em 1955, o fracasso de *Ravages* deixou-a muito deprimida. Logo a seguir, começou a ser dominada por delírios incoerentes que descreveu em *La folie en tête*. Pedaços de barbante, fragmentos de jornais, excrementos de cachorros, pacotes de cigarros: a rua estava povoada de sinais que uma organização maligna colocava em seu caminho para humilhá-la. Apesar das trancas que instalara, entravam pessoas em seu quarto durante a noite: ao despertar, percebia que seu casaco de pele encolhera, que havia uma mancha na parede, que uma fotografia estava rasgada. Quando trabalhava, ouvia barulhos vindos de cima: havia um espião escondido lá, que lia seus cadernos; ela encontrava nos jornais, no rádio, alusões malévolas ao que escrevera. Eu tentava argumentar com ela, sem poder destruir as evidências que ela não tentava juntar num sistema coerente. Caçoavam dela, desejavam-lhe mal: mas ela não sabia quem a perseguia nem por quê; tinha apenas vagas suspeitas. Preocupei-me seriamente quando começou a reagir com violência aos ataques de que se acreditava vítima: insultava as pessoas que a empurravam no metrô ou que a olhavam com ar estranho. Consegui que consultasse um psicanalista: ele me deu a entender que considerava o caso desesperador. Uma tarde do mês de novembro de 1957, eu estava trabalhando em casa de Sartre, na Rua Bonaparte, quando tocou o telefone. Era Madeleine Castaing, amiga de Violette, dona de uma loja de antiguidades na esquina da Rua Jacob com a Rua Bonaparte: Violette estava com ela, num estado terrível; pedia-me que fosse até lá. Fui. Passando de carro em frente ao prédio de Sartre, Madeleine Castaing vira Violette encostada à parede, muito branca, o olhar fixo; descera e pusera a mão no ombro de Violette, que então caiu no chão gritando; colocara-a no carro e a levara até lá. Encontrei Violette aos prantos; explicou-me confusamente que ficara esperando Sartre à porta de sua casa, para queixar-se do que ele escrevera sobre ela em *Les temps modernes*; referindo-se a Tintoretto, Sartre mencionara a feiura, e ela entendera que era a ela que ele visava. Depois disso, teve ainda duas ou três crises cuja intensidade terminou por assustar-me. Concordou em tratar-se. A conselho de um psiquiatra, internei-a numa clínica em Versalhes:

apesar de minha oposição formal, o médico submeteu-a a uma série de eletrochoques. A seguir, ela fez uma sonoterapia na clínica que o Dr. Le Savoureux dirigia em La Vallée-aux-Loups;[11] simpatizou com ele e com sua mulher, gostava de passear pelo belíssimo parque. Voltou a ter possibilidades de levar uma vida normal. Parecera-me tão afetada que, em determinado momento, duvidara da cura. Um de seus amigos mais antigos ficou com tanto medo dela que parou de procurá-la. Mas havia algo de tão robusto nela, seu amor pela vida era tão intenso que acabou superando sua desordem mental.

Contudo, nunca se libertou inteiramente de suas interpretações. O mundo continuou povoado de símbolos e de sinais emitidos por perseguidores invisíveis. Mas não se deixou mais destruir: recomeçou a trabalhar. Muitas vezes admirei sua coragem. Descreveu em seus livros o cuidado que dedicava às tarefas caseiras; passava horas limpando a casa; fazia as compras meticulosamente; demorava-se no preparo de suas refeições. E durante horas cobria com sua letra inclinada as folhas de cadernos quadriculados. No verão, alugava em Faucon, no Vaucluse, uma velha casa, bonita mas maltratada. Todas as manhãs, ia para os bosques, pendurava num galho a cesta que continha seu almoço frugal e escrevia até de noite. Quando conhecemos o esforço que exige enfrentar a página em branco, a tensão provocada pelo alinhamento das frases e o desânimo que às vezes sentimos, ficamos estupefatos diante de uma energia tão perseverante — e mais ainda no caso de Violette Leduc, que se empenhava depois de uma experiência de fracasso.

Começou a escrever a história de sua vida. Em Paris, quando nos encontrávamos, relíamos juntas seus rascunhos e os discutíamos. Em 1964 terminou *La batârde*, que imediatamente obteve grande sucesso. Mencionei em meu prefácio o que me agradava nesse livro: a sinceridade intrépida da autora, sua sensibilidade, a arte com que mistura a vida real com a vida imaginária. Seu sucesso transformou a existência de Violette. Até então vivera na solidão e na pobreza: tornou-se rica e rodeada de amigos, alguns sinceros, outros mais ou menos interesseiros. Ficou seduzida pela novidade de sua situação; muitas vezes,

---

[11] A antiga propriedade de Chateaubriand.

também, irritava-se com isso. Dava-se muito com homossexuais; ia com eles às boates de travestis: a Madame Arthur, ao Carroussel; alguns a cortejavam; ela se envolvia passageiramente; e depois, desconfiando de que se aproveitavam dela, voltava-se veementemente contra eles. O luxo a fascinava; os homens muito ricos que, em geral por esnobismo, se interessavam por ela, ressuscitavam para Violette a imagem mítica de seu pai: ficava seduzida por suas boas maneiras e seu refinamento. Ao mesmo tempo percebia suas falhas: o bom senso, a saúde moral dela revoltavam-se violentamente contra a sofisticação deles. A propósito disso, relato uma situação particularmente significativa. Violette foi convidada para jantar por Raoul Lévy, produtor célebre na época, numa suntuosa casa de campo; estavam presentes o escultor César, escritores, artistas e amigos pessoais de Raoul Lévy: umas trinta pessoas. Todos juntos, tomaram o aperitivo na ampla sala de jantar. De repente, ficaram uns quinze convidados sentados em torno de uma *paella*: o dono da casa e seus íntimos estavam jantando na cozinha. Violette Leduc levantou-se, colocou o guardanapo na cintura como se fosse um avental de empregada, pegou o prato de *paella*, aproximou-se de Raoul Lévy, que estava de costas para ela, imitando um empregado sofisticado: "O senhor deseja um pouco de *paella*? Está satisfeito com o serviço?" Ele se assustou: "Que está fazendo?" "Se pode fazer de conta que é um empregado, eu também posso." Encabulado, ele explicou: "Foi um mal-entendido: da próxima vez seremos menos pessoas, da próxima vez você também comerá na cozinha." Mais de uma vez ocorreram situações desse gênero, nas quais, libertando-se do turbilhão dos prazeres parisienses, Violette recuperava seu orgulho. Desculpava-se comigo por sua frivolidade; mas eu compreendia bem que, depois de tantas privações, tivesse prazer em conhecer os restaurantes e as boates em voga. Gostava de roupas. Escreveu artigos sobre os grandes costureiros da época em *Vogue*. E sentia novamente prazer em vestir-se: tinha boa aparência, com sua peruca loura, suas minissaias, seus casacos de última moda; mas as pessoas se viravam para olhá-la na rua porque a idade marcada em seu rosto contrastava gritantemente com sua silhueta juvenil.

O dinheiro trazia-lhe problemas: contou em seus livros o quanto ele era importante para ela. Detestava a ideia de deixar com o editor o que acabava de ganhar; contudo, se o retirasse maciçamente, corria o risco de perder uma grande parte para o fisco: isso a revoltava. Aconselhada por amigos, chegou a uma composição. E, apesar de se proporcionar roupas, algumas viagens, continuou econômica: não queria retornar aos velhos dias de semimiséria que vivera antes de *La batârde*. Conservou o apartamentinho que ocupava num prédio popular. A única despesa grande que se permitiu foi feita para realizar um velho sonho: possuir um lugar que fosse seu. Comprou e arrumou a casa de Faucon para onde ia durante o verão. Não foi coisa fácil: teve de brigar com o empreiteiro, com os pedreiros. Parecia-lhe às vezes que a casa tinha algo de maléfico. Acabou ligando-se a ela. Gostava da ampla vista para o Monte Ventoux que se via de sua janela. Apaixonou-se por seu jardim, onde mandou plantar arbustos raros e flores de que ela mesma gostava de cuidar. De início um pouco espantados com seus shorts, seus colares, seus grandes chapéus de palha, sua maquilagem, as pessoas do local acabaram adotando-a. Teve amigos sinceros entre eles.

Mesmo durante a fase mundana, jamais deixou de trabalhar. Escreveu *La femme au pétit renard*, uma longa novela centrada — como *La vieille fille et le mort* — no tema da solidão. Com *La folie en tête* continuou sua autobiografia. Sua leitura foi uma experiência bastante singular para mim. Conhecia os acontecimentos que Violette narrava, muitas vezes participara deles ou, até mesmo, desempenhara um papel importante neles: era perturbador aparecer ali como objeto após ter atravessado tais fatos como consciência e sujeito.

Cansada das saídas, das recepções, da agitação parisiense, Violette Leduc foi prolongando cada vez mais suas estadas em Faucon. Terminou por fixar-se definitivamente ali, a partir de 1969. Reencontrava assim as predileções de sua infância. Ela amou os livros, a música, os quadros, os monumentos. Nesses últimos anos, porém, a literatura e a arte praticamente deixaram de interessá-la. Estava ligada sobretudo ao mundo real: as pessoas, as coisas, as nuances do céu, os odores da terra. Já havia escrito em *La batârde*: "O que é que amo com todo o meu coração? O campo, os bosques, as florestas. Meu lugar é junto a ele, junto a eles."

Havia em Violette Leduc um contraste marcante entre sua vida imaginária — cheia de fantasias e obsessões — e sua atitude frente à realidade. Ela temia a morte: ao menor mal-estar, ao mais leve arrepio, parecia-lhe que a vida iria fugir-lhe. E, no entanto, submeteu-se com uma serenidade espantosa às duas operações exigidas pela mais temível das doenças. Da primeira vez, afirmaram-lhe que o tumor cuja ablação fora feita era benigno: ela acreditou. Eu soube a verdade e fiquei desesperada: temia uma reincidência e que sua vida se transformasse num tormento. Um pouco mais tarde, teve realmente de submeter-se à ablação de um seio: aceitou-o com tranquilidade. "O cirurgião me disse que era um câncer, mas um câncer de grau zero", informou-me ela. No dia em que fui visitá-la na clínica, estava preocupada, porque, olhando-se no espelho, percebeu que sua cabeleira grisalha e seu couro cabeludo estavam de um vermelho flamejante; esse fenômeno, que ela não conseguia explicar, já ocorrera uma vez em Faucon. Disse-lhe que se tratava de uma ilusão e ela protestou. "Mas então por que não ter chamado a enfermeira para que ela constatasse o fato?" Ela refletiu e respondeu, sorrindo: "Acho que no fundo meu inconsciente não estava acreditando nisso."

Parece-me uma frase profunda, que explica como, tão frágil, Violette tenha sido uma pessoa forte. Seu inconsciente era decididamente otimista, não acreditava na velhice, na morte, nem nos delírios que ela mesma inventava. Quando, na primavera de 1972, internou-se no hospital de Avignon, estava convencida de que sofria de uma crise de fígado benigna. Depois que saiu, escreveu-me contando como estava feliz por se achar novamente em casa e por saber que seus distúrbios nada tinham de grave. Pouco tempo após, telefonaram-me avisando que entrara em coma: os médicos haviam permitido que deixasse o hospital porque não podiam fazer mais nada por ela. Morreu sem recobrar a consciência, sem sofrimento e, aparentemente, sem angústia. Enterraram-na, como era seu desejo, no cemitério de sua cidade.

Em Faucon, redigiu o fim de sua autobiografia. Creio que, muito em breve, trechos dela serão publicados. Assim espero, pois no seu caso não se podem separar seus livros da mulher de carne e osso que é sua autora. Ela fez de sua vida a matéria de sua obra que deu um sentido à sua vida.

Haveria muitas outras coisas a dizer sobre Violette Leduc: tentei fazer o melhor possível no prefácio de *La batârde*, que não quis repetir aqui.

Em *La force des choses* mencionei algumas amizades que surgiram por volta de 1960. Elas se firmaram. O jovem marselhês que se apresentou a mim como um "desadaptado clássico" e que, durante a guerra da Argélia, ajudou a F.L.N. correndo grandes riscos, tornou-se professor de letras. Trabalhou na província, em Guadalupe, no Camboja: relatou suas experiências num livro.[12] Barbudo, cabeludo, ávido de modificações, mas muito presente a tudo o que se lhe oferecia, suas revoltas conservaram toda a autenticidade. Designado para um liceu nos arredores de Paris, tentou ensinar a seus alunos primordialmente a liberdade, o que não deixou de acarretar conflitos com a administração. Durante o verão dava suas aulas ao ar livre. Não marcava faltas, não seguia o programa, estimulava a contestação. Foi suspenso, sem motivo preciso, em fevereiro de 1972. No dia 2 de março *Le Monde* dedicou-lhe um artigo: "Apoiado pelos alunos, criticado pelos pais. Um professor incomum no liceu de Gonesse." Interessava-se pelos alunos a ponto de — morando na área do liceu — deixar que se instalassem em seu quarto, que ouvissem seus discos, que discutissem entre eles ou com ele quando assim desejassem. É claro que os pais mencionaram drogas e orgias: foi a Federação Armand que exigiu sua suspensão. O pai de um aluno disse ao repórter de *Le Monde*: "Não sei se o senhor o viu com aquela roupa de pastor de ovelhas. Ele não se veste como um professor." (Realmente ele usa um casacão longo, branco, que trouxe do Afeganistão.)

Minha amiga canadense, Madaleine Gobeil, deixou de fazer *mise--en-scène*. Deu aulas numa universidade do Canadá e faz programas literários na televisão. Fez também reportagens e entrevistas publicadas pelos jornais de seu país. Veio várias vezes à França e atualmente fixou-se aqui: está preparando uma tese sobre Michel Leiris.

Também continuei a ver Jacqueline Ormond. Desgostosa com os fatos que ocorreram no Mali, voltou a morar na Suíça. Escreveu um

---

[12] Claude Courchay: *La vie finira bien par commencer*, Éd. Gallimard.

romance,[13] inspirado em fantasias pessoais, e começou um segundo, baseado em sua experiência africana. Deixou novamente a Suíça para dar aulas em Níger, de onde não gostou. Uma manhã, recebi um exemplar do segundo livro, publicado na Suíça. Uma nota do editor me fez saber que ela morrera alguns dias antes. A notícia era abrupta, mas não me deixou muito surpreendida. Acho que sei como morreu e por quê.

No final da guerra da Argélia, recebi cartas de uma assistente social, Denise Brébant, que fazia questão de me conhecer; minhas recusas não a desanimavam: "Sou teimosa como Lise", dizia ela, aludindo à antiga aluna a quem dei esse nome em *La force de l'âge*. Percebi que não se tratava de uma curiosidade sem sentido: ela ajudava a F.L.N. e queria consultar-me a esse respeito. Depois, seu pequeno apartamento foi muitas vezes utilizado como refúgio de argelinos: ela colocava em risco sua situação e não dispunha de outros recursos. Ficamos amigas. Tinha mais ou menos a minha idade e sua vida fora difícil. Era filha de camponeses que, tendo tido uma infância dura, eram por sua vez severos para com os seis filhos e para consigo mesmos. A mais velha casou-se aos dezoito anos para livrar-se deles. O filho foi lutar na Espanha, onde foi morto. Denise foi estudar em Senlis. Excelente aluna, quando completou quatorze anos, a diretora ofereceu-se para pagar pessoalmente seus estudos numa escola normal. Os pais recusaram. Inicialmente obrigaram-na a trabalhar na fazenda, depois empregaram-na: numa garagem, numa fábrica, com um farmacêutico cuja mulher era inválida; tendo de carregar essa pesada inválida, Denise — que tinha então dezoito anos — deslocou um rim. (Foi operada alguns anos depois.) Embora entregasse aos pais tudo o que ganhava, eles a surravam por qualquer motivo. Uma lesão pulmonar obrigou-a a passar um ano num sanatório. Quando saiu, aos vinte e um anos, foi tentar a sorte em Paris. Conseguiu um lugar de professora particular numa família. Aí permaneceu por sete anos, durante os quais seguiu cursos de francês, de literatura, de história, e leu enormemente. Inscreveu-se no Exército de Salvação. À noite, percorria os restaurantes elegantes, as boates; como era jovem e bonita, angariava muito

---

[13] *Transit*, Éd. Gallimard.

dinheiro: no Fouquet's até a deixavam entrar nos reservados. "Eis a jovem salvadora", diziam os frequentadores. O chefe de polícia Chiappe, Gaby Morlay, Marie Bell, Sacha Guitry eram muito generosos; o mesmo não acontecia com Jean Gabin e Raimu. Esses encontros a divertiam, mas ela terminou por perceber que os indigentes não se beneficiavam deles. Abandonou os salvacionistas. No início da guerra, entrou para o Socorro Nacional. Continuou a estudar, na esperança de se tornar assistente social. "Uma filha de camponeses! Você nunca conseguirá isso", disse-lhe desdenhosamente uma monitora. Apesar disso, fez concurso em 1948: foi a quarta colocada entre quinhentos candidatos e teve a satisfação de receber a nota mais alta pelo trabalho que redigiu sobre o serviço social realizado durante a guerra. Contou-me, orgulhosa, que este foi lido em público pelo Ministro da Saúde: era uma boa compensação pelos desprezos sofridos. Apaixonada por sua profissão, trabalhou muito além de suas horas de serviço, ajudando os necessitados de seu próprio bolso. Em seu setor, muitas vezes tinha oportunidade de ver os lugares miseráveis em que eram alojados os argelinos e as perseguições que sofriam: tomou o partido deles. Como disse, foi nessa ocasião que nos conhecemos. Devo a ela o contato com misérias e com sofrimentos de que, sem ela, só teria sabido a distância.

Gostei muito de *Élise ou la vraie vie*, o livro de Claire Etcherelli que Lanzmann insistiu para que lesse. Descrevendo o mundo do trabalho — do qual os romances falam tão pouco — narra uma bela e trágica história de amor entre um argelino e uma francesa, na Paris de 1957, com todo seu problema de racismo. Quis conhecer a autora: belos cabelos pretos, belos olhos verdes, uma voz, uma presença que me agradaram de imediato. Filha de um estivador de Bordeaux fuzilado pelos alemães em 1942, foi educada por um avô gitano que vendia cavalos velhos para os organizadores de corridas de touros. Aos nove anos, ainda não sabia ler. Órfã de guerra, entrou como bolsista para uma instituição religiosa; recuperou rapidamente o atraso e fez seus estudos brilhantemente até o vestibular; mas, desiludida pela atitude desdenhosa dos jovens burgueses que eram seus colegas, não prestou o exame. Casada aos vinte e dois anos, teve um filho e divorciou-se três anos depois. Mudou-se para Paris e trabalhou na Citroën, depois numa fábrica de rolamentos e a seguir como empregada doméstica, condição que lhe pareceu muito menos penosa que a de operária. O casal que a empregou encaminhou-a para um emprego em escritório. Quando a conheci, trabalhava numa agência de viagens, o que lhe possibilitara, em quatro anos, escrever *Élise*. Desde os quatorze anos, sua paixão era escrever. Sua sorte foi ter conseguido cursar o secundário antes dos anos de "anulação" passados na fábrica.

Entrevistei-a para *Le Nouvel Observateur* e pouco depois ela recebeu o prêmio Fémina, o que possibilitou que comprasse roupa — só tinha um suéter — e que se mudasse do lugar miserável onde vivia. Atualmente, mora no vigésimo primeiro andar de uma das torres que construíram no XIIIe *arrondissement*; de sua janela descortina-se a Paris de Zola, velhos prédios, velhas fábricas, a Gare d'Austerlitz. Vê-se o Sena ao longe e o paredão do Zoológico de Vincennes. Segundo ela, a essa altura, tem-se a impressão de estar muito longe da terra: até o canto dos passarinhos não chega até lá. Vive com seus dois filhos: o de seu marido e o do argelino que chama de Arezki em seu romance.

O sucesso suscita a maledicência: acusaram-na de haver falsificado a história de sua vida. Após o desaparecimento de Arezki, ela se teria casado com um alto funcionário argelino que lhe teria proporcionado uma vida financeiramente tranquila. A verdade é que Claire fez com um argelino um casamento que não é válido na França. Mas jamais viveu às suas custas — ao contrário. E viveu com ele apenas alguns meses.

Depois do prêmio Fémina, trabalhou em várias coisas e escreveu um segundo romance sobre a situação dos exilados espanhóis, *À propos de Clémence*. Eu disse num jornal o quanto esse livro me agradou. Clémence é da mesma estirpe de Èlise, suave e dura, aberta e preservada. Alegrias frágeis e fugazes cruzam a tristeza de sua existência, e a esperança consegue penetrar na monotonia que a cerca. É um romance tão interessante quanto o anterior, mas infelizmente não alcançou o mesmo sucesso.

Aconteceu-me muitas vezes, quando apreciava a obra de um autor, sentir desejo de conhecê-lo. Tive interesse em conversar com Albert Cohen, com Arthur London, em ouvir Papillon. Depois da publicação de *La gloire du vaurien*, que muito me agrada, conheci Ehni, e nos vemos de tempos em tempos. Não compartilho de seu amor pelo pequeno campesinato nem de seu passadismo. Lamento que em suas peças[14] aponte apenas as falhas dos homens de esquerda. Mas aprecio sua vitalidade e sua espontaneidade, e em nossas conversas estamos quase sempre de acordo.

Antes de rever Stépha, já era amiga de seu filho Tito há alguns anos. Éramos velhos conhecidos. No dia em que ele nasceu, em 1931, eu estava com seu pai e alguns amigos na Closerie des Lilas, perto da maternidade onde Stépha dava à luz. Eu o vira transformar-se num menino risonho e turbulento, antes de partir para a América com os pais. Nos anos 50 veio a Paris com a mulher, uma francesa; tinham uma filha. Apresentei-o a alguns amigos, fizemos passeios de carro; gostei muito dele. De volta aos Estados Unidos, trabalhou como jornalista, viajou pela América Latina, sobre a qual escreveu um livro. De quando em quando enviava um artigo para *Temps Modernes*. Soube que se divorciara, que tornara a casar-se com a filha de um exilado espanhol, que era professor em Berkeley. Era muito ativo politicamente. Criou um comitê contra a guerra do Vietnã; falava muitas vezes na televisão, denunciando os crimes cometidos pelas tropas americanas e pedindo sua retirada. Participou da primeira pesquisa feita no Vietnã para o Tribunal Russell; voltando de lá, passou por Paris e foi então que nos tornamos realmente amigos. De regresso a Berkeley, militou ao lado dos Panteras Negras que, contrariando o movimento fundado por Carmichael, aceitavam brancos em suas fileiras. Ligou-se igualmente aos *weathermen*[15].

Em consequência de um incidente de caráter racial, ocupou com seus estudantes os prédios da administração; por ser considerado um agitador perigoso, foi expulso da universidade. Essa medida excepcional provocou inúmeros protestos e despertou muita repercussão na imprensa. Ele vendeu tudo o que possuía e dedicou-se inteiramente à luta revolucionária; sua mulher, que não queria correr o risco de ter de levar novamente uma vida de exilada, separou-se dele. Ele não me contou em detalhes sua atividade de militante. Sei apenas que esteve

---

[14] *Eugénie Kopronime*, onde critica com muito espírito a cultura ocidental, não se inclui nesse reparo.
[15] Os "meteorologistas", assim designados em alusão a uma canção de Bob Dylan.

preso por haver participado da grande manifestação de Chicago contra a guerra do Vietnã: batiam nele diariamente com um cassetete de borracha. Uma vez em liberdade, retornou à luta. Foi através dele que Sartre e eu conhecemos os advogados de Angela Davis e de Jackson: ele visitou várias vezes Angela Davis na prisão. Quando os Panteras Negras diminuíram, pelo menos provisoriamente, suas atividades, decidiu dedicar-se durante algum tempo a trabalhos pessoais. Tendo escrito já vários livros, obteve uma bolsa em Londres com a qual consegue viver. Vai muito à Inglaterra, mas mora em Paris e nos vemos com frequência.

Continuam a escrever-me muitas cartas que em geral respondo. Algumas são tão interessantes que possibilitam o estabelecimento de uma correspondência assídua. No entanto, em princípio recuso-me a manter relações epistolares por falta de tempo. Pela mesma razão não recebo pessoas que pedem para ver-me sem motivos justificados. Na verdade, não entendo a obstinação de certos leitores que pedem que os atenda por "cinco minutos". Um escritor trabalha durante anos para tentar comunicar, da melhor maneira possível, o que julga ter de mais importante a dizer: como poderia, durante uma hora de conversa, transmitir o equivalente a um só de seus livros? Quando se trata de dar um conselho "pessoal", sinto-me incapaz de fazê-lo, exatamente porque não conheço a pessoa que o solicita. Surpreende-me o ressentimento que essa atitude muitas vezes suscita. "Ah, eu não lhe interesso", diz-me em tom de desagrado alguém que só é para mim uma voz ao telefone. "A senhora não tem nenhuma obrigação em relação a mim em particular", escreve-me uma jovem mulher, "mas cada um de nós tem obrigações em relação a todo mundo." Talvez. Mas "todo mundo" é muito, é demais. Sou forçada a escolher. Vejo os estudantes franceses ou estrangeiros que estão preparando uma tese sobre meus livros e que têm perguntas precisas a fazer-me. Também recebo sempre os militantes de diversos países que vêm solicitar-me uma ação social ou política. Às vezes, nascem assim relações sólidas: a partir de 1971, comecei a ter contatos com membros do Movimento de Libertação da Mulher e vejo com muita frequência algumas delas.

Agrada-me particularmente a companhia dos jovens. Sou grata a eles por não participarem das degradações, das alienações nas quais os adultos caem. Considero reconfortantes sua intransigência, seu radicalismo, suas exigências, e o frescor de seu olhar me encanta: para eles tudo é novo, nada é óbvio. Num discurso em que só vejo o "blá-blá-blá" do político, eles percebem incongruências, tolices que lhes provocam riso ou indignação. A bobagem ainda os surpreende, os escândalos escandalizam-nos. Mudar a vida parece-lhes urgente, porque é seu próprio futuro que está em jogo. Sinto-me feliz quando tenho oportunidade de participar de sua ação. Há uns dez anos, como me achava bastante disponível, estabeleci relações particulares com algumas de minhas jovens leitoras. Acompanhei com interesse a evolução de algumas delas. Outras perdi de vista. Eram estudantes secundárias: tornaram-se universitárias; eram universitárias: tornaram-se professoras. Estavam revoltadas contra essa sociedade; suas posições se firmaram; são hoje marxistas ou maoistas e, afora pequenas divergências, concordamos no essencial.

Uma dessas amizades teve muita importância em minha vida. Estava equivocada, ao pensar em 1962 que nada mais de importante pudesse acontecer-me, a não ser desgraças: uma grande oportunidade me foi novamente oferecida.

Na primavera de 1960, uma aluna de *khâgne* escreveu-me manifestando desejo de ter contato comigo; sua carta, breve e simples, persuadiu-me de que ela realmente gostava de filosofia e de meus livros. Respondi-lhe que entraria em contato no início das aulas. E assim foi; nessa época dispunha de mais tempo do que agora: em novembro mandei um bilhete a Sylvie Le Bon, marcando um encontro. Levei-a para jantar num restaurante de meu bairro. Muito tímida, ela torcia nervosamente as mãos, envesgava os olhos e respondia às minhas perguntas com voz sumida. Falamos de seus estudos, e consegui que confessasse ter tirado o "prêmio de excelência" em julho. Gostava de seu curso e tinha bons colegas.

Tornei a vê-la, mas durante dois anos nossas conversas foram breves e espaçadas. Eu a intimidava menos, ela já não envesgava os olhos e sua presença me era agradável. Ela não parecia ter problemas pessoais. Quando lhe perguntava sobre suas relações com os pais, esquivava-se; moravam em Rennes, tinham-na enviado a Paris para preparar seus exames preparatórios, nada mais havia para contar. Falava-me principalmente do liceu, de seus professores, de seus colegas, de seus programas, de seu estudo: fazia-o de uma maneira tão interessada que, por trás de suas preocupações escolares, percebia-se toda uma atitude em relação ao mundo. Ela me interessava e eu me sentia harmônica com ela.

Para grande surpresa minha, encontrei um dia uma longa carta de sua mãe em meio a minha correspondência. Tendo encontrado, por acaso, o diário íntimo de Sylvie, dizia ela, lera nele uma frase que levava a crer que eu pensasse que ela batia em sua filha. Garantia-me que jamais a tocara; e enumerava todos os sacrifícios que fizera, junto com o marido, para que Sylvie pudesse estudar. Essa história me pareceu muito suspeita; as palavras que me eram atribuídas jamais tinham sido pronunciadas por mim e não faziam parte de meu vocabulário. Respondi com um bilhete, polido mas seco, dizendo que Sylvie jamais me falava sobre sua família. Hesitei em relatar-lhe o incidente, mas não tinha suficiente intimidade com ela para correr o risco de colocá-la contra sua mãe: nada sabia sobre suas relações. Calei-me.

O ano letivo terminou. Sylvie passou o verão no Marrocos com uma amiga. Não me escreveu. Ao regressar, deixou passar um mês antes de telefonar-me. Quando nos reencontramos, queixou-se veementemente do que considerava uma traição minha. Sua mãe mostrara-lhe minha carta, lera-lhe algumas linhas, ostentando ter comigo uma cumplicidade que, na verdade, eu recusara explicitamente. Expliquei-me, mas Sylvie parecia inamovível: essa manobra de sua mãe, com o objetivo de imiscuir-se em suas amizades, ocorrera diversas vezes em sua vida: seu ressentimento, em consequência disso, estava sendo projetado em mim. Percebi que suas relações com os pais não haviam sido tão anódinas como ela me levara a crer.

Quando reconquistei sua confiança, ela me forneceu alguns dados sobre sua infância. Seus primeiros anos tinham sido felizes. A mãe, que durante a juventude tivera ambições que não pôde realizar, buscara uma compensação na filha. Desde pequena recebeu aulas de piano, de canto e de dança no teatro da cidade. Sylvie exibiu-se no palco. Mostrou-me fotografias tiradas aos oito ou nove anos: vestida de tule branco, rosas brancas no cabelo, maquilada, com sapatilhas de dança, o rosto sorridente, os pés em ponta. Reconhecia seu rosto, mas custava-me acreditar que a estudante séria sentada a meu lado tivesse sido aquela menina fantasiada e um pouco afetada. Fez o papel da criança que Madame Butterfly abraça antes de morrer; fez parte do coro que saúda o despertar de Rip Van Winkle. Gostava do mundo do teatro e tinha prazer em representar. Sua vida escolar não era prejudicada por isso: nos primeiros anos tirava sempre o primeiro lugar.

Mais tarde, não conseguiu manter um bom nível, e a mãe teve de concordar com que deixasse o palco. Pôde estudar mais; obteve o primeiro lugar em francês, embora nas outras matérias suas notas continuassem baixas. Os pais não disfarçaram seu descontentamento. As relações com eles pioraram, ela se tornou fechada e taciturna. A mãe não lhe perdoava por ter frustrado seus próprios sonhos abandonando o teatro; mostrava-se possessiva, ciumenta e irritadiça. Sylvie contou-me tudo isso um pouco a contragosto: o assunto lhe era desagradável; não insisti.

A reconciliação que se seguiu ao nosso desentendimento aproximou-nos. Mas foi durante o outono de 1963 que comecei realmente a ficar ligada a Sylvie. Foi publicado *La force des choses* e, sem diminuir sua importância, ela deu o sentido justo ao epílogo, em geral tão mal compreendido. Durante a agonia de minha mãe, e depois de sua morte, apesar da pouca idade, ela me ajudou muito. Comecei a vê-la mais; nossas conversas tornaram-se mais livres e mais longas.

Tendo sido aprovada nos exames de Sèvres, ela morava no Boulevard Jourdan. Gostava de lá. Não era obsessiva e estudava inteligentemente. Tinha muito bom contato com alguns colegas considerados cabeças-duras pela administração: saíam juntos, tomavam vinho, pregavam peças nos católicos militantes, nos reacionários, e desafiavam as autoridades. Apesar de muitas vezes censurados por sua indisciplina, tinham prestígio porque sempre brilhavam nos exames.

Sylvie relatava-me o que denominava suas "malandragens"; mantinha-me a par de suas saídas, de suas leituras, de seus contatos, de tudo o que acontecia com ela. Ligada às coisas e às pessoas, sensível a todas as suas modificações, descrevia-as com muita propriedade. Ela me interessava e me divertia. Uma experiência tornava-se mais rica quando compartilhada com ela. No ano de seu exame de licenciatura, levei-a várias vezes ao cinema, ao teatro, a exposições de pintura.

Na primavera e no início do verão, fizemos longos passeios de carro. No entanto, eu ainda a conhecia pouco, ela era bastante fechada e não raro me surpreendia.

Uma vez, tendo passado o dia em Sologne, jantamos e ficamos para dormir num hotel situado no meio de um parque. Fui deitar cedo e já dormia profundamente, quando acordei sobressaltada com uma mão que me tocava o ombro. Sylvie estava de pé ao lado de minha cama: "Vista-se, venha rápido, está tão bonito!" disse-me ela toda excitada. Esfreguei os olhos: o que ocorria? Sylvie levou-me até a janela. Uma enorme lua redonda brilhava num céu muito límpido, um cheiro de mato e de flores — um cheiro de infância — emanava do parque; sentados na relva, alguns jovens tocavam violão e cantavam baixinho. "Nunca vi uma lua assim", dizia Sylvie. Sim, era uma noite bonita e a música me agradava: mas não tinha a menor vontade de vestir-me e descer. "Oh, não deveria tê-la acordado", disse Sylvie, constrangida. Na verdade, foi bom que o tivesse feito, porque assim me revelava um lado dela que eu desconhecia: uma possibilidade de entusiasmo, de arrebatamento, que até então sua grande contenção ocultara de mim. Alguns copos de vinho tinto tomados ao jantar haviam permitido que rompesse essa barreira. Tornei a deitar-me. Ela voltou para o parque e dormiu no carro sob as estrelas.

Uma outra noite, em circunstâncias análogas, surpreendeu-me ainda mais. Após um longo passeio, deixamos nossas valises num hotel nos arredores de Paris e fomos jantar. Já não me lembro a propósito de que disse-lhe rindo: "Oh, mas você é meio louca!" Isso para mim era um contrassenso, porque ninguém me parecia mais sensato e mais equilibrado do que ela. O fim do jantar foi silencioso: supus que estivesse cansada pela viagem de carro e o ar do campo. No dia seguinte de manhã, quando bati na porta de seu quarto para tomarmos o café juntas, encontrei-a toda vestida e de óculos escuros. Estranhei que já estivesse pronta tão cedo. Na verdade, confessou-me um pouco mais tarde, não pregara o olho, passara a noite chorando de ódio: se saía com ela, era porque isso me divertia, como um palhaço nos diverte: considerava-a uma maluca. Levei muito tempo para convencê-la de que estava enganada. Por que interpretara tão mal uma brincadeira inocente? Acabou por dizer-me: uma louca, uma perturbada, uma doente, uma anormal, uma desmiolada — ouvira esses qualificativos durante toda a sua adolescência e não suportara que eu dissesse algo no gênero. Não conseguia entender que seus pais a considerassem assim, e ela me narrou toda a sua história.

Já contei que, quando cursava o terceiro ano, ela não se entendia bem com os pais. Nessa época, ela se ligou a uma colega, filha de professor e aluna brilhante; elas se escreviam, exprimindo seus sentimentos com ardor e relatando seu cotidiano. Esses diários foram descobertos pelos pais: formou-se um drama. Não perdoavam a Sylvie sua "exaltação doentia"; foi classificada de "anormal"; os pais de sua amiga Danièle foram avisados e também fizeram um escarcéu: como podia sua filha, uma pessoa brilhante, ligar-se a uma colega intelectualmente tão medíocre! Queixaram-se aos professores, à diretora, e ficou decidido que, na volta das férias, seriam tomadas providências.

O verão foi um inferno para Sylvie. Danièle escrevia-lhe longas cartas quase que diariamente: mas sua mãe as abria, assinalava alguns trechos, ironicamente ou encolerizada, e não permitia que respondesse; ela era obrigada a usar de artimanhas para conseguir, de quando em quando, mandar um bilhete. Em companhia de sua amiga, Sylvie se desenvolvera intelectualmente; lia vorazmente tudo o que lhe caía nas mãos. As companhias e diversões do ano anterior já não lhe interessavam. A mãe exigia que passasse os dias na praia e irritava-se ao vê-la imersa nos livros. Conflitos violentos surgiam permanentemente entre elas. Quando o pai chegava, aos sábados, aliava-se à mulher. Humilhada, solitária, assustada por sentir-se transformada em rebelde, Sylvie mergulhou num desespero cuja lembrança jamais se apagaria.

No reinício das aulas, para separá-la da amiga, obrigaram-na a repetir o ano, quando na verdade estava absolutamente apta a passar para o seguinte. Sentiu-se tão humilhada e revoltada que chorou a noite inteira. Para vingar-se dos pais, do liceu, da família de Danièle, decidiu lutar contra esta em seu próprio terreno. Começou a estudar com uma tenacidade tal que logo passou a ser a primeira da classe em todas as matérias. No entanto, não lhe conferiram o prêmio de excelência — que ninguém obteve — sob pretexto de que era repetente. Essa nova injustiça redobrou seu ódio. Sentia-se profundamente infeliz, porque quase não podia estar com Danièle, já que as famílias exerciam sobre elas uma vigilância rigorosa.

Danièle foi para Paris no ano seguinte e elas se perderam de vista. Sylvie continuou a estudar com obstinação e, daí em diante, recebia todos os anos o prêmio de excelência. Compreendi então por que, no início de nossas relações, falara tanto de seus estudos e de maneira tão empenhada: durante os anos de colégio essa fora sua única arma. Dedicara-se a estudar, não por docilidade de boa aluna, mas por ressentimento, por desafio, com amargo furor. Sua situação familiar não melhorou. Em público, os pais mostravam-se orgulhosos dela; em casa, sua atitude recalcitrante os deixava exasperados; tentavam interferir em sua vida, coisa que ela não suportava. Queriam "domesticá-la" e ela era indomável. Mais de uma vez ameaçaram enviá-la a um reformatório. Seus embates tornaram-se cada vez mais violentos. Uma vez passou quinze dias sem dirigir a palavra à mãe, porque esta, durante uma briga, rasgara seus livros preferidos. Essa história despertava lembranças minhas. Mas eu era mais velha, dependia menos de meus pais quando sofrera a hostilidade deles, e esta nunca se manifestara com tanta brutalidade.

Quanto mais conhecia Sylvie, mais afinidades sentia com ela. Como eu, era uma intelectual e era também apaixonada pela vida. Parecia-se comigo em vários outros aspectos: com trinta e três anos de diferença, encontrava nela minhas qualidades e minhas falhas. Ela possuía um dom muito raro: sabia ouvir. Por suas reflexões, seus sorrisos, seus silêncios, ela provocava o desejo de contar e mesmo de se revelar: também eu, a partir de um determinado momento, passei a mantê-la a par do cotidiano de minha existência e contava-lhe os mínimos detalhes de meu passado. Ninguém poderia beneficiar-se tanto como ela do que eu lhe proporcionava; ninguém poderia valorizar tanto como eu o que recebia dela. Gostava de seus entusiasmos, de suas iras, de sua seriedade, de sua alegria, de seu horror à mediocridade, de sua generosidade impetuosa.

Tendo provado a si mesma que podia alcançar êxitos escolares, estes deixaram de interessar a Sylvie. Mas gostava de aprender, de compreender, sua inteligência era viva e precisa; teve boa colocação no exame para licenciatura, o que possibilitou que passasse um quarto ano na École,[16] antes de ir ensinar no interior. Foi designada primeiro para Mans, depois para Rouen, exatamente para o liceu onde fui professora; quando passava a noite lá, ficava no hotel perto da estação, onde morei durante dois anos, tomava o café da manhã no bar do Métropole: isso me dava um pouco a impressão de haver reencarnado. Atualmente trabalha num subúrbio. Isso possibilita que nos vejamos diariamente. Ela faz parte de minha vida e eu da sua. Apresentei-a ao meu *entourage*. Lemos os mesmos livros, vamos juntas aos espetáculos, fazemos grandes passeios de carro. Existe uma tal reciprocidade entre nós, que perco a noção de minha idade: ela me introduz em seu futuro e, por momentos, o presente recupera uma dimensão que havia perdido.

★

Algumas das pessoas que representaram um papel mais ou menos importante em minha vida, e às quais me referi nos volumes precedentes, morreram nestes últimos anos. Quero narrar aqui seu fim e, em alguns casos, completar o retrato que tinha feito delas.

Em minha juventude, a beleza de Camille, a independência de sua vida, a violência de suas ambições, sua tenacidade em relação ao trabalho inspiravam-me uma admiração invejosa. Na verdade, ela era bastante diferente da personagem que me fascinou. Mas possuía incontestavelmente um grande poder de sedução. Maravilhou Olga. Marco sentia por ela uma amizade plena de admiração. A Sra. Lemaire, tão diferente dela, ficou encantada com a noite que passou na Rua Navarin. Foi profundamente amada por um jornalista de talento, mais jovem que ela, que permaneceu ligado a ela durante muito tempo, mesmo depois de terminada a relação. Dullin a idolatrava; acreditava em sua genialidade e respeitava seus conselhos. Ele educara seu gosto e transmitira-lhe sua compreensão de teatro. Ela conseguiu realizar adaptações muito boas de *Júlio César*, de *Plutus*. As aulas que dava na École eram muitas vezes interessantes. Os alunos não gostavam dela, porque era autoritária e arrogante com eles; caçoavam de suas

---

[16] A École Normale Supérieure. (N. da T.)

roupas e de sua voz afetada. Mas quando, a título de exercício, montou *Dommage qu'elle soit putain* (*Pena que ela seja uma puta*, de John Ford), todo mundo reconheceu seu talento. Sartre e eu nos dávamos bem com ela. Irritava-nos quando falava com uma simplicidade fingida de Lúcifer e das "Presenças" que a protegiam; achávamos artificiais suas brincadeiras com Friedrich e Albrecht,[17] que ela chegou ao ponto de levar numa valise durante o êxodo. Mas quando abandonava suas mitologias, sabia observar, descrever, narrar muito bem; suas paródias, suas imitações divertiam-nos.

Ela decorou maravilhosamente o ateliê da Rua Navarin, e depois o belo apartamento da Rua de La Tour-d'Auvergne, onde vivia com Dullin. Gostava de cerimônias e transformava em festas todos os nossos encontros. Passamos com ela momentos muito agradáveis em Paris, em Rouen, em Toulouse, na bonita casa de Ferrolles. Pensávamos que escrevesse assiduamente e, apesar do fracasso de *L'ombre*, acreditávamos nela. Emocionou-nos ler em seus cadernos as palavras de Emily Brontë: "Senhor, fazei com que minha memória não se apague jamais."

Nossas relações esfriaram no início da ocupação; Camille aliou-se ao nazismo, aceitando sem pestanejar as perseguições antissemitas. Além disso, nos deu para ler *Histoires démoniaques*; era um texto tão pueril e vazio que não pudemos recomendá-lo a um editor, e ela se zangou: por que nos interessávamos pelo que escrevia Mouloudji e não pelo que ela escrevia? Fomos menos sinceros em relação a *La Princesse des ursins*; mas ela deve ter percebido que não estávamos encantados com essa "suntuosa mediocridade", como definiu um crítico. Na noite da pré-estreia, a plateia estava gelada; no meio da representação, o palco giratório enguiçou; foi preciso cortar um quadro: o público nem percebeu; por trás do pano, Dullin chorava. A peça foi arrasada. Compreendemos então que Camille jamais seria uma escritora. Já não mencionava o romance inspirado em suas experiências do qual nos falara em Toulouse. Os temas das peças que nos narrava eram de uma ingenuidade desoladora. Queria descrever um naufrágio que simbolizasse o de todos os antigos valores; os

---

[17] Duas bonecas cujos padrinhos, escolhidos por ela, eram Nietzsche e Dürer.

deuses anunciariam valores novos: pedia a Sartre que os definisse. Em *L'Amour par intérêt* ela se propunha mostrar que o amor pelo dinheiro e a ambição podem levar a um verdadeiro amor: o herói dessa história seria Pedro o Grande e a heroína, Camille camuflada. Sentíamo-nos perplexos. Camille era uma adulta experiente, irônica e até mesmo cínica, que falava com realismo das pessoas e das coisas; era uma leitora inteligente, que comentava de modo interessante os autores que apreciava e caçoava espirituosamente da má literatura: como podia comprazer-se com criações infantis e mostrar-se tão desprovida de senso crítico?

Certamente seu narcisismo contribuía para cegá-la. E, além disso, quando pensávamos que escrevia com tenacidade, era, na verdade, de uma indolência extrema: fingia que trabalhava. Também nos surpreendia a discrepância entre sua conversa e os textos que escrevia. Alguma coisa estava errada. Mas o quê?

Seria por causa disso que ela bebia? No início, o relato de suas bebedeiras nos fazia rir: no palco do Atelier ela fazia uma série de incongruências. Durante um jantar maçante, em Ferrolles, desapareceu várias vezes, para emborcar grandes copos de vinho tinto com Zina. Contou-nos depois, achando graça: "Passei mal. Escondi-me atrás de um enorme leque e vomitei na grama, dizendo-me: isso é muito espanhol." Mas, depois do fracasso de *La Princesse des ursins*, seus excessos já não nos pareciam engraçados. Dullin tentava evitá-los; ela escondia garrafas no teatro e ele procurava escamoteá-las; então brigavam. Quando estava bêbada, queria seduzir todos os atores e todos os alunos. Finalmente, Dullin conseguiu que se internasse numa clínica para desintoxicar-se.

A cura durou pouco. Ela recomeçou a embriagar-se e a fazer escândalos. Dullin já não tinha teatro. Partiu em turnê pela Alemanha; ela o acompanhou e foi insuportável com toda a trupe. Ela mesma nos contou que uma noite, num hotel às margens do Reno, os atores estavam sentados num terraço rindo e cantando: de sua sacada ela ordenou que se calassem, pois estavam perturbando sua meditação. Contou-nos também que, embriagada, numa recepção oficial muito importante para Dullin, dissera coisas terríveis. Uma outra noite, durante uma crise aguda, jogou no fogo, enraivecida, o maço de notas destinado ao pagamento da trupe. Disse-nos que bebia porque sabia que Dullin estava doente e a ideia de sua morte a aterrorizava. No entanto, transformava sua vida num inferno, fazendo cenas extremamente violentas por causa de seu trabalho artístico, por questões de dinheiro, por qualquer coisa. Antes disso, ele a fizera sua herdeira universal. Mas modificou suas disposições. Designou um curador a quem recomendou que zelasse por aquela a quem chamava agora, com tristeza, de "minha coitadinha".

Ela quase não ia visitá-lo no hospital e não se achava a seu lado quando ele morreu. No dia do enterro, nenhum dos amigos de Dullin foi buscá-la: ela chegou sozinha e ninguém lhe dirigiu a palavra. Em fevereiro de 1950, amigos e alunos organizaram uma homenagem a Dullin no Atelier. Já, contei como, ao chegar em casa de Camille, a encontramos bêbada, soluçando, o rosto inchado, acompanhada por Ariane Borg, que se mostrava consternada. Chorou durante toda a cerimônia, sem que ninguém lhe dirigisse o olhar ou lhe estendesse a mão. Não sei se esse ostracismo foi a melhor maneira de demonstrar fidelidade à memória de Dullin.

Camille aparentemente se recuperou. Fez um pequeno altar para Dullin em seu quarto: fotografias, flores, uma rosa artificial colocada numa caveira. Dizia que nos momentos difíceis ele a aconselhava. Escreveu-nos em março: "Vivi essas últimas semanas um dos períodos mais significativos de minha vida e talvez um dos mais belos, em termos de que o delineamento e o sentido de minha vida apareceram-me como que traçados e completados (não terminados, mas percebidos, como por uma espécie de vidência, até minha morte). Evoluo com uma gravidade tranquila, acompanhada de alegria e de uma certa diabrura (não gosto muito da palavra, mas ela tem para mim um significado e uma força oculta que a caracterizam de maneira um pouco diferente)."

Ela estaria inteiramente sem recursos se Sartre não a tivesse ajudado; considerava essa ajuda como uma espécie de bolsa que lhe permitiria realizar sua obra. Para merecê-la, falava-nos muito dos trabalhos que iria iniciar: *L'Amour par intérêt* e uma outra peça sobre os feiticeiros de Loundun; um *romancero* em vários volumes, onde relataria a vida de seus pais e a sua; e sobretudo um livro sobre Dullin: sua vida, sua obra, suas ideias. Tentava obter subsídios para transformar o amplo apartamento num "Museu Charles Dullin": possuía vestimentas suntuosas, maquetes de cenários, montagens da autoria de Dullin. Não acreditávamos que trabalhasse muito, pois vivia indo e vindo de Paris a Ferrolles, onde tinha firme reputação de bêbada: embriagava-se com o carteiro. Também gastava muito tempo organizando coisas. Nós a víamos com bastante frequência. Ia ao cinema, ao teatro, a exposições, a concertos, e lia; sua conversa era interessante, a não ser quando se sentia obrigada a falar de sua obra.

Vivia inteiramente só. Casada já de muito, Zina continuou a morar na Rua de La Tour-d'Auvergne com seu marido, que era garagista. Mais tarde, ele se estabeleceu em Belleville, e ela se dividia entre sua casa e a de Camille. Mas durante as crises etílicas, Camille a agredia fisicamente cada vez com mais frequência: um dia, Zina abriu-nos a porta com um olho roxo. Acabou indo embora.

Camille ficou amiga de uma jovem que ela chamava de "Corsa" e que era mais ou menos apaixonada por ela. Mas suas relações logo se deterioraram. Recaiu num isolamento que, segundo nos dizia, não a afetava muito. Escreveu em julho de 1951: "Estou num estado inteiramente diferente do que vivi o ano passado nesta mesma época. Chegando a um certo controle na manutenção de meu equilíbrio e perfeitamente acostumada à solidão indispensável, embora esta seja às vezes um pouco dura. Solidão de existência, não interna, porque graças a vocês dois nunca me sinto solitária no mundo; e depois... existem as 'PRESENÇAS'. Nada as perturbou e nunca foram tão efetivas como agora. E depois existem também os que chamo de 'semivivos', a saber, Friedrich e Albrecht, e Nell.[18] Com os primeiros converso em voz alta. Com Nell brigo quase que o tempo todo (...) ela é terrivelmente ciumenta dos pequenos (...). Nada se parece tanto à vida — a verdadeira, não aquela com os pais — que eu levava quando tinha seis, sete, oito anos, antes também, e depois naturalmente, mas já com mais preocupação de tomar contato com a vida efetiva (não esqueçam que com nove anos tive meu primeiro amante), quanto a que levo nesse momento... Vocês talvez imaginem

---

[18] Sua cadela.

que voltei à infância, no mau sentido da expressão. Não creio que seja assim, excetuando esse ladozinho 'retardado' que sempre tive e com o qual certamente morrerei." Um pouco mais tarde, durante esse verão, escreveu-nos uma carta bastante otimista: aceitava a ideia de viver como anacoreta. Sua saúde era satisfatória e ela achava que tinha feito grandes progressos de natureza moral; mencionava, entre outros, um "hábito quase perfeito com a *Solidão*".

Essa solidão devia, no entanto, ser bastante pesada, já que três ou quatro anos mais tarde, quando um médico em quem confiava convenceu-a a internar-se novamente para uma cura de desintoxicação, ela disse a Sartre, que foi visitá-la, como se sentia bem naquele lugar: enfermeiras cuidavam dela; interessava-se pelos doentes dos quartos vizinhos: assistiu de longe, com curiosidade, à agonia de um velho; divertia-se até vendo as serventes carregando bacias.

Logo depois voltou a beber. Ela própria nos contou que tinha sempre uma garrafa de vinho tinto na mesa de cabeceira; pela manhã, assim que acordava, tomava um bom copo, do contrário vomitava e não conseguia levantar-se. Esforçava-se para estar lúcida quando nos encontrávamos, mas muitas vezes percebia-se que acabava de sair de uma crise e fazia um grande esforço para manter a conversa. Numa carta de 1956, dizia: "Há vezes em que não *posso*, e em que portanto nem devo, tentar fazer determinadas coisas. É *isso* que sou forçada a admitir... Na outra noite, porque queria vê-los a qualquer preço, só lhes mostrei o avesso de mim mesma e também o lado negativo de tudo o que fui, fiz e pensei desde nosso último encontro. Lamento esta 'tristeza generalizada' que era apenas a outra vertente seca de um riacho alegre que os obstáculos e as pedras não desviam de seu caminho, mas que, ao contrário, faz cascatas de alegria com eles. Quase não mencionei o que era realmente importante (meu livro por exemplo) e, assim mesmo, só casualmente."

Camille nunca foi dada à comunicação: fazia algumas perguntas rápidas, às quais dávamos respostas breves, e monologava. Na época em que via muita gente, em que lia e mantinha-se informada, seus solilóquios eram ricos. Mas ninguém pode viver impunemente fechado em si mesmo. A inteligência enferruja, os interesses se reduzem: Camille só se preocupava com a própria saúde. Era capaz de passar horas descrevendo-nos os sintomas de sua diabetes e os tratamentos que fazia. Preocupada em justificar a pensão que Sartre lhe dava, tinha sempre o cuidado de nos colocar a par de sua obra: estava classificando velhos papéis para o *romancero*. Tivera uma ideia brilhante para o ensaio sobre Dullin: substituiria em grande parte o material escrito por fotografias. Ela certamente percebia como tudo isso era pouco convincente. Nossos encontros a cansavam. Cada vez fazia menos questão de mantê-los.

Um dia em que a esperávamos em minha casa, ouvimos uns passos pesados e inseguros, que se aproximavam e se afastavam: levou quinze minutos para encontrar minha porta. Cambaleava e tinha a voz pastosa. Ela, que normalmente era tão pudica, foi ao banheiro e deixou a porta aberta: nós a ouvimos urinar ruidosamente. Começamos a descer o Boulevard Raspail para ir jantar no Boulevard Montparnasse. Ela desmoronou num banco, e Sartre teve de ir buscar um táxi. Comportou-se mais ou menos corretamente durante o jantar, mas à custa de um esforço enorme. Aos poucos, multiplicaram-se os obstáculos que impediam que nos encontrássemos. Ela não queria ver ninguém. Depois da publicação de *La force de l'âge*, recebi uma carta de um médico de Toulouse que fora namorado dela em sua juventude: pedia-me seu endereço. Ela o recebeu uma vez, depois evitou encontrá-lo. De quando em quando, ia à casa de Zina. Esta também bebia sem moderação; adoeceu gravemente e, após uns meses internada, morreu no hospital em 1964. Passamos uma noite com Camille, em minha casa, nessa ocasião. Ela estava muito mobilizada por essa morte. Sentiu "mais do que tristeza", escreveu-nos pouco depois; atravessou um período de "obsessão" e passou um mês "atroz".

Deixou de convidar-nos para irmos a sua casa, e já não a levávamos aos restaurantes. Continuava a usar o cabelo comprido e solto sobre os ombros, mas este se tornara avermelhado; e vestia-se de maneira muito chamativa: todos os olhares voltavam-se para ela. Ficávamos em meu estúdio, onde ela se sentia mais à vontade para conversar. Mais de uma vez confessou-nos o quanto lhe pesava sua castidade. Contou-nos que, um dia em que havia bebido, saiu à rua em busca de um homem. Trouxe um para casa, mas sentiu repulsa e expulsou-o.

Encontrando-o casualmente pouco tempo depois, foi esbofeteada e jogada ao chão.

A porteira fazia quase todas as suas compras e ocupava-se da limpeza. Grande parte do apartamento estava desativada: ela vivia em seu quarto e no salão redondo. Há muitos anos eu não pisava lá, quando, em junho de 1967, ela me pediu insistentemente, por carta e por telefone, que fosse vê-la. Enganei-me de porta e toquei a campainha do apartamento em frente. A locatária disse-me com expressão significativa: "Bata com força. A campainha dela não funciona, e muitas vezes ela não ouve."

Bati, insisti: em vão. Chamei a porteira, que bateu com força: em vão. Do jardim atiramos pedras nas janelas com as persianas fechadas: em vão. Fui telefonar. Camille atendeu com voz bastante segura: "Ah, pensei que o encontro era em sua casa." Era absurdo, porque nesse caso ela não estaria lá. Disse-me que deixaria aberta a porta do apartamento. Entrei e olhei com incredulidade a sala de jantar e o salão: tinha a impressão de sair da realidade e mergulhar numa história fantástica. Entre o passado ainda recente e o momento presente, havia tanta distância quanto entre uma jovem na flor da idade e uma centenária. A decoração, cuidadosamente arrumada por Camille, transformara-se num bricabraque imundo. Camadas de poeira cobriam os vidros amarelados, as paredes acinzentadas, o piso. Tules, musselines, panos cintilantes cobriam os móveis e os bibelôs. Era de esperar que houvesse teias de aranha pelos cantos. Uma voz gritou: "Sente-se!" Afastei os papéis e os panos que estavam sobre uma poltrona e sentei-me. Pela porta entreaberta podia ver o pé de uma cama no quarto ao lado. Ouvi uivos estranhos, passos pesados, outra vez rosnidos, o barulho surdo de um corpo que cai. Depois de mais alguns instantes, Camille apareceu na porta da sala de jantar: a parte de cima de seu lábio superior e a parte de baixo de seu lábio inferior estavam manchadas de vermelho. Usava um pijama de cetim preto cuja blusa deixava entrever um sutiã rosa de algodão. Os cabelos estavam cobertos por um lenço desbotado. Mordia o lábio inferior e dizia palavras inarticuladas. Entendia que me falava da Sociedade de Amigos de Dullin, da exposição de Dullin, de Ferrolles, aonde já não ia porque a casa estava pesadamente hipotecada. Aos poucos, sua elocução tornou-se mais clara, as coisas que dizia, mais coerentes. Falou-me de *Belles images* (*As belas imagens*) e de Walter Scott. Mas logo começou a dar sinais de fadiga; balançava o corpo para a frente e para trás: obviamente caía de sono. Levantei-me. Na porta, ela me disse que desejava que seus cabelos embranquecessem, porque, atraídos por sua silhueta — na verdade, era de uma corpulência aflitiva —, os homens a seguiam na rua: ao ver seu rosto, mal disfarçavam a decepção. Antes de apertar minha mão, perguntou-me com jeito um pouco provocador: "O que você acha da minissaia?"

Quando voltei de Copenhague, no outono de 1967, encontrei um bilhete de Camille, velho já de dez dias, avisando que estava ameaçada de uma penhora; para evitá-la precisava de uma quantia módica que eu poderia facilmente adiantar-lhe: mas eu estava na Dinamarca. No dia seguinte, telefonou-me pedindo que entrasse em contato com sua porteira, a Sra. C. Esta me contou que, como Camille não pagava há muito tempo o aluguel e os impostos, a penhora ocorrera em condições terríveis. Camille fez o oficial de justiça esperar vinte minutos; entrou de quatro no salão, com um robe imundo e cheirando a álcool. Rolou pelo chão, soluçando e gritando. Terminada a penhora, a Sra. C. ajudou-a a deitar-se; seu quarto, no qual esta nunca entrava, estava cheio de garrafas vazias, de papelada que podia incendiar-se, pois Camille usava um radiador elétrico. Sobre o colchão empoeirado já não havia lençol. Nas cestas de lixo, onde Camille jogava os restos de comida, pululavam larvas. Camille não permitia que se tocasse em nada. A partir das nove da manhã pedia vinho; telefonava ao armazém, encomendando as marcas mais caras. Desde a penhora, Camille não comia nada. A Sra. C. colocava travessas na sala de jantar e chamava Camille: no dia seguinte tudo estava intacto. Às vezes, durante a noite, Camille cantava. Disse-me a porteira: "Não quero dizer nada aos outros locatários: as pessoas são tão linguarudas, caçoam dela. É uma infelicidade, um fracasso." Ela gostava de Camille, que, em seus momentos lúcidos, mostrava-se bem-educada, culta, e falava com ela com cortesia e gentileza. Disse-lhe que era preciso interná-la numa clínica; pedi à Sra. C. que insistisse com ela para que concordasse. Telefonei a Camille para tentar convencê-la: Sartre pagaria as despesas. Recusou obstinadamente. Não queria ver ninguém e muito menos um médico. Recusava-se a sair do quarto.

Sartre enviou dinheiro à Sra. C. para que pagasse as dívidas de Camille e continuasse a tomar conta dela. Telefonava-me todos os dias. Durante quatro dias Camille comeu um pouco, depois a situação piorou: Camille emborcava diariamente seis garrafas de vinho tinto. "A senhora está se matando", dizia-lhe a Sra. C. "Por que não, se já não tenho de que viver?" respondia ela. Já não saía da cama e fazia suas necessidades nas travessas. Aconselhei a porteira a alertar o departamento de higiene social e levar Camille para o hospital: "Não, quero continuar a cuidar dela." Três dias depois, decidiu-se a fazê-lo. Camille já não controlava nada, o quarto estava cheio de excrementos: até em seus cabelos havia excrementos. Dormia ao chão, cercada de ostras que encomendara e deixara apodrecer. Aquela manhã ainda tivera ânimo para pedir o caviar que a Sra. C. se recusara a comprar--lhe. Chamou uma ambulância. O médico não entrou no quarto, porque não queria patinhar na sujeira. As enfermeiras diziam: "Nunca se viu coisa igual. Isso não é uma mulher, é um monte de estrume." Achava-se num estado semicomatoso e deixou-se levar sem protestar. Foi preciso retalhar o robe que se colara à pele, pois estava cheia de escaras. Em Lariboisière cortaram-lhe o cabelo e mergulharam-na num banho. Estava magra como uma deportada e com um ventre enorme.

No dia seguinte, fui ao hospital. O interno de plantão estava ausente. Uma supervisora disse-me que Camille se achava "em observação" por causa da diabetes. Pedi que lhe perguntasse se gostaria de ver--me; respondeu que sim, e a supervisora indicou-me vagamente um compartimento onde havia oito leitos. Não vi Camille. Eliminei várias doentes: as jovens, as velhas de cabelos brancos; restou uma mulher morena, de cabelos curtos e um rosto informe. Aproximei--me: ela falava com uma enfermeira e reconheci a voz de Camille. Vestia a camisola regulamentar de tecido grosso; os punhos estavam muito finos; o rosto, inchado. Desculpou-se pelo aspecto do cabelo: "Cortaram-me os cabelos e não tive forças para me pentear." Perguntei se estava sendo bem tratada: "É uma penitenciária. Não me dão nada que quero." "O que desejaria?" "Leite é a única coisa que poderia me melhorar. E as enfermeiras são grosseiras; chamaram-me de estrume." "Mas como é possível isso?" "Oh! São mal-educadas", respondeu com muita dignidade. Contou-me também que às vezes suas mãos se contraíam e, se segurava um copo, não conseguia dá-lo à enfermeira: esta então a maltratava. Sugeri que se transferisse para uma clínica particular. Ela pensou um pouco: "Não, prefiro continuar aqui", respondeu. Perguntei-lhe se dormia bem: "Durmo o tempo todo. Estou em coma." Queria que a porteira lhe trouxesse cobertas e meias "baratas, compradas no mercado Saint-Pierre". Não se queixava por ter sido tirada de seu quarto. Não parecia absolutamente sentir-se em perigo.

Durante alguns dias tive notícias suas através da porteira que ia vê-la e fazia suas compras: seu estado era estacionário. Então, na noite de 11 para 12 de dezembro, o telefone tocou às quatro da manhã. Era do Hospital Lariboisière: Camille acabava de morrer. Na manhã do dia 11, pediu uma garrafa de borgonha que lhe foi recusada. À noite, sufocou. Tentaram inutilmente a respiração boca a boca. Foi enterrada quatro dias depois. Éramos apenas cinco pessoas junto ao túmulo: o curador de Dullin, o secretário da Sociedade dos Amigos de Dullin, a Sra. C., Sartre e eu. Somente a Sra. C. chorava.

Ela limpou o apartamento: retirou do quarto 450 garrafas. Debaixo do colchão inteiramente apodrecido, encontrou duas magníficas vestimentas de teatro, também apodrecidas. Todas as outras lembranças de Dullin tinham sido compradas pela biblioteca do Arsenal.

Entregou-me os papéis de Camille: era pouca coisa. Nenhum vestígio de sua obra, sequer um rascunho: isso não me surpreendeu. Mas o que aconteceu com as velhas cartas de Sartre? Restaram muito poucas. E onde foram parar as cartas de Dullin? Encontrei algumas cartas de pessoas que não conhecia e rascunhos das respostas de Camille. Ela recusava os raros convites que lhe faziam alguns desses correspondentes, invocando sua "reclusão mística". Falava de sua "Obra" e de seu "imenso trabalho" sobre Dullin. Na véspera da morte ainda chegou uma carta: a casa de Ferrolles estava tão onerada por hipotecas que foi vendida a camponeses do local.

Camille deixou também uma espécie de diário íntimo. Era um estranho conjunto de folhas soltas, lilases e transparentes, de diversos formatos, cobertas com uma letra grande e desordenada; a tinta era verde, violeta e vermelha. O texto estava tão rabiscado e corrigido que era quase ilegível. Eram anotações tomadas desde 1960 até sua morte. Do culto a Lúcifer Camille passara ao de um determinado número de santos curiosamente escolhidos: lamentava que se desse tão pouca importância à Comunhão dos Santos e que a cerimônia de Finados suplantasse a de Todos os Santos. No alto de cada página indicava a data e o nome do santo ao qual dedicava seu dia. Escrevia em letras grandes: Oração, assinalando se esta tinha sido medíocre ou excelente. Além dos santos, invocava também o Pai e Jesus, pedindo-lhes proteção. Falava muito das "Presenças". Escrevia: "Isto agradará muito à mamãe." Sentia-se "inspirada", "conduzida" por uma força interior que a levava a descer ao armazém exatamente a tempo de encontrá-lo ainda aberto, ou a ir comprar um frango assado no momento exato em que este estava saindo do forno. Pois suas preocupações eram sobretudo higiênicas e alimentares. Ela anotava o que comera nas refeições, os copos de água mineral que bebera, os remédios que tomara, e a qualidade de seu sono. Duas ou três vezes falava de leituras: Walter Scott, Michelet; e de música: Berlioz, que ouvira no rádio. Quase não mencionava os excessos de bebida: mas algumas vezes relatava ter atravessado um período de "borrascas" ou um período de "trevas". Por momentos, tinha consciência da sujeira em que vivia. Em 1964, falava em limpar seu "material de cabeceira": era uma condição necessária para seu "trabalho". Outra vez resolveu pedir à porteira que esvaziasse as lixeiras. Seu conteúdo mostrava bem, escreveu depois, que ela acabava de atravessar um "período de trevas". O fato de esvaziar as lixeiras dava-lhe a impressão de estar recebendo uma "absolvição".

Eu não esperava que esses papéis fossem tão infantis. Isso ainda me surpreende. O vazio que havíamos percebido em Camille, quando lemos seus escritos, terminara por invadi-la inteiramente; o álcool, a solidão completaram a destruição e ela mergulhou na inconsistência. Mas como explicar sua fraqueza original? Certamente só conhecendo sua infância. Camille nos falou dela através de uma figura mítica, mas ignoramos a verdade. Sem essa chave, toda a história de Camille e o naufrágio de seus últimos anos permanecem um mistério para mim.

Depois da morte de Bourla, Lise já não suportava morar na França. Tendo-se ligado, depois da guerra, a um atraente G.I. que era assistente de direção em Hollywood, resolveu casar-se com ele. Ele não desejava casar-se, mas ela estava grávida e convenceu-o a tomar as providências necessárias para que pudesse ir para os Estados Unidos. Chegou lá em 1946 e pouco depois tiveram uma filha. Quando estive em sua casa, na Califórnia, em 1947, percebi que o casal não ia bem. A situação material era difícil: isso era pretexto para que ela roubasse nos supermercados, o que preocupava e irritava o marido. Sentia-se exausta por ter de cuidar da casa e do bebê. Fingia que não se importava com a própria aparência: andava sempre desmazelada. Conservava em Hollywood a mesma atitude provocadora que tinha em Paris. Quando Jack a levava a uma *party*, fazia questão de vestir-se de qualquer maneira, de usar uns sapatões ou sandálias inadequadas. Agredia veementemente os produtores célebres, os diretores conceituados: criticava-os, contradizia-os ou caçoava deles. Enchia a bolsa com sanduíches e salsichas do bufê; uma vez a bolsa se abriu: ela riu muito, Jack não. Às vezes surrupiava uma caneta, um relógio, um broche. Jack lhe pedia inutilmente que deixasse de fazer essas coisas. Muito bem-educado e controlado, era sempre delicado com ela; de vez em quando, porém, sua irritação era visível. Ela o acusava de submeter-se excessivamente aos costumes de Hollywood e de considerar-se muito importante. Tinha impulsos de ternura exuberante; abraçava-o, erguia-o no ar e dizia que o adorava. Mas pelo menor motivo, sua voz se tornava lamurienta, ela gritava, ficava zangada, recriminava. E chegava até às vias de fato. Numa carta que recebi pouco depois de meu retorno à França, contava-me que tinha jogado um jarro d'água na cabeça de Jack porque ele chegara de uma recepção mais tarde do que deveria; lamentava esse gesto por ser na verdade muito "pouco original".

Assim, não fiquei muito surpresa quando soube, em 1949, que seu relacionamento estava inteiramente deteriorado: "Escrevo-lhe uma carta muito triste. A causa de meu desespero é uma história longa. Em poucas palavras, acho que minha relação com Jack está chegando ao fim... Sinto-me tão infeliz que me dói pensar nisso... Ele me disse que tinha ficado desesperado por ter de se casar comigo, que não queria recusar, porque gostava muito de mim, mas que desejara de todo o coração que as démarches fracassassem... Desde o início, nossa vida em comum foi prejudicada por preocupações materiais... Sempre me senti profundamente rejeitada por Jack. Logo depois que você foi embora, começou um período muito ruim. Sentia o mundo vazio e sem horizontes, o bebê estava numa idade insuportável e minha única alegria era ficar com Jack à noite e amá-lo. Muitas vezes tinha crises de desespero... que se manifestavam sob a forma de ressentimento, de uma raiva de Jack que explodia a propósito de qualquer pretexto fútil... Jack me acusava de ser uma megera, mas nunca me ajudou com amor e amizade a deixar de sê-lo..."

Lise sempre achava que não a ajudavam suficientemente, que não lhe davam bastante; só Bourla não foi incluído nessa queixa: mas o que teria ocorrido se a ligação com ele tivesse durado?

De toda maneira, a situação com Jack não melhorou. Ela me escreveu em outubro: "É um pouco como uma história morta, um mal menor, um remédio contra a solidão total nesse país. Jack passou por um período muito ruim. Dizia-me o quanto me desprezava, o quanto lhe era insuportável viver comigo. '*I may have to live with you; I do not also have to like you.*'[19] Agora me é indiferente conservar Jack ou perdê-lo."

Ela resolveu fazer estudos universitários. Intelectualmente dotada, foi logo muito bem-sucedida. Sentia-se melhor no meio universitário do que no mundo do cinema. Ficou particularmente fascinada por um casal de homossexuais, Willy, professor de literatura inglesa, e Bernard, jovem estudante. Queria participar da vida deles, seguia-os, espionava-os. Uma vez conseguiu esconder-se num armário do quarto deles para assistir a uma de suas noites. Eles acharam graça e Willy principalmente tornou-se muito amigo dela. Lise deixou Jack durante alguns dias para ficar morando com os dois. Em suas cartas falava muito em Willy e com bastante carinho.

Tinha dez horas de aula por semana e, a partir de 1950, passou a ensinar francês na universidade também dez horas por semana. Fez amigos dos quais Jack não gostava, da mesma maneira que ela não

---

[19] "Posso ter de viver com você; não tenho também de gostar de você."

gostava dos dele. Voltara a viver com ele, mas não acreditava que a união pudesse durar muito tempo. Em relação à filha Mary, sua atitude era ambivalente. No início de cada carta extasiava-se a descrever seus encantos; sentia pena das minhas amigas que desconheciam a maternidade. Na última página passava a arrolar, com irritação e cansaço, as preocupações que a educação de uma criança acarreta; acusava Mary de tiranizá-la. Quanto a Willy, seu entusiasmo muitas vezes transformava-se em azedume: ele a decepcionava. Ela queria muito ter relações sexuais com ele, não por desejo físico, mas para dominá-lo. Explicava-lhe, apelando para o existencialismo, que a homossexualidade não é uma essência e que ele provaria sua liberdade tendo relações com uma mulher. Não conseguia convencê-lo. Então zangava-se, gritava e até o agredia fisicamente.

Conversamos sobre seus problemas quando a encontrei em casa de Algren, no verão de 1950. Havia um abismo entre ela e Jack. No mês de novembro, Lise o deixou. "Vivi realmente as semanas mais difíceis de minha vida, excetuando as que sucederam a prisão de Bourla... Rompi com Jack por minha própria vontade, depois de duas semanas de vida em comum quando voltei de Los Angeles. Resolvi viver sozinha. Aluguei um apartamentinho horroroso. Los Angeles é uma cidade tenebrosa. Willy entrou em pânico pensando que tivesse rompido por causa dele e no ato rompeu comigo... À noite entrava em desespero, esperando que passasse a tormenta. Jack me visitava de tempos em tempos, mas era ainda pior do que se não o visse nunca."

Jack lhe dava algum dinheiro, embora praticamente ele não possuísse nada. Willy voltou a vê-la, mas só para contar-lhe o quanto Bernard o fazia sofrer. Para Lise a vida era muito amarga. Arranjou um novo amigo, Bertie, um físico que a atraía bastante: mas ele não queria entrar numa relação com ela. Sentia-se atraído mas também assustado por ela. Lise sabia o motivo. Nessa ocasião escreveu-me com muita lucidez: "Adquiri uma técnica melhor para lidar com as pessoas; já não quebro seus óculos; já não falo com elas com o dedo em riste. A tirania é mais sutil, mas subsiste."

Apesar de tudo, graças a Bertie, ela se sentia menos infeliz. Escreveu uma novela em inglês — que não conseguiu publicar — sobre suas relações com a filha. Ficou transtornada quando Jack lhe comunicou que queria divorciar-se. "Estou completamente fechada em mim mesma, não consigo comunicar-me com ninguém. Por outro lado é como se percebesse que não consigo amar ninguém, e por outro como se não o desejasse. Tenho muito medo de arriscar-me. Isso deve ser consequência da história de Jack, ou talvez não, é coisa que vem de mais longe... Quando, por razões inacreditáveis, ele me pediu que começasse as démarches, me senti realmente sozinha no mundo, quase desmoronei. Tudo o que fiz já não tinha sentido. Esses três anos me pareceram uma absurda perda de tempo, pois, já que não tinha mais nem marido, não seria o fato de ser professora de francês que me daria as satisfações de que necessitava."

Trabalhava muito para ganhar a vida: "Pela manhã num jardim de infância, durante a tarde as aulas na universidade e aulas particulares; à noite e o dia inteiro aos domingos sou garçonete num *drugstore*. São cinquenta e cinco horas de trabalho por semana e, com isso, mal consigo equilibrar-me. Nas horas livres, cuido de duas crianças de uma vizinha, porque ela toma conta de Mary quando estou trabalhando. Se continuar assim, acho que vou enlouquecer."

A situação não continuou assim, graças a Bertie. Seu amor por Lise superou suas apreensões. "Em princípio", escreveu-me Lise, "sou eu quem faz a corte a Bertie, mas na verdade ele deve gostar muito disso, embora confesse seu imenso terror de ser engolido vivo. Mas ele confia muito em mim e acha que vou ser uma grande escritora. E acho que ele será um grande físico. Portanto, está tudo ótimo, no melhor dos mundos." Pouco depois, ela foi morar com ele. Ao voltar de Paris, no verão de 1954, escreveu-me contando que Bertie comprara uma casa maravilhosa no campo, no alto de uma colina, cercada de jardins. Parecia muito feliz. Contudo, depois de um ano de silêncio, recebi uma carta que me deixou consternada: "Meus joelhos começaram a falhar. Já não conseguia ficar de pé e tinha dores horríveis nas juntas. Fui operada dos dois joelhos; cortaram doze centímetros de osso de cada uma de minhas coxas e transplantaram para as tíbias; remodelaram minhas duas rótulas; a operação durou cinco horas e me engessaram dos artelhos até a bacia por um período de dois meses e meio... Já em casa, passei mais um mês no gesso. Não conseguia dormir mais do que duas horas seguidas, e isso com narcóticos; acordava com dores horríveis na cabeça e nas pernas... Duas horas depois da homologação de meu divórcio de Jack, casei-me com Bertie, numa cadeira de rodas e coberta de gesso. Agora, estou curada; hoje, andei de bicicleta pela primeira vez."

Estava curada, decidira estudar direito e tornar-se advogada. Estava feliz? Suas cartas começavam sempre com uma descrição entusiasta de sua vida: Bertie era um anjo: o jardim, maravilhoso. Depois, voltava-se contra Mary, acusando-a de tornar sua vida insuportável; queixava--se de sua condição: transformar-se em dona de casa americana não era o que tinha desejado.

Nas relações comigo também oscilava entre afeição e rancor. Suas cartas eram calorosas, mas incluíam observações desagradáveis. Quando recebi o prêmio Goncourt, acusou-me, em tom de brincadeira, de havê-lo roubado de candidatos mais jovens. Eu deixava passar. Mas, quando soube que dizia coisas desagradáveis e mentirosas a meu respeito, parei de escrever. Durante alguns anos não soube praticamente nada dela, a não ser que tivera um menino. Depois, amigos comuns me deram notícias. Adorava o filho; fora, porém, tão instável e déspota com Mary que a menina ficou com perturbações neuróticas. O psiquiatra aconselhou que fosse afastada da mãe. Lise concordou e a criança foi entregue ao pai. Eu os vi um pouco depois em Paris: era uma adolescente graciosa, que parecia ter encontrado um equilíbrio perfeito.

No final de 1960, encontrei Willy em Paris. Contou-me que Lise quisera ter outro filho; contudo, entrou em convulsões durante o parto e o bebê morreu estrangulado. Ela ainda ficara mais desesperada, pois os médicos não admitiam nova gravidez. Escreveu-me pouco depois, contando a morte de seu bebê. E acrescentava: "Tenho uma estranha doença de sangue, alguma coisa que falta, uma proteína, e nunca estou bem; afora isso, somos muito felizes." Enviava-me uma fotografia dela e do menino. Ainda era bastante bonita, embora seu rosto já não mostrasse aquela mistura de ternura e violência que o tornava sedutor: estava americanizado e endurecido. Enviei--lhe uma cartinha amigável e, mais uma vez, nossa correspondência se interrompeu.

Soube pouco depois que Lise começara a ter crises de asma. O pólen das flores a incomodava particularmente. Mandara arrancar todas as plantas do jardim e cimentara a colina. Dentro de casa só suportava o que fosse de madeira ou pedra: as peças eram de uma nudez glacial. Acumulava nelas uma quantidade impressionante de objetos de todo tipo: máquinas de escrever, canetas, lápis, relógios. Sua asma piorou. Decidiu que não podia suportar a atmosfera de Los Angeles onde o ar é realmente poluído: Bertie concordou em ir com ela para San Francisco. Lá, para que Michael não fosse filho único, adotaram uma menina. A asma a incomodava menos. Mas tinha distúrbios de origem epilética, ao que se dizia, que se manifestavam ora por convulsões, ora por dores de cabeça terríveis.

Um psiquiatra que a conhecia contou-me que a asma, as convulsões, as enxaquecas eram obviamente de caráter psicossomático. Ela ficara marcada pela infância, pela condição de apátrida, pelo terrível choque da morte de Bourla. Sua ruptura com Jack representara novo golpe. A dedicação de Bertie não fora capaz de curá-la de todos esses traumas. Lise queria ser feliz e fazê-lo feliz: mas a infelicidade insinuara-se em seu corpo.

No começo de abril de 1967, recebi um telegrama de Lise comunicando sua vinda a Paris. Pedia-me que telefonasse para o Hotel Scribe. Assim fiz. Não reconheci sua voz: era uma voz grossa, masculina. Estava resfriada? Respondeu-me que não em tom surpreso. Estava de passagem por Paris, para acompanhar o marido a Moscou, onde ia participar de um congresso científico. Combinamos almoçar no dia seguinte.

No dia seguinte, a uma hora, eu espiava a rua deserta com um pouco de apreensão. Até que ponto a doença e a idade teriam modificado Lise? Poderíamos estabelecer um contato? Era estranho esperar que o passado ressuscitasse numa figura desconhecida. Fiquei muito tempo na janela: foi com bastante atraso que um táxi finalmente parou a poucos metros de meu prédio. Desceu uma mulher: usava óculos de tartaruga, uma saia longa de um azul berrante, botas, uma blusa de algodão que deixava de fora uns braços enormes; vinha andando com uma escova na mão, que passava no cabelo de um louro desbotado, num movimento maníaco. Um homenzinho, carregando sacolas e máquina fotográfica a tiracolo, vinha atrás dela: o marido. No vestíbulo ouviam-se os gritos de Lise chamando com sua voz grossa: "Castor! Castor!" Abri a porta. Ela me beijou entre risos e exclamações. Parecia uma dessas quarentonas americanas, neuróticas e destruídas pelo álcool, que já vi em tantos filmes. As botas e a saia não conseguiam esconder completamente as pernas e os joelhos monstruosamente deformados. "Cheguei atrasada de propósito", disse-me ela em tom provocador, "porque queria ver o que você diria." E depois, com um entusiasmo ruidoso, começou a tirar presentes e mais presentes das sacolas: um brochezinho muito feio, um relógio redondo de pêndulo cuja pilha se muda uma vez por ano e no qual nunca se dá corda, um pacote de etiquetas, papel colante cujas diversas utilidades ela me explicou enfaticamente, uma série de figuras representando relógios com nomes masculinos ou femininos: ria às gargalhadas, dando-me a triste impressão de que a doença a deixara inteiramente idiotizada.

"O relógio foi um presente de aniversário que dei a Bertie", disse Lise. "Ele não estava querendo abrir mão e então tivemos uma briga: foi por isso que chegamos atrasados." Muito constrangida, tentei devolver a Bertie o que lhe pertencia. Ela objetou que ele poderia comprar outro em San Francisco, ao que ele assentiu com um movimento de cabeça. Ainda não havia aberto a boca.

Ela lançou um olhar rápido em torno e perguntou-me: "E que é feito de você? O que tem feito?" Respondi-lhe que o de sempre: escrever. "Mas por quê?" disse com ar desolado. Invoquei o único argumento que podia atingi-la: "Porque isso me dá dinheiro." Lise concordou: "Ah, essa é uma boa razão."

Chegamos ao restaurante, Bertie carregando a bolsa de Lise e ela com a escova na mão. Pediu escargots, comeu-os mostrando voracidade, enquanto vociferava: "Está for-mi-dá-vel!" Dir-se-ia que caricaturava a mulher jovem que tinha sido um dia. Todas as suas expressões eram exageradas, seus gestos desmesurados; parecia não ter controle sobre os movimentos, inclinava-se para diante e para trás descoordenadamente.

Comeu pouco: "Não posso nem beber, nem fumar, nem comer muito, e como este aqui é muito ciumento, não me sobra muita coisa", disse rindo, com um ar coquete que a feiura de seu corpo tornava chocante. Em compensação, falou sem parar: quase que exclusivamente de seus filhos. Adorava o menino e, para o bem dele, decidira que não seria filho único. Mas, quando adotou Lily, Michael ficou louco de ciúmes: passou a desobedecer, a quebrar tudo, a jogar no lixo os objetos de que Lise gostava, a botar fogo nas cortinas. Como não conseguisse controlá-lo, internou-o num colégio militar. "No início, Bertie não estava de acordo. Dizia que eu repetia o que tinha feito com Mary. Mas depois entendeu", concluiu, dirigindo um sorriso ao marido, que ouvira tudo calado. Fiquei achando que ele optara por "entender" um mundo de coisas. Ela referiu-se carinhosamente a Lily: "É uma menina muito interessante!" Mas imediatamente passou a se queixar do trabalho que tivera durante dezoito meses, tendo de passar da manhã à noite ensinando à menina o que devia fazer e deixar de fazer. Quando lhe perguntei se lera bons livros ultimamente, exclamou: "Ler? Que ideia! Não leio nem jornal. Você não sabe como é absorvente educar uma criança." Como Michael, Lily vingava-se dessa solicitude, quebrando, jogando, queimando objetos. "Mas agora ela está ajuizada", disse Lise. E mostrou-me o retrato de uma menina engraçadinha, em cujos olhos, no entanto, se podia ler a aniquilação dos animais domados. Em seguida, Lise falou de sua cachorra, um bicho enorme que ela adorava; disse-me com orgulho: "Ensinei-a a fazer suas necessidades na privada, como se fosse uma pessoa. Foi difícil mas consegui adestrá-la." Esse prazer de adestrar era uma coisa nova em Lise e pareceu-me terrível.

    Lise falara tanto que Bertie e eu já tínhamos terminado o café e ela ainda comia seus morangos com creme. "Vou levá-los comigo", disse. Protestei: podíamos permanecer mais alguns momentos sentados à mesa. Mas ela fazia questão de comê-los na rua. Mais uma vez parodiava seus hábitos de juventude. Interiormente oca, em consequência das drogas que tinha de tomar, encobria esse vazio copiando maquinalmente suas atitudes antigas. Uma hora após, quando tomou o táxi, queixava-se de violenta dor de cabeça. Soube depois que, chegando ao hotel, deitou-se imediatamente.

    Ao chegar de Moscou, usava um vestido cinza, bastante curto e muito feio, enfeitado de pompons azuis. Disse-me então: "No fundo não posso me queixar. Podia ser pior. Pelo menos ainda consigo andar." Estava encantada com a viagem, mas na verdade não vira nada: ficara praticamente o tempo todo no quarto. Esvaziou no chão um imenso saco de plástico e me deu uns envelopes de um hotel de Moscou. Depois, sempre gesticulando muito e numa voz gritante, descreveu-me a vida que levava em San Francisco: era de uma solidão total, não conhecia uma alma. Quase não pudera viajar, por não ter com quem deixar Lilly: na última hora a mãe de Bertie concordara em ficar com a menina. Antes de despedir-se, Lise me perguntou: "Afinal, por que estávamos brigadas?" "Por coisas que você andou dizendo." "Ah! É possível. Quando bebo digo qualquer coisa." Sabia que ela nunca bebia, mas não quis insistir.

De regresso aos Estados Unidos escreveu-me. O envelope trazia colagens e desenhos coloridos feitos por ela: era uma daquelas coisas divertidas que ela gostava de fazer no passado. Sua carta era curiosa. Preparava-se para um último exame de direito e, no momento, estudava o item "testamentos". E concluía: "A julgar pelos testamentos, o ser humano é estranho." Se era capaz de continuar os estudos, estava mentalmente menos prejudicada do que me parecera; certamente, em Paris, o cansaço e as emoções da viagem haviam agravado seu estado.

Um ano depois, uma manhã, a campainha soou insistentemente. Não reconheci logo o homenzinho de chapéu redondo, com uma caixa a tiracolo: parecia um pescador. Atrás dele estava Lise, que se atirou em minha direção com exclamações de amizade. Desembrulhou lindos presentes: um relógio-pulseira eletrônico, uma caneta Parker último modelo, camisas quadriculadas para Sartre. Bertie ia a um congresso em Poitiers. Mas antes fariam uma viagem pela Itália. Combinamos encontrar-nos.

Vi Lise três ou quatro vezes durante os dez dias que passou em Paris. Pareceu-me um pouco menos deformada, um pouco menos desajustada do que da outra vez. No entanto, acabara de passar quarenta e oito horas seguidas com uma terrível dor de cabeça. Exalava um desagradável cheiro de farmácia: tão logo começava a sentir cansaço, ficava coberta de suor, suas pernas tremiam e tinha de tomar um remédio à base de éter. Ainda gesticulava muito. Vestia-se com um mau gosto surpreendente: diadema verde nos cabelos, vestido branco de bolinhas verdes e um casaco de veludo alaranjado. Sua atitude para com Bertie tornara-se menos amigável. Em minha casa, sentava-o em seu colo e fazia-lhe carinhos, o que ele suportava com ar um pouco retesado. Mas também era capaz de dizer em sua presença as coisas mais desagradáveis e humilhantes a respeito dele: Bertie não reagia. Um dia em que Lise se dirigia a ele em tom rancoroso murmurou: "O que fiz dessa vez?" Segundo ela, algumas vezes Bertie se descontrolava, chegando ao ponto de agredi-la; para defender-se, aprendera caratê: ele também. Simularam uma luta na rua, com bom humor artificial, que me deixou constrangida. Lise tinha ainda menos respeito humano do que no passado. No final de um almoço, tirou um saquinho impermeável da bolsa para colocar ali o resto de ensopado que deixara no prato. E afirmava: "Lá se faz assim. Dizem que é para o cachorro, mas ninguém é bobo." Consegui que levasse apenas algumas frutas. Um dia, depois que acabamos de almoçar, foram às Galerias Lafayette comprar um urso para Lily e vassouras para Lise: as vendidas nos Estados Unidos não serviam. Na véspera da partida, ela ainda não tinha conseguido encontrar a vassoura de seus sonhos: ainda iam procurar na manhã seguinte, antes de tomar o avião.

Comigo Lise foi mais condescendente do que de hábito. A mulher do "tutor" que supervisionava seus estudos gostava de meus livros e a influenciara. Felicitou-me calorosamente por *La femme rompue*, que lera em voz alta com Bertie. Ele nos filmou juntas na rua. Ela me levantou nos braços e me fez rodopiar. Morreu de rir: "Coitada da Castor, está toda encabulada!" Falamos principalmente de sua saúde e um pouco também sobre sua mãe, que ela levara para os Estados Unidos e que lá se sentira muito infeliz, pois não falava uma palavra de inglês. Tinham brigado: segundo Lise, a culpa era toda da mãe. Morreu de câncer num hospital sem que se tivessem voltado a ver.

De Veneza Lise mandou-me uma cartinha deprimida: não estava satisfeita ao lado de Bertie, entediava-se. Voltou sozinho para os Estados Unidos: ela ficou alguns dias em Paris. Durante o verão não nos escrevemos. No final de novembro, recebi uma carta de Bertie: "Tenho uma coisa terrível para dizer-lhe." Pensei: estão-se divorciando. Depois, li a linha seguinte: "Lise morreu." Ficara de cama, com gripe, numa segunda-feira. Na quinta, Bertie sugerira chamar uma enfermeira enquanto passeava com as crianças. Ela recusara. Ao voltar, Bertie entrou no quarto e encontrou-a morta. Eu não soube de mais nada.

Um mês depois, recebi um pacote que trazia no espaço reservado ao remetente o nome e o endereço de Lise. Durante um momento fiquei atordoada diante do presente de além-túmulo. Era um desses bolos de frutas que se fazem para o Natal, nos Estados Unidos, e que é preciso encomendar com antecedência. Ela o enviara dois dias antes de adoecer.

A partir de 1960, Giacometti começou a não se sentir bem. Tinha dores de estômago terríveis que o preocupavam. O Dr. P., médico e amigo, assegurava-lhe que sofria de uma simples gastrite. Giacometti não se tranquilizava. Trabalhava com mais afinco do que nunca e esse excesso contribuía para piorar seu estado: chegou a desmaiar em seu ateliê. Insatisfeito por não ter ainda conseguido "dominar" a escultura, preocupado com a saúde, tornara-se uma pessoa menos alegre e menos aberta. Nossos encontros já não tinham o mesmo calor: ele nos parecia distante.

No início de 1963, especialistas disseram a Giacometti que tinha uma úlcera de estômago e que era preciso operá-la. Fomos visitá-lo na clínica, alguns dias após a intervenção, aliás bem-sucedida. Sua fisionomia estava tranquila; parecia aliviado e aguardava com impaciência o momento de retomar o trabalho.

Pouco depois, Annette — sua mulher — procurou Sartre. Em sua opinião, ele e Giacometti tinham muito em comum, e Sartre era a pessoa mais indicada para esclarecê-la: devia ou não dizer ao marido que ele tinha um câncer? Ela se abrira com o cirurgião, que lhe perguntara secamente: "É um problema de interesse? A senhora quer que ele tome determinadas providências?" "De maneira alguma." "A senhora é religiosa?" "Absolutamente não." "Então por que lhe dizer?" Ela discutiu. Ele se irritou, afirmando: "Moralmente nada é mais perigoso para um homem com câncer do que ter conhecimento de seu estado." Se Annette lhe revelasse a verdade, o cirurgião e o Dr. P. a desmentiriam. Ela queria a opinião de Sartre. "Eu fiz com que Castor me prometesse que nunca me esconderia nada", respondeu ele.

Em sua maneira de ver, quando um homem assumiu sua vida, procurando jamais mentir a si mesmo, tem o direito de encarar sua morte de frente e de dispor lucidamente do tempo que lhe é concedido. Aliás, não se tratava de comunicar a Giacometti uma condenação brutal. Era possível que estivesse curado. E de qualquer forma, na sua idade, o câncer evolui lentamente.

Durante essa conversa, evocamos um caso muito diferente: o da mulher de Pagniez. O médico dissera então: "Dentro de um ano ela estará morta." Aprovamos a atitude de Pagniez no sentido de guardar segredo. Ela não tinha nenhuma providência a tomar; de cama, enfraquecida, um pouco desligada, por que lhe infligir um ano de agonia moral? Sempre acreditou que se curaria em breve e morreu tranquila. Pagniez sabia que a enganava para seu próprio bem, embora, pessoalmente, sofresse por essa mentira que os separava, quando tinham sido sempre transparentes um para o outro.

Annette experimentava um sentimento análogo. Sartre acabou por convencê-la. Quando nos deixou, estava praticamente decidida a falar a verdade.

Não o fez logo. Jantamos duas ou três vezes com Giacometti, que parecia não suspeitar de nada. Sentíamo-nos embaraçados, quase que envergonhados, por saber a seu respeito uma coisa tão importante que ele ignorava. Parecia-nos indigno dele alimentar ilusões. Annette sofria muito. A comédia que representávamos era para nós uma traição.

Viajaram para Stampa. Uma noite recebemos um telefonema da Suíça: Giacometti agradecia a Sartre o conselho que dera a Annette. Acabava de saber a verdade. Seu cirurgião entregara-lhe uma carta destinada ao médico italiano que o tratava na Suíça. Este, com uma inocência surpreendente, por não saber francês o bastante, pedira a Giacometti que a traduzisse. Tratava-se de um câncer, dizia o cirurgião, mas a operação fora coroada de êxito e o interessado não desconfiava de nada. Na hora, não houve comentário algum. Quando ficaram a sós, Annette e Giacometti se falaram inicialmente por meias-palavras: ele não sabia se ela já estava a par, se compreendera bem a carta; ela se perguntava se o sentido desta ficara claro para ele. Acabaram por entender-se com a maior franqueza e, ao telefone, Giacometti parecia extraordinariamente feliz com isso. Até então sua ignorância fora total? Provavelmente não. Tinha dúvidas e as enfrentava sem ajuda. Agora, já não estava só. Há menos distância entre a suspeita e a certeza do que entre a separação e a união. Por isso, agora ele se sentia muito mais à vontade. Quando regressou à França, voltamos a ter conversas tão despreocupadas e alegres como no passado.

Em compensação, ficou mais ou menos brigado com o Dr. P. Este, não somente optara por mentir-lhe, como também lhe confessou que, muitos anos antes, detectara manchas significativas numa radiografia. "Não disse nada, porque não queria que você vivesse como um doente", explicou.[20]

Em janeiro de 1964, a mãe de Giacometti adoeceu e morreu. Ele ficou transtornado. Sempre a amara profundamente. Sentira uma enorme alegria, quando, alguns anos antes, ela substituíra o retrato de seu pai por um dele na cabeceira da cama. Em 1958, ele pintara um retrato dela, belo e cheio de ternura.

Nesse ano o vimos pouco. Para grande espanto meu, quando voltamos da Rússia em julho, Olga me disse que ele estava zangado com Sartre por uma passagem de *Les mots* em que era citado. Ouvira-o dizer a seu amigo Lotar num bar de Montparnasse: "Agrada-me que Sartre só regresse em julho. Nessa época já não estarei aqui. Só o reverei no outono: terei tido tempo para esquecer." Estava muito taciturno, acrescentou Olga. Perguntara se seu trabalho ia bem e ele respondera com ar sinistro: "Eu precisaria de dez anos." No ano seguinte, haveria uma grande exposição de seus trabalhos em Nova York, e Lotar perguntou-lhe se iria. Ele murmurou: "No ano que vem? Ah! Se fosse amanhã." Depois corrigiu-se: "Mesmo amanhã, não iria a Nova York."

Explicou-se com Sartre em outubro: "Não estava zangado, mas desconcertado", disse. Em *Les mots*, Sartre contava, segundo uma conversa com Giacometti, que, quando atropelado por um carro na Praça d'Italie, este pensara num lampejo: "Finalmente alguma coisa me acontece." E Sartre comentava: "Admiro essa vontade de aceitar tudo. Se amamos as surpresas, é preciso amá-las até esse ponto."

---

[20] Mais tarde, arrependeu-se amargamente de um silêncio que talvez tenha custado a vida a Giacometti. Morreu pouco depois dele.

O episódio, porém, tivera significado muito diferente. Giacometti estava de partida para Zurique, lamentando ter de separar-se de uma mulher que amava; saindo da casa dela, na Praça des Pyramides, e atropelado por um carro, na ambulância que o transportava, alegrava-se com um acidente que o prendia em Paris. Se Sartre conseguira transformar essa história num relato tão inexato, então já não era ele mesmo. "Mas foi o *seu* relato que eu utilizei", objetou Sartre. Se a reação de Giacometti tivesse sido tão insignificante como ele dizia agora, nem teríamos percebido e, a bem da verdade, nem se entende por que motivo ele a referiria. A discrepância entre as duas versões era, evidentemente, de responsabilidade dele, mas não conseguimos convencê-lo. De toda maneira, pareceu-nos surpreendente que ele tivesse dado tanta importância ao fato. É verdade que, naquele momento, Giacometti mostrava-se bastante preocupado em recuperar seu passado. Sempre estivera muito voltado para sua infância e adolescência; agora evocava-as permanentemente.

Em 1965 houve grandes exposições de seus trabalhos em Londres, Nova York, nos arredores de Copenhague. Detestando viajar, ele foi às três com Annette. No entanto — ela nos contou depois —, estava morto de ansiedade e chegava a se angustiar pelas coisas mais insignificantes. Durante a travessia do Atlântico, quando entrava em sua cabine, pela manhã, encontrava-o sentado com o olhar fixo. "Fique se quiser, mas não fale", dizia. Isso não parecia ele. Ficava ruminando assim durante muito tempo. Suas fotografias de Nova York mostravam que envelhecera: a expressão endurecera. Não é por acaso que seus últimos bustos, que representam seu amigo Lotar, têm algo de aterrador: nos enormes olhos assustados ele projetou sua própria angústia.

No outono, por achar que seu coração não estava bem, o médico aconselhou-o a antecipar o período que passava anualmente numa clínica suíça depois que se operou. Foi sozinho. Um telegrama pediu a presença de Annette: seus pulmões estavam afetados, seu estado não era bom. Ela o achou muito mudado. Era como se o corpo tivesse parado de defender-se a partir do momento em que se internara. Terá compreendido que estava próximo do fim? Fazia avaliações: "Sim, meu trabalho foi uma realização", murmurou. Essa frase reconfortou os amigos que tantas vezes o viram duvidar de si mesmo. Ficou dois dias em semicoma antes de expirar no dia 1.º de janeiro de 1966.

Não me senti realmente triste. Tomado como estava por suas lembranças e obsessões, já o havíamos perdido. Conquistara toda a glória a que podia almejar. E, para mim, sua obra terminara. Talvez até o que buscava agora fosse contraditório: preservar o sentido abstrato e genérico do rosto humano, captando ao mesmo tempo sua singularidade.

Em 1968 houve uma grande exposição de seus trabalhos na Orangerie. Na porta de entrada estavam afixados, em letras grandes, seu nome e as datas de nascimento e morte. Olhei longamente para elas com uma espécie de incredulidade. Ele mergulhara na História, tão embalsamado, tão distante quanto um Donatello: minha própria vida era assim projetada num passado muito remoto. A disposição das salas não era das melhores: viam-se primeiro as obras-primas da maturidade; depois, voltava-se à época surrealista, de onde se passava novamente à maturidade. Em minha opinião, as pinturas e os desenhos tornaram-se cada vez mais belos com o passar dos anos. Quanto à escultura, porém, a melhor época é a do pós-guerra, de 1945 a 1952. Depois disso, há alguns bons trabalhos, mas no conjunto não é uma obra realizada. Apesar disso, seu último busto — o de seu amigo Lotar — é de uma intensidade extraordinária. O público mostrava-se decepcionado: certamente, Giacometti não lhe parecia suficientemente moderno nem suficientemente convencional para encantá-lo. Em compensação, os visitantes da Fundação Maeght, em Saint-Paul-de--Vence, manifestam, quase sem exceções, uma admiração entusiasta. As grandes estátuas de homens em movimento adquirem todo o seu significado naquele cenário. Há atualmente esculturas ou pinturas de Giacometti em vários museus, e sempre sinto um choque quando me deparo com elas.

Depois que uma bomba explodiu na entrada de seu prédio, a Sra. Mancy saiu de seu apartamento; já não morava lá quando um segundo atentado o destruiu. Instalou-se num hotel no Boulevard Raspail. Essa mudança de domicílio não lhe foi muito dolorosa. Na Rua Bonaparte tinha de subir seis andares a pé e, embora contasse com quem a ajudasse, os trabalhos de casa a cansavam. O hotel a libertava dessa obrigação. Conseguira manter seus móveis, seus bibelôs, seus livros prediletos. Distraía-se com a presença das jovens arrumadeiras. Sartre já não morava com ela, mas encontrara um estúdio bem ao lado, e a via com frequência. Viveu feliz durante três ou quatro anos. Recebia visitas, lia, via televisão e sobretudo ouvia música. Oriunda de uma família de músicos, tocando piano muito bem e dotada de bela voz, ela desejara seguir a carreira de cantora; tinha muito mau gosto em matéria de pintura e só lia livros superficiais, mas amava a música com paixão e discernimento; as composições modernas não a assustavam: foi em sua casa que ouvi pela primeira vez, no rádio, o *Wozzeck* de Alban Berg. Quando fazia bom tempo, passeava pelo bairro ou ia de táxi até as Tulherias. À noite, já deitada, deleitava-se, recapitulando sua infância e sua juventude: "Nunca me sinto entediada", dizia. Era vaidosa, muito cuidada, quase sempre vestida de azul-marinho com um toque branco; os saltos altos realçavam suas pernas bonitas. Aos oitenta anos, sua silhueta era ainda elegante e fina, e como um chapéu escondia-lhe os cabelos brancos, às vezes era seguida na rua.

Em criança fora oprimida pela Sra. Schweitzer, que se transformou numa velha senhora encantadora, mas que foi uma mãe egoísta e autoritária: em suas fotos de mocinha, a pequena Anne-Marie mostra um ar perdido. Casando sem entusiasmo e logo enviuvando e voltando a viver na casa paterna, ela começou a preparar-se para um concurso de inspetora de trabalho; queria tornar-se independente; mas, pensando agir no interesse do filho, aceitou casar-se com um engenheiro que há muito a cortejava. Essa união também não foi satisfatória. "Fui mãe e casei-me duas vezes, mas continuo virgem", dizia na velhice. Autoritário, duro com os outros como para consigo mesmo, encarnando austeramente as virtudes burguesas, o "tio Jo" foi perfeito com o enteado: mas este não concordava com nenhuma de suas ideias e, quando cresceu, eram frequentes os choques entre ambos. Após haver lido o início de "L'enfance d'un chef" ("A infância de um chefe"), devolveu a Sartre seu exemplar de *Le mur* (*O muro*). Nunca admitiu a ideia de conhecer-me. Submissa, dedicada, cheia de gratidão porque ele cuidara dela e do filho, a Sra. Mancy sempre lhe dava razão. No entanto, sentia falta da suave intimidade que tivera com o filho no passado; tentava manter-se ligada a ele. Muitas vezes, sem que o marido soubesse, convidava-nos em salões de chá. Revi-a, sozinha, durante a guerra. Mas foi somente em seus últimos anos que sentimos uma verdadeira afeição recíproca. Sem dizê-lo, ela desaprovava meu modo de vida. Seus preconceitos me constrangiam menos do que sua aparente fragilidade. Exprimia-se através de frases curtas, entrecortadas, abusando dos diminutivos, para atenuar o sentido do que dizia. Por exemplo, nos salões de chá, perguntava à garçonete: "Onde ficam os banheirinhos?" Seu tom era geralmente lamuriento. Dizia sofrer de uma série de pequenos males e nunca mencionava um prazer. Para ela a existência era um feixe de deveres desagradáveis. Jamais emitia uma opinião pessoal sobre assunto algum: mesmo ausente, o marido continuava a controlar seus pensamentos.

Mas admirei a discrição que demonstrou quando este morreu de uma crise cardíaca. Sartre estava na América. A Sra. Mancy não lhe transmitiu a notícia: não queria que encurtasse a viagem. Desejava ardentemente morar com ele, coisa que Sartre aceitou ao regressar. Encontrou um apartamento na Praça Saint-Germain-des-Prés. Instalou o escritório de Sartre na melhor peça, reservando para si uma sala e uma saleta onde dormia. Eugénie, a velha alsaciana que a ajudava a cuidar da casa, dormia no quarto dos fundos. "É meu terceiro casamento", dizia alegremente a Sra. Mancy.

Contudo, essa coabitação trouxe-lhe menos alegria do que esperava. Impregnada pelas opiniões do marido, tinha atritos frequentes com o filho, aos quais ele não dava importância, mas que a irritavam. Se, por acaso, ele a contradizia, tinha acessos de raiva, passageiros mas intensos, porque era irascível. E, às vezes, era ela que o agredia. Sua versão da vida literária era mais mundana do que a nossa: sonhara com recepções às quais presidiria. Teria apreciado que ele desejasse honrarias, publicidade. Foi ela que, em 1945, assinou um documento solicitando a Legião de Honra para Sartre. Um dia, recebeu a visita de um rapaz que se dizia americano; contava este que sua irmã — e seus colegas de escola — tinham veneração por Sartre: ele prometera trazer da França fotografias de seu ídolo. Envaidecida, a Sra. Mancy entregou-lhe retratos de Sartre bebê, criança, adolescente: foram publicados na última página do *Samedi-Soir*, ilustrando um artigo extremamente venenoso. Envergonhada por sua gafe, recebeu-nos aos prantos nessa noite. Sartre consolou-a. Depois disso, porém, várias vezes voltou a falar demais, embora Sartre lhe pedisse — inutilmente — que evitasse qualquer contato com a imprensa. Consciente de sua indiscrição, ficava ressentida com Sartre por recriminações que ele não fazia verbalmente.

Inteiramente dedicada ao filho, como fora em relação ao marido, tinha necessidade de acreditar que lhe era necessária. Zelava por seu conforto material, mas gostaria também de que ele seguisse seus conselhos. Respeitadora das hierarquias, da ordem estabelecida, dos valores aceitos, o comportamento dele a intranquilizava. Como muitas mulheres "relativas", vivia preocupada. Ficava desolada quando Sartre era atacado nos jornais. Entrava em pânico quando ele fazia uma conferência ou encenava uma peça. Não raro os ensaios eram turbulentos, ela tinha conhecimento disso e ficava morta de ansiedade. Temia que Sartre desagradasse o diretor do teatro, o diretor da peça, o público. No dia da estreia, ficava agoniada se ouvia alguma crítica, se os aplausos lhe pareciam frios. Em várias outras circunstâncias perguntava-nos insistentemente se "tudo ia bem". Sempre respondíamos afirmativamente e, em geral, era verdade. Desconfiava que tivéssemos segredos; interrogava todo mundo. Sobretudo as ideias políticas de Sartre lhe pareciam lamentáveis e perigosas.

Esses mal-entendidos, esses atritos atenuaram-se com o tempo e acabaram por desaparecer. Terminou adotando as opiniões do filho. Isso não ocorreu apenas por docilidade: insurgindo-se contra os preconceitos que haviam prejudicado sua juventude e contra as ideias impostas pelo marido, vingava-se de todos aqueles que a haviam tiranizado. Por volta de 1962, sentia-se totalmente libertada: "Só agora, aos oitenta e quatro anos, estou realmente liberta de minha mãe", dizia-nos. Tão assustada nas coisas pequenas, mostrou-se resolutamente solidária com o filho durante a guerra da Argélia. Suportou serenamente os dois atentados dirigidos contra seu prédio e as consequências que lhe acarretaram.

A publicação de *Les mots* foi uma grande alegria para ela. O retrato que Sartre traçou do Sr. Schweitzer chocou-a e ela não conseguiu reconhecer o filho no menino que ele mostrava. Disse a uma amiga: "Ele não entendeu nada de sua infância."

Mas comoveu-se com a maneira pela qual Sartre a descreveu e com a evocação de suas relações passadas. Previa que, em compensação, o volume seguinte, no qual ele falaria do padrasto, não lhe agradaria. Sartre não o escreveu: ela achava que o faria depois de sua morte. Sabia que o novo casamento quebrara alguma coisa que havia entre eles; muitas vezes explicou-me as razões que a haviam levado a isso; eu afirmava inutilmente que Sartre as compreendia: ela não se tranquilizava.

Depois disso, encontrou uma nova ocupação: para completar *Les mots* resolveu contar sua própria história e a infância de Sartre, tal como ela a vivera. Durante meses escreveu páginas e páginas. Disse-nos então: "É estranho, eu achava que éramos uma família muito unida. Revejo-nos reunidos à noite sob a luz do lampião, meus irmãos, meus pais e eu. Contudo, percebo agora que, na verdade, não nos falávamos. Cada um de nós estava inteiramente só."

Sempre fora uma pessoa de saúde mais ou menos frágil. Com a idade, suas dificuldades se multiplicaram: teve reumatismo, dores de cabeça, hipertensão e problemas cardíacos. Embora no passado gemesse constantemente, agora evitava queixar-se. No entanto, uma vez confessou a Sartre: "Se tivesse de sofrer sempre como sofri ontem, preferia morrer logo." Tinha chorado de dor. Sua vida estava muito limitada. O médico não permitia que saísse com mau tempo; mesmo com tempo bom, ela sentia medo de ter uma vertigem na rua; e recusava que a acompanhassem em seus passeios: por orgulho e por preocupação com os outros, não queria incomodar ninguém. Assim, confinou-se em seu quarto. A leitura, a televisão cansavam sua vista e davam-lhe dor de cabeça. A música lhe provocava emoções que forçavam seu coração: esteve muitas vezes à beira de uma crise. Quando estávamos com ela mostrava-se alegre. No Natal, no Ano-Bom, bebia champanhe conosco com prazer. Mas, quando leu *L'âge de discrétion* (*A idade da discrição*), que aludia à velhice feliz da mãe do personagem central, disse-me: "Eu não sou nada como ela: acho que a velhice não é alegre." Pensava muito na morte. Distribuiu algumas de suas joias e de seus bibelôs: "Prefiro dá-los a vocês em vida", dizia. Não desejava a morte, porque seu filho era, para ela, uma razão suficiente para viver; creio, porém, que não a temia.

Em 1968 suas vertigens tornaram-se mais frequentes: às vezes chegava a cair no quarto. Era acompanhada por um radiologista de renome, o Dr. M., e por um médico do bairro. Tratavam sua hipertensão e tentavam, sem muito êxito, aliviar suas dores.

No dia 2 de dezembro tomamos champanhe com ela. Na quinta-feira, 2 de janeiro, contou-me que não passara bem na véspera e na antevéspera; vomitara. Na sexta-feira, estava trabalhando em casa de Sartre, quando o gerente do hotel veio avisar que a Sra. Mancy estava muito mal. Sartre chamou logo uma ambulância: a Sra. Mancy tivera um infarto e sofria muito. O cardiologista já a prevenira de que, em caso de emergência, fosse para o Hospital Fernand-Widal, onde lhe proporcionaria um atendimento especial. Ele estava fora de Paris, mas ela foi muito bem atendida e as dores passaram. No dia seguinte, quando Sartre voltou a vê-la, mostrava-se feliz por já não estar sofrendo, muito lúcida, um pouco excitada, certamente foi efeito dos remédios.

Ao entrar em seu quarto no domingo, tive um choque: sem dentadura, despenteada, parecia dez anos mais velha. Esquecia algumas palavras, que substituía por outras: "Se tivesse de permanecer dois metros aqui, ficaria realmente doente." Irritava-se: "Estou ficando gagá." Mas, na verdade, a cabeça e a memória estavam perfeitas. Aludia a uma anedota de um ano atrás. Aparentemente ficaria boa.

Nos dias seguintes, voltou a falar sem dificuldade, mas delirou. A doente que se achava no mesmo quarto que ela desapareceu às sete da manhã de terça-feira e voltou durante a tarde. Na quarta-feira, a Sra. Mancy contou a Sartre que aquela mulher "vendia cadáveres". No dia anterior, fora a Córsega para comprar o cadáver de um americano, que trouxera com ela durante a tarde. "Talvez estejam querendo o meu cadáver", disse. Perguntou ainda se era preciso alertar a polícia. Quando a vi no dia seguinte, pareceu-me cansada. Queixava-se de uma dor no braço: durante a noite sua companheira de quarto abrira uma janela e ela sentira frio. Essa explicação não nos convenceu. "Este não é um lugar para velhos", disse ela. Desde as seis da manhã uma equipe de médicos começava a ocupar-se dela; o tempo todo davam-lhe injeções, remédios: tudo isso era cansativo… "Se me deixam dois meses aqui, não escapo." Disse também com ar estranho:

"Nunca imaginaria que isso seria assim." *Isso*: o fim, a morte? Ou estaria apenas decepcionada por não ter um quarto particular, como o Dr. M. lhe prometera? Apesar de confundi-la, a experiência a interessava: nunca estivera numa clínica ou num hospital. No fim de nossa visita divagava um pouco. Nesse momento, falava-se muito em enviar homens à Lua. E ela disse:"Se vocês forem lá, não me avisem, eu ficaria muito preocupada." Era uma brincadeira e também uma maneira de perguntar-nos se íamos viajar, embora falasse em tom sério. Indicou-nos que queria dormir. Nesse dia, tive a impressão de que estava desenganada.

Na sexta-feira pela manhã, telefonaram a Sartre avisando que sua mãe estava no Lariboisière: tivera uma crise de uremia e lá dispunham de mais recursos. Ao chegar, ela sofrera uma hemiplegia: consequência frequente do infarto. A dor no braço de que se queixara na véspera era certamente sintoma de distúrbio circulatório. Sartre encontrou-a deitada num dos compartimentos de um centro de tratamento intensivo, inconsciente, cheia de aparelhos para fazer funcionar o coração, e tomando soro.

A Sra. Mancy foi transferida para o Hospital Fernand-Widal, onde ficou em quarto particular. Através de vários aparelhos, vinha sendo mantida em vida artificial. Estava em coma. Tinha o lado direito paralisado e o lábio inferior um pouco repuxado; embora isso não a desfigurasse, o rosto era o de uma moribunda: os olhos fechados, as narinas afiladas. Permaneceu nesse estado durante duas semanas. Por duas vezes via-a entreabrir os olhos, mas tive a impressão de que não nos via. Por duas vezes, em minha ausência, tirou de sob os lençóis a mão não paralisada, tomou a de Sartre e apertou-a; tentou sorrir, mas a boca já não obedecia; fez-lhe um sinal para que se retirasse. Certamente o reconheceu: mas de que distância? Do interior de que noite?

Quando, ao chegar, pedíamos notícias às enfermeiras, estas respondiam sempre:"Não está pior do que ontem." Mas na ficha estava escrito:"Estado comatoso." Na quinta-feira, 30 de janeiro, informaram-me por telefone: "Está mal." E a Sartre: "Estado estacionário" — o que, na verdade, não era contraditório. Quando chegamos ao hospital, uma mulher, com os olhos avermelhados — uma prima distante —, precipitou-se em direção de Sartre: "Acabo de ver sua mãe. Morreu tranquila." Sartre teve um sobressalto: "Morreu?" "Sim, há meia hora; tranquilamente. Vá rápido se quer vê-la. Vão levá-la para o Lariboisière." Fez bem em avisar-nos: não encontramos ninguém nos corredores. Abrimos a porta do quarto e vimos a Sra. Mancy muito branca, a boca ligeiramente entreaberta, mas já não deformada: recuperara a fisionomia de pessoa viva. A enfermeira confirmou que "apagara" sem perceber. Sartre voltou a vê-la, no dia seguinte, no Lariboisière. Ficou impressionado com a força tenaz de seu rosto. Era como se a vida tivesse esmagado e debilitado, sem no entanto destruir, uma mulher cuja constituição predispunha à paixão, à tenacidade e, até, à violência. Eu a vi pela última vez na manhã do enterro: os traços eram os seus, mas já não exprimiam mais nada.

"Quando morrer, não quero cerimônia religiosa", afirmara várias vezes. Embora vagamente deísta, não pertencia a nenhuma religião e não acreditava na imortalidade. Levamo-la diretamente do hospital para o cemitério onde estão reunidos a família e os amigos. No dia seguinte, desmanchamos o quarto no hotel. Era pouca coisa, pois, ao sair do apartamento, ela se desfizera de quase tudo o que possuía. Sartre deixou com as arrumadeiras a televisão e a maior parte das roupas. Pusemos em malas os objetos que queríamos conservar ou dar. Bastou uma hora para que os últimos vestígios de uma vida se apagassem para sempre.

O Dr. M. havia dito a Sartre logo depois da hemiplegia: "Como médico, tenho de prolongar a vida de sua mãe o máximo possível. Mas se fosse seu filho desejaria que morresse." Isso significava que, se escapasse, ficaria gagá e paralítica. Era um destino que ela sempre temera mais do que a morte. Por mais alguns dias de vida, minha mãe se expôs a sofrimentos terríveis. Em que se baseia, então, essa deontologia que exige o prolongamento da vida a qualquer preço? Sob pretexto de respeitar a vida, os médicos se arrogam o direito de infligir a seres humanos todas as torturas e todas as degradações: é o que denominam cumprir o dever. Contudo, por que não admitem questionar o conteúdo desta palavra: *dever*? Uma antiga correspondente escrevia-me recentemente: "Os médicos insistem em manter-me viva, embora esteja doente e paralisada. Mas por que, senhora? Por quê? Não peço que matem todos os velhos, mas que deixem morrer os que desejam. Deveríamos ter direito à morte livre, assim como ao amor livre." Realmente: por quê? Por quê? Fiz a pergunta a inúmeros médicos e nenhuma das respostas foi satisfatória.

Durante seus últimos anos de vida, a evolução da Sra. Mancy nos aproximou. A atitude da Sra. Lemaire, ao contrário, distanciou-me dela. As divergências políticas que anteriormente nos pareciam insignificantes assumiram importância durante a guerra da Argélia. Implicavam visões de mundo tão opostas, que era difícil encontrar um terreno comum. Após o jantar frio, no verão de 1962, durante o qual a Sra. Lemaire se mostrara tão pouco amigável, fiquei muito tempo sem vê-la. Tomada de remorsos, telefonei-lhe uma noite e fui ao seu apartamento na Rua Vavin; este pertencia a uma época encerrada de minha existência e pareceu-me sinistro: um passado morto e embalsamado onde não havia lugar para o presente. A Sra. Lemaire foi muito cordial; tentei falar sobre Sartre, sobre mim; perguntei a respeito dela. Mas a conversa se arrastava. Não estava interessada em minhas atividades; falou-me pouco sobre as suas. Prometemos rever-nos, embora soubéssemos que aqueles momentos não se repetiriam. Dois anos depois, Jacqueline avisou-me por telefone que sua mãe acabava de morrer: um ano antes, quebrara uma perna e sua vida ficara muito limitada; apesar da tristeza, Jacqueline parecia pensar que ela não lamentara morrer. Assim, a notícia não me emocionou.

Também não me emocionei quando soube, na primavera de 1971, que Pagniez morrera. Viveu apenas poucos meses depois que se aposentou. Não apenas já não não o víamos desde que, por razões aparentemente infantis, brigara com Sartre, como também os caminhos seguidos por ele eram totalmente opostos ao nosso. Desaprovara enfaticamente o manifesto dos 121 e sabíamos que, quando falava de nós, era mais com críticas do que simpatia. Seu modo de vida o transformara num estranho para nós.

A bem da verdade, de todas as mortes que ocorreram em meu *entourage* durante esses últimos anos, apenas uma me mobilizou profundamente: a de Évelyne. Mas não tenho vontade de falar nela.

Por que aceitei essas mortes com tanta tranquilidade? Vejo uma razão inicial. Biologicamente, podemos falar de uma programação de seres vivos, que depende das espécies e, em cada uma delas, de fatores individuais e hereditários. Sartre mostra em *Flaubert* que essa noção pode ser aplicada ao conjunto de uma existência humana: alguns morrem acidentalmente antes que o programa se complete, alguns sobrevivem a ele, sem nada mais para fazer na terra. Nos casos que relatei, os que foram atingidos pela morte parecem-me sobreviventes: Camille, Lise, por causa de sua decadência; a Sra. Mancy, a Sra. Lemaire, por causa de sua idade avançada; Giacometti, porque a doença o modificara muito. No entanto, essa explicação não me basta: quando morreu, em 1949, Dullin era um homem acabado; minha ligação com ele era apenas superficial e, no entanto, fiquei abalada. "Toda uma parte de meu passado desaparecia e tive a impressão de que minha própria morte estava começando", escrevi. Minha morte começou há muito tempo e habituei-me a ver meu passado separar-se de mim. É, sem dúvida, porque me resigno a meu próprio desaparecimento que aceito também o dos outros. É claro que a morte de algumas pessoas de quem gosto muito destruiria essa indiferença: elas deixariam um vazio em minha existência que, até em imaginação, me parece dificilmente tolerável.

★

Antes de relatar as atividades que ocuparam esses últimos anos, quero falar de uma área que nunca abordei: meus sonhos. Trata-se de uma das diversões que mais me agradam. Gosto de seu caráter imprevisto e sobretudo de sua gratuidade. Situam-se em minha história, florescem em meu passado, mas não se prolongam no futuro: esqueço-os. Da maneira como se me apresentam, não são marcados pela experiência, isto é, pelo envelhecimento: surgem, desaparecem, sem acumular-se, numa eterna juventude. É por isso que não raro procuro reconstruí-los pela manhã, com os fragmentos que flutuam por trás de minhas pálpebras, cintilantes conquanto evanescentes. Tento tornar a dormir, viro para o outro lado; meu sono e as imagens que o povoam variam conforme sinta em meu rosto o frescor do travesseiro ou sua suavidade morna. Às vezes, porém, meu despertar é brutal. Sou bruscamente arrancada desse universo de fantasias e de infância, onde os desejos são satisfeitos, os medos confessados, toda repreensão ignorada; sou lançada num mundo povoado de exigências práticas, onde, imperiosamente, o passado me impõe atividades: às vezes essa passagem me provoca um traumatismo que acelera meu coração.

De 1969 a 1971 anotei alguns de meus sonhos; não relatarei muitos e não tentarei dar-lhes uma interpretação freudiana: somente no contexto de um tratamento pode o sonho proporcionar ao analista seus significados profundos. Limitar-me-ei a descrever os meus e a assinalar alguns dos temas que aparecem com mais frequência.

Muitas vezes estou indo a pé a algum lugar. A paisagem é bonita, mas é preciso superar obstáculos e não sei se atingirei minha meta. Sinto-me eufórica pelo encanto do passeio, e também um pouco ansiosa. Foi assim num sonho que tive e registrei em novembro de 1969. Estava com Sartre em Israel, mas caminhávamos por um campo verde e acidentado que mais lembrava a Suíça. Tínhamos deixado nossas coisas no hotel de uma cidadezinha à qual retornaríamos: podíamos vê-la no alto de uma colina muito pouco elevada e que possuía, no entanto, um teleférico. Íamos por estradas e caminhos e, de repente, uma casa barrava-nos a passagem. Isso acontece com muita frequência: entro numa casa, procuro inutilmente uma saída, não tenho o direito de estar lá, fico em pânico e às vezes há alguém me perseguindo. Nessa noite encontrei uma porta que dava para um pátio de onde retomamos nosso caminho. O sonho parou aí.

Muitas vezes sofro a influência de acontecimentos políticos. Foi o que ocorreu na noite de 7 de novembro de 1969. Estava em minha casa, num apartamento (que não se parecia a nenhum dos que conheço) que dividia com Sartre. Recebia um telegrama azul, com um texto manuscrito em tinta preta: "Tenho informações exatas e terríveis sobre dança." Eu não conseguia entender. Relia a frase: em lugar de *dança* estava escrito *Grécia*. Havia uma porção de gente. Tinha de fazer minha mala e dar um destino a uma trouxa de roupa. Enquanto agia, o apartamento ia ficando cheio: um alemão que era obviamente um velho nazista, uns gregos, entre outras pessoas uma jovem muito simpática, embora não bonita, que conversava com Sartre. Ela ia embora e ele se debruçava na janela para despedir-se. Eu também me debruçava. Na praça, uma multidão e carros de polícia; começava um tumulto; as pessoas fugiam e os policiais as perseguiam de cassetete em punho. O apartamento tornava a encher-se, eu via novamente a jovem. Dizia aos gregos que se acomodassem e fechava-me em meu quarto para trabalhar. Ficava muito tempo lá. Depois, ia de robe ao banheiro, onde a jovem pendurara um biquíni e um sutiã estampados. No estúdio encontrava Sartre e ficava preocupada: sua dor de dentes piorara e o impedia de falar. O nazista saía de um quarto ao lado: queria falar com Sartre, que se negava a tal. Todo mundo ia embora. Uma meia hora depois de acordar, de repente revi nitidamente o telegrama azul.

Muitas vezes, eu que faço tão pouca vida social, tenho sonhos mundanos: estou entre pessoas da sociedade, as pessoas são simpáticas comigo. Dia 9 de novembro estive com um grupo de homossexuais, com Jean Marais e Cocteau, e nosso contato era dos mais afetuosos. A 11 de novembro, quando o sonho começou, estava também em companhia agradável, sentindo-me muito feliz. Ia viajar de carro com Sartre. Fechava uma mala, colocava-a no carro, o que era complicado: uma saia azul bordada — comprada anteriormente na Grécia — estava meio espalhada no banco. Acabava fechando a mala. E depois me vi com Sartre, a pé, sem bagagem; estávamos no sopé de um montículo escarpado, de uma cor avermelhada, no qual tremulava uma bandeira[21] branca. Parecia-me impossível escalá-lo, mas descobri uma escada talhada na rocha e subimos facilmente. Do alto descortinava-se uma lindíssima vista sobre um deserto. Mas, do outro lado de um túnel[22] muito curto, abria-se uma paisagem muito diferente, que lembrava um cantão da Suíça ou da Alemanha. Espalhados pela descida havia uns hoteizinhos cercados de varandas. Descemos para sentar-nos numa mesa de um deles. Serviam-nos bebida, mas não comida.

No dia 17 de novembro, estava com um grupo de amigos. Tínhamos comprado comidas muito caras para um piquenique.

---

[21] Ele tivera dor de dentes na véspera.
[22] Na Crimeia existe uma espécie de porta natural sobre o mar: de um lado, vê-se uma costa branca, seca, abrupta; do outro, um vasto panorama ondulante e mais suave.

Atravessávamos lindos jardins verdejantes onde brincavam crianças, e pretendíamos instalar-nos num gramado. É proibido permanecer por mais de cinco minutos, diziam-nos. E eu me perguntava vagamente: "Estamos na Rússia?"[23] Pensamos então em ir ao restaurante, mas já tínhamos gasto muito. A seguir há uma transição que me escapa. Ia sozinha, num táxi, buscar alguma coisa em algum lugar; era demorado e cansativo. Quando me achava na porta de minha casa, morta de sono, percebia que tinha esquecido, ou talvez perdido, a chave. Tinha de sair novamente, o que me desesperava. Mas uma moça encantadora que, sem ser Sylvie, usava o casaco de pele desta, oferecia-se para acompanhar-me. Encontrávamos um táxi num terreno baldio e eu me sentia reconfortada.

Nas noites seguintes, tive ainda vários sonhos nos quais me sentia rodeada de presenças afetuosas. Frequentemente Sartre estava presente, e nós passeávamos. Uma vez, um homenzarrão malvado atacou nossos amigos e eu cravei-lhe uma faca na garganta. Desmaiei, pensando: "Eu matei! Não é possível!" Voltando a mim, perguntei-me ansiosamente se iriam felicitar-me ou processar-me: fiquei muito decepcionada porque não aconteceu nada.

Surpreendo-me com a importância que os problemas de vestuário assumem em meus sonhos, coisa que na vida real não me preocupa em absoluto. Vou mencionar um desses sonhos, bastante excepcional por seu aspecto reflexivo e crítico. Preparava-me para ir dar minhas aulas em Rouen e, de repente, tive um lapso de memória: já não me lembrava de meus alunos, nem do liceu, nem do assunto que deveria abordar, e não sabia mais quais as roupas que estavam em meus armários. Via no espelho que usava uma blusa amarela e uma saia xadrez: não as reconhecia. Começava a assustar-me. Ligava para Rouen, avisando que não poderia ir, e chamava um médico. Havia muita gente em torno de mim, e eu continuava a sentir aquele vazio na cabeça: impossível lembrar o que constava de meu guarda-roupa. Dizia ao médico: "Não consigo entender. *A não ser que esteja dormindo.*" E me corrigia: "Mas isso não é possível; quando se sonha tudo está sempre mudando, e o senhor está aí há muito tempo."

---

[23] Muitas vezes, na Rússia, nos deparamos com proibições desse gênero.

Tive muitos sonhos, agradáveis e confusos, sobre excursões com Sartre ou em grupos; um dos mais amenos desenrolava-se em Londres e nos campos da Inglaterra. Eis aqui um, mais angustiante, do dia 18 de dezembro. Estou com amigos; estão minha irmã e um casal de escritores; sinto-me muito feliz. De repente, tenho de ir embora com urgência; é menos trágico do que uma deportação, mas muito penoso. Empilho as roupas numa grande maleta azul; esta é ainda muito pequena, porque "lá" faz muito frio e tenho de levar muitas coisas. Minha amiga escritora[24] me dá uma maleta imensa, que pertence a seu marido, transparente, cor de âmbar, e esvazio meu armário: pego vestidos de lã — que realmente tenho — e suéteres que há muito deixei de usar. Minha irmã me diz: "Mas você não está indo já." Respondo-lhe: "Sim, é preciso" — desmanchando-me em lágrimas.

A 10 de dezembro, sonhei que tomava o café da manhã com duas pessoas, uma das quais era minha irmã, embora não se parecesse com ela e fosse muito jovem. O nariz, o braço direito eram galhos de árvore queimados. Isso não parecia preocupá-la, mas eu dizia a mim mesma: "Ela nunca poderá casar-se. Essas queimaduras são muito feias."[25]

Um sonho que tenho frequentemente (e não apenas depois que sofri um acidente de carro; já antes) é que estou dirigindo um carro e de repente percebo que não sei onde é o freio, não consigo encontrá-lo, pergunto-me ansiosamente como vou conseguir parar: em geral, acabo chocando suavemente contra um muro; escapo ilesa, mas depois de ter sentido muito medo. No final de dezembro, entrei num carro que, em lugar de volante, tinha um guidom; este estava colocado à direita, e eu, sentada no banco da esquerda quando o carro arrancou; tentava dirigi-lo de meu lugar, mas era muito incômodo e é claro que não encontrava o freio. Finalmente, alguém entrou pela porta direita e controlou a situação. Uma outra noite, o carro era uma simples poltrona; eu o dirigia apoiando-me sobre um ou sobre outro braço; ele corria muito, fazia inúmeras curvas — como numa pista de esqui — e eu também não conseguia pará-lo.

---

[24] Não identificada. Pensei vagamente em Elsa Triolet, que nunca foi amiga minha.
[25] Relembrando esse sonho, penso na impressão que me deu um dia minha mãe moribunda: um galho seco.

Em 1970, desisti de transcrever todos os sonhos em que viajava com grupos de amigos de tão numerosos que eram; tinha dificuldade em fazer minhas malas e medo de perder o trem, mas acabava chegando a tempo, estava com pessoas ligadas a mim e sentia-me feliz. Em maio, anotei dois pesadelos. Três dias antes tinha tomado conhecimento da prisão de nosso amigo egípcio Lufti el-Kholi. No sonho, estava no Cairo com Sartre, passeávamos com Lufti e a mulher, numa atmosfera angustiante. Havia uma quantidade muito grande de gente, o que dava sensação de asfixia, e nas tendas empoeiradas viam-se animais empalhados, entrando em decomposição, entre estes um hipopótamo. Eu sentia um mal-estar insuportável; ameaças pairavam no ar.

Numa outra noite vi minha mãe — um vulto jovem e belo sem rosto — à beira de uma superfície de água luminosa que eu tinha de atravessar para chegar até ela. Pensei no laguinho que havia diante do jardim de Algren: mas não havia barcos para atravessá-lo. Era também um fiorde que só podia ser contornado com muita dificuldade: era preciso aventurar-se na água, com risco de afogar-se. Mas eu tinha de avisar minha mãe de que um grande perigo a ameaçava.

Em junho, tive uma visão espantosa da Rua de Rennes: desde a Gare de Montparnasse até Saint-Germain-des-Prés, rua e calçadas estavam recobertas por um suntuoso tapete vermelho. O céu estava tragicamente escuro. Disse a mim mesma: "Que beleza! Tenho de anotar isso em meu diário." E pensei logo a seguir: "É inútil, não haverá continuação." Era o momento da ocupação; de repente, tomava consciência disso. Sartre estava em liberdade, embora mais ou menos condenado à morte.

Em setembro, também tive um sonho girando em torno de uma visão. Durante muitos meses, estava longe de Paris, longe de Sartre, numa cidade desconhecida, não sabia o que fazer comigo mesma e examinava um mapa com a ideia de viajar. Ia seguindo uma avenida comprida e, de repente, uma voz me fazia parar: Espere! As fachadas dos dois lados da rua se iluminavam, ou melhor, cenas eram projetadas nelas, em cores vivas, cuja sequência certamente formava um filme. Eu me dizia vagamente: "Desnecessário partir. Tenho aqui o suficiente para me ocupar." Alguém — que depois eu ficava sabendo que estava habilitado a falar, porque era o chefe da Resistência — me propunha: "Fique. Dar-lhe-emos um trabalho fictício — pintar de azul alfinetes de gancho ou algo no gênero — e disporá de todo o seu tempo para ver o espetáculo." Tratava-se de um espetáculo permanente, suficiente para encher uma vida. A seguir, desenrolavam-se intrigas policiais confusas. Eu terminava num carro com um desconhecido; o carro batia num terrapleno, eu sentia um choque na cabeça e fechava os olhos. Quando tornava a abri-los, não havia mais carro e eu estava sozinha, cercada por uma paisagem extraordinária: era a mesma avenida do início do sonho, só que coberta de neve. O mundo inteiro estava encapuzado de neve; nessa brancura destacavam-se formas altas de cor cinza — seres humanos talvez. Havia fumaça cinzenta no céu e uma aeronave que se abatia no solo. Era um cataclisma tranquilo, ao qual eu assistia sem emoção. (Ao despertar, lembrei-me da sequência de *L'aveu*, na qual policiais espalham as cinzas de Slansky e de outros enforcados numa grande planície coberta de neve.)

Durante o outono de 1971, novamente anotei uma grande quantidade de sonhos. Eis o de 20 de outubro. Estava com Sartre numa cidade bastante indistinta do Saara e saíamos de lá a pé, ao cair da noite, para ir dormir num oásis que tinha um nome desconhecido, mas que para mim era Ouargla. Numa imensa estrada, cor de areia, passávamos por um homem e uma mulher, vestindo disfarces coloridos, que caminhavam um atrás do outro. Perguntava-lhes se estávamos mesmo no caminho de Ouargla: não, o caminho não tinha saída. Voltávamos para a cidade de onde havíamos saído, para dormir lá. E, de repente, eu percebia que não sabia onde estávamos. Touggourt? Não. Pedia a Sartre o *Guide bleu*: ele me respondia com um ar um pouco irônico que o mandara para Paris. Percebia que ele absolutamente não se interessava por essa viagem e sentia-me desesperada. Ele falava com pessoas que eu não conhecia e desaparecia. Eu perambulava pela cidade cheia de turistas: ninguém sabia seu nome. Descobri que se chamava Mersépolis,[26] mas ficava onde? Encontrava cartas numa caixa de correspondência: eram da França. Nas paredes havia flechas e nomes misteriosos que me pareciam turcos ou suecos.

---

[26] Nessa ocasião falava-se muito em Persépolis.

Começava a chorar. Sob um céu muito azul e um sol muito forte, distinguia vagamente monumentos magníficos, todos vermelhos, de estilo africano, e chorava. Por que Sartre não estava comigo? De repente, estava num carro com ele: turistas amáveis levavam-nos a passear. Mas eu queria deixá-los e começar a viagem planejada com Sartre. Ao passar diante de um hotel, Sartre disse que estava com fome e desceu do carro, onde ficamos esperando-o. Subitamente furiosa, desci também, entrei num hotel imenso e procurei-o por várias salas de refeições: era ao mesmo tempo uma espécie de palácio e uma pensão familiar. Finalmente, encontrei-o num canto, sentado diante de um prato. "Vou comer também", decidi. Havia entradas apetitosas e um bonito bolo de castanhas. "Comi bastante, já terminei", disse Sartre, mal-humorado. E voltamos ao carro. O sonho parou aí.

Dia 6 de novembro. Estou num lugar agradável — que virá a ser Roma — com muitos amigos. Estou dormindo e Sartre dorme no quarto ao lado. Uma porta que dá para o corredor se abre e uma menininha me beija para acordar-me: lembro-me de que isso ficou combinado na véspera com os Pouillons. Levanto, acabo de colocar o robe, quando chega Lise, muito jovem e muito autoritária. Expulsa a menininha e se senta numa poltrona. Digo-lhe que vá embora: quero fazer minha toalete, acordar Sartre. Ela se recusa, parece um pouco histérica. Não sei como termina essa cena. Encontro-me vestida, na rua, e perguntando-me onde mora Sartre (já não há a hipótese de que esteja na mesma casa que eu). Sei que sei onde é e que não é longe, mas não consigo lembrar-me. Resolvo descer uma escada que sai de meu hotel e embaixo encontro as duas janelas e a porta de sua casinha. Queria tomar o café da manhã com ele, mas são mais de onze horas, ele já o tomou. De algum lugar Lise me espiona. De repente, encontro-me entre amigos, num platô, de onde domino uma paisagem muito bonita: estou em Roma, mas esqueci o endereço de meu hotel, sei apenas que se chama Hotel de Madri. Entro num palácio que é ao mesmo tempo uma agência de viagens, na esperança de que alguém me informe, mas ninguém responde às minhas perguntas. Na rua, há táxis de um modelo muito antigo; nenhum está livre: funcionam como lotações para os turistas. E os choferes também não me respondem. Resolvo partir a pé: é preciso atravessar um vale, do outro lado acho que encontrarei Roma e meu hotel. O dia está lindo, o ar é leve, nada me apressa; digo-me que será agradável passar a manhã passeando. Pergunto a Lise — que já não se parece com ela — se quer acompanhar-me e ela responde secamente: "É muito tarde." Dou alguns passos para a direita, empurro uma porta, encontro-me numa imensa sala de hospital, cheia de doentes e de bebês: observo nos braços de uma enfermeira um bebê com uma cabeça grande de adulto e um corpo minúsculo. Saio; um caminho leva até o vale: corro através dele, o tempo está maravilhoso, saltito, o coração em festa. Atravesso uma zona onde se elevam ruínas muito bonitas de monumentos barrocos, sinto prazer em vê-las, mas não me demoro. Agora sei o endereço de meu hotel: ao lado do Hotel Minerva. O sonho se interrompe antes que eu chegue.

Sonhei novamente no dia seguinte. Estava numa sala de conferências, uma espécie de anfiteatro, em companhia de uma assistência bastante numerosa. Encontrava lá, com emoção, uma mulher — não identificada — que perdera de vista há muito tempo; estava com uma vermelhidão no canto do olho e ela se preocupava afetuosamente com isso. Um homem entrava e sentava-se no alto da sala. Usava chapéu e óculos, o rosto era indistinto. Diziam-me: é Soljenitsyn. A seu lado estava sentado um homem bastante jovem, apesar da barba grisalha: um tradutor. O público dizia a Soljenitsyn que conhecíamos bem sua obra e gostávamos dele. Ele perguntava através do tradutor-intérprete: "Meu pai morreu por culpa de quem?" E cada um de nós levantava a mão: "Por minha culpa. Somos todos responsáveis." Ele perguntava a seguir: "Em que região da Rússia nasci?" E eu respondia um pouco ao acaso: "No norte" — o que era exato. Nesse momento, ia-me embora: minha mãe esperava-me para jantar, em nosso antigo apartamento, no quinto andar, na Rua de Rennes (ele aparece frequentemente em meus sonhos). Estava numa cidade chamada Villemomble (certamente estabeleço uma relação entre esse nome e o subúrbio onde Sylvie é professora). Ficava mais ou menos a cem quilômetros de Paris, não sabia como chegara até lá nem como fazer para voltar. Via lotações, ônibus: só que num estacionamento, fora do horário de serviço. Entrava numa estação: todos os guichês estavam fechados, não havia trem. Tomava a estrada, na esperança de conseguir parar um táxi, e encontrava um pequeno coletivo no qual entrava: ele me reconduzia a meu ponto de partida. Perambulava ao acaso. Entrava num cemitério. Ali tive uma visão surpreendente: assemelhava-se a esses sonhos que o cinema constrói e que me parecem tão falsos. Havia no chão uma grande quantidade de caixões cobertos de panos pretos; homens com roupas pretas e cartolas formavam alas, enquanto, ao fundo, outros desfilavam: em lugar de rostos, alguns exibiam caveiras. Era um espetáculo muito bonito e impressionante. Eu racionalizava quase que imediatamente: as caveiras não pertenciam a homens, eram esculturas de pedra. Uma religiosa que estava junto a uma sepultura perguntava-me se queria acompanhá-la a Rennes: na manhã seguinte poderia pegar um trem para Paris. Eu recusava: tinha de estar em Paris naquela noite. Sabia que estaria lá, não me sentia ansiosa. Ela concordava: aquela cidade era tão linda que valia a pena demorar-me um pouco. Saía do cemitério para dar um passeio. Vislumbrava, no pico de um morro, uma torre alta, semelhante ao torreão de Gisors, e caminhava em sua direção...

Dois dias depois, tive ainda um sonho de viagem. Levava à estação um casal de amigos (desconhecidos). A estação estava vazia, não havia trem. Aguardávamos na plataforma, sem muita esperança. De repente, o trem chegava, a mulher precipitava-se nele, o homem saía correndo e voltava com as malas, com tempo exato para instalar-se com ela num estranho compartimento de dois lugares. E sem ter subido, eu me encontrava no corredor do trem que acabava de partir. Pensei, um pouco aborrecida: "Paciência: descerei na próxima estação." O trem partira de Rouen e ia para Paris, mas pararia no caminho. A paisagem era muito bonita, seca e dourada como o Saara, e eu estava encantada. Na primeira parada, desci sem avisar meus amigos, dos quais me esquecera completamente durante o caminho. Eram oito da noite, a estação estava deserta, a cidade tinha um nome russo. Seria obrigada a passar a noite ali? Perguntava a uma mulher os horários dos trens: ela não sabia informar. A estação era sombria. Haveria algum hotel? Como passaria a noite? Nem sequer tinha um livro, e era muito tarde para comprar um. Tinha dinheiro: dez mil francos antigos, num papel rosa, semelhante ao de minha recente convocação em juízo. Perguntava-me se não teria podido ir até Paris, mas a ideia de estar bloqueada ali deixava-me indiferente; não tinha nada de urgente para fazer no lugar de onde vinha.

Duas noites depois, entrava com Sartre e amigos numa grande *brasserie*. Na mesa ao lado havia um banquete: antigos nazistas que começaram a insultar-nos. Depois calaram-se e almoçamos. De repente, estávamos na rua, no meio de uma multidão de fascistas hostis. Aguardávamos um avião que Sylvie deveria trazer-nos com urgência: este não chegava. Maheu estava presente, conversávamos quando percebia que Sartre desaparecera: embrenhara-se na multidão de fascistas, um deles segurava-o pela gola do casaco, apertando-a em torno de seu pescoço para estrangulá-lo. Eu me precipitava aos gritos e o homem o soltava. "Não são nem capazes de matar", dizia Sartre. Tomava-o pelo braço, começava a correr de tal maneira que seus pés não tocavam o chão. Passávamos por policiais que pareciam irônicos mas não hostis: não gostariam que Sartre tivesse sido assassinado. Chegava numa rua cheia de cafés sombrios: pensava no La Coupole, no Guillaume Tell, mas eram muito diferentes. Entrava num deles quase vazio e iluminado por velas, e deixava Sartre num reservado. Saía correndo, para encontrar-me com Sylvie e Maheu. Tinham desaparecido. Eu dizia a mim mesma: "Maheu é tão conhecido que facilmente o encontrarei." Interrogava algumas pessoas, que me davam respostas vagas. Ia novamente ao encontro de Sartre. Mas a paisagem mudara, eu já não me localizava; eram grandes avenidas, monumentos, prédios novos: seguramente o Havre. Finalmente, alguém me indicou onde ficava o Guillaume Tell. Acordei antes de chegar lá.

Algumas noites depois, preparava-me para sair com Sylvie numa motocicleta que alguém me emprestara. Estava numa garagem, perto de um posto de gasolina onde a abasteceria, antes de tomar a estrada. (Era eu que ia guiar e estava um pouco intranquila com a ideia de viajar a noite toda: Sylvie achava isso natural e divertido.) Mas primeiro devíamos arrumar nossa bagagem, que tinha de ser muito leve, pois morávamos num lugar alto e teríamos de descer a pé, por um caminho bastante íngreme. Eu acomodava objetos numa caixa de papelão e roupas numa valise, entre estas um costume bege com um toque de vermelho; uma costura estava descosida, mas eu me dizia que em Paris minha mãe a consertaria. Saía para descansar e instalava-me numa espreguiçadeira; havia outras pessoas no local, também estiradas em espreguiçadeiras. Estava lendo e comendo um sanduíche. Uma mulher, com uma roupa azul de verão, estirava-se ao meu lado: "Não há o que ver nessa região",[27] disse, "exceto..." E então citou nomes desconhecidos. Achei que era idiota. Pensei comigo mesma: E Granada? E Sevilha? Levantei-me para ir embora; ela me perguntou mal-humorada: "Estou incomodando?" Respondi: "Não, tenho de ir embora." Em seguida me vi diante de minha valise.

Algumas noites depois, tive um sonho no qual aparecem vários temas que me são familiares, e que por um momento transformou-se em pesadelo. Começava com uma discussão com Sartre, como as que tenho frequentemente dormindo. Ele precisava tomar uns remédios; estes tinham acabado e, em seu lugar, ele bebia qualquer coisa amarelada. Eu o lembrava de que deveria voltar o quanto antes ao médico. Ele me dizia que estava farto, que não iria nunca mais. Agredia-o violentamente, predizendo-lhe os piores males: ele não se alterava. Então eu começava a soluçar (fazia um esforço para conter os soluços; a cena toda era ligeiramente irreal). Ele continuava sem alterar-se. Acusava-o de insistir numa decisão que me desesperava; eu não faria isso com ele. Sartre permanecia impassível.

De repente, eu estava com uma pessoa que era ao mesmo tempo Sylvie e minha irmã, no vestíbulo de um palácio: provavelmente na Espanha. Estávamos com amigos, tínhamos reservado três quartos, para onde fora levada nossa bagagem, mas não sabíamos onde ficavam. Havia uma fila comprida em frente à recepção, mas uma arrumadeira velha, de rosto enrugado, muito amável, falava na língua deles com o funcionário e este lhe entregava as chaves; ela nos abria um quarto no térreo. Na primeira peça, via uma mala que eu não reconhecia; na segunda, um homem barbudo dormia na cama e, sem querer, esbarrei em seu pé descalço. Tratava-se de um pintor mandado para lá pelos pais para refazer a vida. Mas então onde era meu quarto? Havia muita confusão no vestíbulo, ninguém mais nos dava atenção. A seguir, eu me via com minha irmã Sylvie na plataforma de uma

---

[27] Eu tinha ficado chocada na Itália, ouvindo franceses declararem: "Oh! Palermo: não há o que ver lá. De um modo geral, não há o que ver na Sicília."

estação; aguardávamos uma conexão junto com uma porção de gente: tratava-se de um metrô ou, mais provavelmente, um trem de subúrbio. Estava irritada, teria sido melhor ter tentado a outra linha; em princípio, esse trajeto era mais curto, mas os serviços deixavam a desejar. Esperávamos num compartimento onde estava nossa bagagem. Anunciavam a chegada de um trem, e era uma avalanche. Subíamos, mas esquecíamos as malas. Corríamos para o compartimento: minha irmã encontrava uma sacola muito preciosa, mas as malas haviam desaparecido. "Não tem importância", dizia ela, "as malas vão depois." O trem partia e não conseguíamos tomá-lo. Perambulamos pela plataforma. Umas mulheres retiravam neve de um túnel. Passaram locomotivas, vagões de carga, caminhonetes e até algumas vacas. Perguntei a um funcionário quando passaria o próximo trem: à uma da manhã. Fiquei arrasada. Saímos. Caía a noite numa cidade do interior; estava agradável. Estaríamos talvez perto de Paris e poderíamos tomar um táxi? Não. Paris ficava longe. Alguém sugeriu indicar-nos um bom restaurante onde jantaríamos. O sonho parou aí. Deixou-me um mal-estar que beirava a angústia.

Alguns dias depois, tive um sonho muito diferente dos outros. Estava com pessoas muito ricas, num imenso parque arborizado que dava sobre um rio: o Sena, já que ao longe se distinguia Paris. Passeava com uma mocinha muito boba: tínhamos a mesma idade. Dizia-lhe que aquele parque me lembrava o de La Grillère, mas, para não parecer pretensiosa, acrescentava que era bem mais bonito, por situar-se na entrada da cidade. Perguntava-lhe se gostava de Paris; ela me respondia que o importante para uma "mulher" era ter uma creche nas proximidades. Irritava-me porque só se referia a si mesma como "mulher". Entrávamos na casa, que era um verdadeiro palácio. Mostrava-me seu quarto, forrado de veludo violeta e atapetado de cinza: era muito bonito; os enormes salões dourados, porém, pareciam-me sem graça. De repente, percebia que lidava com uma mulher casada, que tinha um filho. Circulavam pessoas pelos salões. Num dado momento, aparecia Courchay, barbudo, cabeludo e vestindo o longo casaco branco que usara na antevéspera, durante a manifestação em favor da liberação do aborto. Ficava contente em vê-lo. Numa mesa havia um prato cheio de ovos crus fora das cascas. Alguém pegava um garfo e enfiava nas claras. Eu gritava: "Não faça isso!" Eram embriões e, se tocassem neles, transformar-se-iam em crianças anormais. Esse sonho foi evidentemente influenciado pelas conversas que tive a respeito de nossa manifestação.

Ainda um sonho em que corro com Sylvie atrás de trens. Temos de encontrar Sartre em Londres, para fazer uma viagem, e sinto muito medo de não conseguir alcançá-lo.

Um sonho que tenho frequentemente refere-se a uma *queda*. De repente, percebo que estou no alto de um andaime — ou de um muro, ou de uma escada — e que vou cair. "Dessa vez não há escapatória, vou morrer", digo a mim mesma antes de ser salva por um triz. Sinto medo, mas um medo que na verdade não me invade. Uma dessas últimas noites, encontrava-me numa cidade estrangeira, muito bonita, rodeada de falésias; no centro havia um grande rochedo e alguns monumentos. Havia uma festa, que era também uma manifestação. Eu passeava com amigos, ficava meio perdida e depois me achava com Sartre e muitas outras pessoas numa imensa plataforma situada no meio de uma praça. Lá ocorria uma espécie de comício ou uma cerimônia de caráter político. Subitamente, percebia que estava bem na beira, a trinta metros do solo; estava estendida num lençol, como que numa cama, e sentia que ia cair; tentava segurar-me a uma das pilastras situadas a distâncias regulares, e recuar arrastando-me, mas o menor movimento era perigoso. Nesse momento, uma mulher vestida de branco — vestida de noiva talvez — caía rodopiando e se espatifava no solo. Eu me dizia: "É minha mãe", mas não era exatamente eu quem o dizia: era antes um personagem que eu representava. Afastava-me, ficava de pé, encontrava Sartre e companheiros, avisava: "Minha mãe acaba de morrer", sem nada sentir, como se representasse um papel. Alguém gritava: "Estamos fartos desses americanos sujos!" e eu caminhava para o centro da cidade, como se esse incidente pudesse provocar um tumulto. A seguir, achava-me numa estação. Todos os manifestantes tinham de tomar o trem para voltar para casa. Mas eu estava sem minhas malas; uma arrumadeira deveria trazê-las do hotel, mas eu não sabia qual, e estava preocupada. "Temos tempo de sobra", dizia Sartre, "o trem só sai às três e meia." Mas que horas eram? Chamavam-me, davam-me um tíquete onde estava escrito meu nome: mas minha bagagem? Já a tinham embarcado sem avisar-me? Deveria subir no trem sem ela? Nesse momento acordei.

Recentemente, eu estava na Itália com uma grande quantidade de gente. Dançava numa praça com um jovem italiano, todo vestido de verde, com uma camisa de gola rolê; era um poeta talentoso, uma espécie de Rimbaud, dizia eu; mas depois me corrigia: não se deve tomar todo jovem poeta por um Rimbaud. Este era um pouco psicótico, dizia alguém. "Um pouco como Deschanel." Eu respondia: "Mas ele é muito mais interessante do que Deschanel". O grupo se dispersava, para reunir-se novamente um pouco mais tarde. Estava num quarto, com duas ou três pessoas bastante íntimas, e resolvia trocar de roupa. Pegava um vestido de lã — que realmente tenho — e queria vesti-lo, mas com tanta pudicícia que me enredava na roupa. "Paciência", dizia e ficava de combinação, o que nada tinha de inadequado. Mas só havia enfiado uma das alças, quando chegavam vários carros na praça, onde agora me encontrava trepada num estrado: eram mães de prisioneiros que vinham pedir ajuda ao nosso comitê. Sentia-me muito incomodada por recebê-las meio despida.

Há um sonho, que se repete frequentemente, e que é mais ou menos angustiante. Numa cidade estrangeira, ou num bairro pouco conhecido, procuro desesperadamente um toalete. Não encontro. Subo e desço escadas, atravesso corredores: consigo encontrar um, mas a porta está fechada a chave. Continuo a procurar. Dessa vez encontro e entro. Mas, quando vou utilizá-lo, percebo que está cheio de gente ou que há pessoas entrando e saindo. Às vezes já estou instalada quando elas aparecem; isso ou me deixa muito encabulada ou então me é indiferente.

Há alguns dias atrás fiz um longo passeio de helicóptero com Sartre e Sylvie. Ou antes, o helicóptero era o próprio Sartre; voava a pouca distância do solo e nós estávamos agarradas às abas de seu casaco. Passávamos por cima de um belíssimo lago e ele nos depositava em suas margens: "Vão ver a ilha", dizia-nos. Seguíamos pela orla até uma plataforma de onde se podia descortinar toda a extensão de água. No meio havia uma ilha, na qual se erguia uma construção, certamente um forte. Voltávamos e eu teria gostado de retomar o voo. Mas Sartre dizia que estava cansado; começava a escalar uma montanha, nós o seguíamos. Nossos pés afundavam em barro úmido. Sei que houve uma continuação, mas esqueci.

Entre os sonhos anteriores a 1969, e que não anotei, lembro-me de ter tido frequentemente alguns em que voava nos ares ou nadava na água. Nos sonhos de natação, sentia um pouco de medo. Tinha obrigatoriamente de atravessar uma extensão de água. Pensava que era raso, mas de repente já não dava pé, ficava com medo de afogar-me; depois me saía bem, conseguia manter-me sobre a água até a margem. Os sonhos de voo eram bastante agradáveis. Descendo uma escada, acontecia-me muitas vezes, para fugir de alguém ou simplesmente para ir mais rápido, colocar os dedos no corrimão e rodopiar de cima até embaixo, flutuando no ar, sem tocar no chão. Ou voava nas ruas, ou no campo, com uma sensação de grande bem-estar. Tive muitos sonhos análogos aos que mencionei. Perambulei por cidades estrangeiras, tomei elevadores, percorri ruas a pé, à procura de alguém que não encontrava. Perdi-me em subterrâneos, atravessei túneis onde sufocava, subi escadas que nunca acabavam. Corri atrás de trens, algumas vezes conseguindo alcançá-los, frequentemente perdendo-os. Fiquei extasiada diante de paisagens magníficas. Tive também muitas cenas com Sartre, maiores do que as que relatei. Queria obter alguma coisa dele: por exemplo, que não viajasse sem mim. Ele recusava; eu suplicava, chegava a ponto de desmaiar, e ele continuava indiferente.

Observo que meu sono me proporciona momentos de euforia que não tenho iguais no estado de vigília, pois supõem um abandono total; talvez certas drogas possam proporcionar momentos semelhantes. Minhas inquietações nunca têm a intensidade das angústias reais que já senti. De uma forma ou de outra, mantenho-as a distância. Às vezes tenho a impressão de que, mais do que viver verdadeiramente, estou representando um psicodrama.

Alguns temas desapareceram. Um de meus pesadelos do passado era que todos os meus dentes caíam: nunca mais o tive. Já não sonho com aqueles seres, ao mesmo tempo minerais e vivos, cujos sofrimentos silenciosos me eram insuportáveis, e, como já disse, já não morro em meu sono. Permanentemente, durante a noite, Sartre foi para mim ora o companheiro que faz parte de minha vida, ora um homem de coração empedernido que minhas críticas ou minhas súplicas, minhas lágrimas, meus desfalecimentos deixam indiferente; evidentemente, é minha posição horizontal que me sugere o desfalecimento; e aqui também é com uma certa distância que sofro com a atitude de Sartre; ela tem algo de implacável e de irreal, como se eu desenvolvesse uma hipótese: supondo que ele não se importasse comigo, qual seria minha reação? Até onde poderiam ir as coisas? Minha mãe, como já disse em *Une mort très douce* (*Uma morte muito suave*), aparecia frequentemente em meus sonhos, ao passo que meu pai estava ausente deles; outrora, ela era ocasionalmente uma presença querida, mas a maioria das vezes temia ficar de novo submetida a ela. Agora, às vezes, tenho um encontro com ela em nosso antigo apartamento da Rua de Rennes. Isso me provoca mal-estar; aliás, não chegamos a nos encontrar: ou não chego até lá, ou ela não está. Quando me aparece, em geral ela se mostra distante e jovem. Quanto a minha irmã, minhas amigas, só representam papéis episódicos e permutáveis em minhas aventuras.

O tema da felicidade é frequente: reuniões amigáveis onde me sinto plenamente satisfeita, passeios percorrendo belas paisagens; frequente o do obstáculo que se atravessa em meu caminho e que consigo vencer; frequente também o do fracasso: trem não alcançado, estações vazias, bagagens perdidas. Não sei bem o que significam esses sonhos de roupas, de malas, de trens. Existe certamente um pressentimento de minha morte nessas histórias de viagem, mas não consigo associá-lo diretamente. De um modo geral, é com prazer que, ao dormir, vou ao encontro de minhas aventuras noturnas e é com pena que, pela manhã, me despeço delas.

Capítulo II

Escrever continuou sendo sempre a grande ocupação de minha vida. Durante esses últimos anos, quais foram minhas ligações com a literatura?

Terminei *La force des choses* na primavera de 1963. O livro foi publicado pouco depois de meu retorno das férias, no outono. Foi calorosamente recebido e bastante lido. No entanto, fiquei surpreendida com alguns comentários que suscitou.

Segundo alguns críticos, ao escrever esse livro, abri mão de qualquer preocupação estética e optei por apresentar ao público um documento bruto. Isso é totalmente falso. Não me cabe decidir o valor de minha narrativa no plano literário; mas não deixei, deliberadamente, de situá-lo nele. Não aceitei que, com relação à minha autobiografia, se utilizasse a noção de "obra de arte", e expliquei o motivo: trata-se de uma palavra de consumidor, e acho chocante que seja aplicada aos escritos de qualquer escritor. Isso não significa que, a partir daí, tenha decidido descuidar os meus.

De acordo com certos teóricos, o depoimento não deveria pertencer à literatura, porque conteria, em suas frases reduzidas a um papel instrumental, um conteúdo pré-fabricado. Seu autor, segundo a distinção proposta por Barthes, seria sempre um *escrevedor*, e não um *escritor*. É verdade, como já dizia Valéry, que só existe obra literária se a linguagem está em jogo, se o sentido é buscado através dela, provocando uma invenção da própria palavra. Mas por que a intenção de dar um depoimento impediria achados verbais? Para que o pensamento flua sem hesitação nos signos, é preciso que uma disciplina tenha inevitavelmente estabelecido uma relação unívoca destes com as ideias; em química, água = H^2O, nem mais nem menos. Sendo o objeto em questão não uma realidade, mas um conceito, o vocábulo é transparente. Quando, porém, as palavras se referem às coisas em si, têm relações complexas com elas e suas combinações produzem efeitos imprevistos. Em seu artigo sobre o realismo artístico,[28] Jakobson recorda que Gogol considerava poético o inventário dos objetos preciosos que haviam pertencido ao príncipe de Moscou, e o futurista Krutchennylk, um rol de lavadeira. Uma obra que se refere ao mundo não poderia ser uma simples transcrição, já que o mundo não tem o dom da palavra. Os fatos não determinam sua expressão, não impõem nada: quem os relata descobre o que há a dizer a respeito deles, pelo ato de dizê-lo. Quando se limita a lugares-comuns, a convenções, então situa-se fora da literatura; mas não é o que ocorre quando sua voz viva se faz ouvir.

Quer se trate de um romance, de uma autobiografia, de um ensaio, de uma obra de história, ou do que quer que seja, o escritor procura estabelecer uma comunicação com os outros a partir da singularidade de sua experiência vivida; sua obra deve manifestar sua existência e trazer sua marca: e esta, ele a imprime através de seu estilo, seu tom, o ritmo de sua narrativa. Nenhum gênero é, *a priori*, privilegiado ou condenado. A obra — se é uma realização — define-se, de toda maneira, como um universal singular, existindo sob a forma do imaginário. Por essa obra, o próprio autor se dá uma constituição fictícia: Sartre faz alusão a essa operação, quando declara que em todo escritor existe um "vampiro".[29] O *eu* que fala mantém-se afastado do *eu* vivido, assim como cada frase da experiência da qual emana. Se o público não os tivesse confundido, *La force des choses* não se teria prestado tão facilmente a um mal-entendido, a meu ver muito mais lamentável do que o erro sobre o qual acabo de opinar.

Eu tinha desejado que esse livro não agradasse. Muitas vezes já me tinham felicitado por meu otimismo em momentos em que me sentia amargurada. Exalei essa amargura, recordei os horrores da guerra da Argélia: esperava constranger meus leitores. Mas não. Em outubro de 1963, as torturas, os massacres, tudo isso já era história antiga que não incomodava mais ninguém. Desagradei, mas por uma razão inteiramente diferente: falei da velhice sem disfarces. Não sabia então o quanto esse assunto era tabu, e minha sinceridade, indecente.

---

[28] Publicado em 1921. Traduzido no número de *Tel quel* do inverno de 1966.
[29] *Des rats et des hommes*.

Recebi com surpresa as censuras que determinados críticos e alguns de meus correspondentes me fizeram. Bombardearam-me com todos os lugares-comuns que depois denunciei em meu ensaio *La vieillesse*: todas as estações têm sua beleza; cinquenta anos são o esplendor do outono, suas frutas saborosas e o ouro de suas folhagens! Numa coluna sentimental, a cronista declarou que uma boa plástica resolveria todos os meus problemas. Uma jornalista citou, como exemplo, uma mulher da minha idade, sempre pronta para inaugurar um restaurante, uma boate, uma casa de alta-costura; o segredo dessa "locomotiva parisiense" era que ela, "muito discretamente, conservava a fé". Não mencionaria essas tolices se não tivessem repercutido até nos leitores que geralmente aprovam meu desejo de lucidez; segundo eles, para não traí-los, eu deveria ter fingido que me sentia jovem e que assim seria até meu último suspiro.

Entendo essa reação. Muitos deles, ao mesmo tempo que me transformam em estátua, identificam-se comigo. Querem pensar que sou imutavelmente fadada à serenidade, provando, através de meu exemplo, que não é impossível conservá-la diante de todas as adversidades e particularmente diante da velhice, que não é um acidente, mas nosso destino comum. Se ela me assusta, é porque é assustadora, e eles se recusam a admiti-lo. No entanto, o fato é que, a menos que se morra prematuramente, em toda existência chega um momento em que se toma consciência de ter irremediavelmente atravessado uma fronteira. Isso pode ocorrer muito cedo, em caso de doença grave, de acidente, de luto; ou muito tarde, se condições favoráveis nos permitem manter nossas atividades com continuidade. Quanto a mim, a evidência de minha velhice me atingiu entre 1958 e 1962. Profundamente desgostosa ante os crimes que se cometiam em nome da França, voltei-me com nostalgia para o meu passado e percebi que em várias áreas tinha de dizer-lhe um adeus definitivo. Quando se amou, e ainda se ama, verdadeiramente a vida, nenhuma renúncia é simples. Não me arrependo de ter dito isso. Onde me equivoquei foi no esboço do quadro de meu futuro; projetei nele o desencanto acumulado durante meus últimos anos: ele foi muito menos sombrio do que eu previra.

A última frase de meu livro foi mal interpretada e, ainda hoje, provoca comentários irônicos, indignados, hostis ou desolados.

Em parte a culpa é minha. Construí mal o epílogo. Fazendo um rápido levantamento de minha vida, falei primeiro daquilo que era mais importante para mim: minha relação com Sartre, com a literatura, com o desenvolvimento do mundo. A seguir, aludi à minha idade. Mas não é a essas últimas páginas que se refere a constatação: "Fui ludibriada." Ela se refere ao conjunto do balanço que elaborei. Explica-se não pela visão de minha imagem no espelho, mas por minha revolta angustiada contra o horror do mundo: comparando-a aos sonhos de minha adolescência, via o quanto estes me haviam iludido. "Não nos prometeram nada", dizia Alain. É falso. A cultura burguesa é promessa: de um universo harmonioso onde se pode usufruir, sem escrúpulos, dos bens deste mundo; ela garante valores verdadeiros que se integram em nossa existência e lhe dão o esplendor de uma Ideia. Não me foi fácil abrir mão de esperanças tão grandes.

Minha decepção tem também uma dimensão ontológica. Sartre escreveu em *L'être et le néant*:[30] "O futuro não se deixa alcançar, desliza para o passado como antigo futuro... Daí essa decepção ontológica que espera o para si a cada abertura para o futuro. Ainda que meu presente seja rigorosamente idêntico, por seu conteúdo, ao futuro para o qual eu me projetava para além do ser, não é esse presente para o qual eu me projetava, pois eu me projetava para esse futuro enquanto futuro, isto é, enquanto ponto de encontro de meu ser."

A descoberta da infelicidade dos homens, o fracasso existencial que me privou do absoluto a que aspirava minha juventude: eis as razões que me ditaram estas palavras: "Fui ludibriada."

No decorrer de uma conversa,[31] Francis Jeanson perguntou-me se, ao escrevê-las, não havia cedido a uma "espécie de dramatização literária". Respondi que em certo sentido sim. Mais tarde, essa pergunta me fez refletir sobre a relação que uma verdade literária mantém com a verdade vivida. Uma vez que a linguagem não é a tradução de um texto já formulado, mas se inventa a partir de uma experiência indistinta, toda palavra é sempre apenas uma "maneira de

---

[30] Citei esse texto em *La vieillesse*, mas não posso deixar de recordá-lo aqui, bem como os versos de Mallarmé, evocando: *Ce parfum de tristesse / que même sans regret et sans déboire laisse / la cueillaison d'un rêve au coeur qui la cueilli.*

[31] Publicada no final do livro que ele me dedicou.

falar": poderia haver uma outra. É por isso que o escritor detesta ser "tomado ao pé da letra", ou seja, preso, imobilizado, amordaçado pelas palavras escritas. Elas paralisam meu pensamento, quando na verdade ele nunca para. A dramatização foi ter colocado um ponto final após a palavra *ludibriada*. Não a renego; mas não é a "última palavra" de uma existência que continuou depois dela. Meço a extensão de minhas antigas ilusões, vejo a realidade com olhar lúcido: essa confrontação, no entanto, já não me deixa estupefata.

Repito: o mal-entendido mais grave foi consequência de o leitor ter ignorado a distância que separa o autor em carne e osso do personagem dotado de uma constituição fictícia, que ele cria pelo fato de escrever. Este transcende o tempo; sob sua pena, o presente equivale à eternidade: suas afirmações têm caráter inexcedível e definitivo. O indivíduo vivo, ao contrário, muda; para ele os momentos são efêmeros; seus estados de espírito variam. É um erro pretender defini-lo em sua contingência imediata, a partir do que ele decide dizer de acordo com a necessidade. Porque eu usava palavras desiludidas, uma parte de meu público viu em mim uma mulher abatida pela idade e pelas decepções. Houve até psiquiatras que atribuíram o final de meu livro a uma crise depressiva e que se ofereceram gentilmente para ajudar-me a superá-la. No entanto, é muito comum que autores de livros alegres sejam frequentemente pessoas tristes e que autores de obras amargas ou melancólicas transbordem de vitalidade. O início de meu relato, onde ressuscitei as alegrias da libertação, data mais ou menos da mesma época de sua conclusão. Um indivíduo psiquicamente perturbado — abatido, desesperado — não escreve absolutamente nada: refugia-se no silêncio.

Essas explicações destinam-se aos leitores de boa-fé a quem deixei confundidos. Mas sei perfeitamente que a verdadeira razão de todos esses absurdos é o interesse de meus adversários em propagá-los: convinha-lhes interpretar aquelas páginas como uma constatação de fracasso e uma renegação de minha vida, apesar de todas as frases que recusam radicalmente tal interpretação. Voltarei a esse assunto no final deste livro, quando precisarei quais são minhas posições atuais.

Na ocasião, absolutamente não me preocupei com o destino de meu livro. Minha mãe acabava de ser internada numa clínica: sua doença, sua agonia me absorveram inteiramente. Alguns dias depois do enterro, a decisão de relatá-las impôs-se bruscamente a mim, bem como o título de minha narrativa, a epígrafe e a dedicatória. Passei o inverno escrevendo. Quase todas as noites sonhava com minha mãe. Ela estava viva e, às vezes, maravilhava-me que tivessem conseguido salvá-la; a maioria das vezes, sabia que estava condenada e sentia medo.

Um cirurgião, cujo nome não mencionarei, afirmou diante de uma de minhas amigas — ignorando que ela me conhecia — que fora ele quem operara minha mãe: jamais ele chegara perto dela. Permitia-se tal mentira para declarar que, se eu passara horas ao lado dela, fizera-o exclusivamente com o objetivo de documentar-me. Dois ou três críticos indignaram-se por eu haver ousado "fazer anotações" junto à cabeceira de uma moribunda. Essa concepção da literatura liga-se a um naturalismo bastante ultrapassado. Jamais me ocorreu "fazer anotações" sobre os acontecimentos ou as situações que me mobilizaram e que, mais tarde, tentei ressuscitar no papel. Não premeditara escrever *Une mort très douce*. Nos períodos difíceis de minha vida, rabiscar frases — ainda que nunca venham a ser lidas por ninguém — me traz o mesmo reconforto que a reza para quem tem fé: através da linguagem ultrapasso meu caso particular, comungo com toda a humanidade; mas as linhas que então tracei, se me ajudaram a recuperar alguns detalhes, não me eram necessárias para evocar os dias que acabava de viver: esses dias estavam gravados em mim para sempre. Se tivesse sido apenas uma observadora indiferente, não teria emocionado tantos leitores.

Afora alguns demolidores sistemáticos, a imprensa me foi bastante favorável. E recebi grande quantidade de cartas calorosas. Meus correspondentes diziam-me que, apesar de sua tristeza, meu livro os ajudara a suportar, no presente ou na lembrança, a agonia de um ente querido. São esses depoimentos que o valorizam a meus olhos. Toda dor dilacera; mas o que a torna intolerável é que quem a sente tem a impressão de estar separado do resto do mundo; partilhada, ela pelo menos deixa de ser um exílio. Não é por deleite, por exibicionismo, por provocação que muitas vezes os escritores relatam experiências terríveis ou desoladoras: por intermédio das palavras, eles as universalizam e permitem que os leitores conheçam, em seus sofrimentos individuais, os consolos da fraternidade. Em minha opinião, essa é uma das funções essenciais da literatura, e o que a torna insubstituível: superar a solidão que é comum a todos nós e que, no entanto, faz com que nos tornemos estranhos uns aos outros.

O livro em questão era também autobiográfico. Quando o terminei, prometi-me que não tornaria a falar de mim durante muito tempo. Comecei a imaginar personagens e temas distanciados de minha própria existência; desejava integrá-los num romance onde trataria também — mas através de figuras diferentes de mim — de um assunto que me interessava diretamente: o envelhecimento. Antes de começar esse trabalho, tive um prazer muito grande escrevendo um prefácio para *La bâtarde* de Violette Leduc. Gostava de todos os seus livros e deste mais ainda do que dos outros. Reli-os, tentei compreender exatamente e fazer compreender em que consiste seu valor. Afora o que dediquei a Sade, não escrevi nenhum outro ensaio crítico: pergunto-me por quê. Mergulhar numa obra, transformá-la em seu próprio universo, tentar descobrir a coerência e a diversidade, tentar penetrar as intenções, tornar evidentes os procedimentos dessa obra, tudo isso significa sair de si mesmo — e toda novidade me encanta.

Sartre e eu não gostamos de participar do que chamam de "manifestações literárias". No entanto, fizemo-lo durante o outono de 1964. Simpatizávamos com *Clarté*, revista redigida por jovens comunistas que tentavam provocar um "degelo" entre os intelectuais do partido. Seu diretor, Buin, pediu-me que participasse de um debate público, onde se confrontariam autores "engajados" e partidários do *Nouveau Roman*, as entradas seriam pagas e a renda se destinaria a ajudar a revista. Aceitei. Jorge Semprun e eu defenderíamos a ideia de engajamento contra Claude Simon, Yves Berger e o crítico Janvier. Numa conversa posterior, Buin me contou que, para Simon e Berger, tratava-se de "acertar contas" com Sartre; já haviam tentado fazê-lo numa entrevista recém-publicada em *L'Express*. Nesse caso, disse eu, quem tem de responder-lhes é Sartre: só irei se ele também for. Sartre e Buin concordaram. Imediatamente, começaram as maquinações. Se Sartre ia falar, Janvier, intimidado, retirava-se, cedendo lugar a Kostas Axelos. Axelos, ideólogo "marxiano", escrevera, a propósito do prêmio Nobel atribuído a Sartre, que este teria vivido, tão facilmente e de tão bom grado, sob o regime de Hitler como sob o de Stálin: era, portanto, inadmissível nos comprometermos com ele. "É aceitar ou recusar", disse-me Buin. "Recusamos", respondi. Buin, empenhado em seu projeto, não aceitou a participação de Axelos. Furioso, Claude Simon retirou-se e pôs-se a dirigir insultos contra Sartre em *L'Express*. Pressionou os escritores do *Nouveau Roman* para que não participassem do encontro. No entanto, Faye e Ricardou concordaram em comparecer e falar.

Havia seis mil pessoas no anfiteatro da Mutualité e em diversas salas equipadas com alto-falantes. A televisão alemã estava presente, nós derretíamos de calor sob a luz dos projetores. Todos recebemos ovações. Buin, que presidia, abriu os debates. Depois, Semprun falou sobre as responsabilidades do escritor. Ricardou leu, em tom pedante e agressivo, algumas páginas onde retomava a distinção de Barthes entre "escritor" e "escrevedor": apenas os autores do *Nouveau Roman* pareciam-lhe merecer atualmente o título de "escritor". Improvisei uma resposta, antes de apresentar algumas de minhas ideias sobre a literatura. Em seguida, falaram Faye e Berger: o primeiro em tom anódino; o segundo, com fúria. Sartre foi o último a intervir. Lido, seu texto é o mais interessante; mas ele estava morto de calor e cansaço e disse coisas bastante difíceis de maneira um pouco apagada. Ninguém convenceu ninguém; é o de sempre: no final dessas supostas "trocas" de ideias, cada um mantém as suas. Mas o público pareceu satisfeito e *Clarté* sobreviveu durante algum tempo.

Durante todo o ano, escrevi meu romance, assiduamente, mas sem muita convicção. Quando, em outubro de 65, voltando de férias, reli o rascunho, achei-o detestável e compreendi que me era impossível melhorá-lo. Continha longas passagens mortas que a construção me impedia de suprimir, e que trabalho algum teria conseguido avivar. Enfiei-o num armário sem sequer mostrá-lo a Sartre.

Retomei outro projeto: retratar essa sociedade tecnocrata da qual me mantenho o mais distante possível, mas na qual, apesar de tudo, vivo: através dos jornais, das revistas, da publicidade, do rádio, ela atua sobre mim. Minha intenção não era descrever a experiência vivida e singular de alguns de seus membros: queria transmitir o que se denomina atualmente seu "discurso". Consultei as revistas, os livros onde ele está inscrito. Encontrei neles raciocínios, fórmulas que me impressionaram por sua futilidade; e outros, cujas premissas ou implicações me revoltaram. Selecionando apenas os textos cujos autores "exercem influência", fiz uma coletânea de disparates, tão divertida quanto consternadora.

Ninguém, nesse universo ao qual sou hostil, podia falar em meu nome; no entanto, para mostrá-lo, tinha de tomar uma certa distância em relação a ele. Escolhi como exemplo uma mulher jovem, suficientemente mancomunada com seu *entourage* para não julgá-lo, suficientemente honesta para não se sentir bem com essa conivência. Dei-lhe uma mãe integrada nessa realidade e um pai saudosista: essa dupla vinculação explicava suas incertezas. Graças ao pai, ela questionava os valores aceitos em seu meio: o sucesso, o dinheiro. Uma pergunta feita por sua filha de dez anos levava-a a interrogar-se seriamente; não encontrava resposta e debatia-se em trevas que desejava — inutilmente — vencer. A dificuldade era fazer transparecer do fundo de sua noite — sem que eu mesma interviesse — a feiura do mundo onde ela sufocava. Em meus romances anteriores, o ponto de vista de cada personagem era claramente explicitado, e o sentido do livro provinha de sua confrontação. Neste tratava-se de fazer o silêncio falar. O problema era novo para mim.

Consegui resolvê-lo? Quando o livro foi publicado, em novembro de 1966, muita gente achou que sim. Ficou doze semanas na lista dos best-sellers e foram vendidos cerca de cento e vinte mil exemplares. Vários críticos, quase todos amigos meus, e a maioria de meus correspondentes gostaram. Pessoas jovens, sobretudo, disseram ou escreveram-me: "Sim, é exatamente a nossa história; vivemos nesse universo; como Laurence, sentimo-nos logrados, encurralados." Alguns leitores me felicitaram por haver renovado minha técnica e meu estilo.

No entanto, outros, bem como também alguns críticos, discordaram: "É o mundo de Françoise Sagan, não o seu; isso não é Simone de Beauvoir." Como se, fraudulentamente, eu lhes tivesse impingido uma mercadoria diferente daquela anunciada no rótulo. O que decepcionou alguns leitores foi o fato de não poderem identificar-se com nenhum dos personagens. O meio que eu descrevia não era interessante, objetaram os comunistas. Lamentavam a ausência de um "herói positivo". Certamente teriam desejado que Laurence passasse do erro à verdade por uma lúcida "tomada de consciência".

Em seu comentário a *Belles images*, François Nourissier fez uma observação cuja perspicácia só mais tarde vim a compreender. Que pensariam as pessoas que eu evocava ali e que constituiriam a maioria de meu público? Um determinado número não percebeu nada. Distraiu-se ou entediou-se com o livro, sem se sentir atingido. Outros acusaram-me de ser muito severa com os burgueses: eles não são nem tão tolos nem tão maus.

No que se refere à tolice, a maioria das frases que coloco em sua boca são da autoria dos "pensadores" que nossos tecnocratas mais respeitam, como por exemplo Louis Armand. Quanto à baixeza moral, para não ser acusada de tendenciosa, fiquei muito aquém da verdade: pelo fato de coincidirem tão confortavelmente com eles mesmos, os privilegiados não têm consciência do egoísmo, da cupidez, do arrivismo, da dureza dos quais vi tantos exemplos espantosos entre eles. Muito excepcionalmente fizeram-me a crítica oposta: a de ter sido indulgente com meus tristes heróis. Não coloquei em Laurence a repugnância que eles me inspiram, mas, da maneira como eles se retratam, por suas palavras e seus atos, só se pode detestá-los. A não ser que nos pareçamos com eles.

O personagem do pai de Laurence provocou várias vezes um mal-entendido: eu apreciaria sua maneira de viver, partilharia suas ideias. Nada mais falso do que isso. Ele é visto por Laurence e, no início, ela o admira cegamente; mas, pouco a pouco, durante sua viagem à Grécia, depois de volta a Paris, seus olhos se abrem. Esse falso honesto também quer ignorar a infelicidade dos homens: utiliza sua cultura para assegurar a si próprio um conforto moral que ele prefere à verdade. É muito menos insensível do que aparenta à fortuna, ao sucesso, e não repele as concessões. Seu recasamento com sua ex-mulher exprime o conluio entre a burguesia tradicional e a nova: é uma só e mesma classe. A desilusão de Laurence não é articulada em palavras, mas inscreve-se em seu corpo: desencadeia nela uma crise de anorexia.

Como puderam atribuir-me as leviandades que um velho egoísta emite sobre a felicidade dos pobres e as belezas da frugalidade? Quem cometeu esse equívoco pela primeira vez foi Jean-Jacques Servan-Schreiber;[32] não ousando duvidar de sua perspicácia, outros o acompanharam: o texto em questão foi reproduzido elogiosamente numa revista orientada por Lanza del Vasto. Um professor, que conhece minhas opiniões, avisou-me, com surpresa, que o mesmo fora apresentado no *baccalauréat*[33] como expressão de meu próprio pensamento: os candidatos eram solicitados a comentá-lo com admiração!

É perigoso pedir ao público que leia nas entrelinhas. No entanto, fiz isso de novo. Recebera recentemente as confidências de várias mulheres em torno de quarenta anos, cujos maridos as haviam abandonado, trocando-as por outras. Apesar das diferenças de seus temperamentos e das circunstâncias, em todas as suas histórias havia semelhanças interessantes: elas não entendiam absolutamente nada do que lhes acontecia, os comportamentos de seus maridos pareciam-lhes contraditórios e aberrantes, e suas rivais, indignas daquele amor; seus universos desmoronavam, elas acabavam já não sabendo quem eram elas mesmas. De uma maneira diferente da de Laurence, debatiam-se na ignorância, e tive a ideia de mostrar sua cegueira. Escolhi como heroína uma mulher cativante, mas de uma afetividade sufocante; tendo desistido de uma atividade profissional própria, não conseguira interessar-se pela do marido. Intelectualmente muito superior a ela, este deixara de amá-la havia muito tempo. Apaixonara-se seriamente por uma advogada mais aberta, mais viva do que sua mulher e muito mais próxima dele. Pouco a pouco foi-se libertando de Monique para recomeçar uma nova vida.

Não me interessava contar essa história banal de uma maneira linear, mas mostrar, através de seu diário íntimo, o quanto a vítima tentava fugir da verdade. A dificuldade era ainda maior do que em *Belles images*, porque Laurence procura timidamente a luz, ao passo que todos os esforços de Monique são no sentido de obliterá-la, mentindo-se a si própria, cometendo erros, esquecimentos; a cada

---

[32] Em *Le défi americain*. A propósito desse texto, ele me acusa de um saudosismo que não possuo.
[33] Exame final do curso secundário, na França. (N. da T.)

página o diário se contradiz: só que através de novas fabulações, de novas omissões. Ela mesma cria as trevas nas quais mergulha a ponto de perder sua própria imagem. Gostaria que o leitor lesse essa narrativa como um romance policial; lancei aqui e ali indicações que permitem encontrar a chave do mistério: mas somente quando se desmascara Monique como se desmascara um culpado. Nenhuma frase tem sentido em si, nenhum detalhe tem valor a não ser quando situado no conjunto do diário. A verdade nunca é confessada: ela se trai se olhamos bem de perto.

Junto com *La femme rompue* publiquei dois outros livros. Em *Monologue* trata-se também da relação da verdade com as mentiras do discurso: algumas cartas que recebera me haviam mostrado como ela podia irromper através de frases destinadas a dissimulá-la. Minha correspondente denunciava a ingratidão de um filho, a indiferença de um marido; na verdade, pintava seu próprio retrato: o de uma mãe abusiva, de uma megera insuportável. Escolhi um caso extremo: uma mulher que se sabe responsável pelo suicídio da filha, e que todo o seu *entourage* condena. Tentei construir o conjunto dos sofismas, dos vaticínios, das fugas através dos quais ela tenta justificar-se. Só o consegue levando sua distorção da realidade a um nível de parafrenia. Para recusar o julgamento dos outros, envolve em seu ódio o mundo inteiro. Eu queria que, através dessa defesa enganosa, o leitor percebesse seu verdadeiro rosto.

Em *L'âge de discrétion* retomava um dos temas do romance que abandonara: a velhice. Uma frase de Bachelard, denunciando a esterilidade dos velhos sábios, me impressionara: como pode um indivíduo ativo sobreviver quando se sente reduzido à impotência? Imaginei um casal de intelectuais, até então muito unidos, que estavam em antagonismo porque não suportavam da mesma maneira o peso dos anos. A crise estourava a propósito de um conflito com o filho; mas o que me interessava era a relação dos pais. De minhas três histórias, essa é a que menos me agrada. Não está construída através de silêncios: está escrita objetivamente, de acordo com minha antiga técnica. E, além disso, o assunto era muito vasto para um texto tão breve; abordei-o superficialmente apenas.

Há temas que estão presentes nessas três histórias: a solidão e o fracasso. Na última, o fracasso é superado, o diálogo restabelecido, porque, mesmo na crise que atravessa, a heroína conserva o amor pela verdade. Mas, optando desesperadamente por mentir-se, Laurence, e Muriel ainda mais, privam-se de qualquer comunicação com o próximo; talvez a primeira tenha um dia a coragem de enfrentar a realidade e consiga reatar as relações com seus semelhantes. Mas para a segunda não vejo outra saída senão a loucura ou o suicídio.

Quando o livro apareceu, no fim de janeiro de 1968, teve o mesmo sucesso de venda que *Belles images*; recebi inúmeras cartas de escritores, estudantes, professores que haviam captado perfeitamente minhas intenções e me felicitavam por haver-me renovado uma vez mais. No entanto, no conjunto o livro foi ainda mais mal compreendido do que o precedente, e dessa vez a maioria dos críticos me arrasou.

Há muito tempo que minha irmã e eu desejávamos que ela ilustrasse um original meu: não havia nenhum que fosse suficientemente curto. A história que dá seu nome ao livro, *La femme rompue*, tinha as dimensões exigidas e inspirou-lhe gravuras muito bonitas. Queria que o público tomasse conhecimento desse volume de tiragem reduzida, assinado por nós duas, e aceitei que meu texto fosse publicado em *Elle* junto com os desenhos de minha irmã. Fui imediatamente submergida por cartas vindas de mulheres destruídas, semidestruídas ou em vias de destruição. Identificando-se com a heroína, atribuíam-lhe todas as virtudes e espantavam-se que continuasse ligada a um homem indigno; a parcialidade delas mostrava que, em relação a seus maridos, a suas rivais, a si mesmas, partilhavam a cegueira de Monique. Suas reações baseavam-se num enorme contrassenso.

Vários outros leitores, dando a mesma interpretação simplista a essa história, consideraram-na insignificante. A maioria dos críticos mostrou com seus comentários que a lera mal. Tendo tomado conhecimento apenas da parte publicada em *Elle*, o Sr. Bernard Pivot apressou-se em declarar, em *Le Figaro Littéraire*, que já que *La femme rompue* aparecia numa revista feminina, tratava-se de um romance para "costureirinhas", um romance água com açúcar. A expressão foi repetida em inúmeros artigos, quando nunca escrevi nada tão deprimente como essa história: toda a segunda parte nada mais é do que um grito de angústia, e a desagregação final da heroína é mais lúgubre do que uma morte.

A inconsequência de meus críticos não me espantou. O que não entendi foi o motivo pelo qual esse livrinho desencadeou tanto ódio. Defendendo-o contra Pivot, durante um debate público retransmitido pela O.R.T.F., Claire Etcherelli quase se retirou. "O que o senhor está fazendo nada tem a ver com crítica literária", disse-lhe com a voz trêmula de indignação. Ele provocava o riso da assistência com piadas grosseiras. Kanters atacou-me com virulência durante uma discussão com Pierre-Henri Simon: este objetou melosamente que desde *Une mort très douce* eu já não tinha a pretensão de fazer literatura. Um dos meus detratores declarou pelo rádio: "Lamento haver escrito este artigo, depois que vi Simone de Beauvoir na Rua de Rennes, os braços pendentes, acabada, um ar perdido. Deve-se ter pena dos velhos. Aliás, é por isso que Gallimard continua a publicá-la." Um minuto depois, sem perceber sua contradição, trocava olhares significativos com seu comparsa: "Seu romance é um best-seller." "É verdade, é um best-seller." Portanto, meu editor não estava tendo prejuízos. Embora sabendo o quanto Mathieu Galey detesta as mulheres, sua grosseria me chocou. "Sim, minha senhora, é triste envelhecer", escreveu em sua crônica. Muitos deploraram que esse último livro fosse tão indigno de *Mandarins* e *Deuxième sexe*. Que hipocrisia! Na época eles tinham arrasado *Mandarins* e arrastado *Le deuxième sexe* na lama. É, aliás, por causa das posições que neles assumi que ainda hoje tanto me detestam.

Com raras exceções, o julgamento dos críticos me é indiferente: confio no de alguns amigos exigentes. Lamentei, porém, que, por sua hostilidade, uma parte do público não tenha sentido desejo de ler-me e outra tenha abordado meu romance com espírito prevenido. Há mulheres que se sentem perturbadas com minhas ideias: apressaram-se em acreditar no que diziam de mim, aproveitando-se disso para se sentirem superiores: "Ela esperou chegar aos sessenta anos para descobrir o que qualquer empregadinha sabe", disse uma delas; não sei a que descoberta queria aludir. Fiquei mais mobilizada com a reação de determinadas mulheres que lutam pela causa das mulheres e que minhas histórias decepcionaram porque nada tinham de militante. "Ela nos traiu", disseram estas e me enviaram cartas contendo críticas. Nada impede que se tire uma conclusão feminista de *La femme rompue*: sua infelicidade é decorrente da dependência a qual consentiu. Mas, mais do que tudo, não me sinto obrigada a escolher heroínas exemplares. Descrever o fracasso, o erro, a má-fé, não é, em minha opinião, trair ninguém.

Sendo entrevistada na televisão, a propósito de uma de suas exposições, minha irmã recebeu a seguinte pergunta de seu interlocutor: "Por que escolheu ilustrar esse livro, que é o mais medíocre que sua irmã já escreveu?" Ela o defendeu com ardor e acrescentou: "Há duas categorias de pessoas que o apreciam: as pessoas simples que se tocam com o drama de Monique; os intelectuais que captam as intenções do livro. Os que não o apreciam são os semi-intelectuais, insuficientemente sutis para compreendê-lo, excessivamente pretensiosos para lê-lo com olhos ingênuos." Isso certamente não era totalmente verdadeiro. Era possível captar minhas intenções e considerá-lo um fracasso. Mas o fato é que fui apoiada pelas pessoas que mais estimo, e os que me atacaram jamais me deram argumento válido.

Como o que ocorreu com *Belles images*, uma das objeções que me fizeram foi: "Isso não é Simone de Beauvoir; não é o mundo de Simone de Beauvoir; ela fala de pessoas que não nos interessam." No entanto, muitos leitores acham que me encontram em todas as minhas personagens femininas. A Laurence de *Belles images*, desgostosa da vida a ponto de chegar à anorexia, seria eu. A universitária encolerizada de *L'âge de discrétion* seria eu. Disse-me uma amiga: "Mas todo mundo acha isso. É você, Sartre e a mãe de Sartre. Quanto ao filho, hesitam entre alguns nomes." *La femme rompue*, obviamente, só podia ser eu. "Para escrever essa história, é preciso ter passado por isso. Portanto, ela não contou tudo em suas *Mémoires*", disseram alguns. Outros foram mais longe. Uma correspondente perguntou-me se era verdade que, como dizia o presidente de um clube literário, Sartre tinha rompido comigo. Minha amiga Stépha mostrou a alguns interlocutores que eu já não tinha quarenta anos, não tivera filhas, que minha vida não se parecia em nada à de Monique; eles se deixaram convencer. Um deles perguntou, mal-humorado: "Mas o que é que ela faz para que todos os seus romances pareçam autobiográficos?" Stépha respondeu: "Ela simplesmente tenta fazer com que pareçam verdadeiros."

Na primavera de 1966, um jovem denominado Steiner pediu-me um prefácio para um livro que acabava de escrever: *Treblinka*. Nunca o vira, mas *Les Temps Modernes* publicara uma reportagem notável sobre sua experiência de paraquedista. Li as provas de *Treblinka* e fiquei impressionada. Conhecia praticamente todos os livros que haviam sido publicados na França sobre os campos de extermínio; mas este não se parecia com nenhum outro. Steiner o escrevera baseando-se em alguns documentos raros e, principalmente, no testemunho de um punhado de sobreviventes; tomava distância em relação a suas próprias emoções e às experiências que relatava: num estilo glacial e com um *humour* feroz ele se colocava na posição dos técnicos, para entender como tinham conseguido fazer morrer oitocentos mil homens em um ano. O que me interessou particularmente é que o desenrolar dos fatos ilustrava exatamente as teorias de Sartre sobre a serialização;[34] tanto nos guetos como nos campos de concentração, os nazistas serializaram suas vítimas com uma habilidade maquiavélica, de maneira que elas se tornassem inimigas umas das outras e ficassem reduzidas à impotência. Quando, numa reação final e à custa de imenso sacrifício, os deportados de Treblinka conseguiram constituir um grupo, transformaram-se então numa força, e a revolta explodiu. Quando me encontrei com ele, Steiner ficou muito surpreso porque lhe perguntei se pensara em *Critique de la raison dialectique* (*Crítica da razão dialética*) ao escrever *Treblinka*: não lera uma só linha desse livro. Limitara-se a relatar os fatos. Prevendo que tais fatos não agradariam a todo mundo, em meu prefácio tentava defender Steiner contra a acusação de antissemitismo que alguns não deixariam de fazer-lhe. Lembrava que nenhuma categoria de deportados conseguiu resistir aos alemães; em particular, entre os russos, os comunistas registrados e os comissários políticos eram separados e exterminados: apesar de seu preparo ideológico e militar, não conseguiram escapar ao seu destino. Malgrado tais precauções, realmente acusaram Steiner de haver representado os judeus como covardes. Desencadeou-se toda uma campanha contra ele. Para defender-se, ele deu entrevistas bastante vagas que criaram novos mal-entendidos. Em *Noveau Candide*, Rousset tentou destruí-lo, sustentando que seu relato era um roman-

---

[34] Existe serialização quando indivíduos vivem uma condição comum dispersos, tornando-se inimigos uns dos outros: é o que ocorre numa situação de pânico, num engarrafamento.

ce e não um documento. Eu estava pessoalmente envolvida nesses ataques. Para defender *Treblinka* fiz uma entrevista com Lanzmann e Marienstrass que foi publicada pelo *Nouvel Observateur*. Salientei que ex-deportados — Daix, Martin-Chauffier, Michelet — garantiam o valor documental do livro, bem como o historiador Vidal-Naquet, que estudara seriamente o problema. Expliquei por que a não resistência de seis milhões de judeus podia colocar um problema para a geração jovem que não vivera a guerra: recebi muitas cartas de jovens judeus que me diziam respirar melhor depois que, graças a Steiner, tinham compreendido um drama até então obscuro para eles. Rousset enviou uma carta de resposta ao *Nouvel Observateur*, à qual por minha vez respondi. Muitos de meus correspondentes ficaram do meu lado. Alguns lamentaram que tivesse prefaciado *Treblinka*; chegaram até a pedir-me que suprimisse aquelas páginas nas traduções que seriam publicadas: recusei. Apesar da hostilidade de determinadas reações, Steiner recebeu na França o prêmio da Resistência.

Em maio de 1967 terminei as três histórias reunidas sob o título *La femme rompue*. Perguntava-me o que iria fazer. Quase imediatamente tive uma iluminação: aquele problema que não conseguira abordar satisfatoriamente sob uma forma romanesca, a velhice, seria estudado num ensaio que, no que se refere às pessoas idosas, equivaleria ao *Deuxième sexe*. Sartre me deu o maior apoio.

Por que esse tema era tão importante para mim? Em primeiro lugar, ficara impressionada com a indignação que provocara ao falar de envelhecimento no final da *La force des choses*. Sentira vontade de destruir os lugares-comuns com que me haviam atacado. Achava-os ainda mais repugnantes, na medida em que conhecia a situação que é atualmente a da maioria das pessoas idosas. Também nesse caso, foi em primeiro lugar a ideia de uma desmistificação que me seduziu. Mas, se me decidi, foi porque sinto a necessidade de conhecer, em sua generalidade, a condição que é minha. Mulher, quis elucidar o que é a condição feminina; com a aproximação da velhice, tive vontade de saber como se define a condição dos velhos.

Sobre a questão feminina, antes de estudá-la sistematicamente, eu lera uma grande quantidade de trabalhos, dispunha de uma experiência bastante vasta e encontrei imediatamente documentos em abundância. Quando abordei o problema da velhice, tinha as mãos vazias. Fui à sala de catálogos da Biblioteca Nacional, consultei as mais recentes fichas agrupadas sob a rubrica: velhice. Encontrei primeiro os ensaios de Emerson e de Faguet, depois trabalhos mais sérios que me forneceram uma bibliografia sumária. Pouco a pouco esta se foi enriquecendo; li praticamente todos os tratados e as revistas de gerontologia publicados na França nos últimos anos. Mandei buscar em Chicago três compêndios enormes que os americanos dedicaram a essa disciplina. Durante esse período de exploração, o livro construiu-se em minha cabeça, e redigi, com maior ou menor dificuldade, seus diferentes capítulos.

Alguns críticos definiram *La vieillesse* como um livro de segunda mão: isso é totalmente injusto. Um livro de segunda mão é aquele que se limita a compilar trabalhos dedicados ao assunto tratado. É o que ocorre com meu primeiro capítulo: no que se refere à biologia, tornei conhecimento de estudos que praticamente me limitei a resumir. Mas em todo o resto do livro fiz um trabalho original. É claro que utilizei livros e documentos: não se tratava de uma obra de imaginação. Mas primeiro foi necessário encontrá-los, inventar a maneira de explorá-los e realizar sínteses novas. Existe um livro sobre a velhice nas sociedades primitivas que absolutamente não considero satisfatório: quase não o utilizei. Utilizei o admirável instrumento de trabalho que Claude Lévi-Strauss gentilmente colocou à minha disposição: o laboratório de antropologia comparada do College de France. Seus colaboradores indicaram-me, em diversas monografias, passagens que tratavam da condição dos velhos: li cada um desses trabalhos, tentando estabelecer a relação dessa condição com o conjunto da civilização descrita. A análise desse material, as reflexões que ele me inspirava, as conclusões que dele extraí, tudo isso constituiu um trabalho que ninguém fez antes de mim.

Não havia nenhum livro que eu pudesse reproduzir no que se refere ao destino dos velhos nas sociedades históricas: foram ignorados. As raras indicações que se conseguem são muitas vezes difíceis de interpretar, confusas, contraditórias, pelo menos aparentemente. E é preciso ainda saber onde encontrá-las. Entreguei-me a uma verdadeira caça ao tesouro. Em geral, minhas pesquisas eram dirigidas de maneira bastante segura, e eu obtinha, sem grandes dificuldades, respostas para as perguntas que me fazia. Às vezes, o acaso me ajudava: deparava-me de maneira imprevista com uma mina de ouro. Por outro lado, acontecia também que livros dos quais esperava informações não me forneciam nada. Consultava então especialistas: alguns me deram indicações muito úteis.

Reuni, com bastante facilidade, uma documentação considerável sobre a condição atual dos velhos. E fiz inúmeras entrevistas com pessoas cuja profissão levava a conhecê-la bem.

Quanto à segunda parte de meu ensaio, trata-se de um trabalho totalmente pessoal.

O que há de essencial num trabalho desse tipo são as perguntas que o autor se faz; somente minha própria experiência e minha reflexão levaram-me a definir as que coloquei: qual é a relação do velho com sua imagem, com seu corpo, com seu passado, com suas atividades; quais são as razões de sua atitude para com o mundo, para com o seu ambiente? Para responder, baseei-me na correspondência, nos diários íntimos, nas memórias de pessoas idosas; consultei pesquisas e estatísticas; solicitei pessoalmente depoimentos, interroguei-me a mim mesma. Interpretar esses dados, colocá-los em perspectiva, extrair conclusões deles, tudo isso foi um trabalho absolutamente original. As ideias que exprimi, as posições que tomei, não raro contrariavam muitas opiniões autorizadas.

O livro foi publicado no fim de janeiro de 1970. Pouco tempo antes, fora publicado o relatório da inspeção geral dos serviços sociais sobre os problemas sociais das pessoas idosas. Mostrava que a situação destas piorara durante os dez últimos anos, já que a elevação dos preços não fora compensada pelo aumento irrisório das pensões. *France-Soir* dedicou sua primeira página a uma análise desse documento. De repente, o problema entrava na ordem do dia. Meu livro chegou num momento em que o público estava preparado para recebê-lo: mas eu o começara mais de dois anos antes.

Desejava que ele atingisse o maior número possível de pessoas e, contrariando meus hábitos, concordei em dar duas entrevistas para a Rádio Luxemburgo: elas me valeram cartas comovedoras de velhos em dificuldades que as tinham ouvido. Confirmavam dramaticamente minhas conclusões mais sombrias; as estatísticas oficiais são ainda muito otimistas; as deficiências da administração,[35] a burocracia, os acasos infelizes da existência levam uma grande quantidade de pessoas idosas ao desespero. Também os meus correspondentes que tiveram condições de obter o livro pintaram quadros muito negros de seu estado: muitos reclamavam o direito a uma morte "livre", isto é, à eutanásia! "Já que não nos proporcionam os meios para vivermos, que pelo menos nos deixem escolher nossa morte", diziam. Três ou quatro octogenários, relativamente privilegiados, garantiram-me que o peso dos anos não os oprimia: é um número bastante pequeno comparado com o das cartas desoladas que recebi.

De um modo geral a crítica foi calorosa; tanto a direita quanto a esquerda reconheceram que a condição oferecida aos velhos atualmente é um escândalo. Contudo, os críticos de esquerda aprovaram que eu tivesse enfatizado o aspecto econômico e social do problema; os de direita preferiram pensar que ele é biológico e metafísico, que o papel da sociedade é apenas secundário. Houve também divergência entre os que consideraram que eu escrevera um anti-*De senectute* e os que acharam que eu retornava a Cícero e a Sêneca. Evidentemente, dou razão aos primeiros. Admito que, em casos muito privilegiados, a velhice pode trazer determinadas aberturas, mas a imensa maioria das pessoas idosas está condenada à degradação.

Os depoimentos que mais me encorajaram vieram de alguns gerontólogos. Em geral, os especialistas não gostam muito que nos aventuremos em suas searas. Estes, ao contrário, felicitaram-me por haver apontado o que também eles denominavam a "conspiração do silêncio" e vários me ofereceram sua colaboração.

Era normal que ocorressem alguns erros nesse imenso trabalho que levei a cabo sem nenhuma ajuda.[36] Três ou quatro correspondentes os assinalaram para mim, com um grau maior ou menor

---

[35] No final de 1970, uma velha, a Sra. Cocagne, matou-se porque há dois meses que não recebia o pagamento a que sua pensão lhe dava direito.
[36] Entre outros, confundi Sigogne, poeta francês vivendo em Dieppe, com um antiquário italiano nascido em Modena. Atribuí a Marivaux um casamento tardio que não ocorreu. De Max tinha cinquenta anos e não oitenta quando, representando o jovem Nero, pareceu tão decrépito aos olhos da criança que eu era.

de azedume. Mas ninguém me desmentiu em relação a nenhum ponto importante.

Uma narrativa sobre a morte de minha mãe, dois livros de ficção, dois prefácios, um grande ensaio: não foi pouco o que escrevi de 1963 a 1970; sem mencionar o rascunho do romance que abandonei. No entanto, atravessei períodos em que a ideia de segurar uma caneta me era insuportável. Senti-me assim incapaz após haver terminado *Une mort très douce*; fora irresistivelmente levada a contar essa história; depois, porém, a literatura me pareceu vazia: eu pendera para o lado da morte e de seu silêncio. Estava também paralisada pelo mal-entendido com que se recebeu *La force des choses*: as palavras me haviam traído, já não confiava nelas. Venci essa repulsa, porque novos temas vieram impor-se a mim. Mas minha relação com o escrever é mais ambivalente do que antes. Continua a ser-me necessário, mas às vezes agrada-me esquivar-me dele: durante, por exemplo, minhas estadas em Roma, onde disporia de todo o tempo para trabalhar. Nunca consegui escrever quando, na angústia ou na alegria, era impelida pelos acontecimentos. Agora, mesmo disponível, concedo-me férias.

No entanto, a longo prazo, a preguiça me entedia; meus dias me parecem sem graça. Já não tenho uma missão a cumprir. E sei que nenhum de meus livros alterará o conjunto de minha obra: será a mesma obra com um volume a mais. Sinto em relação a mim mesma o que disse em *La vieillesse*: até o progresso tem algo de decepcionante na idade provecta; avança-se, é verdade, mas muito lentamente e sem esperança de ultrapassar de muito o que já se fez. No entanto, conservo o desejo de continuar a "dizer" o mundo e minha vida. Não gostaria de perder a impressão exaltante que às vezes a literatura ainda me dá: ao criar um livro, criar-me a mim mesma na dimensão do imaginário.

Continuei ligada a nossa revista *Les Temps Modernes*. Não publiquei artigos nela, apenas dois de meus escritos: *Une mort très douce*, *L'âge de discrétion*. Li e selecionei uma grande quantidade de manuscritos que lhe foram submetidos. Participo regularmente das reuniões em que os redatores discutem a linha a seguir e os números que serão editados.

Em princípio elas se realizam quinzenalmente. Como estamos entre amigos, o trabalho se confunde com o prazer da conversa.

Em 1962, Francis Jeanson substituiu Marcel Péju na diretoria; a orientação da revista não se modificou com isso. Ela mudou de editor. Após a morte de René Julliard, sua editora passou para Nielsen, diretor de Presses de la Cité, que antes de mais nada queria ganhar dinheiro: *Les Temps Modernes* não o interessava. Claude Gallimard propôs que voltássemos para ele. Colocou à nossa disposição uma parte do prédio da Rua de Condé, onde no passado morou Beaumarchais, e onde atualmente estão instaladas as edições Mercure de France. O secretariado transferiu-se para lá.

A revista apresentava uma lacuna que desejávamos preencher. Absorvidos por seus trabalhos, os membros da diretoria já não dispunham de tempo para dedicar-se a esta tarefa difícil e bastante ingrata: redigir notas sobre literatura, arte, trabalhos de história ou de economia. Achamos que pessoas jovens seriam mais disponíveis e talvez aproveitassem essa oportunidade com prazer. No início do outono de 1964, houve uma reunião, muito concorrida e bastante heteróclita, em minha casa. Havia romancistas virtuais: Annie Leclerc, Georges Perec;[37] poetas: Velter e Sautereau que escreviam seus livros em colaboração; um professor de direito, Nicos Poulantzas, que preparava trabalhos importantes de economia política;[38] estudantes e, sobretudo, os de filosofia: Jeanine Rovet, Sylvie Le Bon, Dollé, Peretz, Benabou, Régis Debray. Entre estes, muitos eram discípulos de Althusser e queriam fazer de *Temps Modernes* mais uma tribuna onde exporiam suas ideias do que fornecer-nos os comentários que desejávamos. Essa primeira discussão foi bastante confusa: "Seria preciso saber quais os pontos comuns que nos unem", perguntaram os que se consideravam os teóricos do grupo.

O problema ficou em suspenso. Mas na segunda reunião os participantes, menos numerosos — Régis Debray, entre outros, não retornou —, pareciam dispostos a encarregar-se das tarefas que lhes propúnhamos. O grupo passou a reunir-se semanalmente, ora com

---

[37] Um pouco mais tarde ela publicou *Le pont du Nord* e ele, *Les choses*, aos quais se seguiram outras obras.
[38] Publicou depois *Fascisme et dictature* e *Pouvoir politique et classes sociales*.

Sartre e comigo, ora sem nós: forneceu à revista notas e ensaios sobre livros, filmes, exposições. Dispersado durante as férias, recomeçou a funcionar ao término destas. Os teóricos publicaram artigos de fundo na revista e planejaram publicar regularmente uma "crônica marxista". Depois de um número, esse projeto abortou. Havia entre eles e os membros da direção divergências ideológicas bastante sérias. Ignorando tudo sobre a Revolução Cultural chinesa, eles se solidarizavam incondicionalmente com ela; antes de tomar uma posição, nós exigíamos ser informados: eles sustentavam que isso era um escrúpulo desnecessário. Por outro lado, no fim do ano escolar, quase todos estavam absorvidos com exames e não tinham tempo para mais nada. Separamo-nos no dia 26 de junho de 1966 e decidimos, de comum acordo, não prolongar a experiência.

Absorvido pela organização de uma Casa da Cultura, Jeanson deixou a diretoria de *Temps Modernes* em 1967. Não foi substituído. A direção passou a constar então de oito membros, e não reinava uma harmonia perfeita entre nós. Quando, nos números 64 e 65, Kravetz e outro depois dele exigiram "a Sorbonne para os estudantes" e atacaram violentamente os cursos "magistrais", Pontalis e Pingaud foram contra essas teses. Não se manifestaram, mas em particular não escondiam que algumas posições assumidas pela revista os contrariavam. Mostraram abertamente sua desaprovação, quando Sartre publicou o "diálogo psicanalítico" e explicou por que achava esse texto fascinante — opinião que todos os outros membros da diretoria partilhavam. Esse diálogo fora gravado por um paciente do doutor X que chegara em seu consultório munido de um gravador, três anos após o final de uma longa análise. Invertendo a situação, ele se colocara como sujeito, exigindo que o médico respondesse às suas perguntas: este manifestara um verdadeiro terror diante do aparelho. Sartre aprovava essa reivindicação de uma reciprocidade feita pelo "doente".

Num texto curto, Pontalis objetou que a palavra de ordem de Censier, "Analisandos, levantem-se", implicava uma recusa radical da psicanálise. Pingaud considerava que a "atuação" realizada pelo "homem do gravador" não representava uma boa oportunidade para questionar a psicanálise. Havia em ambos a mesma tendência que os fizera defender a tradição dos cursos "magistrais".

O assunto terminou aí. Mas — sobretudo sob a influência de Sartre e de Gorz — a revista passou a adotar cada vez mais deliberadamente uma linha esquerdista, e Pontalis e Pingaud a deixaram em 1970. O que os decidiu a fazê-lo foi o artigo de Gorz, "Détruire l'université", publicado na primeira página do número de abril. "Por sua localização, sua assinatura e sua formulação, ele parece definir uma posição coletiva da equipe de *Temps Modernes*. Não podendo aceitar essas teses, decidimos, com pesar, deixar a diretoria", escreveram. Nós também lamentamos sua saída, mas nossas divergências intelectuais e políticas se haviam tornado muito sérias para que pudessem ser superadas somente pela amizade. No momento somos uma equipe reduzida, mas homogênea, ainda que sobre determinados pontos nossas visões não coincidam exatamente. Continuamos nosso trabalho de informação e análise.

Capítulo III

Na infância, na adolescência, a leitura não era apenas minha distração predileta, mas também a chave que me abria o mundo. Ela me anunciava meu futuro: identificando-me com heroínas de romance, através delas pressentia meu destino. Nos momentos ingratos de minha juventude, salvou-me da solidão. Mais tarde, ajudou-me a ampliar meus conhecimentos, a multiplicar minhas experiências, a compreender melhor minha condição de ser humano e o sentido de meu trabalho de escritora. Hoje, minha vida está realizada, minha obra está realizada, ainda que possa prolongar-se: nenhum livro me proporcionaria uma revelação fulminante. No entanto, continuo lendo muito: pela manhã, à tarde antes de começar a trabalhar, ou quando estou cansada de escrever; se, por acaso, passo uma noite sozinha, leio; no verão, em Roma, passo horas lendo. Nenhuma ocupação me parece tão natural. No entanto, pergunto-me: se nada mais de decisivo pode ocorrer-me através dos livros, por que continuo tão presa a eles?

A alegria de ler: esta não diminuiu. Fico sempre maravilhada com a metamorfose dos pequenos sinais pretos numa palavra que me joga no mundo, que traz o mundo para dentro de minhas quatro paredes. O texto mais ingrato consegue provocar esse milagre. *J. F., 30 anos, estenodatilógrafa exp., procura trab. três vezes por semana.* Leio esse pequeno anúncio e a França se povoa de máquinas de escrever e de jovens desempregadas. Já o sei: o taumaturgo sou eu. Se fico inerte diante das linhas impressas, elas se calam; para que adquiram vida, é preciso que eu lhes dê um sentido e que minha liberdade lhes proporcione sua própria temporalidade, conservando o passado e ultrapassando-o na direção do futuro. Mas, como durante essa operação escondo-me, ela me parece mágica. Por momentos, tenho consciência de que colaboro com o autor para fazer existir a página que decifro: agrada-me contribuir para a criação do objeto de que usufruo. Esse prazer é recusado ao escritor: mesmo quando se relê, a frase saída de sua pena lhe escapa. O leitor é mais favorecido: é ativo e, no entanto, o livro lhe proporciona riquezas imprevisíveis. Pela mesma razão, a pintura, a música suscitam em mim alegrias análogas; mas os dados sensíveis representam nelas um papel imediato mais importante. Nesses terrenos, não tenho de efetuar a surpreendente passagem do sinal ao sentido, que desconcerta a criança quando esta começa a soletrar palavras, e que nunca cessou de encantar-me. Abro as cortinas de meu quarto, deito-me num divã, tudo em volta deixa de existir, ignoro-me a mim mesma: existe somente a página preta e branca que meus olhos percorrem. E eis que me ocorre a surpreendente aventura relatada por alguns sábios taoistas: abandonando em seu leito uma carcaça inerte, eles levantavam voo; durante séculos viajavam de cume em cume, através da terra inteira e até o céu. Quando reencontravam seu corpo, este não envelhecera. Assim vogo eu, imóvel, sob outros céus em épocas passadas, e é possível que transcorram séculos antes que me reencontre, a duas ou três horas de distância, neste lugar do qual não saí. Nenhuma experiência é comparável a esta. Por causa da pobreza das imagens, o devaneio é inconsistente, o desenrolar das lembranças esgota-se rapidamente. Reconstruir o passado por um esforço dirigido é um trabalho que, como a criação, não proporciona o gozo de seu objeto. Espontânea ou solicitada, a memória só me fornece sempre o que já sei. Meus sonhos me surpreendem mais: mas, na medida em que se desenvolvem, desfazem-se, e sua lembrança é decepcionante. Somente a leitura, com uma extraordinária economia de meios — apenas um volume em minha mão —, cria relações novas e duráveis entre mim e as coisas.

Para ler, gosto de desligar-me. Mas muitas vezes também, durante o verão, leio ao ar livre. A história me transporta para longe; e, no entanto, sinto em minha pele o sol e a brisa, respiro o perfume das árvores, de quando em vez espio o azul do céu: permaneço onde estou, ao mesmo tempo em que estou em outro lugar. E não sei o que é mais importante nesses momentos: a paisagem que me rodeia ou a história que me é contada. Também acho agradável ler num trem. Meu olhar recebe, com uma quase passividade, as paisagens que desfilam pela janela, volta a percorrer o texto ao qual dá vida: nessa alternância, esses prazeres, ambos preciosos para mim, harmonizam-se deliciosamente. Muitas vezes, leio somente pelo prazer da leitura, e não pela obrigação de ter lido: sou um pouco bibliófaga. Por isso, frequentemente minha primeira leitura é apressada e, uma vez terminado o livro, sou obrigada a relê-lo do início ao fim.

No entanto, não leio qualquer coisa. A não ser que me situe numa perspectiva sociológica ou linguística, a sessão de classificados não me reterá. Que condições são necessárias para que um texto me interesse atualmente?

Há diversas espécies, e os benefícios que cada uma me proporciona são bastante variados. Em alguns casos, percorro a obra sem abandonar meu lugar no centro de meu próprio universo cujas lacunas limito-me a preencher. Quando fecho o volume verifico que adquiri alguns conhecimentos. A essa leitura informativa contrapõe-se a leitura-comunicação. Nela o autor não pretende fornecer-me um saber, mas transmitir, através de um universo singular — sua obra —, o sentido vivido de seu ser no mundo. Sua experiência existencial é irredutível a conceitos ou a noções: ela não me instrui. Mas durante uma leitura ocupo o lugar de outra pessoa. Minha visão da condição humana, do mundo, da situação que nele ocupo pode ser profundamente modificada com isso. Há um critério bastante claro que distingue essas duas categorias de livros. Posso resumir o documento informativo em minha própria linguagem, oferecendo assim a uma terceira pessoa um saber universal; numa obra literária está em jogo a linguagem, é através dela que a experiência vivida é dada em sua singularidade: não poderíamos comunicá-la com outras palavras. É por isso que o texto impresso na "orelha" de um bom romance, pretendendo resumi-lo, sempre o trai; é por isso, também, que um escritor fica tão embaraçado quando o interrogam sobre um trabalho em andamento: não pode dar a conhecer o que é por definição um não saber.

Muitas vezes, também, dedico-me a leituras que não servem nem para instruir-me, nem como comunicação, mas apenas para passar o tempo: leituras de puro divertimento, como os romances policiais, os de espionagem, os livros de ficção científica.

Leio bastante para informar-me: sempre desejei aprender, e minha curiosidade é amplamente diversificada. Gostaria de estar a par de tudo o que diz respeito a meus contemporâneos. Infelizmente, essa curiosidade é limitada por minhas incapacidades e depende de meus investimentos anteriores. O terreno científico está fechado para mim. Algumas disciplinas — a linguística, a economia política — sempre me desagradaram. Resigno-me a ignorar muitas coisas. Mesmo nos terrenos que me são acessíveis, não leio tudo o que aparece. O acaso entra um pouco em minhas escolhas — enviam-me muitos livros, examino-os — mas de modo geral elas são dirigidas: por qual critério?

Um trabalho me atrai de saída se responde a perguntas que me faço. Quando me preparo para uma viagem, interrogo-me sobre o país que vou visitar e procuro documentar-me a seu respeito. Quando escrevi sobre a velhice, consultei com entusiasmo estudos de gerontologia que um ano antes me teriam entediado. Mas também, assim como é muitas vezes o objeto que, por sua aparição, suscita o desejo, a revelação de um acontecimento imprevisto frequentemente me dá vontade de conhecê-lo melhor e de compreendê-lo. Ou então novas descobertas sobre fatos que ignorava, ou me eram indiferentes, despertam minha atenção.

Em primeiro lugar, tento compreender minha época. Durante esses últimos dez anos, li vários estudos sobre a Rússia, os Estados Unidos, a América Latina, Cuba, a classe operária francesa, o proletariado italiano. Quando se produzem acontecimentos importantes — a Guerra dos Seis Dias, maio de 1968, a invasão da Tchecoslováquia, a Revolução Cultural chinesa —, leio praticamente tudo o que posso encontrar sobre o assunto. Não é menor meu interesse pelos livros que me explicam as épocas que já vivi. Durante esse decênio surgiram importantes revelações sobre a Espanha de Franco, a resistência grega e o trágico fracasso dos guerrilheiros,[39] sobre o III Reich, sobre a Milícia e a Gestapo francesas, sobre a exterminação de judeus, sobre a guerra da Indochina, sobre a guerra da Argélia. Quando leio tais livros, tenho a impressão de recuperar minha própria história. Refrescando e completando minhas informações, eles revivem minhas angústias e minhas iras, ressuscitam meu passado, salvam-me momentaneamente da erosão do tempo.

Também é da maior importância que seja esclarecida sobre determinados fatos ocorridos muito mais longe de mim. Adiante contarei

---

[39] Estou-me lembrando do belo livro de Eudes, *Les Kapetanios*.

em que circunstâncias li *L'aveu*, de London, no qual encontrei respostas a tantas perguntas que me fizeram. Sabia bastante sobre os campos soviéticos;[40] *Le vertige* de Evguenia Guinzburg me fez conhecer melhor alguns de seus aspectos. Muito tempo antes de aparecerem na França, essas memórias haviam circulado clandestinamente na Rússia. Ehrenburg nos falara delas elogiosamente. Evguenia Guinzburg — mãe de Axionov, o jovem escritor anticonformista e muito conhecido na Rússia — foi presa em 1937, numa época em que os interrogatórios ainda não comportavam torturas. Não assinou nenhuma confissão e não foi julgada publicamente. Apesar disso, sofreu dois anos de prisão e dezessete de campo. Para tanto, utilizaram os mesmos procedimentos que London descreveria mais tarde: "Você conheceu o trotskista fulano e não denunciou suas atividades." "Conheci o professor fulano e ignorava que fosse trotskista." "Ele era. Portanto assine: conheci o trotskista fulano." Comunista impecável, Evguenia Guirizburg perdeu toda a confiança em Stálin, mas jamais duvidou do comunismo. Nas circunstâncias mais difíceis lutou com energia para sobreviver e ajudar seus camaradas. Foi graças à sua tenacidade e à gratidão deles que saiu ilesa de provações arrasadoras.

Sabia que, durante a guerra, as redes de espionagem soviética haviam prestado serviços importantes, mas ignorava os pormenores de sua atividade. *L'orchestre rouge*, de Gilles Perrault, é um desses livros que espicaçam a curiosidade, ao mesmo tempo em que a satisfazem. Embora me haja irritado em alguns momentos, o autor narra de maneira muito viva a cativante aventura de Trepper e seus colaboradores: aventura às vezes burlesca, mas sobretudo trágica. Na medida em que a descobria, percebia claramente minha atividade de leitora: era eu quem fazia existirem juntos todos esses personagens espalhados pela Europa, a rede berlinense tão duramente atingida — todos os seus membros foram torturados e massacrados —, a orquestra[41] parisiense, os "pianistas" de Bruxelas. Acompanhava o autor em suas pesquisas; fazia a síntese dos resultados obtidos.

---

[40] Lera, entre outros, *Um dia na vida de Ivan Denisovitch*, de Soljenitsyn.
[41] Esse nome decorre do fato de se denominarem "pianistas" os espiões que utilizam emissores clandestinos para transmitir informações.

A propósito desses diversos livros pergunto a mim mesma: quando relatam acontecimentos terríveis ou revoltantes, como podemos sentir satisfação em lê-los? A primeira condição é que sua localização no passado os tenha neutralizado. Quando os jornais me descreviam a agonia das crianças biafrenses, quando me narravam os massacres cometidos no Vietnã pelos americanos, era impossível experimentar qualquer prazer intelectual: sente-se ódio da impotência. Mesmo retrospectivamente, determinadas informações podem provocar repulsa, perplexidade; conheci pessoas que as evitavam com medo de se sentirem perturbadas por elas: entre outras, um comunista italiano que se recusou a ler *L'aveu*. Já me aconteceu sentir repugnância diante das descrições de torturas físicas. Mas não raro, no desenrolar dessas histórias trágicas que nos angustiam, destacam-se — como em *Les kapetanios*, *Le vertige*, *L'orchestre rouge* — figuras heroicas ou atraentes: a admiração ou o afeto que sinto por elas é uma felicidade para mim. E depois, o prazer do conhecimento está tão enraizado em mim que a revelação de uma realidade, ainda que terrível, sempre me proporciona uma espécie de exaltação.

O passado próximo me leva a um passado mais remoto e interesso-me por trabalhos históricos que me ajudam a melhor compreender a França, a Europa, o mundo de hoje. Nesses últimos anos, porém, não li quase nada que se referisse a épocas muito longínquas. Em compensação, gosto de movimentar-me no espaço. Leio com prazer reportagens e também trabalhos sobre etnologia: foram publicados vários na França recentemente. Tenho uma preferência particular por monografias. Tal como em Roma, no Aventino, através de um buraco de fechadura descobre-se um jardim e a cidade inteira, fixando minha atenção num pequeno ponto da terra, percebo mais além todo um país e suas relações com o mundo. Fiquei muito interessada no estudo de Morin sobre *Plodémet*, no de Wylie sobre *Un village en France*, de Duvignaud sobre *Chebika*, de Mouloud Makal sobre *Un village en Anatolie* e, sobretudo, pelas apaixonantes pesquisas de Oscar Lewis: *Les enfants de Sánchez*, *Pedro Martínez*, *La vida*.

Entre os livros de etnologia, prefiro os que me indicam, tomando um caso particular, como um "primitivo" interioriza sua situação. Estes são raros. Há algum tempo houve o notável *Soleil Hopi*. Nesses últimos anos fiquei cativada pela história do índio *Ishi*, último sobrevivente de uma tribo exterminada, e também com *Yonoama*, história ditada por uma brasileira branca sequestrada por índios com a idade de dez anos e que passou grande parte de sua vida entre eles.

De modo geral, valorizo todos os trabalhos que me mostram a condição humana sob um novo prisma. A psiquiatria me apaixonou desde a minha juventude. Atualmente acompanho com o maior interesse os esforços dos "antipsiquiatras" para romper o círculo do "grande aprisionamento". Li os trabalhos de Szasz, de Cooper, de Laing, e *L'institution en négation*, onde Franco Basaglia descreve a experiência que se tentou em Gorizia. Apreciei a virulência do panfleto de Gentis, *Les murs de l'asile*. Preocupo-me muito mais do que antes com os problemas da infância, pois quanto mais evoluo mais avalio a importância que tiveram, num ser humano, seus primeiros anos. O livro de Bettelheim, *La forteresse vide*, impressionou-me. Freud enfatiza sobretudo o período da vida infantil que se situa entre três e quatro anos. Bettelheim mostra[42] que, aos dois anos, muitas coisas já se perderam ou conquistaram: é durante os primeiros vinte e quatro meses que se definem o que denominaremos aptidões ou falhas de um indivíduo. Normalmente, é nesse momento que a criança deve adquirir o sentido da reciprocidade, necessário para que se integre na sociedade; se a atitude de seu ambiente não lhe permite isso, ela está fadada à esquizofrenia, ao autismo, ou se transforma no que se denominava "uma criança selvagem", "um menino-lobo". Os casos relatados pelo autor são apaixonantes, sugerem um mundo de reflexões e auxiliam a compreensão de muitas coisas.

De todos os livros que dizem respeito à psiquiatria, o mais notável que li é *Le schizo et les langues* de Louis Wolfson. Um jovem esquizofrênico americano descreve aqui os curiosos procedimentos linguísticos através dos quais se defende de sua língua materna, o inglês — e em particular quando esta é falada por sua mãe — e contra os alimentos — a seu ver, venenosos e estragados — que esta lhe oferece. Toda a história de sua vida se organiza em torno deste

---

[42] O que foi confirmado por uma série de observações e experiências realizadas em Israel em 1970-71. Cf. p. 480.

tema obsessivo: sua relação com a mãe, com o padrasto, com o pai. Esta é vista, ao mesmo tempo, com uma seriedade maníaca e um distanciamento irônico que proporciona um encanto singular à narrativa do "estudante de línguas esquizofrênicas", como ele próprio se denomina. Um excelente prefácio de Gilles Deleuze complementa esse depoimento excepcional.

Um gênero que me encanta, porque se situa na intersecção da história com a psicologia, é a biografia. Como em todas as monografias, através de um caso particular, volto-me para a totalidade do mundo. Tenho especial curiosidade em saber como se mostram pessoas que exercem o mesmo ofício que eu, ou seja, escritores. A biografia de Proust por Painter não me ajudou a conhecê-lo melhor: sua obra permite que nos aproximemos bem mais dele. Mas, ao indicar quais as paisagens, quais os rostos, quais os acontecimentos que o inspiraram, ela me informou sobre seu trabalho criador. O que mais me intriga é saber qual o vínculo — tão diferente para cada um deles — que existe entre a vida cotidiana de um escritor e os livros onde se exprime. Foi o que procurei, com maior ou menor êxito, nos trabalhos de Lanoux sobre Maupassant, de Troyat sobre Gogol, de Julian sobre D'Annunzio, de Baxter sobre Hemingway.

Um problema que também me interessa é o que se refere a saber como uma mulher lida com sua condição de mulher. Acompanhei com prazer as aventuras de Isabelle Eberhard, narradas por Françoise d'Eaubonne, as da Sra. Hanau que Dominique Desanti escreveu. Através do livro, bastante inadequado,[43] que li sobre ela, senti a maior simpatia por essa mulher fantástica que foi Lou Andréas-Salomé.

Mas posso também interessar-me pelo destino de um personagem que me é inteiramente distante. Assim, durante o inverno de 1970, fiquei encantada com *Talleyrand* de Orieux. Condicionado pela história de seu tempo, Talleyrand a reflete. Acompanhando seus passos, vê-se, muito mais claramente do que através de generalidades, como se situava na sociedade um fidalgo no fim do século XVIII; compreende-se como foram vividas, no dia a dia, as mudanças de regime que caracterizam sua época. No entanto, ele não é apenas

---

[43] *Ma soeur, mon épouse*, de H. F. Peters.

uma encarnação de seu século: é um indivíduo singular. Através de seu exemplo, pode-se ver, de uma maneira surpreendente, o papel que representa na vida de um homem sua primeira infância: no caso em questão, ela justifica muitos de seus defeitos. Alguns traços de seu caráter me desagradam: entre outros, sua venalidade. Outros me seduzem: a inteligência cínica, a rudeza pitoresca de suas "palavras", a impassibilidade, a fidelidade a seus amigos e às amantes; acho romântica sua longa ligação tolerante com uma sobrinha quarenta anos mais jovem que ele. Acompanhei fascinada a curiosa história de suas relações com Napoleão.

Há autobiografias que em nada se diferenciam das biografias escritas por terceiros: mais informam do que estabelecem uma comunicação. Nos diversos volumes de suas memórias, Han Suyin narra pormenorizadamente os acontecimentos históricos que fizeram parte de sua vida; e também relata a aventura singular de uma eurasiana nascida na época de Chang Kai-Check; é uma história muito interessante, mas que não introduz o leitor em sua intimidade. Um livro como *Papillon* não nos faz participar de uma experiência vivida; revela-nos alguns aspectos da prisão; e, sobretudo, a sequência de episódios mais ou menos verdadeiros, mais ou menos inventados, mas muito bem narrados, nos diverte.

A bem da verdade, é um pouco arbitrário distinguir tão nitidamente, como o fiz, três espécies de leituras. Todas são um "entretenimento", já que prendem minha atenção. Quando leio *L'orchestre rouge* ou a vida de Lou Andréas-Salomé, há momentos em que me coloco no lugar dos personagens e vejo o mundo com seus olhos. Por outro lado, é raro que uma obra literária não me forneça algumas informações. No entanto, nas obras que citei até aqui, foi essencialmente um enriquecimento de meus conhecimentos que desejei e obtive.

Minha atitude é muito diferente quando busco uma "comunicação": então me anulo; tento realizar o sonho de Fantasio: "Se pudesse ser esse senhor que está passando!" Nesses casos, ler não é, como escrevia Montaigne, conversar, mas penetrar no âmago de um monólogo alheio. Autobiografias, diários íntimos, correspondências facilitam essa intrusão. E também determinados romances. Uma história que se refere à realidade e uma história que se situa no imaginário colocam problemas diferentes para seu autor: o papel do leitor, porém, permanece o mesmo. É preciso que o mundo no qual ele se instala tenha suficiente coerência e interesse para que ele seja incitado a colocar em relação seus diversos elementos e momentos: pouco importa que esse universo seja passado, distante ou fictício. De toda maneira, o leitor toma contato com ele por intermédio daquilo que Sartre denomina um "saber imaginante": a palavra serve de *analogon* para o objeto visado, quer ele ainda exista, já não exista, ou não tenha existido jamais. A prisão de Julien Sorel não está nem mais próxima, nem mais distante de mim do que a de Oscar Wilde. A clivagem situa-se em outro nível: entre os livros que não modificam minha posição de sujeito e os que me fazem sair de mim mesma. Desagradam-me os que pretendem fazer-me adotar concomitantemente as duas atitudes: o romance dito documental, assim como a biografia romanceada, me instruem mal e não me comunicam nada.

Em que circunstâncias e em que medida um autor consegue transformar-me, durante algum tempo, numa outra pessoa? Considerarei, em primeiro lugar, os casos em que ele se dá mais diretamente: memórias, cartas, diários íntimos. Em seguida, aqueles em que ele recria seu universo num romance.

Mencionei já a relação singular que mantenho com os livros de Sartre, de Violette Leduc; não voltarei a isso aqui, embora nesses últimos anos poucos livros me tenham agradado tanto quanto *Les mots* e *La bâtarde*. Também gostei muito de *Fibrilles*. Neste penetrei facilmente, porque o universo de Leiris em grande parte coincide com o meu. Moramos na mesma cidade, conheço um bom número de seus amigos, sei os livros e as músicas que prefere. Fizemos, na mesma época, uma viagem à China que ele refere. Conheço-o pessoalmente e através de sua obra. Esta me seduz pela meticulosa atenção que Leiris dedica à vida, ao mundo, a si próprio, e pela distância que ele toma em relação a tudo isso. Existe *humour* em seus escrúpulos de exatidão, e uma preocupação de precisão em seu *humour*. Ele não procura nem modelar sua estátua, nem transformar-se em inseto sob o olhar frio de um entomologista. Cúmplice e desligado, é um homem que ele nos mostra: esse homem singular que é ele próprio. Em *Fibrilles*, o jogo dos espelhos já não vai ao infinito como em *Fourbi* e *Biffures*; menos longas, menos cintilantes, as frases transmitem o sentido com mais nitidez: a experiência que elas relatam é mais arrasadora do que em seus outros livros. Fiquei emocionada com as páginas em que ele descreve o conflito entre o amor-fidelidade e o amor-vertigem, conflito que o levou às portas da morte; e, mais ainda, com aquelas em que relata como superou o drama do envelhecimento: vencendo o abatimento que provoca, em nossa idade, a cruel diminuição do futuro, Leiris soube recuperar o amor pela vida e pela literatura.

Sinto prazer também quando minha simpatia me conduz a um universo completamente diferente do meu. É o que me ocorreu com a correspondência de Freud. Embora rejeite algumas de suas teorias — sobretudo as que dizem respeito às mulheres —, trata-se de um dos homens desse século que mais ardorosamente admiro. Conhecia-o através da biografia que lhe dedicou Ernest Jones. Mas suas cartas tornaram-no mais próximo. Elas me apresentaram sua vida de família, suas amizades, suas viagens. Participei das aventuras de seu pensamento; vi-o lutar com uma intrepidez indomável contra todos os obstáculos que se atravessaram em seu caminho. Apesar da sobriedade das palavras, senti que a doença, a dor, os lutos, os abandonos, em alguns momentos, o deixaram à beira do desespero; mas por amor aos seus, ele aceitou o sofrimento, a velhice: há algo de heroico em sua resignação.

Conheço mal o pensamento de Gramsci, mas não ignoro o seu valor. Lendo sua vida, num livro traduzido recentemente para o francês, senti-me ligada a ele, e os sofrimentos por que passou me deixaram desolada. Suas cartas da prisão me emocionaram ainda mais. Abandonado pela mulher, privado da companhia dos filhos, mal compreendido por seus próximos e submetido a maus tratos corporais, sofreu em amarga solidão um cativeiro que foi um lento assassinato.

Não sabia nada sobre Jackson até o dia em que tomei contato com suas cartas. Elas merecem o belo elogio que lhes faz Genet em seu prefácio. Preso aos dezoito anos por delinquência, e pouco consciente então dos problemas políticos e raciais, esse jovem negro foi pouco a pouco descobrindo-se e depois dominando-os intelectualmente. Durante esses dez anos vemos formar-se seu caráter, nascerem e amadurecerem suas ideias. Ele se solidariza com a revolta de seus irmãos, os Panteras, e explica com veemência o por quê. Na prisão insurge-se contra a arbitrariedade das discriminações raciais. Acusado do assassinato de um guarda, prepara-se para enfrentar um processo junto com dois outros detentos: mas sabe que sua vida está em perigo. No final de sua correspondência, comprovamos que adquiriu a instrução, a experiência, o estofo de um líder. Acompanhei essa evolução com prazer, embora também com angústia. Sentia-me ligada a ele, pois Sartre e eu iríamos depor em seu processo. E ambos pressentíamos qual seria o seu fim: foi morto.

Até que ponto deve ir minha concordância com um indivíduo, para que ele consiga fazer com que o acompanhe através de suas páginas? Ainda que não tenha em relação a ele a estima absoluta que sinto por Freud, por Gramsci, por Jackson, ele pode inspirar-me suficiente simpatia para que, a partir de seu passado e de sua situação, eu compreenda suas intenções e seus fins, sinta prazer com suas alegrias e partilhe suas tristezas.

Foi isso que ocorreu, quando li a correspondência de Oscar Wilde. Gosto de seu teatro, de seus livros. Aproximei-me de suas cartas com simpatia. Especialmente no primeiro volume, sua frivolidade, seu estetismo, seu esnobismo, seu narcisismo me irritam. No entanto, sinto afinidades intelectuais com ele; a maneira enfática com que se refere à Arte e ao Artista é enervante, mas o fato é que a arte e a literatura constituem sua razão de ser. Frequentemente, partilho suas preferências: por determinados livros, determinados quadros, pela Itália; partilho também seu repúdio às convenções e ao puritanismo. Ele sabe olhar e ver, e aprecio sua sensibilidade aguda para os prazeres da vida, ainda que esses prazeres incluam vaidade, luxo, dinheiro, aos quais sou avessa. Escritor, sabe defender-se e atacar, é implacável; em sua vida privada, comovo-me pela generosidade, pela gentileza, pela ausência de amargura e rancor. Essa incapacidade de odiar tem algo de masoquismo, mas sobretudo muito de bondade e uma imaginação que lhe permite ter contatos calorosos com homens tão diferentes dele como os mineiros da Califórnia. Encontramos em suas cartas suas qualidades de escritor; sua maneira de relatar é atraente. E quase sempre seus aparentes paradoxos encerram verdades. "A vida não é um romance; temos lembranças românticas e desejos românticos — apenas isso. Nossos momentos de mais ardentes êxtases são apenas uma sombra do que já sentimos ou do que esperamos sentir um dia." Esse texto exprime com exatidão a ideia existencialista do impossível encontro do ser.

No momento em que intenta um processo contra Lorde Quensberry, Wilde me desconcerta; mas, uma vez no tribunal, admiro a audácia com que desafia a sociedade e a perigosa elegância de suas respostas às acusações que lhe são feitas. Reli com emoção o *De profundis*. Nele, Wilde ajusta contas com Douglas de maneira bastante desagradável: mas a situação favorecia essa forma amarga de raciocínio; ele denuncia enfaticamente a esterilidade nociva do ódio que contrapõe às riquezas do amor. Quando acusa Bosie de ser "superficial", sente-se o quanto, sob a capa de frivolidade, são profundos seus próprios sentimentos. Descobrindo na desgraça a verdade da condição humana, ele empenha seu orgulho em assumi-la e beneficia-se de sua ruína. No entanto, não dissimula tudo o que ela tem de ridículo e até de grotesco. Tocando o fundo do aviltamento, Wilde atinge uma verdadeira grandeza. Sai dessa provação não amargurado, mas mais humano do que antes. Em vez de silenciar sobre sua permanência na prisão, ele se prevalece disso para indignar-se com as crueldades administrativas de que são vítimas os detentos, em particular as crianças e adolescentes. Em carta ao diretor do *Daily Chronicle*, protesta porque destituíram um jovem guarda por haver dado biscoitos a crianças caindo de fome. Tal maldade não é fruto de uma vontade demoníaca, constata ele; é pura estupidez, uma "total falta de imaginação". Quanto a si próprio, em vez de fechar-se em sua infelicidade, soube partilhar o terror indescritível que envolve uma criança na solidão de sua cela, e sofrer na própria carne as vilanias e as agressões que levaram um adolescente às raias da loucura. Para referir-se a eles, recorre a um tom tão pungente que, obrigando-nos a um mesmo esforço de compreensão em relação a ele, conquista nossa estima e nossa amizade.

Como explicar que, tendo sofrido a prisão por amor a Bosie, uma vez libertado torna a apaixonar-se por ele? Contrariando sua mulher, seus amigos e todos os seus interesses, volta a viver com ele, e, através de suas cartas, assistimos à sua patética degringolada. Já não consegue escrever. Para extorquir dinheiro de seus amigos, recorre a artimanhas simplistas, a mentiras que nem se preocupa em tornar verossímeis. Do homem que foi antes, ele destruiu não apenas a reputação e as máscaras, mas também qualquer preocupação de moralidade e até a decência mais elementar. Wilde faz pensar em Lear, despojando-se de seus ornamentos inúteis e mostrando esse animal dividido que é o homem.

Gostando da obra de Wilde, era normal que, conhecida através de suas cartas, sua história me interessasse. Há casos mais desconcertantes. Sou politicamente hostil a Clemenceau, servidor da burguesia que se intitulava, ele próprio, de "o primeiro policial da França"; a filosofia de suas obras é vaga e sem interesse. Por que terei ficado tão interessada em suas "cartas a uma amiga"?

Aos oitenta e dois anos, Clemenceau estava politicamente anulado. Já não exercia influência; conservava apenas suas opiniões, que aliás lhe davam uma visão lúcida do futuro. Quase não se refere a isso nas cartas. O que elas oferecem é o dia a dia da vida privada de um homem velho, que conheceu uma glória espetacular, que foi duramente "aposentado" e que se esforça por ocupar seus últimos anos da melhor maneira possível. Escreve principalmente de sua casa da Vendée, Bélébat: eu a vi, isolada, à beira-mar, numa costa arenosa. Lá ele plantava rosas e todos os tipos de flores. O que me liga a ele, através da descrição de seus dias, são a vitalidade e a sinceridade da atenção que dedica às coisas. Conservava a mesma participação do mundo, o mesmo entusiasmo de viver de seus anos turbulentos. Ignorava os bons escritores de sua época, mas compreendeu e defendeu os trabalhos de Rodin, de Monet: sabia ver. Sensível ao sol, ao vento, todos os dias enviava um olhar novo e alegre para o céu e suas nuvens, para as ondas do mar: com palavras muito simples, conseguiu mostrar-nos tudo isso. Longe de alienar-se, como tantas pessoas idosas, mantinha-se estreitamente ligado aos amigos, às irmãs, à governanta Clotilde, e interessava-se pelas pessoas de sua cidade.

Basicamente, porém, o que ilumina essas páginas e lhes dá o seu valor é a ligação dele — sem dúvida platônica, conquanto apaixonada — com uma mulher de uns quarenta anos. "Eu a ajudarei a viver; você me ajudará a morrer", diz-lhe no início de seu amor. Sei o quanto uma amizade jovem pode trazer felicidade à vida de uma pessoa idosa. Posso imaginar a emoção desse octogenário ao deparar-se com o olhar carinhoso, o riso alegre da Sra. B. Eles se escreviam diariamente, ele compartilhava com ela os menores detalhes de sua existência. Mais tarde, ela o decepcionou um pouco: achava-a frívola, dissipada e muito propensa a queixar-se. Muitas vezes ela o "repreendia"; era certamente por preocupação; sabia bem que sua morte estava próxima. De toda maneira, ela jamais lhe falhou e ele a quis até o final. Se, por um lado, os dois heróis dessa história são bastante distantes de mim, sou, por outro, sensível à excepcional qualidade de sua relação. Creio que esta me deixaria indiferente se não tivesse um mínimo de estima por eles. Entre dois seres inteiramente vis os sentimentos só poderiam ser pervertidos. Em *L'orchestre rouge*, o amor desvairado de Margarete por Kent só me inspira repulsa.

Se não estou de acordo com um autor, não me entrego totalmente à minha leitura e esta se ressente disso. Os oito volumes da correspondência de George Sand, recentemente editados por Lubin, com grande riqueza de notas e referências, cativaram-me: ressuscitam toda uma época. Estive recentemente em Nohant e, assim, minha leitura se enriqueceu mais de imagens do que habitualmente. Contudo, George Sand me irrita. Enquanto jovem, aprecio sua vontade de independência, seu entusiasmo em ler, em instruir-se, em percorrer o campo, e a clareza de suas decisões. Aprisionada num casamento estúpido, teve a coragem de ir para Paris e refazer sua vida, provendo às suas necessidades.

Mais tarde, continuo a apreciar sua energia e sua capacidade de trabalho. Mas incomoda-me sua máscara de virtuosa. Ter amantes, enganá-los, mentir-lhes, por que não? Então, seria preciso não apregoar seu amor à verdade, não protestar contra calúnias, não se dar ares de santa. Ela alardeia sentimentos "maternais" em relação a todos os seus amantes; tendo relações com Pagello, sustenta que os dois juntos amarão Musset como "seu filho". Aliás, a maternidade não é seu forte: ela se fez detestar pela filha; humilhou-a durante toda a sua infância, chamando-a de "minha grandona" e tratando-a como boba; desestimulou todos os seus entusiasmos através de sermões pedantes, dedicando-lhe apenas um amor "condicional", coisa que só transtorna as crianças, que têm enorme necessidade de segurança afetiva. Aos trinta anos, já representa o papel de mulher destruída pela vida e de uma infinita capacidade de dedicação, quando, na verdade, se faz servir exigentemente por seu *entourage*. O que menos lhe perdoo é a falsificação sistemática de sua linguagem interior, que transfigura todos os seus comportamentos em exemplos edificantes. É uma mentira tão radical, que até a atitude que ela ostenta em 1848 me parece suspeita.[44]

Foi também com ambivalência que li os três volumes do *Journal* de Anaïs Nin. Algumas passagens me envolvem: quando fala de Miller e de sua mulher, June, quando evoca Artaud, quando retrata com uma certa sutileza pessoas que conheci, quando se esforça honestamente para reconhecer-se em seu passado. Mas eis que de repente ela se mostra subjugada por um charlatão deplorável que conheci bem: paro de dar-lhe crédito. Incomodam-me seu estetismo, seu narcisismo, a estreiteza do mundo que ela se cria artificialmente, o uso imoderado que faz dos mitos, sua admiração pela astrologia. Sua concepção de feminilidade me horroriza. Durante toda a minha leitura oscilei entre a boa vontade e a desconfiança.

Ler a obra de um escritor cujas opções recusamos radicalmente cria um problema; para que um texto adquira um sentido, temos de investir nele nossa liberdade, estabelecer o silêncio em nós mesmos e aí instalar uma voz alheia. Isso me é impossível se a falsidade dos valores aceitos pelo autor é muito flagrante, se sua visão do mundo me parece pueril ou odiosa. No entanto, esperava superar isso quando decidi ler as *Antimémoires* de Malraux. Considerando o que fora antes da guerra, estava curiosa em saber como ele justificava o homem em que se transformara depois. Que achava dos vaticínios que fizera durante a guerra da Argélia: "Faremos da Argélia um Tennessee Valley... A confraternização foi uma realidade"? Como explicava que pudesse sentir-se orgulhoso porque, segundo as palavras de Mauriac, De Gaulle lhe jogou "um ministério para roer"? Considerava que prestara altos serviços à cultura mandando limpar as fachadas, pintar um teto e, para servir aos interesses da Philipps, impondo *son et lumière*

---

[44] Essa edição vai até 1848.

aos consternados gregos? Não esperava arrependimentos, mas contava encontrar em seu livro respostas para as minhas perguntas.

Como me equivocava! Esquecia que, se, a partir de 1945, a atitude de Malraux me pareceu desprezível ou escandalosa, é porque toda a sua concepção do homem, da vida, do pensamento, da literatura, é radicalmente oposta à minha. Logo de início, ele adverte o público de que irá situar-se no plano mais elevado: a nível não dos indivíduos, mas das civilizações; não dos homens, mas de suas estátuas e de seus deuses; não da vida e da morte cotidianas, mas do Destino; isso significa que o nosso mundo, o mundo terrestre, será eludido em benefício de noções e conceitos mistificadores. Malraux se esquiva. A não ser em dois ou três episódios — as únicas passagens em que consigo acompanhá-lo e que ele deve considerar anedóticas e de interesse secundário —, ele nunca está presente. "Que me importa o que somente a mim importa?" diz ele. Essa soberba o envolve quando, apesar de tudo, quer definir-se, dizendo-se ávido de "justiça social", expressão cara aos papas e aos ditadores.

No final de *Fibrilles*, Leiris enuncia os princípios que tentou respeitar — sem nem sempre consegui-lo, diz ele — em seu trabalho de escritor. Não mentir nem utilizar palavras vãs; recusar toda inflação verbal; eliminar toda preocupação de brilhantismo; não falar a torto e a direito, transformando a literatura numa arte dispersiva e superficial; escrever como alguém que sabe o que significa falar e só utilizar a linguagem com o máximo de rigor e honestidade. Malraux adotou exatamente o oposto desses preceitos. Considerar atualmente que a "confraternização" tenha sido algo além de uma pantomima seria uma mentira deslavada, se os termos mentira e verdade tivessem um sentido para ele; mas Malraux não distingue um do outro; para ele as palavras não passam de *flatus vocis*, o que não o impede de tomá-las por pensamentos e de acreditar haver inventado uma ideia, quando o que encontrou foi uma fórmula. Olhar um objeto e dizer honestamente o que viu é atividade excessivamente modesta para ele: em vez de enfrentá-la, foge. É um tique que salta aos olhos e se torna logo insuportável: tem sempre de pensar[45] em *outra* coisa. O que

---

[45] Quem emprega a palavra *pensar* é ele.

pensa *desta*? Nunca o diz: essa outra coisa o faz pensar ainda numa outra, da qual também não pensa nada. É uma cascata de intenções vazias: nada é esclarecido; tudo é permanentemente eludido. Quando está no Cairo, *pensa* no México, na Guatemala, em Antígua, onde *pensou* em Noto, a bela cidade barroca. Diante de Mao, *pensa* em Trotski, nos imperadores chineses, nas "armaduras enferrujadas dos guerreiros". Diante da Grande Muralha, *pensa* em Vézelay. Em Delhi, *pensa* nos jardins da Babilônia, nos soldados de Cortez, nos lótus de Hang-Tcheu. Assistindo ao enterro de Jean Moulin, escreve: "Penso no combate de Jarnac e de La Châtaigneraie de Michelet." Poderia continuar essa enumeração por páginas e páginas. Paulhan recomendava que não se penetrasse nos jardins da literatura com flores na mão. Malraux penetra carregado de buquês e de coroas, e oculta sob pilhas de retórica o que pretende mostrar. Também não nos mostra ninguém, quando relata seus encontros com Nehru, com Mao. Sabemos o valor que têm, mesmo quando bem conduzidos, encontros tão oficiais quanto esses. Além disso, porém, Malraux é incapaz de escutar: fala; se faz perguntas, é com tanta insistência que o interlocutor é obrigado a adaptar-se a um esquema pré-fabricado. Jamais ouvimos sua verdadeira voz, somente aquela que Malraux lhe impõe. Aliás, ele não se preocupa em informar seus leitores, mas em estonteá-los, em fazer com que avaliem como é extensa a cultura do autor, como ele viajou, quanta gente célebre conheceu. O tom enfático e não raro pedante do estilo serve apenas para encobrir o vazio de seus relatos. Talvez numa conversa esses virtuosismos deem a impressão de "brilhantes"; quando lidos, percebe-se claramente o quanto esses *élans* são ocos: frequentemente dissimulam truísmos. Ao longo das *Antimémoires* Malraux nos reapresenta temas já amplamente explorados por ele — sobre o realismo na arte, por exemplo — e lugares-comuns do pensamento de direita: um pensamento que é cúmplice da exploração, que apresenta os valores e os mitos dos privilegiados como se fossem a verdade da condição humana. Falam-nos com emoção da França; mas nunca dos franceses.

 A forma mais insidiosa da mentira é a omissão. Malraux não se refere aos momentos de sua vida, aos atos, às palavras que poderiam ser difíceis de explicar. Ele não pode ignorar que o governo de

De Gaulle sistematicamente acobertou a tortura e fez com que milhares de homens morressem em campos de concentração. Recordo-me de minha entrevista com Michelet[46] e da maneira constrangida pela qual falou a respeito da tortura: "Eu sei, eu sei... É uma gangrena." Malraux não estava menos informado. A partir de 1959, os relatórios sobre os campos se multiplicaram.[47] Apoiando incondicionalmente o regime, ele se situou de maneira inegável do lado dos carrascos. Assim sendo, revela uma desonestidade insigne quando, no final do livro, medita longamente sobre a tortura, os campos, as técnicas de aviltamento do homem, como se se situasse do lado das vítimas. Como muitos franceses, de 1940 a 1945, ele teve amigos seus entre estas; prisioneiro dos alemães em 1945, ele pode ter sentido medo de ser torturado. Isso não o autoriza a esquecer sua cumplicidade com os torturadores dos argelinos. Esse livro, falso do princípio ao fim, termina com uma imensa impostura.

"A História não confessa jamais", disse alguém. A partir de 1962, no entanto, ela confessou algumas coisas. Em momento algum Malraux leva isso em consideração. Sua mitomania o dispensa de qualquer justificação.

Como já disse, assim como as memórias, as cartas ou os diários íntimos, o romance pode comunicar-me uma experiência alheia. Não me referirei aqui a todos os que, nesses últimos dez anos, despertaram meu interesse; a partir de alguns exemplos, tentarei apenas compreender o que busco, o que posso encontrar num romance.

Um livro que constituiu uma revelação para mim foi *Wolf Solent*, de Cowper Powys, sobre quem não sabia nada até esses últimos anos. É, ao mesmo tempo, a pintura de um mundo e a aventura de um homem; esse homem, em quem o autor se representou com muita exatidão, sob vários aspectos está muito distante de mim: por seu fetichismo, seu animismo. No entanto, penetrei em seu universo e acompanhei-o passo a passo.

---

[46] A propósito do caso Djamila Bupacha.
[47] Em abril de 1959, Monsenhor Rodhain calculava em um milhão e meio o número de "agrupados" e fazia uma descrição terrível de suas condições, coisa que jornalistas de direita e até generais confirmaram.

O lugar onde se desenvolve a ação me desorienta, ao mesmo tempo que me desperta reminiscências. Posso imaginar essas cidades da Inglaterra, suas casinhas floridas onde se toma chá com pãezinhos de mel, esses prados verdejantes, essas águas transparentes, esses lagos serenos. Reencontrei com ternura os quartos rústicos, os castiçais, as jarras e bacias de minha infância. Nesse cenário movimentam-se personagens que se apresentam ao leitor sob ângulos tão variados que de início este fica confuso; preocupa-se com eles como se os tivesse conhecido em carne e osso. Participa de seus fracassos, sua felicidade, suas esperanças, suas decepções. Cada um deles guarda algum segredo doloroso, quase sempre de natureza sexual; cada um é vítima de obsessões, de perseguições e atormentado por demônios abjetos. (O mistério de seu coração é simbolizado pela dramática história, jamais elucidada, do jovem secretário que se atirou num lago.) Apesar da repugnância que alguns de seus traços lhe inspiram, Wolf Solent sente uma imensa indulgência em relação a eles, porque neles reconhece, com angústia, seus próprios tormentos.

Solent está no âmago de todas as intrigas, e as pessoas e coisas são vistas através de seus olhos. Profundamente egoísta, pode, no entanto, ficar obcecado por um rosto infeliz percebido inesperadamente e possui esse dom de simpatia que faz de Powys um grande escritor. Há nele um lado rousseauísta; o primeiro vínculo que se estabeleceu entre nós foi seu amor pelo campo, tal como o senti em minha infância e adolescência, quando a revelação de meu destino me vinha do aroma da terra e das cores do céu. Acompanhei-o em seus passeios solitários, fascinada por um seixo e prisioneira das promessas do horizonte. Ele partilha a preferência de Rousseau pelo imediato; como este, rejeita a vida técnica, prática, utilitária, organizada; detesta a palavra preconcebida, a ordem e o ativismo dos adultos: Solent é expulso da escola onde ensinava, em consequência de uma súbita crise de sinceridade verbal com que ataca os valores estabelecidos. Sonha com uma existência sem obrigações, na qual as rotinas serviriam de apoio para o lazer, a liberdade, onde cada um seguiria livremente suas fantasias e suas manias sexuais: a sexualidade penetra todo o seu universo. Ele escapa ao jugo da existência cotidiana graças às inspirações que lhe proporciona a natureza: denomina "mitologias" esses momentos de perfeita presença, de perfeita ausência, que são para ele o absoluto da felicidade.

Do início ao fim do livro, a preocupação primordial é a busca de sua verdade; e graças à continuidade ininterrupta do monólogo interior, leva-nos a participar disso; nessa procura há momentos de sinceridade, mas também interrupções, fugas, o mentir-se a si mesmo. Um dos êxitos de Powys consiste em conseguir fazer-nos conhecer um lado secreto seu que, no entanto, permanece oculto.

A aventura termina com a destruição de suas mitologias, e ele faz então, a partir de uma experiência das mais originais, uma pergunta que diz respeito a todos nós: "Como podiam os homens continuar vivendo, quando sua ilusão vital era destruída? O que conseguiam ajeitar, remendar neles mesmos, para poder vegetar, arrastar sua existência quando esse recurso único e incomparável lhes faltava?" Esse é um problema que ocorre com o escritor que se aproxima da velhice e perdeu a ilusão de atingir, escrevendo, a plenitude de ser para a qual tende toda existência; tem então de encontrar na própria existência — na coexistência com os outros homens — razões suficientes para viver e talvez até para continuar escrevendo. Wolf Solent, aos trinta e seis anos, salva-se do desespero apoiando-se no valor da própria vida, captado em seu nível mais animal. Na verdade, o autor certamente encontrou outras "ilusões", entre estas, por volta dos cinquenta e três anos, a alegria de escrever: escreveu então seu primeiro livro. Tinha cinquenta e sete anos quando realizou *Wolf Solent*. Um dos atrativos do romance é a riqueza de um estilo que a tradução não enfraquece, e uma arte consumada da narrativa. Como num passeio afortunado, a cada instante somos parados pelo quadro que a frase evoca e conduzidos para a continuação da história.

Esse é um caso em que o romance se mostra um meio de comunicação privilegiado. Encontrei em *Autobiography*, escrito alguns anos depois de *Wolf Solent*, a arte de Powys, sua personalidade e a maioria de seus temas. Contudo, ele enfatiza mais suas singularidades. Fiquei chocada com seu egoísmo, sua fixação indulgente em seus "vícios", o cultivo obstinado de suas manias, algo que se sacia no próprio estilo. Obstinadamente fechado dentro dos limites que escolheu para si, os relatos de suas viagens são de uma pobreza aflitiva. E curiosos preconceitos prejudicam a narrativa: entre outros, o de não mencionar nenhuma das mulheres de sua família ou de seu *entourage*, a mãe, a esposa, as amigas.

Foi por razões totalmente diferentes que gostei de *Belle du seigneur* de Albert Cohen. Para ele a natureza absolutamente não existe; o que lhe interessa é a sociedade que nos cerca. Descrevendo a encarnação de um de seus mitos, um grande amor, projeta nela uma luz cruel.

1936. Nas ruas de Berlim, ouve-se o barulho das botas nazistas. Na Sociedade das Nações, funcionários bem-alimentados bocejam diante de seus dossiês, indiferentes ao que ocorre no mundo. Solal, o personagem que se parece muito com o autor e que também trabalha na Sociedade das Nações, observa-os com ironia consternada; ele nos dá vontade de rir e de chorar, quando nos faz assistir ao coquetel onde superiores, inferiores e iguais se enfrentam com um sentido aguçado das hierarquias, com as prudências e astúcias que não lhes dão um minuto de sossego. Condecorações, promoções, sucesso social — não é ridículo dar tanta importância a essas futilidades, quando se é um futuro cadáver? Cohen é obcecado pela ideia de que cada indivíduo é um morto em sursis. E, indubitavelmente, ninguém escapa à sepultura. Mas, quando se sabe captar a plenitude do momento — no júbilo, na ação ou na revolta —, a morte recua; o futuro cadáver afirma-se no presente como um ser vivo. São raros esses eleitos. A tolice das ambições ocas é personificada por Cohen especialmente num dos funcionários da Sociedade das Nações, Adrien Deume; com uma minúcia implacável, mostra suas preocupações medíocres, suas alegrias lamentáveis, suas aflições fúteis. Desumanizado pelo sistema, Deume poderia, no entanto, ter sido um homem. Ele possui um grande fundo de bondade. Quando é atingido pela desgraça — é abandonado por sua mulher a quem adora —, Cohen lhe atribui fraternalmente as reações patéticas e desoladoras que foram as suas quando perdeu a mãe.[48]

Raramente li páginas mais engraçadas — e mais vindicativas — do que aquelas em que Cohen coloca em cena os pais de Adrien.

---

[48] Ele as descreve em *Le livre de ma mère*.

Sente pena do "paizinho Deume" que arrasta sua triste existência de velho inútil sob o domínio da mulher. Mas odeia a Sra. Deume, seu falso espiritualismo, sua vaidade tola, sua dureza, sua vulgaridade pretensiosa, sua avareza. É um perfeito espécime da burguesia ávida, egoísta, hipócrita, racista, pela qual o judeu Solal se sente perseguido.

A essa sociedade fútil e afetada, Cohen contrapõe a vida agitada, animalesca, despreocupada dos judeus de Cefalônia. Os *valeureux* me irritam por seu lado folclórico. Sua presença, porém, é necessária para explicar Solal. Suas raízes são as mesmas que as deles, mas deixou--se contaminar pelo mundo ocidental que julga com amargor, sem poder libertar-se dele.

É sobre esse fundo que se desenvolve a história de amor que é o centro do romance. Solal ama Ariane, a mulher de Adrien Deume, que é bonita, nobre por suas origens e seu porte, e que suporta com dificuldade a mediocridade de seu meio. Ele a seduz e ela abandona tudo para segui-lo. Cohen soube juntar, como o verso/reverso de uma medalha, o esplendor do amor e sua miséria. Ele transmite admiravelmente a impaciência quase incontrolável das esperas, o maravilhoso dos encontros, a embriaguez de perceber o próprio rosto em olhos apaixonados; e, no entanto, esses encantamentos, esses êxtases, únicos e exaltantes para cada indivíduo, aparecem também como a mais previsível das banalidades. Ariane é envolvida pelo mito da paixão com uma ingenuidade que faz sorrir Solal, que a enternece e a exaspera. Quanto a ele, também mergulha nessa ligação, não sem entusiasmo, mas com um ceticismo gritante. Ela não o salva de sua solidão. Ele está só, quando, na Sociedade das Nações, pede que todas as nações acolham os judeus-alemães; está só, quando, revoltado com a recusa, denuncia anonimamente a irregularidade de sua naturalização e é expulso de Genebra; torna-se voluntariamente um pária sobre o qual pesam suspeitas vagas e infames. Está dramaticamente só, quando, passeando numa Paris infestada de antissemitismo, disfarça-se grotescamente com um nariz falso.

Ariane ignora o motivo pelo qual levam uma existência faustosa — pois são ricos — de fora da lei através da França e da Itália. Excluídos do "social", sua paixão tem de suprir tudo o que lhes falta. Ariane o cerca de tantos ritos e cerimônias que não deixa lugar para a verdadeira ternura. Solal considera cômica a imagem idealizada de si próprio que cada um se sente obrigado a oferecer ao outro; esses refinamentos mentirosos causam-lhe tédio, depois uma irritação que o leva a cometer maldades. Ele lhes contrapõe o amor tal como é vivido no casamento judeu: um amor baseado na doação e no esquecimento de si mesmo, numa consciência comum da miséria humana, num esforço comum para assumi-la; um amor que nem a feiura nem a invalidez assustam. Foi esse amor também que conheceu Mariette, a empregada para quem os artifícios de Ariane parecem burlescos; ela se recorda das relações tão naturais que tinha com seu marido, nenhum dos dois escondendo sua animalidade cotidiana. Por que Solal faz o jogo de Ariane, em vez de tentar viver com ela dentro da verdade? Certamente, ele pensa que seu meio, sua educação a tornam incapaz disso. A hostilidade que sente em relação a essa sociedade deformada repercute nela e também nele mesmo. Ele continua a cultivar a paixão etérea na qual Ariane o aprisiona. Mas um sentimento tão vazio estiola-se rapidamente; para sobreviver, tem de recorrer a perversões e, se quiser ser fiel a si mesmo, terminará morrendo. Aqui também Cohen é muito bem-sucedido. Oferece-nos uma caricatura cruel do amor-paixão, dando-lhe, no entanto, uma dimensão patética. Solal tem uma afeição profunda por Ariane. Se às vezes a maltrata duramente — torturando-se a si mesmo —, sente-se feliz em cuidar dela quando adoece, e não experimenta repugnância alguma pelas misérias de seu corpo. É com infinita ternura que embala seu cadáver, antes de matar-se como ela se matou.

Facilmente interesso-me por um romance cujos personagens estão próximos de meu coração: é o caso de *Temps des parents* de Vitia Hessel. Poderia ter sido amiga de Doris, intelectual de esquerda que tenta equilibrar suas relações com o marido, os filhos, o trabalho, a política e, dentro dessa existência fragmentada, manter-se coesa. Extremamente unida ao marido, atravessam juntos épocas que foram importantes para mim: o pós-guerra, a guerra da Argélia. Às vezes parece-me que estou evocando lembranças com velhos companheiros. O ambiente onde se desenvolve a história me é familiar: o Quartier Latin, o Luxemburgo, as grandes lojas do Boulevard Saint-Michel, os cais. Agrada-me passear com a autora nessa cidade que ela descreve como uma paisagem: o céu, as folhagens, a mancha branca de uma parede, a cor de uma casa. A família que ela coloca em cena em nada se parece à minha, e, no entanto, me faz pensar em minha própria infância: é também um lar, um círculo bastante fechado, onde adultos e crianças vivem numa espécie de simbiose.

Já mencionei o quanto me preocupo atualmente com os problemas dos primeiros anos de vida. Vitia Hessel os refere com muita propriedade. Mostra como os adultos foram condicionados por sua infância e condicionam a de seus filhos; o leitor se identifica com os pais que, embora dedicados aos filhos, tentam preservar sua vida pessoal — às vezes, sem que assim o desejem, em detrimento das crianças; identifica-se com os filhos que, com e contra seus pais, realizam seu difícil aprendizado; Vitia Hessel consegue — o que é uma realização rara — fazer com que ouçamos seu monólogo interior; faz até com que penetremos na neurose de um menino, sugerindo com palavras o que existe por trás das palavras: o vazio, o Indizível, a Coisa; vivemos com ele suas angústias, depois a lenta destruição de suas resistências, e sua cura. A autora retrata também com muita sensibilidade as dificuldades da adolescência; sabe o valor que têm nessa idade as amizades e a tristeza desoladora das rupturas; revive em nós o mal-estar dos corações jovens que não sabem expressar seu horror de serem entrevistos, ainda que o olhar que os traspassa seja inteligente e terno. A vida interior de seus personagens reflete-se no mundo exterior, e este a exprime: é, muitas vezes, observando a cor do céu que ela transmite um estado de alma.

Todos os personagens do romance são bem caracterizados, sobretudo Doris que, aos olhos do marido, aparece como única. No entanto, ela é também uma das inúmeras mães de família que no reinício das aulas correm às lojas para comprar sapatos para seus filhos. O livro tem uma dimensão sociológica: poderia ser considerado o estudo de uma família burguesa francesa no século XX. Mas isso seria diminuir seu valor: ele tem também uma dimensão metafísica. Não se trata somente de saber — como muitos críticos pensaram — como educar os filhos, mas também: por quê? A maioria dos pais sonha em ter uma prole excepcional; eles se desiludem: formar um indivíduo simplesmente normal já constitui tarefa árdua. Merecerá essa tarefa os cuidados de que a cercamos? O que é que dá valor à vida? E o que significa a noção de normalidade? É toda a condição humana que é questionada.

Mas o romance só revela suas riquezas se o lemos cuidadosamente: atentos às entrelinhas. O discurso explícito não corresponde à realidade da experiência vivida: sentimentos, impulsos, reticências. A relação existente entre os personagens é sutil, porque, frequentemente, através de uma linguagem mais ou menos mentirosa, eles ouvem palavras verdadeiras, que traduzem a sua maneira de ser com maior ou menor honestidade. Entre a ideia de que os seres são opacos uns para os outros e a de que podem compreender-se, Vitia Hessel não toma posição. Mais lhe importa indicar que a comunicação não pode ser considerada como algo incontestavelmente adquirido; sempre tem de ser conquistada: e tal conquista exige extrema boa vontade e amor.

Embora seu universo me seja menos familiar, as heroínas de Claire Etcherelli também me inspiram muita simpatia. Já mencionei o que apreciava em seus romances.

Quando li *La gloire du vaurien* de Ehni, liguei-me mais ao autor do que ao personagem central. Nada tenho em comum com o jovem esnobe, mais ou menos homossexual, que viaja pela Europa comprando loucamente roupas, malas, bibelôs. Rever com ele lugares que conheço — Munique e seus horrores, a ilha de Heligolândia — não é suficiente para explicar meu prazer. O que o suscita é a correta ironia com a qual Ehni denuncia a miséria de sua existência totalmente dedicada ao consumo. Mani é o consumidor que sabe lindamente consumir. Rico, eclético, refinado, consome uísque, peles, suéteres, mas também paisagens, anedotas, pratos finos, literatura, música, belos rapazes. É sensível a todos os matizes que separam uma malha cor de tabaco de um pulôver cor de conhaque. Sabe descobrir num corpo jovem a lembrança de um quadro de museu, descobrir um quadro através da lembrança de um corpo, recitar no momento correto os versos adequados. Sonha com estátuas e com móveis Knoll. É simpático por causa de seu horror sincero a tudo o que é feio, isto é, vulgar e estúpido. E também porque avalia, com insolente desenvoltura, a vaidade lamentável de todos os divertimentos com que se atordoa: essa orgia de alimentos materiais e espirituais deixa um gosto de cinzas. Para terminar, em meio às suas agitações frívolas, ele formula a pergunta crucial: mas que podemos fazer na terra? Por que vivemos? "Eis minha vida: que fazer dela? Orientem-me, não tenho condições." Ehni escolhe a resposta mais fácil para seu herói: um dia sua mão pega um revólver.

Gostei muito dos primeiros livros de Soljenitsyn: *Um dia na vida de Ivan Denisovitch* e *A casa de Matriona*. Embora *O primeiro círculo* me tenha interessado, não reconheci nele a sua voz; muitas passagens soaram ocas. Mas *O pavilhão dos cancerosos*[49] me mobilizou desde o início. Não me ensinou grande coisa, pois eu estava bem-informada sobre a vida soviética; mas meu conhecimento era abstrato; Soljenitsyn possui dela uma experiência íntima que ele me fez partilhar. Senti suas repulsas, suas revoltas; com ele conheci a piedade, a ternura, a esperança; participei de sua busca de uma verdade que a morte não destrói.

O pavilhão é um microcosmo. Toda a realidade social, econômica, política da Rússia está resumida nele. O livro situa-se em 1955, no início do "degelo". Nos leitos estão deitados forçados, estudantes, camponeses, antigos deportados, um alto funcionário. Em torno deles, movimentam-se médicos, enfermeiras, serventes. Constituem um mundo que de socialista só tem o nome: é flagrante a desigualdade de salários e de níveis de vida. As mulheres não se libertaram da opressão masculina. Dontsova, médica e cirurgiã altamente qualificada — o equivalente de um grande professor de medicina, chefe de clínica ou de um serviço hospitalar em nosso país —, nem por isso deixa de ocupar-se de todas as tarefas domésticas, particularmente pesadas na Rússia, ao chegar em casa. As reações individuais a essa sociedade são muito diversas: há os stalinistas obstinados, os indiferentes, os oportunistas; Kostoglotov, ex-deportado, em quem o autor colocou muito de si mesmo, a repudia e chega a duvidar do socialismo.

O que é comum a todos é sua doença: o câncer. Todos reagem inicialmente com um otimismo que cada um extrai do sentimento de sua singularidade. "Isso não pode acontecer comigo", diz o for-

---

[49] Escrito entre 1963 e 1967 e inédito na Rússia.

çado, Podduiev, e também o escalão superior, Russanov. Até a Dra. Dontsova, lúcida e corajosa, ao descobrir que está afetada, também hesita em acreditar. O otimismo é particularmente obstinado em Russanov: está comprometido pela visão do mundo que seus interesses ideológicos impõem. Stalinista incondicional, aproveitador, delator — por comodidade, vingança ou pura maldade fez com que uma boa quantidade de inocentes fossem deportados —, é um poço de arrogância; interiorizou tão bem os privilégios de sua situação, que até seu corpo lhe parece imunizado: seria um sacrilégio se o câncer ousasse atacá-lo. É uma das figuras centrais do romance; manifestando sua piedade por tratar-se de um corpo que sofre e que está minado pela morte, Soljenitsyn ao mesmo tempo ataca, através dele, tudo o que odeia no stalinismo. Russanov se vangloria de suas origens proletárias e ostenta um grande amor pelo povo; mas não suporta ter contatos com a população; graças a seus privilégios, está radicalmente separado dela. Acredita que toda e qualquer pergunta comporta uma resposta indubitável e considera subversivo todo pensamento livre. A boa época para ele foi o período 1937-38, no qual, graças aos "questionários" que fora encarregado de elaborar, purificava-se a atmosfera pública. Apavora-se quando a história começa a alterar-se, quando os deportados retornam, quando são reabilitados: teme que uma de suas vítimas o encontre e lhe faça algum mal. Sua mulher, que vem visitá-lo no hospital, coberta de peles, compartilha suas indignações, bem como sua filha Aviette. Apesar de sua juventude, ela é tão desumanizada quanto o pai, totalmente entregue aos interesses ideológicos da família. Escandaliza-se com a "terrível" revisão dos processos; ao mesmo tempo que se rejubila com os progressos materiais realizados nas áreas de habitação, mobiliário, roupas, ataca a decadência dos costumes e os poemas de Evtuchenko. Quer ser escritora, e através de sua boca o autor faz indiretamente a sátira da literatura soviética oficial. O assunto é importante para ele e é abordado já no início do romance, quando nos mostra Diomka, devorando os prêmios Stálin e todas as "obras-primas" reconhecidas, mas neles descobrindo contradições desconcertantes. Aviette sente-se maravilhada com as vantagens de que gozam os escritores inscritos na União; são ricos, admirados e quase não trabalham: em três meses produzem um romance. Basta um pouco de habilidade — saber acompanhar as mudanças, adaptar-se à sua época — para fazer uma bela carreira literária. Quando Diomka lhe pergunta sobre a sinceridade em literatura, ela explica com altivez que a *sinceridade subjetiva* corre o risco de contrariar a verdade; a verdade é o que *deve ser*, o que *será amanhã*.

Visivelmente, Soljenitsyn sentiu prazer em fustigar a baixeza, o egoísmo, a maldade de Russanov: é que este se mostrou ativamente nocivo. Ele demonstra, em compensação, uma indulgência que chega às raias da compaixão pelos oportunistas que apenas se beneficiaram da situação. É o que ocorre com Chulubin, que confessa: "Passei minha vida sentindo medo." Kostoglotov se pergunta se não teria sido melhor suportar a provação dos campos de concentração do que ter vivido no medo e na aversão a si mesmo.

Os campos: uma vez mais Soljenitsyn os evoca. Mostra o abismo que separava os detentos dos cidadãos livres: a noite em que estes choravam por Stálin tinha sido, entre os deportados, uma explosão de alegria que os guardas não haviam conseguido impedir. Mesmo libertado, Kostoglotov sente-se isolado em consequência da experiência que atravessou. Não se surpreende se Aviette declara que todos os condenados certamente tinham algo a imputar-se; mas mesmo as mulheres bem-intencionadas — a inteligente Dontsova, a delicada Zoé — não o compreendem quando alude a seu passado. Em compensação, desde o primeiro momento, ele se entende bem com uma servente que foi deportada junto com toda a família, quando um quarto da população de Leningrado foi expulso em 1935. Eles se reconheceram imediatamente.

A vida cotidiana do hospital é reproduzida sobre esse fundo histórico. A maioria dos médicos é composta de mulheres, às quais o autor se refere com grande simpatia; na ausência de pessoal suficiente, têm de assumir tarefas exaustivas; enfrentam-nas com consciência profissional e compaixão humana. No entanto, vários doentes entram em conflito com elas, entre outros, Kostoglotov. Na opinião deste, não dizer a verdade aos doentes significa não tratá-los como homens livres, de certa maneira significa oprimi-los; no entanto, quando colocado contra a parede, não ousa desesperar um companheiro que se sabe condenado e que deixa o hospital julgando-se curado. Recrimina também os médicos por não saberem o que fazem; estes têm consciência disso, o que lhes cria problemas: as radiações curam os tumores, mas a longo prazo produzem lesões, atrofias. No entanto, devem abster-se de tratar só porque não podem prever todas as consequências do tratamento? Há ainda uma outra fonte de conflito. Os médicos querem curar a qualquer preço. Mas a vida vale a pena ser vivida quaisquer que sejam as suas condições? — pergunta-se Kostoglotov. Deve-se aceitar que nos salvem a vida, sacrificando tudo o que constitui seu valor, seu perfume, sua emoção? Quando toma conhecimento de que algumas injeções, embora melhorem seu estado, o tornam impotente, de início as recusa; acaba resignando-se. Ante a pergunta levantada, o autor não toma posição. Compreende tanto o ponto de vista dos médicos como o dos doentes. O que nos mostra é que estão em polos opostos. Essa distância aparece com uma evidência dramática quando Dontsova descobre que está com câncer. Então, "tudo vira ao contrário". Sua relação com seu corpo, com a vida, com a morte, tudo é revolucionado.

 A maioria dos doentes se ilude com esperanças vãs: uma palavra, um sorriso do médico os tranquilizam. Sonham com remédios milagrosos. Mas, por momentos, sentem-se confrontados com sua morte. Apenas Russanov se recusa a considerá-la, incapaz de um esforço de sinceridade. Na realidade, o medo o atormenta, como mostram seus pesadelos, mas ele se aferra à ideia de que vai curar-se e considera mórbidas as discussões de seus companheiros, tentando interrompê-las. "Por que impedir que um homem reflita?", retruca Kostoglotov. "Grupo ou não grupo, sua morte é problema dele." É o próprio sentido de suas vidas que todos veem questionado. Muitos, como Podduiev, pensavam saber por que viviam: trabalhar, ganhar dinheiro. Diante do câncer, tais razões são insustentáveis. Podduiev procura uma melhor no livro de Tolstói: "O que faz com que os homens vivam?", e fica satisfeito com a resposta: o amor. Soljenitsyn a retoma a seu modo. O pior flagelo sobre a terra é a maldade, simbolizada pelo gesto daquele visitante do zoológico que cegou o macaco *rhesus* jogando-lhe fumo nos olhos. Um mundo feliz seria o que se fundaria no amor ao próximo. Cada um poderia usufruir daquilo que constitui a beleza da vida: um trabalho que satisfaz, amigos, animais domésticos, um abricoteiro em flor. "Não é o nível de vida que faz a felicidade dos homens, mas a ligação dos corações e nossa visão da vida." O autor considera que o ascetismo convém mais aos homens do que a procura do luxo.

A moral assim sugerida encerra uma religiosidade que me desagrada. E não aceito a fórmula — na qual é evidente que ele não pode acreditar inteiramente — "o homem é sempre feliz se o deseja". Mas estou de acordo quando aconselha que ele "se faça com o que tem", quando rejeita as alienações, os artifícios, as mentiras que desumanizam o homem. Em sua opinião, quanto mais intensamente presente se está no mundo e mais ocupado em ajudar o próximo, melhor se vive. Estou totalmente de acordo com suas conclusões.

Em *La leçon d'allemand*, Lenz[50] nos mostra um determinado aspecto do nazismo: o nazismo tal como foi vivido por milhões de alemães, numa semi-ignorância e uma total adesão, através do ramerrão da vida cotidiana. A história começa em 1943 e termina depois da vitória aliada. Situa-se num recanto perdido do norte da Alemanha: uma imensa planície fustigada pelo vento, dunas, um dique, gaivotas, o mar ao longe. A guerra está presente: os ataques aéreos, as notícias falsas transmitidas pelo rádio, os sequazes do regime, suas vítimas. Lenz optou por mostrá-la a nós através dos olhos de uma criança — talvez porque ele próprio era uma criança, um pouco mais velho do que seu herói Siggi, quando viveu a guerra e o pós-guerra. Na instituição para jovens delinquentes onde está preso, solicita-se de Siggi, então com vinte anos, uma redação sobre as "alegrias do dever". Ele faz um retrocesso de dez anos, para tentar encontrar seu passado, porque a palavra "dever" colocou imediatamente diante dele a figura de seu pai.

Esse pai, Jepsen, é agente de polícia, lotado no último posto antes da fronteira. Perto dele reside o pintor Nansen, considerado um artista "degenerado" pelos poderosos: de início o regime lhe fez propostas que ele recusou; seus quadros foram confiscados e as galerias em que expunha, fechadas. Ele continua a pintar.

---

[50] Romancista alemão da mesma geração que Gunther Grass e que muitas vezes comparamos a ele.

Jepsen, inicialmente, é encarregado de confiscar suas novas telas e depois de impedi-lo de continuar suas atividades. Na infância tinham sido amigos, e Nansen até lhe salvara a vida; mas ordens são ordens. "Nada tenho a ver com isso e em nada posso interferir", diz ele ao pintor. Em outro momento afirma: "Recebo ordens; apenas as executo." Tais ordens, quando não vêm do exterior, saem dele mesmo: sente-se obrigado a fustigar Siggi por pecadilhos; quando o filho mais velho — que se mutilou para não ir para a frente de batalha e que fugiu do hospital — vai refugiar-se em sua casa, ele decide "fazer o que deve ser feito", isto é, entregá-lo à polícia. Não é homem propriamente mau: sua expressão é de tristeza, quando pega o telefone para chamar os guardas. Mas não conhece outra razão de ser que não a obediência cega ao que considera como lei. Inerte, vazio, é capaz de passar dias inteiros sem fazer nada e sem pensar em nada, contemplando vagamente um pedaço de parede. Mas só se sente feliz quando encarregado de uma missão bem definida: aí se sente útil e importante, sua postura torna-se marcial, sua vida adquire um sentido. Tendo surpreendido Nansen pintando, denuncia-o: "Apenas cumpro meu dever", declara. "Sinto ânsias quando você fala em dever", diz o pintor. E diz também: "O dever para mim é uma pretensão cega. Inevitavelmente fazem-se coisas que ele não exige." De fato: ninguém exige que Jepsen espione Nansen permanentemente, que o persiga nas mínimas coisas. As pessoas do local acham que ele vai longe demais, que faz da situação um caso pessoal. Em certo sentido, isso é falso: Nansen e seus quadros são indiferentes a Jepsen; mas é verdade que, "eterno executante", o cumprimento de um "dever" o tira do limbo, dando-lhe a falaciosa impressão de ser importante no mundo.

Essa ilusão é tão necessária para ele, que a ideia de dever transforma-se em obsessão. Terminada a guerra, Nansen é cumulado de honrarias. Reintegrado em suas funções, após três meses de prisão, Jepsen insiste em querer destruir seus quadros; revista sua cabana e queima seus cadernos de esboços. Revoltado com a "inalterável boa consciência" de seu pai, Siggi se insurge pela primeira vez: "Você não tem esse direito!", grita. O pai lhe bate: "Devemos cumprir nosso dever mesmo quando os tempos mudam", responde. Mas está desnorteado, e sob sua atitude de desafio pressente-se um violento desespero. A desumanização a que se deixou chegar é um processo irreversível; a destruição dos valores de acordo com os quais viveu não lhe mostrou a verdade, mas levou-o a um descontrole desvairado; dominado por uma raiva cega, incendeia o moinho onde Siggi escondera algumas telas de Nansen.

 Siggi só levanta a voz quando o comportamento do pai o deixa exasperado. Acostumado a obedecer, aceita docilmente os castigos infligidos. Quando o irmão lhe pede que o esconda, responde: "O pai tem o direito de saber." Se guarda segredo é porque sempre obedeceu ao irmão mais velho. Vigiando tudo, no entanto jamais se permite julgar: descreve as coisas tais como as vê. Seu olhar não tem a ingenuidade que atribuímos convencionalmente às crianças. Muito dotado, precoce a tal ponto que o pintor mantém uma verdadeira amizade com ele, Siggi, produto de uma sociedade doente, é ligeiramente neurótico; em suas descrições percebem-se exageros numéricos análogos aos dos esquizofrênicos: a casa do pintor tem quatrocentas janelas, em sua sala caberiam novecentas pessoas, o divã tem trinta metros de comprimento; há algo de maníaco na precisão meticulosa de seus relatos. Quase nunca exprime seus sentimentos. No entanto, apesar da aparente impassibilidade das frases, adivinham-se as emoções silenciosas que o agitaram, a experiência não formulada que o fez inventar comportamentos imprevisíveis: juntar os pedaços de um quadro destruído pelo pai, apropriar-se de alguns esboços confiscados, escondê-los num moinho. Depois do incêndio da velha construção, teme que outras obras de Nansen sejam queimadas: rouba telas, no ateliê do pintor, nas galerias, para escondê-las. Certamente, essa atitude, fruto da angústia, é também um protesto contra a legalidade que o pai o fez odiar. É por isso que — apesar da indulgência do pintor — ele se encontra num reformatório.

 Ao lado do inferno árido em que se debate Jepsen, o autor nos deixa entrever as alegrias que poderiam iluminar o mundo, se os fanatismos odiosos não as sufocassem: existem amizade, amor, ternura; Siggi, Nansen sentem-se muitas vezes invadidos pela beleza do mundo, e no pintor a felicidade de ver confunde-se com o orgulho de criar. O crime de Jepsen e de seus semelhantes é o de anular as riquezas capazes de dar um sentido à vida humana.

A história é contada com uma simplicidade que é, na realidade, uma grande arte. O presente e o passado de Siggi são habilmente entrelaçados, esclarecem-se reciprocamente. O interesse que a criança nos desperta projeta-se no jovem recluso de vinte anos e vice-versa.

Lenz conseguiu realizar uma das coisas mais difíceis: fazer-nos assistir ao trabalho criador de um pintor. Em geral, os romancistas que tentam colocar em cena um artista ou um escritor fracassam. Em *La leçon d'allemand*, quando Lenz nos mostra Nansen a pintar suas telas, nós o vemos, acreditamos em sua inspiração, em suas hesitações. Sua obra existe para nós.

Sóbrio, quase neutro, o estilo é notavelmente eficaz e vivo. Do início ao fim da narração, o autor deixa que falem os fatos e se abstém de intervir. Afora duas ou três frases do pintor e um grito de Siggi, nenhum comentário enfatiza a abjeção de Jepsen: seus comportamentos parecem rotineiros e, em certo sentido, normais. Não desencadeiam cataclismas: explicam, porém, como se desencadeiam os cataclismas. Impedir um pintor de pintar: a tarefa choca sobretudo por sua mesquinharia; mas quando o policial declara: "Tenho ordens, apenas as executo", compreende-se que diria as mesmas palavras se estivesse encarregado de exterminar milhares de homens. O hitlerismo foi possível porque, baixinho ou em voz alta, milhões de alemães invocaram o mesmo álibi que ele: "Não sou responsável e nada posso alterar." Lenz denuncia a mentira dessa pretensa passividade; executar uma ordem é necessariamente ultrapassá-la; toda neutralidade é uma cumplicidade. Como todo mundo, não raro me perguntei, frente ao nazismo, ao stalinismo, aos massacres cometidos no Vietnã pelos americanos: como é possível que todo um povo, todo um exército consinta nessas atrocidades? O romance de Lenz não traz uma resposta nova: mas coloca o dedo no que, a respeito do processo Eichmann, Hannah Arendt denominou a "banalidade do mal", transmite uma compreensão disso mais rica do que qualquer conhecimento.

Quase não leio poesia: no entanto, trata-se de um meio de comunicação privilegiado. Ela me foi muito útil em minha juventude: gostava de recitar versos para mim mesma. Alguns ainda passeiam por minha memória, e frequentemente abro um livro de Baudelaire, de Rimbaud, de Mallarmé. Reencontro com prazer os autores queridos dos meus vinte anos: Laforgue ou Saint-John Perse. Mas, não sei por quê — talvez por não haver feito o esforço necessário para nela penetrar —, a poesia atual não me desperta nada. Talvez se trate de um círculo vicioso: como não acredito que me vá agradar, não tento conhecê-la. Acho que estou errada. Mas tantas outras obras me solicitam que não creio que vá mudar minha atitude.

Frequentemente, em especial durante as férias, abro um livro apenas para distrair-me, sem esperar qualquer enriquecimento. Antigamente, gostava das histórias de ficção científica. É divertido imaginar as possíveis variações de nosso universo e de nossa condição, movimentar-se no tempo e no espaço. Nos últimos anos, porém, nenhum livro do gênero me agradou. Talvez o registro de situações imagináveis seja limitado e se tenha esgotado. Aos autores que li recentemente faltava fantasia. Movimentavam de maneira arbitrária, em mundos muito próximos do nosso, ou muito indistintos, criaturas cujas singularidades se conciliavam com modelos conhecidos. Jamais conseguia evadir-me para o desconhecido.

Em compensação, facilmente me interesso por um romance policial, de espionagem ou de aventura. Por que exatamente? E em que condições?

Em primeiro lugar, é preciso que o universo fictício em que penetro tenha suficiente coerência para que possa ligar-me a ele: isso é possível através de uma imitação fiel do mundo em que vivemos. É o que ocorre no atraente romance de Japrisot, *La dame dans l'auto avec des lunettes et un fusil*, onde a aventura se estende ao longo da estrada que vai de Paris a Marselha; dava-me prazer rememorá-la, enquanto acompanhava as peripécias às quais ela conferia um pouco de sua realidade. Ocorre o mesmo com os romances de Patricia Higsmith, que começa inventando uma atmosfera, um ambiente, personagens bastante verossímeis para que aceite sua existência; o desenvolvimento da história se beneficia desse crédito. Observo, no entanto, que entre os romances dessa autora só me prendem aqueles em que é cometido um assassinato; do contrário, a psicologia de seus heróis me parece convencional e desinteresso-me deles. Só me adapto às suas insuficiências se cria um *suspense*: quero descobrir a chave de um mistério ou saber as consequências de um acontecimento muito ameaçador; somente então faço como se aderisse ao universo que me é proposto; aceito participar do jogo. Se logo de início um romance policial me prende — através de um diálogo vivo, um enigma bem colocado, um desafio, uma aposta —, a intriga pode ser extravagante: basta que seja bem construída, para que eu finja acreditar nela; espicaçada pelo desejo de saber qual é o culpado, se o *hold-up* dará certo, o que fará o agente secreto para cumprir sua missão, consentirei em considerar como um herói um agente da C.I.A., em ver os chineses, os soviéticos ou os coreanos como demônios. No entanto, para que fique realmente presa, é preciso que consiga identificar-me com o herói e desejar que a história termine bem para ele. Isso me foi fácil com a "dama" de Japrisot, com os atraentes criminosos de Patricia Highsmith. Compartilho facilmente os desígnios do detetive corajoso ou astuto que conduz uma investigação. Fico menos à vontade quando o personagem em quem o autor quer interessar-me é um policial e, nesse caso, frequentemente não consigo entrar em seu jogo.

Dir-me-ão: isso é perda de tempo. Mas não sou avara. Tenho prazer em jogar damas, faço palavras cruzadas, procuro a solução de um quebra-cabeça. Por que não leria um livro da *série negra* ou um da *série amarela*? Em geral, prefiro os livros que me enriquecem, ao mesmo tempo que me distraem. Mas nem sempre. O cansaço me faz às vezes escolher uma leitura fácil. E, além disso, um livro que levo a sério me absorve, esqueço-me nele; a adesão fictícia que concedo a um romance policial me deixa consciente de minha identidade e do lugar onde me encontro: alguns momentos me são tão preciosos que, embora ocupando-me, quero estar presente. Pela gratuidade da distração que me propõe, esse gênero de livro exige uma grande disponibilidade de minha parte: se estou preocupada não consigo fixar minha atenção. Têm de ser lidos de uma vez só: com raras exceções, se os interrompo e depois os retomo, meu interesse diminui e não consigo reavivá-lo.

Raramente interesso-me por livros antigos que nunca li. O próprio fato de havê-los negligenciado até então os desvaloriza a meus olhos: por que me interessariam de repente? Desconheço a obra de Paul-Louis Courier; tenho-a ao alcance da mão, mas nada me estimula a pegá-la. De toda maneira, em Paris não disponho de tempo para penetrar num mundo que me foi indiferente durante muito tempo e ao qual nada me liga. Nas férias, às vezes, decido-me a aventurar-me nele. Fico extremamente incitada a fazê-lo, quando me preparo para ir a um país desconhecido, com o qual quero familiarizar-me. Por ocasião de minha viagem ao Japão, deleitei-me com o *Romance de Genji*, admiravelmente traduzido para o inglês, e pesquisei a obra de Tanizaki. Mas, quando em férias, posso também aproximar-me de autores franceses mal-conhecidos ou esquecidos. Num ano, a *Histoire de la Révolution Française* de Michelet me apaixonou; levaria com prazer para Roma sua *Histoire de France* quando for reeditada. Embora, no passado, tivesse estudado Mme. de Sévigné, conhecia-a bastante mal: tive o maior prazer em descobri-la através dos três volumes de sua correspondência publicados na Pléiade. Recentemente, por indicação entusiasta de uma amiga, li Barbey d'Aurevilly que até então praticamente não existia para mim.

Deparo-me aqui com um problema que já mencionei: como apreciar os escritos de um homem cujas opiniões rejeito? Como já disse, a maioria das vezes isso me é impossível. Mas por seu estilo, sua impetuosidade, as audácias de sua pena e de suas invenções, Barbey d'Aurevilly me cativou. Não sou tão perseguida quanto ele pelos fantasmas do passado, mas às vezes estes me rodeiam e entendo que possam ser obsedantes. Continuo sensível à angústia de um crepúsculo, ao isolamento de uma charneca: emociono-me com ele quando evoca o Cotentin, sua solidão, suas brumas. Ele defende os *chouans*[51] e os padres com uma convicção tão apaixonada que, despertando minha curiosidade, me levou a colocar-me — durante a leitura — na mesma perspectiva que ele. Alguns de seus relatos me pareceram fracos. Mas, quando se deixa levar por sua imaginação, é um prazer acompanhá-lo. Apaixonado pela filha do *padre casado*, um jovem nobre, para vencer sua resistência, decide provocar diante dela

---

[51] Camponeses do Maine, da Bretanha e da Normandia que eram partidários do rei e lutaram contra a primeira república francesa.

um acidente espetacular. Atrela a uma charrete dois cavalos chucros e os embriaga; eles destroem o que se atravessa em seu caminho, até despedaçar-se tudo, indo de encontro à entrada da casa da jovem: jamais esquecerei essa corrida, mais fantástica do que qualquer proeza realizada numa tela de cinema pelos automobilistas mais audaciosos.

Muitas vezes não sinto vontade de reler os velhos livros já lidos. Passo os olhos pelos volumes da Pléiade que fazem parte da biblioteca de Sartre e me afasto. Obviamente, estou longe de saber de cor Balzac, Zola, Dickens, Dostoiévski, mas sei que me introduzirão num mundo cujo sentido desapareceu. Mesmo quando se trata de autores que me são particularmente caros, como Stendhal ou Kafka, hesito em retomar seus livros. Sei como são pobres as lembranças que deles guardo. Mas sinto preguiça diante da ideia de ir reconhecer o que já não sou capaz de evocar: recorda-se sucessivamente o que se tenta decifrar, ou, pelo menos, tem-se a ilusão de fazê-lo; não está presente o que constitui a "alegria de ler": a livre colaboração com o autor que é quase uma invenção. No entanto, senti prazer em reler as cartas de Diderot a Sophie Volland. E há dois escritores que gosto de reler quase que permanentemente: o Rousseau das *Confessions* e Proust. Fico na expectativa de algumas de suas frases como Swann em relação à pequena frase de Vinteuil, e quando elas aparecem, me transmitem uma deliciosa impressão ao mesmo tempo de milagre e de necessidade. Alguns poetas me proporcionam o mesmo prazer; como já disse, minha relação com a poesia consiste quase que unicamente em reler.

Acontece-me às vezes esquecer inteiramente obras já lidas; redescubro-as, sem que me despertem qualquer reminiscência. Foi o que ocorreu, nesses últimos anos, em relação a Lermontov, Gontcharov, Chtchedrine. No passado, encantei-me com as *Mémoires* de Saint-Simon: acabo de relê-las e, afora algumas passagens frequentemente citadas, não me lembrava de nada. Nos três primeiros volumes encontrei mais trechos cansativos do que teria imaginado: excesso de batalhas, de genealogias. O estilo, o ritmo das frases, as saborosas pinturas de costumes, o picante das anedotas, encantaram-me sem surpreender-me. Mas fiquei perplexa ante a complexidade dos retratos; iniciam-se frequentemente por elogios logo contrabalançados por críticas temperadas por novas considerações aduladoras: é preciso retomar a descrição desde o início, para encontrar um equilíbrio justo entre essas diferentes características; percebe-se que, em vez de se oporem, elas se esclarecem reciprocamente e compõem um personagem extraordinariamente vivo.

Frequentemente, meu julgamento sobre a obra que releio coincide com o que fiz antes. Às vezes, compreendo-a melhor, porque bons artigos de crítica forneceram-me esclarecimentos úteis. Uma biografia de Joyce da autoria de Ellman, recentemente traduzida para o francês, mostrou-me as relações que o livro mantinha com o passado do autor, com vários lugares de Dublin e arredores; o sentido de algumas passagens ficou assim bastante enriquecido. Ocorre também que às vezes um texto que eu considerava desgastado adquire para mim um vigor inesperado e então me desconcerta. Foi desse modo que, há pouco tempo, redescobri a Bíblia. Fiquei estupefata ao ver condensados em três linhas episódios que eu julgava extremamente longos, já que inspiraram tantos quadros, dramas e poemas: admirei que histórias tão breves tenham proliferado na imaginação dos homens. Personagens banalizados por minha memória espantaram-me pela incongruência de sua conduta: entre outros, Abraão quando cinicamente prostitui a mulher. Sabia que Javé era severo e colérico, mas não que fosse tão mesquinho. Lembrava-me bem de que os hebreus eram belicosos e xenófobos, mas a amplidão dos massacres que perpetraram me deixou estupefata. Em suma, esse livro que me é familiar desde a infância, de repente percebo que não o conhecia.

Às vezes reler me decepciona. Minha memória já tinha resumido numa fórmula marcante considerações vagas e discutíveis. Ou, pelo contrário, a partir de algumas palavras que guardara, construíra continuações que não existiam. Às vezes, durante uma primeira leitura, em vez de adotar o projeto e a postura do autor, deixamos que ressoem em nós palavras às quais correspondem nossas próprias obsessões, nossas fantasias. Assim procedia eu aos vinte anos. Atualmente, tento ser mais objetiva. Mas, muitas vezes, uma contraprova me mostra que ainda não o consegui. Assim como as lembranças da realidade, as que conservo dos livros são incompletas e deformadas.

Minha atividade de leitora não consiste apenas em reunir os momentos de um livro, mas também em relacionar diversas obras que se corrigem reciprocamente, completam-se ou correspondem-se. *La leçon d'allemand* ajuda-me a compreender o alto funcionário de *Pavilhão dos cancerosos*, e os dois romances mereceriam como epígrafe as palavras de Wilde, segundo as quais a maldade é apenas "falta de imaginação". Faço assim com que apareça todo um mundo livresco que se superpõe ao outro, o ultrapassa, o ilumina e enriquece; em certo sentido, esse mundo tem mais brilho e relevo: Emma Bovary ou Charlus são mais vivos para mim do que muita gente que conheci efetivamente. Existem também para outras pessoas que os captam sob ângulos diferentes, mas que se comunicam comigo através deles. Foi dito com razão que a literatura era o lugar da intersubjetividade. Sozinha em meu quarto com um livro, sinto-me próxima não somente de seu autor, mas, através do tempo e do espaço, do conjunto de seus leitores.

*

A leitura suscita em mim apenas imagens vagas; as do sonho podem seduzir-me, mas também são contraditórias e fugidias. As visões que o cinema me oferece têm a plenitude da percepção: são percepções, captadas como *analogon*, de uma realidade ausente. Em geral — exceto nos documentários — elas se organizam de modo a constituir um mundo fictício; o diretor conta uma história inventada, que se desenvolve no tempo, irreversível como um trecho de música. Como o que ocorre na leitura, é minha presença que lhe confere sua unidade e seu sentido. Mas meu papel é menos ativo; não tenho de interpretar sinais, mas sim receber o impacto de imagens que me são dadas imediatamente. É por isso que ver um filme normalmente exige menos esforço do que ler um livro. Basta que esteja atenta para que a alegria, a angústia, a simpatia, a repulsa imponham-se a mim. As emoções que me afetam podem atingir tal intensidade que elas transtornam meu corpo: às vezes, diante de cenas violentas, os espectadores desmaiam, o que não ocorre durante uma leitura. (Colette desmaiou aos quatorze anos, lendo em Zola a descrição de um parto, mas trata-se de fato excepcional.) Chora-se mais facilmente também no cinema do que com um romance. No entanto, um diretor que deseje estabelecer uma verdadeira comunicação com o público se absterá de provocar-lhe perturbações físicas que obnubilariam sua visão: como o bom escritor, apelará para sua liberdade.

O poder das imagens vem do fato de me proporcionarem a ilusão da realidade, ilusão a que me submeto com uma quase passividade. Mesmo nos momentos de minha vida em que estou extremamente disponível, tenho projetos, povoam-me lembranças, esboçam-se ações. Entrando num cinema, separo-me de mim; é verdade que meu passado está comigo quando reajo a um filme, mas meu único projeto é contemplar as cenas que desfilam sob meus olhos. Tomo-as por verdadeiras, sem que me seja permitida qualquer intervenção; essa paralisia de minha práxis acentua em alguns casos seu caráter intolerável e os torna fascinantes outras vezes. Diante da tela, abandono-me como em meus sonhos, e é também por imagens visuais que ela me prende: é por isso que o cinema provoca ressonâncias oníricas em cada um de nós. Quando um filme me toca profundamente, é porque remexe em mim lembranças não formuladas, ou revive aspirações silenciosas. Com amigos, com os quais estou sempre de acordo em outras áreas, temos às vezes opiniões totalmente diferentes quando falamos de um filme: é que este tocou neles, ou em mim, ou em todos nós, algo de íntimo e de singular.

Dou muita importância aos rostos dos intérpretes. Rostos escapam à análise, à conceitualização, às palavras: quase nenhum escritor consegue mostrar-nos os de seus heróis; Proust chega a sugeri-los, mas seus contornos permanecem pouco definidos. Na tela eles estão tão presentes como se me aparecessem em carne e osso. É uma presença ambígua: ao mesmo tempo a do ator e a do indivíduo que ele encarna. A relação entre os dois é variável. Se o ator se identifica inteiramente com seu personagem, somente este existe e estou apta a acreditar em sua história. Em compensação, tenho dificuldade em fazê-lo, se através dos gestos e mímicas do herói percebo a representação de um ator. É o que ocorre quando o conheço muito bem ou quando existe uma discrepância entre seu físico e seu papel. Há filmes que ficaram estragados para mim por uma má distribuição do elenco; outros me cativaram, apesar de alguns pontos fracos, porque a fisionomia de um homem ou de uma mulher me tocava. Um caso particular é aquele em que o ator se transforma definitivamente no *analogon* de um determinado personagem: na tela, entre Charlie Chaplin e Carlitos não existe nenhuma separação.

Muitas vezes o cinema me revela trechos do campo ou paisagens urbanas que eu desconhecia: enriquece meu conhecimento do mundo. Frequentemente, também, me transporta para cenários que me são familiares; sinto um grande prazer ao ver, integrados, numa obra de arte que lhes confere uma necessidade, lugares que amei em sua contingência: as ruas de Londres, uma praça romana. Às vezes o cinema me permite satisfazer o desejo infantil de estar num lugar cuja solidão minha presença não destrói: o desejo de ver com meus olhos minha ausência. Tenho a impressão de quase realizá-lo, quando num avião sobrevoo uma ilha rochosa situada no azul do mar. Durante um filme, posso experimentar uma ilusão semelhante. Não pertenço à charneca que se exibe na tela: ela permanece deserta enquanto meu olhar a explora.

Não é apenas a natureza que assim surpreendo. Penetro sub-repticiamente nas casas, assisto a cenas invisíveis. Sento-me num leito onde amantes se abraçam, entro no quarto onde um homem foi esconder seu rosto marcado de tristeza. Tenho outro privilégio: o de reunir num só espetáculo elementos esparsos. Abraço com o olhar essa multidão onde cada um de seus membros se perde. Atravessando paredes ou planando no céu, sou dotada de poderes sobrenaturais.

Como os livros, o que os filmes me proporcionam é bastante variado. De toda maneira, constituem uma diversão, e muitas vezes não lhes peço nada mais do que isso. Basta-me rir. O livro mais engraçado só me provoca um sorriso, pois o riso é um comportamento coletivo.[52] Numa sala de cinema, onde os espectadores estão justapostos e são estranhos uns aos outros, as condições do riso estão realizadas. Mas, para que eu participe da hilaridade coletiva, é preciso que o filme não desperte em mim reações que se oponham a isso: por sua vulgaridade, evito cuidadosamente os filmes franceses que se consideram engraçados.

---

[52] Cf. Sartre, *L'idiot de la famille*, p. 816-817.

Nesses últimos anos divertiram-me particularmente os velhos filmes de Buster Keaton: *The cameraman, The boat, Spite marriage, The navigator*, do qual gosto mais do que todos os outros dele. O cômico — como mostrou Sartre — resulta muitas vezes de um contraste entre a experiência interior do sujeito e sua condição de objeto material. O rosto de Buster Keaton exprime a tensão de um homem ponderado e controlado que aspira à eficiência; esse sonho é permanentemente contrariado pelas peças que lhe pregam os próprios objetos e instrumentos cujos mecanismos pensou haver engenhosamente arranjado; vítima de contragolpes inesperados, perde a dignidade humana que sua fisionomia insiste em manifestar. Ele mencionou os "cálculos matemáticos que a realização de uma *gag* exige", e realmente seus filmes proporcionam o mesmo prazer estético que a solução elegante de um problema. São pequenos engenhos maravilhosos, com engrenagens sabiamente ajustadas. Há menos rigor, mas frequentemente achados interessantes, nos filmes de Harry Langdon recém-reprisados: *Tramp, tramp, tramp, The strong man*. Agrada-me sobretudo o charme ingênuo do personagem: seu rosto de bebê, seus gestos puerilmente afetados.

Foi um prazer para mim rever Carlitos em *O circo* e *Tempos modernos*, que nada perderam de seu viço. Sobretudo no segundo, reencontrei tudo que me agradara nele e fiquei feliz por ver que o público, composto quase que unicamente de jovens, o apreciava como eu.

Alguns filmes de *suspense* me deixaram sem fôlego: *O homem do Rio*, interpretado com tanta graça por Belmondo; velhos filmes de Walsh, como *Pursued* e *The wite heat*, nos quais James Cagney estava extraordinário; *westerns*, entre os quais os rodados por italianos, tais como *The good, the bad and the ugly*; as aventuras de James Bond em *From Russia with love* e *Goldfinger*. Histórias que, lidas, me pareceriam absurdas, podem cativar-me no cinema: impressas, as aventuras de James Bond não me teriam interessado. O cinema é muito mais rápido do que o livro: com um olhar capto uma situação que levaria tempo para ser explicada através de palavras; no entanto, se o escritor precipita exageradamente os acontecimentos, não consegue torná--los convincentes. As imagens na tela são muito mais persuasivas. Há uma curiosa discrepância entre a evidência imediata da visão — a indestrutível ilusão de realidade — e a inverossimilhança dos fatos. Se o diretor utiliza isso adequadamente, pode tirar daí os melhores efeitos. É o que constitui o humor dos *westerns* italianos e que dá charme às proezas insensatas de Sean Connery. No entanto, é preciso saber utilizá-lo. Se a intriga é incoerente, o ritmo muito lento, e a representação dos atores não me convence, não participo do que me é mostrado. Se as invenções são pobres em fantasia e audácia, essa mediocridade me desestimula.

Muitas vezes os diretores italianos aliam engenhosamente em suas comédias a inverossimilhança e o realismo. Há *gags* muito divertidas em *A mulher do padre*, representado com malícia por Sophia Loren e Mastroianni; trata-se ao mesmo tempo de um ataque sério à falsidade dos padres e à hipocrisia da Igreja. *Casamento à italiana* provoca riso; no entanto, os personagens são aqui retratados com bastante acuidade: uma mulher, dois homens despreparados para suportar as complexidades de seus corações, muito pouco ajudados pela sociedade para superar as catástrofes que daí decorrem. As cenas em que, após cada uma de suas tentativas de suicídio, Monica Vitti é levada para o hospital, à primeira vista são muito engraçadas, mas na realidade desoladoras e terríveis. Vemos movimentar-se na tela o populacho romano: os cenários de sua vida, seu trabalho, seus lazeres, suas festas. Sua cidade é bem diferente da Roma dos turistas: em vez de um deserto de ruínas, Óstia nos parece um local de prostitutas.

Alguns diretores ambiciosos tentam comunicar-me sua visão do mundo. Quando o conseguem, enriquecem a minha. Foi o que ocorreu com *Medeia* de Pasolini. Ele respondeu a uma pergunta que eu me fazia: como puderam algumas civilizações conciliar um alto grau de cultura com ritos selvagens de sacrifícios humanos? Em *Medeia* ele não oferece nenhum documento novo. Mas, através de um longo trabalho, pela escolha de paisagens admiráveis e dessa extraordinária atriz que é aqui Maria Callas, ele conseguiu recriar o universo do Sagrado. Um belíssimo jovem é executado, esquartejado e consumido diante de nós: a cerimônia é de uma beleza tão imponente que não sentimos nenhum horror. Quando, em seu trajeto para o mar, Medeia decapita seu irmão, arremessando do carro os pedaços ainda palpitantes, sua figura altaneira não fica maculada. Depois, transportada para a Grécia racionalista, Medeia perde seus poderes mágicos: achei essa segunda parte mais fraca.

Também me impressionou *Viva la muerte*, onde Arrabal evoca a Espanha de Franco. Gosto muito de seu teatro — que li, mas nunca vi representado —, de maneira que tive curiosidade de ver seu primeiro filme. Nas cenas oníricas, embora haja coisas muito boas, ele faz algumas concessões. Mas as cenas que visam mostrar a realidade têm a poesia triste e dolorosa de um pesadelo controlado; cenários fantásticos, atores que se adaptam exatamente ao papel, e imagens, ao contrário, muito "distanciadas", introduzem o espectador num mundo sórdido e selvagem, visto através do olhar ingênuo e assustado de uma criança. Ele descobre, pouco a pouco, que a mãe — tão linda com suas roupas pretas — entregou o pai aos fascistas, e morre lentamente de revolta e de ódio.

Harakiri de Masaki Kobayashi tem por objetivo destruir uma certa imagem mítica da época feudal japonesa. Os nobres não constituem uma casta heroica: são aproveitadores, indiferentes à miséria do povo e às necessidades dos samurais. O fidalgo que nos é mostrado é de uma crueldade atroz: totalmente sem recursos, um samurai vem pedir-lhe ajuda — conforme era hábito —, jurando abrir seu ventre em casa dele, se não a obtivesse; ele o condena a um harakiri particularmente terrível, pois em sua miséria o suicida vendeu o sabre: a arma que a bainha encerra é de madeira. A vítima tem um vingador que humilha mortalmente os carrascos, antes de abater vários deles durante um combate em que luta sozinho contra todos. Uma pintura simples e realista da pobreza contrasta com cenas épicas de uma beleza ardente.

Durante esses últimos anos foram projetados em Paris belos filmes húngaros. *Les sans espoir* de Jancso ensinou-me, mais do que teria feito qualquer livro, como transcorreram as revoltas na Hungria no século XIX. Apreciei menos *Rouges et blancs*, onde ele cai mais no estetismo. Com *Dix mille soleils* de Szabo vivi a reforma agrária nos campos da Hungria: aqui também a visão da terra, das propriedades, dos rostos me fez compreender melhor a história do que qualquer texto impresso.

Com *Os deuses malditos* Visconti quis também ilustrar uma página da história: apesar da suntuosidade, o filme não me entusiasmou. Bem explorada, a inverossimilhança pode fazer rir ou sorrir: ela estraga os efeitos dramáticos. Apesar do grande talento do intérprete, não acredito no personagem de Martin: ele acumula um excesso de vícios. A orgia que precede a noite das "facas longas", a chegada, ao amanhecer, de um barco cheio de homens sinistros, constituem espetáculos magníficos, mas que não correspondem à verdade histórica. A cerimônia fúnebre, barroca e glacial que encerra o filme é de uma beleza plástica perfeita. Sinto nela, excessivamente, a presença do diretor; observo essa performance a distância, sem lhe conceder crédito.

Um filme que, ao contrário, é gritantemente verdadeiro é o Z que Costa-Gavras fez a partir do romance de Vassilikos. Yves Montand, cuja fisionomia me é extremamente familiar, por um momento eclipsou Lambrakis, mas depressa eles se confundiram para mim. Sabia que os acontecimentos aos quais assistia eram autênticos: era uma experiência nova ver recriada na tela, imaginariamente, uma cópia tão fiel da realidade, que conservava todo o seu peso trágico.

Interesso-me por filmes que revivem acontecimentos históricos. E também pelos que me revelam determinados aspectos da sociedade a que pertenço. Em *Les coeurs verts*, Luntz me fez conhecer, em função de uma intriga inventada, uma gangue de jovens; eles me fizeram compartilhar de seu imenso tédio, de sua angústia, de seu amargor; por trás de um cinismo forçado, apontam sentimentos que não têm possibilidade de articular nem de assumir: sofri por causa disso junto com eles.

É raro que o cinema coloque proletários em cena. Alguns filmes italianos descreveram suas lutas ou denunciaram os crimes do capitalismo: o acaso fez com que não os visse. Mas em 1965 assisti a dois excelentes filmes ingleses, cujo tema era a revolta de um jovem explorado. O autor dos roteiros era Allan Sillitoe, filho de operário que, tendo-se tornado escritor, conservou fortes vínculos com seu ambiente de origem. Os papéis eram representados por atores que eu desconhecia, o que me permitiu identificá-los exatamente com os personagens. Em *Saturday night, sunday morning*, um jovem operário rebela-se contra sua condição; tenta inutilmente aproveitar seus fins de semana para escapar dela; sai com amigos, perambula, bebe, briga: quando, porém, o trabalho é alienado, os lazeres também o são.

Por mais que ele se debata, não consegue libertar-se. No final, é envolvido pelo amor. Pressente-se que, uma vez casado, pai de família, cessará de resistir. Em *The loneliness of the long distance runner*, o herói recusou a exploração injusta, a opressão degradante que representa para ele o trabalho numa fábrica. Assalta uma padaria e vai preso para um reformatório. Tratando-se de excelente corredor, o diretor o estimula a treinar: espera-se que ele conquiste a taça que em breve disputarão a instituição e um colégio particular. De fato: é muito superior a seu concorrente, está prestes a ganhar quando, de repente, toma consciência de estar sendo explorado novamente: é uma instituição detestada que vai beneficiar-se de sua vitória. Ele para e deixa que o ultrapasse seu rival perplexo.

A luta de classes é mostrada de maneira mais direta no belíssimo filme sueco *Adalen 31* de Bo Widerberg. É o verão de 1931 na Suécia: um desses verões emocionantes dos países nórdicos, onde a exuberância das folhagens e das flores explode como um milagre e onde o sol só desaparece por períodos muito breves. "Que lindo dia seria, se fosse um domingo", diz Thomas, o operário a quem a câmara nos apresenta no início do filme. Mas é um dia comum: é a greve que se prolonga há semanas, exigindo os operários um aumento de salário. Trabalham em fábricas, nesse momento fechadas, mas são também indivíduos rurais: moram em casas espalhadas pelo campo. Thomas vive numa destas com a mulher — cujos olhos e sorriso são belos, mas cuja pele é um pouco enrugada, as mãos rachadas — e dois filhos bonitos de aproximadamente quatorze e dezessete anos. Ele próprio transmite uma impressão de força e alegria. As crianças estão em férias e os homens também parecem em férias: pescam no lago, passeiam, conversam, jogam cartas; nas casas, porém, quase não há o que comer. Talvez sejam atendidos: afinal de contas, diz um patrão paternalista, o aumento que pedem não é considerável, poder-se-ia talvez ceder. Mas não. A classe patronal decide admitir *jaunes*.[53]

A situação então se altera; o drama se inicia, precipita-se. Os operários atacam os *jaunes*, perseguem-nos, mas sem chegar ao linchamento:

---

[53] Membro de um sindicato no qual os operários se recusam a participar de greves. (N. da T.)

não sentem ódio; não suspeitam o quanto são odiados por seus exploradores. Carregando bandeiras vermelhas, desfilam em cortejo por uma belíssima estrada que domina o lago, para irem discutir com o patrão. Contudo, os soldados estão escondidos nos campos que cercam sua mansão: ele chamou a tropa. Militares a cavalo tentam conter os manifestantes: estes prosseguem e continuam a avançar cantando. Ouvem-se disparos: o oficial deu ordem de atirar. "São tiros de festim", diz, confiante, o operário que encabeça o grupo. Ele cai. Outros caem também, banhados em sangue. Uma quantidade de feridos. Três mortos. Thomas morre. À noite, o patrão paternalista censura o oficial por haver mandado abrir fogo: "Os soldados atiraram, mas as balas foram pagas pelos senhores", diz o oficial. Chamar a tropa era correr o risco de que esta atirasse, era até mesmo incitá-la a isso: é o que entende o filho de Thomas. Nem ele nem seus companheiros voltarão a ser ingênuos. Seus corações estão cheios de ódio. No dia seguinte explode a greve geral na Suécia. Cai o regime.

O filme é de uma grande beleza sem descambar jamais para o estetismo. É pungente e convincente sem nada de didático. A grande realização de Bo Widerberg consistiu em ter mostrado admiravelmente a ligação da vida pública com a vida privada. Interessamo-nos pela vida amorosa de Thomas e de sua mulher — relações marcadas pelo medo de ter um outro filho que não teriam meios de educar. Comovemo-nos com o idílio que se inicia entre o filho de Thomas e a filha do patrão — a cena em que descobrem seus corpos pela primeira vez é de uma ternura, de um vigor jamais igualados no cinema. A greve faz parte da existência cotidiana dos trabalhadores: eles só desejam melhorar um pouco seu nível de vida. Contudo, ela assume imediatamente dimensão política, desemboca na violência e na morte. O antagonismo de classes pode ser provisoriamente dissimulado — como o era nesse verão nessa região da Suécia —, mas ele existe e, ao menor pretexto, se manifesta. Os burgueses que o filme nos mostra — sem caricaturá-los, sem exagerá-los — são bons pais, bons esposos, homens de cultura: para as classes que exploram são, porém, assassinos em potencial e às vezes em ato.

Gostei muito também de *Joe Hill*, do mesmo diretor, em parte por causa do admirável ator que interpretava o papel do herói. O filme conta as revoltas operárias instigadas por Joe Hill, nos Estados Unidos, no início desse século. Sente-se nele o peso arrasador da exploração, a selvageria das repressões. Mas há também muita alegria e humor na maneira como Joe Hill conduz a luta: nas ações que inventa, seus discursos, suas canções. A cena de sua execução — cinicamente organizada sob pretexto de um crime que ele não cometeu — é de uma beleza lúgubre. No entanto, pelo fato de a intriga estender-se por vários anos, o filme não tem a unidade, a sóbria densidade de *Adalen 31*. É mais anedótico e cai no estetismo.

Entre os inúmeros filmes americanos distribuídos na França, interessei-me sobretudo pelos que descrevem a América de hoje. Gostei de passear pelas vastas paisagens com os dois jovens motociclistas de *Easy rider*; a natureza, a amizade, alguns encontros felizes: uma vida boa, livre e alegre. Seus cabelos compridos, suas roupas chamativas provocam raiva nos americanos robotizados, alienados, cheios de ressentimento, prontos para matar todos aqueles que não se parecem com eles: os *viets*, os negros, os *hippies*. Os dois viajantes são selvagemente espancados, um dos companheiros apunhalado; e no final do filme ambos são assassinados.

Ódio e violência são também o tema de *Joe*. Aparentemente bem instalados na vida, tanto o burguês como o operário alimentam fúrias neuróticas contra todos aqueles que os contestam: os amarelos, os negros, os jovens. Culpado, no início da história, pelo assassinato não premeditado de um *hippie*, o burguês é incentivado por Joe, o proletário, a confessar sua verdade: ambos são racistas, linchadores. Ele se envolve no massacre deliberado de um bando de *hippies* durante o qual mata a própria filha.

O abismo que separa as gerações é o tema tratado muito mais superficialmente em *Taking off*, que o diretor tcheco Milos Forman rodou nos Estados Unidos. É um filme cruel, já que todos os personagens estão perdidos, sem recursos, tanto os adultos rígidos em seu papel de pais, como os filhos que tentam escapar-lhes mas não encontram lugar no mundo. Sem amor, sem nada na cabeça, todos são devorados pelo tédio. No entanto, rimos do princípio ao fim da história. Aqui também o cômico nasce do contraste entre as realidades interna e externa dos personagens. Estes falam de si mesmos, de sua vida com seriedade, pomposamente: a verdade que a tela nos revela contradiz grotescamente seus discursos. Os hábitos, as manias, os estereótipos, as presunções de toda uma categoria de americanos são sutilmente ridicularizados. Mesmo quando brota neles um sentimento sincero, é imediatamente bloqueado por automatismos. O auge do filme é a cerimônia em que os pais se põem a fumar maconha sob pretexto de compreender a mentalidade dos filhos: sentindo-se muito importantes, alardeando um senso profundo de suas responsabilidades, em verdade estão apenas realizando um jogo de salão que os distrai provisoriamente.

É também um quadro da vida americana que constitui o tema de *Five easy pieces*. O herói parece-nos condenado à solidão. Na empresa petrolífera onde trabalha, desconhece todos os companheiros, os quais, por sua vez, nada sabem a respeito dele. Pouco se preocupa com a garçonete com quem se juntou, e esta não o compreende. Na família, à qual retorna para rever o pai, que foi um músico célebre e é agora hemiplégico, não mantém um verdadeiro contato com ninguém: atraído pela mulher do irmão, não consegue ser amado por ela, que duvida que ele seja capaz de amar. Torna a partir, desesperadamente só, as mãos vazias, indo para as florestas geladas do norte, onde certamente morrerá. Sua solidão se explica em parte por seu temperamento, por sua infância. E também pela maneira de viver americana. Ela não é apenas destino seu, mas igualmente dos outros personagens — em especial da psicótica que pede carona, obcecada pelos problemas de poluição e fugindo para a neve do Alasca. E para combater essa maneira de viver, não basta recorrer aos mecanismos da psicanálise, como pensa uma boquirrota pedante. Ela é o fruto amargo de uma determinada civilização.

O que mais valoriza esse filme são as relações entre os diferentes personagens. Ao contrário do que se pensava outrora, o cinema transmite excelentemente as nuances e sutilezas psicológicas. Achei surpreendente o relacionamento do empregado com seu jovem patrão em *The servant* de Losey; o dos dois irmãos, entre eles e com o *care-taker*, no filme que tem esse título; o de *Petulia* com o homem que a ama sem esperança; o de Mia Farrow e Elizabeth Taylor em *Secret cerimony*; o do jovem inglês com o jamaicano em *Two gentlemen*; o dos personagens de *Ma nuit chez Maud*; o dos heróis de *Un dimanche comme les autres*. Um livro que fosse contar essas histórias teria, primeiro, de familiarizar-nos com os heróis e seu ambiente, e talvez, extremamente desenvolvida, a história nos parecesse insignificante. Na tela tudo está imediatamente diante de nós: os rostos, os ambientes; e nosso interesse pode surgir desde logo. Um gesto, uma expressão, uma entonação dizem mais e mais rapidamente do que páginas e páginas impressas.

Vários filmes englobam todos os registros que enumerei um pouco arbitrariamente: revivem uma época ou uma sociedade, contam aventuras, mostram quais os sentimentos que ligam os indivíduos.

Bonnie and Clyde ilustrava uma época: 1929, o tempo da grande recessão; era uma história de *suspense*; era também a história incrivelmente atual do difícil amor entre uma moça e um rapaz impotente. *More* — que tinha uma música excelente — retratava, sobre um fundo de paisagens belíssimas, a fauna que povoa Ibiza: ex-nazistas, hippies que fumam haxixe, drogados; o filme contava a aventura de um rapaz ávido de todas as alegrias da vida, de uma maneira tão exasperada, tão descontrolada, que o sentíamos perdido desde o início; apaixonado por uma drogada sedutora, esta o persuade a se injetar heroína; ele se torna escravo da droga que o mata: essa escalada criava um *suspense* angustiante do início ao fim do filme.

Honeymoon killers mostra o crime em seu horror físico: a agonia das vítimas é repugnante, os assassinos custam a terminar com elas; formam um par monstruoso; o interesse do filme consiste em convencer-nos que um monstro é algo totalmente diferente de um monstro: é "meu semelhante, meu irmão". A heroína é fisicamente desventurada: uma enorme massa de carne, tendo, no entanto, um rosto bonito. Sensual, sofrendo de bulimia, de uma dureza implacável e, além do mais, antissemita, apesar disso, ela nos comove pela paixão exclusiva que sente por Ray, pela confiança ingênua que deposita nele. Mata — duas vezes por um ciúme frenético, uma vez a sangue-frio —, mas sua vida não tem para ela muito mais valor do que a dos outros. Está pronta a desfazer-se dela se não pode ter Ray só para si e numa harmonia absoluta: opta por ser condenada à morte junto com ele, para não ter de fazer concessões. Tal radicalismo a torna bastante superior às criaturas lamentavelmente normais que Ray seduz; como ela, nós as desprezamos por seu coquetismo absurdo, ou sua avareza sórdida, ou suas mentiras a si mesmas. Mais medíocre, mais frívolo, Ray é, no entanto, capaz de amar ternamente essa mulher sem beleza. Não sei se os criminosos que morreram na cadeira elétrica em Sing Sing, em 1951, se pareciam com esse casal: mas ele conseguiu atrair-nos, sem que o filme dissimulasse o horror brutal de seus crimes.

São raros os diretores que têm um universo próprio que me seduz. Entre estes, apenas dois produziram nessa década obras que me tocaram: Bergman e Buñuel. O interesse de Bergman pelas mulheres me encanta: elas não são objetos para ele, mas indivíduos inteligentes e sensíveis; ele retrata admiravelmente bem as relações entre elas: amizade, cumplicidade, ódio; a única fraqueza delas é, a seu ver, a tendência que as impele para estes seres lamentáveis — os homens. Deparei-me com esse universo feminino, com suas violências, suas tempestades, seus frenesis em *O silêncio*, e fiquei mobilizada. Em compensação, o lado místico de Bergman, sua obsessão pelo mal me desagradam. Havia belas paisagens em *A paixão de Ana*, bem como personagens atraentes, dolorosamente enclausurados em sua solidão interior; contudo, as ideias preconcebidas do autor estavam muito evidentes: a presença do mal no mundo — a maldade dos homens — vinha simbolizada pela morte de carneiros, pelo linchamento de um inocente. Não penetrei nessa história.

Buñuel também me incomoda quando se mostra fascinado por temas religiosos, embora goste muito de tantos filmes seus. Não me interessei por *La voie lactée*, apesar de suas imagens muito bonitas e de algumas cenas cativantes. Mas gostei de *Tristana*: só o cinema podia mostrar o estranho relacionamento de uma bela mulher inválida com um sedutor já envelhecendo. Buñuel é excelente para desmascarar o que as pessoas honestas escondem sob o nome de Bem: a simulação, a hipocrisia. Apenas com mostrar-nos padres de fisionomias despreocupadas, degustando chocolate com excesso de deleite, já nos leva a detestá-los. Há mais verdade e humanidade nos "vícios" do velho, de Tristana, do pequeno surdo-mudo.

Um filme que considero uma obra-prima — como declarei na época — é *Les abysses*, realizado em 1963 por Nicos Papadakis com diálogos de Vauthier. Inspirou-se na história das irmãs Papins e, não se permitindo, em nenhum momento, enervar os espectadores, levou a violência ao paroxismo. O drama se desenrola na casa de campo isolada onde o Senhor, a Senhora e a Senhorita vivem sua sórdida existência de pequeno-burgueses avaros, de resto semiarruinados: nós a vemos através do ódio que as duas irmãs — admiravelmente representadas pelas irmãs Bergés — dedicam a seus patrões; entrar com elas na cozinha é penetrar numa câmara de torturas: sem recorrer a nenhum artifício, Papadakis se limita a mostrar-nos as facas, os garfos, os facões, o fogareiro a gás, e esses utensílios familiares parecem assustadores. O ódio cresce na medida em que o amor recíproco das duas irmãs faz pressentir uma vida "diferente", na qual felicidade, poesia, liberdade seriam possíveis. Há um momento em que as duas empregadas tiranizam cruelmente a família que depende delas, já que há anos nada lhes paga. Mas, finalmente vencidas pela coalizão burguesa, representando o papel das criadas estereotipadas, servem docilmente o café no salão. Ficam sabendo então que serão despedidas e separadas uma da outra: novamente se enfurecem e matam a Senhora e a Senhorita a golpes de ferro de passar.

Foi dito que, ao narrar essa revolta selvagem, Papadakis pensou na guerra da Argélia. Em 1963, ele realmente conservava dela uma lembrança dolorosa, e há um certo esquema da luta anticolonialista nessa tragédia particular. Trata-se aqui de uma dessas situações extremas que Frantz Fanon[54] descreveu, das quais o oprimido só pode sair massacrando o opressor: pelo terrorismo. O Senhor e a Senhora têm a consciência tranquila, isto é, a inconsciência e a ignorância dos colonizadores que se julgavam tolerados e até amados pelos árabes e que a descoberta do ódio destes deixou estupefatos. A Senhorita encarna o paternalismo do que denominávamos na época a "esquerda respeitosa" e que desejava conceder aos colonizadores o que estes queriam conquistar. É ela que, ofendida por ver desdenhada sua bela alma e rejeitados seus esforços, desencadeia a tragédia. (O filme é tão rico, que atualmente a Senhorita faz pensar num certo reitor, como ela compreensível e indulgente a ponto de suportar todas as afrontas, e que acabou chamando a polícia para que atirasse nos estudantes.)

---

[54] *Os condenados da terra.*

Tendo visto esse filme em sessão privada, eu e vários escritores o recomendamos ao público.[55]

Raramente sinto prazer em assistir a documentários. Eles me trazem conhecimentos, fora de todo contexto, em momentos em que não tenho desejo de absorvê-los. Nesses últimos anos, apenas um me encantou: uma reportagem a cores sobre Benares. Trata-se de um nome com o qual sonhara e as imagens satisfaziam uma curiosidade muito antiga.

Em compensação, filmes que tentam fazer reviver uma época me interessam. Fui imediatamente ver *36, le grand tournant*, que ressuscitava a aventura da Frente Popular. Os comentários muitas vezes me irritaram; contudo, mais fortemente do que nunca, tive a impressão de recuperar minha própria existência. Assistira em 1936 a alguns acontecimentos, mas de um modo geral tomara conhecimento deles através de jornais e conversas. A tela me oferecia uma totalização deles. Graças ao impacto das imagens, senti-me transportada para o meu passado e em condições de juntar e ver seus diversos aspectos.

Le chagrin et la pitié não me provocou, de modo algum, a mesma impressão. Nele não encontrei a atmosfera da ocupação, tal como a vivi: havia muito mais angústia no ar. Aliás, poucas imagens evocavam diretamente o passado: sobreviventes falavam de uma época já longínqua e cujo sofrimento essa distância neutralizava. Ter sido colaboracionista ou membro da Resistência parecia uma questão de opinião, quando, na verdade, pilhas de cadáveres separavam os dois campos. No entanto, algumas passagens eram boas: o depoimento de Mendès France, as afirmações odiosas e ridículas do Conde de Chambrun, a história do camponês da Resistência. As palavras do alemão eram tão iguais ao que se podia prever que ouvi-las proporcionava um prazer intelectual um pouco incômodo.

De 1962 para cá vi, muitas vezes com prazer, outros filmes além dos que citei. No entanto, sei que perdi vários interessantes. Já não vou ao cinema com frequência. Detesto sair de minha comodidade,

---

[55] Papadakis fez depois um outro filme, *Les pâtres du soleil*, que, segundo me disseram, é muito bom mas que, por outras circunstâncias, não pude ver.

entrar na fila, tolerar o noticiário e a publicidade. E, além disso, é fácil interromper uma leitura ou um disco; no cinema, sobretudo se vou com alguma amiga, uma vez sentada em minha poltrona, sinto-me obrigada a permanecer, mesmo se o filme me desagrada.

Esses inconvenientes não pesariam se o cinema me proporcionasse mais do que qualquer outro modo de expressão: o que não é o caso. É a evidência da imagem que dá aos filmes sua força ou sua sedução: mas também, por sua plenitude inevitável, a fotografia interrompe minha fantasia. Essa é uma das razões pelas quais — como já foi dito muitas vezes — a adaptação de um romance à tela é quase sempre lamentável. O rosto de Emma Bovary é indefinido e múltiplo, sua infelicidade ultrapassa seu caso particular; na tela, vejo um rosto definido, o que diminui o alcance da história. Não tenho esse tipo de decepção quando a intriga foi concebida diretamente para a tela; agrada-me que *Tristana* tenha os traços de Catherine Deneuve: porque previamente já aceitei que essa história tenha apenas a dimensão de uma anedota. Muitas vezes também, a importância assumida pela imagem visual empobrece os lugares que me revela. No papel a "ausente de todo buquê", assim o é por seu perfume, pela textura de suas pétalas, bem como por sua cor e sua forma: através das palavras é a totalidade de uma flor que é visada. No que se refere a uma paisagem de cinema, vejo-a, ouço seus ruídos: mas não sinto o cheiro salgado do mar, não sou atingida pelo respingo das ondas. A focalização das fotografias muitas vezes as isola do resto do mundo. Se leio a palavra Toledo, toda a Espanha me está presente; em *Tristana*, as ruas de Toledo, pela própria perfeição com que são fotografadas, não me proporcionam nada mais do que elas mesmas. Às vezes, a arte do diretor permite-lhe vencer essas limitações: uma paisagem do campo está tão viva que tenho a impressão de sentir seu frescor em minha pele; não passeio numa rua, mas em Londres, com toda a Inglaterra em volta de mim. Mas, na melhor hipótese, nenhum filme conseguiria atingir um determinado grau de complexidade nesse sentido. Menos expressiva do que a imagem — e portanto, quando nos limitamos a mostrar, menos rápida —, a escrita é extremamente privilegiada quando se trata de transmitir um saber. Quando uma obra é rica, comunica-nos uma experiência vivida que se apoia em conhecimentos abstratos: sem esse contexto a experiência fica mutilada ou até ininteligível. Ora, imagens visuais não são suficientes para oferecê-lo: quando tentam sugeri-lo, o fazem grosseiramente e, em geral, com inadequação. Percebe-se isso quando Costa Gavras fez *L'aveu*. Ele teve êxito em *Z* porque a intriga era muito simples, o contexto conhecido: uma manobra policial a mais. Mas *L'aveu* só tem sentido numa situação que se ligue a toda a história do pós-guerra na Rússia e nos países do leste. Os personagens não existem apenas no momento do processo: cada um deles tem toda uma vida política por trás de si. No livro, sabíamos exatamente com quem estávamos lidando e conhecíamos as razões de cada atuação. Reduzido a um espetáculo, o drama de London perdia seu sentido e sua profundidade.

Creio que minha preferência pelos livros deve-se sobretudo ao fato de, desde minha infância, ter investido na literatura. Sou mais sensível às palavras do que às imagens.

Um dos lugares-comuns que se repetem em determinados meios é o de que doravante a literatura só representará um papel secundário; o futuro pertence ao cinema, à televisão: à imagem. Absolutamente não acredito nisso. Não pertenço à televisão e jamais pertenceria. A imagem imediata nos fascina; mas depois se apaga, se atrofia. As palavras têm uma enorme vantagem: levamo-las conosco. Se digo: "Nossos dias morrem antes de nós", recrio em mim com exatidão a frase escrita por Chateaubriand.

A presença dos outros homens em cada homem materializa-se pela linguagem, e essa é uma das razões pelas quais considero a literatura insubstituível.

★

Vou muito mais raramente ao teatro do que ao cinema. No cinema, há uma homogeneidade perfeita do material utilizado: imagens visuais percebidas como *analogon* da realidade da qual são evidência. Posso colocar-me no imaginário e acompanhar o filme sem ser daí desalojada em momento algum. No teatro, a relação do imaginário com a realidade me parece falha. Nunca todos os atores representam perfeitamente. Percebo o ator no personagem que ele encarna.

O cenário, as vestes, os acessórios estão presentes em sua contingência material: aproximam-me da vida cotidiana da qual, de uma maneira ou de outra, o texto pretende afastar-me. Por um momento me introduz num universo fictício, mas logo estou de volta neste mundo daqui: no espetáculo. Mesmo se a peça me satisfaz plenamente, mesmo se a *mise en scène* é perfeita, sempre me sinto numa situação instável.[56]

Apesar de tais reservas, tive muito prazer em ver determinadas peças. Em *La vie d'A. Geai*, de Gatti, representada no Odéon em 1964, havia uma boa ideia teatral: mostrar-nos o mesmo personagem em quatro idades diferentes. A literatura tentou isso às vezes, mas o efeito de simultaneidade é muito maior, quando vejo com meus olhos, no palco, o adolescente, o rapaz, o homem maduro, o futuro velho que são um único indivíduo. Quando a peça começa, um gari de aproximadamente quarenta anos foi ferido numa manifestação e luta contra a morte num leito de hospital. Revê seu passado, enquanto, sentado na entrada de um pequeno pavilhão, o aposentado que ele sonha ser suplica-lhe — em vão — que continue vivendo. Se seu destino não nos mobilizasse, só haveria aí um artifício cênico sem importância. Mas Gatti soube ligar-nos ao gari Auguste Geai, em quem resumiu em grande parte, na ternura e na revolta, a existência desditosa de seu pai.

Em *Les jouets* de Georges Michel temos uma sátira, cruel e engraçada, de nossa sociedade de consumo, do meio que nos é imposto, os slogans com que a televisão nos contamina. O êxito do espetáculo deveu-se à perfeita homogeneidade do texto — construído por meio de lugares-comuns — com a representação dos atores cujas mímicas e vozes desumanizam. O cenário, a *mise en scène* contribuíam para esse distanciamento, através do qual reconhecia-se claramente uma realidade cotidiana.

O distanciamento: é o que faz, já o sabemos, a força da arte de Brecht. É o único autor cujas peças prefiro ver representar do que ler; o texto geralmente parece apagado, só adquire seu brilho no

---

[56] Refiro-me ao teatro ocidental. Há formas de teatro que escapam a essa crítica. Mencioná-las-ei adiante.

palco. Verifiquei isso, uma vez mais, vendo no T.N.P. *O Sr. Puntilla e seu criado Matti*, que lera sem entusiasmo. Engenhosamente encenada, admiravelmente trabalhada por Wilson, Denner, Judith Magre, a peça fazia rir muito e deixava um gosto amargo.

Vi também, no pequeno T.N.P., *Chêne et lapins angora* de Martin Walser;[57] gostei de seu patetismo sóbrio. Deportado por ser antinazista, o personagem poético e dilacerante que Dufilho encarnava havia sido tão bem transformado por uma operação de cérebro seguida de reeducação, que continuava a gritar "Viva Hitler!" num momento em que todos os seus compatriotas gritavam a plenos pulmões: "Viva a América!" Tomado de um desespero impotente, ele se via sendo pouco a pouco despojado de tudo o que constituíra o encanto de sua vida; enquanto isso, o ex-nazista, representado por Wilson, prosperava cada vez mais. Profunda, tensa, sem jamais cair no símbolo ou na alegoria, a obra mostrava, com luz sombria, toda a Alemanha do pós-guerra, onde os bons foram punidos e os maus recompensados.

Num circo transformado em teatro, Mnouchkine montou *La cuisine* de Wesker. O cenário era de uma exatidão minuciosa: tinha-se a impressão de estar realmente numa cozinha, de saber que a porta dava certamente para a sala do restaurante. No entanto, faltavam as comidas e a maioria dos utensílios: os gestos dos atores os supriam. Assavam carnes invisíveis, batiam uma massa fantasma, limpavam peixes ausentes. Essa aliança da mímica com o realismo das expressões, das entonações, dos movimentos fazia a originalidade do espetáculo e lhe dava sua força. Setíamo-nos solidários com aqueles homens e aquelas mulheres exaustos por um trabalho de ritmo infernal. Avaliávamos o abismo que os separava do patrão incapaz de compreender sua revolta. Só lamentei que a intriga caísse no melodrama. No caso em questão a *mise en scène* era extremamente superior à obra escrita.

Um pouco mais tarde, Mnouchkine apresentou, no mesmo local, *O sonho de uma noite de verão*. Das comédias de Shakespeare não é a que prefiro, e a maioria dos atores foi escolhida por suas qualidades plásticas: as danças e pantomimas eram executadas com muita graça, mas o texto mal apresentado. O que havia de melhor era o cenário:

---

[57] Romancista e dramaturgo alemão.

uma forração, espessa como a vegetação rasteira de uma floresta, recobria todo o palco e parecia iluminada pela luz de um céu noturno, filtrando-se através de galhos.

Duas peças de Sartre foram montadas no T.N.P. Em 1965 Cacoyanis encenou *Les troyennes* (*As troianas*), que Sartre adaptou de Eurípides, respeitando fielmente o texto, mas dando-lhe um tom muito moderno. Podromidès, que fizera em Nova York uma música para *Les troyennes*, queixava-se de que as palavras não se harmonizavam com seus ritmos. Gripado, Sartre não pôde assistir aos ensaios. A primeira vez que fomos ao teatro, poucos dias antes da pré-estreia, ficamos apavorados: uma música estrondosa impedia que se ouvisse a voz dos atores. Estes representavam bem; Judith Magre era uma Cassandra notável. Mas os coros estavam muito ruins. Quando Hécuba diz: "Bate em tua cabeça!" todos os figurantes batiam no peito, com gestos que lembravam uma aula de ginástica rítmica. "Erro de anatomia", murmurou o cenarista, um grego idoso e divertido que fizera belos cenários. Sartre conseguiu que fossem suprimidos alguns efeitos cênicos desastrosos. Na noite da pré-estreia o público aplaudiu bastante, mas nossos amigos — como nós — não se mostraram entusiasmados.

Em compensação, a *mise en scène* que Wilson fez de *Le Diable et le bon Dieu* (*O Diabo e o bom Deus*), no outono de 1968, foi excelente. Substituiu um cenário construído por um dispositivo engenhoso que permitia que os atores entrassem, saíssem, se movimentassem livremente. A escolha dos intérpretes foi bastante feliz. No primeiro ato, no papel de Goetz, Périer igualava Brasseur, embora não o superasse; e no segundo ato transmitia muito mais autenticidade. O conjunto do espetáculo era bem superior ao que Jouvet dirigira. As circunstâncias proporcionavam um tom moderno à peça: as lições balbuciadas pelos habitantes da Cidade do Sol faziam lembrar as recitações coletivas do livrinho vermelho de Mao. Os jovens que lotavam a sala todas as noites descobriam no texto uma série de alusões aos acontecimentos presentes e aplaudiam entusiasticamente.

Apesar das inovações, todos esses espetáculos continuavam bastante clássicos. Assisti depois a outros, que rompiam mais marcadamente com as tradições.

Em outubro de 1968, assisti a uma representação de *Akropolis* no pequeno teatro de L'Épée-de-Bois. No século XIX, um dramaturgo polonês que desejava exaltar nossa cultura humanista imaginou que os heróis de cenas homéricas ou bíblicas, reproduzidas nas tapeçarias de um castelo, desciam das paredes e vinham representá-las para nós. O diretor polonês Grotowski inspirou-se nessa peça, só que para escarnecer do humanismo e da cultura tradicional. Imaginou que o espetáculo era montado num campo de concentração pelos deportados com as correspondentes roupas riscadas. Entregavam-se a trabalhos penosos e absurdos, transportando canos pesados, montando andaimes. Depois, de repente, evocavam através de seus gestos e de suas palavras as grandes figuras de nosso passado: e havia um contraste grotesco entre sua abjeção e a nobreza legendária dos heróis que encarnavam. Na verdade, ridicularizavam essa nobreza. O idílio de Helena e Páris tornava-se curiosamente pederástico pelo fato de serem homens os dois atores. O episódio mais impressionante era o casamento de Raquel; absolutamente não coincidia com a narração bíblica; em vez de sujeitar-se a Labão, Jacó o matava com um pontapé e levava Raquel consigo. Esta era representada por um cano revestido de matéria plástica branca como um véu de noiva. Jacó percorria o teatro dando-lhe o braço, seguido de todo um cortejo de casamento que salmodiava canções. Os espectadores estavam sentados em bancadas em torno do palco, e muitas vezes os atores se misturavam a eles. O que lamentei foi não entender o texto. Nossa amiga tcheca, Liehm, que sabe polonês, nos dava uma ideia rápida de seu sentido e disse-nos que o texto era muito bom. A dupla transposição — falsos prisioneiros representando o papel de heróis antigos — tornava o espetáculo radicalmente irreal, suprimindo a importuna discrepância entre esse mundo e o mundo imaginário.

Em 1970, Ronconi apresentou em Milão, na Praça do Duomo, um espetáculo popular e gratuito, extraído de *Rolando furioso*. Levou-o a Paris em maio, exibindo-o num dos pavilhões desativados dos Halles: os lugares eram pagos, e o público, mais restrito. Na noite em que fui, de saída o cenário me encantou: uma harmoniosa arquitetura de ferro, toda aberta para o céu. Os espectadores, de pé, participavam da ação; representavam a multidão contra a qual se lançavam guerreiros e guerreiras montados em cavalos de ferro; eles se perseguiam, desafiavam-se, lutavam por cima de nossas cabeças, pois seus cavalos estavam colocados sobre gaiolas de madeira munidas de rodas; no interior de cada uma delas havia um homem acocorado que a impulsionava correndo. Toda a maquinaria tinha a mesma simplicidade engenhosa: podíamos acreditar que havíamos sido transportados para uma festa do século XVI, na qual o maravilhoso era evocado através dos meios mais rudimentares. Cenas eram montadas nas duas extremidades do hall e dos estrados junto às paredes. Por alguns momentos uma única ação concentrava toda a atenção; outras vezes, dois, três ou quatro episódios se desenrolavam ao mesmo tempo. Podia-se escolher um deles, ou passar de um para o outro, ou descansar fumando um cigarro. Essa abundância de aventuras heterogêneas, que me tonteia e desagrada em muitos romances antigos, aqui me encantava: sua verdadeira relação temporal é a simultaneidade, ao passo que a leitura impõe um desenvolvimento tedioso. Conheço mal o italiano, o texto me escapou, mas as intrigas eram fáceis de compreender e dispensavam as palavras. O ardor e a beleza dos atores — homens e mulheres —, o colorido das roupas, a alegria, a rapidez dos movimentos, tudo contribuía para a minha satisfação: uma felicidade análoga à que experimentei em minha infância, não tanto com o teatro, mas quando lia contos fantásticos cujas ilustrações me eletrizavam.

Gostei ainda mais de *1789*, peça montada por Mnouchkine e representada por uns quarenta atores do Théâtre du Soleil, que vi em fevereiro de 1971. Aqui também o cenário fora admiravelmente bem escolhido: na solidão do bosque de Vincennes, a fábrica de armas onde, no passado, se fazia um gás mortal, a *vincennite*. Era um hangar imenso, onde se erguiam cinco estrados ligados por cenários pelos quais era possível movimentar-se. O público podia sentar-se nos bancos dispostos junto a uma das paredes, ou então ficar de pé no meio da sala, ou instalar-se nas passarelas ou nos estrados quando estes se achavam vazios. O argumento da peça — composto coletivamente por todo o elenco depois de um estudo prolongado e sério da Revolução — era o seguinte: após a fuzilaria do Champ-de-Mars, em 1791, saltimbancos representam a história dos dois anos que acabaram de passar; representam-na tal como o povo poderia imaginá-la, o que autorizava todos os exageros, todas as bufonarias, as mais livres interpretações dos fatos. As cenas ora se desenrolavam simultaneamente nos cinco estrados, ora uma única ação ocupava maciçamente o teatro, as passarelas permitindo que se corresse de um ponto a outro, e o público figurando a multidão.

Após um início um pouco lento que descrevia a miséria do país, o espetáculo tomava um ritmo precipitado que não mais diminuía; utilizava os procedimentos mais variados. Os saltimbancos evocavam a convocação dos Estados Gerais com a ajuda de marionetes, que manipulavam abertamente, e que de repente começavam a viver uma vida autônoma, em seu próprio universo. Enquanto isso, Maria Antonieta, Polignac, Lamballe, grosseiramente caricaturados, dançavam em torno de Cagliostro. Subitamente tudo silenciava. De uma ponta à outra da sala, os atores, dispersados entre os espectadores, começavam a sussurrar em seus ouvidos a história da tomada da Bastilha. Acompanhado por uma música muito bonita, de início era apenas um murmúrio, imperfeitamente sincronizado, embora se ouvisse a mesma palavra, *Necker*, em diferentes momentos, em diferentes lugares: parecia voar pelo teatro. As vozes cresciam, uniam-se, permanecendo distintas, era a voz do povo triunfante, pulverizada através do tempo e do espaço; era um rumor habilmente orquestrado, necessário e mobilizador como uma cantata de Bach; num tom de confidência e de entusiasmo todas as bocas, em conjunto e uma a uma, clamavam: e foi assim que tomamos a Bastilha! Esse foi um dos maiores momentos que eu já vivera. Despertava-me íntimas ressonâncias, porque reconhecia nesse relato o mesmo que muitas vezes nos fizemos, entre amigos, em noites de manifestações que considerávamos exitosas e promissoras. Uma imensa quermesse explodia então, os estrados se transformavam em barracas de feira onde se desenrolavam cenas de luta, jogos, danças, pantomimas, acompanhados pelos refrões de uma música de retreta.

Poder-se-ia temer que depois desse paroxismo o espetáculo caísse. Mas não. Achados surpreendentes eram sucedidos por outros achados igualmente inesperados. Houve o *strip-tease* da noite de 4 de agosto, em que os Nobres, num frenesi de generosidade, arrancavam seus chapéus de plumas, suas lindas vestes, desnudavam-se quase que inteiramente; depois, avaliando de repente seu sacrifício, e consternados, apressavam-se em recolher e levar seus pertences. As mulheres de Paris, com vestidos brancos e agitando ramos verdes, atravessavam a multidão para trazer o rei, a rainha, representados por balões que flutuavam sobre suas cabeças. Numa pantomima burlesca, ao som de uma marcha nupcial, os ricos disputavam os bens do clero. Uma das últimas cenas inspirava-se em Guignol. Os burgueses sentavam-se num estrado para assistir a uma farsa; diante deles, num outro palco, entre um nobre e um cardeal ridiculamente vestidos, havia uma grande caixa: um saltimbanco tirava de dentro dela o Povo, que rapidamente abatia os Privilégios e a Superstição. Os burgueses aplaudiam, e mais ainda quando o saltimbanco fechava novamente o povo na caixa; apavoravam-se ao ver a tampa levantar-se e gritavam como as crianças para Guignol "Cuidado! Cuidado!" Mas o povo aparecia nas costas do manipulador e o estrangulava. Sucesso sem futuro. Após a fuga do rei — ilustrada por uma das sequências mais brilhantes —, como o povo exigisse sua queda, a guarda nacional atirava na multidão, e a Ordem dos privilegiados triunfava.

Nesse espetáculo havia uma dupla transposição, já que os atores se apresentavam como saltimbancos que também representavam papéis. Graças a esse artifício, nenhuma caricatura, nenhuma paródia pareciam exageradas. E na realidade estavam a serviço da única verdade válida: a verdade popular. Não é uma calúnia mostrar o rei e a rainha empanturrando-se, embriagando-se, cambaleando, enquanto o povo morre de fome, pois, mesmo com boas maneiras à mesa, comer à vontade em épocas de penúria é ser glutão. Através das *charges*, das *gags* de uma enorme graça, Mnouchkine e seu elenco nos mostravam uma história trágica: o estrangulamento da Revolução pela classe em ascensão que só destruiu a nobreza para ficar com suas prerrogativas, sendo a aristocracia de nascimento substituída pela aristocracia da riqueza. Ela utilizou o povo, enganando-o, e este nada ganhou. Essa comprovação era feita, quase sem que nos apercebêssemos, com uma notável exatidão quanto aos detalhes de seu desenvolvimento. Contestou-se que o espetáculo tivesse valor revolucionário, porque a entrada era paga; no entanto, tinha esse valor, pela emoção e a indignação que provocava.

Em junho de 1971, foi possível ver em Paris um espetáculo totalmente insólito: *Le regard du sourd* de Robert Wilson, uma série de quadros, onde se encadeiam em silêncio imagens imóveis ou animadas; é uma lenta evocação onírica das fantasias de uma criança negra surda-muda: o autor também projetou aí seu próprio universo. Como quase todas as pessoas que assistiram ao espetáculo — apesar das durações, das repetições —, fiquei seduzida por essa fantasmagoria. Mas logo percebi que não tinha conseguido reter nada dela. As imagens se apagaram sem que me tivessem proporcionado um sentido, do qual eu teria guardado pelo menos uma lembrança. Esse "rio de silêncio", como o denomina Renée Saurel, para mim correu em vão.

*

A música ocupa lugar importante em minha vida. Nunca vou a concertos: detesto sua solenidade artificial. Prefiro esperar que a obra que me interessa seja gravada. No entanto, fui duas vezes à ópera. De há muito que amo o *Wozzeck* de Berg e não quis perder sua execução dirigida por Boulez; achei-a magnífica e, além disso, apreciei os belos cenários de Masson, a excelente *mise en scène* de Barrault, adequadamente inspirada em Brecht. É raro que uma ópera realize a síntese artística ambicionada por esse gênero de obra. Vi também, em 1969, *Boris Godunov* apresentada pela Ópera de Moscou. É uma obra que conheço bem. Os coros estavam admiráveis e os atores não só cantavam como também representavam com muita arte. O fausto das vestes fazia esquecer o lado convencional dos cenários.

Mas são exceções. Meu verdadeiro contato com a música é muito mais cotidiano. Durante as noites que passo com Sartre, ouvimos discos. Atualmente eles quase não me proporcionam grandes revelações, porque já me familiarizei com os grandes compositores de outrora. Mas é uma alegria ouvir novamente as composições que amo, descobrir as que ainda não tinham sido gravadas e que completam meu conhecimento de um músico ou de uma época: assim foi que, em 1970, pude ouvir os admiráveis *Madrigais* de Gesualdo cujo nome até ignorava. Revivo meus conhecimentos, adquiro outros, capto alguns trechos sob outra perspectiva, minhas opiniões, meus gostos mais ou menos se modificam. Como já disse, uma de minhas preocupações atuais é recapitular meu passado e dimensioná-lo.

Outra — também já referida — é a de estar informada. Acompanho atentamente as criações de meus contemporâneos. Devo algumas grandes emoções novas a Stockausen, Xenakis, Penderecki, Ligeti; gosto também de Boulez, Berio, Nono, Henze e alguns outros. É uma experiência curiosa ouvir músicos ainda jovens, sabendo que é na maturidade, ou mesmo na velhice, que mais comumente os compositores realizam suas obras-primas. Qual deles irá mais longe? Qual deles, no fim desse século, será considerado o mais importante? Seu futuro, vivido e póstumo, me intriga. Outras criações — imprevisíveis para eles, para mim — modificarão retrospectivamente o sentido de sua obra, assim como eles me ajudam a compreender as pesquisas de seus predecessores. Através de Xenakis, decifro de outra maneira alguns trechos de Beethoven, Ravel, Bartok.

Às vezes tento a pequena aventura que consiste em girar o dial de meu transistor para ouvir um programa de France-Musique. Ocasionalmente, encontro um trecho que realmente aprecio: mas isso é raro e não é o que busco. Uma amiga me disse uma vez que a atração das reuniões sociais deve-se ao fato de lá encontrarmos pessoas que não desejamos encontrar; assim também com o rádio, divirto-me escutando música que não tenho desejo de ouvir. Mas é um prazer que não me prende por muito tempo. Prefiro retornar a meus discos.

★

Assusta-me a multidão das grandes exposições. E, além disso, separados de suas origens, os objetos que nelas se exibem perdem muito de seu valor. A exposição de arte negra que se realizou em 1966 no Grand Palais era muito rica, peças magníficas podiam ser admiradas, mas estavam dispostas numa ordem bastante arbitrária, que não explicava seu sentido. Era essa também a falha da exposição da Europa gótica.[58] As salas estavam bem iluminadas, pouco cheias, e pude flanar à vontade. Vindas de todos os cantos da Europa, as obras reunidas ali

---

[58] No Louvre, em 1967.

davam a impressão de um bricabraque. As estátuas pousadas em salas impessoais eram muito menos mobilizantes do que em Saint-Denis, em Bourges, em Dijon, onde dormiam na penumbra da igreja em que haviam rezado quando em vida. A maioria das esculturas assemelhava-se às que eu conhecia, e todas se pareciam muito. Havia algumas insólitas, em madeira pintada, que me surpreenderam: mas quase todas eram feias. O que vi de mais interessante foi um imenso Cristo, todo preto, e crucificado no patíbulo. Originava-se da Vestfália. Tinha um rosto de malfeitor e um corpo desmesuradamente grande. Lembrava-me todos os infelizes que foram atrozmente torturados na Alemanha, crucificados em troncos de árvores ou enforcados em seus galhos, por ocasião das revoltas camponesas. De modo geral, prefiro a essas grandes exibições a modéstia de um museu do interior que oferece ao visitante um conjunto homogêneo: os de Provins, de Autun, de Dijon, e tantos outros.

Senti-me feliz, no entanto, em reviver no Grand Palais,[59] em 1971, minhas lembranças da Iugoslávia. Slides projetados numa tela lembraram-me seus monumentos. Encontrei, em reproduções, belos afrescos das igrejas bizantinas. E descobri várias obras que desconhecia: estátuas de pedra encontradas às margens do Danúbio que representam, com traços grosseiros, homens-peixes e que datam certamente da pré-história; um lindíssimo carro votivo, em terracota, puxado por patos, que data da Idade do Bronze; uma cabeça de adolescente, em mármore, um rosto puro, os cabelos minuciosamente trançados, esculpida no século II de nossa era. Fiquei também encantada com a galeria de estátuas eslovenas, em madeira pintada: santos com rostos ingênuos, representados em atitudes imprevistas.

Gostando de pintura, evito os *vernissages* mas todos os anos dedico algum tempo às galerias ou museus. Em 1964 vi uma exposição de Nicolas Staël, grande pintor que abriu tantos caminhos para sua arte, sem satisfazer-se com nenhum: embora menos rica do que a que me revelou o artista alguns anos antes, apresentava quadros muito bonitos.

---

[59] Não fui ver a exposição de Tutancâmon, a que os franceses se precipitaram em massa: estivera no Cairo, e o museu só mandara para Paris uma parte ínfima dos objetos encontrados em sua tumba.

Conhecia Dubuffet bastante bem. Gostara muito das *Materiologias* dos anos 50-60, onde ele estudava em suas telas o material nu: pedra, rocha, húmus, ervas, areia. Com Paris circus retornara depois a temas antigos. Fui ver *L'hourloupe*: nessa série de quadros, ele desejava "pregar uma peça" no público, representando-lhe uma "comédia de erros". Eram todos compostos a partir de células planas, em cores diferentes, onde predominavam o vermelho e o azul, encerradas em contornos tão precisos quanto os chumbos de um vitral, e muitas vezes cheias de sombreados pretos. Sua justaposição dava um caráter abstrato ao espaço. O conjunto, turbilhonante, era equívoco: parecia ou não figurativo segundo a maneira como era olhado. Um desejo de artífice afastava esse universo da realidade; no entanto, através dos recortes azuis e vermelhos do espaço plano, percebiam-se silhuetas gesticulantes, danças, farándolas e corpos. Dentro desse mundo, havia um outro mundo, sarcástico conquanto alegre.

Um pouco mais tarde, em 1966, apreciei os quadros pacientes e sutis de Bissière; as composições vigorosas de Pignon; as telas de Singier, não figurativas, mas cujas cores magníficas, cujas transparências e opacidades evocavam águas azuis, corais, profundezas aquáticas.

Em 1967, grande parte da obra de Bonnard foi exposta na Orangerie. Conhecia-a bastante bem. Também dessa vez, preferi seus últimos trabalhos, aqueles que, segundo as palavras do pintor, são "uma sequência de manchas que se ligam entre si". Alguns, despojados ao extremo, são um jogo quase abstrato de amarelos luminosos e brancos delicados; os contornos se apagam. No entanto, a natureza aqui é sugerida em sua solidão silenciosa ou em sua exuberância.

Meu prazer das recapitulações foi satisfeito pela exposição que me restituiu, em suas linhas gerais, a obra de Picasso, desde o início até os dias de hoje. Ela apenas confirmou minha admiração e minhas reservas. O virtuosismo de Picasso é espantoso; ele faz o que quer; mas nem sempre aprovo suas intenções. Em minha opinião, atinge o apogeu nos anos que se estendem — *grosso modo* — de 1930 a 1950. Está então plenamente encontrado e não para de reinventar-se. Depois, repete-se mais. Não raro suas realizações ainda são brilhantes, mas tornam-se mais mecânicas.

Também fiquei feliz em rever, no Grand Palais, a obra de Chagall; um pouco monótona, às vezes um pouco superficial, ela se aprofunda com o tempo. "Tive de esperar até tornar-me um velho... para compreender a importância da tessitura", disse ele. Isso fica muito evidente quando confrontamos seus quadros recentes com os mais antigos. Têm a mesma poesia, mas sua matéria é mais rica, as cores mais rebuscadas, a tessitura mais preciosa. A grande originalidade dessa obra reside em seu caráter autobiográfico. Chagall pinta sua cidade natal, Vitebsk, suas casas, sua neve e os animais que lhe foram familiares desde a infância: peixe, galo, vaca, cavalo; pinta Paris tal como a descobriu com amor: os cais, os telhados, a Torre Eiffel. Impregnado da cultura que recebeu, ilustra provérbios hebraicos, evoca cenas de folclore. Paisagens, buquês, animais fabulosos, saltimbancos, namorados são vistos como que através de um sonho; muitas vezes uma janela está aberta e a pessoa que aí dorme desaparece; se não está representada, nem por isso o pintor deixa de nos fazer penetrar em seus sonhos onde os peixes são azuis, os cavalos verdes, os violinistas pendurados nos telhados, os noivos deitados no céu. Há uma doçura sensual nesse mundo de formas ingênuas e cores brilhantes.

Outro grande prazer foi ver, em Estrasburgo em 1968, uma retrospectiva da pintura dos anos 1918-1920. Foi o período no qual, com alguns anos de atraso, meu primo Jacques me iniciara. Lembro-me das reticências e dos entusiasmos de meus vinte anos diante das pinturas que se tornaram tão familiares para mim. Fiquei contente em revê-las, mas não me surpreenderam. O que me espantou foi verificar que mal conhecia um pintor que situo atualmente entre os maiores: Robert Delaunay. Ele teve uma influência considerável sobre sua época e, entre outros, sobre Klee. Suas composições rigorosas têm cores tão generosas, tão espontâneas, tão brilhantes que nos despertam uma alegria física.

Gosto muito dos quadros de Vieira da Silva; durante o outono de 1969, houve uma grande retrospectiva de sua obra no Museu de Arte Moderna. Sou particularmente sensível aos quadros de sua segunda fase: quadros brancos ou acinzentados que evocam em linhas retas e duras a angústia das paisagens urbanas atuais.

Ouvira falar muito em Delvaux, mas ele é pouco conhecido na França; só vira algumas reproduções de suas telas. A retrospectiva de junho de 1969, no Arts Décoratifs, foi uma revelação para mim. Senti-me imediatamente à vontade nesse universo onírico, tão distante de meus próprios sonhos e, de repente, misteriosamente próximo: um universo de uma serenidade inquieta, onde o insólito parece familiar, onde o mundo cotidiano se torna perturbador. Ele está povoado de deliciosos corpos femininos: sob seus severos vestidos pretos ou suas camisas muito fechadas, as jovens mulheres estão tão nuas quanto suas irmãs, castamente despidas, cobertas por um grande chapéu, um colar, um imenso laço de fita ou apenas sua penugem. Elas evocam quadros — quase sempre a *Lucrécia* de Cranach — ou bustos de mármore e são, ao mesmo tempo, uma carne suave e apetitosa. Moram em subúrbios, onde as ruas, de um calçamento escuro, são cortadas por trilhos: velhos trens aí se balançam; sentadas nuas, numa pequena estação, veem passar os trens. Uma delas está sentada, nua, numa alameda, diante de uma mesa forrada com um pano verde e iluminada por uma lâmpada de petróleo semelhante às de minha infância. Senhores usando lornhões, chapéus-coco, passam por elas sem vê-las, numa rua onde tremulam chamas de velas, ou por entre ruínas. Pois, no mundo de Delvaux, as cidadezinhas enfumaçadas do norte estão próximas das paisagens de mármore, onde ciprestes escuros crescem sob céus muito azuis. Ali também, vestidas ou despidas, as mulheres de mármore e carne devaneiam circunspectas sob seus chapéus de plumas, enquanto passam, indiferentes, sábios míopes e cavalheiros cegados por sua importância. Como muitos pintores, Delvaux, ao envelhecer, continuou a progredir. As telas que executou entre 1960 e 1969 estão entre as que prefiro: suas cores nunca foram tão profundas, a realidade que nos mostra, tão próxima e tão distante. Gosto especialmente de *As Extravagantes de Atenas*, que ele pintou aos setenta e dois anos: mulheres nuas ou seminuas estão em pé ou deitadas, numa paisagem antiga por onde passa um trenzinho. Guardo ainda na memória muitas dessas imagens que, com o tempo, perderam sua riqueza mas não sua sedução.

Durante o inverno de 1969-70 fui várias vezes, durante muito tempo, à exposição Klee. Já tinha visto em Paris exposições de suas obras, entre outras a de fevereiro de 1948; em Bâle e em outros museus ficara estarrecida com suas telas. Já nessa época considerava-o um dos maiores pintores modernos. Mais uma vez senti-me fascinada. Nele, a pintura é em primeiro lugar a cor: "A cor e eu somos uma coisa só. Sou pintor!", disse certa vez impulsivamente. Seus quadros são um festival de cores vivas e de nuances sutis. Cidades, casas, jardins, fauna e flora servem-lhe de pretexto para pulverizar o arco-íris e juntar seus fragmentos a seu gosto: o que ele nos oferece em suas criações é a própria felicidade tornada acessível ao olhar. Inspira-se na realidade, mas a redescobre. Apreciava os desenhos de crianças. "Existe uma sabedoria na origem de seus dons", dizia. Ele conservou essa sabedoria. As percepções práticas e esclerosadas dos adultos nunca deformam sua visão. Antes de mais nada, é a visão de um mundo em gestação que vetores, flechas, turbilhões engendram. Aventuras da linha, disse com propriedade Henri Michaux. Basta um traço habilmente modelado para que nasça, sob nossos olhos o maravilhoso *Velho calculando*. O que encanta em *Saltimbanco, Louco dançando, Criador*, e tantas outras telas, é a sarabanda endiabrada de linhas e cores. Mesmo o quadro intitulado *Interioridade* é apenas um jogo de linhas. Aliás, o homem não ocupa um lugar privilegiado nesse universo. Os animais, as plantas, todas as formas de vida têm o mesmo valor. A comunicação entre uns e outros é permanente. Um rosto pode ser criado com conchas, insetos, flores tal como o da *Cantora no papel de Fiordiligi*. Despojado de suas pretensões, reduzido à sua simples verdade, o ser humano tem algo de cômico, de ridículo e de enternecedor, às vezes também de misterioso: é o que vemos em *Senecio*, cujo nome evoca a velhice e a flor da tasneira e que nos mostra um rosto infantil e lunar.

Esse nome nos faz pensar por que, se a pintura de Klee nada tem de literária, as palavras nela representam um grande papel: ele introduz em seus quadros caracteres impressos, grafismos e escolhe cuidadosamente seus títulos; estes se incorporam a eles e interferem em seu sentido. Essas trocas entre a linguagem escrita e a da pintura, entre as diversas criaturas terrestres, entre a natureza e a arquitetura, proporcionam ao universo de Klee sua poesia. Seu movimento é o inverso do de Picasso, cujo pincel decompõe e analisa a realidade.

Klee a capta como uma presença global que ultrapassa seus limites aparentes; cada coisa está ligada ao conjunto do cosmo e cabe ao artista tornar visível essa ligação, extraindo as analogias que todas as coisas mantêm entre si.

Nos últimos quadros de Klee, já não encontramos a alegria, o humor de sua obra anterior; já não falam de felicidade. Nem por isso agradam-me menos. Em 1939-40 ele estava gravemente doente, sabia-o, e era um período sombrio. Em *Germinação patética*, nos sóbrios e inquietantes *Sinais sobre um fundo branco*, em *Labirinto destruído*, sente-se a presença da morte; ao fundo de todas as telas ela está à espreita. Mas é superada e sublimada pela beleza que inspira.

Giacometti dizia que, quando saía de uma exposição de pintura, sentia-se muito feliz em mergulhar na diversidade contingente da realidade: contrastando com a necessidade limitada da obra de arte essa profusão o encantava. Klee me provoca o efeito contrário. Nem pintor puro, nem apenas poeta, mas as duas coisas ao mesmo tempo, ele me oferece o mundo que está além do que meus olhos podem ver dele: o que dele conheço, o que ignoro, tudo o que na terra tem um nome e tudo o que não tem. Todas as vezes que o deixei, a rua me pareceu insípida.

Mais ou menos na mesma época, uma centena de telas de Goya foram expostas na Orangerie: não estavam no Prado, era a primeira vez que as via. Goya é um dos pintores que mais admiro, e fiquei feliz por completar meu conhecimento dele. Trabalhando em meu ensaio sobre a velhice, tinha lido muita coisa sobre ele e visto reproduções de suas últimas obras: para mim era, pois, uma oportunidade de contemplar os originais de seus terríveis retratos de mulheres velhas. Mas muitas de suas telas me proporcionaram um prazer mais direto: fiquei impressionada com sua beleza.

Foi também na Orangerie que, um pouco depois, descobri a obra de Max Ernst. Vira quadros seus em Nova York, sobretudo em 1947. Guardava a lembrança de um surrealista inspirado que pintava. Deparei-me com um grande pintor, influenciado pelo surrealismo.

Em 1969, infelizmente, perdi a exposição de Rebeyrolle, *Os guerrilheiros*. Sartre falou-me dela com entusiasmo, e vi reproduções muito bonitas de alguns quadros. Amigos comuns o colocaram então em contato conosco e fomos vê-lo em seu ateliê, que na época ficava em Montrouge. Mostrou-nos suas telas antigas e vi finalmente *Os guerrilheiros*. Encostados nas paredes havia quadros recentes. Vi-os na galeria Maeght, onde Rebeyrolle expôs uma nova série, *Coexistências*, para a qual Sartre escreveu um prefácio. Em 1969, Rebeyrolle denunciara os crimes do imperialismo; dessa vez, atacava o socialismo, não apenas culpado dos crimes perpetrados em Praga, em Moscou, mas responsável também pelos que se cometem no Brasil, na Grécia, no Vietnã, já que, em nome da coexistência, não tenta impedi-los. O vermelho da bandeira, que antes representava tanta esperança, confunde-se nessas telas com a cor do sangue derramado, das carnes dilaceradas. Esses corpos destruídos não são evocados abstratamente por Rebeyrolle: é em sua materialidade que ele nos faz ver seu horror, sua cólera. Se esses sentimentos, embora nos emocionem, permanecem suportáveis, isso se deve ao que Sartre denomina a "alacridade" desses quadros; Rebeyrolle nos faz também participar da alegria que sentiu em pintar, independentemente de sua fúria.

Na França Francis Bacon não é conhecido, e eu o ignorava. Em novembro de 1971, fui ver no Grand Palais a exposição dedicada a ele e tive um choque. "Nós somos carcaças potenciais. Cada vez que vou a um açougue, penso que é espantoso que não seja eu que esteja no lugar do animal", disse Bacon numa entrevista. Vi-me cercada de pesos de carnes sangrentas e de carcaças torturadas. Nos quadros intitulados *Crucificações*, os corpos são submetidos a mutilações e a deformações quase insuportáveis. Outras telas são aparentemente mais tranquilas; um homem, uma mulher estão estirados ou sentados num canapé; mas seus membros se convulsionam, sua carne palpita, o canapé é um cavalete de tortura, as paredes são de uma prisão. Bacon pintou vários retratos: dir-se-ia que os rostos explodem, as bocas se abrem num grito. Alguns quadros são mais serenos: duas corridas muito bonitas, paisagens de relvas acinzentadas. O conjunto oferece, porém, uma imagem trágica e às vezes até horrível da condição do homem: é um corpo martirizado, um prisioneiro que sufoca em sua cela, vive aterrorizado, com vontade de urrar. A escolha das cores — vermelho-violáceo, cinza, amarelo esmaecido — reforça a impressão angustiante. "Nunca tentei ser horrível", disse Bacon. "Acho apenas que basta observar as coisas e pensar na vida em seu conjunto, para perceber que tudo o que fiz realmente não parece exagerar esse lado da vida." Basta olhar um jornal para convencer-se de que ele tem razão. Nesse exato momento, milhares de bocas gritam, corpos sangram e agonizam. O espantoso é que, mostrando-nos impiedosamente verdades terríveis, os quadros de Bacon nos agradam pelo que, apesar de tudo, temos de chamar sua beleza.

Raramente perco uma grande exposição de pintura, uma retrospectiva importante. Mas conheço menos os pintores contemporâneos do que os músicos e os escritores. Falta-me tempo para percorrer as galerias. E muitas vezes aborreço-me nelas. Aprecio o "sadismo ótico" de Vasarely, mas não as centenas de quadros inspirados neles. Há já muito tempo que Duchamp inventou os *ready made*: não vejo a menor originalidade nos que proliferam atualmente. Com pouquíssimas exceções, a antiarte me interessa pouco. Ela hoje pulula, ao passo que a pintura propriamente dita se torna rara.

★

Continuo, portanto, a cultivar-me. Sou mais ou menos instruída do que antes? Não paro de aprender, mas os conhecimentos se desenvolvem tão rapidamente que, ao mesmo tempo, minha ignorância aumenta. E minha memória deixa escapar grande parte do saber que acumulei. Foi sobretudo entre os vinte e cinco e cinquenta anos que perdi bastante: praticamente tudo o que sabia de matemática, de latim, de grego. Quanto aos sistemas filosóficos que estudei no passado, lembro-me apenas das linhas gerais e não li os trabalhos relacionados a eles durante esses últimos vinte anos. Em literatura, sinto-me sempre muito próxima dos autores que aprecio. Sobre pintura, sobre música, não deixei de enriquecer ou consolidar meus conhecimentos: mesmo durante esses últimos dez anos aprendi muito. De modo geral, situo-me no mundo mais precisamente do que quando tinha quarenta anos. Compreendo melhor a estrutura da sociedade e o desenvolvimento da História; percebo melhor as intenções e as reações dos indivíduos.

Mas que valor atribuo atualmente à minha cultura? Confesso que não sou um desses intelectuais a quem maio de 1968 perturbou tão profundamente. Em 1962, quando terminava *La force des choses*, já tinha consciência da contradição que Sartre denunciou[60] entre os desígnios universais do intelectual e o particularismo em que está encerrado. Mais uma vez ela me incomodou quando comecei este livro. Utilizo um instrumento universal, a linguagem; dirijo-me, portanto, em princípio, a todos os homens; mas só sou ouvida por um público restrito. Entre os jovens, que desejo especialmente atingir, muitos consideram atualmente que é inútil ler. Assim, já não me parece que escrever seja um meio privilegiado de comunicar. E, no entanto, levei esse livro até o fim e, certamente, farei o mesmo com outros; posso contestar a escritora que sou, mas não deixar de sê-la. Não posso desligar-me de meu passado e negar tudo o que amei. Durante a guerra da Argélia, aprendi a desconfiar da música, da pintura, de todas as artes que — sublimando-os — dissimulam os sofrimentos dos homens; no entanto, elas ocupam um lugar muito grande em minha vida. Não acredito no valor universal e eterno da cultura ocidental, mas formei-me nela e continuo presa a ela. Desejo que ela não desapareça e que, em grande parte, seja transmitida às novas gerações. Compreendo que a maioria dos adolescentes recuse alguns de seus aspectos e que se tenha rebelado contra a maneira como ela lhes foi inculcada. Mas não haveria um meio de comunicar-lhes aquilo que dela permanece válido e poderia ajudá-los a viver?

Sei que é difícil. Muitos de meus amigos ensinam: Bianca, Sylvie, Courchay e outros, e muitas vezes discutimos juntos seus problemas. Sua situação é bastante diferente da minha nos anos 30. Sob alguns aspectos, tem vantagens. Um professor pode tratar muito mais livremente dos assuntos que o interessam, pode agir sobre a atualidade. Não tem de respeitar tabus sexuais, como ocorria antigamente. Meus alunos de quarto ano riam quando, num texto latino, liam a palavra "fêmur", e lembro-me de meu constrangimento quando tive de explicar, em aula de filosofia, o verso de Valéry: "Os gritos agudos das

---

[60] Numa entrevista com *L'idiot International*, reproduzida em *Situations VIII*.

jovens excitadas."⁶¹ Para explicar a psicanálise, era obrigada a tergiversar ou a torná-la anódina. Atualmente, esses temas são abordados com mais franqueza e simplicidade. Mas os proveitos são mínimos, dizem-me meus amigos, dada a resistência que os alunos oferecem à transmissão do saber, especialmente da filosofia.

As turmas são mais numerosas do que antigamente, e isso dificulta que se conheça pessoalmente cada indivíduo, bem como dificulta que se suscitem discussões que não degenerem em gritarias confusas. Quando estava diante de vinte ou trinta alunas, podia deixar que se exprimissem à vontade; interrompiam-se reciprocamente, enfrentavam-se ruidosamente: mas eu não tinha a menor dificuldade em controlá-las; com quarenta alunos, manter a ordem é mais difícil. Mas o fator numérico não é o único que está em jogo — longe disso. Já tive turmas repletas que se mostravam ao mesmo tempo participantes e disciplinadas. O que mudou radicalmente e dificulta qualquer diálogo é a atitude do auditório.

O que me agradava, quando ensinava filosofia, era entrar em contato com mentes absolutamente virgens nesse terreno; pouco a pouco eu as via despertar, abrir-se, enriquecer-se; e se às vezes os alunos divergiam de mim, faziam-no apoiados no que eu mesma lhes ensinara. Hoje, isso absolutamente não ocorre. Mais velhos do que em minha época, acompanhando já há anos os programas de televisão e lendo os jornais, os colegiais dos anos mais adiantados pensam que sabem tudo ou — o que vem a dar no mesmo — pensam que não há nada a saber sobre nada. De toda maneira o homem é condicionado, dizem alguns deles: então de que adianta estudar, refletir? Desconfiam dos adultos, e tudo o que um professor pode dizer-lhes é previamente desacreditado. Não percebem que as evidências com que o contradizem na verdade lhes foram inculcadas por adultos, através de *mass media*. Certamente por reação a essa sociedade tecnocrata, o que mais os interessa são as ciências ocultas, os mundos extraterrenos. De um modo geral, porém, falta-lhes curiosidade. O quadro que meus amigos me descrevem é pior ou melhor de acordo com o estabelecimento de ensino. Mas todos lamentam a inércia de suas turmas,

---

⁶¹ "Les cris aigus des filles chatouillées." (N. da T.)

sua falta de participação. Os que dão aulas na sexta ou quinta série têm melhor contato com os alunos; conseguem captar sua atenção, provocar-lhes reações; mas isso, sempre que não se prendam a programas que não lhes agradem e que inventem novas relações com eles, sem preocupar-se com a disciplina e os regulamentos. Daí resultam conflitos com a administração e com os pais. Em suma, o ensino, que era um prazer para mim, tornou-se um trabalho no mínimo ingrato e não raro exaustivo. O problema é que há uma inadequação radical entre as necessidades dos jovens e aquilo que lhes é oferecido; a escola tornou-se um lugar de opressão, tanto para os que são obrigados a engolir essa ração, como para os que a administram. A situação está tão deteriorada que nenhuma reforma poderia melhorá-la; seria necessária uma verdadeira revolução para dar aos jovens o desejo e os meios de inserir-se na sociedade: seria preciso que esta fosse uma sociedade diferente na qual a formação das novas gerações pelos mais velhos fosse concebida de modo totalmente diferente.

No estado atual das coisas, compreendo que a maioria dos jovens não dê nenhum valor ao saber: no entanto, lamento que assim seja. No que me diz respeito, como já declarei, continuo a curiosa. Já mencionei a maioria dos terrenos em que minha curiosidade se exerce. Vou abordar mais um: as viagens.

Capítulo IV

Continuo gostando de viajar tanto quanto gostava antigamente. Em 1962, já não sentia esse prazer, mas recuperei-o. Vi e revi muitos lugares nesses últimos dez anos. Que me proporcionaram essas explorações?

Em primeiro lugar, integram-se no projeto mais amplo que ainda é fundamental para mim: conhecer. É claro que não basta ver: podemos atravessar cidades e campos sem nada compreender. Para informar-me sobre um país são necessárias leituras e conversas, mas estas não são suficientes para proporcionar-me o equivalente da presença das coisas em carne e osso. Se ando pelas ruas, misturo-me à multidão, a cidade e seus habitantes passam a existir para mim com uma plenitude que as palavras são incapazes de me transmitir. Assim, interesso-me muito mais pelos lugares que estiveram ligados à minha vida do que por aqueles que só evoquei através de frases.

De um modo geral, minhas viagens de informação obedecem a programas estabelecidos pelas pessoas que me convidaram ou que se oferecem para me servir de guia; ocorre então que as atividades que me são impostas às vezes me pesam. No entanto, na maioria dos casos, tenho a agradável impressão de receber presentes, sem ter de fazer esforço algum, a não ser recebê-los. Outras vezes, trata-se mais, para mim, de passear do que de instruir-me, e eu mesma programo meus itinerários; sinto então o mesmo prazer que sentia antigamente em minhas viagens a pé: o prazer da criação. E sempre fico alegremente surpreendida pelo encontro de lugares ou monumentos que eram apenas sinais abstratos no mapa.

Uma viagem é também uma aventura pessoal: uma mudança vivida em minhas relações com o mundo, o espaço e o tempo. Começa frequentemente numa desorientação: a novidade dos lugares e das fisionomias me perturba, e sou invadida por uma quantidade de desejos que tenho pressa em satisfazer. Gosto dessa confusão. Para alguns amigos meus, o contato com uma grande cidade desconhecida gera ansiedade; quanto a mim, experimento um sentimento de exaltação. Graças a meu habitual otimismo, convenço-me de que logo conseguirei dominar essa realidade que me submerge. Sua abundância me faz sair de mim mesma, dando-me uma ilusão de infinito: por um momento, anula-se a consciência que tenho de meus limites e dos limites das coisas. É por isso que tais instantes me são tão preciosos.

São privilegiadas as horas em que viajo de carro ou — bem mais raramente — de trem. Num livro ou num filme, tenho a impressão de que o mundo me é revelado sem que eu interfira: esqueço minha própria existência. Num carro, porém, estou presente e tenho a impressão de provocar pessoalmente, pelo deslocamento de meu corpo, as imagens que me são oferecidas: há algo de embriagador no movimento quando ele faz coincidir com o passar do tempo o desdobramento de um espaço revelador. São a lembrança do passado, a promessa do futuro que dão mais certamente ao existente a ilusão de encontrar seu ser. Deslizando por uma estrada, estou permanentemente no limite entre lembrança e visão; conservo ainda uma última imagem, enquanto minha curiosidade me conduz a novas descobertas; sou memória e expectativa, intensamente presente ao que se afasta de mim e ao que se me anuncia.

A longo prazo, essa progressão permanente torna-se cansativa; de vez em quando, a pena de esquecer é maior do que o prazer de lembrar. Anseio por uma pausa e por esta outra grande alegria das viagens: a contemplação. Também ela me dá a ilusão de encontrar o ser: fundo-me com o objeto que observo; assumo sua permanência e a profundidade de sua realidade. Vivo num momento que contém a eternidade.

Quando me detenho diante de um quadro, uma estátua, a abside de uma igreja — aquilo que denominamos uma obra de arte —, tento captar a intenção de seu criador e compreender quais os meios pelos quais a realizou; preciso então situar o objeto em seu contexto histórico e social e conhecer as técnicas utilizadas: recorro à minha cultura que essa nova experiência estética enriquece. Os espetáculos contingentes me são proporcionados de maneira mais furtiva e mais difícil de definir: paisagens, ruas, multidões, e as próprias obras de arte quando as considero como elementos de um cenário, da mesma maneira que o céu e as árvores. No caso presente, nenhuma intenção organizou esse conjunto que me cativa: sou eu quem lhe atribui um sentido, tomando-o pelo *analogon* de algo que não ele. É preciso ser indiferente aos seus semelhantes, ou até mesmo detestá-los, para passear deliberadamente pelo mundo um olhar de esteta. No entanto, o mundo seria insosso se nele não descobríssemos alusões, símbolos, correspondências que nos reportam à sua história, à nossa, à arte, à literatura, se não nos despertasse reminiscências, se não nos oferecesse evasões, se não nos sugerisse criações. Às vezes, na contingência do que é dado, entrevejo a necessidade de uma obra de arte. Nos lindos dias de inverno em que uma aurora se prolonga até a noite, dir-se-ia que um Breughel se materializou. Ou, ao contrário, invento num determinado buquê um quadro que nunca foi pintado. Debruçada na janela de meu hotel, acompanho com o olhar aqueles dois homens que caminham pela relva, ao longo do estuário do Sena, e assisto ao início de um filme muito bom. À noite, por trás das vidraças iluminadas, vermelhas, alaranjadas, amarelas, na intimidade velada de pesadas cortinas, completa-se o dia de personagens de romance. O apito de um trem que corre através do campo escurecido chega a mim do fundo de um universo fictício. É por isso que posso ficar seduzida, a distância, por lugares onde não desejo morar, por objetos que não desejo possuir. Uma praça de interior: por algum tempo agrada-me passear todos os dias sob seus plátanos, frequentar seus cafés; ficaria desolada se tivesse de exilar-me nesse local. Quando, em viagem, passo por casas muito bonitas — *manoirs*[62] de estilo francês, *mas*[63] provençais, chalés tiroleses — sinto nostalgia; queria sentar-me nesse jardim, debruçar-me nessa varanda e estar em casa; queria — mas absolutamente não quero. Essas delícias sonhadas, em definitivo não as desejo.

É isso que me seduz nas viagens: a vida sonhada fica mais importante do que a vida vivida; conto histórias a mim mesma e finjo que sou outra pessoa. No entanto, já há muito tempo que não me satisfazem esses espectros. Só de quando em quando me deleito com

---

[62] Propriedade senhorial do campo. (N. da T.)
[63] Fazenda ou casa de campo de estilo tradicional da Provença. (N. da T.)

isso. Nos lugares que percorro, antes de mais nada quero conhecer a verdade.

Quanto a isso, há muitas diferenças entre os dois tipos de viagem que distingui acima. De toda maneira, elas me proporcionam os prazeres que acabo de mencionar. Quando, porém, quero informar-me sobre um país, visito-o com método, tenho contato com várias pessoas, tomo conhecimento de seus problemas políticos, econômicos, sociais; quando passeio, faço-o geralmente em regiões que, do ponto de vista teórico, conheço bastante bem. Apraz-me captar ao vivo, em determinados aspectos particulares, essa realidade. Mas dedico-me sobretudo a descobrir lugares e monumentos. É sobre essas explorações mais ou menos gratuitas que falarei em primeiro lugar.

Outrora, eu vivia permanentemente ávida de revelações. Hoje — e há muitos anos já — rever constitui uma felicidade para mim. Rever: ao sorriso da novidade, acrescentar a suavidade esmaecida da lembrança; no passado ressuscitado, inserir o brilho dourado das descobertas. As coisas quase nunca são exatamente iguais à ideia que delas eu guardara; ou então me mostram um perfil diferente. Às vezes a confrontação me deixa melancólica: sinto falta da paz das velhas cidades da Provença, da solidão das paisagens atualmente invadidas por construções horríveis, da tranquilidade das pequenas praças romanas que se transformaram em estacionamentos, da doçura ardente de um campo onde agora se erguem muros de cimento.

Mas nem sempre o tempo é destrutivo; na França, na Itália, na Iugoslávia, vi ressuscitarem afrescos, arquiteturas que cataclismas ou negligências haviam destruído ou ocultado.

Conheci em outros tempos, quando em viagem, o prazer de organizar minha solidão. Hoje, prefiro compartilhar minhas experiências com alguém que me seja importante: em geral Sartre, às vezes Sylvie. Nas páginas seguintes digo indiferentemente *eu* ou *nós*; mas, na verdade, exceto por períodos muito breves, estava sempre acompanhada.

★

Sartre e eu continuamos a passar grande parte dos nossos verões em Roma. O Albergo Nazionale, situado ao fundo da

Praça Montecitorio, ao lado da Câmara dos Deputados, instalou ar-condicionado em suas dependências: foi para lá que passamos a ir desde então. Eu tinha gostado de viver nos arredores da cidade, mas ainda preferia ficar em seu centro. Novamente, tomávamos todos os dias nosso café da manhã junto ao Panteão, lendo os jornais. Foi dessa praça que saímos em descoberta de Roma há quase quarenta anos. Hospedamo-nos em vários de seus hotéis ou em outros muito próximos. O cenário não mudara e o garçom que servia nosso café era o mesmo: seus cabelos louros haviam embranquecido. No entanto, cada ano, alguns detalhes modificavam um pouco a fisionomia da cidade. Em 1964, o obelisco da Praça Montecitorio estava escondido por andaimes e cercado de balaústres: ameaçava desmoronar e estava sendo consolidado. Um novo bar, o Navona, acabava de abrir na praça de mesmo nome; à noite, suas pequenas lâmpadas produziam reflexos avermelhados sob os abajures de seda.

Durante a tarde passeávamos um pouco. Revíamos nossos lugares preferidos, redescobríamos alguns que havíamos esquecido: o interior do Castelo de Santo Ângelo; a Casa Dourada, os estuques e as decorações em que se inspiraram os artistas do Renascimento para pintar o que se denominou os "grotescos", Santa Agnes e Santa Constança, cujos mosaicos ingênuos nos haviam encantado muito tempo atrás. Revimos os Caravaggios que se encontram em diversas igrejas e que apreciamos mais do que no passado. Às vezes explorávamos de automóvel os bairros que invadiram com uma velocidade vertiginosa o campo romano, atingindo o sopé dos Montes Albanos. "Uma muralha de cimento: até o clima de Roma mudou com isso", dizia-nos Pajetta. Ou então íamos mais longe, até Óstia, Tarquínia, Cerveteri, os Castelli Romani. Em 1964, seguimos pela autoestrada nova que atravessava a Sabina ao pé de cidades encarapitadas, passando às vezes muito perto de suas casas baixas. Almoçamos em Orvieto e revimos os Signorelli. Como é falha a memória! Desses afrescos, que vi tantas vezes, lembrava-me apenas da Ressurreição; trata-se certamente de uma parte impressionante, mas o inferno também o é, com seus demônios de nádegas azuis que torturam alegremente os condenados, e seus arcanjos preparados para o combate, que se parecem com os cavaleiros teutônicos de Alexandre Nevski. Os anjos de asas aerodinâmicas que se precipitam com a velocidade de um jato parecem saídos da ficção científica. E como pude esquecer o Anticristo, seu rosto falso e mau, discursando para uma multidão mistificada? Outra surpresa: viajante metódica, no passado devo ter visto esse poço onde penetram duas escadas em espiral, pelas quais podiam descer asnos para buscar água a uma profundidade de sessenta e três metros. Do alto é uma vista surpreendente, e eu não tinha nenhuma lembrança dela.

Passávamos, no entanto, muitas horas em nossos quartos. Geralmente, eu não trabalhava. Como outros se entregam ao calor do sol e aos ruídos do mar, eu mergulhava em Roma. De minha janela via telhados, sebes, terraços cheios de vasos de plantas que todas as manhãs uma religiosa regava. Às vezes ficava olhando essa graciosa paisagem urbana. Mais frequentemente, deitada em meu divã, embalada pelo ruído do ar-condicionado, entre uma página e outra de um livro, contemplava o azul do céu por trás da vidraça. Lia muito em Roma. Levava todos os trabalhos interessantes que haviam sido publicados durante o ano, sem que eu tivesse tido tempo de tomar conhecimento deles; ou livros antigos que negligenciara ou esquecera. E também devorava romances policiais, em francês, inglês ou italiano. É uma maneira de ocupar-me sem ausentar-me. Não acredito neles suficientemente para afastar-me de Roma; no entanto, o desenrolar das aventuras enche o tempo.

Os momentos mais valiosos para mim eram as noites que prolongávamos até bem tarde. Jantávamos, depois bebericávamos nos lugares de que gostávamos. Abandonamos a Praça Santo Eustáquio, onde muita risada e gritaria se faziam ouvir à volta do vendedor de *maneken piss*.[64] Preferíamos a Praça Navona, a Praça Santa Maria do Trastevere. Infelizmente — até 1967 — estavam invadidas por carros, ônibus de turismo, vendedores de balões, caricaturistas. A Praça do Panteão, onde fora aberto um novo bar, era mais agradável e, muitas vezes, era aí que nos instalávamos. Embora minhas emoções tenham ficado mais controladas com a idade, ainda me aconteceu ficar arrebatada pela beleza das noites romanas. Na Praça Navona, entre as fontes de pedra e as casas avermelhadas, havia dois fiacres estacionados junto

---

[64] "Bonecos que fazem pipi". (N. da T.)

à calçada; contra a carroceria de um preto brilhante, o vermelho das rodas produzia manchas intensas, e senti uma alegria tão inexplicável e tão dilacerante quanto uma angústia: "É uma angústia às avessas", disse Sartre. A presença do mundo, ao mesmo tempo que me deslumbrava, revelava minha futura ausência.

Às vezes, quando estávamos em algum terraço, pessoas nos cumprimentavam ou nos pediam autógrafos. Faziam-no com amabilidade. Numa ruazinha perto do hotel — onde se tomam os melhores sorvetes de Roma, mas tão estreita que os carros, quando passam, quase raspam as mesas —, um automóvel vermelho parou bruscamente. Uma mulher jovem, elegante, toda vestida de vermelho, atirou-se em minha direção: "*C'é lei o non c'é?*" Sorri sem responder. Então ela disse em francês: "Você é Simone de Beauvoir?" "Sim." Segurou minha mão e sacudiu-a rindo por um bom momento e depois voltou correndo para o carro. Às vezes jovens pediam uma entrevista a Sartre, especialmente os revolucionários da América Latina.

Quando amigos franceses passavam por Roma, ficávamos um pouco na companhia deles. E também estávamos com italianos. Carlo Levi se mudara. Morava num amplo ateliê cheio de livros e quadros, no meio de um parque semipúblico: convidava-nos muitas vezes para almoçar. Víamos também dirigentes comunistas: Pajetta; Alicata, até o ano de sua morte; Rosana Rossanda, que na época de Togliatti dirigia a política cultural e com quem nos entendíamos muito bem. Gostaríamos muito que na França a cultura no seio do P.C. estivesse em tão boas mãos.

O verão de 1964 foi marcado pela morte de Togliatti. Alguns dias antes, os jornais anunciaram que Segni, o Presidente da República, e Togliatti haviam tido um ataque. Do primeiro, que poupo a pouco se restabeleceu, quase não se falou, mas todos os dias havia grandes manchetes e longos artigos sobre a saúde de Togliatti. Ele fora acometido pela doença durante uma viagem à Rússia e estava em coma. Uma manhã, as paredes de Roma cobriram-se de anúncios: *Togliatti está morto. Togliatti está morto.* Sartre estivera várias vezes com ele; achava notável que, sendo homem de ação, tivesse permanecido um intelectual; e também que tivesse sabido garantir ao P.C.I. uma enorme independência em relação a Moscou. O povo o adorava.

O atentado que sofrera alguns anos depois da guerra quase desencadeara represálias sangrentas. Foi ele que, da cama, pronunciou as palavras de apaziguamento: "Nada de aventuras, camaradas, nada de aventuras." Sua morte abalou profundamente os trabalhadores italianos. O corpo foi trazido para Roma; foi velado por seus camaradas na sede do partido, na Via delle Botteghe Oscure. A rua foi fechada, e durante todo o dia uma enorme multidão desfilou diante do caixão: muitos homens choravam. Na manhã do enterro, ônibus despejaram na Praça do Panteão magotes de camponeses; a maioria carregava garrafas de vinho tinto, de que bebiam grandes tragos. Claude Roy e Loleh Bellon vieram de San Gimignano; em seu ônibus amontoava-se uma centena de camponeses cantando *Bandiera rossa*. Um deles vinha a Roma pela segunda vez na vida: a primeira fora para a manifestação contra o atentado sofrido por Togliatti. Pouco depois, vimos desfilarem, por todas as ruas, grupos que empunhavam bandeiras vermelhas ainda enroladas em suas hastes. Encostavam-nas às paredes enquanto bebiam nos terraços dos cafés ou faziam piquenique sentados na beira da calçada. Muitos se haviam instalado na Praça Veneza embaixo da sacada de onde, no passado, falava Mussolini. Um sol forte brilhava sobre essa quermesse fúnebre. Nós nos postamos no alto de uma escadinha, junto à Coluna de Trajano, para aguardar a passagem do caixão. Um imenso cortejo estendia-se até o Coliseu e mais além, com as bandeiras vermelhas tremulando ao vento. De todos os lados surgiam grupos para ocupar no cortejo o lugar que lhes fora designado. Atrás do carro fúnebre vinham a companheira e a filha adotiva de Togliatti, depois os membros importantes do partido, seguidos pela multidão. O desfile se prolongou até a noite, nós nos retiramos antes. Todas as ruas, todas as praças de Roma fervilhavam, e os terraços dos cafés estavam invadidos por homens de preto.

No ano seguinte, durante nossa estada, grandes inundações devastaram a Itália. Entre Orvieto e Florença, a autoestrada foi invadida por torrentes que arrastaram carros: oito turistas se afogaram. Em Roma, quem passeava pelo centro não percebia nenhum sinal do cataclismo. Mas a ilha do Tibre estava semissubmersa. A Ponte Milvio estava interditada: um rio agitado e ameaçador precipitava-se sob seu vão. O subúrbio de Porta Prima fora quase totalmente destruído: os habitantes haviam perdido tudo o que possuíam, tendo ficado sem teto.

Nesse verão estive em Bomarzo pela primeira vez. Os monstros barrocos que um escultor sádico inventou no século XVIII deixaram estupefatos os que os descobriram, inesperados em meio à selvageria da natureza. Eu os achei curiosos; atualmente, porém, o parque onde se encontram está preparado para os turistas; muitos romanos fazem piqueniques aí, e eles me surpreenderam menos do que me haviam predito.

De Roma, antes de regressar a Paris, fizemos um pequeno circuito de carro e revimos algumas cidades da Itália. Era ao mesmo tempo uma recapitulação e uma redescoberta: a realidade coincidia com algumas de minhas lembranças, mas trazia-me sempre alguma novidade. Em Perúgia, sentamo-nos no terraço onde, trinta anos antes, eu me deliciara com um sorvete de abricó, e a mesma paisagem estendia-se aos nossos pés; mas eu esquecera o curioso aqueduto que atravessa a cidade baixa; e não conhecia a rua subterrânea, só de casas do século XVI, que atravessa a Rocca Paolina de um lado a outro. Reencontrei Bolonha, tantas vezes visitada; mas desconhecia uma de suas maiores belezas que só então descobri: a Praça Santo Estêvão, rodeada de palácios e igrejas; duas destas datam do século XI. A Igreja do Calvário, construída em forma de rotunda, data do século XII e sua arquitetura é de uma pureza comovente. Em Pádua, os Giottos me eram familiares, mas não me lembrava dos lindíssimos Mantegnas. Mântua, Verona, Cremona continuavam iguais a si mesmas: a riqueza e o frescor de sua presença faziam submergir as velhas imagens que guardava delas.

Em 1966, ficamos em Roma menos tempo do que habitualmente, porque tínhamos de ir ao Japão; em pensamento eu já estava lá; da manhã à noite, lia livros sobre esse país, e Roma estava menos presente para mim do que nos outros anos.

No ano seguinte, chegamos à Itália por Veneza. Adoro sempre o momento em que a gôndola penetra pela primeira vez num pequeno canal: a cidade se oferece por inteiro, com seus rosas esmaecidos, seus cinzentos rosados, o mau estado de seus tijolos e de suas pedras. Passei momentos particularmente felizes na exposição dos *Vedutisti*:

enquanto passeava por uma Veneza pintada, sentia que Veneza, bem real, rodeava-me por inteiro. Senti muito prazer contemplando os Canalettos e — como sempre — mais ainda com os Guardis. O jovem Canaletto — aquele cujas telas ajudaram a reconstruir Varsóvia — transportou-me para a Alemanha e para a Áustria. Apreciei muito também as pinturas que se intitulam *Fantasia* ou *Capriccio*, onde o artista junta a seu bel-prazer ruínas heterogêneas, algumas das quais nem sequer existem; uma coluna junto a um arco de triunfo e um muro meio desmoronado, numa abundância de folhagens; essa paisagem nasceu da fantasia do pintor, ele não a encontrou em nenhum lugar.

De Roma, nesse ano, recordo sobretudo as grandes tempestades. Uma delas desabou numa noite de setembro quando eu me encontrava na Praça Navona. De um primeiro andar, contemplava, em sua pureza barroca, a praça vazia cujo asfalto brilhava sob a chuva.

Retornamos a Veneza para o festival: Sartre queria assistir à projeção de *Le mur*, pois apreciava o filme que Serge Roulet fizera do livro. Pela primeira vez, sobrevoei a cidade de avião. Atravessamos o teto de nuvens exatamente no momento em que a atingíamos. Viam-se com precisão o dique, a laguna, as ilhas; depois, quando o avião descia e girava, distingui, como numa maquete, o Grande Canal, o Campanário, os pequenos canais, as ruas: com um único olhar abarcava-se Veneza inteira. Roulet nos aguardava no aeroporto; atravessamos a laguna numa lancha voadeira. Com água até os joelhos, pescadores, formando um semicírculo, estendiam uma grande rede presa a barcos à sua frente: seus gestos se harmonizavam tão bem com o céu e a água que se tinha a impressão de estar presenciando um espetáculo preparado por um diretor genial.

Almoçamos na Fenice com os Roulets e Goytisolo. Este assistia ao festival havia vários dias. Estava exasperado com a quantidade de crianças nos filmes e também por todas as cópulas tão identicamente convencionais em suas audácias comedidas. Durante a projeção de *La chinoise* de Godard, sentou-se ao lado do crítico soviético. "Quando, na tela, a pequena vietnamita começa a gritar: 'Socorro, Sr. Kossyguin!', fiquei tão constrangido por ele que não o olhava", contou-nos. Mas o soviético se mantivera inteiramente impávido.

Chiarini, que dirigia o festival, estava sendo muito atacado, porque sua seleção fora severa e ele se interessara mais pelas qualidades intelectuais dos filmes do que pelos atrativos das *starlets*. Ele nos levou ao Lido, exibindo-nos. No embarcadouro tomamos um fiacre para ir ver Maheu, o diretor da Unesco: antigo companheiro de Sartre, durante certo tempo eles se tinham perdido de vista, mas nesse momento encontravam-se com muita frequência. Morava no Hotel das Termas, onde Thomas Mann situou *Morte em Veneza* e cujo aspecto obsoleto nos encantou. Tomamos um drinque num terraço que dava para um grande jardim. Ele nos interessou muito ao explicar-nos o porquê de Veneza estar ameaçada de destruição. Os diques que a protegiam foram destruídos no século XVIII, e quando venta o mar invade a laguna. A cidade está construída sobre pilotis e repousa sobre uma camada de matéria esponjosa que a água dilata quando faz pressão sobre as fundações; então o solo racha: assim se explicam os gêiseres que, nos dias de muita chuva, jorram por entre as pedras da Praça São Marcos. Por outro lado, as poeiras e os resíduos provenientes das fábricas de Mestre acumularam-se e a terra invadiu a laguna. Além disso, os canais recebem tantos detritos que de ano em ano o fundo sobe: à menor cheia, a água invade os porões e até os térreos. Contra todos esses perigos pode-se pensar em alguns paliativos: entre outros, reconstruir os diques. Contudo, há um outro para o qual não se conhece remédio: os gases que emanam das fábricas atacam, não o tijolo, mas a pedra e tanto mais severamente quanto melhor é sua qualidade: é principalmente o mármore que se desfaz; enquanto não se souber o porquê disso, nada se poderá fazer para eliminar esse perigo.

Vimos *Le mur* num final de tarde. Os atores representavam muito bem, sobretudo Castillo, que passou a infância num campo de deportados, e não teve dificuldade em identificar-se com um prisioneiro. O papel do médico belga era feito por um representante comercial que criava com perfeita naturalidade seu personagem cujo caráter odioso não captara. A *mise en scène* era sóbria e eficiente. Somente o final do filme me incomodou; no livro, reduz-se a dez linhas e aceitamo-lo como um artifício literário sem inconvenientes; no cinema, dura muito tempo, e as imagens assumem importância excessiva.

Que babel, o hall do Hotel Excelsior às oito da noite! Na multidão, acotovelavam-se velhos, jovens, mulheres em trajes de passeio, outras que pareciam fantasiadas com vestidos longos, extremamente austeros ou imoderadamente decotados. Vi Christiane Rochefort, risonha e amigável; Moravia, cujos cabelos haviam embranquecido muito; Odette Joyeux, que se conservou espantosamente viçosa e graciosa. Jantamos no terraço, com Basso e sua mulher, que comparecem todos os anos ao festival. Nossa mesa estava situada junto ao parapeito, e eu podia contemplar à vontade a grande extensão de água tranquila que suavizava o cair da noite.

Alguns dias mais tarde, estávamos sentados na Praça Navona, depois do jantar, quando um rapaz se aproximou: "Sou Michel del Castillo." Magro, jovem, sorridente, era muito diferente do Pablo que interpretara tão bem: "Foi fácil para mim representar esse papel, só tive de me lembrar", disse-nos. Contou-nos rapidamente a infância que evocou em seu primeiro livro, *Tanguy*: a mãe, comunista espanhola, denunciada pelo pai que era um burguês francês; os anos passados nos campos, na França, na Alemanha, depois num reformatório espanhol de onde fugiu aos dezesseis anos. Estava escrevendo um livro sobre a Espanha: mais tarde, publicamos em *Les Temps Modernes* um interessante capítulo dele, onde mostrava como a noção de honra esteve ligada na Espanha à de Velho Cristão.[65]

Nos dois verões seguintes não saímos de Roma, que nunca nos pareceu tão deliciosa. Estávamos instalados no último andar do hotel, em quartos que davam para um terraço; daí tinha-se uma imensa vista dos telhados de Roma e suas colinas, e os ruídos da cidade quase não chegavam até nós. Aí tomávamos o café da manhã: espalhadas à nossa volta, cinco ou seis turmas de pedreiros e de outros operários consertavam chaminés, construíam alpendres, remendavam telheiros. Tinha-se a impressão de que não faziam nada, mas pouco a pouco o trabalho progredia. Durante o dia fazia muito calor para sair. Quase todas as tardes, porém, ia ver o sol se pôr atrás de São Pedro num céu de fogo. Muitas vezes, depois do jantar, voltávamos para o hotel.

---

[65] Escreveu depois um belo livro sobre Gabrielle Russier que a família do rapaz confiscou.

Tínhamos uma geladeira equipada com gelo e bebida: ficávamos até tarde em nosso terraço, bebendo e conversando. Na noite silenciosa brilhavam os monumentos iluminados: o de Vítor Emanuel, é verdade! mas também o Capitólio, o Qirinal, o Castelo de Santo Ângelo, São Pedro.

Passeávamos menos do que nos outros anos porque tínhamos a impressão de estar em todas as ruas de Roma e em todas as suas praças ao mesmo tempo. No entanto, também gostávamos de nos demorar à noite na Praça Navona. Graças a uma feliz inovação, ela fora interditada para carros. No dia de nossa chegada, o dono do Bar Navona — um belo rapaz moreno, que usava uma calça de veludo cotelê verde-esmeralda, uma camisa violeta e um cinto largo de couro cravejado — nos fez assinar uma petição, solicitando que a medida não fosse anulada; alguns comerciantes não a aceitavam; a polícia quis opor-se a ela: temia que, nesse verão de 1968, uma juventude subversiva se apossasse da praça, e alguns dias antes provocara desordens. Quanto a nós, estávamos encantados: fim do barulho, do cheiro de gasolina, dos carros entupindo a rua ao longo das calçadas. Havia muita gente jovem no grande terrapleno central. Esquerdistas que se reuniam no Bar Navona; perto da fonte central, *hippies*, homossexuais, guitarristas; junto à outra fonte, pintores que espalhavam no chão quadros horrendos, muito acadêmicos. Havia algumas belas moças de minissaia, mas eram sobretudo os homens que se pavoneavam, envoltos em seda, cetim, lamê de cores berrantes: dir-se-ia que tínhamos voltado aos tempos de Pinturicchio. A droga circulava, mas certamente não mais do que nos arredores da Fonte de Trevi ou nas escadarias da Praça de Espanha. Uma noite, choveu. De um terraço coberto de café, vimos moças e rapazes indo embora, descalços, carregando suas guitarras, suas mochilas, seus sacos de dormir. (A propósito: onde dormiam?) Outros se encostaram a uma parede, debaixo de sacadas; vermelhas, rosa, alaranjadas, violeta, através da cortina de chuva, suas roupas brilhavam contra o ocre das pedras.

Nesse verão, tivemos muitas conversas com nossos amigos italianos. Rosana Rossanda já não era a dirigente cultural do P.C.I.; dispunha de tempo para se consagrar a trabalhos teóricos. Comentamos com ela o movimento de maio, os movimentos estudantis na Itália e no resto do mundo: ela conhecia muito bem o problema. Basso, que era um dos dirigentes do P.S.I.U.P., discutia conosco a política do P.C.I. Falou-nos de um caso que estava tendo grande repercussão no momento: um homossexual fora acusado de haver cometido um crime de *plagia* contra dois garotos, e tinha sido condenado a nove anos de prisão. Na Itália, há *plagia* — isto é, "sortilégio, sedução" — quando um indivíduo se apodera da vontade de um outro para sujeitá-lo a seus fins. Se uma moça, mesmo maior de idade, ou uma mulher casada, deixa seu lar para acompanhar um amante, a família pode acusar o sedutor de *plagia*. Basso queria suprimir essa lei obsoleta, mas o conjunto da magistratura opunha-se a isso. Depois de 21 de agosto, todos ficamos preocupados com o destino da Tchecoslováquia.

O verão de 1969 superpôs-se com tanta exatidão ao anterior que por momentos me pareceu que o ano que os separava não existira. No entanto, algumas mudanças haviam ocorrido. Na Praça Navona, a polícia realizara grandes batidas, com prisões maciças, entre os traficantes de droga; os jovens eram menos numerosos e menos indóceis. Todo um lado da praça era invadido, à noite, por pintores que tentavam vender suas telas, por vendedores de balões: havia até um engolidor de fogo. Felizmente, a outra metade da praça estava entregue à solidão e ao silêncio. A Praça Santa Maria do Trastevere transformara-se também numa *isola pedonale*:[66] podia-se contemplar tranquilamente a bela fonte barroca e o ouro dos mosaicos do frontão da igreja. Apesar da afa,[67] nesse ano os romanos não se ausentaram de Roma. A 12 de agosto, sob um céu branco, com um calor úmido, as ruas ainda estavam engarrafadas. Estivemos muito com Rosana Rossanda, que acabava de fundar uma revista junto com alguns amigos: *Il Manifesto*. Mostrava-se muito preocupada com o problema da relação entre as massas e a organização do partido, e o P.C.I. não considerava suas teses ortodoxas. Temia uma expulsão, que realmente ocorreu um pouco mais tarde.

O verão de 1970 foi semelhante aos anteriores. Por sua vez, a Praça Farnese fora decretada *isola pedonale*, e podia-se apreciar à vontade a

---

[66] "Ilha para pedestres". (N. da T.)
[67] "Abafamento". (N. da T.)

beleza das fontes e do palácio. Mas a Praça Navona estava invadida por pintores e turistas, era quase a mesma multidão da Praça do Tertre em Paris. A grande atração nesse ano era a campanha pelo divórcio. Um caminhão ficava estacionado numa das entradas da Praça Navona, coberto de cartazes, de caricaturas, de slogans que exortavam os senadores a votar a lei do divórcio. Homens e mulheres desfilavam em frente ao Senado carregando cartazes: "Coragem, senadores. Não se deixem intimidar pelos padres. Votem a lei do divórcio." Militantes faziam greve de fome. Outros faziam comícios ou conseguiam abaixo-assinados. Basso e Levi achavam que a lei passaria em outubro, mas que, na verdade, o divórcio seria extremamente difícil de obter; ao lado disso, por uma quantia módica, a Igreja anula facilmente os casamentos religiosos. Quando se deseja preservar uma porta de saída, é bem mais vantajoso casar-se no religioso e não no civil.

Fizemos uma bela excursão a Fara in Sabina, encarapitada numa colina no interior da Sabina: é uma cidade muito antiga, de onde se tem uma vista que dá para uma vasta paisagem ondulada. Vi Rieti, que não conhecia, e revi Aquila. Pensava voltar pela autoestrada que painéis verdes anunciam à saída de Roma. Mas dela só existia ainda um pequeno trecho. Víamos operários e tratores lá no alto, enquanto seguíamos por uma estradinha entupida no fundo de um vale.

Em 1971, nosso terraço fora parcialmente transformado num estúdio separado da parte descoberta por uma passagem envidraçada: era ainda mais agradável do que nos anos anteriores, pois podia-se ficar nele durante as horas de mais calor. Passávamos ali, na parte fechada ou ao ar livre, a maior parte de nossos dias. Não conheço nada de mais lindo do que essa cidade, ao cair da noite, quando as estrelas surgem sobre os telhados escuros e, envoltos em brumas de fogo, os contornos de São Pedro parecem aprisionar seu fantasma imaterial.

Durante a guerra da Argélia, tornara-se impossível para mim passear pela França. Agora, sem que tenha voltado a sentir muita simpatia por meus compatriotas, sua presença já não me oprime. Voltei a reconhecer como meu este país onde tenho minhas raízes, e senti vontade de recuperá-lo.

Percorrera os arredores de Paris — de bicicleta durante a guerra, de carro quando aprendi a dirigir. Mas, graças às autoestradas, eles se estendem até muito mais longe hoje do que naquele tempo. Em pequenas excursões de um ou dois dias, redescobri a Île-de-France e as províncias que a rodeiam. Nessas terras, várias vezes devastadas por guerras, não sobram muitas cidadezinhas antigas nem, nas cidades, bairros antigos. Aqui e ali ainda surgem velhas casas de traves aparentes, de janelas salientes decoradas em madeira trabalhada: em Troyes há ruas de aspecto medieval, com fachadas estreitas e altas, com empenas que quase se juntam sobre as ruelas estreitas. Em alguns lugares ainda podemos ver construções de mercados em madeira com cobertura de telhas. Construídos em pedra ou tijolo, os *hôtels particuliers* resistiram melhor ao tempo. Em Sens, em Chartres, em Meaux, existem ruas por onde gostei muito de perambular. Mas — a menos de duas horas de Paris — a única paisagem urbana que realmente me emociona é o conjunto que formam, em Arras, a grande e a pequena praça, admiravelmente restauradas. É um desses casos em que o tempo, em vez de destruir, renova. Em criança, quando ia a Arras, onde meu pai tinha parentes, haviam-me mostrado fotografias da cidade tal como era antes de 1914: do centro restavam apenas algumas pedras calcinadas. Voltei lá recentemente. Vi a torre, as praças de arcadas concebidas por arquitetos flamengos sob influência da Espanha: essa aliança produziu uma obra-prima.

    No entanto, a maioria dos monumentos que — na Île-de-France e seus arredores — sobreviveram às devastações é composta de castelos e igrejas. No que se refere aos castelos, a decoração interior me deixa indiferente; interesso-me pela construção e pelo local que a cerca. Mesmo tão reduzida, essa curiosidade nem sempre é fácil de satisfazer. Muitas vezes a entrada de um parque está impedida. Já me aconteceu insinuar-me, pé ante pé, no lugar proibido, escondendo-me ou misturando-me a um grupo de turistas autorizados. Uma vez, no bonito castelo de La Grange Bléneau, onde morou La Fayette, um porteiro furioso atiçou contra mim um cachorro minúsculo — felizmente quando já era tarde demais. Outras vezes, o guarda se mostra desejoso de ser subornado. Finalmente, com frequência, a visita é oficialmente autorizada ou pelo menos tolerada. De uma forma ou de outra, consegui ver vários dos belíssimos castelos que desconhecia: o de Marais, construído no século XVIII, cuja elegante fachada se ergue na extremidade de um imenso tanque retangular; Boni de Castellane deu aí festas célebres. O de Vaux, cujo magnífico parque foi desenhado por Le Nôtre e no qual Fouquet gastou dezoito milhões. O torreão e as torres de Septmonts, abandonados no fundo de um jardim cheio de urtiga e ervas daninhas. As muralhas de Vivier en Brie, onde Carlos VI foi confinado, cobertas de hera, refletem-se num grande lago. Intacto, o castelo de La Grange-le-Roi, construído em tijolo e pedra, no fim do século XVI, está cercado de fossos, de vastos gramados e de árvores frondosas. Mas a todos os citados, e a tantos outros que não citei, ainda prefiro o de Champ-de-Bataille, também construído no século XVI, em pedra e tijolo. No meio de uma planície coberta de relva, duas construções se defrontam; elas delimitam um átrio, fechado, de um lado, por uma muralha monumental onde se abre um portal magnífico; do outro, por uma espécie de arco de triunfo. Ao pôr do sol, as linhas das fachadas cor-de-rosa, a imensidão do pátio cercado de grades e pórticos compunham um cenário de grandeza emocionante.

A visita às igrejas comporta menos imprevistos; há sempre uma portinha que acaba por abrir-se. Mergulha-se no frio e num odor de vela e incenso; a nave adorna-se de lírios murchos, de flores artificiais empoeiradas. Sua arquitetura é quase sempre simples e bela. Gostei, entre outras, das pequenas igrejas fortificadas que se espalham ao sul de Laon, todas semelhantes, diferençadas apenas por determinados detalhes. Mesmo nas construções mais modestas, sempre alguma curiosidade prendia minha atenção: bancos, um retábulo, uma tribuna, estátuas em madeira ou pedra, lajotas com inscrições. Em Houdan, um afresco de uma ingenuidade encantadora representa peregrinos a caminho do longínquo Mosteiro de Montserrat. Em Villemaur, o campanário é inteiramente recoberto de *essente* de carvalho: dir-se-ia um animal pré-histórico revestido de escamas. No piso da bela igreja capitular de Écouis, anotei esta inscrição: "Aqui jaz o filho, aqui jaz o pai, aqui jaz a mãe, aqui jaz o irmão, aqui jazem a mulher e o marido; há somente dois corpos aqui. 1502." Não sei quem inventou a história rocambolesca à qual esse texto faz alusão: Berthe, filha do Conde de

Châtillon, casou-se com o castelão de Écouis. Dele teve um filho que partiu para a Itália com Carlos VII. Em Bourges ele se encontra com a mãe, sem reconhecê-la, e lhe dá uma filha. Dezoito anos mais tarde, a fatalidade fez com que ele se casasse com essa filha que era também sua irmã. Descobriram a verdade e morreram de desgosto!

Um dos santuários mais curiosos que conheço é a cripta de Jouarre que data do século VII. Ela contém dois oratórios funerários, um dedicado a Santa Thelchilda, outro a Santo Ebregisilo. O primeiro é o monumento merovíngio mais bonito que possuímos. As abóbadas apoiam-se em seis colunas antigas, em mármore colorido, adornadas com magníficos capitéis de inspiração bizantina. Um sarcófago decorado com folhas de nenúfar guarda os restos de Santa Thelchilda. Em outros repousam Santo Agilberto, Santa Ozana, e outros santos menores com nomes estranhos: a Venerável Moda, Santa Balda.

Valéry estava certo ao comparar a arquitetura com a música. Ao entrar na Catedral de Soissons — perfeitamente reconstruída após a guerra de 1914-18 — senti uma alegria análoga à que às vezes a música me proporciona. Como é harmonioso o hemiciclo que se vê num dos lados da nave. Com igual prazer encontrei seu equivalente em Noyon. A Catedral de Reims, que conhecia por fotografias, pareceu-me muito carregada; mas descobri Saint-Rémi maravilhada. Da célebre Catedral de Laon — que serviu de modelo a tantas outras — admirei o interior, mas a fachada me pareceu fraca. (Eu a vira no tempo em que Sartre era professor em Laon: não me lembrava absolutamente de nada.) Visitei também abadias cujas construções se mesclam à natureza: Bec Hellouin, que do século XI ao século XIII foi o centro intelectual do Ocidente. Royaumont, de que tanto ouvira falar. Agrada-me que suas torres, seus claustros, suas pedras se misturem com a relva, as árvores, a água dos riachos.

As paisagens percorridas durante essas excursões — florestas, vales, colinas e platôs —, *grosso modo*, já me eram conhecidas. No entanto, fiquei imobilizada no dia em que, passando de carro pelas estradas estreitas da bonita floresta de Saint-Gobain, vi surgir de repente, rodeado de árvores, um lago melancólico, às margens do qual se erguia um mosteiro abandonado: o Tortoir. Era uma visão que parecia situar-se fora do mundo: nenhum caminho jamais poderia levar-me até lá. Um velho guarda, que ali vivia solitário, mostrou-me as antigas habitações dos monges, uma capela, um hospital caindo aos pedaços. Era um lugar de peregrinação que, no passado, recebera muitos visitantes. Parece que vai ser restaurado. Nunca será tão comovente como nesse abandono.

Fiz uma excursão um pouco mais prolongada pelas Ardennes. A floresta das Ardennes: por causa de Shakespeare, sonhava com um lugar encantado. E era um lugar encantado. Na alegria pura de uma manhã muito azul, a neve cobria o solo, revestia com seus cristais brilhantes os galhos das árvores, a terra, as moitas, a relva, as macegas. O carro deslizava em meio à solidão e ao silêncio. Descendo, podia ouvir os estalos de meus passos pelo caminho que me levava a um belvedere de onde se descortinavam até o infinito brancuras fascinantes. Saindo desse lugar mágico, percorri o Vale do Meuse, vi suas águas escuras, suas ardosieiras, Givet, cujos telhados são cobertos de ardósias de um rosa violáceo, Charleville e sua praça ducal quase tão linda como a de Vosges.

Desejava conhecer a Champagne. Verdun, onde minha mãe passou sua vida de menina, é uma cidade bastante triste, mas plena de lembranças que tantas vezes ela me contou. Nos arredores, visitei os lugares cujos nomes haviam provocado tanta angústia em meu coração de criança: Apremont, o Mort-Homme, o cume de Éparges, Argonne. Naquele momento as árvores estavam cobertas de folhas, as moitas verdejavam; vendiam-se, porém, fotografias antigas que mostravam paisagens calcinadas, árvores abatidas, bosques tosquiados: imagens que me eram familiares através dos filmes de guerra. Inscrições indicavam a existência anterior de cidades das quais não restava vestígio algum. Via "cotas" e "montículos" que me lembravam velhos comunicados: quantos homens tinham morrido para tomar ou para defender esses pedacinhos de terra! Forte de Vaux, Forte de Douaumont, seu cemitério, seu imenso ossuário, a "Tranchée" das baionetas onde foi enterrada viva toda uma divisão de bretões: veem-se apenas pontas enferrujadas que emergem do solo. Lugares heroicos de minha infância: Rosalie, nossos valentes soldados, de pé os mortos. Lugares cujo horror me tumultuou durante a adolescência, quando soluçava com os filmes ou livros que narravam essa enorme matança. Ainda hoje fico tomada de horror e revolta quando penso nos quinhentos mil mortos de Verdun.

Os dias seguintes foram mais serenos. Vi, debaixo de sol, Domrémy, Vaucouleurs, pequenas estradas em meio a florestas, igrejas de linhas puras, quase todas contendo lindas estátuas da Virgem ou de diversos santos. Em Avioth, cujo estilo é intermediário entre o gótico do século XIV e o *flamboyant*, há um pequeno monumento muito curioso, o Receveresse, onde se recebiam as esmolas dos peregrinos. Passei pela cidade de Bar-le-Duc, onde quase todas as casas são antigas e bem conservadas; na Igreja de Saint-Étienne admirei uma obra-prima que sinto vergonha de ter conhecido tão tarde: *Le décharné* de Ligier Richier. Semiescorchado, semiesqueleto, é um cadáver ainda com vida, é um homem vivo já mumificado. Ele se ergue estendendo seu coração para o céu.[68] Vi na região outras esculturas de Ligier Richier. Numa igreja de Saint-Mihiel, onde ele nasceu, há treze estátuas maiores do que o normal em torno do Santo Sepulcro. Natural da Champagne, influenciado pela Itália, ele alia, com êxito, o gosto macabro do século XV ao realismo da Renascença.

Fiz uma pausa em Langres; das muralhas contemplei a imensa vista dando sobre o Vale do Meuse; gostei de suas torres imponentes, de seus belos *hôtels particuliers*, da Catedral de Saint-Mammès, onde o romano borguinhão se mistura ao gótico nascente, sendo o conjunto curiosamente influenciado pelas ruínas galo-romanas, abundantes nos arredores. Passei por Châteauvillain. Assemelhava-se inteiramente à imagem que dela guardei, com suas casinhas bem-cuidadas, as persianas de cores vivas, os prendedores de janela em forma de figuras humanas. Encontrei a casa de Jacques, a alameda, o portão do grande parque onde os gamos corriam. Mas não a torre coberta de rosas.

O encanto desses passeios estimulou-me a fazer uma longa viagem pela França durante o verão de 1969. Havia uma região que conhecia mal: a que se estende a oeste, do Loire aos Pireneus. Foi essa que escolhi. Eu, que sempre negligenciei as planícies, fiquei encantada com as paisagens tranquilas do sul do Loire; as sombras das nuvens

---

[68] Vi em Laon, na capelinha românica de Templiers, uma estátua dessas, em que o cadáver está a ponto de reduzir-se a um esqueleto. Era impressionante, mas menos do que essa carniça de pé.

disputavam com o sol os verdes e dourados dos prados; o céu imenso e revolto era um espetáculo mutável como um mar; nuvens aí flutuavam, juntavam-se, desfaziam-se; a luz se escondia, desfraldava-se por jatos. Não me cansava de contemplar esses jogos, essas festas. Mais adiante apreciei o ondulado da paisagem da Vendée, suas estradinhas cercadas de sebes, dando de repente, no alto de uma colina, para um vasto panorama. No cume do Monte de Alouettes ainda se podem ver os moinhos que os habitantes da região utilizavam para indicar os movimentos dos Bleus. Deslizei, encantada, pelas águas calmas do pantanal potevino: era difícil imaginar que, aos domingos, os canais ficassem entupidos por uma multidão de barcos. Naquela manhã, apenas eu e o barqueiro vogávamos pelos longos cursos de água cercados de álamos, entre nuvens de libélulas azuis. Algumas vacas — que são transportadas em barcos, tremendo de medo — passavam pelos prados rodeados de água por todos os lados. De quando em quando, os canais se cruzam formando grandes *ronds-points* líquidos. Que silêncio, que apenas o leve marulho das águas movidas pelo remo interrompia! A terra firme parecia muito longe.

 Visitei Nohant. Estava justamente lendo a correspondência de George Sand que, além de sua vida, ressuscita toda a sua época. O lugarzinho é encantador e sobretudo a minúscula igreja que parece de brinquedo, com seu pórtico e alpendre. O que há de mais interessante na casa são os dois teatros: sobretudo o teatro de marionetes e a coleção de bonecas fabricadas por Maurice e vestidas por George Sand. Vi também alguns dos recantos que ela amava: as grandes rochas acinzentadas que denominam *"pierres jaunâtres"*, Gargilesse, onde ela tinha uma casa, o castelo de Crozante, todo o Vale do Creuse. Vinte anos antes eu o percorrera de bicicleta, e ele não despertou o menor eco em meu passado. Mais ao sul, fiquei deslumbrada no alto da fortaleza de Blaye, diante da Gironde cor de chumbo que se descortina a perder de vista.

 Mais ainda do que os rios e os prados, as florestas e os segredos de seus lagos, interessaram-me os afrescos das igrejas românicas. Não as conhecia. Descobri as de Montoire, de Vic, de Lavardin, de Gargilesse; na cripta de Tavant, os personagens vestidos de cores vivas parecem dançar sobre as pilastras. As pinturas mais bonitas são as que decoram a admirável abóbada de Saint-Savin; datam do início do século XII; contam, em resumos poéticos e ingênuos, a história da Criação, as de Abraão e Moisés.

Percorrendo o Poitou, a Santonge, Angoumois, descobri os tesouros de uma arquitetura que não conhecia direito. Para afirmar sua originalidade em relação ao norte, onde o gótico florescia, o sul do Loire manteve-se fiel ao românico até o fim do século XIII. Mas os arquitetos queriam que suas igrejas rivalizassem com as catedrais góticas: tiveram de inventar técnicas novas que permitissem que o românico atingisse também a grandeza, como em Saint-Savin, em Poitiers, em Angoulême, em Aulnay. Existe ainda uma grande quantidade de igrejinhas mínimas — só em Saintonge são seiscentas —, algumas das quais surpreendem pela elegância refinada, a riqueza harmoniosa dos portais, o trabalho das absides, a originalidade dos capitéis. Comparando umas com as outras, admirei-me de que se tenham podido inventar tantas variações delicadas, a partir de alguns princípios simples e rigorosos; a ligação entre o funcional e o estético se tornou evidente para mim, quando compreendi a diferença — no papel que representam e nas consequências que acarretam — entre as abóbadas de berço e as fileiras de cúpulas. Na medida em que se multiplicavam, as confrontações que eu ia fazendo interessavam-me cada vez mais. Aprendi a distinguir o românico potevino do perigordino, a reconhecer as variantes de Santonge e de Angoumois; notei as diferenças entre as cúpulas com pendentes e as com perchinas, entre os campanários em forma de pinha e os clássicos, entre os pórticos em arco de triunfo e os que comportam um tímpano. Identifiquei o arco de pleno cimbre, os arcos abatidos, os alterados, os quebrados, os polibolados. Passei a ver muito melhor a partir do momento em que pude nomeá-los.

Encontrava essas igrejas nas cidades, nos burgos, no interior de lugarejos adormecidos e às vezes até numa total solidão, no final de um caminho, rodeadas de florestas, prados e silêncio. Entre estas, uma que sobremodo me agradou foi a igreja, toda redonda, de Neuvy Saint Sépulcre, que contém um *rond-point* completo, isto é, um conjunto de colunas formando um círculo perfeito. Em várias outras encontram-se *ronds-points* abertos na frente. Em Salignac senti uma das minhas mais fortes emoções. Graças ao sistema de fileiras de cúpulas, os arquitetos conseguiram construir igrejas com uma só nave, muito alta e muito larga. Quando penetrei na de Salignac, vi-me no topo de uma escada de doze degraus que dominava uma longa nave de imponente majestade. Ao fundo desse vasto espaço, estavam sentados, em semicírculo, monges vestidos de preto, com os rostos voltados para a entrada; de pé, de frente para eles, um padre salmodiava. Tive a sensação de ter retrocedido à noite dos tempos: dir-se-ia um tribunal da Inquisição.

Revi, estiradas como Gregos, as admiráveis estátuas situadas nos portais de Beaulieu, de Moissac. Familiares, íntimas, havia em muitas igrejas pequenas estatuetas de madeira pintada; entre outros, encantaram-me os pequenos santos coloridos de Saint-Junien, sobretudo a maravilhosa Santa Bárbara. Nos capitéis, a exiguidade do espaço obriga o escultor a reduções engenhosas; às vezes eles são decorados com monstros inspirados no Oriente ou com símbolos, mas frequentemente também com cenas realistas: por exemplo, Dalila cortando o cabelo de Sansão. Não raro, o artista se divertiu e sua obra toca o burlesco; no claustro de Cadouin, entre baixos-relevos bastante notáveis, há um ornato que representa "Aristóteles cavalgado por uma cortesã".

Em algumas cidades, erguia-se ao lado da igreja um monumento que até então eu nunca vira: uma lanterna de mortos. É uma torre alta, afilada, oca, terminando numa lanterna na qual todas as noites se colocava uma chama. Em Fernioux, um lugarejo perdido no verdor, ela parecia um gracioso reflexo do campanário da igreja.

Também nunca ouvira falar em "igrejas monolíticas", talhadas na rocha de uma falésia. Uma delas é cavada numa muralha de pedra outrora banhada pelo Charente e atualmente separada do rio pelos prados; os monges que habitavam esse eremitério troglodita atravessavam em barcaças os peregrinos que iam a Santiago de Compostela. (Muitas igrejas e mosteiros da região ficam localizadas na estrada de Compostela; em seus pórticos vemos esculpido o tema da concha.) Em Saint-Émilion existe uma outra, muito grande, onde ficaram guardados, durante a última guerra, os vitrais de Chartres. A de Aubeterre, escavada no século XII, foi utilizada até o século XVIII.

São edificações curiosas. Parecem grandes grutas naturais e, no entanto, a mão do homem talhou na rocha abóbadas, pilastras, altares.

Fiquei emocionada no dia em que cheguei ao Limousin. Nos Montes Blond, nos Montes Ambazac, que não conhecia, reencontrei os castanheiros, as samambaias, os rochedos acinzentados, os lagos, os horizontes azulados e todos os aromas de minha infância. Nessa época, La Souterraine, Salignac, Le Vigan, Saint-Sulpice-Laurière eram apenas nomes que designavam estações: fiquei surpresa ao constatar que pertenciam a cidadezinhas tão reais quanto Uzerche e Saint-Germain-les-Belles. Muitas vezes encontravam-se aí belas igrejas austeras, em pedra escura. Revi Beaulieu, Collonges, cuja beleza se conservou intacta, Uzerche, cujo centro não mudou, mas onde os bairros cresceram tanto que a placa indicando o nome da cidade situa-se na entrada da Avenida Meyrignac.

Estive em Oradour. Lá as coisas permaneceram tais como as deixou o massacre; a pequena estação, os trilhos da estradinha de ferro continuam lá; carcaças de carros, velhas bicicletas jazem pelas ruas; na padaria, no açougue veem-se utensílios familiares queimados, enferrujados e, nos fogões, cremalheiras e caldeirões. Como em alguns recantos de Pompeia, a vida cotidiana está presente, abruptamente petrificada pela morte.

Descendo para o sul, vi surgirem nas cidades as *cornières*: galerias de colunas de madeira e cobertas de telhas cercam os lugares onde há às vezes velhos mercados de madeira e telhas. Talvez a mais bonita seja a de Monpazier, mas gosto também da de Auvillar, mais rústica, com seu mercado redondo; e a grande Praça de Montauban, suntuosamente vermelha.

A região não é tão rica em igrejas, mas que castelos bonitos! Já tínhamos visto alguns magníficos, entre outros, no Limousin, o de Rochechouart, onde uma sala é coberta de belíssimos afrescos do século XVI representando cenas de caça. No castelo de Labrède, rodeado por fossos cheios de água, visitamos o quarto de Montesquieu. Mas nenhum era tão impressionante quanto a fortaleza feudal de Bonaguil: com seu torreão afilado e suas treze torres, assemelha-se aos castelos pintados nas miniaturas das *Très riches heures* do Duque de Berry. No Gers, várias cidades resistiram ao tempo: conservaram suas fortificações, seus mercados, suas casas antigas. Em Castres também, há todo um bairro antigo intacto: de cada lado do Tarn, fileiras de velhas casas se refletem na água.

Revi essa grande maravilha que é a Catedral de Albi, e depois Toulouse, Mont-Louis, vários outros lugares já visitados no passado. Mas nunca tinha subido até a lindíssima Igreja de Serrabone. Para chegar até lá, é preciso tomar a estrada mais aterrorizante por que jamais passei, abrupta, cheia de pedras, de curvas vertiginosas e tão estreita que só em pouquíssimos trechos, e com dificuldade, há passagem para dois carros; são sete quilômetros, e uma vez nela é impossível retornar. No alto, dominando uma paisagem magnífica, ergue-se o Convento de Serrabone, construído no século XI, e abandonado no século XIV. É uma igreja severa, de xisto, mas que contém uma "tribuna" de uma beleza extraordinária: é sustentada por colunatas de mármore rosa, cujos capitéis são decorados com flores, animais e cabeças humanas.

Os montes de Lacaune, a estrada de L'Espinouse: poucas paisagens na França são tão lindas. O Minervois: dormi em Minerve quarenta anos antes, durante minha primeira viagem a pé; construída na confluência de duas quedas-d'água, numa plataforma ligada ao platô por uma estreita faixa de terra, essa cidadezinha impressionante permaneceu exatamente idêntica a si mesma. Reconheci também as estradinhas do Minervois, o aroma da charneca pedregosa, ardente e dourada. Passeei um pouco pelas paisagens rochosas de Corbières, revi Perpignan, onde pude visitar o palácio dos reis de Maiorca que em minha juventude não era aberto ao público. E parti para a Itália.

La Rochelle, Poitiers, Saintes, Périgueux, Angoulême, o Limousin, Bordeaux, Albi, Toulouse: revisitei vários lugares que já conhecia. Algumas vezes lembrava-me de quase tudo, outras de nada. Mais frequentemente, as reminiscências se misturavam com visões novas, e esse vaivém do presente ao passado me agradava. Descobri também outros lugares de que somente ouvira falar ou até mesmo cuja existência ignorava. Citei apenas um número reduzido destes. Não mencionei inúmeros lagos, lagoas, charnecas, canais, riachos, rios, todos diversos uns dos outros, mas cujas diferenças seriam traídas pelas palavras. Vi florestas, vales, montanhas, cada um deles com sua fisionomia própria. Nenhuma cidade tinha as mesmas cores que outra. O vermelho de Montauban não é igual ao de Albi. Tudo era sempre uma surpresa para mim.

Senti novamente o prazer de rememorar e de aprender, no final do inverno de 1970, quando levei Sylvie à Borgonha: a região fica quase às portas de Paris, agora que a autoestrada do sul ficou pronta. Dijon: fazia muito tempo que não ia lá. É uma cidade leiga: sua arquitetura religiosa é interessante, mas é muito menos importante do que os belos *hôtels particuliers* construídos do século XIII ao XVIII, do que as velhas casas de traves aparentes, quase sempre recobertas de empenas; o coração da cidade é um monumento civil: o palácio dos duques cujo pátio se abre para uma bonita praça em hemiciclo datando do século XVII. Visitei as velhas cozinhas construídas no século XV, e a imensa sala de guardas onde estão os túmulos de Filipe o Bom, de João sem Medo e de Margarida da Baviera. Revi as bonitas estátuas de Claude Sluter que constituem o Poço de Moisés. Mas dediquei-me especialmente a perambular pelo Museu Arqueológico, onde jamais entrara. No subsolo, com cheiro de cave antiga, está exposto o "tesouro" descoberto nas nascentes do Sena entre 1933 e 1963. Há estatuetas de bronze, bonitas e carcomidas, que lembram as que encontramos na Sardenha; outras são de pedra e de madeira. Representam peregrinos, cabeças humanas, animais. O mais curioso são os ex-votos depositados no santuário da deusa Sequana pelos doentes a quem ela devolveu a saúde: bustos de doentes, órgãos humanos que ela curou, corações, pulmões, fígados. Há também uma linda galera votiva.

Revi Autun, e o magnífico tímpano onde reina o Cristo em Majestade. Na sala capitular da catedral podem ser vistos de bem perto os capitéis provenientes daí; trata-se de uma oportunidade rara; nas igrejas, é preciso quebrar o pescoço para discernir de longe, e muito mal, o detalhe das esculturas. Aqui, elas se apresentavam na altura dos olhos. De todas elas, preferi os três reis magos dormindo, com as coroas na cabeça, sob um grande manto muito plissado, e que um anjo desperta.

De Beaune, lembrava-me da Santa Casa de Misericórdia: os célebres telhados envernizados, com desenhos verdes e vermelhos sobre um fundo dourado; e também as cozinhas, a velha farmácia. Duvidei de minha memória, quanto entrei na grande sala de teto de madeira policromada em forma de carena invertida: nos dois lados alinhavam-se camas com baldaquins, cujos cortinados vermelhos se destacavam sobre os lençóis muito brancos. Como pudera esquecer esse cenário impressionante? Na verdade, não o conhecia: antes da guerra o local não estava aberto ao público.

Visitamos a igreja românica de Paray-le-Monial — toda amarela e muito bonita — com sua nave abobadada em berço quebrado e o gracioso deambulatório denominado "o passeadouro dos anjos". Depois, vimos uma série de pequenas igrejas românicas; numa delas, muito pequena, um cartaz comunicava orgulhosamente: aqui todos os personagens do tímpano conservaram sua cabeça. De fato, em todos os outros portais as estátuas foram decapitadas durante a Revolução. Esta destruiu Cluny, cujos monges eram odiados pelas pessoas do local, exploradas por eles: a abadia deve ter sido de uma beleza extraordinária; o que sobra dela ainda é magnífico.

Acidentadas e tranquilas, amplas e íntimas, as paisagens da Bourgogne me tocam. Subimos ao Monte Beuvray, cujo caminho estava ainda coberto por uma fina camada de gelo. Do Monte Dun, via-se, de um lado, uma grande planície e horizontes azuis; do outro, as montanhas do Lyonnais que, recobertas de neve, pareciam mais altas.

O que mais me encantou foram dois burgos fortificados que a passagem dos séculos praticamente não alterou. Em Brancion, debruçada sobre um promontório batido pelos ventos, o castelo, a igreja românica permanecem intactos; descortina-se um vasto panorama de florestas que parecem ainda virgens. Châteauneuf conservou várias casas antigas, bonitas, além do castelo de torres imponentes. A seus pés estendem-se pradarias que o Canal de Bourgogne atravessa indolentemente, margeado por uma fileira de árvores.

Completamos essa viagem, um ano depois, com uma curta permanência em Lyon. Já haviam decorrido quarenta anos desde meus primos Sirmiones me tinham mostrado essa cidade; trinta anos, desde que, numa excursão de bicicleta, parara lá com Sartre. Depois, passei de carro, quando ia para o sul: tinha vontade de passear por lá com vagar. Percorri os cais, perambulei pelas ruas do comércio, demorei-me na bela Praça de Bellecour; na Praça de Terreaux admirei o magnífico palácio da municipalidade. Gostei muito da igreja românica de Saint-Martin d'Ainay e de seus capitéis esculpidos. Do alto da colina onde se ergue a horrível basílica de Fourvière, contemplei os telhados sombrios das casas e os dois rios de águas acinzentadas. Percorri minuciosamente a velha Lyon, habitada no passado pelas famílias mais ricas da cidade. As fachadas foram reconstituídas: desnudaram suas velhas pedras enfeitadas com baixos-relevos, esculturas, modilhões. Sentia-me ainda mais perplexa, quando — atraída pela inscrição *cour, tour, traboule*[69] — transpunha a porta de entrada. Uma passagem escura, de teto baixo, levava-me a um pátio; erguia-se aí uma torre com uma escadaria em caracol; a arquitetura era de uma simplicidade elegante, mas uma camada de sujeira escurecia as paredes amarelas onde se encaixavam janelas de vidros imundos: do outro lado, era possível adivinhar apartamentos úmidos e sombrios.

No entanto, apesar de sua decadência, essas moradias antigas são verdadeiros palácios se comparadas às casas de Croix-Rousse. Desci toda a colina utilizando as *traboules*. Em outros lugares, essas passagens que ligam uma rua a outra, através de um bloco de casas, são simples corredores; mas aqui, por causa do desnível, era um sistema complicado de corredores e de escadas ao ar livre, cercados por galerias para onde davam os quartos. Pela altura das fachadas e o número de galerias superpostas, um desses conjuntos evocava algumas das *Prisões* de Piranèse; mas a impressão predominante era a de uma deterioração e de uma sujeira como jamais vi na França, em escala assim tão grande, dentro de uma cidade. Nos pátios, de chão coberto de imundície, cruzei com homens que iam esvaziar seus baldes higiênicos nos banheiros: estes não existiam nas moradias, nem sequer no andar. As paredes eram ainda mais sujas do que as da velha Lyon. A roupa que secava nas janelas era protegida por um plástico: sobre essa tela protetora acumulavam-se fuligem, poeira, toda espécie de

---

[69] Em português: pátio, torre, passagem. *Traboule* é palavra regional, que designa em Lyon uma passagem que atravessa um bloco de casas.

detritos. Nesses pardieiros habitados no passado pelos *canuts*,[70] estão empilhados atualmente os norte-africanos.

Estive no Museu de Belas-Artes, uma antiga abadia onde há alguns quadros notáveis e vários sem maior interesse. O Museu dos Hospitais me interessou muito mais: faz com que possamos imaginar o que era um hospital entre o século XVI e o XIX — uma visão arrepiante. Vi um desses leitos de quatro lugares, onde se deitavam lado a lado, muito apertados, doentes e cadáveres. Vi os instrumentos utilizados por médicos e cirurgiões, que parecem destinados a sessões de tortura: seringas para clisteres, espéculos, fórceps, trépanos, pinças de dimensões monstruosas. As mesas de operação, as de parto evocavam suplícios atrozes. Levei um choque diante da figura fantástica exposta numa vitrine: um manequim de tamanho natural, vestido com a roupa que utilizavam os médicos para visitar os pesteados; era um traje preto comprido, um chapéu preto de abas largas e uma máscara; duas bolas de vidro no lugar dos olhos e um longo bico recurvado, no qual eram colocados perfumes que deveriam preservá-los do contágio.

A localização de Lyon é privilegiada: delimitada por duas colinas, é atravessada por dois rios; tem um conjunto arquitetônico muito bonito: os cais do Saône. Mas apesar de seu céu muito azul, a cidade me deixou uma impressão de tristeza: é tão velha e tão pouco cuidada que parece malsã.

Nesses últimos três anos, retomamos uma antiga tradição: na primavera, passamos quinze dias na Provença. A primeira vez foi em Antibes, as duas outras, em Saint-Paul-de-Vence. De Saint-Tropez a San Remo, da costa às neves do Valberg e da garganta de Turim, revi essa região onde tantas lembranças se superpõem para mim. Algumas já não correspondem à realidade: em Juan-les-Pins, a *villa* da Sra. Lemaire, transformada em clínica, faz parte de um conjunto de prédios novos e feios. Uma imensa construção, que se vê de todos os lugares, situada à beira-mar como um monstrengo, desfigura a Baía de Anges. Mas das muralhas de Antibes e do alto das

---

[70] *Canuts* é o nome que se dá às pessoas que trabalham nas indústrias da seda em Lyon.

colinas, achei inalteradas as belas paisagens de montanhas descendo suavemente para o azul do mar: nessa primavera, elas reluziam de brancura sob seu capucho de neve. Pela estrada montanhosa que vai de Gassin a Ramatuelle, e que tantas vezes percorri, atualmente podem passar carros: mas é ainda silenciosa e solitária e o aspecto da península não mudou. Achei inalteradas as garantias de Cians e de Daluis, de lindas cores avermelhadas, e a "estrada aérea" — segundo a expressão do *Guide bleu* — pela qual seguia a pé com Olga: prolongando a escarpa do Var ela se encontra a mil metros de altitude, e dos dois lados domina panoramas magníficos. Situada num pico sobre as gargantas de Loup, Gourdon fez concessões ao turismo; ao longo das ruas só se veem lojas de bugigangas. Em Cagnes, em Cabris, os terraços dos cafés são invadidos por visitantes; mas o coração dessas cidadezinhas permaneceu intacto. Reencontrei meu passado em Broc, na escarpa do Var; em Saint-Agnès, de onde se veem os laranjais desfraldando para Menton; Saint-Paul-de-Vence assemelha-se à sua antiga imagem quando os turistas a abandonam ao cair da noite; sombria, silenciosa, todas as suas lojas fechadas, nela só se ouvem os próprios passos e o murmúrio de uma fonte. Em frente, ilumina-se uma colina; na primeira noite, essa festa cintilante me intrigou: trata-se de estufas fortemente iluminadas com luz elétrica.

Fiz algumas descobertas, ao mesmo tempo em que ressuscitava épocas mais ou menos longínquas: em Maures, uma estrada escarpada que serpenteia através de pinheirais; estradas montanhosas, entre San Remo e Vintimille, povoadas de cidades maravilhosas. Perto de Tende, num local solitário, uma capela surpreendente, cujo interior foi inteiramente coberto de afrescos ingênuos por um pintor italiano: o *Guide bleu* os classifica de "realistas", mas trata-se de evocações fantásticas do inferno e de seus suplícios.

Visitei também a galeria Maeght, que não conhecia. Lá, melhor do que em qualquer outro lugar, pude contemplar os homens em movimento de Giacometti. E vários quadros muito bonitos.

Frequentemente, porém, contentava-me em ficar sentada em meu terraço, lendo sob o céu azul e respirando a paisagem familiar.

Uma das diversões, e às vezes irritações, da viagem são os guias que mostram os monumentos. Nas igrejas anda-se livremente; mas nas abadias e nos castelos geralmente não. Há guias agradáveis; por exemplo, a jovem camponesa que num lugarejo perdido me mostrou a bela abadia de Villesalem; indignava-se com as depredações devidas não à Revolução, mas às religiosas que haviam depois instalado seus aposentos no edifício. O do castelo de Rochechouart dava explicações interessantes que arrematava sempre com a mesma frase: "Pelo menos é o que dizem as pessoas competentes." Uma palavra da guardiã do museu de Provins, La Grange-aux-Dîmes, teria encantado Proust. Como eu deplorasse que a igreja — uma bonita igreja românica — apresentasse um campanário horrível do século XVIII, ela me respondeu com convicção: "É verdade que não é bonito. Mas lá de cima tem-se uma vista *pa-vo-ro-sa*."

Muitas vezes eram mulheres velhas, caducas, que me davam explicações; a que tomava conta do ermitério troglodita de Mortagne era uma caduca suave, de belos cabelos brancos, bem cuidada: recitava com voz mecânica o pequeno discurso que sabia de cor; tão logo o terminava, recomeçava-o em termos idênticos; repetiu-o durante todo o tempo que durou a visita.

A proprietária da abadia de Flaran,[71] que recebia pessoalmente os turistas, era uma louca rabugenta: manca, batia no chão com a bengala, com muita raiva, e falava com irritação; quase entrou em transe quando, mostrando uma mancha preta no chão, afirmou que no lugar indicado monges haviam sido queimados durante a Revolução.

Em Charroux, cuja abadia está em pedaços e onde trabalhos em curso impedem que se possa chegar perto desses destroços, um guia, em pé num corredor, diante de um mapa do edifício, descrevia minuciosamente para um jovem casal siderado tudo o que lhes deveria — e não poderia — ter mostrado. Eu me esquivei. Mas onde fiquei realmente irritada foi em Bonaguil; foi preciso esperar uma meia hora por um guia fantasiado de artista montmartriano: cabelos brancos compridos, gravata *lavallière*,[72] calça de veludo; ele avisou que a

---

[71] Em janeiro de 1972, cinco pessoas foram condenadas por haverem ateado fogo a essa abadia, entre as quais o neto da proprietária: queria receber o seguro.
[72] Gravata larga e leve que se ata formando dois laços. (N. da T.)

visita-conferência levaria duas horas; transpus a porta que se encontrava atrás dele, para ter uma vista de conjunto do interior do castelo e, passados dez minutos, fui embora, para grande escândalo da audiência.

Há um prazer ao qual sou sensível quando viajo pela França: o da mesa. A cozinha, e muitas vezes os vinhos, exprimem à sua maneira a província que os produz: é uma forma agradável de completar sua exploração. Os pratos regionais são sempre muito melhores no próprio local do que as imitações que deles se fazem em Paris: eu não sabia o que era uma quiche[73] antes de haver comido uma em Verdun, consistente como uma torta e leve como um suflê; não conhecia a *quenelle*[74] antes de a haver comido em Dijon. É somente nos albergues do campo que ainda se encontram trutas pescadas nas quedas-d'água, caranguejos em profusão. Quando me sento à mesa, no final de uma manhã, no final de uma tarde, saturada de espetáculos, faminta de alimentos terrestres, sinto o coração em festa; agrada-me procurar no cardápio pratos inéditos ou pelo menos típicos.

Nas noites desses dias que passam tão depressa, mas cuja plenitude, retrospectivamente, faz com que pareçam muito longos, gosto da chegada ao hotel. Trata-se muitas vezes de uma bela casa antiga, no fundo de um pátio, ou num jardim, ou numa rua tranquila; ou fora da cidade, um antigo castelo no meio de um parque, um moinho à beira d'água. Caminho, no silêncio agradável de corredores guarnecidos de portas que escondem vidas desconhecidas, curiosa por abrir a de meu próprio quarto. O cenário inesperado, quase sempre encantador, no qual me instalo, é uma espécie de parêntese em minha vida; estou em casa, na solidão e no silêncio de um interior protegido por paredes, com alguns objetos que me pertencem; e no entanto, meu verdadeiro lar está longe, estou fora. Vejo pela janela uma praça de província, muros cobertos de hera, ou jardins, ou um rio que não pertencem à minha vida. Acordo num lugar que já me é familiar mas que logo deixo. A partida inicia um dia que uma outra chegada encerrará: parece-me que sou eu quem controla a passagem das horas, em vez de estar sujeita ao seu desenrolar.

---

[73] Espécie de torta guarnecida com um creme contendo pedacinhos de toucinho e presunto. (N. da T.)

[74] Espécie de almôndega cujo recheio pode ser de peixe, galinha, vitela etc. (N, da T.)

Nesses últimos anos não revisitei somente a França; voltei também a alguns países que já conhecia. Um destes se transformou entre minha primeira viagem em 1953 e a segunda: a Iugoslávia que, além disso, vi sob um ângulo muito diferente.

Em 1953, não estivera em Dubrovnik, onde aterrissei com Sartre em março de 1968 e onde nos aguardava nosso amigo Dedijer. Ele nos reservara quartos num hotel situado à beira-mar, a pouca distância da cidade: todas as manhãs era um encantamento descobrir a brancura das altas torres erguidas num promontório rochoso por águas azuis. Dubrovnik é toda cercada de muralhas. Percorremos o *caminho de ronda*, dominando os telhados dourados das casas, abarcando com o olhar ruas, praças, pátios, jardins. Aí é proibida a entrada de carros, e passeia-se tão tranquilamente como em Veneza. Há monumentos interessantes, mas a maior beleza da cidade são suas ruas. Não existe nenhuma no mundo que possa competir com a *Placa* que atravessa de lado a lado a cidade velha. Tendo esta sido destruída por terremoto em 1667, arquitetos inspirados a reconstruíram, impondo-lhe uma rigorosa unidade. O calçamento da Placa é feito de pedras polidas pelo tempo e é a mesma pedra patinada que podemos ver nas fachadas das casas, todas construídas num mesmo estilo, mas que se distinguem pela diversidade de suas esculturas. De um lado, ruas em degraus escalam a colina. Vão dar numa artéria paralela à Placa, mais estreita, mas também de pedra e guarnecida de velhas moradias em pedra talhada, embelezadas por balcões trabalhados. À noite, quando esses lugares ficavam desertos e silenciosos, tinha-se a impressão de se estar numa cidade de uma outra era, milagrosamente iluminadas por revérberos. Gostávamos de sentar-nos no cais do velho porto, que se encrava nas muralhas, e onde estão amarrados os barcos dos pescadores. Fazíamos nossas refeições nos pequenos restaurantes da cidade ou no terraço de nosso hotel, contemplando, bem próxima, a ilhazinha de Lokrum.

Num carro de aluguel fiz grandes excursões com Sartre e Dedijer, ou sozinha. Estivemos juntos nas embocaduras de Kotor, espécie de fiorde profundo, cercado por falésias nuas. O carro as escalou: do alto, a mil e quatrocentos metros acima do nível do mar, descortinava--se um deserto de pedras retorcidas por trás das quais se erguia uma alta cadeia coberta de neve. Descemos em Cetinje, uma cidadezinha deplorável de dois mil habitantes; dificilmente se consegue acreditar que no passado tenha sido uma capital. Na volta vimos Kotor e Budva; menores, menos ordenadas do que Dubrovnik, são também cercadas de muralhas; a entrada é proibida para automóveis; suas ruas de lajotas são guarnecidas de casas com fachadas também de pedra. A costa pela qual seguimos na ida e na volta era toda plantada de ciprestes e oliveiras.

Voltei a Saravejo e, dessa vez, absolutamente não me senti na Europa Central, pois entrei na cidade por seu lado turco: revi a mesquita, o caravançará, o bazar fervilhante, as lojinhas especializadas, umas vendendo brochetes, outra, folhados de carne, uma outra, folhados de queijo; tomei um café turco num bistrô. O hotel se modificara: substituíra seu mobiliário pesado por uma decoração de estilo italiano. Reconheci Mostar perfeitamente: suas cúpulas, seus minaretes, sua ponte em forma de "lombo de burro", a brancura das casas turcas, os pequenos cafés com pratos de cobre. Na beira da estrada, comi ao ar livre carneiro assado: um engenhoso dispositivo permitia que se utilizasse uma pequena queda-d'água para girar os espetos.

Visitamos com Dedijer a necrópole bogomila de Radimlje da qual ele nos falara tantas vezes. Os bogomilos ou patarinos eram maniqueístas, cuja heresia atingiu, no século XII, o sul da França. O maior de seus cemitérios foi o que visitamos. A partir do século XV, eles decoravam seus sarcófagos com esculturas bastante rudes, mas curiosas: armas, lutas, danças, invocações ao sol.

A costa dálmata é uma das mais belas do mundo: um rosário de ilhas douradas brilha sobre o fundo azul. Em 1953, só vira uma parte dela, porque grandes trechos da estrada estavam impraticáveis. Atualmente é uma lindíssima cornija, onde a circulação é intensa, ao passo que antigamente não se encontrava uma alma aí. Encerrados os tempos em que "porteiros" detinham as chaves das bombas de gasolina e dos quartos: os postos de serviço e os hotéis abundam. Minha maior surpresa foi em Opatija. Em 1958, havia um único, e muito modesto, restaurante no pequeno porto, para acolher os turistas. Agora todos os antigos hotéis estão abertos, construiu-se uma grande quantidade de novos hotéis; trata-se de uma estância ampla e luxuosa que lembra um pouco Menton, pois contém muitos jardins e *villas* que datam do fim do século XIX.

Se a Dalmácia parece tão próspera, isso se deve em grande parte ao esforço turístico considerável que o país fez. Mas constatei também, nas aldeias e lugarejos iugoslavos, que os camponeses estavam muito melhor vestidos do que em 1956, quando atravessamos o país para ir à Grécia, e sua miséria nos deixou consternados. Agora, as crianças vestiam roupas de lã confortáveis, de cores alegres. Na maioria dos restaurantes a comida é frugal. As lojas são mediocremente abastecidas; as roupas, os tecidos, os sapatos são monótonos, sem nada de atraente. Está-se muito longe da abundância italiana. No entanto, um imenso progresso foi realizado.

Escrevi em um de meus livros que, ao envelhecer, não percebemos as mudanças do mundo: sua nova fisionomia imediatamente nos parece natural. Isso é verdade no que se refere a lugares ou coisas que vemos com frequência. Mas no estrangeiro, quando, entre duas viagens, transcorreram muitos anos, a confrontação entre passado e presente é às vezes impressionante. Aí então o passar do tempo torna-se uma realidade tão tangível quanto o do espaço quando viajamos de carro e a estrada desaparece atrás de nós. Sob esse aspecto, esse mês de março na Iugoslávia foi uma experiência notável.

Um dos prazeres dessas viagens é passear de carro. Gosto de dirigir por pequenos trechos e às vezes também em trajetos longos. Frequentemente, fiz sozinha o percurso de Paris a Roma que entedia Sartre: ele ia encontrar-se comigo de avião. Uma noite, no tempo em que na Praça Navona ainda era permitida a entrada de carros, vi chegar uma D.S. placa 75, coberta de poeira. Desceu dela uma mulher com ar exausto. Sentou-se num terraço e abriu um livro sobre Michel Leiris. Tive a impressão de estar vendo num espelho minha imagem um pouco enevoada. Muitas vezes cheguei assim a Roma, sozinha, extenuada de cansaço, depois de ter viajado o dia inteiro, e sentava-me na Praça Navona e lia.

Durante esses trajetos de carro, agradava-me sentir-me ao mesmo tempo tão presa e tão livre: meu tempo era limitado e eu dispunha dele à minha vontade. Cada vez fazia itinerários um pouco diferentes que, no entanto, de quando em quando se cruzavam: saboreava assim tanto os encantos da repetição como os da novidade. Mesmo nos caminhos conhecidos podiam ocorrer imprevistos; apesar de seguir uma rotina, vivia uma aventura. Por momentos, dirigir era um trabalho absorvente que exigia toda a minha atenção, e então as paisagens me proporcionavam um prazer ainda mais intenso, na medida em que se me ofereciam como um suplemento, quase furtivamente.

Lembro-me especialmente de uma dessas viagens. Minha irmã esperava-me numa sexta-feira à noite, em Trebiano, uma cidadezinha próxima de La Spezia onde ela tem uma casa e onde eu nunca estivera. Saí quinta-feira, às duas da tarde, pela autoestrada que, na época, interrompia-se antes de Fontainebleau; estava apinhada de carros; ultrapassar, voltar à mão, ultrapassar: não podia tirar os olhos do retrovisor. A rodovia também estava entupida. Felizmente, acabava de abrir-se um novo trecho de autoestrada entre Auxerre e Avallon, e a maioria dos motoristas não queria pagar os dois francos de pedágio. Andei por uma estrada deserta, descobrindo pela primeira vez magníficas vistas sobre o Morvan, ondulado, seco e dourado daquele final de julho. Outra novidade: às portas de Dijon um lago artificial, cercado de praias superlotadas de banhistas. Parei num café da cidade e cheguei, satisfeita e bem-disposta, a Pontarlier, onde dormi.

Como de hábito, saí cedo pela manhã. Gosto dessa hora em que as cidades ainda dormem, em que no campo o sol começa a secar o orvalho. Através da Suíça, em Lausanne e às margens do lago, o tráfego se tornou intenso. Amigos me haviam aconselhado a seguir pelo túnel que acabava de ser aberto sob o Grand-Saint-Berhard; foi um erro: uma fila de carros arrastava-se pela estrada escarpada que sobe até a garganta, e eu me arrastava atrás deles. O sol agora estava quentíssimo; o céu, o campo embaçados por brumas de calor. Do outro lado do túnel, a estrada de Val d'Aoste estava apinhada de caravanas de ônibus de turismo e caminhões. Queria chegar em casa de minha irmã antes do anoitecer, para não preocupá-la e para não dirigir à noite em estradas de montanha desconhecidas; assim, tinha de prosseguir de qualquer maneira; ultrapassar, voltar à minha mão, ultrapassar e, sem cometer imprudências, aproveitar todas as oportunidades; era uma tensão tanto mais perigosa na medida em que sentia aumentar meu cansaço e que este não me permitia descansar: precisava de mais energia para decidir parar do que para continuar com meu impulso inicial. Prossegui. Passando por Ivrea, por volta de uma da tarde, fiz um esforço e obriguei-me a entrar na cidade. Andei por alguns momentos pelas ruas escaldantes, meio atordoada. Logo que vi um café, estacionei. Sentada diante de um sanduíche e um café, saboreei essa pausa: a imobilidade das pedras, o andar tranquilo dos transeuntes bastavam para encantar-me. Continuei a relaxar, rodando por uma autoestrada deserta. Mas tive de fazer, com dificuldade, o contorno de Milão, antes de pegar a autoestrada de Soleil. Deixei-a para seguir a estrada tortuosa que sobe à garganta de Cisa, torna a descer abruptamente e é utilizada por inúmeros caminhões. Estava cansada, mas já então segura de que chegaria antes do anoitecer, e fiz nova pausa numa cidadezinha diante de um copo de cerveja. Retomei o volante. Em Pontremoli, o trânsito foi interrompido durante dez minutos por um enterro: homens de preto carregavam tochas que ardiam lugubremente ao cair da noite. Finalmente, cheguei ao vilarejo de onde deveria subir para Trebiano: vista de baixo, a cidade parecia muito imponente, com seu castelo, sua majestosa igreja barroca, suas muralhas a pique. Mas fiquei um pouco perdida até que alguém me mostrasse o começo do caminho estreito que leva até lá. Na entrada da cidade, alguns carros estacionados numa praça coberta de relva; deixei o meu e atravessei a pé a porta arqueada. Que recompensa estar com minha irmã, sentada num terraço, contemplando o mar e o campo! Não teria saboreado tanto a imobilidade, o silêncio, o ruído dos gelos em meu copo, se não tivesse tido de enfrentar esse dia tão pesado. Jantei, dormi, com a feliz consciência de uma missão bem cumprida.

 Durante toda a manhã, passeei com minha irmã pelas ruelas escarpadas, por entre as paredes brancas: a cidadezinha, ainda ignorada por turistas, só é habitada por camponeses; assim deviam ser Èze e Saint--Paul-de-Vence no passado. Parti para Roma depois do almoço, indo pela costa. A areia das praias fervilhava de corpos seminus, a estrada fervilhava de carros. Estava totalmente concentrada na direção do carro. Mas fui surpreendida por alguns momentos de grande felicidade. Uma corrente de ar, úmida e salgada, penetrou por minha janela, plena de reminiscências confusas. (Em Copacabana, pela manhã, o ar tinha esse mesmo cheiro.) Mais adiante, pinheiros sombrios destacavam-se sobre a crista azul de um promontório que fendia o mar. De Aurelia, em meio a um trânsito intenso, percebi de repente, bem no alto, as muralhas e as torres de Tarquinia, muito brancas contra o céu branco. Acabava de ver dois carros arrebentados, na beira da estrada, quando me apareceu, também muito branca contra o céu branco, a cúpula de São Pedro: nunca sua beleza me tocara tão intensamente. Atravessei Roma, cheguei a meu hotel, e aportei na Praça Navona, um pouco moída mas com o coração em festa.

Lembro-me de uma outra ida para Roma, num dia de tempestade: caía uma chuva pesada, que dificultava a visibilidade e que durou quase o dia inteiro. À noite, um pouco antes de Annecy, seguia, no meio de uma fila de carros, por uma estrada de montanha. O vento formava redemoinhos. De repente, o carro que ia à minha frente parou: um enorme galho acabava de cair diante de seu capô. Todos os motoristas desceram de seus carros; chofers de caminhão partiram o galho a golpes de machado: em dois minutos, o caminho foi desimpedido.

Por duas vezes, regressando de Roma, tive transtornos. Num domingo chuvoso, ia visitar minha irmã na Alsácia, seguindo pela estrada de Colmar. Ouvi atrás de mim o silvar de uma sirene, mas não dei muita atenção: depois de certo tempo, parei obedecendo a uma placa da estrada, e um carro de polícia emparelhou com o meu; havia dez quilômetros que me seguia, e eu estava sendo acusada de três infrações graves. A primeira, não a cometera: tinha esperado chegar ao fim da faixa amarela para ultrapassar. Das outras — ter ultrapassado em duas cidades a velocidade limite de quarenta por hora — certamente era culpada: mas não teriam sido anotadas se a polícia não estivesse em meus calcanhares. (Um motorista de setenta anos que não cometera nenhuma infração em sua vida, seguido pela polícia foi convencido de haver cometido dez delitos em meia hora.) Tentei discutir, mas foi inútil e acabei assinando a multa. Cinco quilômetros adiante, atravessando uma cidade na velocidade regulamentar, fui parada por um guarda que pediu meus documentos. Compreendi então o motivo pelo qual a polícia me perseguira: meu carro era uma Simca azul:

estava sendo procurada uma mulher sozinha, viajando numa Simca azul, que raptara uma criança.

O segundo problema foi mais grave: um acidente. Foi em 1965. Após haver feito uma viagem com Sartre pelo norte da Itália, deixei-o uma manhã em Milão, combinando encontrar-me com ele no dia seguinte em Paris, por volta das sete horas. O tempo estava muito bonito. Passei a garganta de Mont-Cenis, atravessei Chambéry, almocei num terraço dando para o lago de Bourget. Jantei e dormi em Chalon-sur-Saône, num desses hotéis aconchegantes que são um dos encantos da província.

Pela manhã, a cerração estava tão forte que hesitei em seguir viagem: dispunha de tempo. Mas a cidade era enganosa, e achei que longe do rio a cerração desapareceria. Na realidade, rodei duas horas em meio a uma neblina que não deixava enxergar, os faróis acesos, beirando o precipício. Às vezes aparecia um pedaço de paisagem, dourado pelo sol, e parecia bonito simplesmente por ser visível. E depois a luz voltou a brilhar. Segui pela autoestrada, de Avalon a Auxerre, que ultrapassei. Era muito cedo, eu não corria, estava contente por voltar e planejava minha tarde: de repente, depois de uma curva, vi um carro-pipa, de um vermelho agressivo, descendo em direção a mim: eu estava à esquerda da estrada. Mal tive tempo de pensar: "Ele vai fazer alguma coisa" — o choque se produzira e eu estava incólume. O chofer do caminhão desceu e me admoestou violentamente: eu fizera a curva rapidamente; felizmente ele ia muito devagar e conseguira desviar para a esquerda, do contrário me destruiria. Já havia um ajuntamento em torno de mim. Eu só pensava numa coisa: "Vou encontrar um trem que me faça chegar a Paris antes das sete horas." Chegaram enfermeiros carregando uma maca: recusei-a, eles insistiram; doíam-me um pouco as costas e achei que seria sensato examinar-me; certamente isso não iria demorar. Levaram-me. Verifiquei que meus braços e meus joelhos estavam ensanguentados. Uma vez estendida na cama, minha cabeça começou a girar. Tiraram radiografias: tinha quebrado quatro costelas. Um médico fez uma sutura em minha pálpebra e, com anestesia local, várias no joelho. Sentia-me realmente cansada, vomitei um pouco. Já não pensava em voltar imediatamente para Paris, mas queria avisar Sartre pessoalmente para não inquietá-lo. Uma enfermeira avisou-me que Lanzmann e Sartre acabavam de telefonar: tinham tomado conhecimento de meu acidente pela televisão e estavam a caminho. Logo depois, entravam em meu quarto; sentia que meu rosto inchara. Um de meus olhos estava completamente fechado. Contei-lhes minha história com uma loquacidade que mostrava que sofrera um choque. O locutor dissera que eu sofrera contusões superficiais, mas mesmo assim Lanzmann viera pela autoestrada a cento e quarenta quilômetros por hora. Enquanto conversávamos, o comissário de polícia trouxe minhas valises e devolveu meus documentos que haviam sido confiscados. Contou-nos que, quase todos os dias, são hospitalizados motoristas acidentados no mesmo lugar que eu; já tinham ocorrido mortes. É uma curva perigosa porque é precedida de uma longa reta e é mais fechada do que parece. Creio que se entrei nela com imprudência, foi porque ia devagar; do contrário, estaria menos relaxada e mais vigilante.

Soube mais tarde que minha irmã e alguns de meus amigos levaram um susto enorme ao ouvir no rádio a notícia do acidente: deveriam começar dizendo que a vítima só estava ligeiramente contundida, antes de dar seu nome e relatar os fatos.

No dia seguinte, Sartre levou-me para Paris numa ambulância que corria a cento e quarenta quilômetros por hora. Deitada ou sentada, não sentia dores. Tinha necessidade de ajuda para mudar de posição. Fiquei de cama durante cerca de três semanas. Lia, recebia visitas, não me entediava. Um acidente parece um acontecimento social: nunca recebi tantas cartas, telegramas, telefonemas, ramos de flores, muitas vezes enviadas por pessoas a quem não conhecia pessoalmente.

Pensando bem, o chofer de caminhão salvara minha vida, e escrevi-lhe agradecendo. Ter desviado para a esquerda significou arriscar-se seriamente, porque se viesse um carro em sua direção naquele momento, ele estaria na contramão. Apesar de sua manobra, toda a frente do carro — um Peugeot resistente — ficou destruída; quando vi sua fotografia, fiquei admirada de ter escapado com tão poucas consequências.

Atualmente, as idas e vindas entre Paris e Roma são muito simples. A autoestrada do sul foi prolongada. O túnel do Mont-Blanc está pronto e, do outro lado, toma-se quase imediatamente a autoestrada de Val d'Aoste que se liga com a de Turim em Milão, de onde se passa facilmente para a autoestrada de Soleil. Não sou dessas pessoas que as autoestradas entediam. Aprecio flanar por estradinhas, em lugares escolhidos. Mas se me transporto de um ponto a outro, gosto de chegar depressa. Rejubilei-me, quando "fiz", pela primeira vez, Milão-Bolonha em duas horas e meia. Depois foi aberto o trecho que liga Bolonha a Florença através dos Apeninos. Aguardei impacientemente que fosse terminado o que liga Florença a Roma depois que começa a autoestrada de Val d'Aoste. Um dos meus grandes prazeres, vindo da França, é parar por volta das duas horas num dos Pavesi à beira da estrada e deparar-me novamente com o presunto, as massas e os vinhos italianos.

Raramente viajo de trem; por haver-se tornado insólito, esse meio de transporte me encanta: os cheiros, o ritmo das rodas, o ruído das estações atravessadas durante a noite conduzem-me à minha infância.

Mas, quando no estrangeiro, viajo quase sempre de avião. Faz já muito tempo que entrei num pela primeira vez: em 1945; e não me canso de contemplar a terra lá do alto. Gosto de descobrir suas montanhas, seus lagos, seus rios com uma precisão geográfica. Mas fascinam-me sobretudo as paisagens compostas pelas nuvens. São vastas planícies polares, onde se abrem fendas escuras; são bancos de gelo, onde as neves se encarneiram e onde abundam brancos arbustos em botão. "Teias de aranha" flutuam entre os rochedos que os arrepiam: agulhas, picos, tão sólidos que parece que o aparelho vai estraçalhar-se neles. Quando sobrevoa de perto a plataforma de neve, me dá a impressão de muito lento, muito pesado e prestes a espatifar-se ali. Mergulha em direção ao solo, atravessa-a, rajadas de sol atingem suas asas. Por breves momentos, percebo uma planície dourada e o segredo de um castelo de árvores à beira de um lago. Antigamente sequer seria capaz de imaginar essas visões e tantas outras. Alegro-me sempre em explorar o planeta que habito, e nesse sentido o tempo me trouxe a mesma coisa ou talvez mais do que me tirou.

Capítulo V

Algumas das viagens que faço com Sartre têm um significado político; algumas de nossas atividades políticas obrigam-nos a andanças. Falarei mais adiante desses cometimentos complexos que foram nossas viagens à U.R.S.S., à Tchecoslováquia, ao Egito, a Israel, e nossas estadas em Estocolmo e Copenhague por ocasião do Tribunal Russell. Contarei primeiro nossa viagem ao Japão. Informamo-nos cuidadosamente sobre todos os aspectos desse país, estivemos em contato com intelectuais de esquerda com os quais tivemos um intercâmbio muito interessante. Mas seus problemas só nos diziam respeito de maneira bastante indireta. Foi sobretudo para enriquecer nosso conhecimento do mundo que o percorremos, e essa viagem não significou uma tomada de posição política de nossa parte. Situo-a, portanto, entre as excursões que realizei simplesmente por prazer.

Nosso editor japonês, Sr. Watanabe, e a Universidade de Keio nos convidaram, a Sartre e a mim, para irmos ao Japão, durante o outono de 1966, visitar o país e realizar algumas conferências. Preparei cuidadosamente a viagem. Na primavera, o Sr. Watanabe me trouxera uma enorme pilha de livros e revistas, escritos em inglês, referentes à história do Japão e sobretudo aos problemas econômicos, sociais, políticos que haviam surgido para esse país depois da guerra. Consegui praticamente toda a literatura antiga e moderna que foi traduzida em francês ou inglês — entre outros, em inglês, o admirável romance de Genji. Foi nessa ocasião que descobri o grande escritor japonês que acabava de morrer, Tanizaki. Em grande parte, foi a leitura de seu romance *As quatro irmãs* que me iniciou nos costumes japoneses. Informei-me também com minha tradutora, Tomiko Asabuki, que era amiga de minha irmã e passou também a ser minha. Nascera e fora educada no seio de uma família rica e aristocrática, que possuía no centro de Tóquio uma bela casa rodeada por um grande parque. Tinha aprofundado muito seus estudos — especialmente de francês — antes de casar-se. Passara grande parte da guerra em Tóquio, que bombardeios e incêndios devastavam. Em 1945, estava grávida e arruinada como toda a sua família. Vendera todos os seus quimonos, para poder comprar um pouco de comida no mercado clandestino. Depois do nascimento de sua filha, dirigiu um salão de chá. Com muita habilidade manual, fazendo suas próprias roupas, pensou em estabelecer-se como costureira. Divorciou-se, foi embora para a França, com a intenção de iniciar-se na alta-costura parisiense. A viagem, através de países devastados pela guerra em maior ou menor grau, foi longa e interessante. Ela a relatou numa reportagem que obteve bastante sucesso. Desistiu da costura para fazer jornalismo e, a seguir, traduções. Ficou em Paris durante quinze anos, tendo-se casado com um francês; mas manteve seu nome de solteira. Tinha cerca de quarenta e cinco anos e falava francês perfeitamente. Coube a ela ser nossa guia e intérprete durante a viagem. Conhecia bem o país e tinha inúmeros amigos lá. Viajou para o Japão no início do verão.

Embarcamos no dia 17 de setembro, com uma hora de atraso, às três da tarde, num avião da companhia japonesa. Duas aeromoças lindíssimas, vestindo quimonos suntuosos, ajudaram-nos a instalar-nos. As cadeiras eram forradas de um brocado muito bonito, combinando com os porta-documentos onde estavam colocadas nossas passagens. Oito senadores da U.D.R. ocupavam as poltronas vizinhas. Depois de almoço tardio, mas excelente, descemos em Hamburgo, inteiramente reconstruída, mas parecendo melancólica sob o céu acinzentado. De lá voamos para o Alasca. As aeromoças distribuíram robes de algodão entre os passageiros, que os senadores vestiram dando grandes risadas; gracejavam em altas vozes e tentavam usar seu charme francês com as aeromoças, que os mantinham a distância com muita elegância. Ainda não sou blasée: achei extraordinário sobrevoar o Polo Norte; durante horas, só via uma imensidão branca riscada de rachaduras pretas. Depois de um jantar suntuoso, descemos em Anchorage: altas montanhas cobertas de neve dominavam uma planície semeada de lagos sombrios e coberta de mirrados arbustos cor de ouro. Sentíamo-nos nos confins da Terra, longe de toda civilização. (Soube depois que quase todos os habitantes de Anchorage possuem pequenos aviões que os põem em contato com o resto do mundo.) O prédio do aeroporto era uma grande construção redonda, pouco acolhedora,

mas inteiramente envidraçada, permitindo que se contemplasse essa bela paisagem insólita. Lá se vendiam, como *souvenirs*, objetos feitos de marfim e pele de foca. Tão logo levantamos voo, às cinco da manhã, hora francesa, foi servida uma farta refeição à base de filé-
-mignon: os senadores a devoraram. Nós tomamos apenas um uísque. Essas horas desorganizadas, superpostas, "catapultadas", produzem um atordoamento. Desde nossa partida, não tinha havido noite, apenas um longo crepúsculo seguido de um breve nascente. E de repente, quando em Paris eram onze da manhã, caiu a noite. Aterrissamos em meio à escuridão.

Os japoneses leem enormemente. Graças ao ensino obrigatório instaurado em 1871, desde 1910 98% da população passaram a frequentar a escola. Em 1966, 99% das crianças estudavam pelo menos durante nove anos; praticamente não havia analfabetos; as camadas populares são ávidas de cultura. Os japoneses devoram jornais, revistas e, no que se refere à produção de livros, ocupam o terceiro lugar no mundo: logo depois dos Estados Unidos e da União Soviética. Em 1965, o número de obras publicadas chegou a vinte e cinco mil, o número de volumes, em torno de duzentos e oitenta milhões. As coleções de livros de bolso se multiplicaram. Eles traduzem enormemente literatura estrangeira. E especialmente, para defender-se da influência americana, cuja política o governo segue, mas que é muito impopular, sobretudo entre os intelectuais, valorizam bastante a cultura francesa. Todos os livros de Sartre e todos os meus foram traduzidos. Em 1965, *Le deuxième sexe* foi publicado em edição de bolso, e foi um best-seller. Estávamos cientes disso e, no entanto, jamais esperei semelhante recepção. Mais de cem fotógrafos aguardavam ao pé da escada. Desceram primeiro os senadores, depois Sartre e eu. Um deles disse furioso, para gáudio da Sra. Asabuki: "Nada para nós; e Simone de Beauvoir e Sartre maciçamente fotografados e filmados." Chovia a cântaros e a Sra. Asabuki dividiu comigo seu guarda-chuva. Os fotógrafos à nossa frente iam andando de costas, ofuscando-nos com seus flashes: cegos, patinhávamos em poças d'água. Do outro lado da alfândega, enfileiravam-se centenas de jovens. Inicialmente, limitaram-se a sorrir em silêncio; depois, passaram a gritar nossos nomes, a segurar nossas mãos, nossos braços, puxando, empurrando, sufocando-nos. Fizeram-nos entrar numa sala minúscula, onde uma centena de jornalistas banhados de suor nos bombardearam de perguntas, enquanto fotógrafos e cineastas assestavam projetores sobre nós.

Seguimos por uma autoestrada que atravessava Tóquio por cima dos níveis das ruas. Essas vias diretas, atualmente tão numerosas, datam somente de 1962: começaram a ser construídas para facilitar o trânsito por ocasião dos Jogos Olímpicos realizados em 1964; depois, continuaram. Passa-se ora por cima dos telhados, ora por túneis que ocupam o lugar de antigos canais. Depois o carro seguiu por avenidas e ruas onde o trânsito era intenso, e chegamos a um hotel encantador, de estilo ocidental mas decoração de inspiração japonesa: percebi no hall e nos corredores esses maravilhosos buquês cuja composição é uma arte minuciosamente codificada. Jantamos tranquilamente com Tomiko Asabuki e seu irmão, que trabalhou durante muito tempo na Unesco, em Paris, traduziu vários de nossos livros e fala francês tão bem quanto ela. A comida era ocidental mas bebi saquê, uma bebida de arroz, com muito pouco álcool, que se serve morna, em pequenas tigelas, e que se assemelha à bebida de arroz chinesa. Subimos para deitar à meia-noite e — embora em Paris fossem apenas quatro da tarde — não tive dificuldade em dormir.

No dia seguinte, Tomiko e seu irmão nos levaram a passear por Tóquio, a pé e de carro. A cidade tem onze milhões de habitantes. Os bairros de centro, muito modernos, lembram os Estados Unidos: arranha-céus, edifícios imensos, ruas fervilhantes de gente vestida à ocidental, um trânsito intenso. Contornamos o palácio imperial que estava sendo reconstruído e ao qual o público não tinha acesso. Ao fundo de um parque imenso, que cheirava a outono, vimos um majestoso templo xintoísta, o templo do Imperador Meiji. Caminhamos pelas ruas alegres e coloridas da Ginza, que é o bairro comercial elegante. Há aí grandes magazines, semelhantes ao Printemps de Paris, mas muito mais acolhedoras, porque, em vez de vendedoras apressadas, recepcionistas sorridentes se oferecem para informar-nos, para guiar-nos; neles encontramos os objetos mais modernos junto às mercadorias mais tradicionais, entre os quais suntuosos quimonos. Mas, ao longo das calçadas, enfileira-se também uma quantidade surpreendente de pequenas butiques, que lembram um pouco as do Faubourg Saint-Honoré. Nas vitrines de muitos restaurantes examinei com curiosidade estranhos pratos muito coloridos. Já tínhamos almoçado num lugar pequeno, contendo apenas três ou quatro mesas de madeira, extremamente limpas: comemos ali excelentes brochetes de galinha.

Às seis horas chegamos ao jantar que o reitor da universidade organizara para nós no restaurante mais famoso da cidade. Fomos recebidos pelo dono e pelas empregadas que se inclinaram diante de cada convidado, tocando o chão com a fronte. Descalçamo-nos antes de pisar nos tatames cor de trigo maduro: essas esteiras retangulares são paralelas ou perpendiculares, de tal maneira que o piso monocrômico parece um quadro abstrato; ele se harmonizava com o amarelo quente das paredes: dir-se-ia que um forte sol de verão banhava a peça inteira.

O reitor convidara professores, escritores, *metteurs-en-scène*, e providenciara a vinda de gueixas. Sentamos no chão diante de uma mesa baixa e comprida. As mulheres que vestiam quimonos — a senhora do reitor, as gueixas — sentaram-se à maneira japonesa, sobre os calcanhares, o que é extremamente cansativo, segundo me disse Tomiko, que estava vestida à ocidental: recobriram com um pano seus joelhos e os meus. Cada convidado estava entre duas gueixas, nem bonitas nem jovens, recrutadas entre as mais cultas. Algumas tocaram e cantaram, mas sua função consistia sobretudo em encher de saquê o copo de seu vizinho e conversar com ele, o que tornava praticamente impossível uma conversa mais geral. Minha vizinha perguntou-me, num francês esmerado, se eu preferia a arte antiga ou a moderna. Uma outra fez com que Sartre autografasse uma pilha de livros pertencentes a seu marido. Enquanto isso, sucediam-se na mesa pratos dificilmente identificáveis. Os peixes fritos eram gostosos; mas sofri quando tive de engolir atum cru, vermelho como sangue, e mais ainda quando senti deslizando por minha garganta tiras brancas e viscosas que eram, acho eu, de dourado cru. Sartre — que, no entanto, sente a mesma repugnância que eu por moluscos crus — parecia apreciar todas as comidas que lhe ofereciam: sorria e ria com ar muito relaxado.

A refeição durou três horas. Chegamos ao hotel exaustos, por haver ingerido tantos pratos bizarros, ouvindo e dizendo superficialidades. Pedimos uma garrafa de uísque japonês, que é muito bom. Sartre não tocou em seu copo; de repente empalideceu; tomou o próprio pulso, que estava a 120: duas vezes mais rápido que o normal. Que estava acontecendo com ele? Nunca se sentira tão mal. Era uma catástrofe, pois tinha de pronunciar uma conferência no dia seguinte. Bruscamente, correu para o banheiro: não tendo — paradoxalmente — jamais sentido náusea em sua vida, não reconhecera os sintomas. Revivida retrospectivamente, a repugnância que superara por delicadeza fez com que vomitasse todo o jantar. Durante dois dias não conseguia engolir nada.

Isso não o impediu de sentir-se bem, e no dia seguinte à tarde fomos juntos para a universidade. Seria para garantir exatamente o mesmo número de ouvintes? Minha conferência realizou-se sempre imediatamente depois ou antes da de Sartre. No pátio da universidade, os estudantes nos receberam com o mesmo calor que no aeroporto: agitavam cartazes de boas-vindas, rodeavam-nos e seguravam-nos, gritando nossos nomes. No entanto, quando Sartre terminou de falar, quando me calei, aplaudiram com muita moderação: explicaram-nos que essa discrição faz parte da boa educação. De fato, muitas vezes nos surpreendeu o contraste entre a violência espontânea dos japoneses e sua reserva pouco espontânea, quando seus comportamentos são refletidos e codificados.

Os dias que passamos em Tóquio foram bastante cheios. Interrogamos políticos e intelectuais sobre a situação do Japão, discutimos com escritores, com professores, completando assim os conhecimentos que havíamos extraído de nossas leituras. Estudamos a Revolução Meiji e conhecíamos as circunstâncias que permitiram que o Japão escapasse ao domínio do Ocidente. Mas era principalmente pelo Japão de hoje que nos interessávamos: aquele que, tragicamente devastado em 1945, se tornou a terceira grande potência econômica do mundo.

O início dessa história foi paradoxal. Preocupados em democratizar o país, os Estados Unidos libertaram os adversários do regime militarista — os comunistas, os socialistas — apoiando-se neles; impuseram uma reforma agrária, dissolveram os trustes e incentivaram a formação de sindicatos. Mas rapidamente mudaram de atitude: em 1947, a greve geral desejada pelos trabalhadores foi proibida. O poder político caiu em mãos do Partido Conservador, que não mais o largou. Os trustes se refizeram. Os sindicatos agrupam uma quantidade muito grande de trabalhadores — o *Sohyo*, que se inspira vagamente no marxismo, mas rejeita o comunismo, conta com quatro milhões deles —, mas em nada influenciam a vida econômica do país.

A primeira preocupação dos japoneses, dado o espaço restrito de que dispõem, foi conter uma natalidade galopante. Lançaram amplas campanhas a favor da contracepção e tornaram o aborto praticamente livre. Apesar disso, o crescimento da população foi, em média, de um milhão de indivíduos por ano. De acordo com o recenseamento feito no ano anterior, 1965, o Japão tinha 98.211.935 habitantes.

Como pôde esse país, cuja renda nacional bruta era de dez bilhões de dólares, em 1950, atingir em 1966 o total de cem bilhões? Esse "milagre" se explica em grande parte pela audácia e imaginação dos novos empresários que substituíram, em 1945, os trustes desmantelados pelos Estados Unidos. Não hesitaram em endividar-se maciçamente: e os bancos não hesitaram em financiá-los, apesar dos riscos. Reivindicaram imediatamente seus lucros, criando assim um "círculo virtuoso", segundo a expressão dos economistas japoneses: em nenhum país do mundo os investimentos assumiram importância tão grande. O que possibilitou que os bancos fizessem empréstimos consideráveis foi o fato de que, na população geral, a taxa de poupança é muito alta, talvez porque se trate de um país jovem: apenas 8,5% dos habitantes têm mais de sessenta anos. Nenhum investimento estrangeiro foi autorizado. O *boom* deve-se também em grande parte à quantidade e à qualidade do trabalho oferecido pelos trabalhadores e aos baixos salários que recebem.

Tocamos aqui no aspecto mais característico da economia japonesa. No Japão, a industrialização não foi precedida pela destruição total das estruturas feudais. A Revolução Meiji foi feita pelos samurais; transformados em burocratas, eles conservaram os valores, os comportamentos, as relações sociais de tipo feudal; impuseram sua moral de abnegação aos trabalhadores: estes são obrigados a consagrar-se à empresa, como o vassalo o era em relação a seu senhor.

Na realidade, eles não têm como escapar; pertencem a isso de corpo e alma. A permanência no emprego é uma regra universal no Japão. Ao entrar numa firma, o empregado, o operário liga-se a ela para sempre. Subirão degrau por degrau até a aposentadoria. Se um deles fosse despedido, não encontraria trabalho: praticamente não existe mercado de trabalho. Efetivamente, quase nunca acontece que um membro do pessoal seja demitido: mas essa ameaça que paira sobre sua cabeça obriga-o à docilidade mais absoluta. Impõem-lhe horas extras; as folgas às quais tem direito não são exigidas, porque, do contrário, ficaria "malvisto", ou seja, correria o risco de perder seu lugar: tira somente, de vez em quando, dois ou três dias de férias. Mesmo os *Zengakuren*,[75] violentamente revolucionários em sua juventude, sujeitam-se a esses hábitos a partir do momento em que obtêm um emprego.

Tal emprego é muito mal remunerado, sobretudo nas pequenas e médias empresas. Pois uma outra característica da vida econômica japonesa é a "dupla estrutura". No setor industrial, apenas 30% da mão de obra pertencem a fábricas de mais de trezentas pessoas; 33% trabalham em fábricas de menos de trinta pessoas. Se, além disso, considerarmos o comércio e os negócios, então 90% das empresas classificam-se na categoria que tem menos de trinta operários e empregados; 6,4% nas que incluem de trinta a cem pessoas; 2,9% nas que compreendem entre cem e mil. Apenas quinhentas e cinquenta, ou seja, 0,1%, têm um pessoal acima de mil pessoas.

As pequenas e médias empresas são de dois tipos. Há as que produzem os bens de consumo tradicionais: tatames, meias, quimonos, tamancos, óleo de soja, lanternas, sombrinhas etc. Geralmente, são de tipo familiar. Nelas os dias começam cedo e acabam tarde: por volta de dez e meia ou onze horas; os lucros são bastante reduzidos. Outras são empresas subsidiárias, trabalhando para grandes firmas; são extremamente numerosas, pois permitem que desça o custo da produção. Nesse caso, os trabalhadores não se beneficiam das vantagens que, nas firmas importantes, contrabalançam um pouco a exiguidade dos salários: cantinas, facilidades de acomodação, indenizações

---

[75] Membros da associação de estudantes.

etc. Frequentemente, não têm nem um dia de folga por semana; as condições de higiene são insatisfatórias; são mal remunerados e não dispõem de previdência social. Mesmo nas grandes empresas os salários são baixos; e há categorias inteiramente prejudicadas: as mulheres e os "temporários" admitidos a curto prazo.

De um modo geral, a população japonesa tem um nível de vida muito baixo; alimenta-se frugalmente e tem condições de moradia que deixam a desejar, já que os programas de construção são absolutamente insatisfatórios. Se o Japão se situa entre os três primeiros países do mundo por sua renda nacional, ele está situado no vigésimo primeiro lugar — junto com a Venezuela —, se considerarmos a renda *per capita* de seus habitantes. É preciso acrescentar que as necessidades da coletividade não foram atendidas: não há estradas suficientes, os meios de transporte são precários, faltam trens: para empilhar os passageiros nos vagões, de manhã e de noite, recorre-se a "empurradores" especialistas em caratê. Assim sendo, há um grande descontentamento entre a maioria dos japoneses, descontentamento este que se cristaliza e se manifesta nas revoltas dos estudantes.

Foi a partir desses conhecimentos básicos que nos pusemos a descobrir o Japão. Primeiro, passeamos muito por Tóquio. A cidade não é bonita. Nas grandes avenidas barulhentas desembocam rios de carros e os engarrafamentos são permanentes. Obviamente, o trânsito é aí controlado por guardas e sinais luminosos. Além disso, em determinados lugares, bandeirinhas amarelas são encontradas em cestas na beira da calçada. Quem quer atravessar, pega uma e a sacode diante dos carros, que devem então parar. Depois, esta é colocada numa cesta correspondente, do outro lado da rua. O cheiro de gasolina infecta o ar que, além disso, é poluído por todo tipo de detrito. A rede de esgotos e a limpeza urbana são tão insatisfatórios que diariamente o Rio Sumida, que atravessa a cidade, arrasta um milhão e trezentas mil toneladas de dejetos e lixo.

Evitamos ao máximo as grandes artérias. Gostávamos dos bairros mais tranquilos, onde ainda existem as tradicionais casas de madeira; algumas de suas ruas eram muito movimentadas: eram cheias de lojinhas que têm, em lugar de tabuletas, lanternas de papel ou bandeirolas cobertas de belos caracteres japoneses; em frente às que acabam de abrir, há enormes corbelhas de flores artificiais de cores vivas. As lojinhas abundam, porque, se o Japão se tornou uma grande potência industrial, situada no extremo do progresso, conserva também aspectos arcaicos e é um lugar onde o artesanato floresce. Essa coexistência entre passado tradicional e vida moderna era bem perceptível no grande mercado coberto a que nos levou Tomiko. Na entrada há uma enorme lanterna redonda, de papel vermelho; nas lojinhas enfileiradas dos dois lados dos corredores, ao lado das coisas produzidas em fábricas, encontram-se as artesanais: ventarolas, cintos, quimonos, cestas, mas também quinquilharias, utensílios e roupas fabricadas em série. Saindo de lá, desembocamos num templo budista que se erguia no meio de um campo de esportes. Nos dias seguintes, visitamos o porto, o mercado, o local da universidade, uma igreja muito bonita de estilo ultramoderno, de telhado e paredes metálicos: é obra de um jovem arquiteto, Kanso Tange, que construiu também uma piscina coberta de excepcional elegância. Perambulamos pelas ruas bonitas e tranquilas do velho bairro residencial onde há um interessante museu folclórico. Passamos várias horas no Museu de Belas-Artes.

À noite, Tóquio resplandece. Sobre todos os telhados, em todas as fachadas, brilham anúncios luminosos. São de cores que nunca vi em lugar algum: violeta-escuro, laranja, amarelo-sol, azul-noite. Compõem-se como quadros: muitas vezes são emoldurados num encaixe retangular. Não cintilam como os de Nova York; explodem e depois se apagam; ou então se desdobram e tornam a fechar-se lentamente. Nas ruas comerciais, é a festa das lanternas de papel, em forma de balão ou de peixe, vermelhas ou brancas, e muitas vezes com inscrições. (Alguns americanos, vindos para iniciar-se no Zen, compraram as que lhes pareciam uma perfeita expressão da alma japonesa e nas quais, na verdade, estava escrita a palavra *massas*.)

Onze da noite é a hora mais interessante; é o momento em que a vida para, porque os japoneses se levantam cedo: às seis e meia da manhã, 80% da população de Tóquio estão de pé. Às onze da noite, as últimas lojinhas se fecham; bares, restaurantes e cabarés da Ginza se esvaziam, e a rua é invadida por mulheres jovens, vestidas à ocidental ou usando quimonos, muitas das quais são lindíssimas. São empregadas dos bares, *taxi-girls* dos *dancings*, muito mais bonitas do que as gueixas. Ouvem-se risos, vozes discretas. Após essa revoada rápida e graciosa, cai o silêncio sobre a cidade.

No entanto, no distrito de Shinjuku, que lembra Saint-Germain-des-Près e também o Quartier Latin, alguns lugares ficam abertos até bem mais tarde. O centro do bairro é uma estação gigantesca, que reúne toda uma rede de linhas de trem e de metrô. Seu prédio abriga um grande magazine, escritórios, restaurantes, cinemas e uma quantidade de butiques. Nas ruas largas ou estreitas de Shinjuku há uma profusão de bares, de boates, de locais de *striptease*, de *music-halls*: alguns são de dimensões imensas, outros são minúsculos. Fiquei espantada com a quantidade de locais onde se joga pachinko: uma espécie de bilhar elétrico, mas disposto verticalmente e não horizontalmente como o francês. Há salões onde se alinham centenas deles, ao longo de corredores estreitos; todos cheios; os jogadores manipulam os *flippers* com tranquilo frenesi. Nessas ruas há também inúmeros restaurantes; a maioria é estritamente especializada: aqui se come peixe, ali brochetes de frango, acolá camarões fritos. Jantamos num restaurante que servia exclusivamente carne de porco. Fomos reconhecidos, porque a imprensa, a televisão, os noticiários haviam divulgado nossas fotos. Uma jovem beijou a mão de Sartre e estendeu-lhe um pacote de biscoitos: trata-se de um presente clássico, segundo Tomiko, que nos disse, ainda, que no Japão trocam-se presentes permanentemente e, em geral, são coisas de comer: uma amiga ou uma vizinha manda-lhe um prato de macarrão; no dia seguinte, Tomiko envia-lhe frutas ou um doce. Na rua, um rapaz me deu silenciosamente uma flor. E fomos perseguidos por uma multidão de estudantes que pediam autógrafos. Todos os japoneses cultos possuem um arsenal de grandes cartões quadrados, brancos de um lado e cinza do outro, com bordas douradas; neles treinam caligrafia ou escrevem poemas de sua autoria. Utilizam-nos também para colher autógrafos.

Entramos num bistrô muito popular, onde um homem cantava canções folclóricas. Bebemos cerveja. As moças que serviam usavam quimonos de algodão com as mangas arregaçadas. Eram parrudas e desembaraçadas. Quando um cliente bêbado ficava muito barulhento, elas o seguravam e expulsavam rindo. Depois, descemos numa cave que lembrava um pouco o antigo Tabou de Paris: numa atmosfera enfumaçada, pessoas muito jovens ouviam jazz e dançavam. Reconheceram-nos, mas, atendendo à solicitação do Sr. Asabuki, discretamente desviaram de nós seus olhares. Terminamos a noite numa boate de pederastas, decorada com muito gosto. Por trás do bar havia uma grande foto de um homem nu e o anúncio de uma peça de Genet: o *barman* pediu a Sartre que deixasse sua assinatura ali.

Voltamos a esse bairro um domingo à tarde: Tomiko levou-nos a uma espécie de cabaré popular; era uma sala vazia onde havia um estrado; o público estava sentado no chão; alguns dormiam, outros pareciam sonolentos, outros tornavam chá ouvindo um contador de histórias — bastante pesadas, segundo Tomiko.

Uma noite fomos a um grande *music-hall* da Ginza. O programa incluía danças, números de *striptease*, quadros cômicos. Um deles ridicularizava os bonzos, com uma irreverência que me surpreendeu. A cena mostrava um bonzo, de aspecto lúbrico, fazendo desenhos obscenos num muro; quando se aproximava um transeunte, modificava-os com um traço hábil; tão logo se via sozinho, transformava-os em novas obscenidades.

Desejávamos conhecer o teatro japonês tradicional; isso não foi fácil, pois ele já não atrai público algum: este prefere as peças de estilo ocidental, escritas por autores japoneses ou estrangeiros. O Sr. Watanabe organizou para nós, num pequeno teatro, uma sessão privada de nô, para a qual convidou umas cem pessoas. O palco estava recoberto por um teto sustentado por quatro pilastras; no tabique do fundo estava pintada a imagem de um velho pinheiro: essa imagem, inseparável do nô, transformou-se em seu símbolo. O palco se prolongava numa espécie de "ponte", coberta por um teto e muito comprida, que se estendia ao longo da parede até uma cortina que a separava dos bastidores. Era por ali que entravam os atores.

O espetáculo começou com um sainete — o *kyogen* que acompanha classicamente o nô — que me pareceu insípido. O nô propriamente dito é uma espécie de oratório fúnebre, que atingiu sua forma perfeita no século XIV; era um espetáculo reservado à aristocracia e influenciado pelo Zen-budismo.

Primeiro a orquestra se instalou no palco: uma flauta e dois tambores. Os músicos usavam o traje de passeio da época Tokugawa (do século XVII ao XIX): um vestido de seda escura por cima do qual enfia-se uma saia-calça muito ampla, e uma sobreveste sem mangas, com ombros largos e salientes; um coro, vestindo roupas modernas, sentou-se à direita do palco.

A peça, *Aoinoue*, era extraída de um episódio do romance de Genji. Aoinoue, esposa do Príncipe Genji, está gravemente doente. Era representada por um quimono, estendido no chão, na frente do palco. Rokujo, antiga amante do príncipe, fez um feitiço contra ela. A orquestra criava uma atmosfera trágica: os músicos acompanhavam os tambores com gritos agudos. Aparecia então o espírito mau de Rokujo: era o ator principal, o *shite*. O *shite* é frequentemente um fantasma que volta do outro mundo, mas também pode ser a encarnação de uma paixão: remorso, ódio ou ciúme, como era o caso aqui. Estava suntuosamente vestido com uma túnica de seda ricamente bordada e uma calça de boca extremamente larga. Usava uma máscara de madeira, presa por dois cordões pretos amarrados na nuca, e um pouco mais estreita do que o rosto, o que fazia com que a silhueta do ator parecesse mais esguia. As aberturas feitas para os olhos eram tão pequenas, que ele não poderia movimentar-se sem os pontos de referência constituídos pelas pilastras que sustentavam o teto. Acompanhado pelos músicos e pelos gritos agudos que se aliam aos tambores, o *shite* queixa-se de haver sido abandonado por Genji. Seu ciúme se exacerba. Ele se inclina sobre a doente, batendo-lhe furiosamente com sua ventarola. (Constatamos, com espanto, que, como nos haviam dito, as expressões da máscara variam de acordo com a inclinação do rosto e a maneira pela qual é iluminada.) O coro expande sua indignação; manda um empregado chamar um sacerdote muito estimado que conjurará o mau espírito. O sacerdote chega: é o clássico antagonista do *shite*, o *waki*, que não usa máscara e veste uma simples roupa preta. (Em geral é o primeiro a entrar em cena e é quem provoca a vinda do *shite*.) Começa a rezar. O *shite* foge, voltando depois com seu rosto verdadeiro: usa uma máscara de demônio. Aproxima-se do sacerdote e provoca-o para um duelo: duelo verbal, no qual ele vocifera enquanto o outro reza. No final, foge derrotado. Contrastando com o caráter hierático dos gestos, o ritmo obsedante da orquestra, os gritos estridentes dos músicos, as vozes arrebatadas dos coristas criam, do início ao fim do drama, uma tensão que nos deixou sem fôlego. Parece que no século XIV a representação de um nô era duas vezes mais rápida do que atualmente, mas esta não nos pareceu longa. Diz-se que o nô é difícil de ser compreendido pelos ocidentais; pareceu-nos que bastava nos abandonarmos para nos sentirmos cativados.

Também não foi fácil ver esse espetáculo de marionetes que se denomina *bunraku*. A companhia estava em turnê: tivemos de nos contentar com dois sainetes de um só personagem, representados num salão do Hotel Imperial, para um público quase exclusivamente ocidental. No entanto, a representação nos impressionou vivamente, e, dois anos depois, quando o *bunraku* foi apresentado no Odéon, apressamo-nos em ir vê-lo, em companhia de Tomiko, que se encontrava em Paris. É uma arte de uma beleza tão singular que quero mencioná-la aqui.

O *bunraku* desenvolveu-se especialmente no século XVIII, entre a burguesia ascendente de Osaka. É o único teatro de bonecos para o qual foram compostas obras-primas literárias; as peças, que datam em geral do século XVIII, narram frequentemente lendas feudais; muitas vezes também eram dramas burgueses, mas onde os bons sentimentos eram levados ao paroxismo: um empregado matava o próprio filho para salvar o de seu senhor; dois amantes, impedidos de casar-se, matavam-se juntos. Os bonecos movimentam-se num palco pequeno. Atrás há um fosso, onde os homens que os manipulam ficam meio escondidos. Um cenário pintado ao fundo sugere uma paisagem ou um interior. Chegam primeiro um tocador de *samisen* e um cantor que se instalam ao lado do palco; este último tem um papel importante: situa a ação e dá sua voz aos personagens. Em seguida, vêm os operadores, trazendo os bonecos que devem movimentar-se no palco. Seu tamanho equivale a dois terços de um ser humano, mas a cabeça não é proporcional, é menor. Há três operadores por boneco: o principal tem as duas mãos dentro do corpo, movimenta a cabeça, o corpo e o braço direito; seu rosto é visível, mas rigorosamente imóvel; outro movimenta o braço esquerdo, e um outro, as pernas: usam capuzes. Os três vestem roupas pretas longas. Sempre gostei de marionetes, mas elas nunca me haviam agradado plenamente; ou eram muito estilizadas para que eu me envolvesse, ou eram prodígios técnicos sem nada de arte. Os japoneses souberam encontrar um equilíbrio perfeito entre o realismo e a conservação do distanciamento entre espectador e ação. Quando, no século XVIII, os bonecos rudes de antes tornaram-se inteiramente vivos, a ponto de animar-se a própria fisionomia e os textos se inspirarem na vida cotidiana, mostravam-se então ao público os operadores, o tocador de *samisen* e o cantor, que até ali tinham permanecido escondidos. Penetra-se rapidamente no mundo dos bonecos; eles dão um pouco a impressão de serem inválidos que necessitariam permanentemente de cuidados: mas os homens que se agitam em torno deles logo deixam de ter importância. Eles pertencem a um outro mundo: são deuses invisíveis, as forças do destino, o *reverso* da aventura vivida, na paixão e na liberdade, por esses seres que só existem para o espectador e que ignoram que são manipulados. Exprimem-se com extrema violência: quando um personagem se sente desolado, o cantor dá gritos que nada têm de humano. Ele enfatiza, através de mímicas, de esgares, o sentido das palavras e das entonações. Tem-se a impressão de que suas palavras, seus sentimentos emanam dos bonecos e que estes comandam pessoalmente seus movimentos. Em Paris foi representado, entre outros, um episódio da célebre história dos quarenta e sete *ronin* (a versão completa dura doze horas). No final, um deles faz haraquiri. Tira lentamente várias túnicas superpostas até aparecer vestido apenas com sua roupa branca. Quando tomava o sabre e rasgava o ventre, sentíamo-nos mais comovidos do que estaríamos se se tratasse de um ator de carne e osso, pois, no universo para onde nos tínhamos transportado, a morte era tão plausível quanto a vida. Vi pela primeira vez no teatro um cadáver que era realmente um cadáver. Caído na frente do palco, já não lhe restava nenhum sopro de vida.

Por que aprecio tanto o nô e o *bunraku*? Já o disse antes: no teatro ocidental, a relação do imaginário com a realidade me parece deficiente.[76] No nô e no *bunraku* situamo-nos imediatamente num outro universo, perfeitamente homogêneo. As salmódias, os cantos, os gritos não se assemelham às manifestações comuns da linguagem. Os rostos

---

[76] Cf. p. 210.

— mascarados ou esculpidos em madeira — não são humanos. As emoções não se exprimem por mímicas ou gestos habituais, mas por indicações convencionais; estas são muito discretas no nô: em meio a uma infelicidade das mais dilacerantes, o herói toca rapidamente a fronte com um pedaço de sua longa manga; são extremadas no *bunraku*: o cantor parece um louco. Nos dois casos, há uma recusa em imitar a realidade. É pulverizando-a radicalmente que se consegue extrair, em sua pureza resplandecente, o sentido do drama.

O teatro *kabuki* nasceu do *bunraku*: as peças escritas para marionetes foram representadas no século XVIII por atores de carne e osso. Em 1955, uma companhia japonesa estava de passagem por Pequim e pudemos assistir a uma pequena amostra dele que nos encantou. Em Tóquio dedicamos-lhe uma noite. O principal ator, um homem idoso e corpulento, muito célebre, convidou-nos para o seu camarim enquanto se maquilava. Na entrada, tiramos os sapatos — tínhamos nos habituado rapidamente a viver metade do dia descalços — e sentamos no chão. Vimo-lo recobrir o rosto de alvaiade, colocar uma peruca, vestir o quimono, uma operação longa e complicada na qual foi auxiliado por vários ajudantes. Uma vez completada a transformação, em lugar de um homem velho e feio, tínhamos diante de nós uma velha hedionda. A peça amalgamava, sem nenhum estilo, elementos cômicos grosseiros, realismo inexpressivo e aspectos fantásticos sem imaginação. Entediei-me bastante.

Não tenho a menor atração pelas estampas japonesas, bastante vulgares, que fizeram furor na França no fim do século passado. Mas no museu de Tóquio há trabalhos de qualidade muito superior: neles encontramos esse equilíbrio de estilização e realismo que caracteriza o *bunraku*. Alguns traços são suficientes para evocar uma paisagem de montanhas e de nuvens; nesse cenário, personagens desenhados e pintados com extrema precisão vivem momentos de sua vida cotidiana. É o que ocorre nas belas pinturas em seda, do século XI, representando discípulos de Buda; e nos rolos do século XII, onde se representa uma lenda inspirada no incêndio do palácio imperial: duzentos e vinte e sete personagens desenhados em nanquim e delicadamente coloridos fogem em pânico. Num bonito biombo de papel, do século XVII, estão pintadas cenas do romance de Genji sobre um fundo dourado: uma carroça de duas rodas, puxada por uma vaca, dirige-se para uma torre. É também sobre um fundo dourado que os distancia que se destacam os retratos muito estudados de alguns ministros.

Na noite em que assistimos a um nô, a ceia que se seguiu à representação teve de ser abreviada: estava anunciado um tufão e todo mundo estava aflito para voltar para casa. Já estávamos deitados, quando o vento começou a uivar por volta de uma da manhã. Ao despertar, nossos quartos estavam cheios de poeira: entrara pelas janelas que o furacão entreabrira. Lá fora, árvores arrancadas pelo vento estavam caídas nas calçadas. A mãe de Tomiko, e alguns de seus amigos que moram em Tóquio em casas baixas de estilo japonês, haviam passado uma noite angustiante: as paredes e os vidros sacudiam. Nos arredores da cidade o tufão causara mortes. Uma cidade situada ao pé do Fuji-Yama fora engolida por uma torrente de lama. Essas catástrofes mal são consideradas acidentes: fazem normalmente parte da vida japonesa. Durante a ocupação, davam nomes de mulheres americanas aos tufões. Atualmente, recebem números. Vêm geralmente do sul e vão para o norte. Tomiko se lembrava de ter passado por um que a aterrorizara, muitos anos antes, no campo: parecia um novo dilúvio; a água entrava casa adentro, seu colchão ficara encharcado. Árvores enormes tinham sido abatidas.

Conhecemos Yoshko, uma cunhada de Tomiko. Filha do Ministro da Justiça, é uma das cantoras mais famosas do Japão: cada vez que aparecia na televisão era um acontecimento. Morou muito tempo em Paris, onde cantava — "Só cantava", precisou — no Cabaret des Nudistes. Foi grande amiga de Giacometti. É também organizadora de espetáculos, e a noite em que estivemos juntos, parecia aflita, pois aguardava para a semana seguinte setenta cantores do Exército Vermelho. Convidou-nos para jantar num restaurante de luxo, que só tinha reservados; sentamos no chão, diante de uma mesa baixa, e descobrimos que havia um fosso sob nossos pés, e parecíamos assim instalados à japonesa, no chão, e poupados dos inconvenientes de tal posição: gostamos dessa trucagem. Serviram-nos *steaks* deliciosos: no Japão é raro comer carne de boi, porque é muito cara. No entanto, o peixe cru era uma lembrança longínqua. Nos hotéis de

Tóquio comíamos uma excelente cozinha francesa. Havia também cervejarias alemãs: numa delas, garçonetes louras se apresentavam vestidas de tirolesas.

Nossos amigos quiseram mostrar-nos as cercanias. De trem e depois de carro, chegamos à cidadezinha de Hakone, depois a um hotel sobre um lago cercado de colinas. A vegetação era ao mesmo tempo luxuriante e ordenada. Nas cidades, fiquei impressionada com a limpeza das casas e caminhos, com a elegância das flores que os camponeses cultivam em seus quintais bem cuidados. Vimos a casa de campo de Tomiko, a de um amigo dela onde jantamos: gosto desses interiores vazios onde reluz suavemente o amarelo dos tatames e a paisagem penetra por todos os lados. O jantar, chinês, delicioso, fora preparado por Yoshko.

No dia seguinte, passamos por uma bela estrada sobre o lago, no flanco de uma colina; era a que os comerciantes utilizavam no passado para ir de Tóquio a Kyoto. Entre as terras pertencentes a essas duas cidades havia uma alfândega. Foi transformada em museu; aí podem ser vistos samurais, em tamanho natural, com as roupas que usavam no século XVIII e nas posturas que assumiam no posto de guarda onde ficavam.

Um dos maiores prazeres dos japoneses consiste em frequentar estabelecimentos de banhos. Em Atami, onde paramos, as pessoas não se banham no mar, mas nos "Banhos", que são muito numerosos e contam com piscinas, salas de massagem, estufas. Homens e mulheres ora se banham separadamente, ora em comum: geralmente muito reservados em matéria sexual, os japoneses não veem nenhum mal em exibir sua nudez em banheiros familiares ou públicos. Dei uma espiada no banheiro reservado às mulheres e Sartre no dos homens. Depois visitamos a fortaleza que domina a cidade e de onde se vê um grande pedaço da costa. Almoçamos num hotel cujo gramado plantado de redodendros, pinheiros e palmeiras-anãs de formatos caprichosos descia até o mar numa inclinação suave. Vi na televisão do hall uma luta de sumô: os japoneses gostam desse esporte; os lutadores são enormes e horrendas massas de carne; de torso nu, enfrentam-se dois a dois; o vencedor é o que envia seu adversário para fora do círculo dentro do qual se agarram. Achei esse espetáculo extremamente aborrecido, pois cada luta, que em geral não durava mais que um minuto, era precedida de um longo cerimonial.

Regressando a Tóquio, fomos quase imediatamente para Kyoto, pelo trem mais rápido do mundo, o trem-luz, que devora quinhentos e vinte e cinco quilômetros em três horas, atingindo, às vezes, a velocidade de duzentos e cinquenta quilômetros por hora. Sua via eletrificada e elevada não apresenta nem passagens de nível, nem desvios; por ela não passam trens cargueiros: é reservada aos viajantes. Nela a circulação é controlada por máquinas eletrônicas. Quase perdemos nosso trem, porque fomos retidos por engarrafamentos, e Tomiko ficou um pouco confusa na imensidão da estação. Facilmente poderíamos ter tomado outro: partem de Tóquio, em média, cinquenta por dia. Mas tínhamos marcado encontro com amigos no que reserváramos e tivemos de correr muito para alcançá-lo: fizeram-no esperar três minutos, o que significava um grande favor. Passamos por arrozais verdejantes, por cidadezinhas graciosamente agrupadas ao pé de colinas; mas o Fuji-Yama estava mergulhado em brumas. Nossos amigos chamaram nossa atenção para o fato de que, tanto nesse trem como nos que tínhamos tomado anteriormente, as pessoas não têm bagagem; basta-lhes uma trouxa, já que nunca se afastam de seu trabalho por mais de dois ou três dias.

Kyoto é tão célebre por sua beleza que os americanos não a bombardearam. Conservou seus bairros antigos e mil e setecentos templos. Das janelas de nosso hotel, avistávamos velhas casas baixas, com telhados escuros, o riozinho que atravessa a cidade, ruas guarnecidas de lojinhas. Gostamos de Kyoto desde o primeiro olhar. Nossos amigos contaram-nos com amargura que Gabriel Marcel, que lá estivera pouco antes, não gostara da cidade. Diante do rio, resmungara: "Ora! Não chega aos pés do Sena." Detestava o Japão, porque aí se apoia oficialmente a contracepção.

Cada um de nós dois pronunciou uma conferência num grande centro. Os japoneses têm um sentido de decoração tão refinado que mesmo um estrado de conferencista é um prazer para os olhos. Colocaram ao lado da cadeira um desses admiráveis buquês cujo segredo só eles detêm; atrás de nós, um biombo dourado, no qual estavam escritos nossos nomes em lindas letras pretas.

Travamos contato com muitas pessoas: escritores, especialistas em história da arte, filósofos, estudantes, professoras. As conversas se desenrolavam frequentemente durante um almoço ou jantar. Em Kyoto há vários restaurantes-jardins encantadores: por trás de uma parede de vidro, são dispostos alguns bambus, algumas árvores, de maneira a dar a ilusão de uma grande paisagem; aí se comiam, em pequenas mesas, pratos nacionais cujos nomes esqueci: carne que se cozinhava pessoalmente em pequenos fogareiros ou mergulhando-a, na ponta de um garfo, num caldo fervendo.

Como, ao chegar ao Japão, Sartre disse numa entrevista à imprensa que gostava muito dos livros de Tanizaki, sua viúva nos convidou. Antes de casar-se com o escritor, que já em sua juventude escrevera romances eróticos, tinha sido mulher de um de seus amigos; durante algum tempo, com o consentimento do marido, fora amante de Tanizaki, que também era casado; ele fez com que sua mulher fosse viver com outro amigo dele e casou-se com a atual Sra. Tanizaki. O caso escandalizou um pouco o meio literário. Em *A confissão impudica* e *Memórias de um velho louco*, o autor descreve as experiências eróticas de sua velhice; no primeiro romance, sua parceira é a esposa; no segundo, a nora. Tínhamos curiosidade em conhecê-las.

A Sra. Tanizaki morava nos arredores de Kyoto; recebeu-nos na entrada de casa, vestindo um quimono. Trocou profundos e longos cumprimentos com Tomiko. Levou-nos ao cemitério onde se encontra a tumba do escritor e depois nos convidou para tomar chá num templo. Como alguns mosteiros antigamente, os templos são muitas vezes "hospedarias" onde se pode comer e dormir: alguns sequer têm santuários. Um bonzo nos recebeu numa espécie de salão; serviu-nos em grandes tigelas um purê verde, horrivelmente amargo, que, segundo nos disseram, era chá japonês. Brincava com um rosário, enquanto Sartre interrogava discretamente a viúva a respeito da vida sexual do marido: correspondia realmente ao que relatara? A verdade é que ele quisera experimentar com ela algumas práticas descritas em sua história da musicista cega; no início, ela recusara, mas depois, porque o admirava, consentira. Mas era um artista, vivia as coisas basicamente na imaginação, seus costumes eram muitos puros. Enquanto falava, de quando em quando enxugava com a ponta do lenço uma lágrima imaginária: exatamente o gesto do velho ator que vimos representar uma heroína desolada. Alguns dias depois, a Sra. Tanizaki levou-nos a uma "casa de gueixas": vimos danças e cantos sem maior interesse. Estava em companhia da nora, mas não falamos com esta.

Todas as noites flanávamos pelo grande mercado coberto: uma mixórdia iluminada a neon; ali se vendia de tudo: produtos de artesanato local, produtos manufaturados, roupas, comidas de todos os tipos. Passeávamos também pelas ruas das gueixas, que são bastante numerosas em Kyoto e moram num velho bairro encantador. Há aí muitos restaurantes e bares que parecem aconchegantes. Entrei num com Tomiko e Sartre: imediatamente duas "recepcionistas" sentaram-se aos nossos pés; mantiveram-se caladas, mas sua presença era tão pesada que fomos embora quase incontinenti. Disse-nos Tomiko que, mesmo saindo só entre mulheres, as "recepcionistas" não nos deixam em paz. Nosso único recurso eram os salões de chá, onde felizmente servem tanto uísque quanto infusões.

A *villa* imperial é muito bonita: construções de um só andar, recobertas de telhas verdes e muito extensas. O parque que a cerca é ainda mais bonito. Por outro lado, os jardins se harmonizam com a arquitetura. A natureza é trabalhada: a forma, a dimensão das árvores lhes foram impostas por tratamentos científicos; cada pedra, cada ponte, cada maciço foi cuidadosamente estudado, bem como a colocação dos lampiões de pedra. São microcosmos onde cada elemento possui um sentido simbólico: no entanto, não têm nada de afetado ou sobrecarregado, e cativam de saída. A maioria das vezes erguem-se sobre um fundo de "paisagem emprestada", isto é, as montanhas e florestas que se veem ao longe parecem pertencer-lhes.

Há também "jardins de pedras" onde estão reunidas num espaço exíguo grandes pedras de formas barrocas. O mais notável é o jardim Zen que vi dentro de um templo. O Zen é uma forma muito despojada de budismo, que tende a dar ao homem um perfeito controle de seu espírito e de seu corpo através de um desligamento quietista. Influenciou todas as artes: o teatro, a pintura. Existe um estilo de jardim que provém do Zen. O célebre "jardim de pedras", nos arredores de Kyoto, é um pátio retangular, cujo chão é coberto de areia branca; aí foram traçados linhas, estrias, círculos; e aí se colocaram quinze pedras pretas, de tamanhos diferentes. Estão instaladas de tal maneira que nunca podem ser percebidas mais de quatorze ao mesmo tempo. Em sua austeridade, esse espetáculo nos cativou: ficamos contemplando-o longamente. Aí podemos ver ilhotas emergindo do mar ou nele desaparecendo; ou, sobrevoados por um avião, picos perfurando um teto de nuvens; ou o abandono do ser no Nada; ou simplesmente pedras pretas sobre um fundo de areia branca.

Visitamos, nos arredores de Kyoto e em Nara, a antiga capital situada a quarenta quilômetros, com uma grande quantidade de templos. Existem duas espécies deles: os xintoístas e os budistas. O xintoísmo considera que os deuses, os homens e toda a natureza nasceram dos mesmos ancestrais; considerava o imperador a reencarnação do Ser supremo; entre essa religião e o Estado havia, portanto, uma ligação profunda que os americanos destruíram depois da guerra. Consideravam o xintoísmo responsável pelo nacionalismo e o belicismo japoneses, e uma "diretriz" impôs uma separação total entre o xintoísmo e o Estado. Como resultado disso, os religiosos, privados do apoio financeiro do governo, voltaram-se para o povo e desencadeou-se uma onda de entusiasmo popular pelo xintoísmo. Assim, essa religião prospera. Venera a divindade tal como esta se manifesta através das forças da natureza. O budismo presta culto ao Salvador que tirou o homem do ciclo infernal das reencarnações para permitir-lhes que usufrua um dia a paz do nirvana ou as delícias do paraíso. Os japoneses praticam as duas religiões. Os sacerdotes budistas dedicam-se principalmente à teologia, os xintoístas celebram cerimônias, em particular os casamentos; os ritos fúnebres são realizados por sacerdotes budistas. Estes participam dos cultos xintoístas e vice-versa.

Os templos xintoístas têm um caráter popular. São amplamente abertos ao público. Podem ser do tamanho de uma colmeia, mas em geral são vastos como uma cidade. Para penetrar neles, passa-se sob um *torii*, um portal sem porta, constituído por duas pilastras de madeira que sustentam duas vigas horizontais. Outros *torii*, riachos, paliçadas delimitam diferentes zonas no conjunto do templo. Os prédios e os *torii* são de madeira, quase sempre pintados de cores fortes: laranja ou vermelho-vivo. São cercados por um jardim onde há um lago e onde se erguem altos lampiões de pedra. Frequentemente, há peixes vermelhos no lago e animais vivos no parque: num deles havia cervos que vinham comer na mão dos visitantes. Habitualmente, um templo compreende vários prédios: os alojamentos dos monges, os pavilhões onde recebem os visitantes, os santuários aos quais os leigos não têm acesso. A porta desses *horden* é guardada por animais fantásticos. No átrio são vendidos amuletos: folhas de papel, guizos, pequenos animais. Os fiéis oferecem aos deuses pequenos ramos aos quais se prendem pedaços de papel branco: são depositados na parte externa do santuário. Os sacerdotes xintoístas frequentemente dão grandes festas, com música e danças sagradas, nos pátios ou em determinados pavilhões.

Os templos budistas têm linhas e cores mais sóbrias. Seu conjunto geralmente é menos amplo, seus jardins, mais austeros. Mas em seu interior possuem belos afrescos e sobretudo esculturas admiráveis: em bronze ou madeira, estátuas de Buda, de Kannon, de guerreiros, de músicos. Vi em Nara estátuas antigas de Buda, deslumbrantes como os Koraï gregos.

Uma maravilha arquitetônica é o Pavilhão de Ouro em Kyoto. Esse antigo palácio, transformado mais tarde em templo Zen, compreende três andares: os dois mais altos são recobertos de ouro. Reflete-se num pequeno lago, cheio de minúsculas ilhotas como todos os lagos japoneses. Foi reconstruído em 1955, depois de um incêndio provocado, por motivos misteriosos, pelo jovem sacerdote incumbido de sua guarda: o incidente inspirou um romance célebre no Japão, da autoria do escritor Mishima.

Em todos esses templos havia bandos de colegiais que riam e tagarelavam; todos, por mais jovens que fossem, carregavam máquinas fotográficas e não paravam de tirar retratos.

Deixamos Kyoto. Subimos de carro a Montanha Koya, passando por paisagens magníficas. Ela é recoberta por uma floresta de pinheiros: a seus pés estende-se por vários quilômetros um cemitério muito antigo; está envolto em silêncio e numa sombra densa onde, de quando em quando, surge um raio de sol. Os monumentos funerários são simples: estelas, colunas. Muitas vezes representam os cinco elementos: esferas superpostas simbolizam a água, a terra, o fogo, o ar, o céu. Ora estão isolados, ora agrupados. De longe em longe, vê-se o pequeno deus risonho que protege a infância: tem um babador branco ou vermelho e carrega flores vermelhas; é o único toque de cor entre os troncos sombrios das árvores e as pedras cinza. (Vê-se frequentemente esse pequeno deus na porta dos templos: não é admitido no interior do santuário.) Um bonzo de cabeça raspada, vestido de preto, passeou-nos por entre as sepulturas. Todas as pessoas que encontrávamos interessavam-se pela obra de Sartre de uma maneira que me surpreendeu: este tinha lágrimas de emoção nos olhos ao apertar-lhes a mão. Em outro lugar, alguém me falou entusiasticamente de *Le deuxième sexe*. E concluiu rindo: "Mas a senhora sabe, de acordo com nossa religião, uma mulher não pode entrar no paraíso; primeiro tem de se reencarnar sob a forma de homem." Visivelmente ele não acreditava em uma palavra disso.

Nosso guia instalou-nos numa das salas do templo, protegida mas dando para um jardim, e aí comemos o farnel que havíamos trazido. Depois, através de uma estrada de montanha, muito nova, e que no início domina todo o mar de uma altura bastante elevada, descemos até Shima, às margens do Pacífico. Chegamos à noite, e foi uma surpresa descobrir a paisagem na manhã seguinte. Estávamos no fundo de uma baía cuja margem recortada era coberta de uma vegetação abundante e seca; nas estreitas faixas de água que cortavam o terreno arborizado boiavam treliças de madeira que eram viveiros de ostras: uma vasta "esquadra" completamente plana. Do outro lado dessa espécie de fiorde, adivinhava-se ao longe o oceano. Apesar da chuva, demos um passeio de barco. Nas barracas flutuantes, mulheres fabricavam pérolas cultivadas: entreabrem a ostra viva, introduzem um fragmento de nácar sob sua carne e tornam a fechá-la. Depois, colocam as ostras em cestos amarrados embaixo de jangadas e, portanto, mergulhadas no mar. As pérolas são tanto maiores na medida em que se lhes dá mais tempo para se formarem, mas o risco de uma tempestade capaz de destruir os viveiros é também maior: em geral a "cultura" dura cinco anos. Em Shima ninguém traz ostras perlíferas do fundo do oceano; mas vimos uma mulher mergulhando para procurar debaixo d'água esses grandes moluscos de carne famosa e belas conchas nacaradas que em inglês se chamam *abalone*.[77]

---

[77] Em português: haliote; madrepérola. (N. da T.)

Almocei no hotel uma lagosta pescada na baía e, em seguida, fomos ao templo de Isé: é um dos mais antigos do Japão e o mais venerado. É um templo xintoísta, de arquitetura austera e cuja madeira não é pintada. Através dele realiza-se a união da humanidade com as forças naturais; mas, para que estas permaneçam eternamente fortes, ele deve manter-se sempre jovem e é então reconstruído cada vinte anos. Ao lado do edifício atual, estendia-se uma área onde se esboçava a futura construção. O templo situa-se em meio a esses pinheiros de troncos grossos e extremidades elevadas que constituem uma das belezas naturais do Japão. Lugar de peregrinação, estava cheio de visitantes. Não se pode entrar no santuário; mas um sacerdote organizara para nós danças sagradas num pavilhão vizinho.

De volta a Kyoto, Tomiko fez questão que experimentássemos um hotel japonês. Escolheu o melhor da cidade, mas não nos agradou. O quarto era agradável, inteiramente vazio, mas prolongado por uma varanda onde havia uma mesa e duas poltronas; do outro lado de uma parede de vidro, via-se um bambuzal. Mas era preciso tirar os sapatos para entrar no hotel; os empregados se prosternavam quando chegávamos e quando saíamos; nossa porta não tinha chave, a gerente entrava em nosso quarto de improviso: no primeiro dia queria por força que tomássemos um banho às cinco da tarde. Preferimos a "impessoalidade" dos hotéis ocidentais. Aliás, só ficamos dois dias; revimos os lugares de Kyoto que mais nos agradaram.

Passamos uma tarde em Osaka. Vimos um bairro populoso onde todas as fisionomias nos pareceram tristes. Depois do jantar, fomos de táxi para Kobe, de onde deveríamos empreender viagem por mar. Durante quarenta quilômetros a estrada atravessava uma zona de fábricas. Tomiko recomendou ao motorista que não corresse. Ele não ia muito depressa, mas guiava com uma brusquidão e uma inabilidade preocupantes. Os motoristas de táxi japoneses são perigosos. São sobrecarregados, pois começam o dia às oito da manhã e o terminam às duas da madrugada. Depois, folgam durante vinte e quatro horas; mas, como ganham muito pouco, fazem trabalhos extras em seu dia de descanso. Não raro acontecem acidentes. De um modo geral, a porcentagem de acidentes de carro é extremamente elevada no Japão: é o país que bate o recorde mundial. São 3,3 mortes por cada mil carros em circulação. Isso se deve às deficiências da rede rodoviária. Mas também à maneira de guiar dos japoneses, aos quais já se deu o nome de *kamikazes* do volante. Temerários, violentos, ignoram tranquilamente os regulamentos de tráfego. Assim, fiquei bastante aliviada quando entramos em Kobe e vislumbrei nosso hotel. O táxi dirigia-se para lá, quando vi, à nossa direita, um carro investindo em nossa direção. Indiferente, nosso chofer prosseguiu. Gritei: "Imbecil! Tinha de acontecer isso!" E bum: os carros se chocaram. Nosso chofer avançara o sinal. Tomiko, Sartre e eu, que estávamos sentados atrás, não sofremos um grande choque. Mas um jovem colaborador do Sr. Watanabe, sentado na frente, sangrava abundantemente e parecia atordoado. Um carro de polícia, chamado por um transeunte, conduziu-o ao hospital. Não tinha nada de grave e pôde regressar a Kyoto no dia seguinte. Mas os carros ficaram destroçados. A notícia se espalhou rapidamente; durante toda a noite os jornalistas nos cercaram, e Tomiko recebeu vários telefonemas.

No dia seguinte, instalados num barco grande e confortável, deslizamos pelo mar interior: um mar tranquilo, povoado de ilhotas rochosas, entre costas recortadas. Fizemos várias escalas em pequenos portos. Pela primeira vez em sua vida, Sartre viajava com uma máquina fotográfica e utilizava-a com tanto entusiasmo quanto um japonês.

Dormimos em Beppu, uma estação termal. Do hotel, situado no alto de uma colina, víamos a cidade a nossos pés e dela subiam os vapores de diferentes fontes. Fomos visitá-las na manhã seguinte. Havia uma cuja água era vermelha; em outra, um gêiser fervente jorrava periodicamente; uma outra era coberta de nenúfares de folhas tão grandes que era possível sentar-se sobre elas. De lá fomos para o Monte Aso, num carro emprestado e dirigido — com habilidade e prudência — por um amigo de Tomiko; no início da viagem, para não nos importunar, levou sua delicadeza ao extremo de se fazer passar por chofer profissional: ela acabou revelando-nos a verdade.

O Monte Aso é um vulcão de crosta engruvinhada, cuja vasta cratera expele vapores e fumaças espessas; sua superfície pregueada, fendida, irregular, exibe cores infernais: azinhavre, cinza-esbranquiçado, cinza-escuro. Muitas vezes vomita lavas e pedras. Seus arredores são um deserto de cinzas. Na medida em que se desce, vê-se nascer pouco a pouco uma vegetação mirrada, depois relva e bonitos cardos rosados.

Dormimos na cidadezinha de Kunamoto. Da janela de meu quarto podia ver, no gramado do hotel, as mesinhas em torno das quais estavam sentados homens rodeados de gueixas. Estas eram menos afetadas do que as que tínhamos visto antes. Cantavam canções picantes, riam muito e aceitavam palmadinhas familiares nas nádegas.

No dia seguinte, fizemos um passeio maravilhoso por uma paisagem insólita: um arquipélago cujas ilhas se ligavam umas às outras por cinco pontes imensas. A estrada acabava de ser inaugurada. Nossos amigos sentiam-se felizes por poder exibi-la: até muito pouco tempo, as estradas japonesas estavam entre as piores do mundo. Como já mencionei, essa sociedade em expansão negligenciou as necessidades coletivas. Mas o Estado acabava de retomar a construção das vias de comunicação, e as autoestradas com pedágios se multiplicavam. Esta era surpreendente. Ora nos sentíamos sobre lagos rodeados de terra, ora sobre ilhas cercadas de água.

À noite chegamos em Nagasaki. Foi através dessa cidade que o Ocidente penetrou no Japão, e ela foi duradouramente marcada pelas pregações dos missionários; tem ainda muitos católicos; nela são vendidas bonecas vestidas de religiosas. Visitamos a "casa de Mme Butterfly": é uma *villa*, no centro de um jardim, de onde se descortina uma imensa vista sobre o porto, na qual um inglês viveu durante muitos anos com uma japonesa. Passeamos pelo porto e pelos bairros ocupados pelos comerciantes europeus no século passado. No centro da cidade há um grande mercado coberto; é um dédalo de ruas guarnecidas de lojinhas onde se vende de tudo: peixes vermelhos, balões, máscaras, pássaros, flores artificiais, lanternas, e todos os utensílios, vestimentas, alimentos imagináveis. Subimos até os templos que se alinham no alto da colina, em meio a lindos jardins. E fomos ver o "parque da lembrança" situado num subúrbio, no lugar em que caiu a bomba atômica. Ergueu-se aí uma estátua gigantesca e horrenda.

No final do dia, tomamos um avião pequeno e, durante vinte e cinco minutos, sobrevoamos um belo panorama de montanhas, arrozais e cidadezinhas: as verdes plantações recobriam a planície e invadiam vales, terminando bem longe quando a terra se tornava pedregosa e árida. Aterrissamos em Fufuoka, uma cidade industrial muito feia, mas que à noite se transfigura com o brilho do neon. Jantamos com uma escritora que optou por morar com o marido numa cidadezinha das redondezas, perto de uma mineração, para ajudar os operários em sua luta. Realmente, sua situação é abominável. Os que trabalham diretamente para a mina são protegidos por um sindicato. Mas a maioria é composta de kumifu, fornecidos por aliciadores de mão de obra, os *kumi*. O sindicato não se preocupa com eles. Recebem somente a metade de um salário normal e não têm direito ao seguro social. São encarregados dos trabalhos mais perigosos: muitos morrem ou ficam feridos em desmoronamentos. Moram em campos vigiados durante a noite por guardas armados, recrutados geralmente nas prisões entre os presos comuns. Para esses párias não há possibilidade de fuga. Quando um fiscal de trabalho é aguardado, escondem-nos numa galeria para que não possam ter contato com ele. A mulher que nos contava tudo isso e seu marido viviam entre eles e os estimulavam a se unir para resistir. No início, os mineiros desconfiavam deles, mas pouco a pouco adquiriram o hábito de se aconselhar com eles. Com o auxílio financeiro de intelectuais de esquerda, construíram juntos uma "casa da solidariedade". Esta ajudou os empregados despedidos, quando a direção fechou um determinado número de galerias, a conseguir novos trabalhos.

Esse sistema de trabalho forçado é bastante disseminado no Japão: os estivadores, os diaristas, os operários das construções constituem um subproletariado submetido a um intermediário que serve à empresa. Vêm geralmente do campo, de onde a mecanização os expulsou. Vivem amontoados em espécies de guetos, perto de seu local de trabalho, e o patrão contrata seguranças que os impedem de afastar-se dali.

No dia seguinte, viajamos de trem, durante uma hora, por uma zona industrial, para chegar a um porto onde mulheres se ocupam do descarregamento de mercadorias: ia entrevistar algumas delas para a televisão. Uma lancha nos levou até um grande navio, no qual subimos por uma escada. No fundo do porão, em meio a uma nuvem de poeira, víamos formigas: mulheres que, com a ajuda de pás, enchiam de um adubo químico sacos que um guindaste transportava. Subiram à coberta: estavam encharcadas de suor; uma delas tinha mais de sessenta anos. Fiz perguntas. Uma declarou, em tom reivindicador, que teria muito a dizer se quisesse "abrir o jogo"; na realidade, todas se exprimiram timidamente; mas nem por isso a dureza, a injustiça de sua condição eram menos flagrantes; trabalhavam oito horas por dia, em condições exaustivas, inclusive aos domingos. (Tratava-se exatamente de um domingo.) Apesar das leis oficiais, elas são menos bem pagas do que os homens. Além disso, são elas — como em todos os lugares — que assumem todos os trabalhos de casa. Queixam-se disso, bem como da desigualdade de salários. Trata-se de um fenômeno generalizado no Japão. Uma estatística oficial mostra, em 1962, que o salário médio das mulheres era de dezesseis mil ienes por mês, em contraposição a trinta e cinco mil ienes para homens. Trinta e cinco por cento da mão de obra japonesa são compostos de mulheres.

À noite aterrissamos em Hiroshima. Um prospecto turístico que li a bordo começa com as seguintes palavras: "Hiroshima é célebre sobretudo pelos cinco rios que a cortam." Menciona-se secundariamente que a cidade foi destruída. Inteiramente reconstruída, suas amplas avenidas se entrecruzam; à noite ela resplandece, e é a cidade do Japão onde há maior quantidade de restaurantes, bares, boates. Nessa mesma noite convidaram-nos para ir a um restaurante suntuoso, de estilo ocidental, e onde uma orquestra tocava jazz. Foi difícil para mim convencer-me de que me achava em Hiroshima.

Na verdade — apesar da propaganda turística —, o Japão conservou uma lembrança terrível das bombas atômicas e é atualmente um país profundamente pacifista. Por volta de 1951, os americanos autorizaram, e até mesmo estimularam, o rearmamento: o Japão recusou. O governo — e a população o criticou vivamente por isso — só consentiu em criar uma força de polícia de reserva, que se transformou depois em força de autodefesa, mas que em 1966 contava apenas com duzentos e cinquenta mil homens divididos entre exército, marinha e aeronáutica.

Ninguém no Japão consideraria a ideia de fabricar uma bomba atômica. Grande parte do país — entre outros, o sindicato mais importante, o *Sohyo* — preconiza o neutralismo. Na verdade, foi graças às bases japonesas e à ajuda econômica do Japão que os americanos puderam levar adiante a guerra da Coreia e a guerra do Vietnã: mas a política pró-americana do governo provocou uma oposição violenta.

No Japão, há dois movimentos da paz; um condena todas as armas atômicas; o outro condena exclusivamente as armas atômicas americanas. Ambos são ativos, sobretudo em Hiroshima, que foi cognominada a "cidade da paz". Pela manhã, o vestíbulo de nosso hotel estava cheio de emissários das duas organizações: como Sartre não queria magoar ninguém, recusou todos os convites. Saímos pela cidade, servindo-nos de guia o Sr. Tanabe: ele é o responsável pela "fundação destinada a ajudar as vítimas da bomba", criada pelo americano Morris. Mostrou-nos inicialmente a ruína que perpetua a lembrança da catástrofe: é a de um edifício de estilo austríaco — um banco, ou um grande magazine, já não me lembro — tão solidamente construído que só ele escapou à destruição. Tal relíquia não tinha nada de extraordinário, a não ser o fato de tratar-se realmente da única *ruína* que vimos no Japão. Os velhos monumentos de madeira são reconstruídos cada vez que desmoronam, e assim permanecem sempre jovens. Ao lado se encontra o *monumento* onde anualmente são enterradas novas vítimas: em geral morrem de leucemia. Estivemos depois no museu. Nas vitrines estão expostas vistas de Hiroshima devastada: imensas extensões calcinadas. Fotos exibem homens mutilados, costas queimadas, corpos cheios desses tumores cutâneos denominados queloides. Temia que a continuação dessa visita fosse ainda mais penosa para mim: um táxi levou-nos ao hospital. No caminho, uma pessoa parou-o para entregar-me um buquê. O diretor recebeu-nos em seu gabinete, repleto de jornalistas e fotógrafos. Explicou-nos que as pessoas que se encontravam em determinado raio, no dia do bombardeio, quando doentes eram ali recebidas gratuitamente. Naquele momento, eram duzentos e cinquenta, em sua maioria leucêmicos. Perguntou-nos: "Querem ir ver a doente, ou preferem que ela venha até aqui?" Subimos, seguidos pelo bando de repórteres, e entramos num quarto com dois leitos; no primeiro, estava deitada de costas uma mulher velha cuja mão não cessava de tremer. No outro, estava sentada uma mulher de uns quarenta anos, com fisionomia inexpressiva. Empurraram-me em sua direção, e entreguei-lhe flores, bombardeada pelos fotógrafos. Essa cerimônia ridícula tocava as raias da indecência. Concordamos em ver outros doentes só se pudéssemos aproximar-nos deles sem acompanhantes. E abreviamos ao máximo essa expedição desagradável.

À tarde fomos à fundação. Trata-se de um pequeno pavilhão modesto, onde as vítimas da bomba podem reunir-se ou pedir auxílio. Deveríamos encontrar-nos com algumas delas. Imaginávamos que a entrevista fosse particular. Ficamos desagradavelmente surpreendidos ao verificarmos que deveríamos instalar-nos num estrado, com microfones, e que nossos interlocutores estavam sentados no chão, aos nossos pés. No fundo da sala havia uma equipe de televisão, fotógrafos, jornalistas. Iniciar a conversa não foi fácil. No entanto, conseguimos fazê-lo. E aqui também ficamos surpresos: esperávamos que esses sobreviventes fossem amargos e reivindicativos; eram, porém, humildes e resignados. E também sentiam-se envergonhados: de sua invalidez, de suas cicatrizes, de sua impossibilidade de trabalhar. Alguns emigraram para outras cidades e escondem sua desgraça como se fosse uma tara: se dissessem a verdade, jamais encontrariam emprego. O governo não lhes dá nenhuma pensão, a não ser aos que eram funcionários; não indeniza nenhuma das vítimas civis da guerra: estas foram tão numerosas em Tóquio como em Hiroshima. Em Hiroshima, muitos dos sobreviventes moram num bairro miserável que não nos foi mostrado.

Foi com uma sensação de alívio que, à noite, tomamos o trem para Kurashiki, uma das poucas cidades do Japão que foi poupada das guerras e dos terremotos. Durante todo o dia seguinte passeamos por ela. Em seu centro, entre dois renques de chorões, corre um rio estreito atravessado por pontes. As velhas ruas são guarnecidas de casas baixas cobertas de telhas verdes; nas lojinhas muito abertas viam-se artesões fabricando sombrinhas, lanternas, biombos; bonitas tabuletas, em letras pretas, decoravam as lojas mais importantes. Um comerciante de fazendas levou-nos a visitar sua casa: continha vários pátios internos e jardins nos quais se erguiam pavilhões de madeira. Fomos visitar uma cidadezinha a alguns quilômetros dali: a propriedade onde entramos era impressionantemente limpa e confortável.

Em algumas regiões, os camponeses ainda são bastante pobres. Mas de modo geral sua situação melhorou bastante. Depois da reforma agrária, 90% são proprietários. Suas colheitas, na mesma área, são duas ou três vezes mais abundantes do que no início do século, graças à irrigação do solo, à mecanização do trabalho agrícola, à quantidade de adubos que utilizam: para uma mesma superfície, cinco vezes mais do que um camponês francês. Além disso, os membros das famílias camponesas em geral têm um emprego extra na cidade mais próxima: trabalhador manual, pequeno empregado. Seu nível de vida é, portanto, melhor do que no passado: alimentam-se adequadamente, podem cuidar de suas casas, de seus jardins, de suas roupas, e leem.

De regresso a Tóquio, participamos de uma grande manifestação contra a intervenção americana no Vietnã. A atitude dos japoneses em relação aos Estados Unidos é ambivalente. Economicamente aceitam uma aliança que os beneficia; mas no plano político-militar, consideram-na perigosa; ela os expõe, em caso de conflito, a ser tratados não como um povo neutro, mas como adversários; protestam contra a ocupação de Okinawa, contra a presença de bases aéreas. A esquerda é decididamente antiamericana: foi através de suas manifestações antiamericanas que os *zengakuren* se tornaram conhecidos em 1960. A maioria dos estudantes e dos intelectuais se sente extremamente afetada pela guerra do Vietnã: uma estreita solidariedade os liga a esse pequeno pedaço da Ásia; a criminosa ingerência americana não agride somente seu pacifismo e seu sentido de justiça: eles se sentem diretamente ameaçados pelo imperialismo dos Estados Unidos. As manifestações contra a guerra do Vietnã são frequentes. Em 1965, criou-se um movimento pela paz no Vietnã, articulado por vinte e oito intelectuais. Encabeça-o o escritor Oda, com quem estivemos várias vezes. A manifestação para a qual nos convidou realizou-se num anfiteatro, curiosamente localizado no último andar de um grande magazine. Sartre e eu pronunciamos algumas palavras. Falaram escritores, professores. O público bastante numeroso escutava atentamente, mas, de acordo com os costumes japoneses, só aplaudia discretamente.

Disseram-me que mesmo em Tóquio existem campos de trabalho onde um subproletariado vive em condições lamentáveis: evidentemente, não é possível visitá-los. Existem também subúrbios miseráveis, onde em barracos de madeira, sem água, sem aquecimento, sem luz, três ou quatro pessoas se amontoam em cada peça: falaram-nos disso, mas não nos propuseram levar-nos até lá. De um modo geral, os japoneses vivem mal instalados. Visitando num H.L.M.[78] dos arredores de Osaka o apartamento de um professor, fiquei chocada com sua exiguidade e sua feiura; as belas casas que me encantaram no início da viagem pertenciam a privilegiados; ainda assim são muito desconfortáveis no inverno: é impossível aquecê-las.

Todos os nossos contatos vieram confirmar que, se o Japão é rico, os japoneses são pobres. Os professores, mesmo universitários, são mal pagos. Há muitos estudantes e quase todos obtêm diplomas: mas estes não lhes servem de nada; tornam-se pequenos empregados, cujo nível de vida é baixo. Os vinte milhões de artesãos que exercem uma profissão em família, numa lojinha, mal conseguem sobreviver. Nas grandes empresas, os salários dos operários são decentes: mas vimos o quanto é insignificante a porcentagem que representam no conjunto da indústria. Boa parte da população não é apenas pobre, é miserável: 20% dos lares — portanto, cerca de vinte milhões de indivíduos — vivem "a nível de subsistência", isto é, são subalimentados.

Falaram-nos também da curiosa condição desses rebotalhos da sociedade constituídos pelos denominados *etas*. São três milhões e, embora pertençam à mesma raça que os japoneses, constituem uma casta desprezada. Não se conhece bem a origem de tal discriminação, mas ela é rigorosa. Um número reduzido de *etas* é rico; citaram-me alguns que possuem grandes magazines: japonês algum lhes concederia a mão de sua filha: os casamentos entre japoneses e *etas* são rigorosamente proibidos. Quase todos são extremamente pobres, porque os japoneses se recusam a empregá-los. Vivem em guetos, sem água, sem conforto.

---

[78] H.L.M.: *habitation à loyer moderé* (domicílio de aluguel moderado) Qualquer imóvel moderno com apartamentos baratos. De início designava um grande imóvel construído por uma comunidade e destinado aos que tinham renda mais baixa. (N. de T.)

Fiquei confusa com nossa viagem de volta. Eram onze horas em Tóquio quando levantamos voo, e era noite; o relógio marcava onze horas e era dia claro quando pousamos em Anchorage; a paisagem estava mais coberta de neve, mais desolada do que um mês antes. Era novamente noite quando sobrevoamos o polo e dia claro quando aterrissamos em Paris.

Capítulo VI

Durante nossa viagem de 1962 à União Soviética pareceu-nos assistir a um "degelo" ainda mais definitivo do que o de 1954. Sartre tinha retornado a Moscou, no início de julho de 1962, para participar de um congresso do movimento da paz. Nele abordara o problema da cultura. Tomando o exemplo de Kafka, mostrara como a cultura era utilizada para fins partidários nos países do leste. Mas a cultura não é uma arma, dissera ele. Em vez de rejeitar maciçamente a cultura ocidental, os soviéticos deveriam integrá-la. Khruschev, no plano político, afirmava a necessidade de uma coexistência baseada numa competição pacífica. Assim, sem deixarem de opor-se, as duas culturas deveriam coexistir, em vez de tentar anular-se reciprocamente. Essa ideia de uma unidade na luta atraíra os intelectuais denominados liberais e progressistas, e que combatiam o conformismo. Desejavam continuar um diálogo com Sartre. E essa foi uma das razões que nos levou a voltar seguidamente à União Soviética. Até 1966 passamos lá algumas semanas cada verão. Tínhamos curiosidade em acompanhar a evolução do país; a diversidade das paisagens, a beleza das antigas riquezas culturais nos atraíam. E sobretudo tínhamos feito amigos; desejávamos manter nossos vínculos com eles, principalmente porque, em sua luta contra os conformistas, cada vez mais iam perdendo terreno. Sartre dispunha de elevados direitos autorais em Moscou e cobria todos os nossos gastos. Obtivemos um visto, graças a um convite da União de Escritores; este colocava uma intérprete à nossa disposição — que foi sempre Lena Zonina —, que se encarregava, através do Inturist, de tudo o que era organização material.

Tínhamos relações muito cordiais com Ehrenburg. Era sobretudo ele que nos mantinha a par da vida cultural russa e que nos revelava seus segredos. Vinha frequentemente a Paris. De Moscou íamos vê-lo em sua *datcha*: uma bela casa, muito simples, cercada de um jardim, onde ele gostava de cultivar pessoalmente flores e legumes. Estava muito orgulhoso por ter trazido para sua terra uma planta ali desconhecida: a alcachofra. Víamo-lo também em seu apartamento, perto da Rua Gorki. Era um museu. Ele vivera muito tempo em Paris, antes da guerra, como correspondente do *Izvestia*, e conhecera, em Montparnasse, todos os pintores da época. Possuía uma imensa coleção de quadros que eles lhe haviam oferecido com dedicatórias: entre outros, muitas telas, desenhos e litografias de Picasso; em suas paredes havia também obras de Chagall, de Léger, de Matisse, bem como obras de artistas russos: Falk, Tishler. Entendia de pintura e apoiava, em Moscou, os artistas que representavam a "vanguarda". Em literatura era menos aberto. Condenava Kafka, Proust, Joyce, e só apreciava os livros de Sartre muito limitadamente. No entanto, na medida em que envelhecia, tornava-se cada vez mais tolerante e a discussão sobre todo e qualquer assunto era sempre possível. Na União Soviética, protegia os jovens escritores considerados anticonformistas. A juventude gostava dele. Era menos elegante do que quando em Helsinki e fisicamente envelhecera: tinha um único dente. Se não fizera uma prótese, certamente é porque os russos têm medo de seus dentistas: por falta de técnica ou por descaso, fazem sofrer muito seus pacientes. Intelectualmente conservava todo o seu encanto; contava com arte anedotas bem escolhidas.

Em cada estada nossa, jantávamos duas ou três vezes com os Cathalas. Ex-colega de Sartre na Escola Normal, Cathala fora gaullista durante a guerra e se tornara comunista em 1945. Dedicava-se à publicação de obras russas em francês e era excelente tradutor. Sua mulher era russa, muito morena, viva e encantadora; trabalhava numa revista. Moravam num apartamento muito bonito: com inúmeros livros, gravuras, uma interessante coleção de cachimbos. Ambos eram espíritos abertos e livres, dotados de um senso crítico mordaz. Estavam bem informados a respeito de tudo o que ocorria no país. Conheciam também muita gente e faziam com que nos beneficiássemos disso.

Também gostávamos muito de Doroch, de quem falei em *La force des choses*; especialista em história da arte, interessava-se pela agricultura e escrevia sobre o assunto textos que eram publicados em *Novy Mir*. Intelectualmente era mais aberto do que Ehrenburg: gostou de Brecht e de Kafka de saída. Infelizmente não falava francês e a conversa era então um pouco lenta.

Conhecemos outros escritores, e também tradutores, intérpretes, funcionários da União de Escritores. Nossa amiga mais íntima era Lena, uma bela mulher morena, de uns quarenta anos, excepcionalmente inteligente. Contou-nos muitas coisas sobre sua vida. O pai, a mãe, os tios haviam sido bolchevistas inflamados: pudemos vê-los numa foto, agrupados em torno de Lênin. A mãe de Lena tinha então vinte anos: sua filha — com vinte anos mais — é o seu retrato vivo. Pouco depois de seu nascimento, os pais de Lena se separaram; ela via sempre o pai e morava com a mãe. Estudou em Moscou, entrou para a universidade, especializando-se em língua e literatura francesas: seus professores previam que teria um futuro brilhante; ela desejava tornar-se professora e escrever. Quando estourou a guerra, alistou-se e foi mandada para o norte de Leningrado: trabalhava em escritórios. Numa pequena foto aparece de uniforme, com um barrete na cabeça e ar marcial. Uma ocasião em que estávamos sentados num banco do Campo de Marte, em Leningrado, ela nos contou como atravessara o local para ir "fazer uma permanente" durante uma licença; de repente tinha começado um bombardeio; como bom soldado, tentava manter a cabeça erguida e postura digna, ao mesmo tempo em que apressava o passo, para chegar ao cabeleireiro o mais rápido possível. Por desejar ficar mais perto do *front*, foi enviada para Pskov. Depois da vitória, retomou os estudos na universidade.

Naquela época era obstinadamente stalinista: para ela Stálin encarnava ao mesmo tempo a Revolução e a pátria; acabava de salvar o país. Quando sua melhor amiga o criticou, Lena ameaçou matá-la com suas próprias mãos se algum dia se tornasse contrarrevolucionária, e nunca mais a viu. Alguns meses depois, encontrou-se na rua com um amigo de seu pai que lhe comunicou que ele havia sido enviado para um campo. Ficou tão chocada que durante três dias perdeu a fala. Logo a seguir fizeram-lhe saber que a deportação de seu pai barrava-lhe a universidade. Sua mãe foi expulsa do partido comunista por outro motivo: um de seus amigos trabalhava no estrangeiro e, de acordo com a lógica da época, isso era suficiente para que algum dia pudesse ser considerada inimiga do regime e consequentemente presa. Ela própria tornou-se assim suspeita. Lena ficou transtornada por ter de interromper os estudos e, mais ainda, por ser vítima de tamanha injustiça. Nunca se recuperou totalmente desse golpe. Sua fé em Stálin morreu.

Tomou conhecimento de que Ehrenburg procurava uma secretária: ofereceu-se, avisando-lhe que seu pai se encontrava num campo: ele a contratou. Foi um ato de coragem que a deixou profundamente grata. Tinha um grande afeto pelo "velho", como o chamava. Trabalhou muitos anos com ele, que depois lhe conseguiu um lugar na União de Escritores.

Após a morte de Stálin, os campos se abriram, o pai de Lena voltou para casa: morreu pouco depois. A mãe reingressou no partido.

Lena casou-se com um arquiteto com o qual não tinha afinidades intelectuais. Divorciou-se e casou-se com um crítico de quem gostava bastante. Mas ele não podia ter filhos e, depois de alguns anos, ela quis ter um. Teve uma ligação com outro escritor. Quando sua filha nasceu, divorciou-se, mas registrou a criança somente em seu nome — o que é frequente na União Soviética — e não foi viver com o pai. Desejava sua independência e — como muitas mulheres russas — tinha um forte sentimento de superioridade em relação aos homens. Instalou-se, com o bebê e sua mãe, num pequeno apartamento perto da União de Escritores. Sua mãe, doente, não trabalhava e ajudou-a a educar Macha. Lena era muito ocupada; passava horas em seu escritório; fazia traduções e escrevia em revistas artigos de crítica bastante apreciados.

Em 1960, a filha ficou tão doente que ela pensou que fosse morrer. Depois que a criança ficou boa, fez uma viagem à França. Descobriu com emoção o país que representava tanto para ela; contudo, durante toda a permanência sentiu-se pouco à vontade; tinha horror ao sistema capitalista, mas a opulência ocidental a fascinava, apesar de desgostá-la: sofria pela confrontação com seu oposto, a austeridade a que estavam condenados seus compatriotas. De volta à União Soviética, teve uma crise de diabetes, certamente em consequência do medo que sentira de perder Macha e do choque que experimentara ao chegar a Paris; ficou de cama, mas a doença piorou, pois os médicos não souberam fazer um diagnóstico exato imediatamente. Salvaram-na por um triz. Depois disso, teve de passar a aplicar-se uma injeção de insulina diariamente e tomar inúmeras precauções.

Havíamos simpatizado uma com a outra desde o início, e depois minha estima por ela só fez crescer. Admirava a força de seu caráter. Haviam cortado sua carreira, e a vida que levava não era a que desejara: nunca sentia pena de si mesma. Não se esquivava de nenhuma responsabilidade e recusava qualquer concessão. Quando, antes de 1962, levava escritores franceses ao mausoléu onde ainda se encontrava Stálin, jamais entrava. Nada de "panos quentes" em suas atitudes. Tinha paixão pela justiça e pela verdade. Mas não era dogmática nem pedante: era alegre, irônica, e às vezes muito engraçada. Havia sobretudo, entre nós, esse vínculo difícil de definir, um entendimento: uma maneira de compreender-se quase que sem palavras, de ter espontaneamente as mesmas opiniões sobre as pessoas e as coisas, de ser sensível às mesmas nuances, de rir ou sorrir no mesmo instante. Era um grande prazer passear com ela ou conversar, bebendo uma vodca, em seu pequeno apartamento.

Durante o outono de 1962, a liberalização da cultura continuou. Em outubro, o *Pravda* publicou; com o consentimento de Khruschev, o poema de Evtuchenko intitulado "Os herdeiros de Stálin", que denunciava a continuação do stalinismo: o poeta pedia que se multiplicasse o número de guardas que velavam o túmulo de Stálin, para que este não ressuscitasse. Khruschev autorizou também a publicação em *Novy Mir* do livro em que Soljenitsyn descrevia sua experiência nos campos stalinistas, *Um dia na vida de Ivan Denisovitch*. Em suas *Memórias*, publicadas na mesma revista, Ehrenburg falava com muita liberdade da arte ocidental. Nekrassov descrevia num artigo sua viagem aos Estados Unidos e a que fizera pela Itália: tratava-se de um relato imparcial no qual se misturavam críticas e elogios. Voznessenski publicou uma antologia de poemas, *A pera triangular*, que não tinha nada de conformista. Estivemos com ele em Paris,[79] bem como com Nekrassov e Paustovski, e os três se felicitavam pelo novo clima reinante em Moscou. Isso acabou por decidir-nos a passar lá o Natal. No entanto, em dezembro, as coisas pioraram um pouco. Visitando uma grande exposição de pinturas e esculturas modernas,

---

[79] Nós o tínhamos conhecido em Moscou em 1962.

Khruschev condenou em termos violentos o formalismo e a arte abstrata. Ilyitchev, chefe da propaganda, pronunciou um discurso contra a "coexistência ideológica": encheu-o de comentários antissemitas e atacou especialmente Ehrenburg.

Apesar de tudo, quando chegamos a Moscou, a exposição continuava aberta e pudemos visitá-la. Havia muitas telas acadêmicas, mas também trabalhos desses pintores dos anos 20 que Ehrenburg apreciava: Falk, Tishler. E obras de artistas contemporâneos que procuravam caminhos novos: o pintor Weisberg, o escultor Neizvestni, entre outros. Pouco tempo depois foram retirados. Ehrenburg se perguntava se os pintores conformistas não teriam convidado os de vanguarda a expor por puro maquiavelismo: ficaria assim em evidência o caráter decadente de sua arte, que seria proibida mais severamente do que nunca.

Como Moscou era alegre, debaixo da neve e do céu azul! Os galhos das árvores, seus ramos finos estavam cobertos de uma brancura reluzente. Muitas pessoas de esquis deslizavam satisfeitas pelas ruas em ladeira. Todos os transeuntes, bem agasalhados, estavam carregados de embrulhos; com seus coloridos abrigos acolchoados, as crianças pareciam estar indo para um baile a fantasia. Nas praças podíamos ver imensos pinheiros cobertos de neve. Todas as ruas pareciam em festa. Simonov e sua mulher convidaram-nos para passar o *réveillon* num teatro perto da Praça Maiakovski. Fazia vinte abaixo de zero. Na chegada, víamos, indo para o vestiário, mulheres gordas envoltas em peles; tiravam os casacos, as botas, as grossas saias de lã; reapareciam, magras e elegantes, com roupas de seda leve e sapatos delicados. Quase todos os convidados eram jovens; havia muitas moças extremamente bonitas: atrizes, manequins. Ceando numa mesinha, observávamos os casais que dançavam, muito bem, danças modernas com excelentes discos de jazz. Tratava-se de uma pequena elite privilegiada. Mas parecia-nos um bom sinal que fosse permitido usar roupas elegantes, ouvir música ocidental.

Comparada a Moscou, Leningrado nos pareceu triste: o sol só aparecia às dez horas e iluminava pobremente as ruas cinzentas; acompanhávamos sua trajetória: desaparecia às três da tarde. Mas o Neva gelado era muito bonito: entre palácios à italiana, uma geleira polar onde, de longe em longe, palpitava timidamente um estreito filete de água.

Em 1958, tinha sido criada na Itália uma organização, a C.O.M.E.S.[80], cujo objetivo era estimular os contatos entre escritores europeus do leste e do oeste. A ideia concordava inteiramente com o programa cultural que Sartre propusera em Moscou, em julho de 1962, e recentemente tínhamos aceitado fazer parte dela. Seu presidente era o poeta italiano Ungaretti; o secretário-geral, o escritor italiano Vigorelli, que conhecíamos desde 1946; ficou decidido que a organização realizaria um congresso em Leningrado, em julho de 1963. Após sua intervenção de julho de 1962, Sartre era considerado um interlocutor valioso pela União de Escritores: ela nos convidou. (Convidou, também, por outras razões, André Stil.) A delegação francesa, chefiada por Frénaud, incluía Robbe-Grillet, Nathalie Sarraute, Pingaud; Caillois representava a Unesco. Entre os ingleses encontravam-se Angus Wilson, John Lehman, Goyen; entre os italianos, Piovene, Vigorelli. Estavam também Enzensberger, um jovem alemão encantador, do Grupo 47, o velho escritor húngaro Tibor Dery, poloneses, romenos; e muitos soviéticos, entre os quais Simonov, Fedine, Cholokhov, Leonov, Ehrenburg, Surkov, Axionov, Granin, Tvardovski.

A situação cultural se deteriorara desde o inverno. A 8 de março de 1963, perante os dirigentes do partido e do governo, perante escritores e artistas, Khruschev pronunciara um discurso de vinte mil palavras, no qual tomara a defesa de Stálin e atacara veementemente o abstracionismo e o formalismo em literatura e artes plásticas. Criticara violentamente Ehrenburg, Nekrassov, Evtuchenko e até Paustovski. Alguns amigos nossos haviam elogiado muito um filme sobre o conflito de gerações, *La barrière de Lénine*, que tinham visto em sessão privada. Khruschev arrasou-o. De todos os escritores, Ehrenburg foi o mais visado. Numa conversa particular, Khruschev acusara-o de ter exercido má influência sobre Sartre: incitara-o a abandonar o partido comunista. Ehrenburg objetou inutilmente que Sartre jamais

---

[80] Comunidade europeia de escritores.

pertencera ao partido. khruschev não mudou sua opinião. A situação de Ehrenburg era bastante preocupante. Não lhe davam autorização para publicar a continuação de suas *Memórias* e a edição de suas obras completas estava suspensa. Ele tinha compensações: quando falava perante estudantes era aclamado. Mas, materialmente, o golpe era muito duro. Não dispunha de outros recursos, além de seus direitos autorais, para viver e sustentar a mulher e duas irmãs já velhas que moravam na *datcha*. Se já não imprimissem seus livros, seria a miséria. Contou-nos que aliviava as ansiedades, dedicando muito tempo ao cultivo de seu jardim; mas estava muito deprimido.

Foi certamente em consequência do discurso de março que a sessão inaugural do congresso foi tão desnorteante. Os escritores soviéticos começaram arrasando a literatura ocidental, especialmente Proust, Joyce, Kafka. Contra esses "decadentes" defenderam o realismo socialista. Já não se podia esperar que esse fanatismo possibilitasse depois "diálogos" frutíferos.

Na verdade, o tom das outras sessões foi mais moderado, mas não houve nenhum intercâmbio entre leste e oeste: foi um diálogo de surdos. De oeste, intervieram sobretudo franceses e defenderam o "novo romance"; do leste, exceto Tvardovski, Ehrenburg e mais dois ou três, todos os oradores defenderam uma literatura que servisse para "embelezar a vida dos homens". Fedine comparou o escritor a um aviador que deve conduzir seus passageiros ao seu destino sem acidentes. Robbe-Grillet respondeu-lhe que "o romance não é um meio de transportes... por definição o escritor não sabe onde vai". Mas os soviéticos repetiram indefinidamente a comparação do escritor com o piloto. O mais veemente foi Leonov que acusava não o capitalismo, mas o Ocidente apodrecido: "O Ocidente atingiu a plena realização da tese de Dostoievski: tudo é permitido", declarou. A seguir, denunciou nos ocidentais o abastardamento da personalidade literária, o aumento dos delitos, a decadência dos princípios sociais, a degenerescência dos antigos tabus, o cinismo podre. Fustigou todos os nossos vícios e em particular nossa paixão pelo *striptease*.

Para que o congresso não terminasse sem um fecho satisfatório, Surkov pediu inesperadamente a Sartre, durante a última sessão, que apresentasse conclusões coerentes. Enquanto os quatro últimos oradores falavam, Sartre, sem deixar seu lugar, mas retirando os fones, rapidamente preparou uma exposição. Saiu-se muito bem e foi muito aplaudido. Essa rápida conciliação em nada alterava os fatos: a atitude dos escritores soviéticos era muito mais rígida do que havíamos imaginado. Provavelmente a orientação vinha de cima.

No entanto, Surkov conseguira que Khruschev recebesse, em sua propriedade da Geórgia, uma delegação da C.O.M.E.S. Depois de dois dias em Moscou, embarcamos num avião especial. Íamos Sartre e eu, Ungaretti, Vigorelli, Angus Wilson, Lehman, Enzensberger, o polonês Putrament, um romeno e vários soviéticos, entre os quais Surkov e Tvardovski. Cholokhov já se encontrava na propriedade de Khruschev. Partimos às sete horas, de estômago vazio, e no avião não nos serviram nem uma xícara de café. Nada também no aeroporto. Enfiaram-nos num ônibus que sacudia perigosamente ao longo de uma escarpa de curvas fechadas. Estava surpresa com o calor meridional, com a vegetação luxuriante que descia até o mar muito azul. E desmaiava de fome. Às onze horas o ônibus parou: na sala de refeições de um grande hotel estava preparada uma mesa com peixes defumados, carnes frias, *blinis*. Estávamos quase chegando, íamos almoçar logo depois, e limitei-me a tomar algumas xícaras de café. Uma hora depois, desembarcávamos na propriedade de Khruschev: era um grande bosque, com as árvores mais bonitas e mais raras de toda a União Soviética. Khruschev recebeu-nos amavelmente. Vestia uma roupa clara e uma camisa ucraniana de gola alta. Mostrou-nos a piscina que mandara fazer junto ao mar; era imensa e rodeada por uma parede de vidro que se podia suprimir apertando um botão: prazerosamente, repetiu várias vezes a manobra.

E depois sentamo-nos em mesinhas na sala de conferências e, com surpresa crescente, ouvimos Khruschev. Já que nos havia convidado, pensávamos que seria cordial. Absolutamente. Atacou-nos como se fôssemos partidários do capitalismo. Exaltou as belezas do socialismo; reivindicou a responsabilidade pela intervenção soviética em Budapeste. Depois dessa explosão conseguiu pronunciar algumas palavras corteses: "Afinal, vocês também são contra a guerra. Então, apesar de tudo, podemos comer e beber juntos." Mais tarde, Surkov disse-lhe reservadamente: "Suas palavras foram violentas." E ele respondeu secamente: "É preciso que eles compreendam."

Caminhando por uma bela alameda florida que acompanhava o mar, fomos até uma outra casa. Havia roupas de banho à nossa disposição: Vigorelli e Surkov nadaram um pouco, os outros ficaram conversando. Depois subimos ao primeiro andar da antiga e bonita residência de estilo georgiano: ali nos foi servida uma refeição magnífica. Khruschev se manteve todo o tempo carrancudo; praticamente não abriu a boca.

A sobremesa, a pedido de Khruschev, Tvardovski tirou do bolso um poema e começou a lê-lo; Khruschev, então, começou a rir às gargalhadas, e todos os soviéticos o imitaram. Todos os nossos amigos haviam falado de Tvardovski com muito apreço. De tez rosada, olhos azuis muito claros, seu rosto lembrava um pouco o de um boneco. Estava com cinquenta e três anos. Escrevera longos poemas humorísticos e líricos com os quais ganhara o prêmio Stálin; sua celebridade devia-se sobretudo a um poema composto em 1942, a respeito do bravo soldado Tiorkine, equivalente russo do bravo soldado Chweik. Na morte de Stálin dera-lhe uma continuação: "Tiorkine no outro mundo", considerada impublicável. Seus amigos tinham achado que era chegado o momento de lê-lo para Khruschev, e creio que este aceitou ouvi-lo sabendo do que se tratava. Era uma sátira do socialismo, segundo me cochichou um intérprete, e pareceu-nos curioso que Khruschev a achasse tão divertida, depois de nos ter feito o elogio mais descomedido do regime. Soube depois que Tvardovski zombava sobretudo da lentidão da administração; mas parodiava também, com mordacidade, os clichês da propaganda soviética.[81] O campo "liberal" apreciava a amizade que Khruschev lhe dedicava, pois sua influência em literatura era considerável. Dirigia *Novy Mir*, a revista literária mais aberta e mais interessante. Apoiava com muita coragem os autores de que gostava, entre os quais Doroch: como ele, interessava-se especialmente pelos problemas dos camponeses. Todo e qualquer texto de qualidade encontrava um defensor nele.

---

[81] O poema apareceu em *Novy Mir* em outubro daquele ano. *Les Temps Modernes* publicou sua tradução.

De toda maneira, ficamos bastante entediados com essa leitura, que durou quarenta e cinco minutos, sem que entendêssemos uma palavra. Despedimo-nos de Khruschev logo depois do almoço: ele abraçou os soviéticos e concedeu um sorriso aos outros. No momento em que Sartre ia subir no ônibus, Cholokhov, que não ia conosco, abraçou-o calorosamente. Ninguém se empenhava tanto como ele em denunciar a literatura "subversiva", e seu grande talento do passado era apenas uma lembrança. Absolutamente não gostávamos dele.

Em Moscou, um amigo explicou-nos por que Khruschev nos recebera tão friamente: naquela manhã fora visitado por Thorez, que passava suas férias a alguns quilômetros de lá. Thorez o envenenara contra os perigosos anticomunistas que se preparava para receber; era preciso desconfiar deles mais ainda, porque fingiam situar-se na esquerda. Khruschev tomou em consideração essa advertência. Tivemos ainda outra surpresa: os jornais publicaram um noticiário entusiasta em relação à nossa visita. Depois do dia anterior teriam agido outras influências? Nunca entendemos essa reviravolta.

Moscou cheirava a verão. As pessoas formavam fila nos caminhões-pipas que despejavam cerveja ou *kwas*,[82] ou se amontoavam em torno dos aparelhos de cores vivas dos quais, colocando-se uma moeda, jorram sodas perfumadas ou simplesmente água fresca. Havia cafés novos; em geral, eram pavilhões envidraçados, mobiliados de maneira tosca; ali não se servia vodca: às vezes conhaque, às vezes nenhuma bebida alcoólica. Os restaurantes eram mais acolhedores; gostamos de vários; infelizmente, à noite dançava-se neles, e as orquestras eram tão barulhentas que tínhamos dificuldade de nos ouvir. Depois do jantar não sabíamos bem o que fazer de nós mesmos, a não ser quando íamos à casa de amigos, o que era frequente. Revimos a maioria deles. Estavam ansiosos por saber o que ocorria no Ocidente e informavam-nos sobre as mudanças ocorridas na União Soviética.

Sabíamos que um determinado número de disciplinas estavam proibidas por causa de suas origens ocidentais. Os cientistas

---

[82] Bebida alcoólica obtida pela fermentação do centeio, na qual se pode acrescentar cevada ou frutas ácidas. (N. da T.)

utilizavam sub-repticiamente a cibernética, indispensável às suas pesquisas. Mas os psiquiatras proscreviam a psicanálise. Quais eram seus métodos? Que resultados obtinham? Pedimos para visitar o Instituto de Psiquiatria.

Uma equipe de médicos nos recebeu e começou rendendo uma calorosa homenagem à psiquiatria francesa, a Kraeppelin, a Clérambault. Depois nos fez visitar os laboratórios, todos dedicados ao estudo da esquizofrenia. Mostraram-nos encefalogramas e os aparelhos que os realizam; vimos gatos com eletrodos implantados na cabeça; pesquisadores manipulavam provetas e efetuavam análises. Os médicos lamentavam não ter conseguido isolar o elemento químico comum a todos os casos: não colocavam em dúvida a existência de um. Seu fracasso não nos surpreendia, sobretudo porque classificavam todas as doenças mentais sob um único rótulo.

Depois, visitamos o hospital. Creio que, em todos os países, os doentes são tratados atualmente com drogas que os tranquilizam e dopam: sentados em bancos, perambulando pelos corredores, ou nos dormitórios eles pareciam zumbis. No entanto, uma mulher vociferava e soluçava: era uma recém-chegada que ainda não tinha sido medicada.

Os médicos conversaram diante de nós com uma doente que consideravam curada e que ia deixar o hospital. Era uma ex-professora, de aproximadamente quarenta anos, casada e mãe de família; os cabelos puxados para trás, severamente vestida, seus olhos eram apagados e gelados. Com voz morta, agradeceu aos médicos por haverem-na tratado tão bem: compreendia agora seus erros passados. Falava sem nenhuma convicção: dir-se-ia uma acusada recitando, diante de um tribunal, confissões pré-fabricadas. Os psiquiatras fizeram-lhe algumas perguntas e ela recitou docilmente respostas que parecia saber de cor. Depois de uma doença e com estafa, começara a suspeitar de que seu marido a detestava e queria destruí-la. Desconfiava de todo mundo. Quando fazia sua higiene, imaginava que seu pai estava espiando pelo buraco da fechadura. Não fazia mais nada, chorava, definhava. O marido a hospitalizou; trataram-na como portadora de depressão nervosa devida à estafa, e agora já não se julgava perseguida; pelo menos era o que afirmava, e os médicos acreditavam nela, mas eu absolutamente não tinha certeza. Parecia-me mais que, tendo entendido o que deveria dizer para que a liberassem, dizia-o.

Quando os psiquiatras nos acompanhavam até a saída, Lena me disse a meia-voz: "Pergunte-lhes se não existe um fator sexual em sua doença." "Ah, não! Não vou passar por uma ocidental pervertida. Pergunte você." Ela o fez e depois contou-nos a conversa. O médico teve um sobressalto com sua pergunta: "Um fator sexual! Que ideia! Essa mulher é casada, tem dois filhos, sua vida é inteiramente normal." "Uma mulher casada nem sempre está sexualmente satisfeita." "Ela se entende perfeitamente com seu marido." "Ainda assim: há o pai que a espia por um buraco de fechadura..." "E daí? Ela estava perseguida, pensava que seus mínimos gestos eram vigiados. Ela mesma disse: desconfiava de todo mundo. O que a senhora foi inventar!" Lena não insistiu mais.

De Moscou fomos para a Crimeia. Um carro do Inturist aguardava-nos em Simferopol, mas o chofer não estava ao volante. "Está fazendo a barba", disseram-nos, e Lena riu: "É o sul." O sul: a Táurida; eu tinha dificuldade em associar esse nome com a União Soviética. Fazia calor. Passamos por casas baixas e sem graça, mal sombreadas por espécies de acácias e eucaliptos; deixamos para trás um lago artificial, de um azul forte, engastado num anel de pedras avermelhadas; e depois veio a costa: uma bela estrada escarpada, talhada em rocha branca, o mar azul, grandes ciprestes escuros. Era o sul, mas não o Mediterrâneo: não havia oliveiras. Ialta: mais um desses nomes que estão demasiadamente ligados à História para que eu possa admitir-lhes uma verdade geográfica. No entanto, eis que via Ialta com meus próprios olhos e passeava por lá. Era mais um jardim do que uma cidade: as alamedas serpenteavam entre pequenos bosques e maciços de flores. Gostei muito de lá desde a primeira noite. No calçadão à beira-mar as pessoas caminhavam lentamente; outras, sentadas em bancos, conversavam ou meditavam. Não se pareciam com os veranistas que se veem na Côte d'Azur: seus rostos sem sofisticações, suas roupas modestas contrastavam, de uma maneira a meu ver desconcertante, com o luxo do mar suave e brilhante e das flores de cores ricas.

No dia seguinte visitamos a cidade. Ela se distribui por uma colina. As elevações parecem inteiramente cobertas de árvores mas, quando se chega lá, descobrem-se vegetações secas escondidas numa miscelânea, velhas casas de madeira com fachadas caprichosamente trabalhadas, guarnecidas de sacadas e varandas, quase sempre enfeitadas com vitrais coloridos. Pertenciam no passado a pessoas ricas. Agora várias famílias as compartilham, mas conservaram todo o seu encanto. Cada uma delas, invisível para todas as outras, parece perdida numa selva. Entramos na de Tchekhov, onde sua presença permanece viva.

Bem em Ialta havia uma praia coberta de corpos nus: não havia um milímetro de espaço desocupado. As formas das mulheres eram de uma opulência aflitiva; apenas as muito jovens se preocupavam com sua linha. Nós íamos à praia do Inturist, quase deserta. Para levar-nos até lá, o carro seguia por uma bela estrada escarpada (onde de longe em longe se erguia uma colcoziana de pedra, com um sorriso corajoso nos lábios) e depois descia em meio a vinhedos. No passado, os tártaros sabiam cultivá-los e obtinham um vinho delicioso. Por haverem colaborado com os alemães, Stálin deportou todos para a Ásia Central, onde grande parte deles morreu. Atualmente, a Crimeia é habitada por ucranianos que são viticultores muito medíocres.

Passando por Simferopol — porque a estrada direta estava interditada para estrangeiros —, fomos ver a antiga capital dos tártaros: é hoje um vilarejo de casas baixas, com ruas estreitas calçadas de pequenas pedras. O palácio é rústico e encantador: é construído em madeira e estuque, decorado com motivos mouriscos; tem janelas protegidas por treliças, uma fonte que inspirou Puchkin, uns jardins pobres: uma Alhambra para príncipe falido. Nas paredes, grandes quadros representam as batalhas em que os cossacos e os tártaros se enfrentaram: estes últimos foram finalmente vencidos.

Fizemos várias outras excursões. Percorremos todas as estradas escarpadas, visitamos todos os pequenos portos. Agradavam-me essas montanhas brancas e nuas que se lançavam abruptamente para o mar. Em suas orlas, em meio a amplos jardins, erguiam-se palácios, *villas* que haviam pertencido a nobres ou a ricos comerciantes: atualmente, eram locais de repouso para operários, empregados. A cada uma dessas casas estava anexada uma praia, onde frequentemente se viam fileiras de camas: nessa estação tão amena que a chamam de "estação de veludo", muitas vezes os pensionistas passavam a noite ao relento. Visitamos o palácio onde foi assinado o pacto e que é também uma casa de repouso; o público passeia livremente pelo parque magnífico: canteiros de flores, plantas raras, fontes, veredas e escadas que descem de platô em platô até a praia.

Nossa permanência foi de uma semana. Tomávamos o café da manhã ao ar livre num *self-service* ao lado do hotel. Era difícil conseguir mesa e levávamos vinte minutos na fila para servir-nos. Todas as refeições eram complicadas. Comia-se muito mal nesse ano; até o caviar não era bom. Em Ialta, se não se fazia reserva, não se encontrava lugar nos restaurantes. Havia dois que nos agradavam. Na própria cidade, o do Hotel Táurida. Era ali que Tchekhov jantava frequentemente, depois de atravessar a cidade numa caleche: o lugar não deve ter mudado muito desde então. Do grande hall pesadamente decorado, passava-se para um pátio coberto, repleto de plantas verdes, utilizado como sala de refeições. O prédio situava-se junto a uma colina, e escadas internas ligavam os terraços superpostos. No mais elevado havia um bar, onde à noite tomávamos coquetéis bizarros, contemplando o movimento das luzes do porto. Gostávamos ainda mais de ir de táxi até um local elevado onde se erguia um falso templo grego; jantávamos num terraço de onde se descortinava toda a cidade, suas luzes, seus anúncios luminosos, a água escura. Às vezes um holofote fazia sair da escuridão um barco, ou um grande navio, que brilhava um instante antes de desaparecer nas trevas. De volta, descíamos a pé por um caminho mais curto.

Todas as noites, no crepúsculo, entrava no porto um grande navio branco com as vigias iluminadas: seus nomes variavam, apesar da impressão de ser sempre o mesmo. Uma noite subimos a bordo: fomos de Ialta para Sochi.

Essa era uma cidade moderna, sem interesse, de praias superlotadas. O que mais me espantou foi um homem de calção, andando pelo quebra-mar e empinando o torso largo, no qual estava tatuado, de um lado, o retrato de Lênin, do outro, o de Stálin.

Passando por belas paisagens de montanha, um trem nos levou até Tbilissi, a capital da Geórgia. Nizan nos descrevera entusiasticamente essa cidade semioriental que ele visitara antes da guerra, ao tempo em que se chamava Tiflis. Situada nas duas margens do Koura e cercada de montanhas por três lados, conserva bonitos monumentos e um bairro antigo muito simpático: ruas estreitas, em ladeira, ladeadas de casas de madeira com sacadas trabalhadas. Mas perdeu o caráter exótico; as ruas onde moram os muçulmanos são tortuosas e sujas, suas casas são miseráveis. Na entrada de Tbilissi vimos uma espécie de favela. Passeamos pouco pela cidade. O presidente da União de Escritores, que se ocupava de nós, fazia o possível para manter-nos longe dela, pois nesse verão a Geórgia atravessava um período de extrema penúria: longas filas se formavam em frente às padarias, as donas de casa reclamavam, e durante dois ou três dias faltou pão. Uma noite, os escritores nos convidaram para jantar no restaurante situado no Monte Mtatsminda, que domina a cidade; admiramos a vista: as ruas iluminadas, as igrejas, o rio. E esperamos duas horas até sentar-nos à mesa onde nos foi servido um jantar lamentável: com muita dificuldade o chefe tinha conseguido alguns víveres. Em nosso hotel às vezes serviam-nos no almoço apenas uma magra porção de peixe.

Se vimos mal a capital, em compensação fizemos excursões interessantes pela região. A primeira foi a Mtskheta, antiga capital, a vinte quilômetros de Tbilissi. Situa-se na confluência de dois rios e está cercada de muralhas construídas no fim da Idade Média. Há lá belas igrejas: a mais bonita é Djvari (a Cruz), edificada no século VI em forma de cruz e muito bem conservada; é adornada com baixos-relevos que representam seus fundadores, diversos personagens, e símbolos religiosos. Outra vez, tomando uma bela estrada que serpenteava ao pé de encostas cobertas de vinhedos — fazia lembrar a que se denomina, na Alsácia, a "estrada dos vinhos" —, fomos visitar um centro vinícola; ao entrar no grande hall, tive um choque; do chão emergiam cabeças, como se homens ali tivessem sido enterrados vivos; na verdade, estavam limpando alguns dos fossos cavados diretamente na terra, nos quais se faz fermentar o vinho. Alguns estavam cheios e seu aspecto não era atraente: boiava na superfície uma camada sebosa e lamacenta. Um dos nossos cicerones mergulhou uma pipeta através dessa camada de borra e a retirou cheia de um bonito vinho ambarino.

Na noite anterior à nossa partida, o presidente da União de Escritores — que chamavam de "príncipe", porque descendia de uma família nobre — ofereceu-nos um grande jantar. Comparecemos em companhia de Alexia, a georgiana que eu conhecera em Paris e que preparava uma tese sobre Sartre: simpatizávamos muito com ela. Não sei como o príncipe se arranjou, mas o jantar foi suntuoso. Ele nos prometera trazer músicos; na Geórgia há coros masculinos a seis vozes, sem instrumentos, que são admiráveis: ásperos como o flamenco, sobre um fundo de antigo cantochão. Ouvira-os em discos. Ele não conseguiu reunir um desses grupos. Tinha convidado somente duas mulheres que cantaram canções nacionais. Uma velha atriz provocou acessos de riso frouxo maldisfarçados, ao recitar trechos de seu repertório. A noite não foi desagradável, mas de modo geral esses banquetes me exauriam. Os georgianos têm o hábito de designar um *tamada*, personagem que preside a mesa, faz os brindes, graceja, conta histórias. Esse papel é muito requisitado e quase sempre era o príncipe que o representava. Os adágios e anedotas que o *tamada* recitava animadamente nos enfadavam, sobretudo porque exigiam uma dupla tradução, já que muitos georgianos não falavam russo e Lena desconhecia o georgiano. Certamente se tratava de uma tradição camponesa: pessoas pouco habituadas a falar tinham inventado esse método para animar os banquetes festivos. Esse costume deve ter sido extremamente útil nas épocas em que toda conversa era perigosa: antes da guerra, Stálin deportou e fuzilou quase todos os escritores e intelectuais georgianos.

Seguimos de carro pela estrada muito bonita que vai de Tbilissi a Erivan, capital da Armênia. Ela atravessa campos de algodão, depois prados verdejantes cercados de pinheiros escuros. Ao atingirmos uma garganta, a paisagem de repente se modificou: aos nossos pés estendia-se um deserto avermelhado e irregular no qual sobressaía a extensão de água azul de um grande lago. Enquanto o contemplávamos, impressionados, vimos um carro preto vindo em nossa direção: eram escritores armênios, encarregados de receber-nos. Subimos em seu carro, e levaram-nos para um hotel às margens do Lago Sevan.

Fazia um tempo muito bonito e quente, apesar de estarmos a dois mil metros de altitude. Haviam pedido trutas, que eram grandes, rosadas como salmões, tão deliciosas que mal pude tocar nos outros pratos. Falaram-nos das descobertas arqueológicas realizadas nas margens do lago: ali se encontram numerosos vestígios de uma civilização muito antiga. Contaram-nos como nasceu o alfabeto armênio: este não existia antes do século V de nossa era; eram utilizados caracteres gregos e persas. Para facilitar a pregação do cristianismo, São Mesrop inventou um alfabeto que permite transcrever a Bíblia. Surgiram muitas obras no correr do século. Informaram-nos que dentro de um ano seria publicada em francês a tradução de seu grande poema épico, *Davi de Sassun*; transmitida por tradição oral desde a Antiguidade, enriquecendo-se com o passar dos séculos, a história do herói legendário, Davi de Sassun, foi coligida por escrito no século XIX. Um ano depois, pude verificar que os armênios têm razão de orgulhar-se: é uma obra que pode competir com as mais importantes da literatura universal.

  Esse almoço foi interessante. Teríamos gostado de, logo depois, ir diretamente para Erivan; mas nossos anfitriões fizeram questão de levar-nos à casa de um de seus amigos, que acabava de construí-la, e dava um banquete de inauguração. Atravessamos uma cidade poeirenta, onde não vimos vivalma, a não ser uma mulher de ar exausto, sentada nuns degraus entre crianças esqueléticas. Depois, chegamos a um jardim, em cujo final se erguia uma grande construção totalmente nova. Havia uns cinquenta convidados sentados a uma mesa em ferradura, repleta de pratos: eram cinco da tarde e ainda comiam. Estavam presentes um representante do Presidente da República da Armênia, ministros, altos funcionários; atordoada pelos gritos, risos, barulhos de louça, todo um tumulto desagradável, sentei-me ao lado de um ministro; pareceu-me surpreendente que, num país socialista, fosse comemorada, com tanto estrondo e tão oficialmente, essa festa da propriedade privada; mas era sobretudo indecente a exibição de vitualhas, no momento em que todo o país sofria de fome. Já empanturrada de comida, recusava-me impacientemente a tocar nas carnes que meu vizinho insistia em colocar em meu prato. Que estávamos fazendo ali? Um dos escritores que nos ciceroneava sugeriu que

Sartre fizesse um brinde. Sartre evocou a amizade franco-armênia e suas palavras foram recebidas por um silêncio gelado. Com dificuldade um dos convivas conseguiu emitir três palavras. Aquelas pessoas não gostavam de nós: certamente não tinham acompanhado a evolução dos russos em relação a Sartre.

Erivan é construída em forma de anfiteatro, num platô que dá para o Monte Ararat: a cidade alta fica trezentos metros acima da cidade baixa. As casas foram construídas com a pedra da região, tufo de cores rosa-salmão, cobre, ferrugem, sangue de boi: as fachadas lembram pedaços de galantina, o que é mais curioso do que atraente. A cidade data de 1924; seu plano foi sendo modificado à medida que o número de habitantes aumentava; é grande e moderna; restavam ainda alguns poucos casebres enganchados no flanco da colina. A população pareceu-nos vivaz: homens de bigodes pretos, de olhar suave; mulheres de cabelos escuros, pele morena, quase sempre belas. Os mercados eram pobres, mas fervilhavam de gente. À noite, casais e grupos de pessoas flanavam, rindo e conversando, pela Praça Lênin, onde ficava nosso hotel. Era um hotel moderno e confortável, mas à noite a orquestra tocava tão alto que pedimos que o jantar nos fosse servido em um dos nossos quartos; ficávamos à vontade para conversar, vendo pela janela as idas e vindas dos transeuntes.

Uma manhã levaram-nos a Ecmiadzin, o Vaticano armênio, onde reside o *catholicos*. A estrada acompanha a fronteira turca e pudemos contemplar demoradamente o Monte Ararat onde veio dar a Arca de Noé: a neve de seu cume brilhava sob o céu azul. Visitamos duas igrejas, vermelhas como a cidade, datando do século V e do século VII; mais atarracadas, mais complicadas do que as da Geórgia, são, apesar disso, tão bonitas quanto aquelas. Detivemo-nos nas ruínas de Zwartnotz, um santuário cristão destruído por um tremor de terra: restaram colunas quebradas, capitéis gigantescos.

O mosteiro de Ecmiadzin abriga a igreja mais antiga do mundo: foi edificada no século IV; em vias de restauração, estava rodeada de andaimes, mas ainda assim podíamos ver suas bonitas cúpulas facetadas, tantas vezes imitadas. Atrás fica o grande prédio onde reside o chefe da Igreja armênia. Atravessamos halls, salões repletos de plantas verdejantes e lustres de cristal, subimos escadarias de mármores.

"É muito luxuoso para um padre", dizia Lena em tom de crítica. O *catholicos* era um homem de aproximadamente cinquenta anos, vestido como um papa, barbado e muito cuidado. Sobre sua mesa havia um telefone e uma compoteira cheia de enormes uvas, translúcidas e ambarinas: ofereceu um cacho a cada um de nós. Explicou-nos o que é o cristianismo gregoriano. Convertidos à fé cristã em 302, os armênios romperam com a Igreja romana em 374, realizando assim o primeiro cisma da História. Recusaram-se a adotar o Credo de Santo Atanásio, imposto pelo Concílio de Niceia: tinham uma concepção diferente das relações entre a humanidade e a divindade de Cristo. Como ocorre na Igreja russo-ortodoxa, os padres armênios também se casam. A seguir, o *catholicos* mencionou as relações cordiais que mantêm os armênios da União Soviética com os que vivem no estrangeiro, fugidos, em grande quantidade, das perseguições turcas. Politicamente, segundo nos disseram, é o homem mais influente da república, e obviamente apoia incondicionalmente o regime, do contrário não ocuparia o lugar que ocupa.

Atribui-se à rádio armênia um bom número de sátiras dirigidas contra o socialismo. No entanto, durante nossas excursões, pudemos perceber que a aproximação da União Soviética foi favorável à Armênia: enormes trabalhos de irrigação transformaram um solo anteriormente desértico num campo fértil. No entanto, as montanhas permanecem agrestes. Passando por grandes paisagens nuas, uma estrada conduziu-nos a um mosteiro que, no passado, servira de refúgio para cristãos contra os turcos. Havia lá uma festa semicristã, semipagã. No átrio da igreja viam-se cordeiros brancos, de lã encaracolada, com uma fita vermelha no pescoço: dentro em pouco seriam degolados e oferecidos a Deus em sacrifício; depois, os fiéis consumiriam sua carne. De alto a baixo da colina, viam-se grandes caldeirões sobre fogo; famílias reunidas em torno de seus tachos devoravam seus ragus.

Dois dias depois, sobrevoávamos um mar de nuvens de onde emergiam cumes cobertos de neve, muito irregulares: o mais elevado era o do Monte Kazbek. Passamos por Moscou, regressamos a Paris.

Em maio de 1964, fomos convidados para as festas que se realizariam em Kiev, em homenagem ao grande poeta ucraniano,

Chevtchenko: em junho seria comemorado o 150.º aniversário de seu nascimento. Ficamos em dúvida. Um professor da Universidade de Kiev, Kitchiko, acabava de publicar uma brochura de um antissemitismo virulento, *Le judaïsme sans fard*, ilustrado com caricaturas que fariam regozijar os nazistas. Estávamos tentados a recusar a ida a Kiev, dizendo o porquê.

Lena era judia. Negava que esse fato tivesse pesado alguma vez contra ela. No entanto, talvez não tenha sido por acaso que seu pai fosse deportado sem razão após a guerra. Durante uma dessas estadas que acabo de relatar, um pequeno episódio veio provar que mesmo em Moscou o antissemitismo existia. Jantávamos no Sovietskaia, um grande hotel, onde íamos raramente por ficar longe do centro. Numa mesa vizinha, algumas pessoas ouviam nossa conversa. Uma delas interpelou Lena: "Seus amigos falam em hebraico, não é?" "Claro que não", disse Lena surpresa, "eles falam francês." "Mas falam francês com sotaque de judeu." Ela sacudiu os ombros: "Você sabe francês?" "Não." "Então como pode saber se eles têm sotaque?" O homem não respondeu. Provavelmente imaginaram que Lena, muito morena e de grandes olhos escuros, fosse judia. De toda maneira, nessas observações idiotas, havia algo de desagradável e ela ficara perturbada com o fato.

Resolvemos aguardar. E depois soubemos que a União Soviética havia oficialmente renegado Kitchko;[83] em suas cartas, nossos amigos russos insistiam para que fôssemos, bem como o poeta ucraniano Bajan, com quem simpatizávamos: resolvemos aceitar.

Depois de chegar a Moscou de avião, tomamos um desses trens soviéticos que sacodem terrivelmente e em uma noite chegamos a Kiev. Era o dia 1.º de junho. Entre os escritores que nos receberam, havia um que escrevera *Le marriage de Balzac*, história romanceada dos amores de Balzac com Mme Hanska: desde as primeiras páginas conseguira manifestar seu antissemitismo. Bajan deplorava o racismo dos ucranianos. "É triste sentir-se em desacordo com sua própria terra e já não poder amá-la", disse-nos. No entanto, durante as festas que acabavam de realizar-se, sentira no povo ucraniano uma boa vontade, uma generosidade que o haviam reconfortado.

---

[83] Sua brochura foi reeditada em 1969.

Revimos Kiev, suas velhas ruas de casas baixas à sombra de castanheiros frondosos; era primavera, nos jardins cachos de lilases exalavam seu perfume. À noite houve um banquete de aproximadamente mil talheres; mesas paralelas ocupavam todo o comprimento do salão; numa mesa perpendicular estava sentado o *praesidium*: todos os rostos respiravam uma autossuficiência obstinada. Mulheres jovens e bonitas, vestindo o traje nacional, ocupavam-se do serviço. Os cantores que se apresentaram cantaram muito mal. Guillevic — bastante surpreendente com seu rosto emoldurado pela barba e sua gravata-borboleta — leu sua tradução do *Testament* de Chevtchenko. Houve brindes. Os ucranianos evocavam insistentemente as riquezas de sua terra, tão úteis à União Soviética: sua hostilidade em relação aos russos era flagrante. Sartre estava de mau humor; Korneitchuk, sentado a seu lado, acabava de lhe dizer o nome de um dos escritores cuja mão apertara antes do jantar; tratava-se de um tal de Tikhonov que, em 1962, após a intervenção de Sartre no congresso do movimento da paz, escrevera um artigo venenoso sobre ele: acusava-o de querer encabeçar um grupo de intelectuais que governaria o mundo. Sartre projetou sua raiva em Korneitchuk; queixou-se de que a atitude da União Soviética em relação à sua pessoa fosse tão equívoca: os intelectuais soviéticos aceitavam ou não a ideia de uma coexistência cultural? Desejavam ou não trabalhar com ele para realizá-la? Se a resposta era não, por que o convidavam e que estava ele fazendo ali? Korneitchuk protestou: a amizade entre a União Soviética e os intelectuais ocidentais era mais necessária do que nunca, por causa do perigo que a China representava.

No dia seguinte, deslizamos pelas águas tranquilas do Dnieper, entre margens melancólicas semeadas de praias arenosas, onde vacas vinham matar a sede. Desembarcamos na cidade em que Chevtchenko nasceu e visitamos o museu dedicado a ele. Objetos, quadros — alguns dos quais bastante inspirados — pintados por ele contavam sua vida. Tendo nascido servo, fora remido por escritores russos que admiravam seus versos. Diante do quadro que representava sua libertação, o conservador do museu disse em tom reivindicador: "Atualmente, em nossa terra, um poeta de tal valor não teria necessidade de ajuda." Visivelmente pensava: "De ajuda estrangeira." Depois, o poeta lutou contra o regime, esteve preso, foi exilado. Quando morreu, o povo construiu um túmulo — comovente segundo as fotos que vimos — empilhando grandes pedras. Este foi substituído por um monumento oficial desinteressante.

Ficamos felizes por voltar a Moscou, livres de qualquer obrigação. Nunca o cheiro de gasolina, tão característico da cidade, me parecera tão forte; certamente era porque havia uma quantidade muito maior de veículos, caminhões e também táxis, cujo número dobrara desde 1963. À noite, frequentemente víamos brilhar sua luzinha verde: mas, em princípio, não podiam estacionar junto à calçada, e quase sempre era preciso ir buscá-los nos pontos. Em sua maioria eram dirigidos por novatos que conheciam mal a cidade. O sistema de mão e contramão era tão complicado que, chegando em frente ao Hotel Pequim, onde estávamos hospedados, era preciso percorrer um quilômetro até chegar à sua entrada.

Moscou se transformava visivelmente. Bem perto do hotel construíra-se uma grande avenida. No centro da cidade muitas casas antigas tinham ido abaixo para dar lugar a prédios modernos. Ainda havia, no bairro onde se encontra a casa de Dostoievski, ruas tranquilas, inteiramente guarnecidas de velhas isbás, mas estavam condenadas. O que nos encantou foi que agora a Praça Vermelha estava interditada para carros. Era bonita essa vasta extensão deserta, tendo de um lado o Gum e do outro um grande muro vermelho; brilhavam ao fundo as cores vivas de São Basílio. Uma noite, bandos de meninos e meninas, de aproximadamente quinze anos, cantavam e dançavam no meio da praça: comemoravam a aprovação nos exames.

Há muitos jardins públicos em Moscou. São todos plantados de bonitas árvores, álamos sobretudo, que lá são um pouco diferentes. Houve um dia em que todas essas árvores se achavam em período de fecundação. Quantidades de pólen algodoado pendiam dos galhos, o vento o dispersava, nevava uma penugem fina que nos entrava pelas orelhas, olhos, nariz, boca; dir-se-ia que o céu era um imenso edredom que acabava de arrebentar. Nas calçadas havia rios de penugem. Nos jardins caminhava-se sobre um tapete branco. Lembro-me também do dia em que nos sentamos num parque, perto de Moskova;

crianças e adultos colhiam dentes-de-leão para trançar coroas que colocavam na cabeça.

O abastecimento melhorara. Os consumidores não podiam comprar farinha nem *kacha*.[84] Mas nas esquinas muitos vendedores ofereciam couves, pepinos, morangos, tomates, laranjas. No entanto, as frutas eram caras: no restaurante, uma laranja custava o mesmo que uma boa porção de caviar. Este voltara a ser delicioso. Em todos os restaurantes que frequentávamos comia-se muito bem.

A situação cultural não era das melhores. A censura continuava a proibir *La barrière de Lénine*: o filme só foi liberado mais tarde, numa versão deformada e mutilada. Tarkovski estava preparando um filme sobre Rublov: foi obrigado a reformular seu cenário e previa grandes dificuldades. Os pintores "malditos" já não expunham. Alguns sobreviviam vendendo telas para estrangeiros. Estes estavam autorizados a levar para fora quadros modernos ou antigos, contanto que a galeria Tretiakoff atestasse que não possuíam nenhum valor comercial.

Havia sido traduzida uma novela de Kafka: *Relatório a uma academia*; falava-se em publicar *O processo* — o que não se levou adiante. Em 1962, Brecht era suspeito: afastava-se muito do realismo socialista. Em 1964, os teatros se abriam para ele: em Leningrado, estava sendo representada *Arturo Ui*, numa excelente *mise en scène*. Cogitava-se de publicar, primeiro em *Novy Mir*, depois em livro, *Les mots* de Sartre, que Lena traduzira. A equipe da revista, e até Tvardovski, hesitavam. Consideravam o livro "indiscreto" e "exibicionista". Falar sobre si mesmo com tanta severidade era transgredir as leis do otimismo, era falar mal do Homem. Doroch gostou de *Les mots* e foi, sem dúvida, ele quem influenciou Tvardovski: acabaram imprimindo o livro.

A situação de Ehrenburg fora restaurada. Seus livros eram novamente editados. Colocou-nos a par de um caso que preocupava todos os nossos amigos — alguns chegavam ao ponto de falar de um "retorno do stalinismo" —, embora ignorassem seus pormenores: o caso Brodski. Tratava-se de um jovem judeu de cabelos ruivos que morava em Leningrado e escrevia poemas; ganhava sua vida como tradutor, mas não fazia parte de nenhum organismo do Estado: não

---

[84] Cereal semelhante ao trigo. (N. da T.)

era filiado à União de Escritores. Ehrenburg simpatizava com ele e acreditava em seu talento. Ele fora acusado de "parasitismo": tal noção aplicava-se quase que exclusivamente aos proxenetas e às prostitutas. O processo realizara-se em Leningrado. Uma jornalista que estivera presente conseguira fazer anotações; ela tinha redigido um relatório detalhado que circulava clandestinamente. Ehrenburg traduziu-o para nós. O juiz era uma mulher. Como Brodski se apresentasse como tradutor e poeta, ela perguntou: "Quem foi que estabeleceu que você é poeta?" "Ninguém. E quem foi que estabeleceu que sou um ser humano?" A seguir, ela, curiosamente, censurou-o por não ganhar o suficiente: "Pode-se viver com o dinheiro que você ganha?" "Sim. Desde que estou preso, assino diariamente uma declaração atestando que o Estado gasta comigo quarenta copeques por dia. Ora, ganho mais do que quarenta copeques..." "Há pessoas que trabalham em fábricas e escrevem. Por que você não faz o mesmo?" "As pessoas não são todas iguais: há os ruivos, os louros, os morenos..." "Sabemos disso." As testemunhas de defesa eram pouco numerosas e muitas delas eram judeus: a juíza fingia ter dificuldade em decifrar seus nomes e os soletrava cuidadosamente. Três membros da União de Escritores defenderam Brodski: segundo eles, tratava-se de um poeta de grande talento e excelente tradutor. Mas depois houve um número esmagador de testemunhas de acusação. Segundo declararam, as pessoas que apoiavam Brodski eram todas preguiçosas e velhacos astutos. Ele não gostava de seu país: falara da "multidão triste" que desaparece nas ruas. Era contrarrevolucionário: chamara Marx de "velho glutão coroado de pinhões". Por seus poemas e por seu exemplo, corrompia a juventude: um pai se queixava de que seu filho lera seus versos e se recusava a trabalhar. Brodski foi duramente atacado enquanto intelectual e enquanto judeu. Foi condenado a seis anos de trabalhos forçados e mandado para uma fazenda do Estado, perto de Arkhangelsk.

Essa história nos consternou. Por outro lado, Sartre tinha a impressão de que ideologicamente a juventude se enfraquecia. Estudantes, jovens professores, faziam-lhe perguntas sobre Berdiaeff, sobre Chestov; de uma maneira mais ou menos disfarçada, a ideia de Deus parecia renascer em muitos deles. Discutimos sobre isso com um grupo de intelectuais entre os quais se encontrava nosso amigo Alicata, diretor de *L'Unitá*. O que ele lamentava, como Sartre, era que a busca de uma expressão mais livre não viesse acompanhada de uma atitude mais revolucionária do que a dos personagens oficiais, mas, ao contrário, de uma atitude ainda mais retrógrada. Para além do dogmatismo cientificista imposto por Stálin e por seus herdeiros, teria sido necessário voltar ao verdadeiro Marx: em vez disso, viravam-lhe as costas. Disse um professor de aproximadamente quarenta anos: "O marxismo! Estamos fartos de tudo o que nos impingiram sob esse nome!" "Encontrem alguém que realmente conheça Marx e organizem um seminário." Eles caíram na gargalhada: "Não existe *um* indivíduo em toda a União Soviética que conheça Marx. Nenhum em quem possamos confiar."

Um problema de que nos falaram muito foi o dos estudantes negros. Havia sérios conflitos entre eles e os estudantes russos. Frequentemente, produziam-se tumultos e durante o inverno vários jovens negros haviam ficado mortalmente feridos. Discutimos o assunto com o embaixador da Argélia, Ben Yaya, quando jantamos com ele. Os estudantes negros recebem bolsas substanciais de seus governos e, assim, passam por privilegiados aos olhos dos jovens soviéticos; no entanto, a condição de estudante é ainda mais dura para os africanos, porque, ao enviá-los para Moscou, prometeram-lhes mundos e fundos. Todos estão muito mal alojados; ocupam dormitórios cujos inspetores, em sua maioria, são ex-guardas de campos; a comida, com a qual não estão acostumados, parece-lhes intragável; o clima é penoso para eles: suas bolsas não lhes permitem comprar bons agasalhos, eles sofrem com o frio. Protestam com irritação contra uma situação que os companheiros suportam mais facilmente porque estão mais adaptados a ela. Estes consideram exageradas as pretensões dos africanos. A isso se misturam problemas de mulheres. Os negros acusam o racismo se uma branca se recusa a dançar com eles; os russos se indignam se um africano sai com uma russa. Existe ou não uma atitude racista entre os soviéticos? Em certa medida sim, dada sua desconfiança em relação a todos os estrangeiros. O estrangeiro branco se sente suspeito enquanto estrangeiro; o negro pensa que o que está em questão é a cor de sua pele e quase sempre reage com violência.

Na União Soviética, consumidores e usuários são tratados sem cortesia; já observara isso, mas fiquei particularmente desgostosa quando fomos para Vladimir. O trem chega numa direção, parte em direção aposta, sem que se preocupem em mudar a posição dos vagões: as poltronas dispostas de cada lado do corredor central ficavam então de costas para a locomotiva. Como não suporto viajar assim, passei três horas ajoelhada em meu lugar. Mas apreciei a monótona paisagem de pradarias e pequenos bosques; o céu estava avermelhado: o sol demorava a se pôr inteiramente; quando chegamos eram dez horas e ainda se viam tons avermelhados no horizonte.

Fundada em 1108 pelo Czar Vladimir, o Monômaco, Vladimir é uma das cidades mais antigas da Rússia. O neto de Vladimir transformou-a em capital do país e ela o foi durante setenta anos; em seguida, tornou-se o centro de um grande governo. No século XIX, muitos revolucionários exilaram-se aí. Atualmente, é uma grande cidade industrial e cultural. Logo na primeira noite fomos passear na cidade alta. Seguimos pelo caminho de ronda que acompanha as muralhas do Kremlin: aos nossos pés corria um rio e brilhavam as luzes da cidade baixa; atravessamos jardins verdejantes onde se erguiam belas igrejas brancas; nos bancos casais de namorados sonhavam.

No dia seguinte, revimos as igrejas; a Catedral Dmitievski data do século XII: coberta por uma única cúpula dourada, seu invólucro branco é maravilhosamente bordado; a Catedral da Assunção, muito bonita sob suas cinco cúpulas, contém afrescos de Rublov. Vimos também a porta de ouro, uma porta fortificada, toda branca também, dominada por uma cúpula dourada; e velhas ruas, guarnecidas de bonitas árvores e de casas de madeira, todas com um pequeno jardim. Um carro nos levou aos arredores da cidade, para que víssemos refletir-se nas águas do Nerl a linda e muito simples Igreja da Intercessão; depois visitamos Suzdal, uma cidade ainda mais antiga do que Vladimir, que contém entre suas muralhas várias igrejas: há uma, grande e elegante, toda construída em madeira, com uma cúpula coberta de escamas.

Uma manhã, ao despertarmos, vimos passar sob nossas janelas caminhões repletos de meninas vestidas de branco, meninos com gravatas vermelhas, todos com ramos de bétula nas mãos. Na União

Soviética, muitas festas cristãs foram substituídas por festas leigas: era o dia da festa do Santíssimo Sacramento e celebrava-se a festa das bétulas. Pelo parque que ocupa grande parte da cidade alta, desfilavam pessoas cantando, tocando guitarras, fazendo jogos variados; toda essa alegria parecia ao mesmo tempo espontânea e dirigida. Um pavilhão fora transformado em café: havia mesas do lado de fora e dentro compravam-se à vontade doces, pãezinhos com ovo duro, ou cebolas. Mulheres carregavam sacolas cheias de comidas e guirlandas de *bretzels*.[85] Sentamos em uma mesa e devoramos tudo. Era uma sorte inesperada, porque no hotel não havia o que comer. O pão não era nem preto nem branco; a água mineral era salgada como a água do mar. (Na União Soviética, a água natural só é potável em Moscou, onde tem um gosto acentuado de menta, que não é desagradável.) Os pratos não eram comíveis, exceto os ovos, que não eram frequentes. Em frente ao hotel, uma multidão cercava um vendedor ambulante que vendia bolinhos empoeirados. O mercado, alegre e animado, era extremamente pobre. De onde vinha então essa súbita abundância? Se era possível ali, por que tanta penúria no resto da cidade? Para nós era ainda mais incompreensível, já que em Moscou, tão perto, era possível alimentar-se convenientemente.

Teríamos gostado de tomar na volta um desses táxis coletivos denominados "estradeiros"; mas por razões misteriosas eram proibidos para estrangeiros. Assim, tomamos o trem: dessa vez, a poltrona estava na direção certa.

Nossos amigos haviam sugerido uma bela viagem: ir até Tallin, capital da Estônia, passando pela antiga cidade russa de Pskov e pela cidade universitária estoniana de Tartu: voltaríamos de barco a Leningrado, de onde iríamos a Novgorod. Segundo o Inturist, o plano não era viável por sermos estrangeiros: seria impossível passar por Tartu. Só podíamos ir a Tallin a partir de Leningrado e por trem; tínhamos de regressar a Leningrado de trem. Por quê? Sequer perguntamos. Tomamos um avião para Leningrado.

Gosto dessa cidade, sobretudo à noite, quando a luz se suaviza e as belas cores italianas assumem uma frieza nórdica. As noites

---

[85] Biscoito leve, em forma de oito, salgado e polvilhado de cominho. (N. da T.)

brancas eram sempre tocantes. Os lilases de Kiev deviam ter murchado, mas aqui a primavera estava nascendo e eles desabrochavam; o Campo de Marte estava coberto de lilases japoneses com o perfume discreto de canela, lilases semelhantes aos da França, de aroma fresco e inebriante: que luxo de flores e folhagens sob o céu claro da meia-noite! Poucas coisas no mundo me tocaram tanto quanto essas festas noturnas.

Depois foi Tallin, e tínhamos a impressão de haver mudado de mundo. A Estônia só teve vinte anos de independência, de 1921 a 1940. Durante cinco séculos, em meio a guerras sangrentas, passou outrora das mãos dos alemães para as dos dinamarqueses, dos poloneses, dos suecos. A partir de 1721, foi governada politicamente pelos russos; economicamente estava dominada pelo feudalismo alemão que a ocidentalizou. Depois da guerra foi novamente incorporada à União Soviética. Mas as tradições burguesas da república de 1921--1940 se mantiveram. O hotel era de estilo europeu, muito elegante, a cozinha aprimorada; era agradável a sala de refeições com suas janelas envidraçadas dando para um parque frondoso. À noite, a orquestra tocava discretamente. Fomos recebidos por um casal encantador: o Sr. Semper, um velho muito vivo, que antes da guerra traduzira *Le mur* para o estoniano, e sua mulher que, aos sessenta anos, era atraente tanto por sua aparência como por sua conversa. Especialista em música, apreciava as obras de vanguarda. Tinham vivido muito tempo na França, conhecendo perfeitamente sua literatura, bem como a língua. Sempre presentes quando nos podiam ser úteis, deixavam-nos a sós quando sentiam que era o que desejávamos, e pudemos passear por Tallin inteiramente à vontade.

A cidade alta foi construída no início do século XIII pelos dinamarqueses: torreões, seteiras, torres, guaritas — ela permaneceu mais ou menos idêntica ao que era; de longe assemelha-se a um desenho de Victor Hugo. Cercadas pelas muralhas havia ruas estreitas de calçamento desigual, providas de casas antigas, de pequenas praças silenciosas de dia e desertas à noite. Também em Tallin, as noites brancas me apaixonavam: percebiam-se ao longe, esmaecidos sob um céu esmaecido, os barcos e o mar. Um grande jardim, no qual serpenteia um rio, estende-se das muralhas até a estrada. Lá se respirava o odor comovente das tílias e também dos lilases que subiam em direção ao norte ao mesmo tempo que nós.

Embaixo estende-se a cidade dos comerciantes. Antigamente, as ruas estreitas onde se alinhavam em grande quantidade lojas e tendas, desembocavam em amplas praças onde havia enormes mercados. Hoje, os magazines são raros — e relativamente bem sortidos — e as praças, vazias. Tem-se a impressão de uma cidade desviada de seu destino: uma cidade ocupada. Seus habitantes vivem melhor do que seus equivalentes russos, mas não tão bem como antes da guerra. Uma de suas características é a grande quantidade de lojas de *pâtisseries* cheias de doces apetitosos, bem como a existência de cafés no estilo ocidental. O maior desses, o Café Tallin, instalado num primeiro andar, faz lembrar os de Innsbruck e de Viena; é espaçoso, silencioso, dividido em reservados, contendo cada um uma grande mesa redonda. Fecham às onze da noite. Lá se comem doces e se bebe chá; nada de vodca.

Surpreendeu-nos ver em várias vitrines cartazes representando paisagens da Austrália. É que muitos estonianos emigraram, após a guerra, para o Canadá e para a Austrália. Falavam-nos deles com uma simpatia que nos espantou. Pedindo uma entrevista a Sartre, um jornalista lhe disse: "Nosso jornal destina-se em especial a nossos compatriotas no exterior." Os estonianos que não emigraram têm um sentimento de inferioridade em relação a eles; não consideram que os exilados recusaram o socialismo, mas que manifestaram seu patriotismo: escaparam ao jugo do tirano secular, a Rússia, e, sem que o dissessem explicitamente, percebia-se que os que ficaram davam-lhes sua aprovação. Os russos deportaram muitos estonianos logo depois da guerra, simplesmente porque eram estonianos, portanto suspeitos de inimizade em relação à União Soviética. Conhecemos um escritor que assim passara, sem outros motivos, vários anos num campo. Uma igreja, enorme e horrorosa, que se vê de todos os pontos da cidade e que foi construída no século XIX, simboliza pesadamente a antiga presença russa na Estônia. Para protestar contra ela — e também contra os barões alemães — foram criados corais de camponesas: elas cantavam canções nacionais. Mostraram-nos o amplo auditório no qual, cada três ou quatro anos, elas ainda se reúnem, vestindo todas o traje tradicional estoniano.

Os Sempers apresentaram-nos a redatores de revistas, a editores: gozavam de uma certa autonomia em relação a Moscou. Eram mais liberais do que os russos: tinham publicado *La peste*, de Camus. No entanto, um dos escritores com quem falamos era fiel ao otimismo jdanoviano. Prêmio Lênin, bem falante, contava, de maneira interessante, histórias sobre a Antártica, sobre a qual era especialista. Mas seus gostos literários diferiam dos nossos. Censurava o pessimismo de Sartre em *Le mur*. Também não gostava de *Um dia na vida de Ivan Denisovitch*: "É escrito de uma maneira muito deprimente", explicou. "E como o escreveria o senhor?" perguntou Sartre. Ela hesitou: "Não sei", confessou. Evidentemente, achava que em princípio não se deveria escrevê-lo.

Não tivemos autorização a entrar na Estônia por Tartu; mas não era considerado ilegal que, de Tallin, os escritores estonianos nos levassem até lá. Foi um belo passeio, mais ou menos duzentos quilômetros através de um campo plano mas agradável: prados, bosques, casas de camponeses, baixas e compridas.

Os quartos do Hotel Parc eram modernos e alegres, e os corredores sem vigilância, coisa que jamais vira na União Soviética. O Professor B., com quem almoçamos num café, disse-nos que, desde 1945, apenas um francês fora a Tartu antes de nós. Mostrou-nos na cidade baixa algumas bonitas casas de madeira: lamentava que a prefeitura não as tivesse posto abaixo; felizmente a guerra destruíra a maioria delas. Obviamente não se tratava de um passadista. Tartu, como Tallin, fora primeiro construída sobre uma colina; mas as guerras que assolaram a Estônia e destruíram vários de seus monumentos praticamente terminaram com a cidade alta. Só resta a catedral, em tijolo vermelho, danificada mas bonita; subimos até ela com o Professor B., que fez alguns comentários em tom blasé e desdenhoso. Uma parte da igreja foi preparada de maneira a poder receber a biblioteca universitária que nós visitamos. A seguir, nosso guia levou-nos à casa de um escultor, casa esta que, junto com o jardim, estava repleta de estátuas feiíssimas. Há vinte anos era quase um escultor maldito: em certos grupos criticava-se seu erotismo. Atualmente, faz principalmente monumentos funerários, está coberto de honrarias e todos os viajantes que passam por Tartu devem visitá-lo e deixar suas impressões em seu livro de ouro.

De um modo geral, Tartu nos despertou pouco interesse; mas passamos momentos agradáveis em seus arredores, no campo, na noite de São João. Blasé como sempre, desanimado como sempre, o Professor B. nos levou de carro até um grande lago, cercado de colinas cobertas de bosques e cheio de ilhotas. Um funcionário do Departamento de Águas e Florestas nos recebeu: estava encarregado de "mostrar-nos" o lago. Na União Soviética tudo deve ser "explicado" por um especialista, e isso muitas vezes me cansava. Na realidade, embora um pouco excessivamente loquaz, esse novo guia era menos lúgubre do que o primeiro. Sugeriu que tomássemos um barco e deslizamos por entre pequenas ilhas secretas, por uma água tão tranquila que as plantas aquáticas aí se refletiam totalmente. No céu, aviões a jato deixavam em seu caminho sulcos marcados que o sol poente tingia de vermelho.

Tomando uma estrada íngreme, o carro escalou uma das colinas que dominam o lago. No topo, alguns jovens haviam armado uma barraca e feito uma grande fogueira; tocavam acordeão. Nosso chofer juntou galhos secos e jogou no fogo. Um jovem estoniano, que viera de Tallin conosco, trouxera uma garrafa de vodca; a garrafa passou de mão em mão; ele dançou com Lena ao som do acordeão. Em outras colinas viam-se outras fogueiras. Lá embaixo, o lago silencioso mergulhava numa claridade láctea.

Regressamos a Tallin, depois a Leningrado, de onde um carro do Inturist nos levou a Novgorod, que foi no passado um grande centro de comércio. O Kremlin, de altas muralhas vermelhas, domina um vasto rio preguiçoso, cujos meandros se perdem ao longe, numa planície sem fim. Dentro das muralhas ergue-se uma catedral muito bonita. Na outra margem podemos ver um conjunto de arcadas, que são o que resta de um mercado do século XVIII, e várias igrejinhas encantadoras: cada comerciante rico mandava construir uma. Numa única manhã de passeio, contamos vinte e cinco; são caiadas, mas uma delas foi reconstituída, retornando a seu estado original em tijolos vermelhos e rosados. Havia muitas nas redondezas. Visitamos um mosteiro, que se ergue solitário às margens do Volkhov, no ponto onde este é largo como um lago. Na União Soviética, muitos monumentos estão semiabandonados:

andamos entre pedras e ervas daninhas ao redor de uma grande igreja de linhas puras.

Durante dois dias passeamos sem ver nenhum personagem oficial. Na manhã do terceiro, um jornalista telefonou para Lena, com voz indignada: nós deveríamos ter participado nossa presença e fazer com que nos "mostrassem" a cidade. "Mas tenho um livro que explica tudo", disse Lena. "Um livro! Um livro não é o mesmo que a palavra viva." Marcamos uma entrevista com uma encarregada do museu que nos descreveu a catedral com palavras mortas. Apesar disso, foi graças a ela que pudemos ver as belas portas de bronze, de origem alemã, onde estão esculpidas pequenas cenas misteriosas. O museu continha uma coleção de ícones bastante rica.

Regressamos a Moscou, onde ficamos alguns dias antes de voar para Paris.

A partir de 1963, China e União Soviética estavam abertamente em conflito. Pequim denunciava um conluio com o capitalismo na política de coexistência pacífica; Moscou acusava a China de desejar a guerra. Essa hostilidade recíproca aumentou quando, em fevereiro de 1965, os americanos começaram a bombardear o norte do Vietnã. Khruschev já não estava no poder, mas seus sucessores retomavam sua política externa e, em vez de mandar, maciçamente, armas para Hanói, deixavam que os americanos agissem à sua maneira: o P.C.C. denunciou essa neutralidade e chamou-os de colaboradores e revisionistas. Os russos estavam cada vez mais convencidos de que os chineses queriam desencadear um conflito mundial e que se preparavam para invadir a União Soviética. Todos os nossos amigos russos eram dessa opinião. Atribuíam aos chineses uma vontade demoníaca de danificar, e nenhuma tática, estratégia ou motivo racional; viam neles, aterrorizados, uma pura encarnação do mal. Qualquer discussão a respeito disso era inútil.

Soviéticos e chineses deveriam comparecer ao Congresso da Paz que se reuniria em julho de 1965 em Helsinki. De passagem por Paris, Ehrenburg pediu a Sartre que participasse dele: sua intervenção poderia ajudar a causa soviética. Decidimos ir à União Soviética em julho; de lá Sartre iria à Finlândia por dois ou três dias.

Ao chegarmos a Moscou, pareceu-nos que a queda de Khruschev tivera consequências positivas no terreno cultural. *Novy Mir* publicava romances de Soljenitsyn, poemas de Akhmatova, a parte das *Memórias* de Ehrenburg em que evocava a época do jdanovismo. Numa espécie de manifesto, Tvardovski exortara os escritores a evitar os disfarces, as camuflagens, a denunciar o erro, a dizer a verdade sem retoques. Pasternak era reeditado. A vitória não era total, longe disso. Ainda não se traduzia Kafka, embora o apresentassem nesse momento como uma vítima do capitalismo e não como um pessimista decadente. Tarkovski continuava sem poder fazer o filme sobre Rublov. Mas parecia permitido alimentar esperanças.

Mikhalkov, colaborador de Tarkovski na *mise en scène* de *L'enfance d'Ivan*, acabava de fazer um filme intitulado *Le premier maître*. Seria liberado? Os censores hesitavam. Nós o vimos em sessão privada e ficamos impressionados. Era tirado de uma história de um romancista quirguiz, Aitmatov, com quem estivemos um pouco depois, quando de sua passagem por Paris. O começo do livro situava-se em nossos dias, num colcoz próspero que comemorava o aniversário da fundação de sua escola. No meio da festa, alguém observava: "Está faltando alguém aqui: é o primeiro professor." E sua história era contada: uma história dramática, mas que acabava bem, já que a cidade, no presente, estava integrada na União Soviética. O filme era mais contundente: situava-se logo depois da primeira guerra, numa época em que a Quirguízia era habitada por camponeses miseráveis, oprimidos por senhores brutais e ignaros. Combatente do Exército Vermelho e leninista fanático, o primeiro professor fora enviado para lá para fundar uma escola. Os senhores, montados em seus cavalos, recebiam-no com chacotas; os camponeses, com desconfiança. O professor transformava uma velha granja em sala de aula; com uma coragem obstinada, conseguia recrutar alunos. Mas, cego por sua paixão por Lênin, com a cabeça cheia de lições mal compreendidas, angustiado pelo peso de suas responsabilidades, não se adaptava bem à situação. Denunciava o conflito entre o proletariado e a burguesia, num momento em que a sociedade quirguiz ainda era feudal. Falando, certa vez, da morte em aula, um aluno perguntou se Lênin morreria algum dia: fora de si, ele agarrou a criança e maltratou-a aos berros. Esses comportamentos neuróticos faziam com que os alunos e a população ficassem contra ele. Mas uma de suas alunas, de uns quinze anos e muito bonita, tinha bastante afeição por ele. O todo-poderoso bei a raptava e a levava para sua tenda, onde a violava. Transtornado, o professor fazia com que soldados do Exército Vermelho a libertassem, e a colocava sob proteção, enviando-a à cidade vizinha. Como, furioso, o bei tivesse feito represálias contra os camponeses, estes incendiavam a escola; acusavam o professor de haver desprezado todas as suas tradições, trazendo-lhes a desgraça. Vencido, o professor resolvia ir embora. Mas, num movimento de energia, mudava de ideia: ficaria, lutaria contra ele mesmo e contra os outros. Munindo-se de um machado, começava a abater o único álamo do local, para reconstruir a escola incendiada. Os camponeses o observavam, hesitavam, e alguns deles o acompanhavam, mostrando assim que ele finalmente vencera.

O autor retrata com igual simpatia o militante inflexível em seus princípios e os camponeses presos a seus interesses imediatos, escravos de antigas rotinas: o drama que provocava esses conflitos, um repetira-se mais de uma vez, quando se quis implantar um socialismo padronizado no campo. Dizia-se que os dirigentes hesitavam em permitir a difusão do filme, para não ferir a susceptibilidade da Quirguízia. Diziam também que talvez os censores tivessem ficado chocados com a sequência em que a heroína se banha nua numa cascata. Em minha opinião, o que os incomodava era a franqueza de Mikhalkov: por meio de seu herói, tocante e odioso, revelava-se a complexidade do fato revolucionário.[86]

Tivemos notícias de Brodski. Dava-se bem com os camponeses, ocupava-se principalmente de cavalos, o que não lhe era desagradável. Por sugestão de Ehrenburg, Sartre enviou uma carta a Mikoyan, por intermédio da União de Escritores, pedindo que Brodski fosse anistiado. Terá ela contribuído para a decisão do governo? Pouco tempo depois, Brodski pôde retomar sua vida normal em Leningrado.

Nesse ano visitamos a Lituânia. Seu destino tem analogias com o da Estônia. Anexada pela Polônia e depois pela Rússia, só foi independente no período compreendido entre as duas guerras. Ocupada

---

[86] O filme acabou sendo liberado. Mais tarde foi mostrado em Paris.

pela Alemanha de 1940 a 1945, a anexação à Rússia não foi fácil. Grupos de camponeses, apoiados por remanescentes do exército alemão, opuseram-se violentamente a isso. Refugiados em maquis, viviam de pilhagem e impunham o terror nas cidades.[87] Durante muito tempo a situação permaneceu confusa. Atualmente não se tem a impressão de que os russos sejam muito queridos na Lituânia. Acabavam de comemorar o vigésimo aniversário de sua vinculação à União Soviética com tão pouco entusiasmo que o Inturist hesitou em autorizar nossa ida.

Enquanto em Moscou, em Leningrado, ficávamos por nossa conta, tão logo desembarcávamos numa república havia sempre uma delegação de escritores que nos ciceroneava. No entanto, em Vilno ninguém nos aguardava no aeroporto e ficamos satisfeitos com esta trégua. Preparávamo-nos para jantar tranquilamente, quando um *maître* se aproximou: "Sr. Sartre? Há uma mesa preparada para o senhor." Abriu a porta de um salão reservado no qual estava preparada uma mesa de mais de vinte talheres: nossos anfitriões haviam confundido a hora do pouso e chegaram pouco depois. A partir do dia seguinte não nos largaram por um segundo. Uma vez, sugerimos timidamente que nos deixassem perambular sozinhos pela cidade à tarde. À noite, perguntaram-nos um pouco ressabiados: "Foi melhor sem nós?" Simpatizávamos com eles, mas desagradava-nos andar pelas ruas com um séquito de cinco ou seis pessoas.

Vilno era pouco interessante: algumas ruas bonitas, pátios pitorescos, uma velha igreja de tijolos, de arquitetura complicada mas harmoniosa; longe do centro, uma igreja barroca de interior inteiramente esculpido: eram plantas, animais, personagens nos quais era possível reconhecer os traços típicos do camponês lituano.

Uma manhã, ao descer ao hall do hotel, relativamente elegante, tivemos a surpresa de encontrá-lo repleto de camponeses com lenços amarrados sob o queixo. Enquanto isso, a sala de refeições estava cheia de americanos. Como na Estônia, e por razões análogas, os "compatriotas do exterior" são muito bem vistos na Lituânia; podem entrar

---

[87] Um filme lituano muito curioso descreve essas guerrilhas. Nós o vimos em Moscou, em sessão privada.

e sair com muita liberdade. Acabava de chegar a Vilno um navio, e as famílias dos emigrados haviam corrido para o hotel para recebê-los. Era curioso o contraste entre os lituanos do "interior", colcozianos em sua maioria, e os exilados burguesmente vestidos; falamos com alguns deles: a maioria pertencia às camadas menos favorecidas da sociedade americana e a detestava.

Fizemos duas ou três excursões: evoco um elegante castelo de tijolos, localizado numa ilha, no meio de um lago que se prolongava até o horizonte através de um rosário de outros grandes lagos melancólicos.

A viagem que fizemos de carro, de Vilno a Palanka, pelo litoral, foi muito cansativa. Em Kaunas, segunda cidade da Lituânia, tivemos que visitar uma exposição de vitrais modernos, bastante feios, um ateliê de tecelagem, um interessante museu de antiguidades: admirei um Cristo de madeira, do qual existem feias reproduções em toda a região, mas que é muito bonito; com a coroa de espinhos, sentado, o rosto apoiado na mão, é a própria imagem do desamparo. Depois de almoçar num café encantador, de estilo vienense, visitamos um forte onde resistentes foram enclausurados pelos alemães. Um guarda, que era um ex-prisioneiro, nos levou a visitar demoradamente o local. Alguns franceses haviam gravado seus nomes nas paredes dos cubículos. Muitos detentos tinham sido fuzilados, e seus ossos estavam enterrados nos campos circundantes, a dez quilômetros em volta. Sartre teve de depositar uma coroa de flores aos pés do monumento aos mortos. A seguir, atravessamos Klaipeda, a antiga Memel, cuja arquitetura é maciçamente alemã. Memel é mais um desses nomes que me surpreendia ver encarnar-se. Durante todo o trajeto conversamos com nosso cicerone sobre literatura francesa, sobre cinema italiano. Estávamos mortos de cansaço quando chegamos, já muito tarde, em Palanka. Tendo sido a primeira a entrar no hotel, Lena tornou a sair, consternada: o prefeito queria que jantássemos com ele. Conseguimos esquivar-nos.

Palanka não tem nenhum interesse, mas o mar era bonito: ondas imensas, cor de café com leite ou cinza-escuro, rebentavam com estrondo na areia da praia que se estendia a perder de vista. Apesar da temperatura — de doze a quatorze graus —, havia gente tomando banho. Alguns até praticavam nudismo. Durante um passeio pela beira d'água, mulheres gordas, muito falantes, precipitaram-se na direção de Sartre: é que estávamos nos dirigindo para a praia reservada às mulheres. Na União Soviética é comum que homens e mulheres pratiquem o nudismo em praias separadas. Obviamente, nas praias mistas a roupa de banho é obrigatória.

Uma manhã presenciamos um estranho espetáculo: um homem, vestindo uma roupa impermeável, entrara na água até a metade das coxas e caminhava empurrando algo diante de si com um bastão. Era uma rede que esvaziou na areia; crianças disputavam com empenho seus restos. Ele estava procurando apanhar âmbar. O âmbar, transparente ou opaco, com o qual se fazem colares tão bonitos. Na União Soviética origina-se, em grande parte, dessa costa.

Vimos, um pouco afastada de Palanka, uma casa em que Thomas Mann morou: está debruçada sobre o mar, no alto de um penhasco e na orla de um bosque numa perfeita solidão; atualmente essa casa hospeda escritores. O lugar é muito bonito, mas muito mais bonitas ainda são as dunas, altas e brancas, a alguns quilômetros dali; soprava um vento forte que nos fazia cambalear enquanto as escalávamos; sentamo-nos no cume e ficamos contemplando o mar de um azul profundo, banhando as colinas íngremes de uma areia brilhante como a neve.

Regressamos a Leningrado de avião e quisemos visitar Pskov, aonde não tínhamos podido ir no ano anterior. Ficou combinado que o carro do Inturist viria apanhar-nos um sábado pela manhã. Na noite de sexta-feira, às dez horas, Lena foi chamada à secretaria do hotel: a estrada de Pskov estava fechada. Impossível conseguir a intervenção dos dirigentes da União de Escritores: tinham ido passar o fim de semana fora. Por que essa interdição? Havia movimento de tropas, manobras? No dia seguinte Lena, que fazia questão de levar-nos a Pskov, resolveu jogar sua grande cartada. Explicou ao gerente do hotel que Sartre ia viajar para Helsinki: não era o caso de provocar-lhe dissabores que comprometeriam sua amizade pela União Soviética, quando se desejava que ele a apoiasse contra a China. Uma hora depois autorizavam-nos a viajar para Pskov, o que fizemos após o almoço.

Viajamos por uma estrada deserta. Em Pskov, a delegada cultural recebeu-nos amavelmente. Desculpou-se por não poder oferecer-nos flores: estas tinham sido dadas ao embaixador e à embaixatriz da Inglaterra, que haviam chegado um pouco antes, e que ela confundiu conosco. Propunha levar-nos, no dia seguinte, a visitar a casa de Puchkin, distante uns cinquenta quilômetros. Lena recebera instruções: estrangeiros não podiam ser levados lá. "Assumo toda a responsabilidade", disse a delegada. Lena, que morara em Pskov durante a guerra, não reencontrou o que teria desejado rever: a maioria das velhas casas e dos monumentos antigos fora destruída.

A propriedade Puchkin não me tocou muito: ele é pouco conhecido na França. Mas gostei do campo ensolarado e do amplo horizonte para além dos prados e bosques cheirando a primavera. Não cruzamos com ninguém na estrada nem tampouco na que nos levou até Leningrado.

Sartre passou dois dias em Helsinki. Quando Lena e eu fomos recebê-lo na estação de Leningrado, esta estava repleta de pessoas carregando buquês. Havia grupos formados. Quando o trem chegou, precipitaram-se para os vagões, enquanto os músicos começavam a executar hinos patrióticos. Fotógrafos, jornalistas cercaram alguns delegados. O japonês era o mais solicitado. Começaram os discursos. Sartre conseguiu esquivar-se. No hotel descreveu-nos o Congresso. A atitude dos chineses fora extremamente hostil; durante as sessões nunca aplaudiam um orador, a não ser os vietnamitas. Na noite de 14 de julho, em que os delegados franceses haviam organizado uma pequena festa entre eles, um deles fizera muito sucesso cantando: *"Nuit de Chine, nuit câline, nuit d'amour"*.[88] As relações dos chineses com os soviéticos eram particularmente tensas; estes se mantinham na defensiva, mas os chineses redobravam suas agressões. Estavam tão violentos que, durante uma discussão com eles, Ehrenburg, no esforço para controlar-se, quase teve uma congestão; saiu da sala e já no corredor caiu, machucando o rosto. No dia seguinte, durante nova discussão em que os chineses acusavam a União Soviética de dissidência, de revisionismo, de retorno ao capitalismo, Ehrenburg descontrolou-se: os chineses exigiram que a delegação russa se desculpasse; esta recusou-se a fazê-lo: as palavras de Ehrenburg e sua cólera

---

[88] Em português: Noite da China, noite terna, noite de amor. (N. da T.)

só envolviam ele próprio. Os chineses responderam: "Isso é inaceitável. Sabemos como transcorrem as coisas. As reações individuais não são permitidas, tudo é combinado com antecedência. Se um delegado se encoleriza é porque foi decidido que ele se encolerizaria." E seu comportamento realmente demonstrava que observavam tal regra.

Sartre relatou-nos também sua intervenção no congresso. Dissera que não se deveria ceder à chantagem americana, mas ajudar maciçamente o Vietnã: era essa a única maneira de interromper a escalada. Os vietnamitas aplaudiram entusiasticamente. Ehrenburg censurara Sartre por haver ficado do lado dos chineses. O fato é que Sartre lamentava que a ajuda da União Soviética ao Vietnã fosse tão tímida. Em sua opinião ela teria podido contra-atacar energicamente os Estados Unidos, sem desencadear uma guerra mundial, que eles também não desejavam.

Na volta Sartre dividiu sua cabine com uma mulher que falava francês e um general denominado "general da paz". "Quando eu era jovem", explicou este, "ensinaram-me como cercar e aniquilar dez mil homens. Mais tarde, como aniquilar cem mil. Agora trata-se de aniquilar milhões: prefiro lutar pela paz." A ideia de que os chineses possuíam a bomba atômica aterrorizava-o: um dia a jogariam em qualquer lugar para desencadear a guerra mundial. "Para mim, dá no mesmo; moro no centro de Moscou, morrerei imediatamente. Mas penso nas populações de subúrbios!" A mulher também estava apavorada: os chineses eram tão numerosos! Perguntou timidamente: "Será que poderíamos levar os americanos a bombardearem... não as cidades, mas as fábricas chinesas, antes que seja tarde demais?" "Não", disse convictamente o general; "em primeiro lugar isso seria criminoso. E, além disso, somos aliados dos chineses: se são atacados temos de ajudá-los." Sartre se divertiu muito com esse velho general.

Durante uma reunião da C.O.M.E.S., realizada em Roma, em outubro de 1965, reencontramos Simonov, Surkov, Tvardovski e amigos russos menos conhecidos. Contaram-nos que um caso bem mais grave que o de Brodski ia estourar dentro em breve em Moscou: dois escritores, Siniavski e Daniel, eram acusados de haver publicado no estrangeiro obras antissoviéticas, sob os pseudônimos de Abraham Tertz e Arjak.

Ehrenburg nos explicara que atualmente na União Soviética o maior empreendimento de edição era a *samizdat*: a autoedição. Os autores que a censura condenava ao silêncio não se resignavam: com ajuda de amigos datilografavam e faziam circular seus textos; segundo Ehrenburg, toda uma literatura clandestina, extremamente interessante, desenvolvia-se paralelamente à literatura oficial. Alguém conseguira fazer com que novelas de Daniel atravessassem a cortina de ferro, sendo publicadas na França com título *Ici Moscou*, bem como novelas e um ensaio de Siniavski publicados sob o título de *Verglas*. Eu tinha lido *Verglas*, sem grande entusiasmo, mas sem detectar ataques à União Soviética. As novelas eram irônicas e críticas, mas não antissoviéticas. Daniel denunciava o terrorismo stalinista, sem atacar o socialismo enquanto tal. Mas nas altas camadas considerava-se que haviam difamado o país.

No mês de outubro foram presos. *Izvestia, Literaturnaia Gazeta* atacaram-nos violentamente. A 13 de dezembro, estudantes tentaram uma manifestação em Moscou, aos gritos de "processo público para Siniavski", mas foram dispersados pela polícia. O processo realizou-se em fevereiro de 1966, perante um auditório cuidadosamente escolhido: exclusivamente composto por membros do partido. Concedeu-se aos acusados o direito de falar, e eles se declararam não culpados: a imprensa, porém, não divulgou sua defesa. O tribunal amalgamou o caso com o de Tarsis que, este sim, escrevera obras violentas contra o regime e conseguira deixar o país três dias antes da abertura do processo, sendo declarado paranoico. Decretou-se que Siniavski e Daniel eram culpados de atentado contra o regime social e político da União Soviética: a exploração de sua propaganda pela imprensa burguesa demonstrava sua perversidade subversiva. Foram enviados, Siniavski por sete anos, Daniel por cinco, a um "campo de correção pelo trabalho, de regime rigoroso". Por iniciativa de Ehrenburg, sessenta e dois escritores assinaram uma petição solicitando a libertação dos dois condenados: eles se responsabilizavam pelos mesmos. Se consideramos que a União de Escritores compreende seis mil membros, o total de sessenta e dois é ridículo. Era preciso muita coragem para assinar:

as pessoas se expunham a não serem mais enviadas ao estrangeiro, a perderem sua situação, a não serem mais publicadas. Nossos amigos Doroch e Lena enfrentaram esses riscos. No XXIII Congresso do P.C.U.S., realizado logo a seguir ao processo, Cholokhov deplorou que os culpados não tivessem sido mais severamente punidos: no tempo de Lênin, disse ele, teriam sido fuzilados. Criticou também os liberais que haviam oferecido sua caução: "Sinto-me duplamente envergonhado por aqueles que oferecem sua ajuda e pedem liberdade vigiada para esses renegados." Afirmou que somente os "defensores burgueses" haviam protestado contra esse processo. No entanto, a 16 de fevereiro, *L'Humanité* publicou uma declaração de Aragon que desaprovava o processo, em seu próprio nome e no do P.C.F. O P.C.I. tomou a mesma atitude. Durante uma semana, *L'Humanité* teve sua circulação proibida em Moscou. Chegamos lá a 2 de maio: "Que vêm fazer aqui nesse momento?" perguntou-nos Ehrenburg. Segundo ele, a situação dos intelectuais era trágica. Todos os que estiveram conosco mostravam-se indignados com o processo, mesmo os que não haviam assinado a petição. Disseram-nos que no campo de trabalho Siniavski e sobretudo Daniel eram tratados duramente. Durante todo o tempo em que permanecemos em Moscou quase todas as conversas giraram em torno do assunto. Todos os nossos amigos estavam consternados e ansiosos. A *samizdat* só funcionava agora com as maiores precauções. Não se publicava nenhuma obra interessante. Tarkovski finalmente terminara um roteiro sobre Rublov que fora aprovado; mas Doroch nos contou que tinha sido forçado a fazer tantas concessões que o resultado absolutamente não tinha sido satisfatório.[89]

Em 1963 publicamos em *Les Temps Modernes* o admirável *Casa de Matriona*, de Soljenitsyn, traduzido para nós por Cathala; a história aparecera anteriormente em *Novy Mir*, mas fora severamente criticada. Havíamos publicado duas outras novelas do mesmo autor e gostaríamos de conhecê-lo. Um amigo comum ofereceu-se para organizar um encontro. Um dia Lena nos disse que Soljenitsyn lhe telefonara: queria falar com ela. Pensamos que era para marcar a

---

[89] Concordei com essa opinião quando vi o filme em Paris no inverno de 1969. A crítica o colocou nas nuvens; mas não seria porque estava proibido na União Soviética?

entrevista. Quando ela veio encontrar-se conosco, depois de uma hora de conversa com ele, mostrava-se desconcertada: "Ele não quer vê-lo", disse a Sartre.

Por quê? Ele não fora muito explícito. "Sabe", dissera em resumo, "Sartre é um escritor que tem toda a sua obra publicada. Cada vez que escreve um livro sabe que será lido. Eu tenho por trás de mim uma quantidade de obras que jamais aparecerão. Então não me sinto em condições de falar com Sartre: isso me faria sofrer muito." Essa reação surpreendeu-nos. Sartre certamente o conhecia melhor do que ele a Sartre, de quem somente uns poucos livros haviam sido traduzidos para o russo: uma parte do teatro e *Les mots*. Sob esse aspecto enfrentavam-se em termos de igualdade. Talvez ele não quisesse nem dar a impressão de acomodar-se ao seu destino, nem expor a um desconhecido as ideias que, um ano depois, exprimiu na carta enviada ao Congresso de Escritores. O que nos pareceu claro foi que ser condenado ao silêncio, às trevas, representa a pior das maldições para um escritor.

Nunca tínhamos ido à Ásia Central porque os verões lá são muito quentes. Em maio a temperatura ainda era razoável e eu me sentia contente por poder ver Samarcanda: exatamente quando chegávamos à União Soviética, um tremor de terra devastou o Uzbequistão: não havia hipótese de excursionar por lá como turistas. Assim, modificamos nossos planos.

Retornamos a Ialta. Estava mais vazia e mais fresca do que em 1963. Nos parques e jardins a primavera explodia em luxuriantes flores violetas: pesados cachos de glicínias e de lilases, cerejeiras do Japão. Por todo lado rosas e petúnias espalhavam perfumes fortes ou suaves. Repetimos os antigos passeios e saímos ao mar numa espécie de chata. E depois, mais uma vez, uma noite embarcamos num navio branco e vimos desfilar a costa ao pôr do sol. O capitão convidou-nos para jantar, muito mal aliás, em sua cabine. (Foi nesta cabine que Maurice Thorez sofreu um ataque e morreu.) Perguntou a Sartre, com ar ambíguo, se viera à União Soviética em consequência do caso Siniavski-Daniel.

Odessa. Para mim era antes de mais nada a famosa escada do *Encouraçado Potemkin*. Do alto não faz grande impressão; de baixo, embora tenham suprimido alguns degraus para construir a estrada que acompanha as docas, e também já não mergulhe no mar, é tão imponente quanto no filme. Eu acabava de ler o volume de *Memórias* de Paustovski, onde ele descreve os dias que precederam a entrada do Exército Vermelho na cidade: as ruas desertas e escuras, onde era preciso esgueirar-se silenciosamente, para não perder o sobretudo ou servir de alvo para os cossacos; a debandada da população para o porto: fardos, baús de vime deslizando pelas ladeiras, as malas rasgadas despejando rendas e fitas; a confusão mortal nas passarelas dos navios que fugiam para Constantinopla: estes deixavam o cais antes mesmo que elas fossem retiradas, e punhados de pessoas caíam no mar. Depois foi o grande silêncio da cidade abandonada, e a cavalaria soviética avançara através de ruas repletas de cadáveres. Nas lojas fechadas pululavam ratos enormes. Enquanto descobríamos Odessa, a pé ou de táxi, essas imagens me vinham à mente. O centro comercial fervilhava de vida; havia também tranquilos bairros residenciais onde abundavam acácias cobertas de flores brancas, cujas pétalas perfumadas cobriam o chão; ao longo das ruas sem calçamento, erguiam-se belas casas de fachadas regulares, que haviam permanecido intactas desde o início do século XIX. O passado parecia perpetuar-se. No entanto, os habitantes haviam mudado. No passado a população de Odessa era constituída principalmente por judeus e levantinos. Atualmente se compõe sobretudo de ucranianos. Mas, num bairro de calçadas esburacadas, onde as acácias emergiam de uma lama espessa, ouvimos falar iídiche. Quantidades de pequenos Kafkas, de olhos muito pretos, brincavam nas calçadas.

Um trem levou-nos até Kichinev, passando por um campo ameno: pradarias, casinhas cobertas de palha, com as paredes rebocadas de azul, hortas bem tratadas, um ar de abundância feliz. A cidade foi quase totalmente arrasada pela guerra: pelas poucas casas de madeira pintada que subsistiram, sente-se que deve ter sido encantadora. Os escritores que nos receberam perguntaram-nos, um pouco perplexos, por que tínhamos ido lá: apanhado de surpresa, Sartre respondeu que o tremor de terra nos impedira de ir ao Uzbequistão; aparentemente não gostaram dessa explicação. Apesar disso, tivemos relações cordiais com eles durante os dois dias em que nos mostraram os arredores:

vastos campos de terra negra alternando com pradarias; cidadezinhas parecidas com as que vimos do trem, cuidadas e prósperas. Antes da guerra essa região pertencia à Romênia; muitos de seus habitantes falam romeno e em geral os intelectuais sabem francês.

Rodamos de carro ao longo do Prut — a fronteira atual — por uma estrada ladeada de acácias brancas e perfumadas. Na entrada de cada cidade o carro parava; descíamos e esfregávamos as solas dos sapatos numa espécie de tapete embebido em desinfetante: a febre aftosa grassava na região e poderíamos transportá-la de uma fronteira a outra. Podíamos ver muito próximos os Cárpatos com seu nome romântico.

Em minha juventude, Stépha me falara muito de Lvov, sua cidade natal, que agora fazia parte da Polônia: como ela me parecia distante! Como o mundo encolhera, já que me parecia tão natural poder estar ali. A cidade parecia-se mais com a Europa Central do que com a União Soviética. Os monumentos eram construídos no estilo barroco austríaco, com bonitos telhados verdes recurvados. Entramos numa igreja católica; estava repleta de pessoas que cantavam lindos cânticos em coro: muitos jovens estavam presentes.

Na Universidade de Lvov, os estudantes fizeram a Sartre perguntas idênticas às dos escritores de Vilno no ano anterior, dos de Kichinev nesse ano; interessavam-se pelo cinema italiano, especialmente por Antonioni, e pela literatura francesa: sobretudo pelo "novo romance" e por Françoise Sagan.

Durante essa curta viagem, tivemos uma nova experiência da desconfiança de que são objeto os estrangeiros. Paráramos, antes de Lvov, numa cidade aos pés dos Cárpatos onde desejávamos fazer uma excursão. Segundo o Inturist havia uma prevista: quatro horas de subida de carro até uma garganta onde almoçaríamos num hotel; quatro horas de descida. Mas Lena não aguenta trajetos longos em estradas em zigue-zague. Sugeri que encurtássemos o passeio: faríamos um piquenique a meio caminho da garganta. Impossível: os estrangeiros não têm permissão para colocar o pé em terra antes da garganta. Tivemos então de passar duas horas na floresta, sem sair do carro. Os Cárpatos se parecem aos Vosges: pinheiros, relva viva, picos azulados. Gostaria de ter podido respirar seu aroma.

Recapitulando todas as proibições a que nos sujeitaram, seu caráter absurdo nos confundia. Em Ialta a costa oriental era interditada aos estrangeiros bem como a estrada direta para a capital tártara; Sebastopol estava fechada para eles; em Vladimir os táxis para Moscou eram-lhes proibidos. Proibido chegar aos Estados bálticos por outro caminho que não a capital. Proibido ir de Leningrado a Tallin e vice-versa de outra maneira que não de trem. O episódio de Pskov demonstrara a insanidade desses regulamentos. "É como aquele banco de Madri", disse-nos Goytisolo, com quem nos encontramos em Moscou. "Um cartaz dizia: proibido sentar-se. Intrigada, uma pessoa fez uma pesquisa; cinco anos antes o banco fora pintado e o cartaz em questão fora colocado; desde então ninguém tornara a iniciativa de retirá-lo."

Sem dúvida algumas proibições são apenas remanescentes. Mas a desconfiança dos russos em relação aos estrangeiros é muito antiga. Os soviéticos restabeleceram uma velha tradição. Numa das igrejas de Vladimir, um afresco — obra de um desconhecido — pareceu-nos bastante significativo. Representava o Juízo Final. À direita do Senhor, está a coorte dos anjos e dos eleitos em longas vestes sem idade; à esquerda, fadados ao inferno, veem-se fidalgos trajando gibões pretos, calções apertados acima da barriga da perna, golas de renda, e usando uma barba pontuda: católicos; por trás deles, há homens com turbantes: muçulmanos. A discriminação baseia-se na religião. Mas a diferença de religiões mistura-se com a de nacionalidades. Todos os estrangeiros vivem no pecado e são malditos.

Em 1967 recusamo-nos a participar do Congresso da União de Escritores Soviéticos: do contrário, teríamos dado a impressão de aprovar a condenação de Siniavski e de Daniel, bem como o silêncio a que estava condenado Soljenitsyn. A maneira como transcorreu o Congresso e a repressão exercida no ano seguinte contra uma grande quantidade de intelectuais liberais não nos incitavam a retornar à União Soviética em 1968. Mas foram os acontecimentos da Tchecoslováquia que nos levaram a romper definitivamente com esse país.

A Tchecoslováquia: mal a entrevíramos em 1954 e uma pequena frase, murmurada clandestinamente, nos angustiara: "Acontecem coisas terríveis aqui atualmente." Mas em 1963 tínhamos sentido soprar sobre Praga um vento de liberdade. A colossal e horrível estátua de Stálin fora derrubada havia muito tempo. Kafka era lido e apreciado. Um grande número de obras estrangeiras fora traduzido, entre estas livros de Sartre e meus. Num cabaré estourando de gente, tínhamos ouvido jovens tocando jazz e lendo poemas de *beatniks* americanos. Na universidade, Sartre pôde discutir em total liberdade com os estudantes. Vários intelectuais tinham o conhecimento vivo do marxismo que lamentavelmente faltava aos soviéticos. Permaneciam fiéis ao socialismo, mas seu pensamento tornara-se crítico e exigente. Não tinham medo de encarar o passado de frente e denunciar seus erros. Uma comissão criada em 1962 concluíra, em abril de 1963, que os processos de Praga repousavam em acusações inteiramente fabricadas; ela pedia que os vereditos fossem anulados e reabilitados os condenados. Algumas reabilitações tinham sido recusadas, mas o processo estava em andamento e parecia irreversível.

Nossos dois interlocutores mais habituais eram Hoffmeister, que nos recebera no aeroporto, e Liehm, que nos servia de guia e intérprete. Hoffmeister era uma das figuras mais conhecidas em Praga. Era um homem de uns sessenta anos de idade. Jovem, escrevera poemas, peças, novelas, ensaios; e as caricaturas que expusera em 1927 e 1928 em Praga e Paris tinham obtido sucesso. Fora de Praga para Paris em 1939; ficara preso na Santé, sendo depois deportado para a Alemanha, de onde fugira para os Estados Unidos. Após a guerra, nomearam-no diretor das relações culturais; depois, de 1948 a 1951, embaixador em Paris. Ficara afastado da vida pública durante o período dos processos. No momento era professor na Escola de Artes Decorativas; continuava escrevendo e desenhando.

Mais moço, Liehm era ensaísta e jornalista de grande talento. Traduzira muitos livros franceses. Ambos falavam francês perfeitamente. Ambos eram bem-informados, abertos e sagazes. Discutíamos com eles sem reservas sobre todos os assuntos.

No belo castelo dos arredores de Praga que pertencia à União de Escritores, conhecemos o escritor eslovaco Mnacko; gostávamos muito de seu livro *Le reportage differé*, no qual descreve os abusos do período stalinista. Era uma pessoa viva, apaixonada, de grande independência de espírito. Tivemos prazer em encontrá-lo em Bratislava.

Não conhecia essa cidade. Fomos ciceroneados por um casal muito simpático, o Sr. Ballo e sua mulher. Ele fora adido de embaixada em Paris e foi quem nos forneceu dados oficiais sobre o processo Slanski. No momento dirigia uma revista literária.

Bratislava parecia pobre. Num bairro miserável, aos pés do castelo, moravam ciganos. Fazia pouco tempo, para possibilitar a entrada de divisas, a fronteira próxima ficava aberta aos sábados e domingos, e uma enchente de turistas austríacos espalhava-se pelas ruas. O gerente de nosso hotel contou-nos que reconhecia perfeitamente alguns deles: vinte anos antes usavam o uniforme alemão. A resistência eslovaca heroica, a repressão sangrenta: nem os alemães nem os austríacos eram vistos com bons olhos. Uma noite, Mnacko e seus amigos levaram-nos a um restaurante situado no meio de uma floresta e que denominavam a "caverna dos ladrões": era uma grande choupana, com móveis de madeira escura, no meio da qual se assavam em espetos carnes de aromas convidativos. Enquanto jantávamos, bebendo vinho branco, um grupo de turistas instalou-se numa outra mesa, e puseram-se a cantar em alemão. Nossa mesa respondeu entoando a canção dos guerrilheiros. O ambiente ficou tenso; mas depois Mnacko foi falar com os austríacos e acabaram apertando-se as mãos.

De Bratislava a Praga atravessamos vastas paisagens: colinas verdejantes e florestas sombrias onde estrangeiros ricos vão em busca de caça graúda no outono. Na maioria das cidades veem-se belas colunas barrocas que, após as epidemias de peste, eram construídas pelos sobreviventes para agradecer a Deus por havê-los poupado.

Nossa permanência foi curta, mas mantivemos contato com nossos amigos tchecos. Em 1964 publicamos em *Les Temps Modernes* uma novela irônica e cruel de Kundera, *Personne ne va rire*. Em Paris estivemos com Hoffmeister. Em 1967 Liehm publicou na revista que dirigia, *Literarni Noviny*, um relatório dos trabalhos do Tribunal Russell. Nessa ocasião nos revimos em Paris. Contou-nos que, naquele momento, a pintura, a música, a literatura eram bastante livres na Tchecoslováquia: tinham até sido publicados livros muito bons sobre o período stalinista. A situação do cinema era menos promissora. Os filmes não eram censurados, mas os diretores subversivos eram estimulados a se mudar para Hollywood. A explicação para isso, disse-nos Liehm, é que os dirigentes não leem e não entendem nada de música e de pintura. Ao passo que de quando em quando assistem a um filme em suas salas de projeção.

Preparava-se uma crise política. A situação econômica era ruim. Para corrigi-la, Otasik elaborou um novo sistema; queria adaptar a produção aos recursos e às necessidades do país; esse reformismo era incompatível com a extrema centralização do poder, exigia uma certa liberalização do regime: resultava daí um conflito entre os novos e os antigos burocratas. Despolitizada, a classe operária parecia alinhar-se ao lado destes, embora os reformistas desejassem assegurar-lhes um certo controle sobre a produção. Foram os intelectuais que, em face de um poder paralisado por suas contradições internas, suscitaram neles a exigência de uma democratização socialista. *Literarni Noviny* criticou abertamente o sistema. Antes do IV Congresso da União de Escritores, inaugurado em junho, os stalinistas desencadearam contra Liehm e sua revista uma campanha que fracassou. O congresso foi tumultuado. O escritor Vaculik denunciou a incompetência e a esclerose dos círculos dirigentes. Outros o apoiaram. Hendyck, ex--secretário do Comitê Central e stalinista ferrenho, abandonou o recinto. O organismo dirigente da União, eleito por maioria esmagadora, não foi reconhecido pela direção do partido. Houve então uma ruptura entre este e os intelectuais. Estes fizeram circular textos atacando o regime.

Após a Guerra dos Seis Dias, Praga situara-se violentamente contra Israel. Sobre essa questão era proibido manifestar uma opinião que se afastasse das posições oficiais. Sob pretexto de antissionismo, viu-se renascer o antissemitismo que servira de base ao processo de Slanski. Em setembro de 1967, Mnacko, com grande estardalhaço, trocava Bratislava por Israel; não era judeu, mas não aceitava que o impedissem de escrever o que pensava. Grande quantidade de escritores tchecos assinaram um manifesto reivindicando sua liberdade quanto à questão israelense, bem como quanto a todas as outras.

No final de setembro, durante sua sessão plenária, o comitê central excluiu três escritores do partido, entre os quais Liehm. No fim de outubro, houve uma nova sessão que por acaso coincidiu com uma manifestação de estudantes à qual se atribuiu caráter político, embora se referisse a problemas de aquecimento e iluminação. Por outro lado, a Eslováquia era um foco de agitação, porque se julgava — com razão — prejudicada pelos tchecos. Novotny e Dubcek confrontaram-se a propósito do problema eslovaco, e a inabilidade de Novotny levou para a oposição muitos membros do comitê central. Informado em dezembro por Dubcek e Cernik, Brejnev não prometeu seu apoio a Novotny.

Durante a sessão de dezembro, o comitê central fez pressão sobre ele para que se demitisse. Na noite de 4 para 5 de janeiro, ele deixou seu cargo de chefe do partido; permaneceu apenas Presidente da República. Dubcek foi o novo secretário. Tal mudança ocorrera de maneira perfeitamente democrática, sob a ação do comitê central.

Foi então que se preparou e depois desabrochou a Primavera de Praga. De janeiro a março, ouvia-se principalmente a voz da *intelligentsia*. Os intelectuais procuravam empurrar as massas para o lado dos reformadores; na verdade, seus escritos iam muito mais longe: mostravam que só se podia acabar com os "abusos" do regime liquidando o sistema inteiro. Informada da situação real do país e dos erros que haviam sido cometidos, a classe operária pouco a pouco se repolitizou e retomou a velha exigência "maximalista": o poder com os sovietes. Abolida a censura, gozando imprensa e rádio de liberdade total, os intelectuais intensificaram a luta contra o sistema. Em março Novotny demitiu-se; os dirigentes decidiram reunir um congresso do partido e proceder a eleições parlamentares. Em maio Vaculik publicou o *Manifesto das 2.000 palavras*: a democratização, dizia ele, deveria tornar-se obra dos próprios trabalhadores. Estes obtiveram que o novo regime lhes confiasse a direção das empresas. Compreendiam que tal conquista era o fruto das discussões que se realizavam desde janeiro, e o direito a uma informação total tornou-se uma de suas reivindicações fundamentais: formaram-se nas fábricas "comitês operários pela liberdade de expressão". Realizou-se assim a difícil aliança entre os intelectuais e a classe operária.

Mas o P.C.U.S. se sentira ameaçado. A 1.º de junho o Comitê Central do P.C. Tchecoslovaco decidiu, por unanimidade, a convocação do XIV Congresso em setembro: aí os exércitos soviéticos e poloneses começaram a patrulhar as fronteiras tchecoslovacas. A 1.º de julho a União Soviética, a Polônia, a Hungria, a Bulgária, a Alemanha Oriental assinaram em Varsóvia a Carta dos Cinco. Pediam aos stalinistas tchecoslovacos que se opusessem à política de Dubcek. Foi uma tentativa vã. Só serviu para reforçar a unidade do partido e do povo.

Acompanhávamos os acontecimentos com um interesse apaixonado. Eu lera *La plaisanterie*, onde Kundera evoca com humor sombrio o clima reinante na Tchecoslováquia durante os anos 50. O autor inspirou-se num fato real ocorrido em 1949. Nezval, que os jovens tchecos admiravam como poeta mas não muito como homem, publicou uma obra na qual exaltava ao mesmo tempo os prazeres dos sentidos e Stálin. Alguns jovens divertiram-se, parodiando-o. Essa "brincadeira" custou-lhes caro. Seu panfleto foi qualificado de propaganda contra o Estado; as revistas que o haviam difundido foram atacadas; os autores e seus cúmplices foram classificados de trotskistas e agentes do imperialismo. Fizeram sua autocrítica, muitas vezes com sinceridade, porque o simples fato de serem intelectuais já os tornava culpados. Kundera transpunha esse fato anedótico para o seu romance; narrava os anos de trabalho forçado a que fora condenado o brincalhão. Em abril *Les Temps Modernes* publicara vários artigos de progressistas tchecos. Sartre falara longamente na televisão tcheca.

Estávamos em Roma quando, a 21 de agosto, tomamos conhecimento da entrada dos tanques soviéticos na Tchecoslováquia. Sartre deu imediatamente uma entrevista ao jornal comunista *Paese Sera*, referindo-se aos soviéticos como "criminosos de guerra": nossas relações com a União Soviética estavam definitivamente cortadas. Todos os nossos amigos italianos estavam aterrorizados. O P.C.I. desapoiou energicamente a agressão soviética; o P.C.F. também, embora menos enfaticamente. Nos dois países, as bases, habituadas a admirar incondicionalmente a União Soviética, mostraram-se chocadas com a atitude do comitê central. Quanto a nós, ficamos compungidos com a posição assumida por Castro. Rosana Rossanda relatou-nos seu discurso, que ela acabava de receber no texto original: estava tão tristemente perplexa quanto nós por ver Castro apoiar entusiasticamente a invasão de um pequeno país por uma grande potência.

Os escritores soviéticos enviaram aos intelectuais tchecos uma carta na qual se solidarizavam com seu governo. Entre os mais importantes, apenas Simonov, Tvardovski e Leonov recusaram-se a assiná-la (Ehrenburg já tinha morrido). Pensávamos na angústia de nossos amigos russos. Regressando a Paris, encontramo-nos com Svetlana, uma jovem comunista russa que conhecíamos. Estava de férias com a irmã numa estação balneária, no Mar Negro, quando, ouvindo o noticiário em seu transistor, tomou conhecimento da agressão. "Nunca choro", nos disse ela. "Mas naquele momento me desmanchei em lágrimas. Minha irmã também." No hotel almoçaram com um jovem oficial: "Mas não façam essas caras!" disse ele. "Os alemães não entrarão na União Soviética. Nós é que iremos persegui-los na terra deles." Como tantos outros, pensava que se tratava de lutar contra os alemães. As massas apoiavam cegamente o governo, contou-nos Svetlana. Nós, os intelectuais, agora nos isolávamos completamente.

Na mesma ocasião, estive com uma amiga romena que regressava de Bucareste. No dia 22 de agosto achava-se em casa de sua pedicure quando esta, tendo ligado o rádio, começou a soluçar: "Estamos perdidos!" Ceausescu anunciou que faria um pronunciamento, e toda a cidade se reuniu para ouvi-lo. Protestou contra a agressão com extrema violência. A declaração de Sartre ao *Paese Sera* saiu na primeira página de todos os jornais. Pouco a pouco, em consequência de manobras secretas com a União Soviética, fez-se silêncio. Os romenos que se encontravam na Tchecoslováquia voltaram com os carros amassados: no caminho os húngaros lhes haviam jogado pedras. As camadas esclarecidas do povo húngaro desaprovaram a intervenção; mas sempre existiu uma inimizade profunda entre a Hungria e a Romênia, e uma vez que a propaganda pró-soviética exaltou os ânimos, os camponeses se sentiram autorizados a manifestar seu ódio.

Em outubro revimos Liehm e conversamos longamente com ele. Comunicou a Sartre que os diretores dos teatros de Praga mandavam convidá-lo para assistir às representações de *Les mouches* (*As moscas*) e *Les mains sales* (*As mãos sujas*). Sartre aceitou, mas estávamos céticos: as peças não seriam proibidas? Conceder-nos-iam os vistos de entrada?

O fato é que, numa quinta-feira, 28 de novembro, pousávamos em Praga às onze da manhã. O dia estava cinza, úmido e frio. O diretor do teatro, seus colaboradores e escritores conduziram-nos ao Hotel Alkron, antiquado e atraente que, no passado, fora um centro de espionagem internacional. Daí fomos imediatamente para o teatro, onde estava terminando o ensaio geral de Les mouches. Do vestíbulo ouvimos a salva de aplausos. Instalamo-nos no palco e estudantes, muito numerosos na assistência, fizeram perguntas a Sartre. Liehm dissera-lhe que podia falar sem a menor reserva: ainda assim fiquei surpresa com a liberdade dessa conversa. Como o auditório lhe pedisse isso, Sartre declarou que considerava a agressão soviética um crime de guerra; que escrevera *Les mouches* para encorajar os franceses à resistência, que se sentia feliz por ter sua peça representada na Tchecoslováquia ocupada. Alguns dias antes os estudantes haviam entrado em greve, e Sartre perguntou-lhes por quais razões. "Sr. Sartre, o senhor acaba de desembarcar, desconhece as condições em que vivemos; em particular poderíamos falar-lhes da greve, mas não em público: existe autocensura", disse um jovem. Outro, um matemático ruivo e barbudo, levantou-se: "Autocensura ou não, vou responder." E subiu ao palco. Falava em tcheco; nossa intérprete, uma mulher jovem e melancólica, de olhos muito azuis, traduzia. Os estudantes não estavam contra o governo, mas queriam demonstrar sua importância política e impedir que os dirigentes enveredassem pelo caminho das concessões. Os operários haviam realizado uma hora de greve para manifestar-lhes solidariedade. Durante quase duas horas continuou-se a discutir sobre diversos assuntos.

Almoçamos tarde com o diretor do teatro e sua equipe; descansamos no hotel. Por volta das sete horas saímos. Fazia muito frio, havia névoa e, apesar das cores alegres dos anúncios luminosos, as ruas pareciam sinistras. Ao pé da estátua que se ergue na Praça Wenceslas, amontoavam-se coroas funerárias; buquês cobriam o chão onde brilhava uma constelação de velas; algumas pessoas se recolhiam em silêncio, outras murmuravam preces em memória das vítimas da agressão.

No dia seguinte pela manhã nossa intérprete nos levou a passear de carro para revermos Praga. Automóveis, em sua maioria pequenos, engarrafavam as ruas. Revi o castelo, os bairros antigos, as belas casas barrocas, muitas praças encantadoras e, de longe, a ponte com as "estátuas feiticeiras" por onde não se podia passar porque estava sendo reparada. Visitei a bonita capela de João Huss. E nos detivemos durante uns bons momentos na grande praça em que ele foi queimado: lembrava-me bem do relógio, das belas casas antigas e, mais vagamente, dos dois campanários da igreja.

Almoçamos com escritores num bonito restaurante decorado com árvores: era moda em Praga, da mesma maneira que na França, as velhas vigas como reação à matéria plástica. Revimos Hoffmeister, conheci o jovem filósofo Kosik, de quem Sartre me falara com apreço. Aqui também a conversa era absolutamente livre. Ninguém desconfiava de ninguém e reinava perfeita concordância entre todos. A reunião de uma centena de pessoas, que se realizou depois na União de Escritores, foi muito menos interessante: aqueles que teríamos gostado de encontrar estavam fora de Praga, entre eles Kundera.

À noite foi a estreia de Les mouches. A sala estava lotada. Achamos tanto a *mise en scène* quanto os atores excelentes. O público aplaudiu freneticamente algumas passagens. Quando Júpiter diz a Orestes e Electra: "Vim para ajudá-los", as risadas explodiram. E também quando, tendo feito promessas sedutoras a Electra, à sua pergunta: "Que exigirás de mim em troca?" ele responde: "Não te peço nada... ou quase nada." O público reagiu com entusiasmo à réplica de Júpiter: "Uma vez que a liberdade explodiu numa alma de homem, os deuses nada mais podem contra esse homem." Em muitas outras frases o público viu alusões à sua situação e manifestou-se entusiasticamente. No final, Sartre foi ovacionado.

Depois ceamos carnes frias regadas a vodca, vinho branco e cerveja. Estávamos sentados em frente a Cisak e Hadjek. O primeiro era atarracado, de rosto grande e cabelos cortados à escovinha. Hadjek — que fora alvo de calúnias ignóbeis[90] — parecia um pássaro desplumado. Chamava os russos de "nossos aliados" e pregava a prudência: "É preciso não assustar nossos aliados." Segundo ele falara-se demais: os intelectuais gostam de falar muito. De agora em diante seria mais prudente agir em silêncio.

Na noite seguinte, *Les mains sales* também foi recebida entusiasticamente pelo público, que encontrou na peça várias alusões aos

---

[90] Acusaram-no de ser um velho social-democrata, agente da Gestapo e sionista, quando ele nem sequer é judeu.

acontecimentos. Quando Hoederer diz que um exército de ocupação nunca é amado, ainda que se trate do Exército Vermelho, os aplausos foram frenéticos. Contaram-me que numa comédia uma atriz provocara gargalhadas dizendo ao telefone a uma amiga: "Chame-me mais tarde, estou ocupada."

Nosso dia fora muito cheio e o seguinte foi igual. Mostraram-nos noticiários filmados pelos tchecos durante a noite trágica e nos dias seguintes: eu tinha lido muitas reportagens, mas era diferente ver as coisas através de seus olhos. Mostraram-nos também os noticiários feitos pelos soviéticos; estes foram projetados na União Soviética com comentários que alteravam seu sentido: armas encontradas nos subterrâneos de um ministério eram definidas como um arsenal contrarrevolucionário. Em Praga haviam apresentado o filme denunciando suas fraudes.

Na televisão, respondendo a perguntas feitas por Bartosek, evitamos as palavras comprometedoras, mas falamos sem disfarces da "desgraça" que se abatera sobre o povo tchecoslovaco, de sua "legítima amargura". Bartosek queria que tivéssemos contato com operários. Achava que a Primavera de 1968 dera início a uma transformação de sua condição, que eles iriam, pelo menos em parte, tirar o poder dos burocratas, participar da direção das fábricas. Era por isso que apoiavam o novo governo contra os russos. Infelizmente, não pudemos permanecer em Praga o tempo suficiente para visitar as fábricas.

Almoçamos com gente de teatro num restaurante que se chamava Moscou(!). E passamos momentos agradáveis com os Hoffmeisters: seu grande apartamento está cheio de objetos magníficos, originários de todos os cantos do mundo. Ele nos mostrou novos desenhos seus e caricaturas interessantes de intelectuais e políticos progressistas da atualidade. Contou anedotas sobre a ocupação. Em Bratislava, no dia 21 de agosto, um oficial russo disse pela manhã ao diretor da TV: "Deixo homens meus em sua escada. Irão defendê-lo dos contrarrevolucionários." À noite surpreendeu-se: "Como? Não apareceu nenhum contrarrevolucionário?" De repente, teve uma iluminação: "Então o contrarrevolucionário é *o senhor*!" Mas, durante o dia, a equipe de televisão tivera tempo de esconder todo o seu material. Falou-nos também de um jornal que os russos haviam interditado.

Tinham montado guarda na porta do prédio e ocupado o hall de entrada. Ignoravam a existência de uma porta de fundos, pela qual saíam as folhas impressas nas salas do segundo andar. Até a polícia se recusava a colaborar com os russos, daí a dificuldade em usar de rigor.

Todos os nossos interlocutores falaram-nos longamente sobre o XIV Congresso do Partido Comunista, realizado clandestinamente, nas barbas dos ocupantes. Foi para impedi-lo de reunir-se que os soviéticos intervieram. Ele devia regularizar o processo de renovação do socialismo e fortalecer o papel dirigente do P.C.: isso o tornava perigoso aos olhos dos burocratas soviéticos. Em condições surpreendentes, e apesar disso, ele se reuniu. Mais de dois terços dos delegados escolhidos participaram dos trabalhos. Por uma convocação através do rádio, apresentaram-se no dia 22 de agosto numa grande fábrica de Praga, de onde os operários os levaram para Vysocany, subúrbio escolhido secretamente para local de reunião. Trabalharam durante muitos dias e estabeleceram um protocolo.

Todas essas conversas confirmaram o que já sabíamos: a Primavera tcheca não fora dirigida contra o socialismo. O que o novo regime desejava era abandonar os métodos burocráticos e policiais dos stalinistas, substituir a coerção pela persuasão, eleger o comitê central pelo povo, por meio do escrutínio secreto, em vez de nomear a partir da cúpula, dar aos trabalhadores poder político e responsabilidades econômicas: queria, enfim, realizar um autêntico socialismo. Os soviéticos, aliás, só já muito tarde fabricaram a tese do "perigo contrarrevolucionário". Na verdade, se forças antissocialistas existiam já há muitos anos na Tchecoslováquia, era por causa da política dogmática e ineficaz de Novotny; em contrapartida, elas se desfizeram quando o P.C. apresentou seu novo programa político. Ele tentou congregar todo o país em torno do socialismo e, a partir de maio, quando decidiu reunir o XIV Congresso, sua autoridade só fez reforçar-se. Toda a classe operária apoiava Dubcek: ela manifestou sua concordância por meio de milhares de resoluções. Naquele momento ela estava unanimemente contra a ocupação.

Então, qual era o verdadeiro motivo da intervenção? Nossa amiga Svetlana achava que os burocratas soviéticos tinham ficado apavorados com a ideia de que Praga queria elucidar inteiramente o processo; a massa sustentava o governo em seu conjunto, mas nenhum de seus membros em particular; os responsáveis pelos processos corriam o risco de ser afastados por concorrentes menos comprometidos do que eles. Por outro lado, Moscou não podia aceitar a abolição da censura: "Sobretudo", disse-me um húngaro anti-intervencionista, "porque os ucranianos compreendem o tcheco." O nacionalismo da Ucrânia poderia ser estimulado pelo exemplo dos tchecos. A atitude hegemonista dos grupos dirigentes do P.C. na União Soviética seria suficiente para explicar a agressão: eles têm necessidade de controlar todos os países socialistas e não podiam suportar as pretensões da Tchecoslováquia a uma certa independência.

Deixamos Praga mais otimistas do que chegamos: como conseguiriam os russos quebrar uma resistência tão unânime?

Foi ao regressar de Praga que li *L'aveu* de London, dedicado, entre outros, "a todos aqueles que prosseguem a luta para dar ao socialismo uma fisionomia humana". Nunca nos iludimos com os processos de Rajk e de Slanski; nunca acreditamos nas "confissões"; mas livro algum me dera uma resposta satisfatória para a pergunta: como se chega a confessar? Um apelava para a tortura; outro, para uma dedicação cega ao partido; outro, ainda, para a esperança de poder defender-se publicamente. Só London desmontava, de maneira absolutamente convincente, o conjunto do processo: o leitor se sentia preso junto com ele numa engrenagem da qual não havia meio algum de escapar. Rápido, sóbrio, pungente, o relato era o de um verdadeiro escritor. Ele esclarecia inteiramente um ponto que me intrigara quando, muitos anos antes, ouvira falar dele: como suportava viver com uma mulher que durante o processo não fora solidária com ele? Na realidade, ela acreditara nele até o momento em que o escutara, com seus próprios ouvidos, confessar seus crimes. Torturado pela Gestapo, ele não falara: como poderia ela imaginar os métodos pelos quais a polícia tcheca extorquira confissões de todos os acusados? Arrasada de dor e ressentimento ela o renegou. Mas, a partir do momento em que, durante uma entrevista, ele conseguiu afirmar-lhe, em duas palavras, sua inocência, ficou convencida, e fez tudo para reabilitá-lo. Durante a ocupação, em plena rua de Paris, ela lançara uma exortação às mulheres contra os alemães: só escapara à morte porque estava grávida e dera à luz numa prisão alemã; isso mostra que pertencia de corpo e alma a seu partido, acreditava nele como o fiel em Deus; eu considerava injusto que a censurassem por falta de senso crítico a seu respeito: disse isso na Rádio Luxemburgo, onde quis falar sobre essa história que me tocou.

Por iniciativa de Lanzmann, almocei com London, com quem simpatizei muito. Lanzmann perguntou-lhe: "E agora, ainda faria política?" "Contanto que não mentisse nunca", respondeu rindo. Ele esperava que seu livro fosse traduzido para o tcheco e levado à tela por um diretor tcheco. Mas não. Em 1969 a Primavera de Praga não passava de uma lembrança. Costa-Gavras fez um filme na França que, apesar de suas qualidades, não transmitia toda a complexidade do drama. Em minha opinião, um dos méritos do livro de London era o de tirar toda a credibilidade das confissões que poderiam ulteriormente ser arrancadas de acusados; afinal de contas, porém, isso absolutamente não perturba os regimes autoritários: o fato é que eles condenam sem confissão.[91]

Escrevo estas linhas em 1971. Todos os intelectuais tchecos e eslovacos com que tínhamos contato foram expulsos do P.C. Perderam sua situação e vivem em condições extremamente difíceis. Ou então estão exilados. E os dirigentes tchecoslovacos estão, outra vez, inteiramente sob o jugo dos soviéticos.

Estes desencorajaram definitivamente todas as nossas esperanças. Nunca a situação dos intelectuais foi tão crítica. Nenhum de nossos amigos consegue permissão para vir à França, e sabemos que todos se sentem desesperadamente impotentes. Por haver dito a verdade sobre sua terra, Amalric foi novamente mandado para a Sibéria, onde morreu.[92] O processo de Leningrado colocou em evidência o antissemitismo que grassa na União Soviética a nível governamental. Creio, com pesar, que nunca mais reverei Moscou.

---

[91] Alguns até voltaram ao sistema das confissões.
[92] Depois que escrevi estas linhas, muitos outros intelectuais foram deportados ou enclausurados em hospícios.

Capítulo VII

A guerra franco-vietnamita me tocara profundamente e me regozijei com a vitória de Hanói. Quando, depois de junho de 1962, a guerra da Argélia deixou de me obcecar, o destino do Vietnã voltou novamente a ocupar o primeiro plano das minhas preocupações: a ingerência dos americanos, seu desprezo pelo direito do povo vietnamita de dispor de si mesmo revoltavam-me.

Sabe-se que, quando em 1954 foram assinados os acordos de Genebra, fixou-se uma linha de demarcação provisória para permitir que as tropas se reagrupassem, as do Vietminh ao norte, as francesas ao sul. Não se tratava absolutamente de uma fronteira que houvesse delimitado dois Estados. Os acordos previam uma reunificação do país que, em julho de 1959, elegeria um presidente. Era evidente — Eisenhower concorda com isso em suas *Memórias* — que pelo menos 80% da população escolheriam Ho Chi Minh. Os americanos, cinicamente, decidiram impedir a consulta prévia. Os franceses haviam constituído no sul, contra Ho Chi Minh, um "Estado do Vietnã", do qual era presidente Bao-Dai. Os acordos de Genebra, que os americanos se tinham comprometido a respeitar, não reconheciam sua existência; apesar disso, os americanos pretenderam considerá-la como uma nação e colocaram à sua testa uma criatura deles, Diem. A população constituiu contra ele uma Frente Nacional de Libertação. O Pentágono enviou tropas, cada vez mais numerosas, para esmagar a guerrilha.

A esquerda americana protestou contra essa intervenção. A Universidade de Cornell esteve à frente desse movimento. Os professores enviaram uma carta de protesto a Johnson; organizaram uma manifestação pacifista. No início de 1965, convidaram Sartre para realizar conferências em seu país. Toda a esquerda desejava sua ida: participando de seus comícios, ele lhes daria um apoio precioso. Sartre aceitou.

No dia 7 de fevereiro de 1965, sob pretexto de que o norte participava dessa guerra — que na verdade interessava o país inteiro, já que a divisão entre norte e sul não passava de uma mistificação americana —, os americanos bombardearam a R.D.V.;[93] tornaram a fazê-lo a 2 de março e não mais cessaram.

Sartre considerou que, nessas condições, não devia ir aos Estados Unidos: na escalada da guerra, os ataques contra o norte constituíam um salto qualitativamente irreversível. Escreveu à Universidade de Cornell expondo suas razões. Deu uma entrevista sobre o assunto a *L'Observateur*, que foi publicada na América do Norte em *Nation*. Sua decisão pareceu-lhe ainda mais acertada, quando pouco depois ocorreu a intervenção americana em São Domingos. Inicialmente a esquerda americana censurou Sartre por sua atitude: o senhor nos abandona! É uma defecção!, escreveram-lhe. É tão difícil para os americanos, mesmo quando bem-intencionados, não se considerarem o centro do mundo! Consideravam que Sartre só era responsável perante eles: e ele pensava no escândalo que teria suscitado no Terceiro Mundo, em Cuba, no próprio Vietnã, aceitando o convite de Cornell naquele momento. Pouco a pouco, a esquerda americana retificou seu julgamento. Em cartas e artigos reconheceu que a recusa de Sartre tivera mais repercussão do que longos discursos: "Ele nos ajudou enormemente, isso foi um exemplo", disseram os militantes.

Realizaram-se então grandes manifestações nos Estados Unidos, bem como inúmeros debates nas universidades. Vinte escritores recusaram um convite da Casa Branca. Multiplicaram-se as passeatas e os comícios contra a guerra.

Em julho de 1966, recebi a visita de um jovem americano que morava na Inglaterra e era um dos principais secretários da Fundação Russell; chamava-se Schoenman. Colocou-me a par de um projeto de Lorde Russell: organizar um tribunal, inspirando-se no Tribunal de Nuremberg, para julgar a atuação dos americanos no Vietnã. A fundação enviaria comissões de inquérito ao Vietnã, receberia documentos através da esquerda americana e organizaria um processo no qual um determinado número de "juízes" apreciaria os fatos e daria um veredito. O objetivo era sensibilizar a opinião internacional e, em

---

[93] República Democrática Vietnamita.

particular, a opinião americana. Aceitaríamos, Sartre e eu, fazer parte do tribunal? Schoenman especificou que as sessões se realizariam em Paris, que nós não teríamos necessidade de assistir a todas, que nos seriam fornecidos relatórios destas, que só nos solicitariam dois ou três dias de presença para as decisões finais.

Tito Gérassi levou-nos a aceitar. Como já disse, militava contra a guerra do Vietnã. Confiávamos nele. Ele fez com que nos decidíssemos.

Em novembro de 1966, houve um comício na Mutualité contra a guerra do Vietnã. Uma enorme multidão acotovelava-se em frente à porta e, dentro, comprimia-se uma assistência mais jovem e mais apaixonada do que de hábito. Esta aplaudiu a mais não poder os oradores quando se instalaram na tribuna, particularmente Max Ernst, autor do cartaz que ornamentava a sala. Sartre despertou entusiasmo ao dizer que devíamos apoiar o Vietnã, não por moralidade, mas porque ele lutava por nós. Depois dos discursos, houve filmes apresentados por Gatti, música e balés de Nono.

Entrementes, desenvolvia-se o projeto do tribunal. A 1.º de dezembro, Sartre anunciou sua existência num artigo. Algumas pessoas achavam que tal processo não teria significação, porque o veredito já era conhecido antecipadamente. Isso não é verdade, dizia Sartre. Nosso comportamento seria o de todos os júris: a partir de fortes presunções, estabelecer se os Estados Unidos haviam ou não cometido crimes de guerra. Decidiríamos isso, de acordo com as leis aplicadas em Nuremberg e também de acordo com o pacto Briand-Kellogg e a convenção de Genebra.

Alejo Carpentier foi enviado por Cuba ao Vietnã do Norte, a fim de realizar investigações para o Tribunal Russell. Em sua volta, almoçamos com ele. Contou-nos que a maioria das cidadezinhas estavam arrasadas. Os aviadores atacavam de preferência os hospitais, as escolas, os leprosários, as igrejas, por serem construções sólidas que constituem melhores alvos do que as palhoças. Hanói esperava ser bombardeada a qualquer momento. As crianças haviam sido evacuadas. Os habitantes faziam suas compras entre três e cinco horas da manhã, período menos propício para um ataque aéreo. Descreveu-nos os abrigos individuais cavados ao longo das calçadas, a fragilidade dessa cidade de bambu, a coragem da população. Mostrou-nos também fotografias de civis queimados com napalm.

Em janeiro de 1967, Sartre encontrou-se em Londres com Schoenman e um determinado número de juízes, para estabelecer os estatutos do tribunal e definir as perguntas que teríamos de responder. Outras reuniões se realizaram em Paris. Lanzmann, designado por Sartre como seu suplente, às vezes o substituía.

Uma delegação, que incluía, entre outros, Tito Gérassi e o advogado Matarasso, trouxe do Vietnã testemunhos impressionantes. Seguiram-se outras.

Esperávamos que o tribunal se reunisse em Paris. Mas quando, em fevereiro, Dedijer quis ir à França, seu visto de permanência, que até então sempre lhe fora concedido, foi recusado. Sartre escreveu ao General De Gaulle, perguntando-lhe se tal recusa era motivada pelo desejo de impedir que o tribunal se reunisse em Paris. De Gaulle respondeu numa carta redigida em duas partes, como seus discursos. A primeira significava: "Sim, naturalmente." A segunda, porém, concluía: "Não, evidentemente." Apesar de sua política aparentemente antiamericana, De Gaulle não queria indispor-se com o governo dos Estados Unidos. Uma carta do chefe de polícia confirmou a recusa.

O tribunal entrou então em contato com Estocolmo. O governo respondeu não. Mas a seguir declarou que seria anticonstitucional impedir que nos reuníssemos: a Suécia nos receberia a contragosto, mas era obrigada a isso em vista de seus princípios democráticos. Assim, já não se cogitava de continuar levando nossa existência habitual em Paris, acompanhando mais ou menos de perto as sessões. Contudo, na medida em que tomava forma, a empresa nos seduzia e estávamos dispostos a nos dedicarmos totalmente a ela.

Nos dias que antecederam nossa partida, em maio de 1967, estávamos um pouco preocupados, porque de Estocolmo nos haviam telefonado, dizendo que Schoenman dava três entrevistas à imprensa por dia e falava a torto e a direito. Chegamos um sábado à tarde com vários delegados. Um comitê de recepção nos aguardava ao lado de um grande cartaz onde estava escrita a palavra: Tribunal. Foi durante a reunião realizada no salão de um grande hotel que tomei conhecimento da composição exata do júri. O presidente de honra era Bertrand Russell que, pela idade avançada, não viera da Inglaterra. Sartre era presidente do executivo. Dedijer presidia as sessões, assistido por Schwartz. Este eu conhecera durante a guerra da Argélia. Dedijer eu o encontrara recentemente em Paris pela primeira vez. Lera havia muito tempo, com interesse, seu livro: *Tito parle...* Combatera nos maquis junto com Tito: no dia em que este foi ferido, a mulher de Dedijer foi morta. Posteriormente, ele próprio foi ferido na cabeça por um estilhaço de obus que nunca se pôde extirpar completamente.

Historiador e doutor em direito, representara a Iugoslávia na ONU em 1945 e ocupara depois outros cargos importantes. Quando Tito proibiu as obras de Djilas e, em 1955, o atirou numa prisão, Dedijer protestou violentamente: não que compartilhasse todas as ideias de Djilas, mas achava que este deveria ter o direito de exprimi-las. Caiu então em desgraça e foi condenado, com *sursis*, "por difusão de notícias prejudiciais a seu país na imprensa americana". Um ano depois, obteve permissão para deixar a Iugoslávia: foi para os Estados Unidos, onde lecionou na Universidade de Manchester, depois nas de Harvard e Cornell. Fazia já um ano que vivia novamente em Liubliana, onde retomara seus trabalhos de historiador. Era o único membro do tribunal que pertencia a um país socialista. Muito grande, de ombros largos, dava impressão de força e solidez. Na realidade, era menos robusto e menos estável do que parecia: por causa de seu antigo ferimento, sofria periodicamente de violentas dores de cabeça e, todos os anos, tinha de hospitalizar-se por algum tempo. Às vezes sofria acessos de raiva difíceis de controlar. Cativou-nos pela retidão de seu caráter, pela vitalidade, pelo calor humano que transmitia. Tornou-se amigo nosso.

Os outros juízes eram Gunther Anders, filósofo e escritor alemão; Aybard, um turco, professor de direito internacional e membro do parlamento; Basso, doutor em direito italiano, especialista em direito internacional e membro do parlamento; Cárdenas, ex-presidente da República do México, que não foi a Estocolmo; Carmichael — o afro-americano que lançou a fórmula "Black Power" e que se fez representar por um outro afro-americano chamado Cox; Dellinger, americano pacifista, redator-chefe do jornal contestador *Liberation* e cuja luta política o levara à prisão; Hernández, poeta filipino, presidente do Partido Democrático do Trabalho, que passara seis anos preso por delitos políticos; Kasuri, advogado na Corte Suprema do Paquistão; Morihawa, jurista japonês; Sakata, físico japonês; Abendrath, doutor em direito e universitário alemão que teve como suplente uma romancista sueca, a Sra. Lidmann; Baldwin, o romancista afro-americano, não foi à Suécia e não foi representado. Deutscher, o conhecido historiador trotskista, e Daly, secretário-geral do sindicato dos mineiros escoceses, só chegaram no fim da reunião. Foram nomeados novos juízes: Ogleby, jovem pacifista americano; Melba Hernández, que participara ao lado de Castro do ataque de Moncada; Peter Weiss, que a princípio era apenas secretário-geral do comitê sueco. Os juízes eram assistidos por uma comissão jurídica da qual faziam parte Gisèle Halimi, Jouffa, Matarasso, Suzanne Bouvier; Schoenman e Statler representavam a Fundação Russell. Tradutores benevolentes, extraordinariamente competentes, possibilitavam que nos compreendêssemos uns aos outros; as línguas utilizadas eram inglês, francês e espanhol.

Fui acordada no domingo pela manhã por um estranho aparelho fixado na parede, que se acertava à noite e que no dia seguinte, na hora marcada, emitia guinchos estridentes até que se recolocasse o ponteiro no zero. Vi pela janela uma avenida larga, um café com um terraço onde havia pessoas sentadas, e fiquei desconcertada com a ideia de passar dez dias ali, longe de minha vida. Mas logo depois, enquanto o táxi atravessava a cidade, senti-me novamente cativada pelo encanto de Estocolmo: braços de mar, bacias cuja água brilhava ao sol, os telhados verdes das igrejas e dos palácios, a sede da prefeitura, moderna mas muito bonita em sua roupagem de tijolos vermelhos.

O tribunal alugara o quarto andar da Casa do Povo: um grande anfiteatro e vários escritórios. Pelos corredores circulavam mocinhas de minissaias e rapazes de cabelos compridos que realizavam com boa vontade tarefas ingratas: traduzir, bater a máquina, mimeografar textos. A delegada cubana, Melba Hernández, ficou impressionada com esses jovens: pensava falar sobre os mesmos com Castro, porque eles provavam que o estilo "Carnaby Street", rigorosamente proibido em Cuba, não é incompatível com o engajamento revolucionário. Chamou particularmente nossa atenção uma pessoa encantadora, que acompanhava todas as sessões sentada na primeira fila. Não conseguíamos decidir qual era seu sexo, até o dia em que a encontramos em casa de Peter Weiss; era seu enteado, e Alejo Carpentier ficou constrangido por havê-lo cumprimentado com um: "Bom dia, senhorita." Notamos também um casal jovem que levava para todos os lugares uma espécie de mala-berço onde havia um bebê deitado: tratava-se de Statler e sua mulher. Uma noite, no hotel, proibiram — muito seriamente — a entrada do bebê no bar: "Proibida a entrada de menores."

No primeiro dia tivemos uma reunião privada. Era preciso inicialmente corrigir uma gafe de Schoenman durante uma entrevista à imprensa: todos os jornais suecos acusavam, em primeira página, o tribunal de haver insultado o Primeiro-Ministro Erlander. Schoenman negara que Erlander tivesse enviado uma mensagem de boas-vindas a Russell, quando na verdade ele telegrafara delicadamente. Schoenman preparou umas palavras de desculpas para a imprensa, e decidiu-se que apenas quatro porta-vozes, escolhidos entre os juízes, estariam autorizados a se comunicar com a imprensa.

Durante esses dez dias houve muitas reuniões privadas: realizavam-se depois da sessão pública e, frequentemente, prolongavam-se até tarde da noite. De fato, tínhamos muitos assuntos para discutir: o programa exato dos dias subsequentes; a formulação precisa das perguntas a que deveríamos responder; onde situar a minoria, no caso de não serem unânimes nossas decisões; e outros problemas menos importantes.

Durante esses encontros tive uma experiência interessante no que se refere à psicologia de grupo. Aquelas pessoas, vindas de todos os cantos do mundo, eram todas contra o imperialismo americano; mas seus pontos de vista eram variados. Kasuri e Hernández representavam a esquerda de países subdesenvolvidos, cujos governos pactuavam com os Estados Unidos. O antiamericanismo dos japoneses originava-se das lembranças de Nagasaki e de Hiroshima e da atual ocupação de Okinawa; sentiam-se particularmente afetados pela agressão cometida contra um país asiático. Melba Hernández representava Cuba, onde a Revolução triunfante era ameaçada pelos Estados Unidos: estava emocionalmente mobilizada pela luta de um pequeno país contra a enorme potência ianque. Os americanos falavam em nome da oposição interna. Aybard e Basso raciocinavam como juristas, e Deutscher, como trotskista. Sartre, Schwartz e eu pertencíamos à esquerda francesa não comunista. A posição de Dedijer era próxima da nossa, bem como a de Peter Weiss. No início, sentíamos um pouco de desconfiança em relação aos outros. Sobretudo Kasuri e Hernández manifestavam certa hostilidade com referência aos ocidentais. Além disso, cada um tinha seu temperamento, suas afinidades, suas antipatias. Formaram-se alianças, houve reviravoltas, conflitos latentes, atritos manifestos. Tive momentos de irritação, mas a maioria das vezes nossas dissensões me interessavam e até me divertiam.

Sua violência deveu-se, em grande parte, à personalidade curiosa de Schoenman. Creio que sem ele o tribunal não teria existido. Com uma tenacidade espantosa, percorrera o mundo para expor seu projeto, recrutar juízes, dar forma a uma organização. Era capaz de trabalhar dias a fio sem pregar o olho e, se necessário, dormir no chão. Mas tinha os defeitos de suas qualidades e alguns outros. Enérgico, eficaz, é o único homem que conheci que escondia o queixo sob uma barba, não para dissimular a fragilidade de seus traços, mas, ao contrário, sua arrogância obstinada. Teria gostado de exercer uma verdadeira ditadura sobre o tribunal; era seu secretário-geral e queria também ser ali o representante de Russell; todos se opuseram a uma tal acumulação. Ficou furioso e no primeiro dia sentou-se entre os juízes; no dia seguinte, obrigaram-no a mudar de lugar. Mas, particularmente, ele pretendia reger tudo; escudava-se na autoridade de Russell: "Lorde Russell não admitiria que... Lorde Russell exige que..." Irritado, Sartre disse-lhe um dia: "Não faça como o General De Gaulle que diz *a França* quando quer dizer *Eu*..." Embora capaz de levar uma vida ascética, por soberba, Schoenman mostrava-se ultrajantemente perdulário. Dava, por exemplo, grande quantidade de longos telefonemas inúteis de Estocolmo para Londres ou Paris. Apesar das decisões tomadas, continuava a falar aos jornalistas. Sua rigidez e sua veemência muitas vezes encolerizavam Schwartz, Dedijer, Sartre. Apesar de tudo, despertava nossa simpatia, pela força de suas convicções e sua obstinação em obter resultados.

Na segunda-feira, os jornalistas foram convocados ao anfiteatro e informados de algumas decisões de ordem prática. A sessão abriu-se realmente na terça. Estávamos distribuídos por ordem alfabética, numa mesa em ferradura, cujo centro era ocupado pelos três presidentes. Cada manhã encontrávamos à nossa frente um comentário da imprensa e relatórios sobre a sessão da véspera. No recinto havia cerca de duzentas pessoas: toda a equipe de secretários e técnicos, jornalistas, uma equipe pertencente à televisão sueca, outra à televisão americana. As luzes dos projetores nos cegavam de maneira desagradável. Cada um de nós tinha um microfone diante de si. Numa espécie de gaiola de vidro suspensa sob o teto viam-se os tradutores. Quando um orador se entusiasmava, uma voz enérgica, vinda da abóbada, ordenava-lhe que fosse mais devagar, e Dedijer batia na mesa com um grande martelo. Ha Van Lau, representante da Frente, e Pham Van Bac, representante da R.D.V., assistiam às sessões na qualidade de convidados.

Em agosto de 1965, Russell pedira aos Estados Unidos que enviassem ao tribunal advogados que defenderiam sua causa. Não recebera resposta. Sartre também escreveu a Dean Rusk nesse sentido. Este não respondeu diretamente, mas declarou a jornalistas que se recusava a "brincar com um velho inglês de noventa e quatro anos". Sartre leu publicamente a réplica que lhe dirigiu: mostrava a diferença entre Russell e esse "medíocre funcionário do Departamento de Estado" que era Rusk. Acrescentou que recusávamos qualquer defensor oficioso dos Estados Unidos: seria muito fácil para o governo americano desautorizá-lo e até acusar-nos de haver montado uma farsa.

Entrementes, tínhamos começado a trabalhar. Nessa primeira reunião — à qual se seguiria uma outra alguns meses depois —, preocupamo-nos fundamentalmente com o Vietnã do Norte. Respondemos a duas perguntas:

1. Os Estados Unidos cometeram um ato de agressão tal como o define o direito internacional?
2. Houve, e em que escala, bombardeios de objetivos de caráter puramente civil?

Em exposições por momentos enfadonhas mas de modo geral apaixonantes, dois especialistas americanos em direito internacional denunciaram a maneira como os Estados Unidos desvirtuaram os acordos de Genebra e criaram artificialmente um Vietnã do Sul; dissecaram detalhadamente essa mistificação que iludiu tanta gente e concluíram pela agressão. Foi esse também o veredito dado pelos historiadores franceses Chesneaux e Fourmain, por um jurista japonês, após interessantes exposições sobre o desenrolar dessa guerra.

Os atentados contra as populações civis foram objeto de inúmeros relatórios. O físico francês Vigier estabeleceu de maneira irrefutável que as bombas de bilhas empregadas — das quais nos mostrou um exemplar e descreveu seu funcionamento — não podiam ser utilizadas contra objetivos militares: bastaria um saco de areia para neutralizá-las. Trata-se de armas novas. Uma bomba-mãe contém em média seiscentas e quarenta bombinhas cuja forma lembra uma goiaba ou um abacaxi; são constituídas por um invólucro metálico oco, contendo pequenas bilhas ou agulhas; explodem no solo, liberando esses projéteis que só provocam danos materiais insignificantes, mas fazem uma boa quantidade de mortos e feridos quando se espalham por todos os lados, no meio de um mercado ou na praça de uma cidade. Essas armas "antipessoas" são especialmente concebidas para o massacre de populações subdesenvolvidas: nem os tetos nem as paredes das palhoças opõem-lhes resistência. O Pentágono desmentiu essas asserções, e Vigier repetiu a rigorosa demonstração com um "luxo" de detalhes ainda maior.

Médicos e jornalistas que haviam feito levantamentos no Vietnã confirmaram, dando cifras e nomes, as afirmações de Alejo Carpentier: leprosários, hospitais, escolas eram especialmente visados. E também as igrejas; certamente os americanos esperavam fazer com que os católicos ficassem contra Hanói: a manobra fracassara por completo. O Dr. Behar e dois japoneses, Ttotushimo e Kugai, enfatizaram o problema da destruição sistemática dos diques. Gisèle Halimi fez um excelente relatório sobre duas províncias que visitara: nomes de localidades, cifras, sondagens, estatísticas, tudo era de uma precisão notável. E também as respostas às perguntas do tribunal. Pois todos os relatores eram exaustivamente interrogados pelo júri. Esmiuçavam-se seus relatos, a fim de colocar em evidência os pontos importantes e também para evitar equívocos que poderiam ser explorados por nossos adversários.

Seguiram-se outros testemunhos: citaram-nos inúmeras cidades, cooperativas, afastadas de qualquer objetivo militar, e cujos habitantes tinham sido mortos às centenas por bombas de bilhas, napalm, fósforo. Os médicos nos descreveram os ferimentos terríveis que essas armas provocam. Houve uma contribuição particularmente interessante de Madeleine Riffaut, jornalista que viveu durante muito tempo no Vietnã.

Slides e filmes — muitos dos quais feitos por Pic — confirmaram esses relatórios. Mostraram-nos cadáveres de civis, queimados, mutilados, e também homens e mulheres vivos mas terrivelmente feridos. O mais intolerável eram as crianças: crianças sem braços, com os rostos deformados, os corpos destruídos pelo napalm, o olhar esgazeado. Os corpos queimados com napalm ou fósforo pareciam-se com aqueles cujas fotos vimos no museu de Hiroshima.

Vimos civis, vindas do Vietnã do Norte para prestar seu testemunho. A primeira era uma jovem professora; estava dormindo na escola de Quang Linh, cidadezinha agrícola muito povoada, quando uma explosão a acordou. Levou correndo os alunos para os abrigos. De repente, algo tocou em sua nuca e a fez estremecer. Desmaiou logo depois: uma bilha penetrara em seu cérebro. Não fora possível extirpá-la; ela sofria de violentas dores de cabeça e ficara meio cega. Seu depoimento foi sóbrio e ela se limitou a falar sobre aquilo que pessoalmente vivera. Depois, uma criança de doze anos despiu-se para nos mostrar o corpo horrivelmente queimado.

Van Dong, um dos responsáveis pela Frente, exibiu-nos dois civis do Vietnã do Sul extremamente feridos. Um deles estava tão cansado que mal falou. Suas pernas estavam cobertas de queloides que pareciam feridas ainda em carne viva. O outro respondeu às perguntas do tribunal. Tendo uma família que dependia dele, não era combatente, mas sempre que possível ajudava a consertar os diques e as pontes destruídas. Fora queimado com napalm, quando ia de uma cidade para outra, num coletivo onde havia somente civis. Uma de suas orelhas se desfizera, o rosto ficara queimado, o braço esquerdo se colara ao corpo, as costas estavam cobertas de queloides: sobre toda a sua superfície estendia-se uma enorme intumescência cor de vinho. Os médicos explicaram-nos que os queloides têm altas possibilidades de degenerar em cânceres.

Junto a momentos interessantes ou pungentes como estes, havia alguns bastante enfadonhos: exposições malfeitas ou que não acrescentavam nada de novo. Como me levantava pela manhã a uma hora inabitual para mim, às vezes tinha dificuldade em conservar os olhos abertos: bebia água mineral, fumava, olhava para o público. Constatava em alguns juízes um esforço análogo ao meu e nem sempre coroado de êxito.

Uma parte da população de Estocolmo era favorável a nós, outra não. Um dia em que almoçávamos com Alejo Carpentier numa pequena *brasserie* perto do tribunal, um homem aproximou-se de mim e deu-me uma flor. De uma mesa vizinha, um outro nos felicitou entusiasticamente. No entanto, uma manhã, surgiu um homem no alto do anfiteatro, gritando em sueco: "Fora daqui! Desinfetem!" Depois foi embora. Todos os dias às seis horas, com tempo bom, com neve ou com chuva, alguns jovens desfilavam em frente à Casa do Povo carregando cartazes: *Morte ao presidente do tribunal! Viva os Estados Unidos! E Budapeste?* Também usavam cabelos compridos e pareciam tranquilos. Um dia, organizaram uma manifestação contra o tribunal. Cruzamos com alguns nas ruas, com bandeirolas e estandartes. Nossos partidários responderam com uma contramanifestação. Ambas transcorreram sem incidentes.

Quando a tarde anterior tinha sido particularmente enfadonha, eu me aproximava com um pouco de apreensão do outro dia que me aguardava, exatamente programado, no qual não teria possibilidade nem de uma leitura interessante, nem de uma conversa particular com Sartre. Mas muitos momentos eram suavizantes. Em primeiro lugar, o café da manhã que tomávamos no restaurante do hotel: numa mesa grande havia café fervendo, jarras com sucos de frutas, comidas diversas, e cada um se servia e instalava-se numa mesa. Em geral, sentávamos na mesma que Dedijer. A conversa continuava enquanto atravessávamos Estocolmo, de uma beleza tocante sob a bruma da manhã.

E depois, de toda maneira, pude passear um pouco com Sartre, e também com Lanzmann, que viera substituí-la por algumas horas. No centro de Estocolmo, existe agora um grande bairro comercial ultramoderno, com belos prédios envidraçados. Mas passeei sobretudo pelas ruazinhas da cidade velha. Estreitas, silenciosas, lembravam o rigor dos costumes provincianos. No entanto, encontra-se aí grande quantidade de boates de *striptease*, bem como de cinemas que, de acordo com as fotografias expostas, passam filmes mais do que ousados. Parei diante de uma livraria. Uma das vitrines estava cheia de livros referentes a plantas ou animais. Na outra, estava exposto tudo o que já vi de mais obsceno em minha vida. Diretamente, ou por buracos de fechadura simulados, viam-se casais — todos heterossexuais: era a única restrição — entregues a todas as práticas imagináveis: as fotografias eram coloridas e de uma nitidez espantosa.

Gostava das noites em Estocolmo. Às vezes eram geladas; chegou até a nevar. Muitos prédios, sobretudo os restaurantes, eram iluminados por grandes tochas de labaredas movediças; elas iluminavam a fachada da Ópera, um edifício imenso; ao lado, havia um salão de dança com lustres de cristal e um restaurante pomposo decorado com plantas verdes; no primeiro andar localizava-se um bar *modern style* que teria encantado Giacometti com seus mosaicos, seus festões e seus astrágalos. A maioria dos frequentadores era jovem: jovens de minissaias, rapazes de cabelos compridos. Frequentemente, jantávamos ali salmão defumado e *akvavit*. Peter Weiss e sua mulher nos haviam levado lá na noite em que chegamos. Eu gostara muito de sua peça *Marat-Sade*; foi um grande prazer conhecê-lo. Não se lhe davam os seus cinquenta anos; muito moreno, usando óculos de tartaruga, tinha uma fisionomia sutil e reservada, que se animava quando falava. Conversávamos com ele, não apenas sobre o tribunal, mas sobre teatro, sobre Sade, sobre qualquer coisa. Loura, bonita, um rosto vivo, a mulher parecia jovem, embora tivesse um filho de dezessete anos do primeiro casamento; esculpia e fazia cenários, em particular para as peças do marido. Tinha muito talento: pude constatá-lo quando fomos almoçar em sua casa. Seu estúdio era decorado com belas cerâmicas e maquetes engenhosas. Haviam convidado Gisèle Halimi, Schwartz, Dedijer, Alejo Carpentier. A mesa estava posta numa grande cozinha; comemos saladas, carnes frias, peixes defumados, conversando o tempo todo.

Uma das satisfações dessa permanência foi ter encontrado pessoas com quem simpatizássemos: Alejo Carpentier, o escritor eslovaco

Mnacko — e descobrir outras: Dedijer, Peter Weiss e a mulher, Basso, que depois revimos em Roma.

E também, apesar de alguns momentos enfadonhos, nosso trabalho era apaixonante. A cada dia que passava, íamos progredindo. Nossas suposições transformavam-se em certezas, nossas certezas recebiam múltiplas e trágicas confirmações. Mesmo aqueles que conheciam melhor o problema — Dellinger entre outros — diziam que tinham ficado sabendo muitas coisas. O que sabíamos anteriormente assumia novo valor ao inscrever-se no quadro de um conjunto.

A imprensa local era insidiosa: espalhou o boato segundo o qual o tribunal se arruinava para pagar os intérpretes, quando, na verdade, estes não recebiam um centavo; em vez de publicar as fotografias da criança cujo corpo era uma queimadura só, os jornais disseram que ela estava "um pouco queimada". Os jornais franceses só apresentaram resumos rápidos de nossas sessões. Mas o *New York Times* comentou longamente várias delas. Trombadori, em *L'Unità*, apresentou diariamente reportagens bastante completas, a Rádio Luxemburgo e a O.R.T.F. falaram com bastante regularidade sobre o tribunal.

As deliberações levaram muito tempo. Na primeira noite, reunidos desde as nove horas no anfiteatro, permanecemos lá até uma e meia da manhã. Era estranho estar em seu lugar habitual diante de um hemiciclo vazio. Foram constituídas comissões encarregadas de redigir diferentes relatórios que motivariam nossas respostas. Não toquei nos sanduíches indigestos nem tomei café com medo de ter insônia; talvez por isso, minha capacidade de resistência foi bem menor do que a dos outros; no fim da reunião, minha cabeça girava, não sabia bem onde me achava e o que fazia ali. No dia seguinte de manhã, às onze horas, reunimo-nos para discutir a formulação exata das perguntas. Votamos e unanimemente acusamos os Estados Unidos de agressão e ataque contra as populações civis. Não chegamos a um acordo quanto à responsabilidade de seus aliados. À tarde, houve uma sessão pública, na qual Basso leu um excelente relatório de síntese. Às nove e meia da noite retomamos os debates num dos escritórios. Dessa vez empanturrei-me de café e de coridrano. Por unanimidade denunciamos a cumplicidade da Austrália, da Nova Zelândia, da Coreia do Sul; por unanimidade, com exceção de um voto — o de Kasuri —, condenamos, não uma agressão, mas ataques dos Estados Unidos contra o Camboja. No entanto, com respeito aos textos preparados pelas comissões, não chegávamos a um acordo. Lá fora o dia nascia sobre a cidade deserta, o céu passava do azul-escuro para o azul-vivo. "Começa a clarear, mas entre nós a confusão aumenta", observou Kasuri. Finalmente, às quatro horas, terminamos, e atravessamos Estocolmo em meio ao frescor da madrugada. Dormi quatro horas de sono pesado. Muitos secretários passaram a noite trabalhando. Os intérpretes estavam exaustos: aquelas discussões em que todo mundo falava ao mesmo tempo eram muito mais cansativas para eles do que as sessões regulares. Uma intérprete teve de passar duas horas no hospital para tratar da garganta.

Às onze e meia estávamos reunidos no anfiteatro: Sartre leu os "considerandos" que motivavam nosso julgamento, depois as perguntas e respostas. O recinto explodiu em aplausos. Todos se abraçaram. Os cubanos choravam; os vietnamitas tinham os olhos cheios de lágrimas.

Acompanhei Sartre, Dedijer e Dellinger à televisão sueca. Eles se recusaram a maquilar-se. Os suecos fizeram perguntas insidiosas e tolas, que, aliás, já tinham sido amplamente respondidas durante a reunião. "Mas então não assistiram a nenhuma sessão?" perguntou Sartre. A nenhuma, confessaram. Dellinger falou particularmente bem: tinha estado preso por causa de seu pacifismo e tinha organizado várias manifestações não violentas; assim, quando afirmou a necessidade de opor à violência uma contraviolência, o peso de sua declaração foi ainda maior.

Em Paris, pensei durante algum tempo, com um pouco de nostalgia, nesse período que acabava de encerrar-se. O trabalho em comum, cotidiano, assíduo, distante de minha própria vida, me dera a impressão de um retiro; sentira-me também totalmente mobilizada: nenhuma hesitação, nenhum momento perdido. Parecia-me estranho poder então dispor de mim mesma a meu bel-prazer.

Ficara estabelecido que a última reunião se realizaria no outono. Em setembro de 1967, estive com Sartre em Bruxelas para uma sessão preparatória. Deveríamos encontrar-nos no Albergue da Paz: mas alguns maoistas haviam "raptado" os primeiros recém-chegados, considerando o seu local melhor adaptado à reunião do que esse centro cristão. Esperamos um momento até que um secretário os recuperasse. O lugar era desconcertante: uma peça malcuidada, tendo no meio uma mesa grande sobre a qual estavam colocados copos e garrafas d'água. Na parede havia um crucifixo; as portas eram curiosamente pintadas e emolduradas em papel prateado; uma delas dava para um pátio, não se conseguia fechá-la e fazia muito frio. Após algum tempo, chegaram Gunther Anders, Statler e um outro inglês; depois, Halimi, Jouffa, os membros do secretariado. Cogitava-se de realizar a reunião em Copenhague e estava presente um casal dinamarquês. Comentou-se a reunião realizada recentemente em Tóquio; os resultados obtidos pelas últimas missões enviadas ao Vietnã; o trabalho das comissões. Os doutores Behar e Dellinger chegaram à tarde. Este último pediu que a reunião não começasse antes de 21 de novembro, porque a partir de 21 de outubro deveria haver importantes manifestações contra a guerra nos Estados Unidos: esperava que estas decidissem alguns combatentes americanos a depor perante o tribunal.

As manifestações anunciadas se realizaram. A 21 de outubro, Dellinger comandou a grande demonstração pacifista que terminou no cerco do Pentágono.

A 19 de novembro voamos para Copenhague. Não queríamos abusar da hospitalidade sueca, e a Dinamarca concordara em receber-nos. Em Copenhague não se encontra recinto adequado. Instalar-nos-íamos numa casa sindical em Roskilde, a trinta quilômetros da capital. Mas todos os hotéis da cidadezinha recusaram-se a hospedar-nos: teríamos de ficar em Copenhague. Para mim essa solução era preferível. A perspectiva de ficar confinada dia e noite num vilarejo não me agradava muito.

Dedijer nos aguardava no aeroporto. Contou-nos que Schoenman estava nos Estados Unidos e certamente teria dificuldades para entrar na Dinamarca; melhor assim: sem ele as discussões seriam menos tempestuosas. O tribunal estava composto mais ou menos da mesma maneira que na reunião anterior. Mas Deutscher morrera de uma crise cardíaca em Roma; Hernández estava ausente, Fukishima era suplente de Shorchi Sakata. Nesse mesmo dia, Sartre e Schwartz deram uma entrevista à imprensa.

As sessões começaram no dia seguinte. Uma gentil dinamarquesa, Sra. Nielsen, vinha diariamente buscar-nos no hotel de carro. Seguíamos por uma autoestrada que atravessava um subúrbio sem maior interesse, depois uma zona campestre bastante melancólica. Sobre um talude erguia-se um falso moinho de vento. Um pouco mais adiante, nuvens de pássaros brancos cobriam a superfície e as margens de um grande lago. Logo depois, entrava-se em Roskilde, cujas ruas já estavam enfeitadas com guirlandas e lâmpadas aguardando o Natal.

Roskilde era a cidade na qual os reis eram sagrados e enterrados. No centro, há uma catedral muito bonita, do século XIV, a mais antiga da Dinamarca; é de tijolos vermelhos, com dois campanários muito altos e telhados verdes. O interior é amplo e gelado; contém túmulos muito feios e belas grades de ferro forjado. Ao lado encontra-se o palácio real, em bonita pedra amarela, sóbrio e majestoso. Do átrio da igreja percebem-se ao longe as águas do fiorde, plúmbeas ou azuladas segundo os caprichos da luz. Quer o sol brilhasse ou a neve caísse em grandes flocos, sempre apreciava a chegada à cidadezinha, com seus dois campanários alçando-se para o céu.

Perto de lá localizava-se a casa sindical, a Fjord-Villa. Na porta, jovens dinamarqueses louros e barbudos, com uma fita vermelha no braço, controlavam as entradas. Subia-se um andar, atravessava-se uma grande sala de refeições, seguia-se por um corredor que servia também de restaurante, e entrava-se no salão de festas onde se dançava sábado à noite: era ali que nos reuníamos. O secretariado ficava instalado no andar de cima. O restaurante era muito alegre graças às grandes janelas envidraçadas dando para o céu, para as árvores e, ao longe, para a promessa do mar. A sala de reuniões era bizarra; instalamo-nos no palco, por trás de uma grande mesa reta. A pista de dança era delimitada por divisórias. Havia galerias em três lados do balcão; enormes constelações de lampadários pendiam do teto; duas lâmpadas vermelhas estavam presas à tribuna à nossa frente. Como em Estocolmo, estávamos dispostos em ordem alfabética, ocupando os três presidentes o centro da mesa.

No primeiro dia o dirigente da casa sindical endereçou-nos algumas palavras, de amabilidade bastante relativa, em dinamarquês. Sartre repetiu o convite feito pelo tribunal ao governo americano. Nem a sessão da manhã nem a da noite foram interessantes. Nem também as dos dois dias seguintes. Repetiam-se assuntos já tratados em maio e tivemos a impressão desagradável de que iríamos atolar... Por outro lado, muitos de nós — entre os quais Sartre e eu — estávamos preocupados: nessa reunião havia três perguntas na ordem do dia:

1. Houve ou não, por parte dos americanos, utilização ou experimentação de armas novas proibidas pelas leis de guerra?
2. Os prisioneiros vietnamitas são submetidos a tratamentos desumanos proibidos pelas leis de guerra?
3. Houve atos tendentes à exterminação da população, podendo ser juridicamente caracterizados como atos de genocídio?

Essa terceira pergunta nos preocupava. Se devíamos responder *não*, teria sido melhor não colocá-la. No entanto, considerando a exterminação dos judeus por Hitler, hesitávamos em comparar a guerra do Vietnã a um genocídio. No início da sessão, tivemos várias discussões particulares sobre esse problema, sem chegar a uma decisão.

Nos primeiros dias, a imprensa disse que marcávamos passo. Mas não. Na quinta-feira, um japonês tratou de maneira empolgante um assunto novo: o desfolhamento. Sob pretexto de garantir a segurança do exército ao longo das estradas, de deixar os guerrilheiros sem esconderijos e famintos, os americanos espalhavam produtos tóxicos não somente nas florestas, mas também nos campos de arroz, de cana-de-açúcar, de legumes. Na verdade, a operação consistia em destruir a vegetação e envenenar a população. Tratava-se aqui de uma forma direta e eficiente de genocídio.[94]

---

[94] A 1.º de janeiro de 1970, lia-se em *Le Monde*: "Sábios americanos acabam de solicitar ao Pentágono que pare de utilizar determinados 'desfolhantes' que provocam malformações dos fetos. De acordo com um jornalista de Saigon, citado pelo *New Haven Register* de 1.º de novembro de 1969, o governo sul-vietnamita tenta esconder da opinião pública o número crescente de bebês nascidos malformados. A administração americana acaba de proibir nos Estados Unidos alguns 'desfolhantes' potencialmente perigosos, mas continua-se a utilizá-los no Vietnã. Com o dossiê científico em mãos, a Casa Branca corre, pois, o risco de ver os desfolhantes provocarem malformações em crianças vietnamitas."

A partir de então, nosso interesse não mais se atenuou. Gisèle Halimi estivera nos Estados Unidos; a esquerda fornecera-lhe importantes documentos cujo teor ela nos comunicou: jornais, revistas, um livro sobre a cidade de Ben-Suc que as tropas americanas haviam arrasado inteiramente, após matar alguns homens e deportar toda a população. Gravara também testemunhos de ex-combatentes americanos. O conjunto constituía um requisitório esmagador. Ela trouxera ainda três testemunhas que, nos dias seguintes, vieram depor perante o tribunal.

A primeira, Martinsen, era um estudante de psicologia da Universidade de Berkeley; pertencera aos serviços especiais, isto é, ensinara aos soldados vietnamitas governistas a arte de torturar, e ele próprio torturara. Tinha vinte e três anos e era bonito. No início estava muito emocionado e até crispado. Pouco a pouco, foi relaxando. Tinha-se a impressão de que vivia um psicodrama e, ao falar, aliviava sua consciência. "Sou um estudante americano médio e sou um criminoso de guerra", declarou com voz transtornada. Seu depoimento levou uma tarde inteira. Os americanos afirmavam que apenas os soldados governistas torturavam, que tudo se passava entre "amarelos"; mas isso era "pura mentira e aberração"; ele próprio cometera violências contra prisioneiros indefesos; vira oficiais americanos torturarem prisioneiros, enfiando-lhes hastes de bambu sob as unhas. Comumente esse trabalho era executado por simples soldados, mas sempre em presença de um tenente ou de um capitão, e os oficiais superiores estavam a par de tudo. Não raro, as vítimas morriam. Martinsen forneceu a lista dos métodos utilizados durante os interrogatórios. A sala inteira ouvia num silêncio angustiado.

A segunda testemunha foi um jovem negro, Tuck. Não torturara pessoalmente, mas assistira a sessões de tortura e a massacres. Por ordens de um oficial, matara uma mulher que numa cidade não se juntara suficientemente rápido ao grupo reunido na praça: se tivesse desobedecido, teria sido morto imediatamente. Descreveu "interrogatórios". Viu um prisioneiro ser atirado do alto de um helicóptero e contou como exterminavam os feridos. "Nossos oficiais consideram que os únicos vietnamitas bons são os vietnamitas mortos. Outra coisa habitual também", disse ele, "era ter o 'momento de loucura' quando atiravam em nós de uma cidade: os tanques e as metralhadoras desenfreavam-se violentamente contra tudo o que se encontrava na cidade, vivo ou não." Perguntaram-lhe a quantos desses "momentos de loucura" assistira, e ele respondeu: "Vi fazerem isso tantas vezes! Uma enorme quantidade de vezes, pode-se dizer tranquilamente." Falou também dos campos de deportados que os americanos batizaram de "aglomerados estratégicos". "Todas as pessoas que vi pareciam mortas de fome e estavam esfarrapadas."

A seguir, ouvimos Duncan, um "boina-verde", autor de um livro, *New Legions*, no qual denuncia os crimes de guerra americanos. Trabalhava em *Ramparts*, revista de inspiração cristã que lutava ativamente contra a guerra. Falou primeiro sobre o treinamento de jovens recrutas: sob pretexto de ensiná-los a resistir à tortura, ensinam-lhes diversas maneiras de torturar. Afirmou que no Vietnã os americanos massacravam todos os prisioneiros, exceto os oficiais que são "interrogados"; a seguir, são entregues aos governistas que os enviam a campos de extermínio. Depois, descreveu-nos longamente os "aglomerados estratégicos"; denominava-os "fossa de imundícies". Lá não existem acomodações, nem água, nem sanitários. O cheiro é abominável. Um terço da população do sul foi deportada para esses lugares. As pessoas não têm nada para fazer. As mulheres e os velhos vivem prostrados; as crianças mendigam e furtam o que podem dos soldados americanos; as moças e até as meninas se prostituem para comer.

Esses testemunhos eram penosos de ouvir: aqueles homens haviam assistido aos horrores que descreviam e isso os tornava tragicamente presentes. Em muitos pontos seus relatos se repetiam, o que era algo estafante e ao mesmo tempo dolorosamente convincente. Até os jornalistas ficaram mobilizados e fizeram comentários detalhados sobre essas sessões. Martinsen, especialmente, tornou-se muito popular. Numa entrevista à imprensa, explicou muito bem as razões de sua presença em Roskilde. Seu retrato estava em todos os lugares.

Um jornalista francês, Bardolini, também descreveu o inferno dos "aglomerados estratégicos" e mostrou-nos um filme colorido: imensas tendas vermelhas, onde se empilhavam velhos, mulheres, crianças. Apareciam sentados na entrada, os braços pendentes, o ar perdido, transtornados. Roubo, prostituição, toda essa população camponesa de princípios rígidos, arrancada daquilo que fora sua vida, perdia não apenas sua cultura, mas seus costumes. Era um verdadeiro assassinato moral.

Ouvimos também duas vietnamitas que haviam sido torturadas. Uma era "intelectual": farmacêutica muito conhecida em Saigon, o que fez com que fosse julgada antes de ser condenada à prisão perpétua, quando tantos outros são executados sem julgamento; foi também graças à sua notoriedade que acabou sendo solta ao fim de sete anos. Estava muito bonita, em seu traje nacional em veludo azul-escuro, e exprimiu-se com grande sobriedade e dignidade. Tinham batido terrivelmente nela, pisoteado seu peito e seu ventre, usado cassetete nas plantas de seus pés; fora submetida à "viagem de submarino", uma variante do suplício medieval do "funil"; ficara pendurada pelos pulsos; e, um dia, amarraram-na seminua a uma árvore coberta de formigas, cuja menor mordida provoca inchações e ardências intoleráveis. Descreveu também os tratamentos infligidos a outras vítimas: ao mencionar os que sofreu um de seus tios, seus olhos se encheram de lágrimas. Foi mandada para o célebre campo de extermínio, Paulo-Condor. Entre outras sevícias, derramaram-lhe na cabeça uma bacia cheia de pus, de escarros de tuberculosos, de vômitos, de água com que se tinham lavado leprosos; esse episódio me provocou uma repulsa maior do que todas as torturas: a dor física não se consegue imaginar, mas a repugnância pode ser sentida a distância. Os juízes fizeram muitas perguntas e admiramos a maneira como a vietnamita pesava as respostas, recusando-se a afirmar o que quer que fosse que não tivesse constatado pessoalmente. A segunda testemunha era uma comunista que fora queimada com ferro em brasa e torturada a ponto de tornar-se epilética. Mas era menos interessante do que a outra, porque limitava-se a ler um relatório que visivelmente não fora escrito por ela.

De todos os depoimentos, o mais rico foi o do Dr. Wolff, que vinha diretamente de Huê, onde trabalhara durante dois anos, como cirurgião num hospital. É um alemão ocidental, de rosto triangular, louro, de testa grande, olhos azuis, um ar frio. Em janeiro de 1966, enviara a *Temps Modernes* um artigo notável, sem assinatura, sobre os americanos no Vietnã. Falou durante uma hora e respondeu todas as perguntas com uma precisão e uma riqueza de detalhes impressionantes. Inicialmente se referiu ao aspecto que apresenta a terra vietnamita quando vista do alto de um avião: uma pele humana sofrendo de varíola; erupções por tudo quanto é lado; vastas extensões devastadas por produtos químicos; uma paisagem de cinzas. Relatou as vasculhações: os jovens são levados de helicóptero aos centros de interrogatório, torturados, jogados em prisões onde morrem. Os territórios são evacuados de todos os seus habitantes: há quatro milhões de "reagrupados" no Vietnã do Sul. A seguir, descreveu os ferimentos, as queimaduras, as mutilações infligidas às populações civis pelas diversas armas "antipessoas": bomba de bilhas, napalm, fósforo. Contou-nos como os oficiais americanos, para distrair as enfermeiras que cortejavam, levavam-nas, de avião ou de helicóptero, à "caça" do *viet*: na verdade, metralhavam camponeses.

Esse relatório foi corroborado por um filme atroz que Pic nos mostrou e que, em grande parte, foi "produzido" pelos próprios soldados americanos.[95] Ele projetava as imagens em duas telas: numa, imagens animadas; na outra, fotos imóveis. Umas e outras eram quase intoleráveis. Vimos um hospital, com rostos de adultos e de crianças literalmente desfeitos pelo napalm, nos quais só permaneciam humanos os olhos esbugalhados de horror. Carniças. Buldôzeres abatendo florestas inteiras. Americanos grandões e zombeteiros matando a pontapés nos testículos soldados miúdos da Frente, enfiando-lhes balas na nuca e, de galhofa, no ânus. Outros incendiavam palhoças alegremente.

Como em Estocolmo, as sessões públicas alternavam-se com reuniões privadas. Estas se desenrolavam com bastante tranquilidade, pois Schoenman não conseguira entrar na Dinamarca. Aterrissara uma noite em Copenhague, mas fora recambiado por estar sem passaporte. Fora a Amsterdam, de lá à Finlândia, onde passara uma noite na prisão, daí a Estocolmo, onde fora preso; diariamente os jornais relatavam seus infortúnios e o chamavam de "holandês voador".

Continuávamos a refletir sobre o problema do genocídio. Durante uma reunião na *villa* de um amigo dinamarquês do tribunal, Gunther

---

[95] Pic conseguiu as fotos e os filmes durante sua viagem aos Estados Unidos.

Anders, Dedijer, Sartre fizeram análises interessantes a respeito dessa noção; mas continuávamos divididos. Sartre, eu, alguns outros, embora convencidos de que os americanos eram criminosos de guerra, duvidávamos de que fosse possível imputar-lhes um genocídio. A delegada cubana, os delegados japoneses estavam indignados com nossas reticências; para eles tratava-se de uma questão política, e nossos escrúpulos de intelectuais lhes pareciam supérfluos. Separamo-nos sem haver decidido nada.

Pouco a pouco, nossa convicção se cristalizou, sobretudo depois das exposições sobre as "cidades estratégicas". O genocídio é definido pela convenção de 1948 como um "atentado grave à integridade física e mental dos membros do grupo: submissão intencional do grupo a condições de existência que levam à destruição física total ou parcial; medidas tendentes a impedir os nascimentos no seio do grupo; transferência forçada de crianças". Ora, o deslocamento das famílias para as "cidades", sua redução a uma vida vegetativa, as condições sanitárias deploráveis às quais as condenavam, surtiram exatamente esses efeitos. Por outro lado, os bombardeios maciços, as disseminações tóxicas equivaliam a uma exterminação. Quanto ao norte, os bombardeios dos bairros populosos de Haiphong e Hanói demonstravam com igual nitidez o desejo de exterminação. Bost, que foi assistir ao processo a serviço do *Nouvel Observateur*, disse-nos ao chegar: "Não falem em genocídio." Depois de três dias, estava convencido de que era preciso falar disso. Quando começamos a deliberar, Sartre leu um texto que preparara sobre o assunto e que pareceu decisivo a todos nós. Estabelecia que o genocídio era intencional e premeditado, pois representava a única resposta possível para a insurreição de todo um povo contra seus opressores. Optando por essa guerra, uma guerra total, *feita por um só lado, sem a menor reciprocidade*, o governo americano decidira por um genocídio. Após essa exposição, Gisèle Halimi e Matarasso, que até então se mostravam reticentes, disseram a Sartre com entusiasmo: "O senhor nos convenceu."

Aceitei mais facilmente do que em Estocolmo a rotina diária. Meu quarto, como todos os do hotel, tinha uma mesa, uma escrivaninha e uma cama que durante o dia ficava escondida por trás de uma treliça de madeira: era uma cama de estilo alemão, onde um enorme acolchoado de plumas substituía lençóis e cobertas. Ainda era noite quando me levantava às sete da manhã, sonolenta, pois nunca nos deitávamos antes de uma hora. Gostava de ver levantar-se o dia e estender-se a estrada monótona. Às vezes, durante as sessões, tinha de lutar contra o sono: em alguns momentos, determinadas pessoas dormiam abertamente no recinto. E aí, de repente, um depoimento, um filme despertava minha atenção. Nos primeiros dias almoçamos em Fjord-Villa. Mas as refeições eram ruins e barulhentas. Acostumamo-nos a ir a um hotel vizinho, tranquilo e antiquado: um dos que se tinham recusado a receber-nos; apesar disso, o dono pediu a Dedijer que assinasse seu livro de ouro. Às vezes dávamos um pequeno passeio; descíamos até o fiorde. Depois retomávamos nossos lugares. Saindo da *villa* percebíamos que já era noite e não a tínhamos visto cair. A Sra. Nielsen ou seu filho levavam-nos de volta a Copenhague. Ela nos indicara restaurantes agradáveis, onde íamos jantar com Lanzmann, presente por alguns dias para substituir Sartre, com Bost, às vezes com Schwartz, com Dedijer, algumas vezes os dois sozinhos. Havia alguns muito bonitos, entre outros o das "sete nações": contém sete salas, cada uma delas decorada no estilo de um país diferente; uma delas é um iglu. Mas todos os pratos são dinamarqueses. O custo de vida nos espantou; a menor garrafa de vinho custava trinta francos; a garrafa de uísque, cem francos; o café era terrivelmente caro, embora muito ruim; até a cerveja e o *akvavit* eram caros também, e o preço das refeições, exorbitante. É que todos os artigos de luxo são severamente taxados: as taxas enchem os cofres da previdência social, servem para manter hospitais, casas de repouso.

 Um aspecto dos costumes dinamarqueses nos confundiu, porque a famosa "feira de Copenhague" ainda não ocorrera. Fui comprar jornais numa pequena livraria e papelaria de Roskilde; e vi uma vitrine de livros infinitamente mais ousados do que os que me haviam surpreendido em Estocolmo. Por fora e por dentro havia fotografias de pessoas que se exibiam em todas as posições imagináveis: casais heterossexuais e homossexuais dos dois sexos, relações com três ou quatro participantes. Havia revistas, anúncios cujo nome começa com "porno": "pornoloja", "porno-fim de semana" etc. As crianças que passavam em frente à livraria nem olhavam para essa literatura; estavam muito mais interessadas nas revistinhas infantis e nos brinquedos que se achavam numa outra vitrine. Bost teve a curiosidade de comprar um semanário-pornô; comprou-o num quiosque. A vendedora, uma senhora respeitável, procurou o que tinha de mais ousado e pediu a opinião de sua neta, uma mocinha lindíssima de dezoito anos, que fez sua escolha com a mesma impassibilidade da avó. E, no entanto, quando folheou a revista, Bost arregalou os olhos. Aparentemente, em *Porno-fim de semana* e outras publicações análogas, indivíduos e casais oferecem seus serviços, solicitam parceiros. Perguntei à Sra. Nielsen se a sexualidade era particularmente desenvolvida na Dinamarca. Não, respondeu-me ela, mas aqui se recusa a clandestinidade, tudo se passa abertamente: essa explicação não me satisfez inteiramente.

Como em Estocolmo, a população se mostrava dividida em relação a nós. Uma noite, num restaurante, umas jovens enormes, de minissaia, ofereceram-nos amavelmente uma garrafa de champanhe. No entanto, uma tarde, ouvi duas explosões seguidas e, como a porta estivesse aberta para o corredor, pude ver dois clarões vermelhos pela vidraça: duas bombas. Na mesma noite, atiraram uma pedra nas vidraças do amigo dinamarquês que nos havia convidado um dia.

Não víamos nada de Copenhague, porque estávamos alojados numa das extremidades da cidade de onde íamos diretamente para Roskilde. Mas como Sylvie veio passar um fim de semana comigo, fiz uma pequena pausa. Alugamos um carro, compramos um guia de Copenhague e, na manhã de sábado de um dia muito azul, fomos para o centro da cidade. Andamos a pé por ruas pequeninas, muitas das quais interditadas para carros: há algumas muito bonitas, ocupadas por velhas casas; os pinheiros, as lâmpadas, as guirlandas de Natal, davam-lhes um ar festivo. Na rua dos livreiros, Sylvie arregalou os olhos. Vimos palácios, igrejas, monumentos: o mais bonito é a Bolsa, que se ergue à beira do canal; é do século XVIII, exibe uma grande fachada lisa, telhados verdes, uma flecha formada por três caudas de serpente entrelaçadas. Revi o Hotel da Inglaterra, onde estivera com Sartre em 1947, e também o canal margeado de velhas casas coloridas e de boates de marinheiros onde bebíamos qualquer coisa à noite. Ainda havia muitos bares ao longo do cais, mas também lojinhas, nas quais se vendiam camisas de homem de cores vivas, de cetim brilhante, visivelmente destinadas aos efeminados dinamarqueses: disseram-me que à noite o bairro faz lembrar Saint-Germain-des-Prés; já não há boates de marinheiros. Vimos também uma praça bonita e solene, toda redonda e cercada de palácios. E a Cidadela: casernas do século XVIII, de um vermelho-vivo, com grandes telhados, uma enorme quantidade de janelas; estavam silenciosas e solitárias, rodeadas de aterros cobertos de árvores e de relva.

Visitamos depois, a quinze minutos da cidade, um pequeno porto encantador, de ruazinhas estreitas, calçadas de pedras, com casinhas coloridas: tinha-se a impressão de ter entrado num dos mais bonitos desenhos animados de Disney. Almoçamos salmão com *akvavit* na varanda de um hotel em frente ao mar: numa mesa vizinha, um casal comentava em inglês o "holandês voador". E depois chegamos a Elseneur. Lembrava-me muito bem do castelo do século XVIII, admiravelmente situado sobre o mar e elegante, mas que não evoca Hamlet em nada. Vimos o porto, seus grandes barcos, a costa da Suécia ao longe: ao que se diz, suecos e dinamarqueses passam grande parte de seu lazer indo de um país ao outro, estes comprando café em seus vizinhos; aqueles, manteiga. Regressamos pela bela estrada que acompanha a costa. Caíra a noite. Do começo ao fim da rua comprida que nos levava até o hotel, sucediam-se arcos de luzes sobre nossas cabeças; tinha-se a impressão de estar num palácio.

Domingo pela manhã, andamos junto ao mar, pelo local em que Sartre e eu arrastáramos tristemente os pés, em meio a uma multidão dominical, morta de calor: agora, fazia frio e não havia ninguém, a não ser alguns pescadores; a sereiazinha parecia transida de frio. A cidade estava gelada, cinza, deserta. Refugiamo-nos na Gliptoteca, onde estão expostos vários impressionistas franceses, belos Rembrandts, lindos Franz Hals, entre outros o pequeno retrato de Descartes que as reproduções tornaram tão familiar para mim.

No final da reunião, almoçamos — Dedijer, Weiss, Sartre, eu — no Hotel Prinser com Stokely Carmichael. Elegante, despreocupado, cordial, acabava de fazer uma série de conferências nos países escandinavos contra a guerra do Vietnã. Chegara muito tarde para votar junto com o tribunal; combinou-se que faria uma declaração à parte; mais tarde discutimos os termos desta numa sessão privada:

"Não adotarei um ponto de vista legal, porque não acredito na legalidade", disse ele sorrindo. Aybard reagiu: "Quando se faz parte de um tribunal, não se deve dizer que a legalidade é uma farsa." Essa era a última de nossas reuniões. Nela ficou decidido que o tribunal subsistiria apenas sob uma forma restrita, como centro de documentação e de ligação, dizendo respeito exclusivamente ao Vietnã.

Dessa vez também a deliberação foi longa. Realizou-se num hotel de Roskilde onde nos haviam reservado um grande salão. Halimi e Matarasso haviam preparado as perguntas referentes à culpabilidade do Japão, da Tailândia, das Filipinas, à agressão contra o Laos, ao tratamento dos prisioneiros e dos civis, às armas proibidas, ao genocídio. Somente sobre a formulação definitiva das perguntas discutimos a tarde inteira. Após um rápido jantar na sala de refeições do hotel, retomamos os debates. Alguns pontos da exposição de Sartre sobre o genocídio suscitaram discussões apaixonadas: dever-se-ia aludir a outros genocídios, e a quais? Uns exigiam inclusões ou modificações que outros recusavam violentamente. Eram cinco da manhã quando chegamos a um acordo.

A última sessão pública abriu-se à tarde. O recinto estava superlotado. Inicialmente, foi projetado o terrível filme de Pic, em meio a um silêncio mortal. A seguir, Sartre leu sua exposição, e Schwartz, os considerandos redigidos por Halimi e Matarasso. Declaramos unanimemente que os americanos utilizavam armas proibidas, que tratavam os prisioneiros e os civis de maneira inumana e contrária às leis de guerra, que cometiam o crime de genocídio. Denunciamos também unanimemente a agressão contra o Laos, a cumplicidade da Tailândia e das Filipinas. Três jurados consideraram que o Japão ajudava os Estados Unidos, mas não era seu cúmplice na agressão contra o Vietnã. Quando as respostas a todas as perguntas foram dadas, no recinto e no estrado, houve aplausos e abraços.

Também dessa reunião conservo uma lembrança muito viva. Como em Estocolmo, o prazer do trabalho em conjunto, o prazer de usufruir amizades; e ficamos sabendo muito mais ainda do que nas reuniões anteriores. O que é lastimável é que, por culpa da imprensa, tenhamos sido tão poucos a beneficiar-nos desse impressionante conjunto de documentos, depoimentos, explicações. O essencial foi resumido em dois livros de bolso publicados pelas Edições Gallimard: estes, porém, tiveram muito poucos leitores. A opinião pública americana foi abalada pela revelação do massacre de San My, ocorrido em março de 1968. Mas Tuck mencionara os "momentos de loucura" que eram "comumente" concedidos aos soldados. O número de vítimas de San My — 567, entre as quais 170 crianças — é certamente muito superior à média; mas esses assassinatos também não se inscrevem num sistema rotineiro: da cidadezinha atiraram nos G.I., um deles morreu; então, eles atacaram e abateram toda a população. Certamente é porque esses métodos estão tão disseminados que Nixon soltou o responsável pelo massacre de San My: por que, entre tantos criminosos de guerra, escolher este, e não um outro qualquer, como bode expiatório?

A oposição à guerra aumentou. Na perspectiva de eleições presidenciais, muitos políticos declararam-se pacifistas. É reconfortante que um pequeno país tenha podido resistir vitoriosamente ao Estado mais poderoso do mundo, demonstrando com seu heroísmo que o dinheiro, as bombas, a força bruta não podem tudo. No entanto, mesmo vencedor, o Vietnã permanecerá devastado durante muito tempo ainda. Seu povo pagou caro — guardo na memória imagens demasiadamente terríveis para poder pensar nele sem angústia.

★

Depois da guerra do Vietnã, o acontecimento político que mais me tocou, nesses últimos anos, foi a Guerra dos Seis Dias. Envolvi-me ainda mais, porque *Les Temps Modernes* acabara de preparar um dossiê sobre o conflito árabe-israelense e nessa ocasião eu fizera com Sartre uma viagem ao Egito e a Israel. Antes de contar como vivi pessoalmente os seis dias, relatarei primeiro essas duas visitas.

Nunca tínhamos estado nem no Egito nem em Israel. Depois da guerra, acompanhei com entusiasmo a luta dos judeus contra os ingleses; emocionara-me com a tragédia do *Exodus*. Sentira-me aliviada quando os sobreviventes dos campos de extermínio encontraram um refúgio que considerava seguro, num Estado que a ONU reconhecera, em grande parte por pressão da União Soviética. Mas depois já não me sentia particularmente desejosa de ir a Israel. O Egito, ao contrário, era um lugar que sonhava em conhecer desde minha infância: o Nilo, as pirâmides, os colossos de Memnon me haviam fascinado a distância, naquela idade em que as impressões se gravam de maneira indelével. A perseguição sofrida pelos comunistas sob o regime de Nasser impedira-nos de ir lá. Em 1967, ele se reconciliou com sua esquerda e até os antigos opositores incitavam-nos a ir ao Cairo. Estivemos muitas vezes com Lufti-el-Kholi, homem de uns quarenta anos que, sob Nasser, passara longos períodos na prisão; ligara-se ao regime sem abrir mão de suas convicções marxistas. Dirigia uma revista de esquerda, *Al Talia*. Insistia para que visitássemos seu país. Por outro lado, os artigos reunidos por Claude Lanzmann para o dossiê da revista haviam despertado nossa curiosidade em relação a Israel. Decidimos visitar os dois países, cada um deles aceitando a ideia de que iríamos também ao outro. Logo antes de partir para o Cairo, fomos informados de que dezoito jovens acusados de haverem querido reconstituir um partido comunista ainda se encontravam presos: suas famílias não nos pediram que desistíssemos de nosso projeto, mas que tentássemos intervir junto a Nasser.

Éramos convidados de Heykal, diretor do jornal *El Ahram*, amigo e porta-voz de Nasser. Convidara também Lanzmann. O jornalista egípcio Ali el-Saman, que preparava uma tese em Paris, ocupara-se ativamente da parte árabe do dossiê de *Temps Modernes*: foi graças a ele que esta pudera realizar-se. Ele iria conosco. A 25 de fevereiro, os quatro tomamos o avião.

Caía a noite quando pousamos. Fomos recebidos por Heykal, homenzinho robusto e risonho, muito moreno, de aspecto enérgico; e pelo velho Tawfik al-Hakim — seu nome significa: "êxito do sensato" — de quem *Les Temps Modernes* publicara, quinze anos antes, o divertido *Journal d'un substitut*; é principalmente um autor dramático, muito célebre no Egito; usava uma boina sobre seus cabelos brancos. Diziam que era um misantropo; no entanto, acompanhou-nos espontaneamente sempre que não se tratasse de algo muito cansativo. Lufti-el-Kholi estava também no aeroporto, bem como sua jovem e agradável esposa, Liliane, que trabalhava no escritório de turismo; ela deveria ser nossa guia e intérprete. Apresentaram-nos ainda ao

Dr. Awad e a sua esposa. Depois de uma rápida entrevista à imprensa, tomamos o carro de Heykal; levou-nos ao Hotel Shephard, de onde demos uma pequena caminhada para ver o Nilo. Era um rio como qualquer outro, mas era o Nilo, e parecia-me fabuloso poder vê-lo com meus próprios olhos.

No dia seguinte pela manhã corri imediatamente para a janela. Lá estava o Nilo, suas águas corriam, era verde — mas não o "verde Nilo". Do outro lado da água, podia ver umas casas bastante feias, palmeiras e, na ponte, bandeiras que um vento forte agitava. Acompanhados por toda uma escolta — Ali, os el-Kholis, jornalistas — fomos ao Museu do Cairo. Depois voltamos lá várias vezes e, no entanto, estamos longe de ter visto tudo. Excessivamente exíguo para as riquezas que contém, é mal-iluminado, mal-arranjado, os tesouros que nele se acumulam não são valorizados: isso não impediu que nossa admiração se renovasse a cada passo. Ficamos maravilhados, sobretudo com a beleza das esculturas do Antigo Egito — 2778 a 2423 a.C. Talhadas em xisto, em diorito, em grés, em granito rosa, cinza ou preto, ou em madeira, elas são ao mesmo tempo realistas e mágicas. Representam reis, rainhas, sacerdotes, escribas, casais, famílias que parecem captados ao natural e, no entanto, dotados de um caráter sagrado. Um grupo em cobre representa um pai e seu filho; um outro — o mais curioso de todos —, um anão com a mulher e os filhos. Pudemos ver também animais, gênios, deuses. Na época posterior, as estátuas se tornam mais convencionais. Todos os faraós deviam parecer-se ao deus Amon nas efígies e todos os outros personagens eram tratados num estilo acadêmico. As estátuas de Akhenaton — a quem toda uma sala é consagrada — constituem uma exceção. Esse faraó revolucionário, que reinou de 1370 a 1352 a.C., abandonou seu nome de Amenófis IV, renegou seus ancestrais, deixou Tebas, subverteu o regime político e a religião; exigia que o artista, afastando-se do cânon realista, o representasse tal como era verdadeiramente: suas estátuas, muito maiores do que o tamanho natural, mostram-no com um grande ventre e um longo rosto enigmático de degenerado; sua família e sua corte imitaram-no; essas obras fazem um contraste singular com as dos séculos precedentes.

Só pudemos ver rapidamente os baixos-relevos, geralmente encontrados nos túmulos, que evocam expedições guerreiras, cerimônias religiosas, ou contam em detalhe a vida cotidiana do antigo Egito. Mostraram-nos o tesouro de Tutancâmon.[96] Vimos as câmaras mortuárias, em ouro e maravilhosamente trabalhadas, que no túmulo encaixavam-se umas nas outras; e os leitos, os sarcófagos de ouro, os canopos de alabastro que se conservaram intactos através dos séculos: é uma das únicas sepulturas que jamais foi pilhada. Ela continha milhares de estatuetas, de bibelôs, de objetos que estão expostos nas vitrines e dão uma ideia extraordinariamente viva da civilização egípcia. Mais adiante, numa pequena sala, dormiam em suas bandagens as múmias de faraós e de altos funcionários. Demoramo-nos diante de vitrines cheias de múmias mascaradas e de caixões da época greco-romana. Originam-se do oásis de Fayum, de Antínoo ou de Alexandria. Decorando os sarcófagos, havia também retratos pintados a cera sobre madeira ou tela. São obras em série, mas notáveis por seu modernismo.

Contemplara tantas vezes fotografias da Esfinge e das pirâmides que a primeira visão que tive delas não me surpreendeu. Sabia que se encontravam nos arrabaldes do Cairo; mesmo assim, incomodou-me a proximidade dos subúrbios poeirentos, a quantidade e agitação dos visitantes. Fantasiados de palestinos, americanos andavam de camelo. Sem distância e com a claridade violenta, percebi apenas pedras amontoadas umas sobre as outras.

Entramos no túmulo maior de todos. Para visitá-la, era preciso subir de quatro um corredor íngreme, sufocando num ar quente e rarefeito; descemos de volta quase imediatamente. Admirei as pirâmides, quando, penetrando no deserto, as vi de longe. Sobretudo num dia em que regressava de Alexandria, sua aparição me emocionou. O sol declinante deslizava por seus flancos, elas pareciam pequenas e transparentes: admiráveis esculturas abstratas. Foram crescendo; em sua nudez fria, pareciam entidades geométricas puras; sua presença rígida, no meio de um espaço plano e nu, me fez pensar em determinados quadros surrealistas.

Um pouco mais longe do Cairo, a pirâmide de Sakkarah ergue-se em meio às ruínas majestosas de um templo. O arquiteto que a

---

[96] Já mencionei que apenas uma parte ínfima desse tesouro foi enviada a Paris.

construiu, Inhotep, foi deificado depois de sua morte. Ela foi violada e roubada como a maioria dos túmulos. Os construtores e os sacerdotes estavam mancomunados com os ladrões: era uma maneira de recuperar as riquezas dos faraós.

Desde o primeiro dia, e frequentemente depois, passeamos pelo Cairo. Na cidade moderna há ruas elegantes e lojas luxuosas; mas falta-lhe charme. A cidade velha pulula de vida. Na Rua Mohamed Ali, movimentada, cheia de lojinhas e de pequenos restaurantes, chamaram-me a atenção grandes tendas de tecido vermelho coberto de bordados: são espécies de halls funerários; armam-nas para aí depositar o caixão do morto e receber sua família e seus amigos. Nesse bairro, todas as ruas têm um aspecto medieval; tem-se mais a impressão de estar numa grande aldeia, e não numa capital; veem-se crianças brincando entre galinhas e gansos; aproximava-se a Páscoa e havia carneiros presos à entrada das tendinhas, aguardando a hora do sacrifício; pertenciam todos a uma raça na qual o enorme rabo que pendia entre suas pernas parecia consequência de elefantíase. De quando em quando, cruzava-se com um bando de patos, uma vaca. As ruas eram estreitas; às vezes as fachadas com sacadas ressaltavam e se aproximavam, de maneira a cobrir quase que totalmente a rua. Em *souks*[97] eram vendidas bijuterias imitando adornos antigos da Rainha Nefertite: colares, brincos, broches, braceletes de ouro e prata, às vezes enfeitados com pérolas coloridas. E também lenços engraçados, nos quais estavam bordadas as pirâmides, camelos, burros, palmeiras. Tomamos um drinque no Café des Miroirs, célebre no Cairo, tendo inspirado escritores: é uma antiga ruela, coberta por um telhado, fechada por duas portas e mobiliada com mesinhas e cadeiras. Está repleto de bibelôs, de ouropéis de todas as espécies, mas sobretudo de espelhos, mais ou menos quebrados e embaçados. Os intelectuais gostam de reunir-se ali. O dono dorme da manhã à noite, estirado num velho canapé, e tão bem escondido debaixo das cobertas que um dia, segundo nos contou, Liliane sentou-se em cima dele. Subimos à Cidadela, de onde se tem uma vista muito bonita da cidade e de seus inúmeros minaretes.

---

[97] Mercado público semelhante aos bazares. (N. da T.)

Das antigas muralhas restam algumas belas portas fortificadas. Mas os monumentos mais notáveis do Cairo são suas mesquitas. Admirei especialmente a do Sultão Hassan, seu minarete de três galerias, a majestosa escadaria levando a uma porta monumental, o interior harmonioso, onde pendem do teto setenta correntes de lampadários. (Estes foram transportados para o Museu Árabe.) Na mesquita Al-Azhar, havia estudantes sentados em círculo, em torno de seu professor de teologia: levantaram-se para apertar a mão de Sartre.

Embora o Dr. Awad nos tenha explicado que os egípcios não são árabes, não tendo o cruzamento com os árabes influenciado em nada a raça autóctone, a civilização árabe deixou no Cairo inúmeros vestígios além das mesquitas. Num museu estão reunidas madeiras trabalhadas, incrustações, cobres, uma rica coleção de cerâmica, outra de terracota, porcelanas, tapetes, lâmpadas, miniaturas. Existe também uma casa muito bonita, repleta de móveis e bibelôs árabes, de sedas, vidros, cristais, e típica por sua arquitetura; no primeiro andar localiza-se o harém, de onde as mulheres podiam ver, através do muxarabiês, as festas que se realizavam nos vastos salões do andar térreo.

Kasr el-Chamah, o Forte da Vela, também denominado "mosteiro cristão", é a parte mais antiga da cidade; inteiramente cercado de muros, entra-se por uma abertura entre duas torres. Existe ali um museu copta, onde estão expostos belos exemplares da arte cristã primitiva, entre outros, pinturas e máscaras de Fayum. É dentro desses limites que estão reunidas quase todas as igrejas coptas da cidade. Na cripta de São Sérgio, mostraram-nos o local onde se teria refugiado a Sagrada Família durante a fuga para o Egito. Visitamos também, bem próxima, a sinagoga Ben Ezra, construída no local em que Moisés teria visto a Sarça Ardente.

Nada no Cairo me emocionou tanto quanto a Cidade dos Mortos. É uma verdadeira cidade onde passam ônibus; mas nas casas há apenas um quarto, onde se reúnem os parentes e os amigos do morto, e um pátio onde ele é enterrado. Como as moradias são caras e raras, há famílias — parentes ou guardas — que se instalam ali. Nas ruas silenciosas e desertas, de quando em quando vê-se roupa secando, uma criança, um cachorro, uma galinha. Parece que, em algumas noites, essa falsa cidade pode assustar. Aparecem grupos de pessoas que vão velar seus mortos; comem e rezam; ouvem-se na escuridão ruídos e sussurros.

Num pequeno avião, colocado à nossa disposição pelo governo, fomos para Luxor, onde se encontram as ruínas da antiga Tebas. Acompanhava-nos uma multidão de jornalistas e fotógrafos. Quando nosso salão voador decolou, vi finalmente com meus próprios olhos essa paisagem que, em minha infância, tentei imaginar: um imenso deserto, no meio do qual verdejava, pequeno oásis, o vale fecundado pelas águas do Nilo.

Instalamo-nos num hotel moderno, ao lado do velho Winter Palace, já antiquado, onde no passado os ingleses iam atrás de um pouco de calor. Havia entre nós e o Nilo um bulevar com palmeiras, onde fiacres estacionavam; junto às árvores, estudantes liam ou escreviam sentados na relva. O rio era vasto e tranquilo; barcos à vela vogavam ali. Do outro lado, a paisagem era seca e acidentada. Depois do Cairo, essa paisagem me pareceu repousante. O sol brilhava, mas não fazia muito calor.

Bem perto do hotel, está o templo de Amenófis II, que visitamos e que é muito bonito. Depois, ao pôr do sol, tomamos um barco e deslizamos pelo Nilo, contemplando as luzes das margens a brilhar. Depois do jantar — como sempre muito farto —, como favor especial, um arqueólogo levou-nos de fiacre para ver o templo de Karnak ao luar. Em primeiro lugar fiquei impressionada com sua imensidão: durante dois mil anos, os arquitetos não pararam de aumentá-lo e complicá-lo. É o maior edifício de colunas do mundo. As pessoas se perdem em suas florestas de pilastras; de repente, estanca-se ante um obelisco de granito rosa, ante uma estátua gigantesca. Surpreenderam-me os belos capitéis em forma de papiros. Atravessamos pátios, vestíbulos, numa escuridão interrompida de longe em longe pela claridade da lua. Retomamos o fiacre e foi um prazer, na suavidade da noite, ouvir o ruído que faziam na estrada os cascos dos cavalos.

Voltamos a Karnak no dia seguinte, no fim da tarde. Seguimos pela aleia guarnecida de estátuas de carneiros, que precede o templo e que é uma parte da longa estrada que, no passado, ligava Karnak a Luxor. Mas no Ano-Novo, o deus Amon era transportado de barca de um templo ao outro; no de Karnak há um santuário de granito onde repousavam as barcas sagradas; elas são representadas em alguns baixos-relevos que adornam as paredes. Não as havíamos visto, na véspera, e as contemplamos longamente. Contam detalhadamente os combates e as vitórias de Sethi I e de seu filho Ramsés II. A delicadeza dessas esculturas representa um feliz contraste em relação ao caráter pesado, um pouco esmagador, da arquitetura. As colunas cilíndricas, as pilastras cúbicas são recobertas, de alto a baixo, de figuras de deuses ou de desenhos simbólicos. No local do templo estende-se um lago sagrado; em uma de suas margens instalaram um café, no qual tomamos um aperitivo.

Pela manhã atravessamos o Nilo num barco cujos assentos eram forrados de um tecido estampado em estilo "faraônico". Fazia calor: Sartre, Lanzmann, Ali, Lufti, tinham colocado chapéus que lhes davam um aspecto de falsos *cowboys*. Acompanhava-nos um arqueólogo de boné branco e óculos escuros. Um carro levou-nos até o templo de Deir el-Bahari, fundado pela poderosa Rainha Hatshepsut e consagrado a seu "duplo" e ao de seu pai. O edifício, de terraços superpostos, foi muito destruído e restaurado, mas sua decoração é interessante. A rainha é frequentemente representada nas paredes, sempre sob a forma de um homem. Ela venerava particularmente a vaca Hathor, que tem um santuário no interior do templo; um baixo-relevo a mostra sendo amamentada por Hathor. Outro descreve a cores a expedição, certamente pacífica, que a levou a Punt, isto é, à Somália. Outros contam sua juventude e as festas realizadas por causa de sua ascensão. Há uma capela, perfeitamente conservada, de teto azul todo estrelado, dedicada a Anúbis. Lembro-me também de esculturas que evocam Hórus sob a forma de um pássaro, comparáveis a algumas obras de Brancusi. Irmã e esposa de Tutmósis II, seu enteado, Tutmósis III — de quem também fora tia e regente —, quando a sucedeu, fez com que seu nome fosse retirado de todos os cartuchos do templo.

A seguir visitamos a necrópole de Cheikh Abd el-Gurnah, situada numa colina; de longe, as aberturas dos hipogeus se destacam em negro sobre a parede rochosa. É o cemitério dos altos funcionários tebanos da XVIII dinastia. Eu não contava com a riqueza dos afrescos e dos baixos-relevos que evocam suas ocupações. Entramos no túmulo de Khaembat, um escriba que zelava pelos celeiros de

Amenófis III. Há nele seis estátuas do morto, de sua mulher, de outros parentes. É representado numa parede, apresentando suas contas ao rei. Em outra parede estão representadas cenas da vida campestre. Na mesma época, Menna era também um escriba importante. Afrescos em cores vivas reproduzem-no levando oferendas a Osíris. Outros representam trabalhos agrícolas, a inspeção das colheitas. No túmulo de Bekhmara, governador de Tebas, veem-se povos estranhos, com ornatos de cabeça e roupas exóticas, levando-lhe seu tributo. Veem-se também diversas cenas de sua vida e o banquete de funerais, ao qual assiste a múmia do defunto. No Vale dos Reis, o túmulo mais interessante é o de Sethi I. Desce-se até lá por um lance de escadas. Um corredor conduz a uma pequena sala onde há um poço destinado a confundir os ladrões: era através de um poço que geralmente se tinha acesso ao jazigo. Na realidade, uma brecha cuidadosamente dissimulada dava para uma sala, de onde saía um dédalo de escadas e corredores servindo a outras peças. Todos os tetos são pintados. As paredes são cobertas de baixos-relevos, de pinturas e de bosquejos. Vemos, entre outros, setenta e cinco representações diferentes do sol; o rei, Osíris, diversas divindades, os povos da terra. Por si só, esse hipogeu é um verdadeiro museu. O túmulo de Tutancâmon espantou-me por sua exiguidade: quando foi descoberto, os tesouros agora expostos no Museu do Cairo estavam empilhados uns sobre os outros. Permaneceram intactos, porque uma tentativa de roubo tinha sido severamente reprimida e, depois, entulhos provenientes de um túmulo vizinho bloquearam sua abertura.

Sentia-me inteiramente atordoada por haver visto desfilar diante de mim, numa só manhã, toda uma civilização: suas guerras, suas cerimônias sagradas, suas festas profanas, seus trabalhos, sua vida cotidiana. Revejo as fisionomias das mulheres que acompanham os funerais chorando convulsivamente; das dançarinas, das musicistas com seus belos cabelos negros. Em certas épocas, os personagens são desenhados de maneira acadêmica. Mas, de um modo geral, são ao mesmo tempo hieráticos e vivos e pintados em cores livres e refinadas. Teria sido preciso rever muitas vezes, longamente, essas obras-primas, cujo valor artístico para nós supera o interesse documental.

Na volta, vimos, no meio de uma pradaria por onde passavam rebanhos, os colossos de Memnon que representam Amenófis III: incluindo os soclos, são da altura de um prédio de seis andares. Rachado até a cintura por um terremoto, um deles cantava quando o dia nascia. Mas Sétimo Severo mandou consertá-lo e, a partir de então, ele se calou. Essas estátuas gigantescas erguiam-se à entrada de um templo hoje destruído.

No dia seguinte, sobrevoamos de avião o Nilo e a antiga barragem de Assuã; o piloto fez com que fôssemos até a sua cabine para que tivéssemos uma vista de conjunto da nova barragem perto da qual aterrissamos. No aeroporto, mulheres com vestidos e véus pretos, cobertos de bordados brilhantes, ofereceram-nos cestos cheios de tâmaras e avelãs. Um encarregado de relações públicas começou a mostrar-nos imediatamente as obras; andamos de carro e a pé, recebendo as explicações sobre os trabalhos. Ainda não estavam inteiramente prontos, mas já permitiam que se irrigasse grande parte do deserto. No meio do tumulto, pudemos observar o imenso movimento de buldôzeres, de guindastes, de caminhões e de operários. À noite, um filmezinho colorido mostrou-nos a inauguração dessa obra gigantesca. Sabe-se que, como os Estados Unidos se recusaram a financiá-la — o que acarretou, em 1956, a nacionalização do Canal de Suez —, foi a União Soviética que assumiu a responsabilidade. Ao lado de Nasser aparecia Khruschev assistindo à cerimônia. Duas equipes de operários haviam construído o corpo principal da barragem, uma partindo da direita do rio, outra da esquerda; víamo-los encontrando-se no meio e dando-se as mãos: nesse momento, eles e o público explodiam numa alegria triunfante. Esse sentimento subsistia entre os operários com quem conversamos no dia seguinte. Sentiam-se felizes e orgulhosos por haverem realizado um trabalho que assegurava uma nova prosperidade para seu país. Sabiam realmente que o imenso reservatório denominado Lago Nasser permitia a irrigação de terras até então desérticas e fornecia a eletricidade necessária à indústria.

Como em Luxor, nosso hotel era moderno e fora construído ao lado do antigo Cataract-Hotel, num promontório bastante afastado da cidade que dominava o Nilo. Rochedos emergiam das águas ferventes denominadas cataratas. A jusante, o rio estava calmo e nele deslizavam barcos com suas velas brancas enfunadas pelo vento. Fazia um sol forte. Um barco passeou-nos em torno da Ilha Elefantina e levou-nos até a pequena Ilha de Kitchenev, coberta por um belíssimo jardim tropical. Pudemos ver a parte superior do templo de File: a ilha onde se ergue foi submergida desde a construção da primeira barragem.

Atualmente, todo o alto vale nubiano foi tragado. Vimos num filme colorido bonitas cidadezinhas de casas caiadas e decoradas com pinturas vivas, que tinham ficado cobertas pelas águas, tendo sido seus habitantes transportados para outros lugares. Sabia que, por iniciativa da Unesco, engenheiros de diversos países se haviam encarregado de salvar os templos de Abu Simbel e desejava vê-los. No barco que utilizavam normalmente os turistas, a excursão era longa e cansativa. Mas o Ministro da Cultura fez com que o pequeno avião que servia aos engenheiros viesse buscar-nos. Só havia lugar para o piloto e três passageiros: Sartre, Lanzmann e eu. Saímos pela manhã. Durante uma hora sobrevoamos um deserto de areia branca ou amarelo-clara, cheio de rochedos negros: lembrava-me de algumas paisagens de Hoggar. Depois acompanhamos o Nilo que, nessa altura, é um imenso lago de um azul puro. Quase tocávamos no rio. De quando em quando, distinguia-se o cimo de uma palmeira submergida e, à beira d'água, casas abandonadas que logo seriam submergidas, pois o nível do reservatório continuava a subir.

No aeroporto aguardavam-nos um arqueólogo e o engenheiro alemão, Hochtief, que dirige os trabalhos. Dos diferentes projetos propostos a partir de 1959, foi o sueco que prevaleceu, com a participação de um grupo internacional. Consistia em subdividir os templos, para reconstituí-los no alto do penhasco. Mostraram-nos a localização primitiva e o caminho íngreme pelo qual as peças separadas tinham sido içadas até cinquenta metros de altura. Blocos enormes cuidadosamente numerados jaziam no platô num imenso depósito ao ar livre. Dentro de dois anos, disse-nos Hochtief, os templos estariam inteiramente reconstituídos, e o maior de todos ficaria, como antes, à beira d'água, porque esta atingiria o alto do penhasco. Já parecia quase pronto. Na entrada, erguem-se quatro estátuas gigantescas de Ramsés II; estão rodeadas por estátuas pequenas que representam a mãe, a mulher, as filhas do faraó. Em cima da fachada, estão sentados vinte e dois cinocéfalos. Em cima do portal, também em dimensão colossal, ergue-se o deus Rê com cabeça de gavião. Esse conjunto imponente é ao mesmo tempo perfeitamente harmonioso. Apesar dos andaimes que atravancavam as salas internas, pudemos ver os afrescos e os baixos-relevos; são cenas militares contando as guerras de Ramsés II: entre outras, a grande batalha em que venceu os hititas. O templo ficará encostado a uma falésia artificial: a localização será assim exatamente igual ao que era no passado.

Seis colossos erguem-se diante da fachada do templo consagrado a Hathor: representam Ramsés II e sua mulher Nefertari. Os filhos estão representados por estátuas menores. O interior também é decorado com baixos-relevos.

Vimos rapidamente a cidadezinha onde ficam alojados os operários, e Hochtief convidou-nos para tomar um drinque em sua casa. Sentamo-nos no terraço, e ele nos forneceu novos detalhes sobre os trabalhos em curso. Embaixo de nós as águas do Nilo corriam indolentemente entre penhascos abruptos: poderia ter passado horas a contemplá-lo. Tínhamos de tomar o avião. A volta foi ainda mais espetacular do que a vinda, porque durante todo o trajeto acompanhamos o curso do rio.

Essa foi nossa última visita importante ao Egito antigo. Nos arredores de Assuã visitamos uma fábrica de produtos químicos. Do Cairo, levaram-nos a Heluã, onde foi criado um grande complexo industrial de ferro e aço. Vimos a corrida do metal em fusão, os grandes martelos de forja, as máquinas que se apoderam do metal em brasa e o moldam, outras que aperfeiçoam o trabalho, tirando delicadamente da peça qualquer excrescência. Estavam em construção novas instalações, mais amplas do que as já existentes. São as primeiras grandes realizações industriais do Egito. Ainda não são rentáveis, já que o preço de fabricação das peças é bastante elevado.

Nossos amigos quiseram mostrar-nos os resultados já obtidos na região do Delta graças à irrigação do deserto. Levaram-nos de carro até Alexandria. Almoçamos num hotel, grande e triste, junto a uma baía: à nossa volta estendia-se o parque de Montarah, onde se encontra o antigo palácio do Rei Faruk; essa imensa *villa* de três andares, tão feia quanto pretensiosa, atualmente foi transformada em museu. Seguimos pela Corniche. A maioria das casas estava fechada, porque as pessoas só moram aí durante o verão. Passamos por ruas movimentadas, pouco típicas. Junto a uma mesquita havia uma festa de bairro muito desanimada. Depois do jantar, fomos ver a dança do ventre num cabaré. Numa mesa vizinha, rapagões louros, de olhos azuis, contemplavam espantados a assistência: eram soldados da ONU. Duas mulheres dançaram muito bem. Atualmente, a lei exige que o ventre não esteja nu e o delas estava coberto com uma musseline transparente. O espetáculo não se parecia às imitações adulteradas que eu já vira; era tão abstrato como um autêntico flamenco; seu interesse é de ordem técnica; a dançarina deve controlar tão bem cada músculo que seu corpo fique imóvel, enquanto os ombros se sacodem e o ventre se contorciona. É um exercício bastante cansativo; quando terminaram, as duas mulheres estavam cobertas de suor, exaustas.

No dia seguinte, saímos de Alexandria pela estrada do deserto. Atravessamos as charnecas descritas por Durrell em *Justine*. (É a única passagem do livro que me agrada.) Antigamente, estendia-se nesse lugar um lago que foi mencionado por Estrabão, Virgílio e Horácio. Parcialmente seco, existia ainda no início do século XIX. Estava fechado por uma barragem que os ingleses destruíram, em 1801, por motivos estratégicos: as águas invadiram uma imensa extensão. Já há alguns anos, o governo decidiu recuperá-la. Um agrônomo explicou-nos os métodos de correção. Depois dos pântanos, situam-se terras desérticas que foi possível cultivar parcialmente. Mas foi sobretudo na província denominada Província da Libertação que foram obtidos resultados notáveis. Graças à barragem de Assuã, o caudal do Nilo foi regularizado; construiu-se uma rede de canais, para os quais foi desviada uma grande massa de suas águas. Num centro dirigente de tais trabalhos, mostraram-nos maquetes do novo sistema de irrigação; vimos também um dos principais canais. Depois, fomos ciceroneados por um general. Num coletivo particular, percorremos quilômetros de estradas retilíneas que se cruzam em ângulos retos. Dos dois lados verdejavam imensos campos de trigo e cevada: o verão assistiria às primeiras messes. Também pudemos admirar magníficos pomares recém-plantados. É o exército que cultiva essas terras, pois os camponeses não querem sair de suas cidades; espera-se, no entanto, que se implantarão em grande quantidade, tão logo lhes sejam oferecidos lugares de moradia. Pensa-se em criar grandes cooperativas e até, de preferência, herdades do Estado. Em cada lado da estrada estavam colocados soldados que agitavam pequenas bandeiras egípcias e francesas. Muito interessante no início, essa visita de inspeção tornava-se cansativa em sua monotonia; foi o que o agrônomo percebeu: pediu ao chofer que desse meia-volta. O general ficou extremamente irritado, ameaçou saltar do veículo: havia homens aguardando-nos, com bandeiras nas mãos, a dez quilômetros dali, não podíamos decepcioná-los. Depois de muita lenga-lenga, concordou em abreviar a excursão. Levaram-nos então a um centro de trabalhadores agrícolas: também eles formavam duas filas entre as quais passamos; agitavam bandeiras clamando: Viva Sartre! Viva Simone! Após um almoço com quarenta convidados, um dirigente entregou-nos medalhas. "Conte ao mundo que trabalho estamos realizando", disse a Sartre e a mim. A Lanzmann disse: "Conte aos nossos inimigos e aos nossos amigos que trabalho estamos realizando." Foi a primeira e última vez, durante essa viagem, em que foi feita a Lanzmann uma alusão à sua condição de judeu. Sempre o trataram com a mesma cortesia que nos dispensavam.

Também fomos objeto de aclamações muito organizadas — ainda que mais espontâneas — quando visitamos a cidade de Kamchiche alguns dias depois; esta se tornou célebre por sua luta contra os senhores feudais. A reforma agrária tentada por Nasser proíbe que os proprietários rurais possuam mais de cinquenta hectares. Colocando uma parte de seus domínios em nome de membros de sua família, em nome de clientes e de servidores, burlam tranquilamente a lei; suas astúcias são difíceis de controlar. Um professor de Kamchiche, líder local da União Socialista, apoiado por seus companheiros, investiu contra a família Fikki e denunciou suas fraudes. Queria que suas casas fossem requisitadas para os serviços sociais da cidade. Foi morto à noite, na rua. Sua mulher clamou por justiça e continuou a luta de seu marido. O governo prendeu toda a família Fikki. Criou a "comissão para a eliminação do feudalismo", que descobriu vários casos em que os proprietários haviam assassinado camponeses; lançou uma campanha antifeudal nas cidades, propondo-lhes como exemplo Kamchiche. Estivemos lá, em companhia de nossa escolta habitual e do prefeito da região. Uma imensa multidão nos aguardava. Desfraldavam bandeirolas: Viva Nasser! Nasser é amigo dos camponeses! E gritavam a plenos pulmões: "Viva Sartre! Viva Simone!" Uma professora histérica estimulava um grupo plácido de camponeses de preto: "Viva Simone! Viva Simone!" Inspirávamos uma curiosidade real aos campônios. Nossos guarda-costas tinham dificuldade em abrir-nos passagem. Mostraram-nos várias casas de tijolo cru que os camponeses haviam construído com suas próprias mãos. Depois, entramos num hangar onde só cabia uma pequena parte da multidão: os outros tentaram forçar a porta que, não sem dificuldade, lhes foi fechada. A viúva do professor, uma mulher jovem, muito morena, de fisionomia ao mesmo tempo suave e enérgica, sentou-se ao nosso lado num estrado, bem como o prefeito e outros oficiais. Deu de presente a Sartre uma *djellaba*[98] e a mim um colar. Tivemos uma conversa de pouco interesse com o público. O prefeito e sua mulher convidaram-nos para almoçar.

Essa visita não nos informou sobre a condição dos felás. O fato é que, durante nossa permanência, não tivemos contato com eles. Pudemos somente constatar que as cidades que atravessamos para ir às pirâmides eram extremamente pobres. As casas eram de taipa, e os camelos e bois, muito magros; sob o véu negro que emoldura seus rostos, as mulheres muitas vezes eram bonitas, embora macilentas. O grande problema que o Egito tem de enfrentar, para elevar o nível de vida no campo, é o da superpopulação. Nasser iniciara uma campanha em favor da contracepção. Vi centros de consulta. São numerosos. Mas nunca uma jovem camponesa concorda em limitar os nascimentos, antes de ter pelo menos cinco ou seis filhos. O felá considera os filhos como sua maior riqueza; quando envelhece — e envelhece cedo — tem necessidade deles para trabalhar a terra. Apesar das conquistas realizadas no que diz respeito aos desertos, o aumento

---

[98] Roupa longa, de mangas compridas e capuz, usada por homens e mulheres na África do Norte. (N. da T.)

constante de bocas para alimentar não permite melhorar a condição dos camponeses.

Num plano diferente, outro problema mal resolvido é o da condição feminina. A Constituição, utilizada por Nasser em 1962 como base do regime, exige a igualdade dos dois sexos. Mas a tradição islâmica opõe-se a isso e, por enquanto, é ela que prevalece. No início de minha estada, encontrei-me com algumas feministas egípcias: médicas, advogadas, jornalistas; entre estas, havia uma muito idosa, mas ainda combativa, que tinha sido a primeira, antes da guerra de 1914, a rebelar-se contra o véu.[99] Elas me deram informações minuciosas. Os direitos sociais, cívicos, econômicos da mulher não são absolutamente equivalentes aos dos homens. Quando o pai morre, a filha recebe uma parte da herança bastante inferior à de seus irmãos. É muito difícil para uma mulher obter o divórcio, enquanto que seu marido pode repudiá-la quase sem formalidade alguma. Na prática, o abismo é ainda mais profundo. São raras as mulheres que trabalham fora do lar, e não gozam das mesmas vantagens que os homens. Saem pouco. Nos terraços dos cafés do Cairo, nunca vi uma mulher. Minhas interlocutoras sentiam-se revoltadas com essa discriminação. Abordei a questão, quando conversei com estudantes na universidade em Alexandria. De acordo com a Constituição, disse eu, não poderia haver socialismo enquanto a mulher não fosse igual ao homem: "Dentro dos limites da religião", gritaram vozes masculinas. Retomei longamente esse assunto na conferência que fiz no Cairo. Acusei os egípcios de se comportarem, em relação a suas mulheres, como senhores feudais, colonialistas e racistas. Mostrei que os argumentos que utilizavam para justificar-se eram exatamente os mesmos utilizados pelos antigos colonizadores contra os colonizados: condenei sua atitude em nome da luta que eles mesmos tinham travado por sua independência. Fui furiosamente aplaudida pelas mulheres — muito numerosas — da assistência. Vários homens mostravam-se descontentes. Na saída, um senhor idoso me abordou: tinha em mãos uma tese que escrevera sobre o Corão: "A desigualdade da mulher é uma questão de religião, senhora; está escrito no Corão." Deixei-o às voltas com a velha jorna-

---

[99] Sabe-se que essa batalha foi ganha.

lista que fora pioneira do feminismo. Mulheres vieram agradecer-me, às vezes escondidas de seus maridos.

No entanto, conhecíamos um casal no qual parecia reinar uma perfeita igualdade e que a reivindicava: eram Lufti e Liliane el-Kholi. Ela era bem representativa de uma categoria ainda pouco numerosa de mulheres realmente liberadas. Bonita, elegante, muito "feminina", ocupava-se do filho, do lar, mas tinha também uma profissão. Era copta, isto é, cristã. Aos quatorze anos, durante uma peregrinação ao Santo Sepulcro, perdera a fé. Uma religiosa lhe mostrara o buraco onde fora fincada a cruz; no momento em que, devotamente, ia introduzir sua mão no local, a religiosa reconsiderara: "A propósito, você é católica romana ou ortodoxa?" "Ortodoxa." "Então, para você é aquele buraco"; e indicara um outro. Para Liliane, tudo oscilara e, depois disso, ela perdeu a fé. Aprofundara seus estudos e teria gostado de ir para Paris, a fim de preparar a licenciatura de filosofia: o pai não permitira, porque lá as pessoas se beijavam na rua. Apesar disso, conhecia admiravelmente bem a língua e a literatura francesas.

Participamos de muitas discussões sobre os problemas atuais do Egito. Estivemos com os redatores da revista *Al Talia*; com o Ministro da Cultura; com Ali Sabry, que dirigia a União Socialista, partido único a que pertence normalmente qualquer egípcio; com marxistas e com diversas personalidades. Em nossa presença ninguém questionou a existência de um partido único, a ausência de vida sindical, o dirigismo estatal. O que preocupava a todos era a dificuldade da luta contra os senhores feudais; a superpopulação; e sobretudo a existência de uma "nova classe" que substituíra a antiga burguesia, mas que é também composta de privilegiados. A indústria é, em grande parte, nacionalizada, mas o Estado tem necessidade de um número elevado de técnicos e de pessoal, aos quais, para garantir seus serviços, é obrigado a destinar emolumentos bastante elevados. Quanto mais o país se desenvolve, mais aumenta a categoria de aproveitadores que é preciso tolerar, já que se tem necessidade deles. Ela se compõe de antigos pequeno-burgueses individualistas e reacionários.

No final de nossa estada, Nasser recebeu-nos em sua residência de Heliópolis. Lanzmann, Ali, Heykal nos acompanharam. A conversa estendeu-se por três horas, num grande salão onde nos serviram sucos de frutas. Nasser não exibia absolutamente o sorriso artificial que lhe atribuem as fotos maldosas; havia em sua voz e em seu rosto um charme discreto, um pouco melancólico. Dizia-se que sua amizade por Heykal explicava-se pelo contraste de seus temperamentos, este transbordando de alegre vitalidade, enquanto Nasser era introvertido e preocupado. Escutava com expressão atenta e falava sem pressa, pesando as palavras. Interroguei-o sobre a condição da mulher egípcia. Ele era feminista; uma de suas filhas aprofundou-se muito nos estudos, e ele a estimulou a isso. Quando foi discutido o capítulo da Constituição que pede a igualdade dos sexos, alguém lhe objetou: "Então cada mulher terá direito a quatro maridos?" Ele respondeu que, na verdade, o islamismo implantara-se numa sociedade que praticava amplamente a poligamia e que, na realidade, o Corão, longe de preconizá-la, tenta torná-la impossível, tantas as restrições de que a reveste. Quanto a ele, desejava vê-la desaparecer. Acreditava em Deus, acrescentou; quanto à religião, em todos os terrenos atravessara-se em seu caminho. Sartre mencionou os dezoito jovens que estavam presos naquele momento; perguntou se era possível apressar seu processo. Evidentemente informado dessa demarche por Heykal, Nasser sorriu: "Gostaria muito de um processo. Mas eles correriam o risco de passar dez anos presos. Nossa ideia era retê-los ainda um pouco mais e depois soltá-los sem estardalhaço." "Certamente essa seria a melhor solução", disse Sartre. No fim da conversa, Sartre abordou a questão palestina. "É fora de cogitação que os Estados árabes se responsabilizem pelos refugiados", disse Nasser. "Mas se Israel os recebesse, reconheceria Israel?" "Com um milhão e duzentos mil palestinos, Israel já não seria Israel, explodiria. É impossível que eles aceitem." "Então?" "Então?" disse Nasser em tom perplexo. "A guerra? Mas é muito difícil!" Absolutamente não parecia disposto a arriscar uma tal aventura.

Desde o início de nossa viagem, ficara combinado que visitaríamos os campos de refugiados em Gaza. Novamente tomamos o avião com todo o nosso grupo e sobrevoamos o deserto: debaixo de nós, estendia-se, reta e com seu asfalto luzidio, a estrada única que o atravessa. Sobrevoamos de muito perto Ismaília, o Canal de Suez, suas margens, os barcos, os Lagos Amer. Infelizmente um vento forte nos sacudia. Lufti estava verde e eu sentia náuseas quando chegamos a

El-Arich. Um casal palestino, radicado há muito tempo no Líbano, levou-nos em seu carro, e atravessamos uma bela paisagem desértica. De quando em quando, podíamos ver entre as pedras tendas de beduínos e beduínas vestidas de preto, cobertas de joias. Na fronteira da zona de Gaza, o carro parou. Antes que continuássemos a viagem, deram-nos bandeiras das forças de libertação da Palestina.

O campo que visitamos em Gaza era, na realidade, uma cidade bastante miserável. Era desagradável andar pelas ruas com todo um séquito atrás de nós: nossa escolta egípcia e dirigentes palestinos. Fizeram-nos entrar em antigas casernas desativadas, onde se amontoavam famílias, e em outros alojamentos igualmente exíguos e nus. Homens e mulheres disseram-nos como desejariam recuperar, na Palestina ocupada, suas casas e suas terras. Na rua fizemos perguntas às crianças: um menino queria ser médico quando crescesse; outro, soldado. Nossos guias apiedavam-se com espalhafato da situação terrível dessa população; mas não eram em parte responsáveis por aquilo? Utilizam da maneira mais eficaz os recursos consideráveis distribuídos pela U.N.W.R.A.[100]? Não faltava espaço. Por que não foram os refugiados estimulados a construir casas, como faziam, por exemplo, os camponeses de Kamchiche? Eu me fazia essas perguntas durante o banquete de Hoshi, reunindo o general egípcio que governa a zona de Gaza e uma centena de convidados; perguntava-me também por que tamanha ostentação de comidas: fazia-me perder o apetite.

Levaram-nos até a fronteira. Via-se ao longe a bandeira israelense e, na terra de ninguém que separava os dois países, os capacetes azuis. Visitamos uma escola, um ateliê de bordado, um estabelecimento onde são educados os filhos dos palestinos mortos em combate contra os israelenses. As crianças, vestindo o traje nacional, cantaram, acompanhadas por uma trombeta, um hino guerreiro sobre o tema do retorno à pátria. Muitos cafés de Gaza denominam-se Café do Retorno.

No jantar, os convidados eram ainda mais numerosos do que no almoço e a refeição, ainda mais pantagruélica. Liliane murmurou

---

[100] Serviço de auxílio e de trabalhos das Nações Unidas em prol dos refugiados do Oriente Próximo, criado pela ONU em 1949. A repartição vive sobretudo de capitais americanos.

com ar desolado: "E tudo isso enquanto ao lado morrem de fome!" Depois, todo mundo se reuniu num grande salão e estabeleceu-se uma discussão entre Sartre e os dirigentes palestinos. Perguntou-lhes o que aconteceria caso os árabes fossem vencedores numa guerra contra Israel. Bem, todos os judeus seriam recambiados para "seus" países, exceto os de países árabes, que teriam o direito de permanecer. A exterminação dos judeus pelos nazistas foi um crime, mas não se repara um crime através de um crime "maior", disse um dos adjuntos de Chukeiri. Também, acrescentou sem dar-se conta de sua inconsequência, caso fosse necessário, não hesitariam em provocar uma guerra mundial para que fosse feita justiça. A conversa era tensa, pois Sartre desejava que se encontrasse um meio de conciliar o direito dos palestinos de voltarem a seu país com o direito à existência de Israel: poder-se-ia, por exemplo, escalonar por vários anos o retorno dos refugiados. Mas os palestinos exigiam que os judeus fossem expulsos da Palestina ocupada. Sua indignação, seu ódio eram certamente sinceros, mas exprimiam-nos em frases patéticas e empoladas, que soavam falsas. No final, Sartre concluiu: "Transmitirei fielmente em Paris as opiniões que ouvi aqui." "Isso não é suficiente", disse um de nossos interlocutores com irritação. "Teríamos desejado que as compartilhasse."

A violência e a incoerência dos dirigentes palestinos, suas fanfarronadas, haviam constrangido Liliane e Lufti. Eles achavam, como nós, a atmosfera de Gaza sufocante. Estávamos convencidos da realidade e da gravidade do problema. Mas a propaganda insistente a que tínhamos sido submetidos durante todo o dia nos irritara. E os dirigentes que nos recebiam com aquela suntuosidade excessiva pareciam viver num universo verbal irreal, longe da miséria da massa.[101]

No dia seguinte pela manhã, demos um passeio de carro por Gaza; a rua comercial, o mercado, davam impressão de pobreza. Após haver passeado à beira-mar, o chofer sugeriu levar-nos a um bairro populoso. Na verdade, tratava-se de outro campo de refugiados, mas que parecia nitidamente menos miserável do que o primeiro.

---

[101] Depois da Guerra dos Seis Dias, esses dirigentes perderam toda influência junto com Chukeiri. Os novos líderes são de um tipo totalmente diferente.

Na beira da calçada havia laranjas amontoadas. Descemos do carro. Liliane abordou uma mulher e começou a falar com ela: estava, como nós, desejosa de ter uma conversa livre com alguém que não desse a impressão de estar submetida a pressões. Sem dúvida alguma, os refugiados detestavam Israel. Mas que achavam de seus responsáveis? Que ajuda lhes proporcionavam estes? Como era seu dia a dia? Mal tinham trocado algumas palavras e vimos que se aproximavam, a toda velocidade, dois dignatários. Aquela mulher não tinha capacidade para responder-nos, o que dissera não tinha valor, declararam. Tínhamos a impressão de que, na véspera, a miséria dos refugiados nos fora exibida complacentemente, e suas queixas e gemidos, imperiosamente dirigidos. Era inútil, porque o problema permanecia igual, mesmo se às vezes chupavam laranjas e se alguns deles não se mostravam muito descontentes com sua sorte. Na volta, discutimos o assunto no avião com Liliane, que também ficara deprimida com essa viagem. O Egito era muito pobre para colocar aquela população sob sua responsabilidade, disse ela com razão. Mas disse também que, depois da guerra, os judeus deveriam ter ficado em "seus países", mostrando assim que ignorava tudo a respeito da questão judaica, tal como esta se colocava no Ocidente.

No Cairo, Heykal informou-nos que Nasser libertara os dezoito prisioneiros de que Sartre lhe falara. Certamente já teria a intenção de fazê-lo: mas nem por isso seu procedimento deixava de ser de extrema elegância.

A viagem chegava ao fim, de forma tão agradável quanto interessante. O único ponto incômodo fora a multidão de jornalistas que nos seguia por toda parte. Mas nos entendíamos bem com nossos companheiros mais habituais: Ali, com sua inteligência viva e alegre; Lufti, apaixonado por suas ideias; Liliane, tão atenta e solícita quanto culta. Víamos menos Heykal, que nos encantava por sua vitalidade risonha. Quase todos os egípcios com quem estivemos falavam francês. Haviam escolhido, para ciceronear-nos, os que sabiam nossa língua. Por reação contra o domínio inglês, muitos egípcios ensinaram francês a seus filhos.

Fomos magnificamente recebidos pelos Heykals, pelos El--Kholis, pelo Ministro da Cultura. Jantávamos distribuídos em mesinhas pequenas, o que permite mudar de lugar e de interlocutor durante as refeições. O bufê, metade frio, metade quente, era sempre suntuoso: lembro-me, entre outros pratos, de um enorme peru, um carneiro inteiro, previamente cortados e recompostos. Heykal convidou-nos uma noite a um barco-restaurante ancorado no Nilo. Ouvia-se o marulho da água e, pelas vigias, viam-se as luzes do Cairo. Ele fizera vir uma excelente dançarina e, mais uma vez, pude apreciar uma autêntica dança do ventre. O velho Tawfik al-Hakim convidou-nos para jantar, com todo o nosso bando, num restaurante perto das pirâmides mantido por antigos proprietários rurais que eram seus amigos: queria ver como se adaptavam à sua nova condição. Ficou decepcionado, pois não estavam presentes, mas nós nos divertimos muito. A sala de refeições era agradável, toda acolchoada de vermelho, iluminada com lâmpadas de abajures plissados e mergulhada em suave música de fundo. Implicou-se muito com Tawfik: está casado há vinte anos e nunca ninguém conheceu sua mulher. Em suas peças, ele se mostrava tão misógino, explicou-nos, que temia que seu casamento despertasse a zombaria dos jornalistas. Fez com que a mulher jurasse jamais acompanhá-lo a parte alguma. Um dos convidados apavorou-o, ameaçando aparecer um dia em sua casa, de improviso, para esclarecer o enigma. Comemos também bolinhos de grão-de-bico, brochetes, em restaurantes populares. Num café, no centro da cidade, Sartre e Lanzmann experimentaram, sem muito êxito, narguilês que Lufti e Ali fumavam com arte.

Na última noite, ofereceram-nos um jantar de despedida numa casa árabe do século XVI: a Casa das Artes, que contém bonitos móveis árabes e belos tetos pintados. Quase todas as pessoas com quem estivéramos achavam-se reunidas em torno de grandes mesas redondas e baixas, cobertas de bandejas de cobre. Durante a refeição, realizou-se um excelente espetáculo: dança do ventre, prestidigitador, dervixe e sobretudo um magnífico dançarino. Presentearam-nos com duas máscaras funerárias de Fayum.

Não havia linha aérea ligando o Egito a Israel. Na noite do dia seguinte, tomamos um avião para Atenas. Ninguém nos esperava no aeroporto. Isso era inabitual e repousante. Passamos a manhã no Licabeto e na Acrópole. Tomamos o avião para Tel-Aviv. Lanzmann nos acompanhou, mas apenas por três dias.

Assustava-nos um pouco ter de enfrentar ainda uma vez os rituais da chegada, familiarizar-nos com novos rostos, recomeçar a viver em público. Mas desejávamos ver Israel. Fôramos convidados para ir lá por um comitê de recepção compreendendo personalidades políticas, universitárias e literárias. Flapan, membro do Mapam, com quem tínhamos estado em Paris, preparara nossa viagem. Fazia parte do grupo que nos esperava no aeroporto. Lanzmann apresentou-nos a Monique Howart, mulher morena, jovem e simpática, que deveria ser nossa intérprete. Um homem jovem, de um louro avermelhado, propôs-me servir-nos de guia e defender-nos contra os importunos; pensei que ele próprio fosse um desses: na verdade, tratava-se de Eli Ben-Gal, que logo se tornou amigo nosso. Em meio ao calor e ao barulho, Sartre conversou alguns minutos com os jornalistas. Depois, Schlonski, velho escritor de origem russa, levou-nos ao Hotel Dan, à beira-mar.

Pela manhã, quando abri a janela, o mar estava bonito. É o único encanto de Tel-Aviv. A cidade possui vida, mas suas ruas retilíneas não têm nenhuma originalidade. A Rua Dizengoff, a mais luxuosa, é bem menos imponente do que as grandes avenidas do Cairo. Há inúmeras lojas, mas as roupas e os diversos objetos expostos nas vitrines não são de alta qualidade. Os cafés e os restaurantes lembram os que os estudantes frequentam no Quartier Latin.

Na entrada de Tel-Aviv visitamos Jaffa. Apreciamos suas muralhas, os castelos em ruínas, as velhas casas, as grandes escadarias. Divertimo-nos passeando pela feira de bricabraque.

E depois deslocamo-nos pela região. Flapan nos precedia nos lugares a que devíamos ir e organizava nossa visita. Como fala mal o francês, temia enfadar-nos e aparecia muito pouco. Seria difícil imaginar uma solicitude mais discreta.

Sabia que os kibutzim só contêm 4% da população, que na maioria deles já não se encontram pioneiros, que sua existência só se mantém artificialmente dentro de um país capitalista. Mas no início representaram uma aventura tão emocionante que eu tinha muita vontade de ver um. Passamos um bom tempo neles. No kibutz de Merharia fomos recebidos por Meir Yaari, chefe do Mapam, que teve uma longa conversa com Sartre, enquanto eu trocava ideias com um grupo de mulheres. No kibutz Degania B, o "kibutz-mãe", o mais antigo de todos, foi Kaddish Luz, o presidente do Knesset, quem nos recebeu. Almoçamos com ele na sala de refeições comum e tomamos o café em sua casa. Sua mulher relembrou, emocionada, o nascimento da pequena comunidade, há muito tempo, quando ainda nenhuma das árvores estava plantada, nenhuma casa construída, a estrada não existia, e eles tinham feito com que tudo saísse do nada, com o suor de seus rostos, as mulheres trabalhando tão duramente quanto os homens. O kibutz fronteiriço, Laavat Habashan, situa-se no sopé de uma colina sobre a qual, à noite, brilham as luzes dos postos avançados sírios. Uma vez, a sala de jantar, que felizmente estava vazia, foi destruída a tiros de canhão pelos sírios. Depois das refeições, é hábito reunir-se no subsolo, num clube que serve também de abrigo. Mostraram-nos ainda as trincheiras profundas e bem preparadas, nas quais as pessoas se refugiam em caso de alarme.

Os dois problemas que mais me interessaram foram a condição das mulheres e a atitude dos jovens. Sobre o primeiro discuti também em Tel-Aviv com um grupo de mulheres de profissões liberais. Entre estas havia uma antiga pioneira de sessenta anos. "Antigamente", explicou-me, "nossa divisa era '*Never mind*': passávamos por cima de todas as diferenças; comportávamo-nos como homens. Agora não." "Agora", disseram as mulheres mais jovens (uma atriz, uma arquiteta), "aceitamos a separação das tarefas. Achamos que servimos a Israel tão bem exercendo nossa 'profissão de mulher' quanto rivalizando com os homens e, em última instância, é isso que conta." Segundo elas, o problema do feminismo já não se colocava em Israel.

Nos kibutzim, confirmaram-me que as mulheres se cansaram dos trabalhos pesados. Há exceções: a mulher de Eli Ben-Gal fez questão de dirigir um trator, como um homem. Depois de duas tentativas fracassadas, foi aceita como tratorista, mas sua obstinação não era muito apreciada. Em Degania B, as mulheres se queixavam de já não terem uma vida muito interessante. Podem ser professoras, ocupam-se das creches, da guarda de crianças, da cozinha, do galinheiro: não participam diretamente da produção. As de Laavat Habashan confirmavam isso. Admitiam também que politicamente eram mais tímidas e menos ativas do que os homens. Mas consideravam que detinham as maiores responsabilidades sociais: os homens se ocupam da terra, disseram-me elas; "nós nos ocupamos da comunidade". Segundo elas, as mulheres da geração anterior tinham feito mal em sacrificar excessivamente sua feminilidade: na geração presente, reivindicam horas vagas para poderem ocupar-se de si mesmas. Em Marharia, ouvi afirmações um pouco diferentes. Não estando satisfeitas com seu papel no seio da comunidade, as mulheres jovens com quem estive desejavam encontrar no lar uma realização de sua individualidade. Desaprovavam a maneira pela qual as crianças são educadas, em coletividade, estando com os pais apenas algumas horas por dia. Uma jovem morena teria gostado de ocupar-se pessoalmente, e totalmente, de seus filhos: sentia-se frustrada. Uma bonita mocinha loura disse-me que, por não ter vivido com seus pais, sofria de inúmeros complexos; agora era babá e achava que não é bom para as crianças muito pequenas dormirem longe de suas mães, com uma pessoa que muda todas as semanas.

Essa opinião não é compartilhada por Bruno Bettelheim, no livro que consagrou à educação nos kibutzim, *Les enfants du rêve*; segundo ele, a ausência da mãe é amplamente compensada pela presença constante das outras crianças junto a cada uma delas.[102] Mas, por outro lado, sua pesquisa confirma as conclusões a que lamentavelmente eu própria cheguei: a mulher dos kibutzim aceita a divisão tradicional de tarefas; improdutivos, os trabalhos do lar são desprezados: jamais se vê um homem nas lavanderias. Mesmo se, de vez em quando, um homem serve na cantina ou na cozinha, considera essas obrigações secundárias: sua verdadeira vida está fora dali. Enquanto isso, as mulheres não têm outro horizonte que não seja manter o ramerrão da existência cotidiana.

Os verdadeiros sentimentos dos jovens são difíceis de conhecer. O kibutz, para eles, já não é uma aventura. "Sentimo-nos muito protegidos", disseram-nos alguns deles. Se tivessem coragem, muitos iriam embora, disseram-nos também em Laavat Habashan. Mas sentem os olhos da comunidade fixos neles; temem sua reprovação. Apesar

---

[102] Essa confrontação com seus pares constitui uma formação diferente da educação pela família e chega a outros resultados, mostra Bettelheim. Mas seria muito longo explicar seu livro aqui, ao qual remeto aqueles e quem o problema interessa.

disso, muitos se vão, seja para criar novos kibutzim no deserto de Neguev, seja para fixar-se em Tel-Aviv. Em Degania B, dos três filhos de Kaddish Luz, apenas um ficara, como professor; outro estava nos Estados Unidos. Sua filha, muito mais elegante do que as outras mulheres do kibutz, de unhas pintadas, estudava filosofia em Tel-Aviv. Perguntamos-lhe por que decidira ir embora, mas ela não quis responder diante dos pais; o pai concluiu, rindo: "Ela faz filosofia para encontrar as razões."

Há grandes diferenças entre os kibutzim, explicou-nos Eli. Há os "bons", onde as pessoas se entendem e que prosperam; e os "maus", onde a produção é insuficiente e o moral baixo. Seu regime é mais ou menos comunitário. As possibilidades de viajar, do uso de um automóvel, a liberdade de consumo não são iguais em todos. No kibutz de Eli, perto da fronteira libanesa, todos os membros são jovens e progressistas; pratica-se lá um rigoroso igualitarismo e é, diz ele, um excelente kibutz.

Ao lado dos kibutzim, existem os *moshavim*, cidades onde não há vida comunitária. De longe são facilmente distinguíveis uns dos outros, pois nos primeiros veem-se prédios grandes, onde se desenvolve a vida coletiva; os segundos são desprovidos destes. Visitamos um, habitado por indianos que falavam inglês e emigrantes da África do Norte com quem conversamos. Originalmente, eram pequenos comerciantes e empregados; no início, tiveram dificuldade em adaptar-se à sua nova profissão: o cultivo das flores. Mas aprenderam rapidamente o hebraico e o trabalho da terra. No momento, estavam satisfeitos com seu destino. Moravam em pavilhões confortáveis, mobiliados num estilo pequeno-burguês. As mulheres ocupavam-se da casa e das crianças.

Na fábrica de tubos metálicos a que nos levou Patish, um membro do Mapam, a maioria dos operários também era procedente da África do Norte e alguns do Iêmen: entre os judeus orientais são os iemenitas os que melhor se adaptam. Observamos seu trabalho e conversamos com eles tomando um café. Referiram-se com ódio aos árabes que os impediam de corresponder-se com os membros de suas famílias que haviam ficado na Tunísia ou na Argélia. Se a guerra estourasse, estavam prontos para combater. (Foi o único propósito belicoso que ouvi durante essa viagem.)[103] Todos se diziam satisfeitos com seu salário e com seu trabalho. Certamente era verdade, porque a fábrica pertence à Histadrut, que trata particularmente bem os operários que emprega.

A Histadrut é a confederação geral do trabalho, destinada em princípio a defender os interesses dos assalariados. A organização da previdência social está em suas mãos; quem não adere a ela não se beneficia do seguro social; a grande maioria dos trabalhadores, consequentemente, é filiada a ela. No entanto, não pode ser considerada um sindicato. Criou-se, há uns cinquenta anos, não sobre uma base de classe, mas sobre uma base nacional. Seu objetivo era fortalecer uma infraestrutura econômica que permitisse a criação de um capitalismo israelense. Tornou-se a maior entidade empregadora do país: um quarto da produção nacional depende dela. É o único "sindicato" no mundo cujos estatutos comportam um programa político. As eleições aí se efetuam na base dos partidos, e não das organizações profissionais. Não é nem revolucionária nem mesmo reformista; ao contrário: representa a garantia mais segura da ordem estabelecida. Representando importante papel político, econômico e social, apoia o programa do governo. Faz pressão sobre os trabalhadores de modo a impedir as greves. Se alguma vez uma luta de classes se desenvolver em Israel, será apesar dela e contra ela.

Conversamos com os dirigentes da Histadrut, no último andar de um grande edifício de Tel-Aviv. Estavam presentes vários chefes de departamento, mas não abriram a boca, pois o secretário-geral falou o tempo todo. Era membro do Mapai e fez mais propaganda do que deu informações. Pressionando com perguntas uma dirigente, também membro do Mapai, acabei fazendo com que confessasse que, no mercado de trabalho, as oportunidades para homens e mulheres não eram iguais. As mulheres são muito menos numerosas, confiam-lhes as tarefas menos interessantes e conseguem burlar o princípio da igualdade dos salários.

---

[103] Em *Le Nouvel Observateur* de abril de 1970, Vidal-Naquet relata que somente os israelenses originários de países árabes proclamaram, diante dele, uma hostilidade clara em relação aos árabes.

Não nos entendíamos bem com os membros do Mapai e, de um modo geral, com todos os israelenses de direita. A situação absolutamente não era igual à do Egito. Lá havia apenas um partido e ninguém discutia a política do governo. Tendo Sartre sido convidado pelo porta-voz de Nasser, todo mundo — exceto os palestinos de Gaza — demonstrou-lhe amizade. Israel é uma democracia; há vários partidos e diferentes tendências dentro de cada um. A direita era evidentemente hostil a Sartre. Só houve uma exceção: Ygal Allon, então Ministro do Trabalho, pertencente à Ahduth Avoda. Seus atos heroicos são legendários; é o ídolo de toda a direita e de uma parte da juventude; absolutamente não compartilhávamos suas ideias, mas, durante o jantar e a noite que passamos com ele, a discussão foi animada e bem-humorada, ele nos falou de maneira tão aberta que conquistou nossa simpatia. Na verdade, só estivemos com homens de esquerda: membros dos dois partidos comunistas; Uri Avnery; Amos Kennan; membros da esquerda do Mapam; o historiador Bloch e um jovem barbudo, Levi, ambos pertencentes ao comitê contra a guerra do Vietnã: organizaram um comício sobre o Vietnã onde Sartre falou e ao qual o General Dayan assistiu.

Tínhamos muita simpatia por Monique Howard. Vinda da França alguns anos antes, escolhera a profissão de intérprete. Era casada com um músico; morando em Tel-Aviv, levava uma vida comum de citadina. O caso de Eli Ben-Gal era mais singular. Filho de um industrial de Lyon, passou a guerra escondido com seus pais em Chambon-sur--Lignon. Seus avós morreram deportados, mas era muito jovem para emocionar-se com isso. Na cidade, todo mundo era delicado com sua família. Uma padeira lhe fornecia pão sem cupom de racionamento. Quando a guerra terminou eles foram agradecer-lhe: "Oh! Era normal", disse ela, "vocês são judeus, mas de qualquer maneira..." Ele tinha nove anos, e isso o marcou. Nos anos seguintes, percebeu claramente que os franceses não o consideravam como um dos seus e decidiu emigrar. Esteve primeiro no Brasil, onde se casou; depois, com a mulher também judia, instalou-se em Israel, num kibutz da Galileia. Quando o conhecemos, ocupava-se de carneiros. Levava-os para pastar na fronteira libanesa. Sabendo um pouco de árabe, conversava com os pastores libaneses; trocavam pão, queijo. No entanto, um deles disse-lhe uma vez com entusiasmo:"Um dia jogarão todos os judeus no mar.""Eu também?...", perguntou Eli. O outro hesitou um pouco. "Você também." Quando vai cuidar de seus carneiros, Eli leva um fuzil, porque sempre pode ocorrer uma agressão. Leva também um livro. Não um romance: poderia esquecer seu rebanho, quando é preciso fazer com que se movimente o tempo todo, impedir que durma. Mas um livro de filosofia se presta a isso: interrompe-o ao cabo de duas ou três páginas e reflete sobre o lido, sem deixar de cuidar dos animais. Assim lera Platão e a *Critique de la raison dialetique*. Situava-se à esquerda do Mapam. Desejava que Israel encontrasse a maneira de integrar os refugiados e, dentro do país, defendia os interesses da minoria árabe.

O problema árabe ocupava o primeiro plano de nossas preocupações, e todas as facilidades nos foram oferecidas para que nos informássemos sobre o assunto. No seminário de Guivaret-Haviva, centro de estudos superiores que trabalha pela aproximação árabe-judaica, estivemos com Mohamed Wattad, redator do órgão árabe do Mapam, *Al Misrad*. Após a palestra, levou-nos a tomar um café em sua casa. Muito jovem ainda, tem um filho chamado Castro. Foi então que vi pela primeira vez uma cidade árabe de Israel. Que diferença dos *moshavim*! Racionalmente construídas e assépticas, as cidades judaicas lembram loteamentos. Esta estava enraizada no solo, parecendo uma emanação natural do mesmo: ruelas escarpadas serpenteavam por entre casas, que pareciam possuir uma história. Mulheres subiam e desciam, vestindo roupas tradicionais de cores vivas. Tomando café, Wattad nos contava como era difícil a situação dos trezentos mil árabes de Israel. Ali os olhavam com desconfiança, considerando-os, mais ou menos, como uma quinta-coluna. Nos países árabes, são considerados traidores que colaboram com os inimigos. Wattad tem dois irmãos do outro lado da fronteira; isso impossibilita as festas familiares, tão importantes para os muçulmanos:"É muito triste para minha mãe, que mora aqui", disse-nos ele. O governo não faz nenhum esforço para melhorar a condição da minoria. Houve uma discriminação que não se pode evitar: os judeus não desejam armar os árabes, e estes se recusariam a lutar contra seus irmãos; assim, não fazem serviço militar. Mas muitas injustiças devem ser lamentadas.

Os direitos políticos são iguais para todos os israelenses: os árabes são muito pouco numerosos para transformar isso numa arma. Há deputados árabes, mas em número ínfimo. Os árabes não têm praticamente nenhum meio de agir. Não se procura qualificá-los; trabalham nas profissões mais grosseiras e mais duras, e são as primeiras vítimas do desemprego. No dia de nossa chegada a Tel-Aviv, tinha havido uma manifestação estrondosa, porque oitenta mil operários de construção achavam-se inativos: quase todos eram árabes.

Poucos dias depois, ouvimos da parte de árabes "manifestações de amargor" muito mais violentas do que as de Wattad. Fomos recebidos oficialmente, numa sala de aulas, pela municipalidade mapai de Kfar-Rama; depois, também numa sala de aula, pela municipalidade da cidade de Kfar-Iassine, que é em parte mapam e em parte comunista. Lá, alguns árabes da assistência denunciaram com violência os vexames a que eram submetidos. Sob pretexto de interesse público, terras pertencentes a árabes foram confiscadas pelo Estado; os camponeses tiveram de abandonar suas casas; deram-lhes como compensação uma indenização ridícula e alojaram-nos na miserável favela que havíamos visto na orla daquela cidade: era um dos "reagrupados" que nos expunha esses fatos, muito indignado. Outros se queixaram de que estavam condenados aos trabalhos mais ingratos e eram as primeiras vítimas da recessão. Outros gritaram que, sem nenhuma razão, haviam sido inscritos em listas restritas, de tal maneira que tinham necessidade de uma permissão especial para deslocar-se. A vigilância que o exército exerce sobre eles foi substituída por uma vigilância policial não menos rigorosa. No dia seguinte, alguns jornais de Tel-Aviv publicaram artigos que desmentiam tais alegações: mas todos os nossos amigos disseram-nos que eram perfeitamente fundadas. O dia que passamos em Nazaré veio confirmar isso.

A cidade é quase exclusivamente habitada por árabes. Num hotel à sua entrada, encontramos um adjunto do prefeito, Abdul-Aziz-Zuabi, e outras personalidades árabes. Levaram-nos de carro até o centro, onde desembarcamos; uma grande "manifestação espontânea" fora organizada não sei por quem: a multidão, composta unicamente de homens, exibia cartazes com diversas reivindicações; gritavam e davam vivas. Estávamos cercados de gente e abandonamos o projeto de passear a pé pelas ruas antigas. Voltamos a subir no carro, que deu meia-volta; houve novos gritos e novos hurras, porque os manifestantes queriam que nos mostrassem um determinado bairro, particularmente miserável: Zuabi prometeu levar-nos lá mais tarde. Realmente, no fim do dia, depois de um breve passeio pela velha Nazaré, vimos uma espécie de terreno baldio, onde se espalhavam barracos de madeira ou de zinco. Não eram muito numerosos. Mas a cidade inteira parecia bastante pobre.

Passamos a tarde no hotel, onde Sartre recebeu num aposento delegações árabes de tendências diversas. Os palestinos de Gaza tinham profetizado que não nos deixariam entrar em contato com determinadas personalidades cujos nomes haviam citado: deixaram-nas passar e conversamos com elas.

Resumindo suas impressões, Sartre diria mais tarde, num encontro com a equipe de *New-Outlook*:[104] "Jamais vi um único árabe que se sinta satisfeito em Israel. Jamais vi um único árabe declarar que atualmente está em igualdade de direitos com um cidadão israelense." Os confiscos de terras tinham cessado havia um ano, em parte graças à ação do Mapam; mas os expulsos não tinham sido indenizados nem convenientemente reinstalados. Todas as queixas que já havíamos ouvido nos foram repetidas, com novas provas a apoiá-las.

Tivemos um último contato com os árabes em Jerusalém. Amos Kennan, judeu que há anos defendia os direitos dos árabes e cuja militância lhe valera um período de prisão, veio ver-nos em nosso hotel, em companhia do irmão e de dois estudantes árabes. Ambos originavam-se de cidades muito pobres. Estavam revoltados, porque lhes recusavam o direito de criar uma união de estudantes árabes: as autoridades temiam que esta fosse um centro de subversão. Certamente podiam inscrever-se na União de Estudantes: mas eram pouco numerosos para exercer ali qualquer influência. Estivemos com muitos judeus israelenses que se preocupavam com esse problema e tentavam eliminar as barreiras que isolam a minoria. As iniciativas privadas, porém, não podiam bastar para modificar a situação. Teria sido preciso que o próprio governo se recusasse a estabelecer discriminações.

---

[104] Revista dirigida por Flapan.

Conversando, discutindo, informando-nos, descobríamos as paisagens e as cidades de Israel. A Galileia, o Monte Tabor, o Jordão, a Montanha das Beatitudes, o Lago Tiberíade: esses sítios sagrados com que minha infância sonhara fervorosamente não passavam de lugares profanos e muito diferentes do que eu imaginara. Naqueles campos verdejantes não reconhecia as secas colinas áridas onde Jesus cobrira seus pés de poeira. O Jordão pareceu-me amesquinhado. Somente o Lago Tiberíade assemelhava-se à sua lenda. Da sacada de nosso hotel, a vista o abarcava por inteiro. À nossa frente elevavam-se as colinas da Síria. Fomos visitar, em uma de suas extremidades, as ruínas bem conservadas do templo de Cafarnaum e os mosaicos bizantinos da pequena igreja de Tofa: os mais bonitos representavam patos que bebiam em flores.

Passeamos por Safed, a velha cidade que foi o berço da Cabala. Os judeus se refugiaram nela, no século XVI, quando os turcos se apoderaram da Palestina; lá se agruparam por bairros, de acordo com suas origens. Sede de uma indústria de tecelagem e de coloração, importante corredor comercial, a cidade foi também um centro de estudos teológicos, para onde afluíram, da Espanha, de Portugal, da Sicília, centenas de eruditos, de rabinos, que se voltaram para o misticismo. Está encarapitada numa colina, de onde se tem uma vista muito bonita sobre os Montes da Galileia e a Montanha de Canaã. Para entrar na sinagoga, Sartre e Eli tiveram de cobrir a cabeça com solidéus de papel que lhes emprestaram na entrada. Enquanto descíamos pequenas ruas, subíamos escadas, olhávamos velhas lojinhas, não parávamos de conversar; Eli contou-nos a história dos quatro rabinos de Safed que conseguiram encarar a verdade sem rodeios. O primeiro tornou-se ímpio: passeava a cavalo aos sábados. O segundo, seu discípulo, acompanhava-o correndo; era um homem bom e caridoso e quando a verdade se revelou a ele, enlouqueceu. Dois séculos depois, um rabino teve a mesma revelação: com isso morreu. Somente o quarto tornou-se um grande sábio, até hoje venerado.

De Safed, por uma bela estrada que atravessava olivais, fomos a São João de Acre: esse foi o centro em que se reuniu a maior quantidade de judeus, durante os dois séculos em que os cruzados interditaram--lhes Jerusalém. Estes ergueram ali muralhas e torreões que ainda subsistem. Depois de visitar essas ruínas, almoçamos à beira-mar, sob o sol. A população da cidade é em grande parte árabe. Visitamos a mesquita, flanamos pelos *souks*, um pouco sórdidos mas muito movimentados. Dormimos em Haifa, no cume do Monte Carmelo. Lá jantamos com dois membros do "novo partido comunista", o Rakah, no qual militam sobretudo árabes. Depois, o Prof. Heinman e sua esposa deram um passeio de carro conosco. A cidade parecia morta. No dia seguinte pela manhã o porto e as ruas vizinhas fervilhavam de vida. Foi lá que, alguns anos atrás, Monique e Eli desembarcaram e todos os dois pensaram, com uma emoção que outros judeus me contaram ter sentido: "Mas é extraordinário! Aqui todo mundo é judeu!" Achavam espantoso que as pessoas com quem cruzavam não parecessem surpreender-se com isso: como não caíam uns nos braços dos outros?

Algumas horas depois, visitamos Cesareia. O porto, fundado pelos fenícios, foi aumentado por Herodes, o Grande. Deu-lhe o nome de Cesareia em homenagem a César Augusto. Lá fez construir um palácio e daí em diante foi nele que os governadores romanos residiram. A porta da cidade e suas muralhas datam da Idade Média. As ruínas antigas estendem-se até o mar. Um sol forte abrasava os tijolos junto às águas muito azuis.

Em Jerusalém ficamos no célebre Hotel do Rei Davi; era lá que a administração civil e militar do Mandato tinha, antigamente, seu quartel-general; em 1946, uma organização judaica terrorista fez explodir uma ala dele: esse atentado teve grande repercussão mundial. Visitamos primeiro o Knesset, uma grande construção nova, no bairro novo. Na sala de reuniões havia uma discussão de pouco interesse e a assistência era escassa. Pudemos constatar que, ao contrário do que afirmara um palestino, não havia nas paredes o mapa do "grande Israel". O Ministro da Saúde, Barzilai, recebeu-nos em seu gabinete. Membro do Mapam, mostrou-se caloroso e aberto. Compreendia a gravidade do problema dos refugiados e julgava que era necessário solucioná-lo. Censurava a expedição de 1956; no entanto, chamou a atenção para a maneira tendenciosa pela qual a União Soviética havia depois chamado de volta seu embaixador de Israel, mas não de Paris nem de Londres.

De uma elevação próxima do hotel, contemplamos a Jerusalém árabe: viam-se muito bem as velhas muralhas e os monumentos. Do outro lado do arame farpado, a alguns passos de nós, soldados jordanianos vigiavam, escondidos atrás de muros, ou de montes de areia, ou em cima de telhados.

Almoçamos na universidade com professores, e passeamos pelo bairro de Meah Shearim, uma espécie de gueto onde vivem os judeus ortodoxos. Muitas vezes ouvira descrições dele, mas nem por isso fiquei menos impressionada ao ver as longas sobrecasacas pretas dos homens, seus cabelos, seus chapéus redondos; todas as mulheres se vestem de preto, usam um lenço amarrado sobre seus chinós; as crianças me pareceram incongruentes com seus cabelos trançados e seus barretes pretos; achei fúnebre o espetáculo de um adolescente com tez de menina, já submetido ao incômodo do traje masculino, e caminhando com ar oprimido ao lado da mãe, mulher pesada de andar majestoso. Os judeus desse bairro são hostis ao Estado de Israel: segundo eles, o renascimento de Sião não poderia ocorrer antes do retorno do Messias. Consideram sacrilégio recorrer ao hebraico para usos profanos: falam iídiche. No dia de nossa chegada a Tel-Aviv, tinham realizado uma violenta manifestação contra a dissecação de cadáveres. Sobre todos os muros do bairro religioso, inscrições e anúncios declaravam que essa prática era uma ofensa aos mortos e, através destes, uma ofensa a Deus. As mulheres cuidam da casa e das crianças. Os homens passam seus dias em rezas e discursos piedosos: vivem do dinheiro que recebem da América. Respeitam fanaticamente o sabá. Aos sábados os carros são proibidos de circular: um motociclista morreu em consequência de uma corrente que atravessava a estrada. Nesse dia, alguns chegam ao ponto de prender o lenço na manga, porque tirá-la do bolso representaria um trabalho. Monique viu gente que ia à sinagoga com o xale de oração nos ombros, porque carregá-lo na mão constituiria, a seus olhos, uma infração da Lei.

Flanamos pelos bairros comerciais, pelos mercados. Passamos uma noite interessante em casa do Prof. Shalem, que possui uma vasta biblioteca, toda consagrada à cabala; estavam presentes outros professores universitários e o escritor Claude Vigé; discutimos sobre o misticismo e as tradições judaicas. Nos dias seguintes, Sartre e eu fizemos cada um uma conferência. E dedicamos uma tarde aos lugares onde se perpetua a memória da "solução final". Descemos à cripta onde estão expostas as vestes ensanguentadas. Os nomes de um determinado número de vítimas estão gravados nas lajes. Depois fomos à "montanha da lembrança"; acompanhamos a alameda guarnecida de árvores, cada uma delas plantada por um "salvador de judeus": alguém que auxiliou judeus a cruzarem a fronteira ou a se esconderem. Justamente na grande e imponente sala do memorial, estava sendo recebido um suíço. Achava-se em pé, junto à chama da lembrança; atrás dele agrupava-se um grande número de judeus que lhe deviam a vida; todos os presentes cantavam em coro hinos religiosos. No chão, as lajes traziam em letras grandes os nomes fatídicos: Treblinka, Dachau e tantos outros. Numa série de peças menores, estão expostas fotografias. Revi uma das que mais me haviam emocionado: crianças de cabeça raspada em torno de um professorzinho de violino de olhar pungente; outra foto mostrava uma carroça repleta de cadáveres. Estatísticas indicavam o número de vítimas, país por país. Seis milhões.

Outra visita que me tocou muito foi a que fizemos ao kibutz Lohame Hagetact,[105] onde se reúnem os que escaparam do gueto de Varsóvia. No clube onde nos receberam, uma mulher falou-nos inicialmente sobre a comunidade: contou-nos o quanto seus membros tinham tido dificuldade em readaptar-se à vida. Ela fora comandante durante a revolta do gueto. Quando chegou ali, mais de vinte anos antes, contou durante doze horas seguidas a história do gueto e da insurreição. Depois, nunca mais aludiu àquilo. Exprimia-se com voz monocórdia, os olhos semicerrados. Algumas mulheres choravam. Outro membro do kibutz mostrou-nos uma maquete do gueto; referiu rapidamente o desenrolar da revolta, indicando com uma varinha os lugares onde haviam ocorrido os principais acontecimentos. Depois, entramos num museu onde está reunida grande quantidade de fotografias: judeus eletrocutados junto aos arames farpados; outros, esticados no chão, esqueléticos, com imensos olhos de loucos; soldados alemães debochados espancando velhos; outros vendo morrer o "último judeu".

---

[105] As Revoltas do Gueto.

Para completar nossa viagem, Monique e Eli organizaram uma excursão pelo sul. Deveríamos tomar um helicóptero para sobrevoar a Fortaleza de Massada, mas fomos impedidos pelo vento e a chuva, e viajamos de carro. Pouco depois, o sol começou a brilhar. Paramos para almoçar num hotelzinho isolado, de onde se via, muito longe e lá embaixo, o Mar Morto. Depois de comer, fomos até lá. Ultrapassamos a placa que indica o nível do mar e continuamos a descer. A água tinha reflexos diferentes, verdes ou azuis, segundo os caprichos da luz, ao pé das montanhas descarnadas da Jordânia. Acompanhamos a margem, afastamo-nos dela para penetrar na região, até o sopé da "fortaleza": uma enorme falésia natural, sobre a qual Herodes mandara construir um imenso palácio. Durante a revolta contra Roma, que terminou com a destruição do Templo de Jerusalém, os judeus se apossaram dessa fortaleza; apesar do pequeno número de combatentes, a guarnição defendeu o lugar durante dois anos. Quando viram que ia cair em mãos dos romanos, os novecentos e sessenta defensores se suicidaram. Somente cinco mulheres e três crianças ficaram vivas. De baixo não se pode atingir o cume do rochedo, onde ainda se veem as ruínas do palácio; mas não lamentei a falta do helicóptero, tão extraordinária era a paisagem em torno de nós: soclos e colunas de pedra em cores vivas, que me lembraram um pouco, por sua arquitetura e esplendor, o deserto multicolorido do Colorado. Retomamos a estrada costeira; queríamos ir às fontes de Ein Gadi — que um anjo fez jorrar para salvar Ismael —, mas a violência das chuvas transformara um pequeno riacho numa torrente de lama impossível de atravessar; desenhava uma corrente café com leite no azul do mar. Havia carros parados dos dois lados. Fizemos meia-volta. Soprava um vento forte, levantando vagas de cores estranhas; impelia sobre a superfície da água uma caixa de lata, de formato cúbico, que saltava como se rolasse sobre asfalto. Mergulhamos as mãos no mar e as retiramos pegajosas. Continuamos a acompanhar a margem. Onde era Sodoma há agora uma fábrica. Várias rochas representam supostamente a mulher de Lot transformada em estátua de sal. Uma estrada em zigue-zague levou-nos até Beersheba.

Dormimos lá, num hotel glacial. A cidade é muito feia. Cada bairro é construído num estilo diferente: sente-se que os arquitetos se procuraram mas não se encontraram... Há ruas muito pobres. Depois de uma visita rápida, partimos pela manhã, através do Neguev. Atravessamos uma imensa bacia — o grande Morteiro — e andamos um pouco a pé, para ver do alto, no fundo de um barranco vertiginoso, as fontes de Ein-Avdat. O deserto foi-se tornando cada vez mais irregular. Vastas bacias alternavam-se com planaltos cobertos de picos e cadeias recortadas. A luz inconstante — nuvens e sol — exaltava suas cores belas e intensas. De quando em quando, via-se um novo kibutz criado pelos jovens. Um caminhozinho conduziu-nos às Minas do Rei Salomão. São colunatas e pilastras de pedra bruta, rochedos semelhantes a fortalezas que parecem pintados de vermelho, de rosa, de ocre, de amarelo-ouro, por um gigante bárbaro e um pouco louco.

Em Eilat, a casa "da Rainha de Sabá" estava separada do mar por uma área atravancada de buldôzeres e guindastes; é uma cidadezinha ingrata, espremida entre o Egito, a Arábia Saudita e a Jordânia: as montanhas que rodeiam a baía pertencem a esses países. Via-se perfeitamente, a oeste, o pequeno porto jordaniano vizinho. Ao largo, estavam ancorados um navio israelense e um navio jordaniano. Visitamos, junto ao mar, um aquário cheio de peixes de formatos complicados e cores insólitas; os mais estranhos eram umas bolas pretas, cobertas de espinhos, inteiramente fechadas: em sua superfície brilhavam dois pontos que eram os olhos. Jantamos no porto, num restaurante agradável, decorado com redes de pesca e grandes peixes de aspecto natural.

Embora tenhamos recusado conhecer as forças armadas israelenses, um pequeno avião militar foi delicadamente colocado à nossa disposição para o regresso a Tel-Aviv. Dispensamos então nosso chofer. Era um sabra de uns trinta anos, reacionário e chauvinista. Recusava-se muitas vezes a seguir a orientação de Monique; mais de uma vez ela teve de usar de astúcia para conseguir o que desejava. Protestava quando se lhe pedia que seguisse por uma estrada que acompanhava a fronteira. Indignava-se quando nos mostravam os bairros pobres de uma cidade. Mais do que tudo, ficou louco de raiva quando dialogamos com árabes em algumas cidades e, ao sair da reunião, chamou-os de mentirosos.

Tomamos então o avião. Eli sentou-se ao lado do piloto; Monique, Sartre e eu, atrás. Achávamo-nos dentro de uma cápsula de vidro e, por todos os lados, a vista era ilimitada. O horizonte estava um pouco escuro e, durante um momento, contemplei o deserto com certa apreensão. Na verdade, viajamos sem que o avião jogasse. Não voávamos alto e era possível reconhecer os detalhes da paisagem que havíamos atravessado na véspera. O piloto sobrevoou a cidade antiga de Avdat e distinguimos perfeitamente as colunatas, as casas em ruínas. O deserto chegou ao fim. Vimos Gaza. Sobrevoamos terras cultivadas, imensos laranjais: enxergávamos até os montes de laranjas recém--colhidas. Percebíamos a distribuição dos campos, dos kibutzim, das cidades. Sobrevoamos o novo porto de Ashdod, ao sul de Tel-Aviv. Vários pontos apresentavam um aspecto curioso: viam-se, desenhadas no solo vazio, pistas, rotundas, todo um universo de linhas que nada parecia justificar. É que a cidade ainda não estava inteiramente construída. Suas artérias foram planificadas antes que se construíssem as casas. Reconhecemos Jaffa, e aterrissamos num pequeno aeroporto militar na periferia da cidade.

No último dia, fomos recebidos por Eshkol. Sartre deu uma entrevista coletiva à imprensa e, numa reunião organizada por *New-Outlook*, encontramos quase todas as pessoas que haviam sido gentis conosco nessa viagem. Durante nossa estada, Sartre falara com todos os seus interlocutores sobre o problema palestino e a condição dos árabes em Israel. Insistiu nesses temas durante os últimos encontros.

Essa viagem transcorreu em condições muito diferentes da que fizéramos ao Egito. Em Israel, a classe dirigente leva uma vida menos luxuosa e, aliás, não foi ela que nos recebeu. Embora tenhamos ficado nos melhores hotéis, nosso estilo de vida foi mais modesto, o que absolutamente não lamentamos. Nada de avião particular, nada de recepções faustosas. Somente Monique e Eli nos acompanhavam; não éramos seguidos por nenhum jornalista. Em Tel-Aviv, afora as *grapefruits* e os abacates com que me deliciava, a comida do hotel era medíocre. (E como, para satisfazer os turistas judeus, obedecia-se às leis religiosas, era proibido servir na mesma refeição carne e queijo.) Na maioria das vezes, comíamos em agradáveis restaurantezinhos do bairro iemenita, ou do bairro árabe de Jaffa: o cardápio nunca era muito variado, nem abundante a comida.

No avião que nos levava a Atenas, sentíamo-nos mais otimistas. As exigências de cada um dos dois países eram inaceitáveis para o outro. O Egito recusava-se a reconhecer Israel; Israel não queria acolher um milhão de palestinos. No entanto, a ameaça de guerra nos parecia longínqua. "A guerra? Mas isso é muito difícil", dissera Nasser. E todos os israelenses nos haviam repetido: "Só desejamos a paz." O Egito necessitava de um longo período de paz para completar os trabalhos importantes que iniciara: a industrialização, a irrigação do deserto. Israel não tinha nada a lucrar com uma guerra.

Passamos então dois dias despreocupados em Atenas. Ficávamos sentados na Acrópole, sem falar, entregues ao prazer de reencontrar o silêncio. Durante um mês não tínhamos visto nada que não nos fosse mostrado e comentado. Tudo passava pelas palavras. E isso era necessário, como também o era obedecer a programas rigorosos. Mas, no momento, achávamos delicioso deixar correr o tempo, sem quaisquer obrigações.

A fronteira sírio-libanesa era frequentemente palco de acidentes mais ou menos sérios; alguns dias após nosso regresso a Paris, houve um muito grave. De nosso hotel do Lago Tiberíade, Eli Ben-Gal nos mostrara, na outra margem, a estreita faixa de terra israelense que se estende ao pé das montanhas da Síria e que denominam, por causa de sua forma, "nariz de De Gaulle". Essa região é frequentemente atacada pelos sírios. No dia 7 de abril, os membros de um kibutz começaram a ará-la. Os sírios atiraram nos tratores. Imediatamente, setenta aviões israelenses bombardearam as posições inimigas. Atacados por Migs sírios, abateram três destes, que caíram em chamas no lago. Quatro horas depois, os sírios abriam fogo contra um kibutz da fronteira. A aviação israelense destruiu seus fortes e abateu três Migs, um dos quais sobre Damasco. Nasser não reagiu, o que veio confirmar nossa ideia de que ele estava, antes de mais nada, preocupado em melhorar as condições de seu povo, desejando preservar a paz.

Mas um mês depois sua atitude mudou. Após o golpe de Estado fomentado na Grécia pela CIA, na noite de 21 para 22 de abril, ficou convencido de que os Estados Unidos utilizariam Israel para derrubar primeiro o governo sírio e depois o seu. Por outro lado, sua posição de líder do mundo árabe obrigava-o a preferir a força à conciliação. Certamente, outras motivos terão também influenciado sua decisão. O fato é que concentrou tropas no Sinai. A parada militar que se realiza tradicionalmente em Jerusalém nesse ano foi muito discreta. Israel queria evitar que fosse interpretada como uma provocação. No entanto, Nasser entendeu que ela vinha confirmar suas suspeitas. Pediu à ONU que retirasse suas tropas da fronteira que separa o Egito de Israel. Para surpresa geral, não somente U Thant concordou com isso, como também evacuou Charm-el-Cheikh, onde imediatamente se instalaram as tropas egípcias. Eshkol reagiu apenas discretamente, e sua moderação encorajou Nasser a fechar o Golfo de Ácaba. A partir desse dia — 23 de maio —, a guerra parecia inevitável. Os egípcios assumiam a responsabilidade desta. Heykal — porta-voz de Nasser — escrevia no dia 26 de maio: "Já não se trata do Golfo de Ácaba, mas de algo mais importante: a filosofia israelense de segurança. É por isso que digo que Israel deverá atacar." No mesmo dia, Nasser declarava em discurso: "A tomada de Charm-el-Cheikh significava um conflito com Israel. Isso significava também que estávamos prontos para lançar-nos numa guerra total com Israel."

Houve alguns dias de trégua, Abba Eban estava fazendo uma viagem pelas capitais do Ocidente: talvez se encontrasse uma maneira de resolver pacificamente o conflito. Mas quando Hussein chegou ao Cairo, a 30 de maio, para garantir seu apoio a Nasser, perdeu-se qualquer esperança de paz. Alguns de nós — entre outros, Laurel Schwartz, Lanzmann, Sartre e eu — assinamos um documento conjurando tanto Israel como os árabes a não iniciarem hostilidades; contudo, não nos iludíamos em relação ao alcance dessa intervenção.

Vivi esses dias angustiada. Acabava de visitar o Egito e Israel; por motivos diferentes sentia-me ligada aos dois países: a ideia de que seus exércitos iriam matar-se reciprocamente, de que suas cidades seriam bombardeadas, parecia-me odiosa. Temia principalmente por Israel. Pois não havia simetria alguma entre os dois resultados possíveis do conflito. Derrotado, o Egito sobreviveria. Já Israel, se vencido, ainda que toda a sua população não fosse lançada ao mar, deixaria de existir como Estado.

Muitas pessoas me afirmaram que Israel levaria a melhor necessariamente; mas nenhuma o fez antes do início das hostilidades: somente após o cessar-fogo. Para imaginar, no início, que Israel ganharia, era preciso ser singularmente perspicaz. Os árabes estavam certos da derrota dele e, exceto alguns generais, quase todos os israelenses a temiam. Soube-se mais tarde que o governo tinha mandado cavar nos subúrbios de Tel-Aviv milhares de tumbas. O país estava totalmente cercado: a fronteira jordaniana mede seiscentos quilômetros e o exército de Hussein era a mais temível das forças armadas árabes. Diariamente, navios russos descarregavam armamentos nos portos egípcios. Os generais egípcios, aclamados pela multidão, pregavam a guerra santa. As rádios árabes incentivavam a hostilidade. Chukeiri anunciava a exterminação total dos israelenses judeus e árabes. Que faremos com os sionistas, quando chegar a hora?, perguntava a rádio jordaniana. Após um silêncio, ouviam-se rajadas de metralhadoras e gargalhadas. (Mais tarde, os árabes e seus amigos quiseram minimizar a importância de tais declarações. Heykal, porém, reconhecia a 1.º de julho: "Sempre cometemos muitos erros. Por isso, frequentemente, nossas palavras exprimem mais do que queremos dizer e mais do que queremos fazer. Assim agiam as rádios, pedindo o extermínio e a destruição de Israel.") Todos os meus amigos judeus estavam transtornados.

Aparentemente, a salvação dependia de uma intervenção das grandes potências. Foi dentro dessa perspectiva que Lanzmann pronunciou as palavras que tão enfaticamente censuraram: "Obrigar-nos-ão a gritar: Viva Johnson?" A própria redação da frase e o contexto mostram que essa hipótese parecia-lhe escandalosa. Mas, em seu entender, também era um escândalo que Israel fosse aniquilado, sem que ninguém levantasse um dedo para salvá-lo.

Durante alguns dias, abri o jornal com apreensão todas as manhãs. Na segunda-feira, 5 de junho, num táxi que me levava à Biblioteca Nacional, ouvi, estupefata, a rádio anunciar o bombardeio do Cairo pelos israelenses. Imaginava casas destruídas, incêndios, ruas cobertas de cadáveres. Que movimento de loucura levara os israelenses a cometer tal crime? E qual o preço que pagariam por isso? Tive dificuldade em concentrar-me em minhas leituras. Ao meio-dia as notícias já eram diferentes. A manchete de *France-Soir* dizia: Os egípcios atacam Israel. A edição seguinte dizia apenas: É a guerra. Não parecia que o Cairo tivesse sido bombardeado.

À noite soubemos que Israel aniquilara sem luta toda a aviação egípcia. Os jordanianos bombardeavam Jerusalém; em Túnis havia sinagogas em chamas. No dia seguinte as forças armadas israelenses cercavam Gaza; o general egípcio que nos recebera rendia-se. O avanço das tropas israelenses prosseguia: já eram vitoriosas. Considerei lamentável que, em alguns bairros de Paris, ela servisse de pretexto para um desencadeamento de racismo antiárabe; ouviam-se novamente os slogans e as buzinas que, no passado, uniam os partidários da Argélia francesa: era desagradável ouvi-los. A trágica derrota dos soldados egípcios através do deserto me angustiou. Mas quando soou a hora do cessar-fogo, regozijei-me porque Israel não fora arrasado.

Na tarde de sexta-feira Nasser apresentou sua renúncia. Como todos os meus amigos, fiquei consternada com isso. Uma infeliz conjunção de circunstâncias levara-o a desencadear a guerra: ele certamente não contara com a reação de U Thant, e esta não lhe deixara outra opção. Mas, sem dúvida alguma, não era um belicista. Tentava levantar o nível de vida de seu país e eliminar dele o feudalismo. Saindo, seria seguramente substituído por militares, por homens de direita. Felizmente, uma enorme pressão popular fez com que reconsiderasse sua decisão.

Alguns dias depois, almoçamos com Liliane e Lufti el-Kholi. Acabavam de passar duas semanas insuportáveis em Paris. Sem notícias de suas famílias, de seus amigos, morriam de ansiedade. Assistiram às manifestações antiárabes e tinham também mergulhado em reflexões hostis: "Se o Egito tivesse sido vitorioso, matavam-nos", disse Liliane. Reativamente, achavam-se num estado de exasperação febril. Não acreditavam numa palavra do que diziam os jornais franceses. Estavam convencidos de que houvera um complô anglo-americano, para derrubar o governo de Damasco e o do Cairo. Afirmavam que a aviação israelense fora amplamente apoiada pela aviação americana: era nessa versão que Nasser desejaria fazer crer, mas a União Soviética se recusara a ratificá-la e o mundo todo sabia que ela não tinha base alguma. Os El-Kholis não admitiam que a puséssemos em dúvida. Censuraram-nos enfaticamente por não havermos tomado partido do Egito — abertamente — contra Israel. A conversa foi difícil. Num segundo encontro, vieram acompanhados de um amigo egípcio mais ponderado, um ex-comunista, com o qual havíamos simpatizado bastante no Cairo, e a conversa foi menos tensa. Reconheciam que os países árabes haviam cometido um grave erro diplomático, exigindo a ferro e fogo a destruição de Israel. Soubemos depois que, de volta ao Egito, Lufti fora preso por ser considerado da oposição. A polícia gravara uma conversa em que criticava Nasser.[106]

No mês de agosto desse mesmo ano, encontramos Monique Howard em Roma. Estava magra e abatida: acabava de sair do hospital. A guerra a transtornara tanto que tivera problemas cardíacos e, ainda, uma grave infecção pulmonar. Trabalhava num *duplex*.[107] De manhã à noite ouvia ameaças sanguinárias das rádios árabes contra Israel. De longe, e posteriormente, era fácil considerá-los simples desmandos verbais, explicáveis pelo arrebatamento do temperamento árabe: no local, no momento, o ódio que elas manifestavam, disse-nos, era apavorante. Não houvera pânico no país às vésperas da guerra, mas todo mundo se sentira angustiado. Aos primeiros sinais de convulsão, o governo mandara abrir todos os entrepostos de farinha, de óleo, de açúcar, coisa que imediatamente tranquilizou as donas de casa. Todas as mulheres começaram a fazer cursos de primeiros socorros para poder cuidar dos feridos. O cemitério foi aumentado, para poder abrigar sessenta mil mortos. Temia-se que o Egito utilizasse armas secretas: foguetes ou os gases paralisantes dos quais se encontraram depósitos no Sinai. A vitória não foi recebida com alegria, disse-nos também Monique. Não houve muitas mortes; mas nesse país pequenino quase todo mundo se conhece e praticamente cada família sofreu a perda de um parente ou de um amigo. Monique tivera sua parte nesses lutos. O que também a entristecia era a atitude da esquerda europeia, que tratava Israel de imperialista e considerava o mundo árabe socialista. Ela não entendia como era possível uma tal aberração.

A União Soviética fornecera armas ao Egito e o sustentava na ONU. Na televisão soviética, quando Kossyguin falou na ONU contra Israel, a resposta do delegado israelense foi cortada. Os países do leste não podiam deixar de alinhar-se com Moscou. Alguns judeus

---

[106] Depois da morte de Nasser, foi solto e continuou sua luta política.
[107] Medida tomada numa linha telegráfica para permitir a transmissão simultânea nos dois sentidos.

poloneses se haviam rejubilado com a vitória de Israel: os trinta mil judeus da Polônia foram denunciados como sionistas. Praga exigiu dos intelectuais declarações anti-israelenses. Somente a Romênia constituiu uma exceção, mas isso mais por animosidade em relação à União Soviética do que por simpatia por Israel.

Na França, a opinião pública mostrava-se tão dividida e passional que se chegou a falar de um novo caso Dreyfus. Famílias se desuniram, amizades terminaram. À direita, os gaullistas, acompanhando o "guia", pronunciaram-se contra Israel. Mas também foram muitos os homens de direita nos quais o racismo antiárabe superou o antissemitismo. Os comunistas ficaram necessariamente no mesmo campo que a União Soviética. Na esquerda não comunista, as atitudes foram muito diferentes. Em muitas pessoas ocorreu uma inversão de posições: teriam sentido pena de Israel se o país tivesse sido destruído ou se tivesse pagado caro para sobreviver. Mas sua vitória transformava de maneira desconcertante a imagem clássica do judeu-vítima, e as simpatias voltaram-se para os árabes. Dos trotskistas aos marxistas, todos os esquerdistas esposaram a causa dos árabes e, mais precisamente, a dos palestinos.

Entre os judeus foram frequentes os conflitos de gerações, os pais — quer fossem de direita ou de esquerda — sentindo-se solidários com Israel e os filhos situando-se contra o sionismo.

Não me senti inteiramente de acordo com nenhum dos meus amigos, e com alguns estava em completa oposição. Não considerava Israel como o agressor, já que, de acordo com o direito internacional, o fechamento do Golfo de Ácaba constituía um *casus belli*, coisa que o próprio Nasser reconhecera. Negava que fosse um país colonialista; não explorava mão de obra indígena, não rapinava as matérias-primas para enviá-las a uma metrópole que revenderia os produtos manufaturados às colônias por preços elevados: não existia metrópole. Não considero Israel uma ponta de lança do imperialismo: os Estados Unidos ajudam-nos a viver, mas não têm nenhuma base lá e nem de lá tiram riqueza alguma, ao passo que mantêm bases militares nos países árabes cujo petróleo exploram e aos quais fornecem considerável ajuda econômica. Não é verdade que sua existência prejudique o desenvolvimento dos países árabes: ele não impediu que a Argélia conquistasse sua independência, nem que Nasser construísse a barragem de Assuã, nem que a Líbia fizesse sua revolução. Quanto a constituir um obstáculo à unidade do mundo árabe, é, ao contrário, graças a Israel que, até certo ponto, esta existe; todos os Estados distantes uns dos outros, ou até hostis uns aos outros, só têm em comum o ódio que lhe dedicam. É um país capitalista e que cometeu mais de um erro: não é o único, e os outros não têm sua existência em jogo. Para mim, a ideia de que Israel possa desaparecer do mapa é odiosa. Confiando nas garantias da ONU — especialmente dos países do leste e da União Soviética —, homens e mulheres criaram esse país com suas próprias mãos, nele formaram famílias, nele se enraizaram; seria iníquo arrancá-los daí. Sobretudo porque em toda a Europa o antissemitismo permanece virulento e, contra as ameaças que este implica, Israel representa o único refúgio seguro para os judeus.

Minha viagem ao Oriente Médio revelou-me toda a importância do problema palestino. Compreendo as reivindicações nacionalistas de Arafat; mas recuso-me a ver na El-Fatah — como fazem muitos esquerdistas — um movimento em que se encarnam as chances do socialismo. Lamento que apenas uma pequena parte da esquerda israelense procure negociar com os palestinos. Não podemos deixar de nos indignar com a atitude dos líderes árabes que, depois de havê-los estimulado, só lhes manifestam indiferença ou hostilidade, quando não os massacram. É necessário propor-lhes soluções válidas a seus próprios olhos. Mas não posso admitir a solução que seus chefes escolheram e que é, na verdade, a destruição de Israel.[108]

Isso não significa que aprove a política de Israel. Desejaria que este não se obstinasse em exigir negociações diretas, que assumisse imediatamente o compromisso de devolver os territórios ocupados, que se mostrasse tão determinado em fazer a paz como se mostrou em ganhar a guerra.

Em consequência de minhas posições sobre a questão do Oriente Médio, sinto-me quase sempre pisando em falso em meus contatos com os militantes de esquerda. Estou inteiramente com os Panteras

---

[108] Digo *na verdade* porque a propaganda palestina, quando utilizada pela esquerda francesa, dissimula esse desígnio por meio de perífrases.

Negras, admiro o livro de Cleaver, *Soul on ice*; mas entristeceu-me que, na entrevista que *Les Temps Modernes* publicou, ele ataque os judeus. Lamento que a esquerda se tenha tornado quase tão monolítica quanto o partido comunista. Um esquerdista tem de admirar incondicionalmente a China, tomar o partido da Nigéria contra Biafra, dos palestinos contra Israel. Não me submeto a essas condições. O que não impede que me sinta próxima dos esquerdistas no terreno que lhe diz respeito mais diretamente: a ação que desenvolvem na França.

★

Antes de abordar o capítulo de minhas relações com meu próprio país, quero definir as minhas posições durante esses dez anos e as que mantenho atualmente em relação ao resto do mundo. Devo fazer inicialmente uma observação: não concedo atenção igual a todos os países estrangeiros. Assim, há um, dos mais importantes, que não tenho o menor desejo de ver com meus próprios olhos: a Índia. Pelas análises e reportagens que li, a miséria que lá impera me parece intolerável. A complexidade de seus problemas econômicos e políticos me desencoraja. Obviamente não fiquei indiferente à tragédia de Bengala. A derrota dos opressores paquistaneses me deixou feliz. Mas essas lutas só repercutem timidamente na França; e não tenho nenhuma relação direta com os países interessados. Os acontecimentos só me diziam respeito de maneira muito longínqua. Referirei aqui apenas aqueles que por alguma razão me tocaram pessoalmente.

Já mencionei o quanto me afastei da União Soviética e como a tragédia de Praga me afetou. Nada do que ocorre nos países socialistas europeus me parece reconfortante. Nunca tive vínculos com a Romênia e com a Bulgária, onde o regime permanece ditatorial e o nível de vida, muito baixo. Na Hungria, o clima é menos sufocante, o nível de vida mais elevado, mas, afora os belíssimos filmes que foram projetados na França, não conheço quase nada desse país, no qual a literatura permanece severamente censurada. Em compensação, tenho amigos poloneses, estive na Polônia em 1962, gostei muito de obras escritas por poloneses: fiquei desolada ao constatar o quanto as esperanças surgidas em 1956 se mostravam vãs. Gomulka conduziu-se como ditador em todos os terrenos e, particularmente, em relação aos intelectuais. Em resposta a uma carta que lhe dirigiram, reclamando um pouco de liberdade, desencadeou uma campanha contra eles e proibiu várias publicações. Um pouco mais tarde, dois jovens intelectuais comunistas foram presos por terem criticado, em carta aberta, o socialismo burocrático. Em outubro de 1966, o filósofo Kolakowski[109] denunciou a regressão que se observava há dez anos: diminuição do ritmo de expansão econômica, declínio da mobilidade social, crescimento das desigualdades e, consequentemente, um sentimento de insegurança e de frustração em toda a população. Foi expulso da universidade e excluído do partido, o que suscitou inúmeras reações a seu favor entre os intelectuais.

Além de anti-intelectual, o governo de Gomulka mostrou-se também violentamente antissemita a partir de 1967. De três milhões de judeus poloneses, depois da guerra só restavam trezentos e cinquenta mil; a maioria emigrou, por horror ao passado ou por medo, já que os fascistas poloneses haviam feito um *pogrom* sangrento, em Kielce, em 1946. Em 1967, havia apenas trinta mil no país. Isso não impediu que o Ministro do Interior, Moczar, preparasse uma campanha contra os judeus; foi desencadeada em 1967, desejando o governo retirar dos judeus os cargos que ocupavam e através deles atingir a *intelligentsia*. A 19 de junho de 1967, imediatamente após a Guerra dos Seis Dias, durante o congresso dos sindicatos, Gomulka acusou-os de constituírem uma "quinta-coluna". Nos meses seguintes, a imprensa, o rádio, a televisão, os oradores de reuniões públicas denunciaram os sionistas como sendo os piores inimigos da Polônia: todo judeu era suspeito de sionismo. A imprensa e as forças armadas foram "depuradas de judeus". Não somente se invectivava contra Israel, mas declarava-se que os judeus eram responsáveis pelo extermínio de seu próprio povo por Hitler.

A 30 de janeiro de 1968, tendo sido proibida a peça de Mickiewicz, *Les aïeux*, os estudantes fizeram uma manifestação em frente à porta do teatro; muitos foram presos; para protestar contra sua detenção, realizou-se outra manifestação, a 8 de março, na Universidade de

---

[109] Autor, entre outras obras, do excelente livro *Chrétiens sans église*.

Varsóvia: a polícia reagiu com brutalidade e novamente vários estudantes foram presos; os que eram arianos tiveram a prisão relaxada e os judeus foram encarcerados. Moczar classificou os judeus em três categorias, de uma maneira que possibilitava todas as arbitrariedades: 1. os sionistas que tinham de sair da Polônia; 2. os judeus que se sentiam tão judeus quanto poloneses; 3. os que se sentiam mais poloneses do que judeus.

Vinte mil judeus deixaram a Polônia entre o verão de 1968 e o verão de 1971. Os outros tentam seguir seu exemplo. Mas, ao mesmo tempo que os expulsam, multiplicam as medidas que dificultam a partida. Só podem ir para Israel. Do momento em que apresentam o pedido de saída, perdem a cidadania e qualquer possibilidade de trabalhar. São obrigados a pagar cinco mil zlotys: mais ou menos dois meses de um bom salário. Têm de entregar seu apartamento "em estado de novo", o que implica despesas consideráveis; e também reembolsar os gastos dos estudos de seus filhos. Não podem levar com eles nenhum dinheiro. Exige-se que façam um inventário minucioso das bagagens e a alfândega os submete a revistas demoradas e humilhantes. Todos os amigos poloneses — judeus ou não — que víamos em Paris sentiam-se indignados com o tratamento infligido a estes.[110]

Enquanto isso, a situação geral do país não melhorava. Em dezembro de 1970, depois da revolta dos operários da Silésia, sangrentamente reprimida, Gomulka foi substituído por Gierek. Ao que parece, havia muito que a União Soviética desejava essa substituição e os distúrbios teriam sido provocados, apesar dos motivos positivos: o aumento do custo de vida. Gierek nada tem de democrata: não se podem esperar mudanças felizes.

Até este ano de 1972, a Iugoslávia era o mais liberal dos países socialistas. Jornais de tendências diversas coexistiam: alguns até criticavam severamente o regime. Entre os intelectuais a discussão era

---

[110] *Les Temps Modernes* publicou, em 1970, uma excelente novela — *Western* —, escrita por autor não judeu, sobre a partida de uma família judaica da Polônia; e uma reportagem sobre o problema em geral, por uma judia polonesa exilada: *Le Pogrome à sec*. Trepper, o dirigente da *Orchestre rouge*, é impedido de emigrar para Israel. Por ter pedido para partir, foi excluído do P.C.P. Está sob vigilância permanente da polícia.

aberta. Tudo mudou depois dos acontecimentos da Croácia. Trata-se da região mais industrializada, a que mais mercadorias exporta e a que faz entrar maior quantidade de divisas. Uma lei, defendida pessoalmente por Tito, exige que cada república disponha das divisas que recebe. Na realidade, é o governo que as centraliza e desperdiça boa parte delas em projetos espetaculares mas de utilidade duvidosa: por exemplo, a imensa barragem sobre o Danúbio. Na verdade, apesar de sua industrialização, a Croácia não é rica. Setecentos mil operários trabalham na Alemanha Federal por não encontrarem emprego em sua terra. Os estudantes vivem em condições lamentáveis: dormem no chão, apertados em lugares exíguos. Em novembro, fizeram uma manifestação para exigir que a lei fosse respeitada e que a Croácia utilizasse em interesse próprio as divisas que faz entrar. Existe um nacionalismo croata, chauvinista e reacionário, apoiado por uma organização clandestina e terrorista: os *ustachis*. Mas os estudantes foram apoiados por socialistas progressistas; não desejavam que a Croácia fosse separada da Iugoslávia, mas pediam que uma certa autonomia lhe fosse reconhecida. Tito enviou destacamentos de polícia sérvios para conterem os estudantes, os quais os agrediram violentamente. Zagreb foi cercada por tanques. Todos os intelectuais croatas foram presos, enquanto outras detenções ocorriam até em Belgrado. A imprensa foi amordaçada, a autoridade central reforçada. Estive com croatas que, pertencendo há vinte anos ao partido comunista, tiveram de exilar-se. Dizem que nos próximos anos a situação só se endurecerá.

Há um país que durante certo tempo encarnou para nós a esperança socialista: Cuba. Logo deixou de ser uma terra de liberdade: lá eram perseguidos os homossexuais; na aparência de um indivíduo qualquer traço de anticonformismo era suspeito. No entanto, no fundamental respirava-se melhor em Cuba do que na União Soviética. O congresso cultural realizado em Havana em janeiro de 1968 orientara-se contra a "igreja pseudomarxista esclerosada", segundo as próprias palavras de Castro que lançara um apelo às "novas vanguardas". As discussões tinham sido bastante livres; pintores haviam exposto quadros abstratos. Ao regressarem, todos os nossos amigos que haviam participado do encontro falam-nos dele com entusiasmo.

O desencanto veio rapidamente. Durante esse mesmo ano, Castro adotou uma atitude dúbia. Deixou de apoiar o castrismo na América Latina. Em maio, para não desgostar Moscou, e para não encorajar nenhuma contestação em seu país, recusou-se a enviar qualquer mensagem de simpatia aos estudantes franceses. Em julho não levantou a voz para defender os estudantes mexicanos assassinados pela polícia, e Cuba participou dos Jogos Olímpicos do México. O discurso que Castro pronunciou após a entrada das tropas soviéticas na Tchecoslováquia prova que, dali em diante, ele apoiava incondicionalmente a política soviética. A partir daí, não mais se afastou dessa posição. Certamente, isso é inevitável: Cuba depende de Moscou, especialmente para o fornecimento de gasolina. Mas é lamentável, porque a economia cubana só fez periclitar. Moscou condena a agricultura da ilha a permanecer uma monocultura, quando culturas alimentícias permitiriam que seus habitantes vivessem na abundância; condenada a uma semipenúria, a população está insatisfeita e seu descontentamento provoca medidas repressivas.

Num tal clima, qualquer liberdade é recusada aos intelectuais. A partir de 1968 o Museu de Arte Moderna foi fechado e o orçamento da cultura reduzido ao mínimo. Quinhentos jovens foram presos simplesmente porque usavam cabelos compridos. Em janeiro de 1971, Castro promulgou uma lei calcada na que, na União Soviética, é dirigida contra os "ociosos" e que ocasionou, entre outras, as prisões de Brodski e Amalrik. A acusação de "parasitismo" permite as condenações mais arbitrárias. Em abril, o poeta Padilla foi denunciado como contrarrevolucionário e encarcerado; foi solto após haver assinado uma autocrítica que é um conjunto de insanidades: acusa René Dumont e Karol de serem agentes da CIA. Nesse caso, Castro deveria também ser encarcerado, pois os recebeu muito bem e conversou longamente com eles. Proferiu ameaças contra outros intelectuais contrarrevolucionários. A "lua de mel da Revolução" que tanto nos seduzira chegou ao fim.

Uma decepção de outra natureza foi a que senti com a evolução da Argélia. É claro que não se podia esperar que, num curto espaço de tempo, um milagre instalaria lá o socialismo e a prosperidade; a guerra fez mais de um milhão de mortos, os melhores elementos foram mortos nos maquis, a saída de um milhão de *pieds-noirs*[111] que controlavam o país deixou-o numa situação econômica confusa. No dia em que a independência foi conquistada, 85% dos adultos eram analfabetos. A reorganização da economia não podia deixar de ser difícil. As catástrofes previstas pelos colonialistas não ocorreram. Mas um terço da população masculina ativa está subempregada, um terço sem emprego: cinco mil trabalhadores emigraram. As condições não eram propícias à implantação do socialismo; os dirigentes, porém, não fizeram nenhum esforço sério em favor disso. Instauraram um capitalismo de Estado que de socialista só tem o nome. Na agricultura, não estimularam a coletivização das terras; no setor industrial, não estimularam os trabalhadores à autogestão. Em vez de tentar politizar as massas, incitaram-nos a retornar aos valores árabe-islâmicos. Ao contrário do que ocorre na Tunísia e no Egito, nenhum esforço foi feito para controlar uma natalidade tão galopante que a população cresce muito mais rapidamente do que os recursos. A condição das mulheres é deplorável: uma argelina denunciou-a num livro corajoso. Em nome da tradição muçulmana só lhe proporcionam um mínimo de educação; continua a usar o véu, vive confinada no lar de seu pai ou do marido que lhe é imposto. Fanon enganou-se redondamente quando predizia que, graças ao papel que representaram durante a guerra, as mulheres argelinas escapariam à opressão masculina. A política externa da Argélia se diz "progressista": é anticolonialista e anti-imperialista. Internamente, contudo, é nacionalista e reacionária. Nada indica que mude suas características a curto prazo.

E o que ocorre na China? Eis uma pergunta que gostaria muito de poder responder. Estive lá em 1955 e, ao regressar, dediquei-lhe um livro. A seguir, informei-me o melhor possível sobre o "período das cem flores", o grande avanço, a experiência das comunas. Enquanto a União Soviética propunha um modelo de socialismo rico e pregava a paciência para os países subdesenvolvidos, a China propunha um modelo de socialismo pobre e incentivava os povos oprimidos a

---

[111] Franceses da Argélia. (N. da T.)

ações violentas: nossas simpatias dirigiam-se a ela. Já mencionei que em Helsinki Sartre defendera suas posições. Mas quando explodiu a Revolução Cultural, ninguém foi capaz de explicar-nos de maneira convincente que realidade essas palavras definiam. Os jornais russos, como os franceses, davam indicações descosidas e contraditórias: Mao nadara no Rio Azul, os jovens guardas vermelhos cortavam as tranças das jovens, trocavam o verde e o vermelho dos sinais luminosos, desafiavam as forças armadas, era a guerra civil, não, eram simples escaramuças. Contavam, achando graça, anedotas que, fora de qualquer contexto, pareciam realmente risíveis. Não confiávamos nessa imprensa maldosa. Mas os artigos de propaganda que apareciam em inglês ou francês, nas revistas publicadas em Pequim, também nos deixavam céticos.

Os especialistas em China propunham interpretações interessantes, mas sempre conjunturais. Tratava-se de conflitos econòmicos, dizia um; de rivalidades políticas, dizia outro; de uma luta contra a burocracia, adiantava um terceiro. Certamente, essas explicações em parte eram válidas: nenhuma era segura, nenhuma nos dava a chave dos acontecimentos cujos ecos confusos percebíamos.

As pessoas que conhecíamos e que haviam estado na China voltavam perplexas: da Revolução Cultural só tinham conseguido ver o aspecto mais exterior e não entendiam nada. Em dezembro de 1966, regressando de Hanói, Alejo Carpentier[112] passou por Pequim. Estivera lá no mesmo ano que nós, 1955, e gostara de tudo o que vira. Hoje, disse-nos ele, tratava-se de uma outra cidade, um outro mundo que, a seu ver, era bastante assustador. No avião, as aeromoças empunhavam o livro que apenas começava a ser conhecido na França sob o nome de "livrinho vermelho", e de meia em meia hora anunciavam: "Vou ler-lhes um pensamento do Presidente Mao." Em Pequim, enquanto dirigiam, os choferes de táxi recitavam pensamentos de Mao que o intérprete traduzia para Carpentier. Bloqueado mo aeroporto por quatro horas, durante todo esse tempo ouviu instrutores lendo pensamentos de Mao para os passageiros dispostos em duas filas; a seguir, faziam-nos recitá-los. Acabavam de ser impressos trinta e cinco mi-

---

[112] O grande escritor cubano.

lhões de retratos de Mao, devendo cada lar afixar um, e uma brochura explicava onde e como deveria ser colocado. Tendo perguntado a um editor quais as obras que seriam publicadas durante o ano, Carpentier recebeu a seguinte resposta: "Exclusivamente trinta e cinco milhões de exemplares das obras do Presidente Mao." "Mas serão publicados também trabalhos técnicos?" "Eu disse: exclusivamente." Durante sua curta permanência, tinha havido uma campanha em prol dos limpadores de excrementos de cavalos, considerados os trabalhadores mais tipicamente proletários. Foi escolhido um, julgado o mais exemplar, para fazer uma conferência na universidade, em presença de todos os professores.[113] Cinemas e teatros estavam fechados e, apesar da juventude que lotava as ruas, a cidade parecera sinistra a Carpentier.

Mais ou menos um ano depois, estivemos com Kateb Yacine, que passara um mês em Pequim, durante o outono de 1967; ficara na embaixada da Argélia. Nem ele nem tampouco nenhum dos diplomatas com que estivera compreendiam o que ocorria. Como Carpentier, ouvira os alto-falantes clamando slogans e vira as aeromoças e os chofores de táxi empunhando o livrinho vermelho. No entanto, as ruas, muito movimentadas o dia todo e até tarde da noite, lhe haviam dado impressão de alegria. Sem dúvida, alegres para os chineses, especificou. Mas os estrangeiros viviam com medo: pela menor tolice eram incomodados (exceto, é claro, os que, convidados pelo governo, passeavam acompanhados de chineses). O embaixador argelino, que era ruivo, não tinha coragem de sair. Kateb saía um pouco à noite, mas com extrema prudência. O embaixador da Bulgária fora fazer compras numa grande loja com seu chofer; um empregado quisera vender a este último um retrato de Mao: o chofer recusara, o que era um erro, e, para cúmulo do horror, o retrato caiu no chão. Quase foram linchados. A polícia os protegeu, mas, à noite, a embaixada ardia em chamas: o incêndio durou três dias.

Li com grande interesse algumas obras de Mao; o "livrinho", porém, me caiu das mãos. Certamente, as citações contidas nele

---

[113] Hoje, compreendemos isso: esse episódio faria parte de uma ampla campanha para reabilitar o trabalho braçal e recusar a supervalorização do trabalho intelectual.

anunciavam uma continuação que foi suprimida: permanecem verdades básicas de um simplismo desanimador. Segundo me disseram, trata-se de ensinar um pensamento racional e prático a uma população ainda infectada de superstições. Evidentemente, não é sem motivo que os chineses dão tanta importância a esse catecismo. Mas ainda hoje — em maio de 1971 — não entendo bem o porquê.

Uma visita à embaixada chinesa em 1967 não me esclareceu. Jantamos lá com os Bourdets e os Vercors. Não foi servido uísque como antigamente: alguns dias antes, jovens chineses haviam feito uma manifestação em frente à embaixada, acusando o embaixador de luxo e corrupção; bebemos vinho e aguardente durante a refeição. Frequentemente, vi ser exercida a arte de falar, sem nada dizer, durante horas: em 1955, na China; na União Soviética, durante os banquetes oficiais. Mas nunca como naquela noite. Nem o adido cultural, nem o adido de imprensa abriram a boca. Para degelar o Embaixador Huang Chen, Ida Bourdet falou com ele em russo, mas ele não demonstrou entendê-la. Explicou, por meio de um intérprete, que em Pequim não se destruíam as obras de Beethoven nem as de Shakespeare, mas que se procurava adaptar essa velha cultura aos novos tempos. Embora todos os teatros de Pequim estivessem fechados, a embaixatriz exaltou-me a beleza das novas óperas que lá se representavam no momento. Depois do jantar, tomou-se chá e, para evitar qualquer conversa, o embaixador mostrou-nos um álbum de desenhos que realizara durante a Longa Marcha. Obviamente, não tivera coragem de cancelar o convite que nos fizera algumas semanas antes, mas recebia-nos a contragosto. Estava preocupado, e os outros chineses também. No dia seguinte, soubemos que o chefe da agência de imprensa em Pequim fora destituído. Pouco depois, o embaixador foi chamado.[114]

Foi somente a partir de 1970 que artigos e livros me explicaram a Revolução Cultural de maneira satisfatória: ela me pareceu então uma história apaixonante. Ao contrário do que se pensa na União Soviética, Mao considerava, com razão, que o socialismo produz suas

---

[114] Mais tarde voltou. Trata-se de um dos poucos diplomatas que, depois da Revolução Cultural, voltaram ao mesmo posto que ocupavam antes.

próprias contradições e que não basta nacionalizar os meios de produção para que o poder fique efetivamente em mãos de operários e camponeses; enquanto Liu tinha uma visão stalinista do partido, considerando-o a expressão monolítica das massas, Mao quis colocar em evidência as oposições que existiam, por um lado, no seio do partido, por outro, entre o partido e as massas. Estimulando os dazibaos,[115] deu a palavra ao povo. Mobilizou os guardas vermelhos contra uma elite burocrática, economicista e gradualista. Apoiou-se nas forças armadas, não como instrumento de coerção violenta, mas porque, sob a direção de Lin Piao, elas se haviam transformado num aparelho de propaganda revolucionária de primeira ordem. Os problemas que a luta acarretou, longe de expressarem a fraqueza do regime, eram quase desejados, e seu desenvolvimento, tolerado. No entanto, no que se referia aos embates entre o partido, os comitês revolucionários, os guardas vermelhos, era necessária uma instância suprema: é esse o sentido e a razão do "culto da personalidade" que se afirmou durante esse período. Entre aqueles que "sacudiam a bandeira vermelha contra a bandeira vermelha", somente Mao podia decidir quem era realmente maoísta.

A Revolução Cultural terminou em abril de 1969, quando o IX Congresso do P.C.C., reunido em Pequim, apresentou seu balanço. Mas, segundo Mao, a luta entre as massas e a burocracia durará decênios; lançou a ideia de "revolução contínua", isto é, uma perpétua revolução dentro da revolução, renascendo permanentemente as contradições. No entanto, ao que parece, uma grande quantidade de objetivos procurados já tinha sido alcançada. Há um esforço no sentido de transferir efetivamente para as massas as responsabilidades de base em diversos setores: medicina, ensino, direção de empresas comerciais. Tenta-se também abolir em parte a distância entre os trabalhadores braçais e os intelectuais, devendo o ensino teórico estar sempre ligado a uma prática concreta, e esta se sobrepondo ao conhecimento livresco. Espera-se conseguir assim criar um "homem novo" que se aproxime daquele cujo surgimento Marx desejava.

---

[115] Cartazes em letras garrafais com os quais cada um expunha suas opiniões e denunciava os inimigos do povo.

Impedir a formação de uma nova classe privilegiada, dar às massas um autêntico poder, fazer de todo indivíduo um homem completo: só posso apoiar um tal programa. No entanto, não poderia depositar na China a confiança cega que no passado a União Soviética suscitou em tantos corações. A propaganda das revistas destinadas ao Ocidente me consterna por sua ingenuidade dogmática. Se me dizem que os operários têm direito a três semanas de descanso, mas que as sacrificam por entusiasmo socialista, o que entendo é que não tomam férias: entusiasmo não é coisa que se institucionalize. Pretender ver na China um paraíso é tanto mais absurdo quanto, de acordo com a afirmação do próprio Mao, a revolução lá não terminou. Contudo, não é necessário transformá-la em mito para encará-la com simpatia.

Durante um curto período foi possível sonhar que a emancipação do Terceiro Mundo abriria perspectivas imprevisíveis para a humanidade. Os africanos prometiam renovar a civilização, acrescentar uma "nova cor ao arco-íris". Tais esperanças parecem hoje ilusórias. "A África negra começou mal", anunciava Dumont já há alguns anos. Os acontecimentos confirmaram esse prognóstico sombrio. Em primeiro lugar, a África não está realmente emancipada. Na África do Sul, o apartheid se perpetua — com a bênção de vários Estados africanos. Na Guiné, em Angola, em Moçambique a autoridade dos portugueses foi abalada: apesar disso, se mantém. Mesmo com seu novo status político, os povos descolonizados continuam economicamente explorados. Quando conquistaram sua independência, por volta de 1960, sua população rural era da ordem de 80 a 90%. Durante esses últimos dez anos, o crescimento demográfico foi muito mais rápido do que o econômico, de maneira que, de ano em ano, a maioria da população empobrece. Para combater a exploração e vencer a pobreza, alguns líderes africanos quiseram mudar as instituições que lhes haviam legado os colonizadores; foram atacados, isolados; atualmente, quase todos os regimes realmente progressistas foram derrubados. O continente negro permanece tragicamente subdesenvolvido e submetido a lutas intestinas, frequentemente estimuladas pelas potências capitalistas às quais essas divisões interessam.

Foi o que ocorreu durante a guerra de trinta meses que Biafra travou com a Nigéria para obter sua independência. Os ibos a exigiam desde 1945: de toda a África era o povo que possuía a cultura mais desenvolvida e a mais rica, e suportavam mal o domínio dos feudais do norte, que os ingleses apoiavam. Cometeram grave erro político, quando, em 1960, logo depois da independência, o partido feudal que dominava os nigerianos do norte — os hussas — tomou o poder; em vez de se aliarem aos iubas, segundo grande povo do sul, cujo chefe era Awolowo, deixaram que os dirigentes desmantelassem o partido que se agrupava em torno deste. Os ibos pagaram caro por esse erro. Em 1966, depois de um golpe de Estado, como os jovens oficiais ibos colocassem à frente do país o General Irusi, os iubas se reconciliaram com os hussas. Irusi, todos os dirigentes ibos, duzentos oficiais, trinta mil civis (homens, mulheres, crianças) foram massacrados e centenas de milhares sofreram sevícias graves. Dois milhões fugiram para o leste do país que estava sob a autoridade de um ibo, Ojukwo. Este foi levado a colocar-se em estado de secessão. Em maio de 1967 proclamou a independência de Biafra, que contava quatorze milhões de habitantes. Biafra foi reconhecida pelos revolucionários mais autênticos da África: Julius Nyerere, líder da Tanzânia, e Kermeth Kaunda, Presidente da Zâmbia. A China a reconheceria em meados de 1968. Mas, como Biafra continha riquezas petrolíferas, as potências capitalistas interessaram-se pelo conflito. A Inglaterra, que queria manter a Nigéria numa situação neocolonialista, apoiou o governo de Lagos. Forneceu-lhe bombas e aviões. Por razões de prestígio, a União Soviética e o Egito imitaram-na. Tendo Biafra sido invadida pelos federais, oito milhões de pessoas ficaram cercadas num reduto sem comunicação com o resto do mundo. Lagos negou à Cruz Vermelha o direito de levar-lhes medicamentos e víveres. A fome e os ataques aéreos fizeram dois milhões de mortos. Mesmo após a rendição de Biafra, em janeiro de 1970, o governo nigeriano, sob pretexto de orgulho nacional, recusou a ajuda da Cruz Vermelha estrangeira, condenando à morte dezenas de milhares de crianças. Antes e depois da derrota de Biafra, estive com muitos médicos e jornalistas que voltavam de lá tomados de horror. Junto com várias personalidades de esquerda, Sartre e eu assinamos um texto, dizendo que "após o assassinato da esperança biafrense, o reino do gangsterismo político estendeu-se verdadeiramente às dimensões do planeta... Que os assassinos e os ideólogos às suas ordens se alegrem: seu reino deu a volta ao mundo".

Defensores de Lagos quiseram convencer-me de que a manutenção das fronteiras, estabelecidas pelos ingleses no interesse do colonialismo, era necessária ao advento do socialismo. Grande parte da esquerda francesa, imitando a União Soviética, aprovou um "genocídio no sentido da história", como o denominou Marienstrass no artigo que escreveu para *Les Temps Modernes*. No entanto, os ibos constituem um povo, e a esquerda, que hoje vê nas reivindicações nacionalistas dos oprimidos o caminho mais seguro para o internacionalismo, deveria reconhecer-lhes o direito à autodeterminação. E ainda que, politicamente, a causa de Lagos lhe parecesse mais válida, não deveria ter aceitado de coração leve a aniquilação de toda uma cultura, o extermínio de dois milhões de indivíduos, entre os quais se inclui toda uma geração de crianças. Esta indiferença torna suspeita a indignação manifestada diante das crianças vietnamitas vítimas da guerra. Raramente, durante esses últimos anos, fiquei tão chocada como ante a extensão e a atrocidade dos massacres que quase todos os "progressistas" da França e do mundo encorajavam ou aceitavam com indulgência.

Há anos que também ignoravam o genocídio dos povos nilóticos do sul pelo governo do Sudão. Só se emocionaram quando Numayri desencadeou uma repressão selvagem contra os oficiais e os sindicalistas que, em julho de 1971, tinham tentado derrubá-lo: torturas, execuções maciças e bestiais, caça aos comunistas.

Se examino a América Latina, o balanço não é muito consolador. Não era de esperar que o milagre da Revolução Cubana lá se produzisse uma segunda vez. Tive relações com elementos revolucionários da Venezuela, da Bolívia, da Colômbia; em cada um desses países, a esquerda era dividida, a guerrilha difícil de conduzir, a repressão severa, as possibilidades de êxito quase inexistentes. De toda maneira, é um consolo saber que existem forças em todos os lugares que se opõem aos governos sustentados pelos Estados Unidos. Os feitos dos tupamaros, particularmente, mais de uma vez me fizeram vibrar. Por outro lado, a eleição de Allende no Chile representou para a esquerda uma vitória, infelizmente, sem dúvida alguma, sem futuro.

Quando regressamos do Brasil, em 1960, Sartre e eu estávamos convencidos de que nesse país uma revolução socialista não seria possível durante muito tempo ainda. O conhecido comunista brasileiro Prestes afirmara-nos o contrário; um conhecido economista trotskista me fez a mesma afirmação: ambos se apoiavam num esquema marxista abstrato, para concluir pela fatalidade da vitória do socialismo. Na verdade, tínhamos constatado que o proletariado brasileiro, privilegiado em comparação com os camponeses, estava longe de desejar a revolução; os camponeses do Nordeste encontravam-se numa situação revolucionária, mas eram totalmente impotentes. No entanto, absolutamente não contávamos com o golpe de 64: nossos amigos brasileiros nos haviam garantido que, por uma série de razões, as forças armadas eram inteiramente inofensivas e incapazes de tomar o poder. Na verdade, os militares derrubaram Goulart e deram o poder a Castello Branco. Esse golpe de Estado, apoiado pelos americanos, deixou toda a economia do país na dependência deles; a luta contra o socialismo acarretou a supressão de todas as liberdades: reinou o terror nos sindicatos e entre os camponeses; houve uma diminuição geral dos salários; o *habeas corpus* foi suspenso. Um grande número de democratas e intelectuais exilou-se. Organizou-se uma resistência; mas sabe-se o quanto a repressão foi e é terrível; prisões, torturas, assassinatos executados pelo esquadrão da morte. Estive em Paris com alguns elementos da oposição que foram pessoalmente torturados; outros que tiveram membros de suas famílias encarcerados e torturados e que os viram desaparecer. Descreveram-me o clima de suspeição que reina no país; os visitantes que vão ver seus parentes nas prisões fingem não se conhecer, cada um deles temendo ser comprometido pelo outro; os estudantes não se atrevem a expressar, diante de seus colegas, opiniões que nada têm de subversivas. O medo torna difícil a organização de uma oposição.

Alguns de meus amigos brasileiros expuseram-me também, com riqueza de detalhes, os métodos utilizados já há anos para obter a exterminação dos índios. Totalmente impotentes diante desses massacres organizados, desesperavam-se com isso. O problema é atualmente tão conhecido, e qualquer protesto tão inútil, que é desnecessário insistir no assunto.

Soube recentemente — em janeiro de 1972 — que na Argentina houve uma onda de prisões; os opositores do regime, e aqueles que são suspeitos de sê-lo, são encarcerados, terrivelmente torturados. Recebi carta de uma amiga cujo filho foi submetido durante muito tempo ao suplício da *gegena*. Houve protestos. O governo respondeu que eram os próprios presos que se machucavam, batendo com a cabeça nas paredes. "Também não é possível acolchoar as celas", concluiu.

Responsável pelo golpe de Estado brasileiro, os Estados Unidos sustentam na Espanha o regime franquista, que continua apoiado no arbítrio policial, como foi sinistramente demonstrado pelo processo de Burgos. É também uma atroz ditadura policial a que foi instaurada na Grécia. A 21 de abril de 1967, instigados pelos americanos, os militares tomaram o poder em Atenas. A democracia parlamentar tornara-se perigosa para as oligarquias, em consequência do descontentamento geral que reinava no país. A economia estava a serviço dos grandes monopólios, dos quais dependia, e não dos interesses do povo. Começava a formar-se uma aliança entre os operários, os camponeses, a pequena burguesia, uma parte da média burguesia; as forças democráticas teriam uma vitória esmagadora nas eleições. Contra elas, as forças armadas executaram o "plano contra a subversão interna" que deve ser aplicado por todos os países da OTAN. A oligarquia econômica mais uma vez esmagou as massas que já não podem sequer expressar-se politicamente, posto que não há mais nem partido, nem parlamento. O regime, deliberadamente, mergulha-os no obscurantismo; forma equipes, com fins utilitários, mas o pensamento, a criatividade são esmagados. Ressuscitam-se o culto dos ancestrais e os dogmas religiosos medievais. Para fugir da miséria, os camponeses afluem às cidades, onde são reduzidos ao desemprego. Enquanto isso, toda oposição é selvagemente reprimida. A opressão policial que sempre existiu na Grécia foi ainda mais reforçada. Foram presos, terrivelmente torturados, deportados todos os cidadãos suspeitos de simpatia não apenas pelo comunismo, mas pela democracia. Determinado número dos que fugiram da Grécia leva em Paris uma vida ingrata de exilados.

Tão logo um movimento nacional ou popular parece ameaçar seus interesses, os Estados Unidos o esmagam. Milhões e milhões de homens são mantidos num estado de subumanidade, para que eles possam pilhar confortavelmente as riquezas do Terceiro Mundo. O que é escandalosamente absurdo, como demonstraram os economistas, é que os milhares de dólares assim extorquidos pela América não se destinam ao bem-estar da população americana: grande parte desta — a população negra em particular — vive na pobreza e até mesmo na miséria. O governo investiu seus imensos lucros nas indústrias de guerra, de tal modo que sua exploração cega do planeta serve-lhe primordialmente para tornar-se capaz de destruí-lo.

Dentro do país, a situação dos negros, que me revoltara já em minha primeira viagem, só fez tornar-se cada vez mais intolerável, o que acarretou uma escalada da violência nas comunidades afro-americanas, depois uma escalada da repressão, tendo sido os Panteras Negras acuados, encarcerados, assassinados. Ao que parece, a polícia conseguiu desmantelar ou reduzir à impotência uma grande quantidade de movimentos, entre os quais o dos "meteorologistas", revolucionários brancos, partidários de métodos terroristas. Enquanto isso, a maioria dos americanos com quem conversei considera que o regime já não é viável: reina nos Estados Unidos um tal clima de violência, o desemprego lá assumiu tanta importância, tão numerosos são os indivíduos mantidos pela previdência social, que sua economia vai desmoronar: mesmo a nível técnico ocorrem contradições insuperáveis. "Isso fatalmente vai estourar, porque não pode durar", disseram-me amigos meus. Talvez esse desabamento provoque uma revolução de escala planetária? Não sei se viverei o suficiente para presenciá-la, mas é uma perspectiva consoladora.

Capítulo VIII

Entre 1962 e 1968, quase não me preocupei com o que ocorria na França. A direita, unida e satisfeita por reter o poder, não tinha outro objetivo senão conservá-lo; a esquerda, dividida, tentava em vão unir-se em torno de um programa coerente: seu embate nada tinha de exaltante. Por ocasião das eleições presidenciais de 1965, senti certa satisfação por ver De Gaulle sem maioria absoluta na primeira votação; mas não sentia a menor simpatia por seu adversário mais sério, Mitterrand: suas ideias e os grupos que representava estavam distantes de mim. Já não vivia angustiada, como no tempo da guerra da Argélia; mas não sentia orgulho de meu país. Este reatara com a Espanha de Franco, enquanto este assassinava Grimau. Prendia treze martiniquenses que não consideravam que a Martinica fosse um departamento francês. O caso Ben Barka o desonrava: nenhum dos escândalos que haviam manchado a III e a IV República fora tão sórdido quanto essa maquinação policial, complacentemente encoberta pelo governo. Interessava-me pelos conflitos que dividiam o P.C. e pelos movimentos que sacudiam as massas: a agitação camponesa, a greve dos mineiros protestando contra a liquidação da exploração das minas de carvão. Mas não sentia que algo me dissesse diretamente respeito.

Como ex-professora e porque gosto dos jovens, fiquei atenta aos problemas que começavam a surgir no mundo estudantil. Em fevereiro de 1964, Kravetz, presidente da UNEF,[116] escreveu para *Les Temps Modernes* um artigo no qual atacava os cursos magistrais; exigia uma concepção diferente da cultura e da liberdade, implicando uma transformação da relação dos estudantes com os professores. Recusando qualquer subordinação hierárquica, a UNEF lançou o slogan: "A Sorbonne para os estudantes." Em 1965, houve um debate sobre o problema em *Les Temps Modernes*. Kravetz e alguns de seus

---

[116] União Nacional dos Estudantes da França.

companheiros denunciavam a sujeição dos estudantes à tecnocracia. Os redatores da revista não estavam unanimemente de acordo com essas teses; Sartre e eu as aprovávamos: a transmissão do saber deveria apoiar-se em novos meios que era preciso tentar definir.

Tendências análogas, ligadas a engajamentos políticos, manifestavam-se em outros países. Nos Estados Unidos, em dezembro de 1964, ocorreu uma revolta de estudantes em Berkeley a propósito dos direitos civis. Na Alemanha, para protestar contra a guerra do Vietnã, os estudantes se reuniram diante da embaixada americana e jogaram ovos em sua fachada. Um pouco mais tarde, recusando as reformas seletivas, invadiram a faculdade. Chegaram pouco a pouco a uma contestação global da sociedade capitalista. A S.D.S. — organismo de estudantes social-democratas — distribuía panfletos revolucionários. Em abril de 1967 organizou uma manifestação contra Humphrey; e outra em janeiro contra o xá do Irã: um policial matou um estudante com um tiro de revólver, o que desencadeou uma imensa mobilização de estudantes. Apesar da escalada da repressão, criaram comitês de ação e uma universidade crítica. Seu movimento propagou-se por toda a Alemanha. Lutaram contra a guerra do Vietnã e, dentro do país, contra o truste da imprensa Springer. Na Inglaterra, na Holanda, na Escandinávia, na Itália e até na Espanha, houve agitações violentas no mundo estudantil.

Na França, os incidentes que a imprensa comentava eram muito menos espetaculares. Quando Misoffe foi à Faculdade de Nanterre, em 1967, para inaugurar a piscina, foi abordado por um jovem desconhecido, Cohn-Bendit. Também em Nanterre, os estudantes aos quais era proibida a entrada nos prédios reservados às mulheres (o inverso era permitido) insurgiram-se ruidosamente:"Não aos guetos sexuais." Em fevereiro de 1968, invadiram o setor das mulheres. Denunciavam as condições deploráveis nas quais estudavam. Os jornais dedicavam pouco espaço a essas reivindicações e eu não avaliava sua importância.

Como todo mundo, comecei a percebê-la durante o mês de março. Em consequência de atentados com bombas, cometidos na noite de 17 para 18 de março, foram presos quatro estudantes secundários, membros de comitês contra a guerra do Vietnã. A 22 de março, em Nanterre, por iniciativa de Cohn-Bendit, estudantes ocuparam a torre da administração; elaboraram um programa de ação contra a guerra do Vietnã e contra a opressão de que se julgavam vítimas. Nos dias seguintes, distribuíram panfletos, perturbaram as aulas e os exames. Tendo o reitor Grappin fechado Nanterre durante o fim de semana, fizeram um comício na Sorbonne, no anfiteatro Descartes. A 12 de abril, realizaram uma manifestação no Quartier Latin, para exprimir sua solidariedade a Rudi Duske, líder da S.D.S. gravemente ferido na véspera por um fascista alemão.

Os fatos seguintes são conhecidos: Grappin fechando Nanterre para conter os "exaltados", estes invadindo a Sorbonne, o reitor Roche chamando a polícia. Os estudantes evacuaram a Sorbonne e grande número deles foi preso na saída. O S.N.E. Superior convocou os professores para uma greve geral. A UNEF organizou uma manifestação para o dia 6 de maio, dia em que Cohn-Bendit e vários outros cabeças deveriam apresentar-se a um conselho de disciplina na Sorbonne.

A 6 de maio, durante o dia inteiro, houve escaramuças entre estudantes e policiais no Quartier Latin, e no Boulevard Saint-Michel respirava-se o cheiro — que logo se tornou familiar — de gases lacrimogêneos. À noite, contra meus hábitos, liguei o rádio e durante quatro horas permaneci na escuta. Europa 1 e a Rádio Luxemburgo narraram minuto a minuto a batalha que se desenrolava no Boulevard Saint-Germain: por trás da voz um pouco ofegante dos repórteres, ouvia-se o ruído da multidão e o barulho das explosões. O que se passava era extraordinário: os manifestantes faziam barricadas, obrigando os C.R.S.,[117] e até os carros de bombeiros dirigidos contra eles, a recuarem a pedradas. Soube-se no dia seguinte com que selvageria a polícia batera neles, perseguindo-os até dentro dos prédios onde se refugiavam; foram moídos de pancadas nas delegacias e em Beaujon, para onde os levavam os camburões. Mas poderia a repressão conter essas forças novas que acabavam de desencadear-se? Meus amigos e eu esperávamos que abalassem o regime e talvez até o derrubassem: o tumulto transformara-se numa insurreição.

---

[117] Membros da Companhia Republicana de Segurança, força móvel colocada à disposição das prefeituras para garantir a ordem. (N. da T.)

No dia seguinte, de vinte a cinquenta mil manifestantes desfilaram de Denfert-Rochereau até a Étoile, cantando *A Internacional* e agitando bandeiras vermelhas e pretas. A Sorbonne, cercada por policiais, era inacessível; Cohn-Bendit e seus companheiros não se apresentaram ao conselho de disciplina.

Já se descreveu inúmeras vezes a noite épica de 10 de maio, as barricadas da Rua Gay-Lussac, os carros incendiados, a caçada policial: os burgueses do bairro apavorados com essa orgia de violência, da qual eles próprios foram vítimas — muitos transeuntes pacatos foram agredidos —, tentaram ajudar os estudantes. Sua atitude despertou a maior indignação.

Nos primeiros dias, os comunistas tinham atacado os estudantes e condenado, inclusive em *L'Humanité*, "o anarquista alemão Cohn-Bendit". Dia 8 se haviam iniciado conversações entre a CGT e a CFTD de um lado e os sindicatos de professores e estudantes do outro. Dia 10 de maio, pouco antes do surgimento das barricadas, os dois sindicatos de operários, a FEN e a UNEF lançaram uma ordem de greve ilimitada e de manifestação contra a repressão. Embora Pompidou, tendo regressado do Afeganistão, fizesse reabrir a Sorbonne na manhã de 13 de maio, na tarde do mesmo dia, uma imensa passeata reuniu, da République à Praça Denfert-Rochereau, uma multidão de estudantes, delegações operárias, líderes dos partidos de esquerda. Sauvageot, Geismar, Cohn-Bendit — que os "cegetistas"[118] haviam tentado inutilmente eliminar — encabeçavam o cortejo que compreendia de quinhentos mil a seiscentos mil manifestantes. Repetiam os slogans escritos em bandeirolas: "Estudantes, professores, trabalhadores solidários"; "Dez anos já bastam"; "Governo popular". No entanto, os operários estavam fortemente enquadrados pela C.G.T., que tentava limitar seus contatos com os estudantes. Na Praça Denfert-Rochereau, por meio de porta-vozes e caminhões de alto-falantes, mandou que se dispersassem. Milhares de estudantes, acompanhados de um certo número de operários, chegaram ao Champs-de-Mars, onde realizaram um comício: uns e outros não falavam a mesma linguagem e o diálogo entre eles fracassou. Mas, para os exaltados de Nanterre, era

---

[118] Da Confederação Geral do Trabalho. (N. da T.)

uma grande vitória ter conseguido em dez dias mobilizar os sindicatos. Seu movimento tornara-se muito popular.

Muitos professores apoiaram os estudantes, entre outros Laurent Schwartz — embora pouco tempo antes tivesse sido vaiado em Nanterre por causa de suas posições seletivas. Os professores Kastler, Jacob, Monod tinham intervindo em favor dos estudantes e ficado ao lado deles na noite das barricadas. Nós não pertencíamos ao corpo docente, mas aquilo nos concernia. Num manifesto que foi publicado a 9 de maio, exprimimos nossa solidariedade para com os contestadores, felicitando-os por quererem "escapar, por todos os meios, a uma ordem alienada". Esperávamos, acrescentamos, que soubessem conservar uma "capacidade de recusa" capaz de abrir o futuro. A 12 de maio, Sartre disse na Rádio Luxemburgo que a única ligação válida dos estudantes com a universidade consistia em destruí-la e para isso era preciso sair às ruas. Sua declaração foi reproduzida em panfletos distribuídos no Quartier Latin.

Tão logo a Sorbonne foi reaberta, os estudantes a ocuparam. Nunca, nem em meus tempos de estudante, nem mesmo no início desse ano de 1968, poderia imaginar semelhante festa. A bandeira vermelha tremulava sobre a capela e sobre as estátuas dos grandes homens. Nas paredes floresciam slogans maravilhosos, inventados em Nanterre algumas semanas antes. Cada dia apareciam nos corredores novas inscrições, panfletos, cartazes, desenhos; nos degraus das escadas, de pé no meio do pátio, grupos discutiam encarniçadamente. Cada formação política tinha seu estande onde eram distribuídos jornais, panfletos. Balcões palestinos eram vizinhos de um estande de "sionistas de esquerda". Jovens, e outros não tão jovens, se comprimiam nos bancos dos anfiteatros: quem queria tomava a palavra, expunha seu caso, suas ideias, sugeria tarefas ou missões; o público respondia, aprovava ou criticava. Nas salas de aula haviam sido instaladas sucursais de imprensa e nos sótãos, uma creche. Muitos estudantes passavam a noite no local, enfiados num saco de dormir. Simpatizantes traziam sucos de frutas, sanduíches, pratos quentes.

Ia lá frequentemente com amigos, passeando pelos corredores e pelo pátio. Sempre encontrava gente conhecida. Flanava-se, conversava-se, ouviam-se as discussões: muitas giravam em torno do conflito de

Israel e dos árabes, em torno do problema palestino. A partir de 15 de maio, a Praça do Odéon também se transformou numa festa: no teatro que os estudantes ocupavam, tremulava a bandeira preta. Lá também havia discussões apaixonadas e discursos. Orquestras tocavam jazz, melodias de dança. Jovens, velhos, todo mundo confraternizava.

No entanto, os estudantes compreendiam que, para colocar o regime em xeque, precisavam do apoio da classe operária. Tinham representado o papel de detonador, mas sozinhos não podiam fazer a revolução. A 17 de maio, levaram a Billancourt a bandeira vermelha que tremulava sobre a Sorbonne. Haviam escrito num estandarte: "A classe operária tira a bandeira da luta da mão frágil dos estudantes." Realmente, estouraram greves em Nantes, depois um pouco por toda a França. Durante alguns dias, Paris apresentou uma fisionomia estranha. A 18 de maio, os transportes coletivos pararam. Os cigarros escassearam. Os bancos fecharam e faltou dinheiro. Houve falta de gasolina: longas filas de carros estendiam-se diante dos raros postos que ainda funcionavam: a 21 de maio, estavam todos fechados. Os garis entraram em greve: as lixeiras transbordaram, as ruas e calçadas ficaram cobertas de detritos. A 24 de maio, o número de grevistas atingia de nove a dez milhões. Suas reivindicações iam muito além das reclamações salariais; eles ocupavam as fábricas, nas quais haviam hasteado bandeiras vermelhas. Bradavam slogans: "Dez anos já bastam. As fábricas para os operários. O poder com os trabalhadores." Os estudantes procuravam contato com eles. Iam em grupos às entradas das fábricas: os sindicatos barravam-lhes o acesso. A greve da FEN continuava: era uma greve ilimitada e os professores a prolongaram por um mês, o que contrariava todas as tradições.

Na noite de 20 de maio, vários escritores foram convidados para ir à Sorbonne dialogar com os estudantes. Acompanhados por um grupo de amigos, Sartre e eu nos encontramos às dez horas com um jovem dirigente em frente ao Balzar. Parecia muito ansioso. "Isso não vai ser nada conformista, vai ser mesmo muito agitado", disse-nos ele. Os oradores tinham de sentar-se na sala, no meio do público; como não havia microfones, ouvia-se muito mal. Sartre, certamente, seria um pouco vaiado; alguns estudantes não gostavam dele e, como a sala estava cheia de elementos provocadores, era possível até que ocorressem sérios tumultos. Foi um pouco apreensiva que subi ao primeiro andar, ao "Centro de Agitação Cultural", onde já se encontravam Marguerite Duras, Duvignaud, Claude Roy, alguns outros escritores, vários organizadores e o sociólogo Lapassade, que era o diretor do centro. Confirmou-nos que a reunião seria agitada; talvez nem sequer conseguíssemos entrar no anfiteatro que em princípio destina-se a quatro mil pessoas e que nessa noite continha sete mil. Propuseram-nos que fôssemos todos para o pátio e lá tomássemos a palavra; uma multidão se apinhava no local: recusamo-nos. Como fazer, aliás, simplesmente para sair daquele recinto? Os corredores estavam tomados pela multidão. Hesitamos durante um momento e, de repente, Sartre sumiu: tinha sido levado para o setor do som, disseram-nos. Realmente: pela janela, através de um microfone, falou aos estudantes que se comprimiam no pátio. A seguir, correu o boato de que havia desaparecido; começava a inquietar-me, quando soube que tinham conseguido fazê-lo entrar no anfiteatro: conseguiria sair? Que iria ocorrer? Depois de algum tempo, um estudante veio dizer-nos que a discussão se iniciara e que tudo ia muito bem. Alguns escritores resmungaram, zangados por terem sido convocados para nada. "Chega de vedetismo", disse Marguerite Duras.

Meus amigos e eu fomos esperar Sartre no Balzar. Ele chegou uma hora depois, acompanhado de uma coorte de estudantes, jornalistas e fotógrafos. Contou-nos que, quando entrou no anfiteatro, a assistência mais ou menos vaiava, mas com algumas frases apenas obtivera silêncio. Dissera aos ouvintes que esperanças colocava "nessa democracia selvagem que vocês criaram e que perturba todas as instituições". E durante uma hora respondera a perguntas. No final, fora entusiasticamente aplaudido. Chegaram outros amigos que se haviam instalado, desde as oito horas, nos bancos do anfiteatro, vendo-o lotar-se pouco a pouco. Às nove horas, já era impossível fazer com que alguém entrasse; alguns estudantes estavam instalados no colo de Descartes, outros nos ombros de Richelieu. O que era curioso, disseram-nos, é que essa multidão comparecera evidentemente para ouvir Sartre, mas por horror ao "vedetismo" ninguém pronunciava seu nome.

Daí em diante ficamos em contato com o movimento; estivemos mais de uma vez com Geismar; Sartre entrevistou Cohn-Bendit para

Le Nouvel Observateur. Todos os jovens de nosso meio pertenciam aos comitês de ação. Vendiam o jornal *Action*, distribuíam panfletos, participavam de todas as manifestações.

Na noite de 23 para 24, os estudantes levantaram barricadas para protestar contra a expulsão de Cohn-Bendit; os embates com os responsáveis pela ordem foram violentos. No dia 24, a C.G.T. organizou duas manifestações de apoio aos grevistas, que transcorreram na mais perfeita ordem, dispersando-se sem incidentes. À noite, os estudantes reuniram-se maciçamente em frente à Gare de Lyon. Ouviram em seus transistores o discurso no qual De Gaulle anunciava um referendo sobre a participação e vaiaram-no. Muitos deles, encabeçados por Geismar, dirigiram-se à Bolsa e lá atearam fogo; as "forças de segurança" desencadearam-se: espancamentos, violações e, certamente, assassinatos camuflados como acidentes de carro. A 27 de maio, a enorme concentração do estádio Charléty, na qual Mendès France e Mitterrand se reconciliaram, pareceu extremamente promissora, apesar da ausência da C.G.T. Esta fez uma manifestação dois dias depois. Era de esperar que uma união da esquerda se realizasse, que ela opusesse à burguesia um programa anticapitalista e um governo de transição.

Na realidade, a partir dessa data ocorreu o refluxo. Regressando de Baden Baden, onde fora secretamente consultar as forças armadas, De Gaulle anunciou a dissolução da Assembleia. A 30 de maio, um cortejo gaullista ocupava os Champs-Élysées. Tendo voltado a gasolina, os parisienses saíam em massa para passar o fim de semana fora. Por sua vez, vangloriando-se de ter realizado "conquistas notáveis", Séguy decidiu terminar com as greves e classificou de provocadores os estudantes que apoiavam os grevistas. Apesar disso, grande quantidade de estudantes foi a Flins, para protestar contra a ocupação da fábrica Renault pela polícia; um deles, Gilles Tautin, afogou-se ao fugir das "forças de segurança". No dia seguinte, estas assassinaram dois operários em Sochaux. À noite, a UNEF convocou os estudantes à Gare de l'Est para protestar contra a repressão; a polícia bloqueou o bairro. Houve embates muito violentos no Quartier Latin; os manifestantes atacaram coletivos e delegacias, abateram árvores, queimaram carros, quebraram vitrines; mais de quatrocentos deles ficaram feridos. Sua violência assustou a população, que parou de manifestar-lhes simpatia. A polícia aprimorou técnicas que dali em diante tornaram impossíveis as concentrações. As manifestações foram proibidas, os agrupamentos dissolvidos. Continuando em greve a Citroën, novecentos mensalistas foram dispensados. Desencadeara-se uma greve na O.R.T.F.: todos os funcionários que participaram dela foram despedidos.

Fiz uma última visita à Sorbonne em torno do dia 10 de junho. Lá encontrei Lapassade muito exaltado: "Estão acontecendo coisas terríveis aqui", disse-me ele. "Vou mostrar-lhe." Os porões estavam cheios de ratos, o que podia acarretar graves epidemias, acrescentou. "Na verdade, só existe uma epidemia", respondeu um jovem médico: "os piolhos." Ambos se queixavam da degeneração geral da situação; à noite, a Sorbonne era invadida por *beatniks*, prostitutas, vagabundos. A qualquer hora, os traficantes de drogas iam vender seus produtos nos corredores: os anfiteatros estavam empestados de haxixe e maconha. Subimos aos andares superiores onde ficava a enfermaria "paralela", que o médico acusava de ter roubado ampolas de morfina da enfermaria regular; Lapassade afirmava que lá se faziam tráfico de drogas e abortos. Fez com que abrissem uma porta que estava fechada por dentro: demos num pequeno quarto mobiliado com um armário e uma cama. Ele me apresentou enfaticamente e perguntou o que se maquinava ali. "Coisas para tratar de escritores cansados", disse uma moça, encarando-me com insolência: o fato é que eu realmente parecia querer meter-me no que não era de minha conta. Descendo de volta a escada, o médico disse que ia embora para fazer agitação em Rennes, de onde traria batatas para os grevistas: estava farto da Sorbonne. A seguir, Lapassade mostrou-me "catanguenses", com capacetes e armados de barras de ferro; defendiam a Sorbonne contra os eventuais ataques do "Occident" e mostravam-se muito duros nos tumultos com a polícia; mas Lapassade considerava perigoso que os estudantes estivessem mais ou menos em mãos desses mercenários desprovidos de qualquer convicção política: muito eram realmente *ex-affreux*.[119] Lapassade queria que eu descesse aos porões para ver os ratos, mas recusei: recusei também escrever o artigo que ele desejava

---

[119] Mercenário branco a serviço de um exército africano. (N. da T.)

que escrevesse sobre "o apodrecimento da Sorbonne". Não compartilhava suas indignações e, de toda maneira, não me cabia denunciar os estudantes. O artigo solicitado apareceu a 12 de junho, em *Le Monde*, assinado por Girod de l'Ain.

Pouco depois, a Sorbonne e o Odéon foram evacuados. Mais uma vez pulularam policiais no Quartier Latin. Alguns estudantes ainda jogaram coquetéis molotov do alto dos telhados. E depois voltou a calma — uma calma mortuária. As ruas eram reasfaltadas. Operários trepados em escadas raspavam metodicamente as inscrições e rasgavam os belos cartazes. De início simpatizante, ou pelo menos indulgente, o país sentira medo, aspirava pela ordem. As eleições foram uma vitória estrondosa dos gaullistas. A revolução abortara.

Entre os estudantes, os mais esclarecidos jamais tinham pensado que ela pudesse realizar-se. Quase todos pertenciam a comitês pró-vietnamitas e haviam sido influenciados pela resistência do Vietnã: ela provava que uma minoria decidida podia fazer com que fracassassem forças superiores. Foi assim que foram levados a representar o papel de "detonador". Mas sabiam que o grande movimento que haviam desencadeado não chegaria logo a derrubar o regime: "A revolução não se fará num dia, e a união dos estudantes com os operários não é para amanhã", dissera Cohn-Bendit. Mas, se reconheciam seu fracasso, também conservavam a esperança: "É apenas um começo, continuamos a luta."

Sartre salientou em várias entrevistas aquilo que, segundo ele, constituía a originalidade da explosão de maio. Os estudantes haviam substituído o velho motor das revoluções, que era a "necessidade", por uma reivindicação nova: a da "soberania". Em nossa sociedade tecnocrata, a ideia de poder tornou-se mais importante do que a de propriedade; o que eles exigiam era o poder: controlar seus próprios destinos. Compreendiam que, nesse mundo desumanizado, o indivíduo se define pelo objeto que produz ou pela função que exerce: revoltavam-se contra essa situação, exigiam poder decidir eles mesmos qual o seu papel. Os jovens operários haviam seguido seu exemplo: rebelaram-se contra a condição proletária, o que era um fato novo muito importante.

Os partidários da ordem só quiseram ver nos acontecimentos de maio uma explosão juvenil e romântica: na realidade, trata-se de uma crise da sociedade, e não da crise de uma geração. Os estudantes, cada vez mais numerosos e sem nenhuma perspectiva à sua frente, tinham sido o setor onde haviam explodido as contradições do neocapitalismo: essa explosão colocava em jogo todo o sistema e dizia respeito imediatamente ao proletariado. Foi exatamente por isso que nove a dez milhões de trabalhadores entraram em greve. Pela primeira vez em trinta e cinco anos, cogitara-se da revolução e da passagem ao socialismo num país capitalista desenvolvido. Maio demonstrara que a luta pelo controle operário era possível, e necessária a iniciativa criadora das massas. Indicara também as condições de uma luta eficaz pelo socialismo: era indispensável criar uma vanguarda, capaz de levar a bom termo uma revolução nos países capitalistas desenvolvidos.

Indiretamente, foi o movimento de maio que ocasionou a derrota de De Gaulle a 27 de abril de 1969. Nós a recebemos com satisfação. E a perplexidade da equipe no poder nos divertiu bastante. Em seu discurso pelo rádio, La Malène, perturbado, chamou Waldeck-Rochet de Baldeck-Wochet. Esses senhores anunciavam que haveria "distúrbios". Não ocorreram. Mas não nos interessava escolher entre Poher e Pompidou. Não atribuíamos importância alguma a uma mudança de pessoas que em nada alterava o funcionamento do sistema. Como muitos franceses, abstivemo-nos de votar.

Desejávamos manter o contato com os "esquerdistas". Não poderiam encontrar em *Les Temps Modernes* uma tribuna em que suas diferentes tendências se exprimissem? Durante o verão de 1969, estivemos em Roma com os dois irmãos Cohn-Bendit, Kravetz, François George e vários companheiros seus. Regressavam de férias passadas numa praia italiana. Pareciam nervosos e mais ou menos agressivos entre eles. Relembravam com nostalgia os acontecimentos de maio, cada uma enfatizando o papel que nele representara e todos acusando-se mutuamente de terem mentalidade de ex-combatentes. O que mais nos chamou a atenção é que tinham uma mentalidade de vencidos. Depois da festa de maio encontravam-se de mãos vazias. Acusaram *Les Temps Modernes* de haver-se transformado numa instituição. Assim, o projeto de juntar os grupelhos não vingou.

Entretanto, Sartre continuou a ver os esquerdistas de vez em quando. Em abril de 1970, a Esquerda Proletária, sentindo-se isolada e ameaçada de extinção, entrou em contato com ele. Seu jornal, *La Cause du Peuple*, era sistematicamente apreendido: acabavam de prender seus dois diretores sucessivos, Le Dantec e Le Bris: exceto durante a ocupação, a prisão de um diretor de publicação não ocorria na França desde 1881. Que se poderia fazer contra uma repressão tão cínica? Após pensar em várias soluções, Sartre propôs assumir a direção de *La Cause du Peuple*. Deixou claro que não estava de acordo com todas as suas teses. Lamentava sobretudo que a Esquerda Proletária identificasse sua ação com a da resistência, o papel do P.C. com o dos colaboradores, que falasse de uma "ocupação" da França pela burguesia e de "libertação do território". Tais analogias pareciam-lhe tão infundadas quanto inábeis. Mas, no que diz respeito a conteúdo, simpatizava com os *maos*. Aprovava-os por quererem ressuscitar a violência revolucionária, em vez de adormecê-la, como faziam os partidos de esquerda e os sindicatos. As ações permitidas — petições, comícios — não tinham grande alcance: era preciso passar para as ações ilegais. Decidiu então dirigir oficialmente *La Cause du Peuple*, ou seja, endossar a responsabilidade de todos os artigos que lá fossem publicados. Deveria, portanto, ser preso imediatamente: tal não ocorreu. Quando um número era apreendido, o poder limitava-se a abrir uma sindicância contra X...

No final de maio, acompanhei-o ao julgamento a que foram submetidos Le Dantec e Le Bris. O Palácio de Justiça estava cercado de carros de polícia e a sala era uma enchente. Atrás de mim estavam sentadas duas filas de policiais em trajes civis e outros, uniformizados, estavam de pé, em volta da sala. No recinto vi muitas pessoas conhecidas, entre as quais Gisèle Halimi. Sartre só seria chamado a depor à tarde, e almoçamos num restaurante próximo. Jornalistas foram pedir a Sartre uma declaração sobre a dissolução da Esquerda Proletária que fora decretada aquela manhã: ignorávamos o fato. Um pouco depois, Gisèle Halimi veio procurar-nos. Contou-nos que, durante a leitura dos artigos de *La Cause du Peuple* incriminados, advogados e estagiários — numerosos no recinto — tinham ficado horrorizados: "Como deixavam imprimir tais coisas?!"

Voltamos aos nossos lugares no momento em que um ex-mineiro depunha como testemunha; seu pai morrera de silicose; ele descreveu a condição dos mineiros, acusando a sociedade de levá-los ao desespero; felicitou *La Cause du Peuple* por dar a palavra aos trabalhadores, enquanto a imprensa burguesa sufocava suas vozes. A seguir, um O.S.[120] de cabelos compridos defendeu a recuperação pela Esquerda Proletária de um grande lote de tíquetes de metrô que ela distribuíra entre operários. Um outro citou as violências cometidas pelos policiais em Flins. Um franciscano solicitou ser também inculpado, já que dirigia um jornal no qual defendia as mesmas teses que *La Cause du Peuple*. Um dominicano renomado, o Padre Carbonnel, apoiando-se nas encíclicas papais, acusou os ricos de serem ladrões. Todas as testemunhas eram entusiastas e convincentes, mas não tinham eco. A decisão do presidente já fora previamente tomada.

Sartre salientou o escândalo de sua presença entre as testemunhas, enquanto os dois outros diretores acusados estavam no banco dos réus. Não pedia que o prendessem, mas que libertassem Le Dantec e Le Bris. Os advogados lhe perguntaram como explicava que a dissolução da Esquerda Proletária tivesse ocorrido exatamente no dia do processo, mas o presidente proibiu-o de responder.

O promotor pediu ao tribunal que suspendesse definitivamente *La Cause du Peuple*: ele teve de suportar a recusa a isso, e o jornal conservou a existência legal.

Os estudantes fizeram comícios; houve choque entre eles e a polícia em Censier, na Faculdade de Ciências e, até as três da manhã, no Quartier Latin e no Boulevard Saint-Germain. No dia seguinte, após o veredito, que condenava Le Dantec a um ano de prisão e Le Bris a oito meses, houve atos de violência, executados por pequenos comandos que os policiais perseguiam de motos. Geismar, acusado de ter estimulado os "quebradores" por meio de palavras pronunciadas durante um comício, recebeu um mandado de prisão. A polícia saiu à sua procura.

Alguns dias depois, ela cercou a oficina de Simon Blumenthal, impressor de *La Cause du Peuple*: setenta e cinco mil exemplares do

---

[120] *Ouvrier spécialisé*: operário especializado. (N. da T.)

jornal já tinham sido colocados em lugar seguro. Quiseram deter Blumenthal para "averiguações". Mas os operários não permitiram. No dia seguinte, concedeu-se em minha casa uma entrevista coletiva à imprensa, para denunciar a arbitrariedade de tais procedimentos: Blumenthal estava em seu direito ao imprimir um jornal cuja existência era legal; o que era ilegal era molestá-lo em sua atividade profissional. A Rádio Luxemburgo e diversos jornais — entre os quais, longamente, *Le Monde* — comentaram essa entrevista.

Os *"Amigos de La Cause du Peuple"* formaram uma associação presidida por mim e por Michel Leiris. A polícia recusou-se a dar-nos um comprovante de registro. Apresentamos queixa. Inicialmente, nossa solicitação foi rejeitada; depois, acabamos ganhando. Junto com Davezies, Tillon, Halbawchs e muitos outros, Sartre aderiu ao Socorro Vermelho, destinado a auxiliar as vítimas da repressão. Esperavam obter assim um reagrupamento dos esquerdistas de todas as tendências.

Trinta vendedores de *La Cause du Peuple* estavam presos: eram acusados de ter querido reconstituir a Esquerda Proletária. Alguns amigos de *La Cause du Peuple* decidiram ir distribuir o jornal nas ruas. Não queríamos fazer com que nos prendessem, como pensaram o Sr. Dutourd e *Minute*, mas colocar o governo em contradição com ele próprio pelo fato de não nos prender. Éramos uns dez, mas escoltados por um grande número de jornalistas e fotógrafos, de maneira que chamávamos muita atenção. Na Rua Daguerre, nesse cenário que me é tão familiar, em frente a um dos comerciantes em cuja loja me abasteço, tiramos de um carro sacos cheios de jornais e folhetos, que dividimos entre nós. Eram cinco e meia e havia muita gente fazendo compras. Atravessamos a multidão gritando: "Leiam *La Cause du Peuple*. Pela liberdade de imprensa!" e distribuindo seus exemplares; depois, seguimos pela Avenida General Leclerc, onde a quantidade de gente era ainda maior. Alguns transeuntes recusavam o jornal com ar de reprovação: "É proibido", disse um homem; outros o aceitavam com indiferença; outros o pediam. Uma peixeira, sentada diante de seu cesto, perguntou: "Vendem-nos remédios que nos envenenam: seu jornal fala nisso?" "Fala de todas as coisas erradas que lhes fazem." "Então me dê um." Começou a formar-se um ajuntamento; um policial jovem interpelou Sartre, tirou-lhe um pacote de jornais e segurou seu braço. Os fotógrafos imediatamente dispararam suas máquinas, e como nos dirigíssemos para a delegacia, alguém na rua gritou: "Você está prendendo um prêmio Nobel!" O policial soltou Sartre, que o seguiu, enquanto os amigos gritavam: "Pega ladrão!", mas o policial andava cada vez mais depressa, correndo quase; então voltamos e continuamos a distribuição. Divertidas, curiosas, as pessoas disputavam os exemplares. Chegamos a Alésia com as mãos vazias. Reunimo-nos num lugar tranquilo, para redigir um comunicado que foi transmitido aos jornais. Já a Rádio Luxemburgo noticiava o acontecimento: ouviam-se nossas vozes — "Leiam *La Cause du Peuple*" — e as explicações dadas por Sartre no caminho: *La Cause du Peuple* não estava proibido, a prisão daqueles que o vendiam era uma ilegalidade. Tínhamos conseguido agir durante trinta e cinco minutos. A 22 de junho, *Le Monde* apresentou um bom comentário sobre essa pequena demonstração.

Voltamos à carga na sexta-feira, 26. Éramos muito mais numerosos do que da primeira vez. Reunimo-nos nos bulevares, diante do Rex — em frente a *L'Humanité* — e caminhamos na direção de Strasbourg-Saint-Denis, escoltados por jornalistas e fotógrafos. Distribuíamos nossos exemplares aos transeuntes e às pessoas sentadas nos terraços dos cafés. Olhavam-nos com indiferença, com hostilidade, ou com simpatia: muitas pessoas nos sorriam. No fim de quinze minutos, atravessamos a rua e voltamos pela outra calçada. Quatro ou cinco policiais se aproximaram e tornaram a afastar-se. Voltaram com um camburão. "Não estamos prendendo vocês. Estamos levando vocês para verificação de identidade", disseram-nos. Quando nosso veículo parou em frente à delegacia, fizeram com que entrássemos todos, exceto Sartre, a quem foi dito: "O senhor está livre, Sr. Sartre." Lá dentro já havia uma dezena de companheiros: éramos ao todo uns vinte. Enquanto examinavam nossas identidades, chegou Sartre. Abandonado, sozinho na rua, com um pacote de jornais embaixo do braço, começara a distribuí-los. Então fizeram-no entrar.

Começaram a preencher nossas fichas: "Afora o Sr. Sartre, há outras personalidades aqui? Bertrand de Beauvoir não é o escritor..." Então dissemos em coro: "Todos somos personalidades." "Não conheço nenhum." "Não temos culpa se não está bem informado:

nós todos somos personalidades." "Nesse caso eu também sou", disse o policial com ar irritado. Pediram a mim e a Sartre que os acompanhássemos até um escritório: queriam soltar-nos e manter os outros. Recusamos. Então os policiais começaram a agitar-se, davam telefonemas, e um deles disse bem alto: "É uma história de loucos!" "A culpa não é nossa!", gritou um dos nossos. Divertíamo-nos muito. Evidentemente, eles recebiam ordem de soltar Sartre a qualquer preço, mas conservar os outros, coisa que nossa atitude tornava impossível. Uma hora depois chegaram policiais à paisana e um chefe com uniforme de galões prateados. Dentro de meia hora estaríamos todos soltos, prometeu a Sartre, falando-lhe em particular. Muito bem: mas Sartre e eu seríamos os últimos a sair, declaramos. Deixaram-nos sair em pequenos grupos. Saí dois minutos depois de Sartre, a quem encontrei na esquina, cercado de jornalistas, e falando em microfones. Também falei. Sartre repetiu que absolutamente não queria ser preso, mas colocar o governo em contradição consigo próprio: seu êxito fora total, como comprovava a perplexidade dos policiais. Essas declarações e o relato dos incidentes foram retransmitidos a Truffaut, que nesse dia fazia um programa na Rádio Luxemburgo e que os comunicou aos ouvintes. A operação teve assim ampla publicidade. À noite, a televisão apresentou alguns flashes dela, comentando-a com imparcialidade. Foi comentada também pelas televisões da Suíça, da Alemanha, da Itália, da Inglaterra. Foi certamente por isso que os jornais franceses lhe dedicaram extensas matérias: toda uma página em *Combat*, longos artigos em *Le Monde*, *Le Figaro*. Em *France-Soir*, Sartre e eu aparecíamos por trás das grades do camburão. Somente *Paris-Presse* fez comentários venenosos, insinuando que Sartre estava despeitado por se achar em liberdade.

Em Paris e em Roma, no verão, Sartre continuou a ter contatos frequentes com os esquerdistas. Deu uma entrevista a *L'Idiot International*, cuja direção — com as mesmas reservas de Sartre em relação a *La Cause du Peuple* — aceitei assumir oficialmente. De volta a Paris, Sartre passou a dirigir dois outros jornais esquerdistas: *Tout* e *La Parole au Peuple*. Dedicou-se também bastante ao Socorro Vermelho, que foi implantado em várias cidades da França.

O governo insistia em apreender *La Cause du Peuple* — que nem por isso deixava de ser amplamente distribuído — e assim fizemos mais uma demonstração em seu favor, no outono de 1970. No dia em que saía o número 37, os "*Amigos de La Cause du Peuple*" foram até a impressora. Um deles foi buscar-me em casa de carro: "Há um carro da polícia na esquina de sua rua", disse-me. Embora soubesse que Sartre era vigiado pela polícia, não queria acreditar. Contudo, tão logo saímos, o carro apareceu atrás de nós; parou junto conosco em frente ao prédio de Sartre. Fazendo uma manobra esperta, nosso motorista livrou-se deles. Era um belo dia de outono, azul e dourado, e atravessar Paris era um prazer. Na oficina, uma máquina dobrava barulhentamente, em ritmo rápido, as folhas impressas de *La Cause du Peuple*. Por volta do meio-dia, havia muita gente reunida, incluindo jornalistas e repórteres de diversas televisões. Maspero, Blumenthal, Sartre falaram à imprensa e gravaram. Transportamos para a casa de Maspero três mil exemplares do jornal: os policiais à paisana, que havíamos despistado, nos haviam encontrado novamente e seguiram--nos sem intervir. Deixamos exemplares na livraria La Joie de Lire e distribuímos outros na rua. Um carro de polícia estava estacionado nas proximidades, mas não nos impediu de agir. No entanto, três jovens que se aventuraram no Boulevard Saint-Michel foram presos. Godard, Delphine Seyrig e Marie-France Pisier acompanharam-nos voluntariamente. Fomos todos para a delegacia da Praça do Panthéon e postamo-nos na entrada, falando com os jornalistas e para as televisões estrangeiras, até que nossos companheiros deixassem a delegacia. O carro da polícia encarregado de nos seguir estava lá, e um policial, postado numa janela do primeiro andar, tirou várias fotos de cada um de nós. Seu carro nos escoltou até o restaurante onde fomos almoçar. Era desperdiçar de maneira tão absurda o dinheiro dos contribuintes que eu mal podia acreditar em meus olhos.

Ação muito mais importante foi a que o Socorro Vermelho organizou em Lens, em dezembro. Em fevereiro de 1970, dezesseis mineiros foram mortos, e vários outros ficaram feridos, por causa de uma explosão de grisu em Hénin-Liétard. A responsabilidade das hulheiras nesse acidente era evidente e, como represália, alguns jovens não identificados jogaram coquetéis molotov nos escritórios da diretoria, provocando um incêndio. A polícia prendeu, sem sombra de provas, quatro maoistas e dois ex-condenados. Estes confessaram ter lançado os explosivos e acusaram os quatro maoistas de serem seus cúmplices. Devendo o julgamento dos "incendiários" realizar-se na segunda-feira, 14 de dezembro, o Socorro Vermelho convocou um tribunal popular, no sábado, dia 12, em Lens, na maior sala da prefeitura. Para preparar essa sessão, Sartre teve de pesquisar o local, em Hénin-Liétard, e dormiu numa vila operária.

Lens é uma cidade mineira, feia e escura. Como o Natal se aproximava, as ruas estavam enfeitadas com guirlandas e luzes. O salão da prefeitura — um grande prédio moderno localizado na praça principal — estava cheio de gente às quatro da tarde: de setecentas a oitocentas pessoas. Afixadas nas paredes havia grandes fotografias dos mineiros mortos no acidente. Sobre o palco que servia de estrado estendia-se uma faixa: "As Hulheiras Assassinas." Sartre sentou-se no estrado numa mesinha, ao lado de um professor barbudo e cabeludo, de cabelos ruivos, principal responsável pelo Socorro Vermelho da região norte. Mancava e apresentava equimoses no rosto, porque, dois dias antes, dois desconhecidos, que haviam entrado em seu carro, tinham tentado atropelá-lo. Numa outra mesa grande estava instalada uma espécie de júri: a velha Sra. Camphin, meio cega, de rosto esquelético, mãe e esposa de mineiros que participaram da Resistência, fuzilados pelos alemães durante a guerra; um engenheiro, um médico, um ex-mineiro. O engenheiro leu um texto impresso que expunha o ponto de vista patronal. Outro engenheiro pegou o microfone e arrasou essa análise; outras testemunhas apoiaram as acusações. A responsabilidade das hulheiras era gritante. No dia em questão, fora retirado um ventilador que deveria ser substituído por outro mais potente; enquanto este não era colocado, o grisu acumulou-se na galeria. Os mineiros continuaram a ser enviados ao fundo da mina. A operação deveria ter sido efetuada num feriado, ou o trabalho deveria ter sido suspenso, enquanto o segundo aparelho não tivesse começado a funcionar. Mas, como sempre, deu-se prioridade ao lucro e não à segurança. Bastou uma faísca para provocar uma explosão mortal. Outras testemunhas demonstraram que os acidentes de trabalho não se deviam a essa "fatalidade", por trás da qual a classe patronal procurava esconder-se, mas à indiferença dos empregadores em relação aos riscos corridos pelos trabalhadores: nunca ocorre acidente quando "personalidades" descem numa mina, porque então todas as precauções são tomadas.

A seguir, os médicos fizeram exposições impressionantes sobre a silicose; ela mata novecentos mineiros por ano; quanto aos restantes, antes dos quarenta anos, são transformados em semi-inválidos ou em doentes graves. Denunciaram a cumplicidade interesseira da maioria de seus colegas: para poupar as hulheiras de pagarem uma pensão, recusam-se a fazer um diagnóstico de silicose, mesmo quando o doente já está gravemente afetado, e mandam-no de volta ao fundo da mina. Em caso de morte, a viúva só recebe uma pensão se seu marido morreu com mais de 50% de silicose, e, para comprovar isso, procede-se a uma autópsia, à qual ela é obrigada a assistir: espera-se que ela prefira renunciar à pensão. Ex-mineiros relataram seus casos particulares e denunciaram com ódio os perigos aos quais são expostos, as mutilações deles resultantes, a má-fé dos médicos dos quais depende sua pensão. Censuraram os sindicatos por não apoiarem suas reivindicações. Sartre resumiu num requisitório o conjunto das acusações levantadas contra o Estado-patrão. Destruiu o argumento patronal: "São os próprios trabalhadores que deixam de tomar as precauções necessárias." Pois, se garante sua segurança, o mineiro diminui seus rendimentos e receberá menos. É o Estado-patrão que é responsável pelos acidentes e pelas doenças profissionais: e faz com que a defesa do operário contra esses males seja paga pelo próprio operário. As cúpulas dão instruções no sentido de que se zele pela segurança: mas sabe-se que o mineiro não as cumprirá corretamente, do contrário terá seu salário diminuído de uma maneira dramática para ele. "Atendendo à segurança", dizia um deles a um companheiro, "seus filhos jamais comerão carne."

Sartre foi acusado de haver-se "erigido em juiz". Na verdade, ele não julgou, requereu. O veredito foi pronunciado por toda a assistência. Objetou-se também que "não adiantava nada, já que não podia haver sanção". Mas uma condenação desse tipo tem sua eficácia; é uma advertência agressiva dirigida à classe patronal e uma maneira de alertar a opinião pública. Quanto mais se propalar o escândalo dos assassinatos perpetrados em nome do lucro, menos fáceis de executar eles se tornarão.

Na segunda-feira seguinte, os seis supostos "incendiários" foram absolvidos, inclusive os que haviam confessado seu ato e falsamente denunciado os maoistas. Evidentemente, houve maquinações policiais tão duvidosas no caso que se preferiu encerrar o assunto soltando todo mundo.[121]

No final de janeiro, participei de um comício organizado pelos *"Amigos de La Cause du Peuple"* na Mutualité. Nossa associação acabava de ser reconhecida e o governo se cansara de mandar apreender o jornal: queríamos informar tais vitórias ao público. Michel Leiris presidia o evento do qual Sartre não participou. Abordei o tema da ilegalidade governamental dentro de uma pseudolegalidade e diverti muito a sala, contando nossas rixas com a polícia durante as distribuições de *La Cause du Peuple*.

Os outros oradores falaram principalmente da greve de fome encetada pelos presos políticos para obter uma melhoria de suas condições. Geismar — que a polícia conseguira prender —, embora submetido a um regime relativamente privilegiado, solidarizava-se com eles. Reclamavam condições de reclusão mais suportáveis, entre estas o direito de ter livros e receber visitas.

Alguns esquerdistas decidiram jejuar também, em apoio a essas reivindicações. O padre responsável pela capela Saint-Bernard — no subsolo da Gare Montparnasse — concordou em abrigá-los. Entre eles achava-se Michel Vian, e fui visitá-los várias vezes. Estavam acampados num amplo centro de recepção contíguo ao gabinete do padre. Tinham coberto as paredes de cartazes, de desenhos, slogans, manifestos: estes invadiam também o corredor e a parede da estação, explicando sua ação. Ingeriam diariamente apenas um litro e meio de água mineral e cinco torrões de açúcar. No entanto, ao contrário do que ocorre normalmente, não ficavam deitados. Discutiam entre eles, recebiam jornalistas e visitantes, aos quais vendiam jornais de esquerda empilhados numa mesa; renovavam seus cartazes, redigiam

---

[121] A praxe é soltar os delatores quando os acusados que eles denunciaram são efetivamente culpados. Soltar indivíduos que haviam confessado um delito e denunciado inocentes era um fato inédito.

textos, inventavam novos slogans. Todas as tardes saíam um pouco para tomar ar.

Uma noite, por volta de meia-noite, bateram à minha porta: eram Michèle e uma outra grevista, desvairadas. Um comando fascista forçara a porta, expulsara as mulheres: elas não sabiam o que estava acontecendo com os companheiros. Telefonaram para o padre, que veio buscá-las. Felizmente, os grevistas conseguiram entrincheirar-se em seu gabinete e deram o alarme pelo telefone. O comando retirou-se, depois de ter quebrado as garrafas, os vasos, e arrancado todos os cartazes. Voltaram numa outra noite, mas dessa vez os esquerdistas tinham guardas e eles não puderam entrar. Nunca se soube se se tratava de membros do "Occident" ou — o mais provável — de provocadores policiais. Em pouco tempo, a própria imprensa burguesa tomou o partido dos grevistas e Pleven capitulou. Concedeu o regime especial exigido pelos detentos que haviam feito a greve de fome. Designou uma comissão encarregada de definir as circunstâncias em que um delito devia ser considerado como político, e para melhorar as condições dos direitos comuns.[122] Os grevistas da capela Saint-Bernard resistiram durante vinte e um dias. Emagreceram, mas passavam bem.

Foi durante esse período — a 6 de fevereiro — que, a pedido do jornal *J'Accuse*, fui a Méru para fazer uma reportagem. Tratava-se de um "acidente de trabalho" particularmente atroz. A 11 de maio de 1967, a fábrica Rochel — destinada ao acondicionamento de produtos gasosos para a fabricação de inseticidas e de produtos de beleza — explodiu. Testemunhas horrorizadas viram sair das oficinas jovens transformadas em tochas vivas, seminuas, que rolavam no chão aos gritos. Entre oitenta e sete operárias — em sua maioria moças muito jovens — presentes naquela manhã, houve cinquenta e sete vítimas que foram transportadas em regime de urgência para o hospital. Três morreram. As outras foram submetidas durante meses — algumas durante dezoito meses — a tratamentos terrivelmente dolorosos. Todas ficaram com grau maior ou menor de invalidez.

Quando comentou a catástrofe, a imprensa falou de um drama devido à fatalidade. No entanto, as responsabilidades do diretor da

---

[122] A 1.º de maio de 1971, seis semanas já haviam decorrido e nada ainda fora feito.

fábrica, Sr. Bérion, eram tão evidentes que o tribunal atribuiu-lhe uma "falha indesculpável" e condenou-o por homicídio por imprudência. Apesar disso, limitou-se a infligir-lhe um ano de prisão com *sursis* e vinte mil francos de multa. (O Sr. Bérion, aliás, beneficiou-se de uma anistia e dirige um novo e próspero negócio.) A enquete que fiz com os operários e com o Sr. P., diretor da produção que, desgostoso, deixara seu cargo em fevereiro de 1967, provou-me que o Sr. Bérion merecia ser qualificado como assassino.

A fábrica Rochel pertencia à categoria dos estabelecimentos particularmente perigosos, porque utilizava gases inflamáveis; estocava vinte e sete toneladas, em vez das quinze autorizadas. Em consequência da deficiência das instalações e da insuficiência dos controles, frequentemente havia escapamentos de gás, que se espalhava pelo chão, pois os tubos circulavam em valas não ventiladas. Muitas vezes também os reservatórios de propano e butano estavam mal fechados. Houve vários começos de incêndio. O encarregado de abrir a fábrica às sete horas e de fazer a inspeção das instalações era um jovem operário de quinze anos(!), Marc Vinet. Quando chegou, no dia 11 de maio de 1967, tudo lhe pareceu normal. Mas, às oito e quinze, percebeu que uma espessa camada de gás escapava da máquina. ("Via-se o gás escapando", disse-me uma operária. Em contato com o ar, formava pequenos cristais brancos. Uma colega queixou-se: "Isso me deixa gelada." Uma outra me disse: "Havia uma camada de gás, era visível: era branco, não, mais para cinza, como uma neblina.") Ele avisou um supervisor, que fechou a torneira e mandou que pusesse em funcionamento a etiquetadora.[123] Ele se recusou, dizendo: "Isso vai pelos ares." "Nada disso. Pode ligar", disse o supervisor, acrescentando: "É uma ordem." Marc Vinet obedeceu. Houve uma faísca. O gás inflamou-se. Todo mundo correu. Mas os corredores estavam obstruídos, muitas portas bloqueadas por pedaços de papelão; pelos regulamentos deveriam abrir para fora: só que eram de correr. O forro do teto era de náilon: pegou fogo e desabou; as blusas de polietileno que a direção obrigava as moças a usar pegaram fogo. A oficina inteira incendiou-se.

---

[123] A máquina que cola as etiquetas.

Por que ocorreu a faísca? A resposta é arrasadora para Bérion. Os regulamentos exigiam que as instalações elétricas fossem de tipo estanque e que os motores elétricos tivessem dispositivos antideflagrantes. Mas, para fazer uma economia de mais ou menos dois mil e quinhentos francos, ele deliberadamente encomendou uma etiquetadora (a que produziu a explosão) de tipo clássico. As instalações elétricas estavam tão defeituosas que nenhuma firma local aceitava fazer os poucos consertos apressados que Bérion solicitava: seria preciso fechar a fábrica durante vários dias e refazer tudo. Bérion não ignorava que nesse ano já haviam ocorrido vários curtos-circuitos. Em maio de 1966, a associação de proprietários de aparelhos a vapor e elétricos reclamara, após um exame, de numerosas modificações dos aparelhos, não estando estes equipados com os dispositivos de segurança exigidos. O serviço de prevenção da Caixa Regional de Segurança Social também encaminhara observações a Bérion. Ele não levou em consideração nenhuma dessas advertências. O Sr. P. contou-me que, quando lhe lembrava as instruções de segurança, Bérion respondia: "Não banque o bobo. Faça com que trabalhem ao máximo, é só o que se pede a você."

E os fiscais de trabalho? "Nunca se viu um." "Pelo menos nunca entraram lá", disseram-me as operárias. O próprio tribunal de Amiens denunciou a "carência" da inspeção do trabalho. A verdade é que, em todos os lugares na França, os inspetores que em princípio devem garantir a segurança dos trabalhadores tornam-se aliados dos patrões. Fecham os olhos. São estimulados a fazê-lo. Na França, 80% das fábricas não respeitam as medidas de segurança exigidas pelo código trabalhista: a produtividade e os lucros baixariam se os inspetores denunciassem tais abusos.

No caso em questão, houve um outro escândalo: a atitude da justiça. O julgamento só se realizou dois anos depois da catástrofe. Bérion não teve maiores dificuldades. O supervisor que deu a ordem de ligar a máquina não foi incomodado.

Um terceiro escândalo foi constituído pelas medidas tomadas pela previdência social. Quando o grau de invalidez é inferior a 50%, o inválido só recebe metade da pensão à qual esse grau lhe deveria dar direito; para 14% de invalidez recebe 7% de seu salário. Os médicos responsáveis pelos laudos da previdência defendem os interesses desta e não os das vítimas. Em Méru, a maioria destas teve atribuído um grau de invalidez variando de 14% a 20%, e recebem quatrocentos francos por trimestre. E essa soma só lhes é abonada se voltaram a trabalhar, do contrário acusam-nas de viver às custas do Estado.

Por que não intentam um processo contra a previdência para aumentar suas pensões? Porque, caso perdessem, todos os custos ficariam por sua responsabilidade.

O monstruoso, disse-me um médico da região, é que a previdência social só quis levar em consideração — e de maneira insuficiente — a incapacidade de trabalho. Mas há outras coisas em jogo. Muitas moças ficaram moralmente marcadas pelas dores atrozes que sofreram durante meses. Estão sujeitas a depressões nervosas. Vivem apavoradas. A importância dos danos estéticos é considerável, quando se trata de mulheres jovens: sentem vergonha de seu rosto, de seu corpo. Finalmente, para muitas delas o futuro é inquietante. Podem ter problemas circulatórios e, em alguns casos, câncer.

Percebe-se a analogia entre esse caso e o das hulheiras de Lens. Em ambos, a classe patronal pôde assassinar impunemente. A inspeção do trabalho, os médicos, os tribunais acumpliciam-se. E esses dois casos não são excepcionais, mas dramaticamente típicos. Em 80% das fábricas da França a segurança é sacrificada em favor do lucro e diariamente os trabalhadores arriscam sua vida.

Se me pediram para ir a Méru, quatro anos depois do acidente, é porque as vítimas tentam organizar-se para obter um aumento de sua pensão. Congratulei-me por haver aceitado, primeiro porque acho que tais escândalos devem ser denunciados e a opinião pública alertada; e também porque esse dia, a mim pessoalmente, me ensinou muito. Tive contato com jovens operárias, entrei em suas casas, vi como viviam, escutei-as, falei com suas famílias. Foi uma experiência muito limitada, já que as fábricas de Méru são pequenas empresas implantadas em zona rural e as operárias, em sua maioria, filhas de camponeses; mas tive uma visão mais concreta de sua condição do que aquela que me ofereceria uma análise livresca.

Constatei também o quanto é necessária a existência dessa imprensa esquerdista que o governo persegue: em nenhum outro lugar fora dela existe a preocupação em falar, minuciosa e veridicamente, da condição dos trabalhadores, de sua vida cotidiana e de suas lutas. Os jornais esquerdistas tentam informar os operários sobre o que ocorre dentro de sua classe e que a imprensa burguesa silencia ou deforma.

Apesar de algumas reservas — em particular, não confio cegamente na China de Mao —, simpatizo com os maoistas. Situam-se como socialistas-revolucionários, em oposição ao revisionismo da União Soviética e à nova burocracia criada pelos trotskistas: compartilho sua recusa. Não tenho a ingenuidade de acreditar que farão a revolução amanhã, e o "triunfalismo" de alguns deles parece-me pueril. Mas, enquanto toda a esquerda tradicional aceita o sistema — definindo-se como uma equipe de reserva ou como uma oposição respeitosa —, eles representam uma contestação radical desse sistema. Num país esclerosado, adormecido, resignado, criam focos de agitação, despertam a opinião pública. Tentam reunir "novas forças" no proletariado: os jovens, as mulheres, os estrangeiros, os trabalhadores de pequenas empresas do interior, menos enquadrados pelos sindicatos do que os das grandes concentrações industriais. Estimulam e às vezes suscitam ações de um tipo novo: greves "selvagens", sequestros. Colocam efetivamente o problema da existência de uma vanguarda revolucionária. Se o país continua a deteriorar-se, se as contradições do sistema se tornam cada vez mais evidentes, essa vanguarda tem um papel a desempenhar. De toda maneira, qualquer que seja o futuro, não lamentarei as ajudas ocasionais que lhes terei prestado. Prefiro tentar ajudar os jovens em sua luta do que ser uma testemunha passiva de um desespero que leva alguns aos piores suicídios.

★

No final de 1970, alguns membros do Movimento de Libertação das Mulheres entraram em contato comigo; queriam falar-me do novo projeto de lei referente ao aborto que seria apresentado brevemente na Assembleia; consideravam-no excessivamente tímido e queriam desencadear uma campanha em favor do aborto livre. Para mobilizar a opinião pública, propunham que mulheres, conhecidas e desconhecidas, declarassem que pessoalmente já tinham abortado.

A ideia me pareceu boa. Vinte anos antes, protestara em *Le deuxième sexe* contra a repressão do aborto e expusera as trágicas consequências daí decorrentes; era, portanto, lógico que assinasse o que se denominou o *Manifesto das 343*, publicado na primavera de 1971, em *Le Nouvel Observateur*. Não se tratava — como alguns detratores fingiram acreditar — de introduzir o aborto na França nem sequer de encorajar as mulheres a abortarem, mas, considerando que o fazem maciçamente — de oitocentos mil a um milhão de abortos por ano —, permitir que se submetam a essa operação nas melhores condições físicas e morais, o que é atualmente um privilégio de classe. É claro que os métodos anticoncepcionais são preferíveis. Mas, enquanto se espera que sejam conhecidos e amplamente empregados — apenas 7% das francesas em idade de procriar recorrem a eles —, o aborto permanece a única solução para aquelas que não desejam um filho. O fato é que recorrem a ele, apesar das dificuldades, da humilhação, do risco. Criticou-se o manifesto, argumentando que só estava assinado por mulheres conhecidas; isso é falso; só havia um número reduzido destas; a maioria das signatárias compunha-se de secretárias, funcionárias, donas de casa.

Para dar prosseguimento a essa campanha, o Movimento organizou a 20 de novembro, associando-se às manifestações feministas que se realizaram nessa data em vários lugares do mundo, uma passeata, em Paris, de mulheres exigindo liberdade de maternidade, de contracepção e de aborto. Participei dela. Caminhamos da République até a Nation, ocupando toda a rua,[124] com cartazes e slogans; militantes brandiam esfregões, arames com roupa de cama suja, bonecas de papel, bolas; uma delas distribuía salsa — símbolo do aborto clandestino — que algumas colocavam nos cabelos. Éramos cerca de quatro mil, a maioria de mulheres, mas havia também homens, quase todos cabeludos e barbudos. Soltamos balões, cantamos, entoamos ritmadamente as palavras de ordem: "Criança desejada, criança amada. Maternidade livre." Alguns pais tinham levado seus filhos, e viam-se crianças de seis anos gritando com os adultos: "Teremos os filhos que quisermos."

---

[124] A manifestação fora autorizada.

O dia estava frio e bonito, e tudo era muito alegre, cheio de vida e de fantasia. O interessante é que a maioria das mulheres que os manifestantes abordavam nas calçadas declaravam que estavam conosco de coração e nos aplaudia. Quando passamos diante da igreja Saint-Antoine, uma noiva, toda de branco, ia subindo a escadaria. Gritamos: "A noiva conosco! Libertem a noiva!" e a frente do cortejo saiu da rua para entrar na igreja. O padre discutiu um pouco com os militantes, e prosseguimos em direção à Nation.

Pouco antes de chegarmos lá, encontramos um grupo de *consciencious objectors*[125] com cartazes antimilitaristas. Sua manifestação fora proibida e alguns deles tinham tido a ideia de juntar-se a nós. Então, nosso cortejo pôs-se a gritar: "Nada de filhos para a guerra." "Debré, canalhão, as mulheres te pegarão", e todos juntos cantamos *A Internacional*. Na Nation, as mulheres treparam no soclo de uma das estátuas e queimaram esfregões, símbolo da condição feminina. Houve novos cantos, farândolas: era uma festa alegre e fraternal.

Uma outra ação na qual tomei parte dizia respeito ao C.E.T.[126] de Plessis-Robinson. Já no outono de 1970, estava informada da situação. O colégio, inaugurado em 1944, recebe jovens entre doze e dezoito anos, grávidas pela primeira vez e solteiras. Expulsas ou retiradas dos estabelecimentos públicos onde estudavam, são enviadas a esse C.E.T. por indicação da assistência social. São trinta e cinco vagas e, por rodízio, em média passam duzentas futuras mães pelo Plessis: o benefício é obtido por quem pertence a uma família modesta e tem numerosos irmãos e irmãs. Três ou quatro professores preparam as pensionistas para que se tornem funcionárias de coletividades, de escritórios, ou B.E.P.:[127] mas só proporcionam o primeiro ano de estudos; aquelas que já cursavam o segundo ou terceiro ano perdem tempo. De toda maneira, as condições de estudo são lamentáveis: ao

---

[125] Pessoas que, em época de paz ou de guerra, recusam-se a cumprir suas obrigações militares, alegando que suas convicções lhes prescrevem o respeito incondicional pela vida humana.
[126] Abreviatura de Collège d'Enseignement Technique (Colégio de Ensino Técnico). (N. da T.)
[127] Abreviatura de Brevet d'Enseignement Professionnel (Diploma de Ensino Profissional). (N. da T.)

todo, quatro máquinas de escrever; as aulas de matemática se realizam na lavanderia. Colegiais brilhantes têm seu futuro estragado. Não há biblioteca. No que se refere a visitas ou saídas, as pensionistas são tratadas como delinquentes. O planejamento familiar propôs fazer-lhes gratuitamente palestras sobre a contracepção: a diretora recusou. Para protestar contra tal situação, elas pediram para integrar uma delegação de mães solteiras que ia dirigir-se à reitoria: a diretora não permitiu. Na quinta-feira, 16 de dezembro, decidiram fazer greve de aulas e refeições. A diretora enviou um telegrama urgente e imperioso aos pais: "Venha imediatamente buscar sua filha", e anunciou que estava fechando o colégio. Alguns pais foram buscar as filhas: um pai agrediu a sua, jogou-a ao chão e arrastou-a pelos cabelos sem que ninguém interferisse. Então, uma das inspetoras pediu ajuda ao Movimento de Libertação das Mulheres. Domingo pela manhã, juntei-me ao grupo que ocupou o colégio: um prédio horrível, situado no meio de um parque, num isolamento completo. Apesar da má vontade de uma delegada da reitoria e do inspetor da academia, falamos com as pensionistas. Militantes permaneceram no local o dia inteiro e também à noite. Sob sua pressão, o inspetor pediu por telefone uma entrevista ao reitor, que foi marcada para o dia seguinte. Acompanhei à reitoria a inspetora e algumas adolescentes; membros do Socorro Vermelho — Halbawchs, Charles-André Julien — também compareceram. Convidada a explicar-se, Lucienne, uma das futuras mães, disse que reivindicavam a emancipação e uma ajuda que lhes permitisse educar seu filho. Na verdade, ao passo que uma jovem de quinze anos só precisa casar-se para emancipar-se, a mãe solteira, já com dezessete anos feitos, permanece dependente dos pais: estes decidem se ela conservará ou abandonará o recém-nascido. Frequentemente, optam pelo abandono, e é a sociedade que as obriga a isso; considera que o bebê pertence à mãe da parturiente; no entanto, em vez de dar-lhe uma subvenção suplementar, retira-lhe a parte de benefícios familiares a que sua filha lhe dava direito, sob pretexto de que esta já não frequenta a escola! É uma medida tão iníqua que mergulhou na maior estupefação, primeiro a mim mesma, e também a todas as pessoas com quem falei disso. Assim, as exigências de Lucienne eram absolutamente justificadas. Mas nem por isso o reitor deixou de reagir:

"Vocês reivindicam um privilégio, sob pretexto de terem cometido, não direi uma falta, não gosto dessa palavra, mas um erro." Interrompi-o: "De acordo com que código considera que é um erro ter relações sexuais aos treze anos?" Ele não soube o que responder, mas senti um estremecimento escandalizado no numeroso estado-maior que o rodeava. Nossa sociedade não aceita a sexualidade juvenil. Um padre disse a Lucienne: "Você admite que existam instintos sexuais aos treze anos: eu não." Lucienne e suas companheiras reivindicavam também que uma aluna de primeiro ou segundo ciclo, grávida, não fosse automaticamente expulsa pelo diretor do estabelecimento: "Mas o que se faz é para seu bem", disse o reitor. "Os pais de alunos exigem sua saída." Claro; para poder negar que uma adolescente tenha instintos sexuais, é preciso tratar como ovelhas negras as que cederam à tentação. Os pais que se recusam a dar a seus filhos, e sobretudo a suas filhas, toda educação sexual, temem que a "iniciada" os arranque de uma ignorância que eles querem considerar como inocência. Mas por que a universidade concorda com eles? Foi o que perguntei ao reitor, e Charles-André Julien relembrou o caso de Senghor: pais que não queriam que seus filhos tivessem um negro como professor e, apesar disso, Senghor fora mantido em seu cargo. A verdade é que a universidade compartilha os preconceitos dos pais virtuosos e considera culpadas as adolescentes grávidas. Nesse caso, os culpados são os pais e a sociedade. Na França, há hoje mais de quatro mil menores, de treze a dezoito anos, grávidas: se tivessem recebido uma educação sexual, a maioria delas teria agido com mais prudência. No entanto, quando uma das futuras mães queixou-se de não receber informações sobre a contracepção, houve como que uma manifestação de escárnio por parte das autoridades: "É um pouco tarde!" Pareciam considerar que, se voltassem a proceder da mesma maneira, deveriam ser novamente punidas: "Não permitem a presença dos representantes do planejamento familiar, mas permitem a do padre", disse a inspetora. "Essa é uma abordagem tão deslocada quanto reveladora", disse o inspetor. E explicou longamente que compete aos pais de alunas decidirem se um estabelecimento deve ou não aceitar palestras do pessoal do planejamento. "Existe uma associação de pais de alunas no C.E.T. de Plessis-Robinson?" "Não." "Então é a diretora quem decide pessoalmente." O diretor criticou as pensionistas do C.E.T. por quererem ser tratadas como adultas, livres para disporem de seus filhos, mas, ao mesmo tempo, ficando sob tutela como menores. Observei que é a sociedade que lhes impõe essa contradição.

Se são crianças não lhes deveria ser aplicada uma lei que se refere a adultos; seu caso deveria ser considerado como excepcional e deveriam ser autorizadas a abortar; se são adultas, têm de ser emancipadas e ajudadas. Para encerrar, o reitor fez vagas promessas quanto à melhora das condições de estudo, das visitas e saídas. Prometeu também receber uma nova delegação no final de janeiro. De toda maneira, basicamente as coisas vão certamente continuar como antes. Escrevi um artigo a esse respeito em *La Cause du Peuple*, no qual tentei denunciar a hipocrisia moral das pessoas honestas, os abusos da autoridade parental e a situação dramática dos jovens em nossa sociedade.

Se participei de manifestações, se me envolvi numa ação propriamente feminista, foi porque minha atitude em relação à condição da mulher evoluiu. Teoricamente conservo as mesmas posições. Mas no plano prático e tático minha posição se modificou.

Teoricamente, como já disse,[128] se escrevesse hoje *Le deuxième sexe*, daria bases materialistas e não idealistas à oposição entre o Mesmo e o Outro. Fundamentaria a rejeição e a opressão do outro não no antagonismo das consciências, mas na base econômica da insuficiência da oferta em relação à procura. Disse também que o desenvolvimento do livro não se modificaria por isso: todas as ideologias masculinas visam justificar a opressão da mulher; esta é condicionada pela sociedade de maneira a consentir.

"Ninguém nasce mulher, as pessoas se tornam mulheres": retomo essa fórmula que exprime uma das diretrizes de *Le deuxième sexe*. Obviamente existem diferenças genéticas, endócrinas, anatômicas entre a fêmea humana e o macho: mas não bastam para definir a feminilidade; esta é uma construção cultural e não um dado natural: o cientificismo nebuloso da Sra. Lilar não abalou essa convicção. Ao contrário, ela se fortaleceu, por meio dos estudos, cada vez mais aprofundados,

---

[128] Em *La force des choses*.

que foram consagrados à infância durante esses últimos anos; todos comprovam que minha tese é correta e deveria apenas ser completada: "Ninguém nasce homem, as pessoas se tornam homens." Também a virilidade não é dada desde o início.

Freud só se interessa pela evolução das crianças a partir do momento em que, segundo ele, aparece o Édipo: três ou quatro anos. Mas trabalhos como *La forteresse vide* de Bruno Bettelheim mostram a importância que têm para o futuro do indivíduo os anos iniciais de sua vida. É o que confirmaram as experiências feitas em Israel pela Universidade Hebraica de Jerusalém. Uma psicóloga e um médico estudaram grupos de crianças de três anos, umas nascidas em famílias asquenazes, de bom nível econômico e cultural, outras de pais sefarditas, pobres, mal instalados, sobrecarregados; os primeiros eram ativos, imaginativos, comunicativos, defendiam seu território e seus brinquedos; os outros eram apáticos, fechados, não sabiam brincar juntos, não defendiam suas posses; o sentido de sua existência era tão reduzido que, em fotografias, identificavam seus companheiros, mas não a si mesmos. Os dois grupos foram submetidos a uma educação intensiva durante dois anos; as crianças que eram deficientes no início desabrocharam e progrediram; mas as crianças privilegiadas aproveitaram mais ainda os esforços dos educadores: no final de dois anos seu avanço em relação aos outros era ainda mais evidente do que no início da experiência. A "integração" fracassou: as crianças mais atrasadas persistiram em brincar só entre elas. Aos três anos, já é tarde demais para igualar as oportunidades. Segundo os trabalhos de um neurologista americano, Benjamin Bloom, e de estudiosos europeus, 50% do potencial de desenvolvimento e de aquisição do indivíduo são dados com a idade de quatro anos: se durante esses anos a criança não foi estimulada a desenvolver suas faculdades, sua evolução e sua coordenação nunca mais atingirão o mesmo grau. Basta, portanto, que os pais não "estimulem" da mesma maneira os bebês de sexo masculino e os de sexo feminino, para que sejam constatadas diferenças significativas, entre meninos e meninas, desde a idade de três e quatro anos.

Outra série de experiências levou a conclusões semelhantes, no que se refere ao papel primordial representado pelos educadores: foram as de Rosenthal e seus colaboradores. Dirigindo trabalhos com ratos albinos, na Universidade Harvard, Rosenthal fez constatações curiosas:[129] pensou ter observado que os resultados obtidos dependiam da atitude inicial do pesquisador: este encontrava o que esperava encontrar. Para confirmar essa hipótese, constituiu aleatoriamente dois grupos de ratos; disse aos experimentadores que o grupo A era uma seleção de sujeitos particularmente treinados em percorrer com êxito labirintos; e o grupo B, ao contrário, era incompetente. Os experimentadores obtiveram resultados brilhantes com o grupo A, lamentáveis com o grupo B: seu otimismo, ou seu derrotismo, evidentemente haviam influenciado a maneira como conduziram suas experiências. Rosenthal submeteu professores a uma prova análoga.[130] Fez com que aplicassem testes em estudantes. Compôs duas listas, de maneira que o quociente intelectual médio dos sujeitos fosse o mesmo para cada uma. Comunicou que colocara na primeira os estudantes mais dotados, na segunda os médios ou fracos. Os professores aplicaram novos testes nos estudantes: os da primeira categoria obtiveram um quociente extremamente elevado, os da segunda mostraram-se muito medíocres. Todo pedagogo sabe que, para que uma criança tenha êxito, é preciso que se confie nela: se duvidamos dela, se a desencorajamos, ela fracassa. A experiência de Rosenthal — e ele fez muitas outras que chegaram às mesmas condições — demonstra com evidência gritante que, durante uma aprendizagem, a atitude do mestre em relação ao aprendiz tem papel determinante: ele obtém aquilo que espera. Ora, desde o berço, e mais ainda daí em diante, os pais esperam coisas diferentes da menina e do menino. É claro que tal expectativa não é um estado de alma: traduz-se em comportamentos.

As mãos "manipulam, acariciam e carregam diferentemente os meninos e as meninas", diz o psicanalista americano Robert J. Staller, que estudou especificamente o transexualismo masculino. Ele afasta

---

[129] Rosenthal, "Experimental effects on behavioral Research" (1966, New York). Rosenthal and L. Jacobson, "Pygmalion in the class room" (1968, New York).
[130] Rosenthal and K. F. Fole, "The effects of experimental bias on the Performance of the albinos Rat" (1967). Rosenthal and R. Lawson, "A longitudinal study of Experimental bias on the Operant learning of Laboratory rats".

decididamente[131] "a ideia desacreditada de que a masculinidade e a feminidade são desde o início produzidos biologicamente nos seres humanos"; lembra "as inúmeras experiências naturais que demonstraram que os efeitos da aprendizagem, que começa com o nascimento, determinam a maior parte da identidade do sexo". Afirma: "Não é graças a alguma força inata que o bebê saberá que é do sexo masculino e assim se tornará masculino. Os pais ensinam-lhe isso, da mesma maneira que poderiam ensinar-lhe outra coisa... Escolha do nome, cor e tipo de roupa, forma de carregar a criança, proximidade e distância, gênero de jogos — tudo isso, e muitas outras coisas ainda, começam quase que no nascimento."

A mãe principalmente trata de maneira diferente o sexo do filho e o da filha. As mães não brincam com o pênis de seus filhos com tanto prazer como as amas de Gargântua, como as de Luís XIII com seu bebê: mas orgulham-se dele, dão-lhe um nome carinhoso, eventualmente o elogiam. Nada disso para a menina, cujo sexo permanece um domínio escondido. É isso o que explica — e não um instinto misterioso — a diferença de comportamentos, observáveis desde a idade de dois anos, entre meninos e meninas. Uma moça que trabalha numa creche contou-me o quanto isso a impressionara; os meninos, quando vão ao banheiro, exibem espontaneamente seu sexo; as meninas já aprenderam a "esconder isso"; são tímidas e envergonhadas; os meninos espiam suas coleguinhas quando estas se lavam ou fazem suas necessidades: elas não espiam os meninos. Uma vez mais, é um contrassenso imaginar que seu pudor possa ser produzido pelos hormônios: foi ensinado e aprendido, como o serão a seguir todas as outras qualidades ditas especificamente femininas. Tentei mostrar em *Le deuxième sexe* como se opera especificamente essa formação. Os brinquedos dados às crianças, necessariamente, impõem-lhes papéis; a menina aceita como seu o da mãe, o menino, o do pai. Os pais estimulam essa diferenciação em todos os campos, porque um de seus maiores medos é ter um homossexual como filho ou uma filha masculinizada.

---

[131] Num artigo publicado em *La Nouvelle Revue de Psychanalyse*, n.º 4, outono de 1971, onde resume o essencial de suas teses.

Sabe-se que, para Freud, a diferença entre o homem e a mulher é totalmente explicada pela diferença de suas anatomias, invejando a menina o pênis dos meninos e lutando, durante toda a sua vida, para compensar tal inferioridade. Afirmei em *Le deuxième sexe* que não aceitava essa interpretação. Muitas meninas ignoram a anatomia dos meninos; quando descobrem o pênis fazem-no frequentemente com indiferença ou até com desagrado. Retomando essa discussão em *Politics of sex*, Kate Millet pergunta por que acharia a menina, *a priori*, que um objeto é superior a outro pelo fato de ser maior? Segundo Freud, ela veria nele um órgão mais propício à masturbação do que o clitóris: mas ela jamais capta o pênis em sua função masturbatória. E sabe mesmo que possui um clitóris? Freud só conhecia a mulher através de casos clínicos; suas pacientes sofriam de inibições sexuais e estavam insatisfeitas com sua condição. Ele quis explicar esse segundo fato através do primeiro. Mas é a sociedade que revela à mulher uma inferioridade que lhe impõe. Aliás, o próprio Freud confessou, no final de sua vida, que nunca entendera nada das mulheres. Compartilhava um preconceito machista de sua época e de seu meio, que fazia com que considerasse a mulher como um homem incompleto. Essa ideia, que muitos psicanalistas rejeitam hoje, foi amplamente explorada pelos pós-freudianos: a uma mulher que não se colocava "em seu lugar" imputavam imediatamente um "complexo de masculinidade".

Tanto na França como nos Estados Unidos, depois de *Le deuxième sexe*, surgiu abundante literatura dedicada a convencer a mulher de sua "vocação específica". Pretendia "desmistificar o feminismo", o que na verdade redundava em mistificar as mulheres. Afirmou-se que este era ultrapassado, antiquado: argumento arrasador numa época submetida ao terrorismo da modernidade. Dizia-se que as próprias mulheres o recusavam; as que trabalham só têm decepções em sua profissão; preferem permanecer no lar. Quando duas castas se enfrentam, na menos favorecida encontram-se sempre indivíduos que, por interesses pessoais, aliam-se aos privilegiados.[132] E, além disso, deve-se desconfiar das pesquisas sociológicas, quase sempre reali-

---

[132] "A mulher se valoriza a seus olhos e aos dos homens, adotando o ponto de vista do homem." G. Texcier, "Les enquêtes sociologiques et les femmes", *Les Temps Modernes*, 1.12.65.

zadas dentro do conservadorismo:[133] frequentemente, é a maneira de colocar a pergunta que dita a resposta. Por outro lado, é verdade que, nas condições atuais, o trabalho que acumulam com as tarefas caseiras não proporciona às mulheres as mesmas gratificações que proporciona aos homens: estas lhes são recusadas pela sociedade, que faz tudo para deixá-las culpadas. Finalmente, a mulher do lar, de um modo geral, está muito longe de sentir a satisfação que demonstra; descontente com seu destino, não deseja que o de suas filhas seja mais ameno e, assim, quanto mais sofre com isso, mais rigidamente deseja a manutenção dessa condição. Quanto aos homens, procuram obstinadamente conservar a afirmação de sua superioridade. O machismo está tão enraizado no coração dos homens franceses, que não hesitam em baseá-lo no fato de urinarem de pé — o que de certa maneira é mais diminutivo, do ponto de vista dos homens muçulmanos. Chaban-Delmas, invocando entusiasticamente a "nova sociedade", precisou que nela a mulher seria igual ao homem, mas obviamente mantidas as diferenças. Aparentemente, tais diferenças a destinam essencialmente a faxinar: limpar os bebês, os doentes, os velhos, é esse o "serviço social" que lhes propôs o Sr. Debré. O fato é que na França, nesses últimos dez anos, a condição da mulher em nada mudou. Concederam-lhe um arranjo do regime matrimonial. A contracepção foi permitida: mas já referi que somente 7% das francesas em idade de procriar utilizam os métodos anticoncepcionais. O aborto permanece rigorosamente proibido. Os trabalhos domésticos recaem exclusivamente nas mulheres. Suas reivindicações na qualidade de trabalhadoras são abafadas.

Nos Estados Unidos, algumas mulheres tomaram consciência dessa opressão e se rebelaram. Em 1963, Betty Friedan publicou um livro excelente, *The feminine mystique*, que teve imensa repercussão. Nele descrevia um mal-estar que não consegue manifestar-se: o mal-estar da dona de casa. Mostrava os procedimentos por meio dos quais o capitalismo manipula as mulheres para aprisioná-las no papel de consumidoras: interessa à indústria e ao comércio elevar as cifras de venda. Ela denunciava a utilização do freudismo e da psicanálise

---

[133] *Idem.*

pós-freudiana, no sentido de convencer a mulher de que um destino singular lhe é imposto: cuidar de sua casa e ter filhos. Três anos depois, Betty Friedan fundou o NOW, movimento feminista liberal e reformista, que logo foi ultrapassado por movimentos mais radicais, criados por mulheres mais jovens. Em 1968, surgiu o *Scum Manifesto*: manifesto da Society for Cutting Up Men;[134] não deve ser considerado um programa sério: trata-se de um panfleto virulento, estilo Swift, no qual a revolta contra o homem é levada ao absurdo. Muito mais importante foi o nascimento, no outono de 1968, do *Women's Lib*, o Movimento de Libertação das Mulheres, que reuniu uma grande quantidade delas. Formaram-se outros grupos. Esse novo feminismo se deu a conhecer pelas manifestações mais ou menos espetaculares e por abundante literatura: inúmeros artigos e livros, entre os quais *Politics of sex* de Kate Millet, *Dialectic of sex* de Shulamith Firestone, *Sisterwood is powerful*, conjunto de estudos publicados por Robin Morgan, *The woman eunuch* de Germaine Greer. O que essas mulheres reivindicam não é uma emancipação superficial, mas a "descolonização" da mulher, porque se consideram "internamente colonizadas". Exploradas, enquanto donas de casa a quem a sociedade extorque um trabalho não remunerado, são vítimas de discriminação no mercado de trabalho: oportunidades e salários iguais aos dos homens lhes são recusados. O movimento assumiu grande extensão nos Estados Unidos. Estendeu-se a diversos países, especialmente a Itália e a França, onde se desenvolveu, a partir de 1970, o Movimento de Libertação da Mulher.

De onde se originou tal explosão? Há duas razões principais. A primeira é que, numa sociedade capitalista desenvolvida, a condição das mulheres — economicamente muito vantajosa do ponto de vista dos homens — a seus olhos representa uma contradição. O trabalho doméstico, numa sociedade baseada na produção de mercadorias, não é considerado um trabalho real: para que se tornasse tal, teria de ser convertido em produção pública. A subsistência de trabalhos caseiros realizados — ainda que com ajuda de máquinas — no interior de

---

[134] Sociedade pela emasculação dos homens. Há um trocadilho com a palavra *scum* que significa a *escuma*, a escória da terra.

cada lar destoa numa saciedade tecnocrata, na qual as outras formas de trabalho são cada vez mais rigorosamente racionalizadas. A segunda razão, a mais importante, é que as mulheres constataram que os movimentos de esquerda e o socialismo não resolveram seus problemas. Mudar as relações de produção não é suficiente para transformar as relações dos indivíduos entre eles, e, especificamente, em nenhum país socialista a mulher se tornou igual ao homem. Muitas militantes do *Women's Lib* ou do Movimento de Libertação da Mulher francês tiveram pessoalmente essa experiência: nos grupos mais autenticamente revolucionários, a mulher é limitada às tarefas mais ingratas e todos os líderes são de sexo masculino. Quando, em Vincennes, um punhado de mulheres levantou o estandarte da revolta, esquerdistas invadiram o recinto gritando: "O poder está no falo." As americanas tiveram experiências análogas.

Quanto à tática e às ações, as feministas atuais foram influenciadas, nos Estados Unidos, pelos hippies, os *yippies*, e, especialmente, os Panteras Negras; na França, pelos acontecimentos de maio de 1968: visam a uma outra forma de revolução que não a da esquerda clássica e inventam métodos novos para obtê-la.

Li a literatura feminista americana, correspondi-me com militantes, estive com algumas delas, e fiquei feliz ao saber que o novo feminismo americano vincula-se a *Le deuxième sexe*: em 1969, a tiragem em edição de bolso foi de setecentos e cinquenta mil exemplares. Que a mulher seja fabricada pela civilização, e não biologicamente determinada, é um ponto que nenhuma feminista coloca em dúvida. Elas se afastam de meu livro no plano prático: recusam-se a confiar no futuro, querem desde já dirigir seus destinos. Foi nesse ponto que mudei: dou-lhes razão.

Le deuxième sexe pode ser útil a militantes: mas não é um livro militante. Acreditava que a condição feminina evoluiria junto com a sociedade. Escrevi: "Em linhas gerais, ganhamos a partida. Muitos problemas nos parecem mais essenciais do que os que nos concernem singularmente." E em *La force des choses*, disse, referindo-me à condição feminina: "Ela depende do futuro do trabalho no mundo, só mudará seriamente ao preço de uma reviravolta da produção. Foi por isso que evitei fechar-me no feminismo." Um pouco mais tarde, numa entrevista com Jeanson,[135] declarei que era voltando, o mais radicalmente possível, meu pensamento para o feminismo que o interpretavam mais exatamente. Mas continuava num plano teórico: negava radicalmente a existência de uma natureza feminina. Agora, entendo por feminismo o fato de lutar por reivindicações propriamente femininas, paralelamente à luta de classes, e me declaro feminista. Não, não ganhamos a partida: na verdade, desde 1950 quase não ganhamos nada. A revolução social não será suficiente para resolver nossos problemas. Esses problemas dizem respeito a um pouco mais da metade da humanidade: considero-os, atualmente, essenciais. E espanta-me que a exploração da mulher seja aceita com tanta facilidade. Considerando as democracias antigas, profundamente ligadas a um ideal igualitário, custa conceber que a condição de escravas lhes tenha parecido natural: aparentemente, a contradição deveria ter-lhes saltado aos olhos. Talvez um dia a posteridade venha a perguntar-se, com a mesma perplexidade, como democracias burguesas ou populares puderam manter sem escrúpulos uma desigualdade radical entre os dois sexos. Por momentos, embora veja claramente suas razões, eu mesma me surpreendo com isso. Em resumo, no passado achava que a luta de classes devia ter prioridade sobre a luta dos sexos. Hoje considero que as duas devem ser travadas ao mesmo tempo.

Em seu excelente livrinho *Woman's estate*,[136] Juliet Mitchell descreve muito bem as divergências que separam o feminismo radical do socialismo abstrato.

Feminismo radical

Os homens são opressores.
Todas as sociedades deram supremacia aos homens.
É antes uma luta psicológica pelo poder, e os homens vencem.
O socialismo nada tem a oferecer-nos.
Etc.

---

[135] Francis Jeanson, *Simone de Beauvoir ou l'entreprise de vivre*.
[136] Publicado em 1971, retoma e completa um interessante artigo, "The longest revolution", publicado alguns anos antes na Inglaterra em *New Left Review*.

Socialismo abstrato

É o sistema que é opressivo.
O capitalismo oprime as mulheres.
A situação se explica pela propriedade privada.
Devemos descobrir nossa relação com o socialismo.

Há alguns anos, teria defendido exatamente as teses do socialismo abstrato; hoje penso, como Juliet Mitchell, que nenhuma das duas séries de afirmações se basta: cada uma delas deve ser completada pela outra. Sim, o sistema esmaga os homens e as mulheres, e incita aqueles a oprimirem estas: mas cada homem adota e interioriza isso a seu modo; manterá seus preconceitos, suas pretensões, mesmo que o sistema mude. Assim como, em 1968, a revolta dos jovens não podia, por si só, desembocar na revolução, a revolta das mulheres não conseguiria subverter o regime da produção. Mas, por outro lado, está provado que o socialismo — tal como é realizado atualmente — não emancipou as mulheres. Um socialismo verdadeiramente igualitário conseguiria isso? Por ora, isso é uma utopia, enquanto que a condição a que está submetida a mulher é uma realidade.

Há muitos pontos em relação aos quais as feministas estão divididas. Sobre o futuro da família, hesitam. Algumas — entre outras Shulamith Firestone — consideram que sua destruição é necessária para a libertação da mulher e também para a das crianças e adolescentes. O fracasso das instituições que substituem os pais nada prova: trata-se de depósitos de rebotalhos, à margem de uma sociedade que teria de ser radicalmente reestruturada. É verdade e também considero válidas as críticas que Firestone faz à família. Deploro a escravidão imposta à mulher através dos filhos e os abusos de autoridade aos quais estes são expostos. Os pais fazem com que os filhos participem de seus jogos sadomasoquistas, neles projetando suas fantasias, suas obsessões, suas neuroses. É uma situação eminentemente doentia. As tarefas parentais deveriam ser equitativamente distribuídas entre o pai e a mãe. Seria desejável que os filhos não ficassem totalmente entregues a eles, que sua autoridade fosse restrita e severamente controlada.

Assim organizada, a família conservaria uma utilidade? Existem comunidades nas quais todas as crianças ficam sob a responsabilidade de todos os adultos e que obtiveram excelentes resultados; mas são pouco numerosas para que se possa considerar que constituem uma solução do problema. Como muitas feministas, desejo a extinção da família, mas sem saber exatamente o que colocar em seu lugar.

Um outro ponto é controvertido: a relação da mulher com o homem. Quanto à necessidade de redefinir o amor e a sexualidade, todas as feministas estão de acordo. Mas algumas negam que o homem tenha um papel a representar na vida da mulher, particularmente em sua vida sexual, enquanto outras desejam reservar-lhe um lugar em sua existência e em sua cama. Concordo com a posição destas últimas. Absolutamente não aceito a ideia de aprisionar a mulher num gueto feminino.

Apoiando-se nas experiências de laboratório realizadas por Masters e Johnson, algumas feministas afirmam que o orgasmo vaginal é um mito e que só é real o orgasmo clitoridiano: para obter prazer sexual, a mulher não teria nenhuma necessidade do homem, ao contrário do que afirmava Freud. Sem dúvida alguma, a atitude de Freud sobre esse ponto inspirou-se em sua concepção patriarcal da relação dos sexos: trata-se de recusar à mulher a autonomia sexual e de colocá-la sob a dependência do homem. Ele chega a escrever: "A masturbação do clitóris é uma atividade masculina e a eliminação da sexualidade clitoridiana é uma condição necessária para o desenvolvimento da feminidade." Sendo o clitóris um órgão exclusivamente feminino, é gritante o absurdo da primeira frase. É um preconceito supor que uma mulher que escolhe o prazer clitoridiano — na homossexualidade ou no onanismo — é menos equilibrada do que outra. Por outro lado, a ideia de eliminar a sexualidade clitoridiana é errônea; o clitóris está intimamente ligado à vagina e talvez seja essa ligação que torne possível o orgasmo vaginal. Uma vez esclarecido isso, é inegável que existe uma especificidade no prazer obtido com penetração vaginal e é esse que muitas mulheres consideram o mais rico e o mais satisfatório. As experiências de laboratório que isolam a sensibilidade interna da vagina do conjunto de suas reações nada provam. O coito não é uma relação entre dois aparelhos genitais nem sequer entre dois corpos, mas entre duas pessoas, e o orgasmo é um fenômeno psicossomático por excelência.[137]

Também não aceito a ideia segundo a qual todo coito é uma violação. Acho até que fui longe demais quando escrevi em *Le deuxième sexe*: "A primeira penetração é sempre uma violação." Referia-me sobretudo às noites de núpcias tradicionais, nas quais uma virgem desinformada é deflorada de maneira mais ou menos inábil. É verdade que muitas vezes, em todas as camadas da sociedade, o homem frequentemente "possui" a mulher, sem pedir sua opinião e até utilizando a força; se o coito lhe é infligido sem que ela o deseje, então é uma violação. Mas pode também consistir numa troca das duas partes, de livre consentimento; então, identificar a penetração com uma violação é recair em todos os mitos masculinos que fazem do membro viril uma relha, uma espada, uma arma dominadora.

O ódio aos homens leva algumas mulheres a uma recusa de todos os valores reconhecidos por eles, a uma rejeição de tudo o que chamam de "modelos masculinos". Não concordo com isso, já que não acredito que existam qualidades, valores, modos de vida especificamente femininos: isso seria admitir a existência de uma natureza feminina, isto é, aderir a um mito inventado pelos homens para aprisionar as mulheres em sua condição de oprimidas. Para as mulheres, não se trata de afirmar-se como mulheres, mas de tornar-se seres humanos com todos os seus direitos. Recusar os "modelos masculinos" é uma insensatez. A verdade é que a cultura, a ciência, as artes, as técnicas foram criadas pelos homens, já que eram eles que representavam a universalidade. Assim como o proletariado utiliza, à sua maneira, a herança do passado, as mulheres devem apoderar-se dos instrumentos forjados pelos homens e servir-se deles em seu próprio interesse. A verdade é que a civilização estabelecida pelo sexo masculino, ao

---

[137] Em seu livro *Le sexe de la femme*, Gérard Zwang descreveu com muita exatidão as condições e o mecanismo do prazer vaginal (p. 125 a 129). Lembra que os casos de onanismo vaginal são muito numerosos; o uso que os andinos fazem do *guesquel*, a maneira pela qual os polinésios e muitos outros povos vestem o sexo masculino, não teriam nenhum sentido em caso de insensibilidade vaginal. Cf. também Mary Jane Sher Fey M.D., *The nature and evolution of female sexuality*, Random House, New York, 1972.

mesmo tempo que visa à universalidade, reflete seu masoquismo; até seu vocabulário está marcado por isso. Nas riquezas que retomamos deles, temos de distinguir com muita atenção aquilo que tem um caráter universal e o que traz a marca de sua masculinidade. As palavras *branco*, *preto* são tão adequadas para nós como para eles: não assim a palavra *viril*. Creio que é possível estudar matemática, química, com toda a segurança; a biologia é mais suspeita e, mais ainda, a psicologia, a psicanálise. Dentro de nossa perspectiva, parece-me necessária uma revisão do saber, mas não seu repúdio.

Tive contato, pessoalmente ou por meio de seus escritos, com grande quantidade de feministas com as mesmas posições minhas e é por isso, como já mencionei, que pude participar de algumas de suas ações e ligar-me a seu movimento. Tenho toda a intenção de prosseguir nesse caminho.

Há um ponto no qual minha posição não mudou e ao qual quero voltar aqui: meu ateísmo. Muitas boas almas deploram o infeliz acaso que me fez "perder a fé". Em artigos ou em cartas que me foram dirigidos, li muitas vezes: "Ah! Se tivesse vivido entre verdadeiros cristãos!" "Se tivesse lido mais o Evangelho do que a Imitação!" "Se tivesse encontrado um padre inteligente!" Deve-se entender por essas palavras: "Se ela tivesse encontrado *a mim*, teria ficado edificada por meu exemplo, convencida por meus argumentos." Em realidade, minha instrução religiosa foi muito desenvolvida; sabia de cor longas passagens do Evangelho. Já em minha juventude e em minha vida posterior conheci cristãos inteligentes: e justamente porque o eram, não imaginavam que poderiam salvar minha alma através de sua influência. Pensavam que a fé depende de Deus, de seus desígnios, das graças que concede. E, de fato, é um contrassenso teológico explicar sua presença ou sua ausência por razões contingentes e puramente naturais.

Na medida em que não acredito no além, sinto-me autorizada a procurar fatores sociais ou psicológicos que motivam a atitude dos católicos praticantes. De um modo geral, apenas reproduzem a que lhes foi inculcada por sua educação e que seu meio observa. Poderiam dizer como o personagem representado por Trintignant em *Ma nuit chez Maud*: "Eu era católico, então continuei a sê-lo." Frequentemente, a fé é um acessório que se recebe na infância com o conjunto da panóplia burguesa e que se conserva, como o resto, sem questionar. Quando surge uma dúvida, muitas vezes é afastada por razões afetivas: fidelidade nostálgica ao passado, vinculação a seu ambiente, medo da solidão e do exílio que ameaçam os não conformistas. Zaza tinha espírito crítico, e vários aspectos de sua religião a deixaram perplexa; se não renunciou a ela, foi pelo amor incondicional e doloroso que dedicara a sua mãe: não queria afastar-se dela interiormente. Pouco segura de si, atormentada, tinha necessidade de confiar num ser soberano. Na maioria dos casos, estão em jogo interesses ideológicos. As pessoas adquiriram hábitos de pensamento, um sistema de referências e de valores dos quais se tornaram prisioneiras. Ainda que suas reflexões o incitem a tal, um padre sentirá horror de romper com sua vida passada. Podem também intervir interesses materiais; para um Daniel-Rops, para um Mauriac, seria impossível questionar a solidez de suas convicções: arriscar-se-iam a destruir sua carreira.

Dir-me-ão que para alguns é a incredulidade que é dada inicialmente: um dia, de repente, o indivíduo encontra Deus: "Ele entrou em meu quarto. Falou-me num jardim... Ele existe: encontrei-o." Em geral — o exemplo de Simone Weil é notável — o convertido atravessa uma crise. Sua concepção do mundo estava desmoronando, a imagem que fazia de si mesmo se desmanchava. Acreditar em Deus permitia-lhe remodelar o universo e sua própria imagem. No meio de sua confusão, entrever uma saída deixou-o transtornado de alegria e ele tomou sua emoção por uma iluminação. Os que têm fé insistem nas dificuldades que sentem em viver na presença de Deus; constatei que isso lhes proporciona grandes comodidades. As desgraças, as injustiças que pesam sobre o mundo, fazem parte do plano divino e serão compensadas no outro mundo, eles não têm de se preocupar com isso. Deus perdoa suas faltas e facilmente os justifica, já que são eles que o fazem falar. Existem exceções; para a irmã Renée, que conheci numa favela do Rio, Deus não era um álibi, mas uma exigência: ele lhe ordenava que lutasse contra a miséria, contra a exploração, contra todos os crimes cometidos pelos homens em relação a outros homens. Aqui e ali, padres, leigos realizam uma luta análoga. Mas não são muito numerosos.

Muitas vezes perguntei a crentes como justificavam sua fé. Alguns me responderam com argumentos filosóficos ultrapassados: "O mundo não saiu do nada... O mundo não se deve ao acaso." Outros, com argumentos emocionais: "É preciso que haja alguma coisa depois... Sem Deus, não haveria razão para viver... Seria muito desesperador..." Outros invocaram o tipo de experiência a que já aludi. Um teólogo me disse: "No dia de minha crisma, senti a presença de Deus com tanta evidência quanto a sua neste momento: essa lembrança nunca se apagou." O problema seria saber por que, durante toda sua vida, atribuíra um tal valor a essa impressão de infância. Muitos me disseram simplesmente: "A fé? Isso não se explica."

Sei o que é a fé de uma criança: acreditar em Deus é para ela acreditar nos adultos que lhe falam de Deus. Quando deixou de confiar neles, a fé é apenas um compromisso duvidoso que consiste em crer que se crê. Aos quinze anos, eu já era muito coerente para contentar-me com isso. Depois, o estudo de filosofia me fez compreender que um ser existindo ao mesmo tempo como em-si e para-si não era pensável. Para mim jamais se colocou a possibilidade — jamais poderia colocar-se — de retornar às fábulas que seduziram meus primeiros anos.

Entre os leitores que quiseram ver no epílogo de *La force des choses* a constatação de um fracasso, muitos se apressaram em atribuí-lo a meu ateísmo. Privada dessa fé discreta que permite às sexagenárias passarem noites agradáveis nas boates parisienses, teria sentido o horror de uma existência que não se transcende em Deus. A arrogância de alguns cristãos fechar-lhes-ia o céu se, para seu infortúnio, existisse um. Se um incréu está bem consigo mesmo, acusam-no de nada entender do enigma e do drama da condição humana; "é o Sr. Homais";[138] desprezam a linearidade limitada de suas concepções. Se tem o sentido da morte, do mistério, do trágico, isso também se volta contra ele. Ou então afirmam-lhe — quem já não passou por

---

[138] Personagem de *Madame Bovary*, de Flaubert: tipo do pequeno-burguês pretensiosamente livre-pensador. (N. da T.)

isso? — que no fundo crê em Deus. Ou, ainda, sua angústia, sua revolta são interpretadas como prova de seus erros. O nada me atordoa: portanto, somos imortais.

 Estranho raciocínio que revela o papel representado pela religião na maioria dos casos: uma fuga, uma deserção. A fé permite que sejam eludidas as dificuldades que o ateu enfrenta honestamente. E o pior é que dessa covardia o crente extrai superioridades. Estende-nos, lá do alto, uma mão caridosa: "Tenho certeza de que um dia a voz de Deus o atingirá." Se lhe respondessem: "Espero que um dia ela pare de dizer tolices", ficaria escandalizado.

 Esse mundo sem Deus no qual vivo — sob que cores ele se me apresenta? Muitos de meus leitores escreveram-me dizendo que o que lhes agrada em meus livros é minha tendência à felicidade, meu amor pela vida: meu otimismo. Outros, no entanto — especialmente a propósito de meu último livro, *La vieillesse* —, deploram meu pessimismo. Os dois rótulos são muito simplistas. Como já disse, minha infância dotou-me de um otimismo vital. Quase sempre me senti bem comigo mesma e confiei em minha estrela. Cheguei mesmo a levar minha confiança no futuro até a inadvertência: não acreditei na guerra até que ela estourasse. Depois disso, tornei-me mais prudente. No entanto, muitas vezes alimentei esperanças que não se cumpriram: o que esperei do socialismo — da União Soviética, de Cuba, da Argélia — não me foi concedido. Acreditei muito rapidamente, quando escrevi *Le deuxième sexe*, numa vitória das mulheres a curto prazo. Mesmo prevenida, minha imaginação é sempre ultrapassada pelo horror de tragédias como a de Biafra e Bengala: elas me tomam de surpresa. Obviamente, minha tendência não é esperar sempre o pior. No entanto, tenho a preocupação de encarar a realidade de frente e de falar dela sem disfarces: quem ousaria dizer que essa realidade é risonha? As cartas de pessoas idosas que recebi, após a publicação de *La vieillesse*, provaram-me que sua condição é ainda mais sinistra do que descrevi. É exatamente porque detesto a infelicidade e porque sou pouco inclinada a prevê-la que, quando me deparo com ela, fico indignada ou transtornada: sinto necessidade de comunicar minha emoção. Para combatê-la é preciso primeiro revelá-la, portanto dissipar as mistificações por trás das quais a escondem, para não pensar nela. É porque não aceito as fugas e as mentiras que me acusam de pessimista; mas essa recusa implica uma esperança: a de que a verdade possa ser útil; é uma atitude mais otimista do que a que consiste em escolher a indiferença, a ignorância, as falsas aparências.

Dissipar as mistificações, dizer a verdade, eis um dos objetivos que mais obstinadamente persegui por meio de meus livros. Essa teimosia tem suas raízes em minha infância; odiava o que minha irmã e eu chamávamos de "a estupidez": uma maneira de sufocar a vida e suas alegrias com preconceitos, rotinas, falsas aparências, prescrições vãs. Quis fugir dessa opressão, prometi a mim mesma que a denunciaria. Para defender-me dela, apoiei-me desde cedo na consciência que tinha de minha presença no mundo; o mistério de seu aparecimento, sua soberania, ao mesmo tempo evidente e contestada, o escândalo de sua futura aniquilação: desde muito pequena, esses temas me mobilizaram e ocupam lugar importante em minha obra. Um pouco mais tarde, por volta dos quatorze anos, identificando-me com a Joe de Luisa Alcott, com a Maggie de Georg Eliot, desejei revestir-me pessoalmente, aos olhos de um público, dessa dimensão imaginária que tornava tão fascinantes para mim essas heroínas de romance e o autor que nela se projetava. Não comecei compondo um romance de aprendizagem, porque, entre vinte e trinta anos, estava separada de meu passado. Mas, mais tarde, tentei relatar-me, dotando minha experiência de uma necessidade.

Sartre disse-me um dia que tinha a impressão de não ter escrito os livros que desejara escrever aos doze anos. "Mas afinal, por que privilegiar a criança de doze anos?", acrescentou ele. Meu caso é diferente do seu. É, certamente, muito difícil confrontar um projeto vago e infinito com uma obra realizada e limitada. Não sinto, porém, um hiato entre as intenções que me levaram a escrever livros e os livros que escrevi. Não fui uma virtuose do escrever. Não ressuscitei os reflexos das sensações nem captei em palavras o mundo exterior, como Virginia Woolf, Proust, Joyce. Mas não era esse meu objetivo. Queria fazer-me existir para os outros, comunicando-lhes da maneira mais direta o sabor de minha própria vida: mais ou menos consegui fazê-lo. Tenho grandes inimigos, mas também fiz muitos amigos entre meus leitores. Não desejaria nada mais do que isso.

Dessa vez não darei uma conclusão a meu livro. Deixo ao leitor o encargo de extrair dele as que lhe aprouverem.

Conheça os títulos da Biblioteca Áurea

A bíblia da humanidade — Michelet
A Casa Soturna — Charles Dickens
A festa ao ar livre e outras histórias — Katherine Mansfield
A força das coisas — Simone de Beauvoir
A interpretação dos sonhos — Sigmund Freud
A velhice — Simone de Beauvoir
As confissões — Jean-Jacques Rousseau
Código dos homens honestos — Honoré de Balzac
Iniciação à Estética — Ariano Suassuna
Jane Eyre — Charlotte Brontë
Jean Santeuil — Marcel Proust
Notas autobiográficas — Albert Einstein
O abismo — Charles Dickens e Wilkie Collins
O homem sem qualidades — Robert Musil
O jovem Törless — Robert Musil
O tempo, esse grande escultor — Marguerite Yourcenar
O último dos moicanos — James Fenimore Cooper
O vermelho e o negro — Stendhal
Os três mosqueteiros — Alexandre Dumas
Todos os homens são mortais — Simone de Beauvoir
Um amor — Dino Buzzati
Um teto todo seu — Virginia Woolf.

Direção editorial
Daniele Cajueiro

Editora responsável
Ana Carla Sousa

Produção editorial
Adriana Torres
Laiane Flores
Juliana Borel

Revisão
Alessandra Volkert
Clarice M. Goulart
Luíza Côrtes

Diagramação
Elza Ramos

Este livro foi impresso em 2021
para a Nova Fronteira.